高等学校**法学**教学丛书

GAODENG XUEXIAO FAXUE JIAOXUE CONGSHU

编委会

高等学校**法学**教学丛书
GAODENG XUEXIAO FAXUE JIAOXUE CONGSHU

行政诉讼法学

XINGZHENG SUSONG FAXUE

主　编　陈永革

副主编　里　赞　李志平　陶　涛　梁琼芳

撰稿人　（以姓氏笔画为序）

马丽芳　方　洁　毛天媛　王夏玮
孙　燕　刘海蓉　李　成　李　缨
里　赞　陈永革　李志平　李勇军
张淑芬　陈惠忠　柯　宁　陶　涛
梁琼芳

四川大学出版社

责任编辑:李勇军
责任校对:张战清
封面设计:墨创文化
责任印制:李　平

图书在版编目(CIP)数据

行政诉讼法学 / 陈永革主编. —成都：四川大学出版社，2010.5
(高等学校法学教学丛书)
ISBN 978-7-5614-4862-5

Ⅰ.①行…　Ⅱ.①陈…　Ⅲ.①行政诉讼法-法的理论-中国-高等学校-教材　Ⅳ.①D925.301

中国版本图书馆 CIP 数据核字（2010）第 085781 号

书名　**行政诉讼法学**

主　编	陈永革
出　版	四川大学出版社
地　址	成都市一环路南一段 24 号 (610065)
发　行	四川大学出版社
书　号	ISBN 978-7-5614-4862-5
印　刷	成都蜀通印务有限责任公司
成品尺寸	185 mm×260 mm
印　张	33
字　数	842 千字
版　次	2010 年 3 月第 1 版
印　次	2010 年 3 月第 1 次印刷
印　数	0 001~3 000 册
定　价	60.00 元

◆读者邮购本书,请与本社发行科联系。电 话:85408408/85401670/85408023　邮政编码:610065
◆本社图书如有印装质量问题,请寄回出版社调换。
◆网址:www.scupress.com.cn

目 录

第一编 绪 论

第二编 总 论

第三编　起诉与立案程序

第四编　审判程序

第五编 执行程序

第六编 涉外行政诉讼程序

第七编 行政诉讼秩序的保障

第八编 我国香港、澳门、台湾的行政诉讼

第一编 绪 论

第一章 行政诉讼法学的学科地位

作为一门新兴的法律学科，行政诉讼法学已经立足于我国特色社会主义法学之林。但是，对行政诉讼法学的学科地位应如何认识是至今未引起行政诉讼法学教研工作者普遍关注的一个涉及行政诉讼法学这门学科能否完善发展的重要理论问题，本书特设专章探讨和学习。

第一节 行政诉讼法学的研究对象

一、行政诉讼法学的概念

何谓行政诉讼法学？目前在我国法学界作答者甚寡，且有限的答案又不统一，兹略举要者如下：(1) 朱维究主编《行政诉讼法原理》认为：行政诉讼法学是对行政诉讼法律规范和行政诉讼活动的规律进行研究的科学，它的研究对象，一是行政诉讼法律规范，即行政诉讼的立法；二是行政诉讼的审判实践。(2) 张焕光、胡建淼编著《行政法学原理》认为：行政诉讼法学是一门研究行政诉讼法的学问，是有关行政诉讼法的科学理论体系。(3) 张树义主编《中国行政诉讼法学》认为：行政诉讼法学即是研究行政诉讼基本原理、原则的科学。(4) 应松年主编《行政诉讼法学》认为：行政诉讼法学是法学的一个分支，是以行政诉讼法为研究对象的一门独立的法律学科，是对行政诉讼法的理论概括和总结。(5) 罗豪才、应松年主编《行政诉讼法学》认为：行政诉讼法学是社会主义法学理论体系中的一个独立分支。行政诉讼法学是以行政诉讼法为研究对象的，行政诉讼法学是对行政诉讼的立法和行政诉讼实践活动历史发展等进行理论概括的科学。(6) 姜明安主编《行政法与行政诉讼法》认为：从总体上说，行政诉讼法学应认为是行政法学的一部分，从属于行政法学，属于行政法学的分支学科，其普遍原理、基本原则均源于行政法学。

上述定义“行政诉讼法学”的观点各有所长，对认识“行政诉讼法学”这一概念具有一定的积极意义。但是它们共同的缺陷在于没有充分揭示行政诉讼法学是一门独立的诉讼法学这一本质属性。此外，有的观点自身欠妥，或者将行政诉讼活动局限于行政审判活动（如第1种观点），或者将行政诉讼实践排除在行政诉讼法学研究对象之外（如第2、4种观点），或者将行政诉讼法学视为只研究基本原理、原则的纯理论法学（如第3种观点），或者没有连贯一体的定义内容（如第5、6种观点）。可见，上述定义均未能令人满意地回答什么是行政诉讼法学这一问题，究其原因在于对行政诉讼法学的研究对象和学科地位的认识尚欠全面与正确。

我们认为，行政诉讼法学，即研究行政诉讼法律制度和行政诉讼实践，揭示行政诉讼规律的一门独立的诉讼法学。这个“行政诉讼法学”的定义，包含以下两点意思：

1. 应当全面分析、理解、把握、标示其研究对象。行政诉讼法学是研究行政诉讼法律制度和行政诉讼实践，从而揭示行政诉讼规律的科学。它并非仅仅是对现有的行政诉讼法进行学理注释，也非仅仅是对行政审判活动而不对行政审判工作之外的行政诉讼的其他活动进行研究，更非仅仅对行政诉讼立法、实践的历史发展进行理论概括。

2. 应当正确分析、理解、把握、标示其学科地位。行政诉讼法学在我国社会主义法学体系中，属于诉讼法学这一应用性基本法学学科门类，是一门与刑事诉讼法学、民事诉讼法学相并列的独立的诉讼法学。它并非是我国行政法学的组成部分或者分支内容，也并非是行政法与诉讼法结合而成的一门综合类法学。

二、行政诉讼法学研究对象的含义与条件

行政诉讼法学的研究对象，是行政诉讼法学成为一门独立的诉讼法学的重要根据。

任何一门独立的学科，必须具有与之相对应的值得研究的实际存在的客观对象，否则将无从创立。“科学研究的区分，就是根据科学对象所具有的特殊的矛盾性。因此，对于某一现象的领域所特有的一种矛盾的研究，就构成某一门科学的对象。”[①] 不过并非任何一种实际存在的客观对象，都能够导致人们创立一门独立科学学科而予专门研究。从科学发展史看，能够成为一门独立科学学科研究对象的客观存在，其条件有三，即必须是：（1）普遍的、必然的存在，或者是有普遍意义的存在，而不是偶然的、个别的存在；（2）本质的存在，即能够“暴露事物发展过程的本质”，“暴露事物发展过程中的矛盾在其总体上、在其相互联结上的特性”的存在[②]，而不是非本质的表象存在；（3）对人类生活有密切关系的存在。研究它具有社会价值，对它的研究成果能够积极作用于人类在相应领域里的社会实践活动之中，为人民福祉、社会和谐与文明发展产生积极价值。

行政诉讼法学虽然包含但并不等同于“学行政诉讼法”。它的研究对象，是行政诉讼法律制度和行政诉讼实践。这一对象，之所以需要人们创立一门独立的诉讼法学科——行政诉讼法学来进行专门、系统的理论研究，是因为其自身所具有的下述条件所定的：

1. 行政诉讼法律制度和行政诉讼实践，是当今世界各国普遍存在的法律现象。

现代国家都把行政诉讼制度作为国家的基本法律制度之一，与刑事诉讼、民事诉讼并列为三大诉讼制度，或者由普通法院或者在普通法院系统内设置专门的机构专司行政审判职能；或者专设行政法院主理行政诉讼，或者在民事诉讼法典中对行政诉讼制度作出明确规定，或者颁布单独的行政诉讼法典规范行政诉讼实践。总之，尽管各国的政体不同、国情各异、法制有别，但不论是资本主义国家还是社会主义国家，都先后建立了各自的行政诉讼法律制度和进行各自的行政诉讼实践。

中国于 1982 年颁行《民事诉讼法（试行）》开始建立具有中国特色的行政诉讼法律制度，进行相应的行政诉讼实践。第一部《行政诉讼法》于 1990 年 10 月 1 日起生效施行，标志着具有中国特色的社会主义行政诉讼法律制度与行政诉讼实践进一步得到健全与发展。

2. 行政诉讼法律制度和行政诉讼实践一经产生，就成为国家制度的重要组成部分，构成各国法律制度的本质内容和法制系统的内在要素之一。

从世界范围看，行政诉讼出现于 18 世纪自由资本主义时期，在 20 世纪 30 年代后垄断资本主义时期迅速发展。这是由于资本主义社会取代封建社会后，以天赋人权、民主法治、分权制约学说为基石的资产阶级国家，确立了代议制民主制度和宪法制度，为行政诉讼提供了政治和根本法前提。尤其是随着资本主义社会市场经济的充分发展以及国家对社会经济活动与人民生活的主动干预加强，行政诉讼不再是断续的、性质不稳定的、个别的法律现象，

① 毛泽东《矛盾论》，《毛泽东选集》（一卷本），人民出版社 1964 年 4 月版，第 284 页。
② 毛泽东《矛盾论》，《毛泽东选集》（一卷本），人民出版社 1964 年 4 月版，第 286 页。

而已发展成为一种新兴的法律制度，以求有效地调整政府与人民之间的社会矛盾冲突。资产阶级的行政诉讼法律制度与行政诉讼实践，是资本主义国家制度的重要组成部分，为其宪法所确认、国家强制力所保障，是其法律制度的资产阶级民主与法治的本质内容，构成资产阶级国家法治系统的内在要素之一，与资本主义社会整个司法体系相维系。

新中国建立伊始，在根本大法亦即具有临时宪法性质的《中国人民政治协商会议共同纲领》中，为新中国行政诉讼奠定了自己的政治与法律基础。随着经济、政治体制改革的深入，有计划商品经济取代计划经济进而发展到与WTO接轨的市场经济，民主与法制建设的加强完善（尤其是第一部《行政诉讼法》以及相关的法律规范性文件的颁布施行）和人权入宪、依法治国方略的推行，行政诉讼法律制度与行政诉讼实践已成为我国国家制度体系的重要组成部分，构成我国法律制度的社会主义本质内容和诉讼法制系统的内在要素。现实充分说明，我国行政诉讼法律制度与行政诉讼实践，是与我国社会主义市场经济和全社会的稳定、和谐、发展不可分割的、本质的、必然的社会法律现象。

3. 行政诉讼法律制度与行政诉讼实践，与近现代人类社会生活的关系极为密切。

尤其在当今世界，行政诉讼法律制度的有无及其完善与否，已成为衡量一国的民主政治和法制建设水平高低的重要标志。统治阶级能否保持社会长期和谐、稳定、发展，维护和巩固自己的经济利益与政治统治，社会成员能否切实享受和保护自己在社会生活各个领域的各项合法权利与利益，同行政诉讼法律制度与行政诉讼实践的状况如何是密切相关的。我国《行政诉讼法》颁行以后，行政诉讼法律制度与行政诉讼实践，已经成为深化改革、扩大开放的社会主义市场经济建设新时期维护人民群众的经济利益与政治统治，有效调节行政机关与公民、法人、其他组织之间的行政管理矛盾冲突，稳定社会管理秩序的重要法律手段。它同政府机器的正常运转、人民安居乐业、社会安定团结与和谐发展密不可分，不仅在很大程度上维护与促进我国社会经济、政治、文化的发展，而且也极大地影响社会思想意识，有利于社会主义物质文明、精神文明和政治文明建设。对它进行专门、系统的理论研究，认识并把握其规律，更好地指导我国行政诉讼立法、司法与守法活动，无疑具有积极、重要的社会价值。

由上可见，行政诉讼法律制度与行政诉讼实践，是能够成为一门独立科学学科的研究对象的客观存在。这也就在客观上奠定了行政诉讼法学的学科地位的基础。

三、行政诉讼法学的具体研究范围

从时间和空间等多维度视角看，行政诉讼法律制度与行政诉讼实践的内容是极为丰富的，这决定了行政诉讼法学所研究的具体范围也相当广泛，我们认为，大体上可分为六个方面：

1. 行政诉讼制度的历史。这是从纵向依时序对行政诉讼法律制度与行政诉讼实践进行系统的历史研究，探求和阐明其起源、本质、类型、特点、发展规律与趋势。

2. 现行行政诉讼制度及其法律规范体系。研究当代各国现行行政诉讼制度及其法律规范体系，重点是对发展与完善我国第一部《行政诉讼法》颁行以来的具有中国特色的社会主义行政诉讼制度及其法律规范体系的研究，以及对“一国两制”格局中行政诉讼法律制度及法律规范体系特点与运用的研究。

3. 行政诉讼制度的理论基础。既要研究外国行政诉讼制度的理论基础，更要着力研究我国社会主义特色行政诉讼制度的理论基础，从行政诉讼法学的特有视角探求和阐明马克思列宁主义、毛泽东思想、邓小平理论、“三个代表”重要思想、科学发展观等中国特色社会主义理论，以及党和国家关于行政诉讼法律制度建设的指导思想，协调、完善我国行政诉讼制度的应然与实然的互动关系，使我国行政诉讼制度与行政诉讼实践的健全发展建立在科学、长效的行政诉讼理论基础之上。

4. 行政诉讼实践中的新情况、新问题和新经验。着重对我国《行政诉讼法》施行过程中的实际问题进行研究，剖析典型案例，把握立法精神，贯彻立法条文，从理论上深化实践中总结出来的新经验，探索解决新情况、新问题的最佳方案，不断完善行政诉讼法，指导行政诉讼实践正确、顺利进行。

5. 行政诉讼制度的比较研究。通过对不同类型国家的、同一类型不同法系国家的、同一国家不同社会制度地区的行政诉讼法律制度与行政诉讼实践的比较研究，吸收“所有有利于保护劳动人民利益的东西”（列宁语）为我所用。

6. 行政诉讼法律意识形态。对国内外有关行政诉讼的学说、观点进行研究与讨论，完善我国行政诉讼法学理论体系；加强行政诉讼法知识的社会宣传与普及教育，增强社会成员的行政诉讼法制观念，为我国现行行政诉讼法律制度的完善发展及行政诉讼实践创造良好的社会意识形态条件。

总而言之，行政诉讼法学的研究对象是明确的，研究范围是广泛的，研究内容是丰富的。从发展的趋势看，随着理性认识的不断深化与拓展，行政诉讼法学可以划分其衍生的分支或交叉学科，比如外国行政诉讼法学、比较行政诉讼法学、行政诉讼证据法学、行政审判心理学、行政诉讼法制史学、行政诉讼法律思想史学等等。但是，不论我国行政诉讼法学在初创起步阶段还是完善发展阶段，都须以中国特色的社会主义行政诉讼法律制度与行政诉讼实践为研究的重点和轴心，为我国《行政诉讼法》的切实施行及完善发展提供科学理论服务。

第二节 行政诉讼法学的学科地位

一、行政诉讼法学学科地位的概念

（一）行政诉讼法学学科地位的多视角分析结论

学科是相对独立的知识体系。行政诉讼法学的学科地位，可从不同的角度来观察。

1. 从学科的性能上看，行政诉讼法学的实践性鲜明，其研究对象及理论成果直接与行政诉讼立法、司法、守法的社会实践活动相关联。它属于应用法学学科，不属理论法学学科。

2. 从学科的层级上看，行政诉讼法学具有行政诉讼法制根基，而行政诉讼法在我国已成为根本大法即宪法之下的一门独立的基本法律部门，由此决定了行政诉讼法学已是仅次于根本法学即宪法学的一门独立的基本法学科，而不是其他某一门基本法学科的附属或分支。

3. 从学科的门类上看，行政诉讼法学是对在诉讼法律制度及其实践这一领域中新兴的行政诉讼法律制度与行政诉讼实践进行专门、系统研究的学科。因此，随着行政诉讼法制脱离了民事诉讼程序的外壳，而在整个诉讼法制系统中明确其独立地位后，行政诉讼法学理所当然地成为诉讼法学科门类中的一门独立学科，而不是实体法学科的组成部分。

根据以上认识，试作我国法学学科体系图（如下），标示行政诉讼法学在该体系中的地位。

（二）对“行政诉讼法的学科地位”的定义

综合以上分析可知，行政诉讼法学的学科地位，即指行政诉讼法学是我国社会主义法学

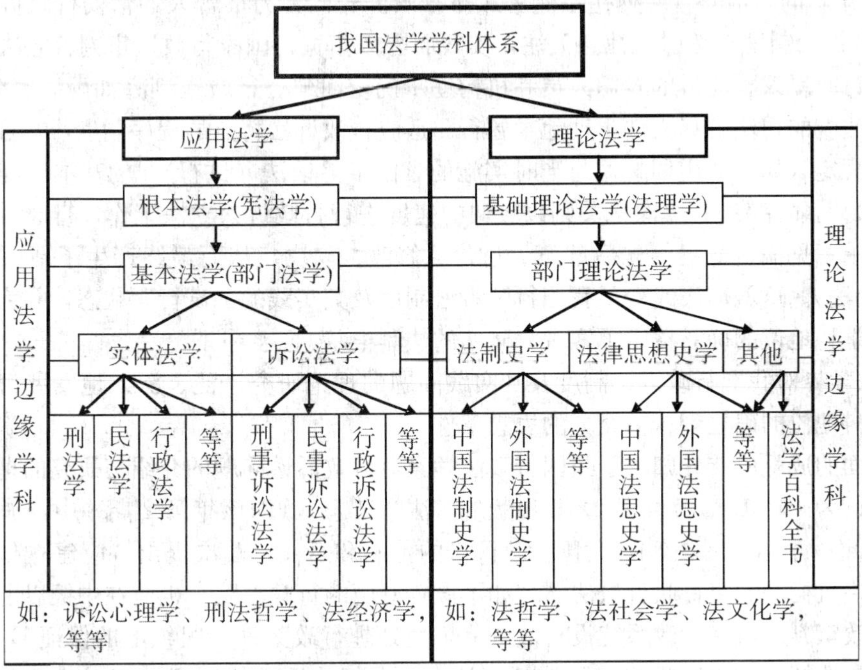

我国法学学科体系图

体系中的一门实践性很强的、独立的、基本的诉讼法学学科。《中华人民共和国国家标准·学科分类与代码表（GB/T13745—92）》（国家技术监督局 1992 年 11 月 1 日批准，自 1993 年 7 月 1 日起实施）在“E 人文与社会科学，代码为 710—910”门类中，明确把行政诉讼法学列为法学一级学科（“820 法学”）之下的部门法学（“820.30 部门法学”）中的一门独立学科（“820.3045 行政诉讼法学”）。

二、行政诉讼法学学科地位的确立原因

应当着重指出，我国行政诉讼法学的学科地位的确立，具有其必然的主客观原因。主要是：

1. 我国行政诉讼及其实践普遍展开，完善发展，其中特别是第一部《行政诉讼法》的颁布与施行，在客观上为行政诉讼法学学科地位的确立奠定了牢固的法制根基。

我国于 1982 年以《民事诉讼法（试行）》的颁布为标志开始建立行政诉讼制度。① 但是，我国行政诉讼法学并未伴随着行政诉讼制度同步创立。在 1982 年至 1986 年之间，有关行政诉讼问题的探讨，或者湮没于民事诉讼法学中而无一“节”之地，或者虽受行政法学扫描，但多偏于概述外国的东西。这里的根本原因在于我国行政诉讼制度及其实践在这段期间处于法律地位不独立（为《民事诉讼法（试行）》所包容）、内容不完善（欠缺适应行政诉讼特点的程序制度）、实践面不普遍（只限少量经济行政处罚案的诉讼）、社会不重视（不仅理论界问津者寡，而且连最高人民法院数年的年度审判工作总结报告更只字不提）的“试行”状态，不具备由一门独立学科予以专门、系统研究的条件，从而导致当时并无行政诉讼法学学科地位可言。

① 《中华人民共和国民事诉讼法（试行）》第三条第二款规定：“法律规定由人民法院审理的行政案件，适用本法规定。”

1986年新的《治安管理处罚条例》颁布，以公安机关为被告人的治安行政诉讼出台以后[①]，行政诉讼制度骤然引起社会关注，实践面骤然拓宽；国家行政、审判、立法机关亦为之振奋，行政复议、应诉的专职人员和机构逐步确定组建。行政审判庭如雨后春笋般设立，最高人民法院的司法解释文件主动地“暂行”适应行政诉讼特点的程序制度，并且未曾顾虑其中某些规定（如不适用调解）与当时实施的《民事诉讼法（试行）》的基本原则（如着重调解原则）明显冲突[②]；立法机关则以较快的速度进行行政诉讼立法工作，行政诉讼法的试拟稿、征求意见稿、草案等先后起草、讨论、修改、议决，从而最终产生了新中国第一部《行政诉讼法》。这就彻底改变了我国行政诉讼制度及其实践的“试行”状态，并为我国行政诉讼法学学科地位的确立奠定了客观、坚实的法制根基。

2. 法学界对我国行政诉讼制度及其实践问题的理论研究广泛、深入地发展，为行政诉讼法学学科地位的确立创造了充分的思想条件。

这方面的成就应首先归功于我国行政法学家对行政诉讼问题的介绍与研究的理论勇气和学术开拓行为。在1983年4月12日出版的《法学杂志》（即该年第2期）中，熊先觉发表《论行政诉讼》一文，率先阐述我国行政诉讼的范围和意义，首次提出“应建立和健全专门的行政裁判机构和制定行政诉讼法。”“如不设置专门的行政法院，也应在中级以上人民法院内设立行政审判庭或在行政系统设行政法庭，使处理行政案件有组织上的保证”，从而“根据我国的具体情况建立起具有中国特色的社会主义行政诉讼体制。”（见该杂志第33至35页）。由王珉灿主编、张尚鷟副主编，并于1983年6月由法律出版社出版的全国第一部行政法学统编教材《行政法概要》，率先简释我国行政诉讼问题（见该书第150至151页“法院判决”），并概要地介绍苏联、东欧及西方国家行政诉讼情况（见该书第154至159页“外国行政诉讼制度概况”）。从此，行政诉讼问题研究进人我国法学界的视野。

1983年7月法律出版社出版的由柴发邦主编，常怡、曾昭度、江伟副主编的全国第一部民事诉讼法学统编教材《民事诉讼法教程》中，对我国行政诉讼的条件作出最早的学理解释（见该书第20至21页“一、对事的效力”）。不久，姜明安于1983年12月18日定稿的《行政法学》（后由山西人民出版社1985年1月出版）中，率先设置专章研讨我国行政诉讼问题和介绍国外行政诉讼制度，并主张在全国要设立统一的行政法院或行政法庭（设于普通法院内），要着手制定统一的行政诉讼法（见该书第365至424页“第六章行政诉讼”）。在1984年第1期《中国政法大学学报》中，朱维究发表《应当建立和健全人事行政诉讼制度》；该学报同年第3期中，常国顺发表《关于法院审理的行政案件问题》；在1984年第4期《法学研究》中，朱维究发表《试论我国的行政诉讼》。1984年12月，应松年、朱维究在其合著完稿的《行政法学总论》中（后由工人出版社于1985年12月出版）率先在“国家

---

① 1986年9月5日第六届全国人大常委会第十七次会议通过的《中华人民共和国治安管理处罚条例》（该条例已于2006年3月1日被《中华人民共和国治安管理处罚法》废止）第三十九条规定：“被裁决受治安管理处罚的人或者被侵害人不服公安机关或者乡（镇）人民政府裁决的，在接到通知后五日内，可以向上一级公安机关提出申诉，由上一级公安机关在接到申诉后五日内作出裁决；不服上一级公安机关裁决的，可以在接到通知后五日内向当地人民法院提起诉讼。”

② 1985年11月6日最高人民法院颁布《关于人民法院审理经济行政案件不应进行调解的通知》指出：“这种行政案件的原告是受到行政处罚或者其他行政处理的企业事业单位、其他组织或者个人，被告是行使国家管理职权的主管行政机关。人民法院审理这种行政案件，不同于解决原被告之间的民事权利义务关系问题，而是要以事实为根据，以法律为准绳，审查和确认主管行政机关依据职权所作的行政处罚决定或者其他行政处理决定是否合法、正确。因此，人民法院不应进行调解，而应在查明情况的基础上作出公正判决”。1987年7月21日，最高人民法院《关于审理经济纠纷案件具体适用〈民事诉讼法（试行）〉的若干问题的解答》（法（经）发〔1987〕20号）再次指出：“对于经济行政案件，不能调解。”

行政管理的法制监督”一章中设置专节阐述中外行政诉讼概况，并提出根据我国国情，参考各国经验，制定统一的或分类的行政诉讼法（见该书第353至373页“第七节行政诉讼”）。上述论著的发表出版，确系法学界对我国行政诉讼问题研究的先声。

1986年治安行政诉讼出台后，同年11月和12月召开的中国诉讼法学研究会“广州会议”和中国行政法学研究会“重庆会议”的与会者们对建立我国行政诉讼法制、完善行政诉讼实践的各方面问题进行的热烈探讨，成为法学界普遍、深入开展对我国行政诉讼问题研究的重大标志。1988年6月朱维究主编的《行政诉讼法原理》（后由中国政法大学出版社于同年8月出版），江必新著成于1988年9月的《行政诉讼问题研究》（后由中国人民公安大学出版社于1989年8月出版），以及1989年2月柴发邦主编的《当代行政诉讼基本问题》（后由中国人民公安大学出版社于同年10月出版），无疑应当首推为早年专门、系统地研究我国行政诉讼制度及其实践的典籍。尤其是朱维究主编的《行政诉讼法原理》，可以认为是我国行政诉讼法学创立的具体标志。

3. 法学界对我国行政诉讼制度及其实践问题的研究，充分展示了行政诉讼法学理论的社会价值，为行政诉讼法学学科地位的确立，提供了丰硕的理论成果。

治安行政诉讼出台以后，行政诉讼的实际案例和遇到的疑难问题，为法学家们提供了理论总结和研讨的丰富资料。同时，法学界对我国行政诉讼制度及其实践问题的研究，从比较个别、粗浅、零碎发展到比较普遍、深入、系统。一方面，为完善发展我国行政诉讼法律制度及其实践提供了一整套较为成熟的行政诉讼法理论与构想，促成了我国第一部社会主义的《行政诉讼法》诞生，掀起1989年4月至1990年10月的在全国范围内的一场学习、宣传《行政诉讼法》的理论热潮，推动着《行政诉讼法》的切实施行，充分显示了行政诉讼法学理论的重大社会价值。

另一方面，这也同时使行政诉讼法学及其研究内容、理论成果从无到有、由点到面、从少到多地发展起来。迄今，已经公开或内部发表、出版的行政诉讼法学论文达数千篇、专著达数百部（据笔者不完全统计，至1991年10月止，仅是在主要法学报纸杂志上公开发表的行政诉讼专题论文就有595篇），各种版本的行政诉讼法学教科书及教学大纲先后问世，有数百部之多，全国性的、跨省区的和省级的行政诉讼法学术研讨会多次举行，并产生出许多来自理论部门和立法、司法、行政部门的很有价值的理论观点及实践经验的研究总结。所有这些都为行政诉讼法的完善和行政诉讼法学学科地位的确立，提供了丰硕的理论成果。

从全国范围看，在1989年《行政诉讼法》颁布以后，各级各类法律院校系均已开设行政诉讼法学课，并作为一门单独的专业必修课程列入教学计划之中；中国政法大学率先组建“行政诉讼法教研室”，其他院校系则或由诉讼法教研室组成行政诉讼法教学小组或确定专任教师专门开课，或由诉讼法教研室和行政法教研室分别组成各自的行政诉讼法教学组双头并进，同时开课。尽管在20世纪90年代中后期教育部调整收缩法学专业设置及课程安排以后，行政诉讼法学课被合并为《行政法与行政诉讼法学》，但仍然是法学专业的必修课程。在法学界一支专门从事行政诉讼法学教学、科研的队伍已经形成并正在不断壮大发展。

抚今忆昔，若以1983年第一部统编行政法学教材《行政法概要》的阐述为萌芽或起点的话，那么仅仅几年时间，行政诉讼法学就已经在我国获得了蓬勃的发展，从位居于行政法学、民事诉讼法学的一个章节或论题而茁壮成长为我国社会主义法学体系中一门新兴的、独立的诉讼法学科，且跨入21世纪至今仍勃勃生存于我国法学学科之林中。这一客观现实，正是法学界努力奋斗的硕果，我们应该拍掌欢迎。

当然，也应该看到，由于受到来自西方的、苏联的“大行政法学”的影响，我国法学界对行政诉讼法学的学科地位的认识现状并非令人满意。尤其是不少行政法学家虽然也谈“行政诉讼法学”，并亦为其创立作出过不可磨灭的贡献，但至今仍坚持 1983 年全国统编教材《行政法概要》所确立的“大行政法学”的立场与观点，主张“行政诉讼法学”与“行政法学”是密不可分的统一体，行政法学应当包容行政诉讼法学，而行政诉讼法学不应或难以独立于行政法学。[①] 我们认为，这种主张由于只注重行政诉讼法学与行政法学的联系而忽视其区别，因而是值得商榷的（详见本章第三节中“二、行政诉讼法学与行政法学的关系”的论述）。不过，从目前为止已经出版的行政法学著作看，持这种主张的学者在书名上往往自觉或不自觉地将行政诉讼法学（尽管在书的内容里仍把它压缩为一章依附于行政法学之体系中）与行政法学相提并论，或名为《行政法与行政诉讼》，或称之《行政法与行政诉讼法》，或冠以《行政法与行政诉讼法教程》等，有的学者甚至还有独立标示为《行政诉讼法学》的教材或专著出版发行。[②] 这些明显的例证表明“大行政法学”的主张正在发生潜移默化的动摇与改变。我们相信，不久的将来，我国法学界对行政诉讼法学的学科地位一定会形成正确的共识。

第三节　行政诉讼法学的相邻关系

行政诉讼法学作为一门新兴的独立的法学学科，与其他法学学科尤其相邻学科的关系是既有联系又有区别，正确认识这一关系，有助于我们进一步明确认识行政诉讼法学的学科地位。

一、行政诉讼法学与宪法学的关系

宪法学是研究宪法的本质及其产生和发展的规律性的一门学科。在法律体系中，宪法居于首要地位，它是国家立法工作的法律基础，其他各部门的法律包括《行政诉讼法》在内都必须是以宪法为立法根据，都是为贯彻宪法原则，都不能同宪法规定相抵触。这也就决定了宪法学为行政诉讼法学的研究提供了理论原则基础。比如，宪法学对于国家阶级本质及政权组织形式的研究，为行政诉讼法学研究行政诉讼制度形成的国体与政体条件奠定了理论原则基础，宪法学对于公民基本权利与义务、国家机构的研究，为行政诉讼法学研究行政诉讼的

---

① 比较有代表性的观点可参见姜明安主编《行政法与行政诉讼法》第 20～22 页对行政法学与行政诉讼法学关系的论述，高等教育出版社 2002 年 7 月第 1 版。

② 如，龚祥瑞主编《行政法与行政诉讼法》法律出版社 1989 年版；姜明安著《行政法与行政诉讼》中国卓越出版公司 1990 年版；马怀德主编《行政法与行政诉讼法》中国法制出版社 2000 年版；方世荣主编《行政诉讼法案例教程》中国政法大学出版社 1991 年 8 月版；皮纯协、胡锦光主编《行政诉讼法教程》中国人民大学出版社 1993 年版；罗豪才、应松年主编《行政诉讼法学》中国政法大学出版社 1990 年 10 月版、1996 年版；应松年、杨小君、方世荣《行政诉讼法学》中国政法大学出版社 1994 年版；于安、江必新、郑淑娜编著《行政诉讼法学》法律出版社 1997 年版；薛刚凌主编《行政诉讼法学》华文出版社 1998 年版；姜明安著《行政诉讼法学》北京大学出版社 1993 年版、2001 年 8 月版；应松年主编《行政诉讼法学》中国政法大学出版社 1994 年 7 月版、1999 年修订版、2002 年修订 2 版；张树义《行政法与行政诉讼法学（面向 21 世纪课程教材）》高等教育出版社 2002 年 9 月版；周梁云《行政法与行政诉讼法学》云南大学出版社 2004 年 9 月版；刘恒《行政法与行政诉讼法学》西安交通大学出版社 2005 年 8 月版；徐静琳《行政法与行政诉讼法学（法学核心课程系列教材）》上海大学出版社 2005 年 12 月版；方世荣、徐银华、丁丽红编著《行政诉讼法学》清华大学出版社 2006 年版；刘志坚、程雁雷《行政法与行政诉讼法学》人民法院出版社 2006 年版；姜明安主编《行政法与行政诉讼法》法律出版社 2006 年第 2 版；马怀德《行政法与行政诉讼法（现代法学教材）》中国法制出版社 2007 年 3 月版；邹荣、沈福俊主编《行政法与行政诉讼法学（新世纪法学教材）》北京大学出版社 2007 年 6 月版；马怀德《中国行政诉讼法》中国政法大学出版社 2007 年 8 月版；应松年主编《行政法与行政诉讼法学（教育部“十一五”国家级规划教材）》中国政法大学出版社 2008 年 3 月版；王麟《行政诉讼法学（高等政法院校专业主干课程）》中国政法大学出版社 2008 年 9 月版；马怀德《行政诉讼法学（第二版）（公法系列教材 普通高等教育“十一五”国家级规划教材）》北京大学出版社 2008 年 10 月版；徐祥民、孟鸿志《行政法与行政诉讼法学》科学出版社 2009 年 6 月版等。

立法根据，以及确保公民合法权益，加强行政审判，维护与监督行政机关依法行政等一系列行政诉讼立法、司法实践及其规律也提供了必要的理论原则基础。

但是，宪法学的研究并不能代替行政诉讼法学的研究。由于两者研究对象范围的不同，研究的角度与程度即使在同一问题上也是不同的。

宪法学只是从大政方针、原则机理，确认公民基本权利，构建国家制度，设置国家机构及其工作原则的宏观角度，为行政诉讼法学提供必要的理论原则基础，而有关行政诉讼制度的设立、实践及其完善发展等等一系列的问题的研究，则是行政诉讼法学本身的任务，行政诉讼法学应当把行政诉讼制度及其实践活动作为一个整体加以系统、全面、具体地研究。当然，行政诉讼法学的研究，必须符合宪法学的科学原理，并且应以宪法学于宪法原则机理的根本性论述为指导。

二、行政诉讼法学与行政法学的关系

行政诉讼法学与行政法学的关系最为密切，以至于“大行政法学”直到今天还诱惑着人们在认识上坚持“两学”合体、密不可分，行政法学应当包容行政诉讼法学，而行政诉讼法学却不应（或难以）独立于行政法学。[①] 这种“大行政法学”观在西方国家的行政法学界是毋庸置疑的。在行政法学的发源地——法国，行政法律随着最高行政法院的建立以及大量的行政案件判例的产生而产生发展的特点，决定了法国行政法学既是建基于对行政判例的系统化研究，又是以行政诉讼问题研究为其基本内容。作为其行政法学的基本观念，不论是19世纪的“公共权力说”，抑或20世纪的“公务说”，都鲜明反映出法国行政法学所要解决的基本问题就是如何区别行政诉讼与非行政诉讼的问题，而其他问题的研讨在20世纪20年代建立行政法学伊始，便是以“控权说”的观念为基本，着力研讨普通法院管辖行政诉讼以及行政审判中决定行政机关行为是否合法的标准问题。美国行政法学以倡导“程序公正”为特征，以研究“在公民受到不法行政行为损害时为他提供充分救济”为基本目标，具有代表性的伯纳德·施瓦茨的《行政法》一书中相当大量的篇幅都是用来研讨行政行为的司法审查和美国行政诉讼问题。日本受大陆法系影响，其行政法学体系为行政组织、行政作用、行政诉讼三大板块；第二次世界大战后日本法制转轨到英美法系后，更加注意了对行政诉讼的研究，南博方、原田尚彦、田村悦一著《行政法》设专编阐述“行政案件诉讼”[②]，室井力主编《日本现代行政法》（中国政法大学出版社1995年版）以及盐野宏著《行政法》（法律出版社1999年版）等也对行政诉讼部分泼墨不少。

在社会主义国家的行政法学家看来，行政诉讼法学也是应包容在行政法学之中的。作为苏联高等学校法律专业教科书的《苏维埃行政法》（N·T·瓦西林科夫主编）等苏联行政法学著作，都是把行政诉讼问题作为专章研究阐述。即使是专门探究行政诉讼的专著，比如B·I·索罗全的《行政诉讼法》，以及E·B·多丁的《行政诉讼中的证据》等，也被认定为是“研究行政法总则问题的学术著作。”[③] 这对我国行政法学的影响相当大，以至于从1983年第一部行政法学统编教材《行政法概要》起到目前的各种行政法学著作中都照此模式把行

① 原国家教委审定的《中国行政法学教学大纲》中，把行政法学分为行政实体法、行政程序法、行政诉讼法三大板块内容。教育部调整法学专业课程安排没有分别独立开设行政法学与行政诉讼法学，而是把两者合并称为“行政法与行政诉讼法学”。这都是“大行政法学”影响的结果。

② 参见蒋永春、舒武香译，王连昌、贺善征审定《日本行政诉讼法》“前言”，西南政法学院司法行政教研室1987年5月版。

③ 见姜明安、武树臣译《苏维埃行政总论》，北京大学出版社1985年10月版，第31页。

政诉讼问题作为一个部分纳入行政法学体系。即使是在行政法学家近年来编著的行政诉讼法学著作中，如罗豪才、应松年主编的《行政诉讼法学》等，也仍受“大行政法学”的制约，只是含糊其辞地说：“行政诉讼法学是社会主义法学理论体系中的一个独立分支。”（该书第44页）并未能明白地提示行政诉讼法学应有的学科地位。我国的“大行政法学”的观念，除受西方、苏联行政法学体系的直接影响外，其主要原因在于认为行政诉讼法学与行政法学的关系最为密切，亲密无间而不能分离独立。

我们认为，行政诉讼法学与行政法学的关系的确最为密切。从某种意义上讲，没有行政法学也就没有行政诉讼法学（当然，反过来就西方、苏联行政法学发展史看，没有行政诉讼法学也就没有行政法学）。这不仅从我国行政诉讼法学创建发展过程来看是如此，而且从我国行政诉讼法学创立条件及其理论内容上看也是如此。行政法学研究的成熟原理，如行政行为法理论、行政程序法理论、行政组织法理论等，无不对行政诉讼法学研究的基本问题，如受案范围界定、被告人的构成、起诉与裁判原则等，起到积极的、决定性的作用。而行政诉讼法学研究若脱离了行政法学所提供的成熟理论，不仅一筹莫展，而且会误入歧途。例如，不掌握行政行为理论，就无从研讨、理解行政诉讼的受案范围；不知何谓“行政纠纷”，就容易混淆行政诉讼与民事诉讼的界限，而将非行政案件纳入行政诉讼受案范围，造成新的“行民不分”状况。如此等等。行政诉讼法学与行政法学之间的密切联系，是以两者所赖以存在的法律部门即行政诉讼法和行政法之间的密切联系为客观基础，是两者作为我国社会主义法学体系的有机组成部分的必然反映，也是两者互相协调、共同促进、携手发展的必然要求。看不到这种密切联系，就无法正确理解行政诉讼法学的创建及其学科地位确立的必要条件，而夸大这种密切联系并视之为行政诉讼法学只能被行政法学所包容的根据，也是极为不妥的。

因为，联系密切的行政诉讼法学和行政法学并非是一个不可分的统一体，而是两门不可互相替代、不可彼此包容的独立的法学基本学科。两者之间具有以下几方面的区别：

1. 两者的法律基础，是不能互相代替的两个独立的基本法律部门①。这一点在我国《行政诉讼法》颁行前后均如此。前者建基于行政诉讼法部门（在我国《行政诉讼法》颁行以前，则是以《民事诉讼法（试行）》所确立的行政诉讼法律制度为法律根基），后者构筑于行政实体法部门。“行政诉讼法必然是也应当是与行政法相对应的一个独立的法律部门。与此相适应，行政诉讼法学与行政法学也应是两个独立的法学部门而不是相反。”②

2. 两者的研究对象，是不能互相替代的两类社会法律现象。前者是以行政诉讼法律制度及其实践为研究对象，后者则以行政实体法及其实践为研究对象。

3. 两者的理论体系结构及具体内容，是不能互相替代与包容的两个各有其特点的逻辑系统。前者是围绕着依法诉讼（其中心是依法审判）以确保人民权益和监督依法行政而设置的科学体系结构；后者则应当是围绕着依法行政为中心以确保高效管理国家与社会事务而设置的科学体系结构。那种置行政诉讼法学体系结构的严谨性和具体内容的丰富性于不顾，人为地不科学地将行政诉讼法学压缩为行政法学结构中的某篇某章的做法，无异于“削足适履”，无助于行政法学体系结构的科学设置。

---

① “已有越来越多的学者认为，行政法与行政诉讼法所调整的社会关系是不同的，因此，它们是两个独立的法律部门。”参见胡建淼著《行政法学（第二版）》，法律出版社2003年2月版，第38页。

② 胡建淼著《行政法学（第二版）》，法律出版社2003年2月版，第38页。

4. 两者的理论基础，是不能互相替代的两种有明显的自身独立性的完整学说。学术界一般公认，前者的理论基础是马克思主义人民主权学说[①]。有论者指出："我国与其他社会主义国家一样，行政诉讼制度赖以建立的最根本的思想理论基础是人民主权说。"同时"依法治国和保障人民的合法权益不受侵害，社会主义国家更要尊重人、关心人，更注重维护人民的合法权益。这些方面，同样也是建立我国社会主义行政诉讼制度必不可少的思想理论基础。"[②] 也有论者认为：行政诉讼制度的理论基础由下列要素构筑：行政权的受制约性；依法行政和行政行为合法性判断的要求；公民权益的保障要求，以及行政争议的必然性和冲突的解决。[③] 而后者的理论基础，则是为人民服务论（服务论）[④]，或者管理论[⑤]，或者控权论[⑥]，或者平衡论[⑦]。

行政诉讼法学与行政法学之间的明显区别是行政诉讼法学作为我国社会主义法学体系中一门独立的基本学科的必然反映，也是行政诉讼法学自身完善发展的必然要求。否定这种区别，既不能正确认识行政诉讼法学的学科地位，也不利于完善发展行政法学。诚如有的学者所言："在《中华人民共和国行政诉讼法》业已实施 11 年以及行政诉讼法学理论业已成熟的今天，继续坚持行政实体法学与行政诉讼法学不分的主张是不可理喻的。"[⑧]

总之，行政诉讼法学与行政法学是既密切联系，又相互区别的两门独立的基本法学学科，前者不可能排斥后者的研究成果，后者没有理由否定前者的学科地位，两者都应当在我国社会主义法学园地里共同繁荣发展。

三、行政诉讼法学与民事诉讼法学的关系

与历史悠久且颇为发达的刑事诉讼法学、民事诉讼法学等诉讼法学学科相比，行政诉讼法学作为一门新兴的诉讼法学学科，与民事诉讼法学的关系尤其密切。行政诉讼制度在1982 年开始正式建立起来，就置身于《民事诉讼法（试行）》之中，以及行政诉讼实践一开始就适用民事诉讼程序的法制实际，不仅决定行政诉讼制度吸收了民事诉讼制度的合理机制，而且亦决定了行政诉讼法学的创建也吸收了民事诉讼法学的研究成果。比如民事诉讼法中的共同诉讼原理，法院主管与管辖的理论，诉的理论，等等，对于行政诉讼法学的相关内容的理论研讨无不起到直接的参考、借鉴作用。倘若没有民事诉讼法学所提供的理论成就，行政诉讼法学的创建是十分困难的。我们从现有的一些行政诉讼法学的著作中，不仅在其内容上，而且在其篇章结构上都可以感受到民事诉讼法学理论成就的光照。

尽管行政诉讼法学与民事诉讼法学关系密切，同属诉讼法学学科，但两者又是互有区

---

① 详见陈平、李传华主编《行政诉讼法通释》，红旗出版社 1989 年 4 月版，第 14 页；张焕光、胡建淼《行政法学原理》，劳动人事出版社 1989 年 7 月版，第 488 页；燕广《论我国行政诉讼法理论基础》，1990 年 10 月全国诉讼法学会杭州会议论文。

② 谭兵《论我国行政诉讼的基础》，《现代法学》1993 年第 1 期。

③ 参看杨解君《行政诉讼的基础与检讨》，中国社会科学院网 2005－3－17 发布。

④ 详见应松年、朱维究、方彦《行政法学理论基础问题初探》，载《中国政法大学学报》1988 年第 2 期；应松年、朱维究编著《行政法学总论》，工人出版社 1985 年 2 月出版，第 103～105 页；陈泉生《论现代行政法学的理论基础》，《法制与社会发展》1995 年第 5 期。

⑤ 详见张尚鷟主编《走出低谷的中国行政法学》，中国政法大学出版社 1991 年版，第 694 页。

⑥ 详见高凛《现代行政法学的理论基础－控权论》，张树义工作室网站原创 2005－4－13 发布。

⑦ 详见罗豪才、袁曙宏、李文栋《现代行政法理论的基础——论行政机关与相对一方的权利义务平衡》，《中国法学》1993 年第 1 期；沈岿《试析现代行政法的精义——平衡》，《行政法学研究》1994 年第 3 期；王锡锌《再论现代行政法平衡精神》，《法商研究》1995 年第 2 期；罗豪才、沈岿《平衡论：对现代行政法的一种本质思考》，见《中外法学》1996 年第 4 期；袁曙宏《现代行政法本质上是平衡法》，见《中外法学》1996 年第 5 期；沈岿《平衡论：现代行政法的理论基础》，中国社会科学院网 2005－3－11 发布。

⑧ 胡建淼著《行政法学（第二版）》，法律出版社 2003 年 2 月版，第 38 页。

别，各自独立的。首先，行政诉讼法学的研究对象不同于民事诉讼法学。民事诉讼法学是对民事诉讼法和民事诉讼活动进行理论概括的科学。它的研究对象是民事诉讼法，以及进行民事诉讼的实践，很显然它不能包容行政诉讼法。其次，行政诉讼法学作为一门独立学科，是与行政诉讼制度不再窠臼于民事诉讼程序，行政诉讼法已经成为一门独立诉讼法律部门相联系的。而民事诉讼法学成为一门法律学科，则是与民事诉讼法发展成为一门法律部门密切联系的。这表明，行政诉讼法学与民事诉讼法学各自具有独立的诉讼法制基础。第三，虽然行政诉讼法学应当吸取民事诉讼法学的研究成果，但是，行政诉讼法学并非民事诉讼法学的复制品。民事诉讼法学的内容不应也不能被用来照套行政诉讼法学的内容。行政诉讼法学不仅有自己的学科体系结构，而且有自己的学科内容，因此，不能完全照搬套用民事诉讼法学的模式。比如，关于行政诉讼第三人的问题，就不应也不能照套民事诉讼法学的第三人理论，把它分为有独立诉讼请求权的第三人和无独立诉讼请求权的第三人加以论述。否则，势必脱离行政诉讼法的研究对象及其范围，冲击行政诉讼法学自身的科学性，从而在实际上将独立的“行政诉讼法学”，变成“民事行政诉讼法学”，不利于民事诉讼法学和行政诉讼法学这两门独立的诉讼法学学科的共同繁荣发展。

四、行政诉讼法学与民法学、证据学的关系

除上述外，行政诉讼法学与民法学、证据学等法学学科亦都有一定的联系。与民法学、证据学相比较，行政诉讼法学的独立地位是不言而喻的。但是，行政诉讼法学的发展，离不开吸收民法学、证据学等学科的研究成果以丰富自己的内容。民法学、证据学的研究成果，对于行政诉讼法学某些问题的研究无不起到积极的理论指导作用。比如，民法学中关于法人和非法人的原理、侵权责任学说、损害赔偿理论，对于行政诉讼法学研究原告与第三人的构成问题，研究行政侵权赔偿责任诉讼问题，研究行政诉讼的受案范围问题都有积极的理论借鉴意义。证据学中关于举证责任理论、证据规则原理、证明标准理论、证据审查判断运用原理等等，对于行政诉讼法学研究行政诉讼证据理论与实务问题的积极指导及互动作用，更是显而易见的，例如，2002 年 6 月 4 日由最高人民法院审判委员会第 1224 次会议通过自 2002 年 10 月 1 日起施行的《最高人民法院关于行政诉讼证据若干问题的规定》（法释［2002］21 号）就是行政诉讼法学与证据学有机结合对于行政诉讼中的证据问题研究所得并返致指导行政诉讼证据实践而产生的典范。

第四节　行政诉讼法学的研究方法

行政诉讼法学是一门新兴的独立的诉讼法学学科。它的创立与发展完善，不仅需要马克思主义的理论勇气，敢于提出问题与任务，而且需要有马克思主义的思想方法及其指导下的其他的科学方法与途径，善于分析研究问题与完成研讨任务。

一、唯物辩证法和历史唯物主义的方法

这是我国行政诉讼法学作为马克思主义法学新发展而产生的新学科，所必需的最基本的研究方法。唯物辩证法和历史唯物主义，是马克思主义哲学构成内容，是关于自然、社会和人类思维发展最一般规律的科学，是科学的世界观和方法论的统一，是唯物论和辩证法的统一，又是理论和实践的统一，是工人阶级及其领导下的广大人民群众认识世界和改造世界的锐利思想武器。因此，坚持唯物辩证法和历史唯物主义的研究方法，不仅是行政诉讼法学的阶级性亦由它是社会主义法学体系的一门学科所决定的，而且也是在行政诉讼法学研究中坚持四项基本原则，保证与维护本学科的科学性的必然要求。

我们要研究解决行政诉讼法学面临的问题，离不开唯物辩证法和历史唯物主义的研究方法。行政诉讼作为一种特殊的社会法律现象为什么会产生，它和经济基础的关系怎样？行政诉讼与社会、政治、经济、文化的关系怎么样相互影响、互相作用？行政诉讼法的阶级性、社会性与科学性如何认识？行政诉讼与安定团结局面，行政诉讼法的实施与社会稳定、社会和谐、发展大局的关系如何理解与处理？中国特色的社会主义行政诉讼法与资本主义行政诉讼法、其他社会主义国家行政诉讼法在性质、类型、特点上有何区别，为何有区别？我国如何吸取、借鉴外国行政诉讼制度对我有益有用的东西？如此等等。所有这些问题的解决，都应当运用唯物辩证法和历史唯物主义的方法进行研究、分析，才能得出科学的结论。

二、理论与实际相结合的方法

理论联系实际，从实际出发，实事求是，是马克思主义的学风，也是我们研究行政诉讼法学的基本方法。

理论联系实际的方法，要求我们在对行政诉讼问题进行研究的时候，要尊重客观事实，从客观实际出发，采取实事求是的态度。要避免以主观代替客观，以片面代替全面，脱离实际的教条主义倾向。同时，理论联系实际的方法，还要求我们要正确地认识行政诉讼法学在我国独立存在的客观根据与事实，要避免脱离行政诉讼法学理论研究状况和学科存在与发展现实，以传统的引进的概念来硬套这一事实、否定这一事实的不利于行政诉讼法学乃至整个社会主义法学繁荣发展的教条主义倾向。

理论联系实际的方法，还要求我们应当把行政诉讼法的条文与行政诉讼法实施的实际情况联系起来进行研究。这就是说，在研究行政诉讼法的时候，不能只停留在对明文规定的行政诉讼法条款内容的分析上（这当然是起码的要求），必须把行政诉讼法的规定同实际的情况、把纸面的东西同现实的东西联系起来考察。这样才能使研究所得符合于客观实际。尤其是在我国社会主义初级阶段，行政诉讼法作为一门新兴的基本法律部门，在实施过程中一定程度上也存在着纸上的东西与现实的东西的矛盾：或者是纸面的东西尚有缺陷与不足，而无法满足现实的需要，或者是现实的东西与纸面的东西相抵触，而无法实现纸面的要求，解决这一矛盾需要一个过程。这就需要我们在研究行政诉讼法时，把条文规定和实际情况联系起来，善于发现矛盾，并寻找解决矛盾的正确途径和妥善办法。总之，要研究好中国的行政诉讼法治，诚如顾培东所言就“要立基于‘法治的中国因素’，直面中国的法治实践，对在中国这片土壤中如何实行法治做出自己的回答，为中国法治的创造性实践提供应有的智慧。”①

理论与实际相结合的方法，还要求我们在进行行政诉讼法学研究时，不仅要注意总结行政诉讼的实践经验与教训，找出规律性的东西从理论上加以概括，要对行政诉讼中出现的新情况、新问题从理论上作出正确的回答，而且，还要注意把理论研究成果反作用于实际之中，接受行政诉讼立法、司法实践活动的检验。从而使行政诉讼法学既随着实践产生，又指导实践并经受实践检验，在实践中坚持正确，修正错误，不断完善发展。

三、系统论的方法

系统论的方法，要求我们把行政诉讼法律制度及其实践作为一个整体进行研究，探析行政诉讼运行的内在联系和合理机制，而不能零散地、更不能支离破碎地进行研究。必须把握行政诉讼立法、司法之间的相互联系，必须把握行政诉讼运作中审判权、行政权、诉权、检察权（法律监督权）之间的相互联系，既要研究静态的行政诉讼法，又要研究动态的行政诉

① 顾培东：《也论中国法学向何处去》，载《中国法学》2009年第1期。

讼法，从而使行政诉讼法学的研究成果能够在整体上对实践起到科学的指导和促进作用。

系统论的方法，还要求我们要全面认识行政诉讼法的法律渊源，不仅要把握行政诉讼法典的全部规范，而且要联系非行政诉讼法典的各种法律规范性文件中记载的行政诉讼法律规范进行综合研究，从而比较全面地掌握行政诉讼法，科学地认识行政诉讼法律规范体系，探求并发挥行政诉讼法的最佳整体功能。

可见，系统论的方法，也是我们研究行政诉讼法律制度及实践问题的重要方法。

四、分析和比较的方法

分析，即对行政诉讼法进行分析研究，对行政诉讼法律规范进行科学的说明和解释。这不仅是行政诉讼法学的一项任务，而且也是它的一种研究方法。通过分析的方法，有助于人们对行政诉讼法这一普遍性的规范有一正确的、具体的理解，有助于立法、司法机关对行政诉讼法适用所遇到的问题作出正确的解释，从而有利于行政诉讼法的正确、顺利贯彻实施。我国《行政诉讼法》颁行以来，各种关于行政诉讼法的“教程”、“指南”、“导论”、“百问”“新释与例解”等的出版，表明分析方法已是普遍使用的行政诉讼法研究方法。

分析的方法，不仅表现在对行政诉讼法规范的整体解释上，而且还要求我们注意对行政诉讼实践中的典型案例进行分析研究。行政诉讼的典型案例，往往是行政诉讼法学研究中各种理论观点的争议点。通过对典型案例的分析研究，实质上就是通过实践来深刻认识行政诉讼法的原则、规范，深刻理解行政诉讼法的立法根基，认真检验各种理论观点的真理性，认真检验各项具体法律规范的正确性和适应性。这不仅有助于行政诉讼立法与司法活动的正确进行，而且有利于行政诉讼法与行政诉讼法学的完善发展。

比较，即对不同历史类型的行政诉讼法进行比较研究，对同一历史类型的不同国家的行政诉讼法进行比较研究，对同一历史类型的同一国家的不同时期的行政诉讼法进行比较研究，这不仅是行政诉讼法学的一项任务，而且也是它的一种研究方法。有比较，才有鉴别；有鉴别，才有正确的评价；有正确的评价，才有科学的取舍存废；有科学的取舍存废，才有我国行政诉讼法的完善发展。

不仅如此，比较的方法，也应用在各种行政诉讼理论观点的真理性的研讨之中。通过对同一问题上的各种不同的理论观点进行比较研究，才能了解和说明各种不同理论观点和利弊得失，才能求得比较正确的学术共识，使理论观点的真理性逐步地取代非真理性，并切实发挥指导实践的应有作用。

分析和比较的方法，往往互相结合运用在行政诉讼法学研究之中，而难以截然分开。但是，我们在运用分析和比较方法时，不能形式主义地局限于行政诉讼法律条文的分析和比较，尤其是在进行纵向历史比较、横向国别比较时，要注意分析行政诉讼法律的社会、政治、经济、文化等条件及其社会效果，这样才能抓住问题的实质，获得科学的结论。

第五节　行政诉讼法学的功能

作为一门新兴的、独立的法学学科，行政诉讼法学发挥其理论的力量，为社会主义社会的发展提供服务。

一、行政诉讼法学的法制辅佐功能

行政诉讼法学具有法制辅佐功能，通过对行政诉讼法律制度及其实践进行理论研究活动，为认真制定和正确执行我国《行政诉讼法》，完善社会主义民主与法制，推行依法治国方略服务。

功能意义，行政诉讼法的含义与渊源、性质、任务、体系、效力以及其在法律体系中的地位，我国第一部社会主义《行政诉讼法》的中国特色及其颁行意义等问题，从而使行政诉讼与行政诉讼法的概要能被人们较完整地了解、把握。

第三章：行政诉讼法的历史发展。通过阐述外国的和中国的、资本主义的和社会主义的行政诉讼法产生、发展概况，探求行政诉讼法产生与发展的客观规律。

第四章：行政诉讼基本理论范畴。揭示行政诉讼目的、阐明行政诉讼价值、论证行政诉讼模式，系统地探讨行政诉讼法特有理论的话语体系。

第五章：行政诉讼法律关系。阐述行政诉讼法律关系的概念、特征、意义，分析行政诉讼法律关系与行政法律关系的关系，揭示行政诉讼法律关系的构成要素，以及行政诉讼法律关系的产生、变更、消灭的规律。

第二编　总论

第六章：行政诉讼的基本原则和基本制度，以揭示行政诉讼活动的基本精神与内在要求为宗旨，阐述与探讨行政诉讼基本原则与基本制度的体系范围、内容、意义。

第七章：行政诉讼受案范围。通过对行政诉讼受案范围的确定原则与方式、行政诉讼案件的构成要素及其具体种类，以及非诉讼行政事项范围等问题的阐述，探讨与我国社会主义初级阶段国情相适应的法院对行政案件的主管权限和相对人诉权的界定。

第八章：行政诉讼的管辖。阐述管辖的确定原则与分类，级别管辖、地域管辖、裁定管辖的基本原则，探求法院内部对行政案件进行最初审判的分工与权限的合理界定。

第九章：行政诉讼参加人。阐述原告、被告、第三人、诉讼代理人、共同诉讼人的构成原理，探讨诉讼参加人的诉讼法律地位。

第十章：行政诉讼证据制度。阐述行政诉讼证据的特征与种类、举证责任、提取与保全、审查判断等问题，研究行政诉讼证据制度的理论与实践。

第十一章：财产保全和先予执行。阐述财产保全和先予执行的概念、条件、程序等基本原理及规范，探寻对涉案财产安全保护及原告合法权益提前落实的判决前运行机制。

第十二章：行政诉讼的期间、送达及费用。阐述行政诉讼期间计算、送达程序等基本法理，探求行政诉讼费用的合理负担以及法律援助和司法救助之适用。

第三编　起诉与立案程序

第十三章：行政案件的起诉程序。起诉是行政诉讼的开端行为，起诉程序为任何行政诉讼案件必经的首发诉讼程序。通过对行政复议与提起行政诉讼的关系、提起行政诉讼的法定条件、起诉的法定程序要求以及起诉的法律效力等问题进行阐述，探求原告诉权在行政诉讼起诉程序活动的基本规律。

第十四章：行政案件的立案程序。阐述立案与起诉、审判的关系，以及法院对起诉的审查与处理，立案的法律后果等问题，探求法院立案权与原告起诉权在行政案件立案程序的活动规律。

第四编　审判程序

第十五章：行政案件审判概述。阐述与探讨行政案件审判在行政诉讼中的地位、审判组织运行的合理机制、人民法院审判行政案件适用的实体法律准绳的特色，以及行政案件的判决与裁定，展示行政审判概貌。

第十六章：行政案件的第一审程序。阐述行政案件第一审程序的地位和作用、审理前的准备、开庭审理、一审判决等理论与诉讼技术问题，探求人民法院与诉讼参与人在一审程序中的诉讼活动规律。

第十七章：行政案件的第二审程序。阐述第二审程序在行政诉讼中的地位与作用、法定动因、程序内容、审理方式、裁判类型等原理，研究人民法院和诉讼参加人在第二审程序活动的特点和规律。

第十八章：行政案件的审判监督程序。阐述审判监督程序在行政诉讼中的地位及其与第二审程序相互关系，审判监督案件再审的审判程序，探求人民法院、人民检察院、当事人在审判监督程序进行中的相互关系及活动规律。

第十九章：行政赔偿及其诉讼。通过对行政侵权赔偿责任的概念、特征、意义、历史发展、构成要件、承担主体、费用来源、赔偿诉讼等实体和程序问题的阐述，研讨行政侵权赔偿责任及其诉讼的理论与实践。

第五编　执行程序

第二十章：行政诉讼强制执行程序。对行政诉讼强制执行规范及基本原理进行阐述，研究人民法院、当事人在行政诉讼强制执行中的活动规律。

第二十一章：非讼行政强制执行。阐述非讼行政强制执行与行政诉讼强制执行之区别，人民法院对具体行政行为的司法强制执行，行政机关对具体行政行为的行政强制执行，对具体行政行为的非诉强制执行的规律进行探讨。

第六编　涉外行政诉讼程序

第二十二章：涉外行政诉讼。阐明涉外行政诉讼的概念、特征、基本原则、程序制度，研究人民法院与外籍原告人等诉讼参与人在我国涉外行政诉讼中的活动规律。

第七编　行政诉讼秩序的保障

第二十三章：行政诉讼强制措施。阐明行政诉讼强制措施的基本原则，妨害行政诉讼行为的构成要件理论以及各项强制措施及其适用程序，探求维护行政诉讼秩序正常化的合理强制性保障机制。

第八编　我国香港、澳门、台湾的行政诉讼

第二十四章：香港特别行政区行政诉讼。阐述香港特别行政区行政诉讼的法律渊源、行政诉讼原则和制度、行政诉讼机关和诉讼参与人、常见行政诉讼类别，以及香港特区行政诉讼程序。

第二十五章：澳门特别行政区行政诉讼。阐述澳门特别行政区行政诉讼的法律渊源、行政诉讼的种类、行政诉讼的基本原则与制度、行政诉讼的诉讼主体，以及行政诉讼的程序。

第二十六章：我国台湾地区行政诉讼。介绍我国台湾地区行政诉讼的法律渊源、行政诉讼的专门机关和诉讼参与人、行政诉讼的类型、行政诉讼的原则与制度，以及行政诉讼程序。

第二章 行政诉讼与行政诉讼法概述

第一节 行政诉讼的概念

一、行政诉讼的概念

何谓行政诉讼？对这个问题的回答，在不同国家由于国情的不同和法律制度的差别，有不同的理解。

（一）西方国家的“行政诉讼”概念

西方国家的“行政诉讼”概念有多个英文语词来表达，含义也不相同，如“Administrative Procedure”即“行政诉讼程序”，指的是行政部门和行使准司法职能的机关，在对提交给他们或提交给适当法庭与个人的要求获得判决的申诉或争议作出裁定时所遵循的程序。又如“Judicial review of administrative action”即“行政行为的司法审查”，指的是高等法庭审查行使行政权力的人或机构的行为，决定其合法性和有效性的权力。具有立法、执行或司法、判决的特征。它的首要原则是，如果被委以权力的人或机构超越了这项权力，或行使了未经授权的权力，这种行为就可能被法院宣布为无效。

我国出版的大百科全书《法学卷》则以“Administrative litigation”一词，作为西方国家的“行政诉讼”概念，它是指在西方国家中，个人在其权利或利益受到行政机关的违法的行为或不行为侵害时，向法院申诉请求撤销或制止这种违法行为和命令行政机关为某种行为或赔偿其所受损失的一种救济手段。资本主义国家的行政诉讼制度，由于各国历史背景和宪法理论的不同，在受理诉讼的法院，适用的原则和诉讼范围的大小上也有所不同，可以分为英美法系的行政诉讼制度和大陆法系的行政诉讼制度。

综上所述，西方的“行政诉讼”属“大行政诉讼”，既包括当事人“诉行政机关”的“民告官”的诉讼，又包括当事人“诉诸行政机关”的由行政机关处理的“民告民”的诉讼。

（二）苏联的“行政诉讼”概念

依据苏联《对公职人员损害公民权利的非法行为向法庭控告的程序法》（1987年6月30日通过，1988年1月1日生效）的规定，苏联的“行政诉讼”，是指公民由于公职人员（包括国家行政机关工作人员和行政管理工作人员）违反法律、擅越权限，侵害公民权利的行为或某些不作为，损害了公民利益，而对公职人员个人或其所代表的机关的行为或某些不作为向法院提起诉讼的活动。在通常情况下，公民只能向法院控告公职人员，但根据行政诉讼特别法的规定，公民在某些情况下可以向法院控告组织。例如：公民有权就选民名单错误对劳动人民代表苏维埃执行委员会提起行政诉讼。同时，组织在某些情况下也可以控告公民，例如：职工在履行职务时，由于自己的过错给企业、机关、团体造成损失，要按直接损失额承担赔偿责任，但不得超过该职工月标准工资的三分之一。在该职工同意的情况下，企业、机关、团体通过扣工资的办法执行。如果本人不同意，企业、机关、团体有权提起行政诉讼，请求法院向该职工追索。所以，苏联的“行政诉讼”不仅要调整公民与国家行政机关公职人员之间的某种关系，而且要调整公民与所有行政管理工作人员之间的某种关系。

T. T. 瓦西林科夫主编的《苏维埃行政法总论》中也认为：“苏联行政诉讼，是法律调整解决国家管理领域中的一定个别案件的制度，其目的在于使行政法的实体规范得到正确的适用，以提高国家管理的效率。”行政诉讼“是管理活动的要素……法庭外解决具体案件是行政诉讼的又一特征，依行政诉讼程序裁决案件的国家机关通常是管理机关，在实践中，某些行政诉讼不仅解决具体的行政案件，而且依行政程序（法院外程序）解决民事案件，土地案件，财政案件和保护其他各种法律关系。”

综上所述，可以看出，苏联也与西方国家一样属于“大行政诉讼”观。

（三）中国的行政诉讼概念

中国大陆和台湾在法制不同的条件下，各有自己的行政诉讼概念。

1. 台湾地区行政诉讼的概念

台湾地区的“行政诉讼法”，渊源于1932年南京政府公布的《行政诉讼法》，沿袭使用至今已经有七十六年的历史且历经多次修订。根据台湾地区“行政诉讼法”第4条等规定，公法上之争议，除法律另有规定外，得依本法提起行政诉讼。行政诉讼，主要是指撤销诉讼、确认诉讼及给付诉讼。台湾地区学者管欧则以英文“Administrative adjudication”来表达行政诉讼。

2. 大陆法学界对“行政诉讼”的认识

我国法学界对行政诉讼概念的含义认识并不完全统一，大体存在着“广义说”与“狭义说”两种观点。

“广义说”以应松年、朱维究教授的《行政法学总论》为主要代表，认为：“所谓行政诉讼，就是指，国家行政机关之间，国家行政机关与社会团体、企业事业单位之间，国家行政机关与公民之间，因行政纠纷，依法由行政机关或司法机关处理解决的一种诉讼活动。”

“广义说”主要流行于我国《行政诉讼法》颁布之前，持此说者多为行政法学界的同志。

随着《行政诉讼法》的制定与颁行，“狭义说”占主导地位，认为：行政诉讼，是指公民、法人或者其他组织认为国家行政机关和行政机关工作人员的具体行政行为侵犯其合法权益时，依照法律、法规向人民法院提起诉讼，由人民法院在双方当事人及其他诉讼参与人参加下，进行审理并作出裁决的诉讼活动。

目前，我国法学界大多数同志持“狭义说”，这对于当前认真贯彻第一部《行政诉讼法》，创建新兴的独立的行政诉讼法学这门学科，都具有积极的实践和理论意义。

当然，也有个别学者坚持“广义说”，这对于行政诉讼法学的学术研究的“百花齐放，百家争鸣”局面亦是有益的。

二、行政诉讼的特征

对于行政诉讼的特征，可以从不同角度进行比较研究。这里仅从诉讼领域的角度，通过行政诉讼与刑事、民事诉讼的共同区别点的比较，来考察行政诉讼作为一项独立的诉讼制度所具有的主要特征。

（一）诉讼主体不同

行政诉讼是“民告官”的诉讼，即它只能由行政管理相对人作原告提起诉讼，被起诉的一方当事人必然是对该原告实施行政管理的行政主体即行政机关及法律法规授予行政职权的非行政机关组织。行政机关在诉讼中永远只能充当被告，没有起诉权和反诉权。这是由于国家行政管理过程的特点和行政诉讼过程的特点所决定的。刑事诉讼大体上是“官告民”的诉讼，它除自诉案件由自诉人提起自诉外，其余均由人民检察院代表国家提起公诉，其他机关、团体和个人包括被害人在内都不得提起刑事诉讼；而刑事被告人是被指控触犯了刑律，应受刑罚的案犯。双方诉讼地位根本不同。民事诉讼则是“民告民”的诉讼，诉讼双方均可提起诉讼，原告起诉，被告可以反诉。

（二）诉讼起因不同

行政诉讼是由有争议的行政机关及其工作人员的具体行政行为引起，即是因为相对人认为具体行政行为侵犯其合法权益导致行政纠纷而产生的。不是具体行政行为引起的合法权益被认为受到侵害的案件，就不能引起行政诉讼的产生。刑事诉讼的起因是由于犯罪分子的犯罪行为发生且依法应当追究其刑事责任；民事诉讼则是由于当事人的民事违法行为发生而导致民事权利、义务纠纷而引起。

（三）诉讼目的不同

在行政诉讼中，法院审理的中心，是确认国家行政机关的具体行政行为是否合法、正确，原被告双方当事人亦是围绕这一中心而起诉、应诉，各执一端，刑事诉讼中所要解决的是犯罪与否及处何种刑罚的问题；民事诉讼所要解决的，是平等民事主体之间民事权利义务的界定止争问题。

（四）证据使用不同

行政诉讼在使用证据证明案情时，实行被告负举证责任的一般原则，被告负责提供作出具体行政行为的事实证据和所依据的规范性文件；刑事诉讼在使用证据证明案情时由自诉人和公诉人即控诉方负举证责任；民事诉讼使用证据证明案情时，根据“谁主张，谁举证”原则，举证责任由当事人即原被告对等分担。

（五）诉讼方式不同

行政诉讼法规定法院审理行政案件不适用调解方式结案；而在刑事诉讼中，自诉的刑事案件，法院可以适用调解方式结案；民事诉讼中，自愿、合法调解结案是一项基本原则。

三、行政诉讼的形成条件

行政诉讼制度在近现代社会中作为一项法律制度而存在，有其形成的主客观条件。

（一）思想理论基础

资本主义的行政诉讼制度的思想理论基础主要有：1. 法治主义原则，包括政府权力有限、政府行为和公民都要受法律约束和政府侵权应受司法追究等观念。2. 分权制衡理论，包括三权（立法权、行政权、司法权）的分立。行政权由政府行使，但权力的分立和权力的制衡两个方面不可分割，主张立法权、行政权、司法权要互相监督，互相制衡；为防止行政权力的运行发展为行政专横，须以司法权力经常地对行政权力的运行进行法律监督控制，行政诉讼正是这种权力制衡的具体反映形态。

社会主义国家行政诉讼制度的思想理论基础，在我国法学界主要有三种看法：第一种认为，行政法治原则是行政诉讼的理论基础，实行行政诉讼保障政府依法行政，是行政法治原则的应有之义。第二种看法认为，马克思主义的人民主权学说才是行政诉讼的理论基础。我国行政诉讼法的制定与施行都贯彻和体现了这一学说所包含的人民和权力的统一论，人民对权力的决定论，权力为人民服务论，人民监督权力论，人民决定权力命运论，人民民主政治论，实行人民法制论等基本思想理论。社会主义行政诉讼的产生和发展正是人民主权学说现实化的客观要求，而人民通过行政诉讼既监督人民公仆——政府机关的管理活动，又维护人民合法权益，正是人民在社会主义国家当家做主人的政治地位的必然要求和具体体现。第三种意见认为，我国的依法行政原则，议行合一原则，人民主权原则形成一个统一整体，成为行政诉讼的思想理论基础，使得我国的行政诉讼制度与西方国家的行政诉讼制度比较而言具有鲜明的人民性，行政诉讼的独立性和监督救济的彻底性。

（二）政治条件

行政诉讼制度是建立在一定的国家政治结构、体制之上的，资产阶级革命胜利夺取了国家政权，为行政诉讼创设了国体基础，其代议民主制和宪政制度的确立，以法治政府和有限政府取代中世纪的王权政治，为行政诉讼奠定了政体基础。

社会主义国家政治制度的建立，是社会主义行政诉讼制度产生的政治条件。在我国，以工人阶级（知识分子是工人阶级的组成部分）为领导的，以工农联盟为基础的人民民主专政的社会主义国家的建立，为我国社会主义行政诉讼制度的产生奠定了牢固的国体前提，"以一切权力属于人民"为特征的人民代表大会制度则提供了政体条件。20 世纪 80 年代开始的政治体制改革，则促成了行政诉讼制度的正式建立与完善发展。

（三）经济条件

商品经济的发展与国家通过政府对商品经济的干预，是行政诉讼制度产生的社会经济条件。封建社会以前，不存在这种条件。资本主义社会中，商品经济的发展，创造出国家以外的商品经济主体，而政府代表国家对商品经济的干预过程（此种干预在"二战"后更显著），必然与商品生产经营者发生行政管理冲突和纠纷，需要通过行政诉讼制度予以迅速平息。

社会主义国家行政诉讼制度产生也有其经济条件，这就是有计划的社会主义商品经济的发展，存在着以公有制为主体的多种经济成分，形成多种经济主体、经济利益并存的局面。尤其在我国，经济体制改革促进了计划经济向有计划商品经济、市场经济的发展，企业法人已成为独立的社会主义商品生产经营者，具有独立的法人地位，政府在政企分开过程中对企业的商品生产经营活动实行调控的同时，因使用行政权力与企业法人产生的行政管理纠纷，就要求行政诉讼制度出台予以有效解决，从而充分、随时地保障社会主义市场经济健康、顺利发展。

（四）诉讼技术条件

行政诉讼的各种具体制度都不同程度地吸收和直接利用了其他诉讼制度的内容。各国行政诉讼制度的形成和发展，从具体诉讼程序、原则、方法及至立法体系大多有赖于其他诉讼制度尤其是民事诉讼制度所提供的诉讼技术条件。在我国，行政诉讼制度的开始建立就是直接为民事诉讼制度的一部分，在 1990 年随着《行政诉讼法》生效施行，行政诉讼程序独立出来后，在一些具体诉讼技术上，仍要参照民事诉讼的适宜程序规则。为此，最高人民法院《关于执行〈中华人民共和国行政诉讼法〉若干问题的解释》（法释〔2000〕8 号）第 97 条明确规定："人民法院审理行政案件，除依照行政诉讼法和本解释外，可以参照民事诉讼的有关规定。"《最高人民法院关于审理反补贴行政案件应用法律若干问题的规定》（法释[2002] 36 号）第 11 条也规定："人民法院审理反补贴行政案件，可以参照有关涉外民事诉讼程序的规定。"

四、行政诉讼的功能

行政诉讼是保护公民、法人和组织的合法权益，监督和维护国家行政机关依法进行行政管理的重要法律制度。它具有以下功能：

（一）对行政机关的具体行政行为进行司法矫正的功能

国家行政机关为保证正常的社会秩序、生产秩序和生活秩序，在日常进行着大量、普遍的具体行政行为。当有的具体行政行为侵犯了公民、法人或组织的合法权益时，它们就可以依法向人民法院提起行政诉讼，要求矫正违法的具体行政行为。人民法院通过对具体行政行为的审理，根据不同情况，对违法的具体行政行为，分别作出撤销或部分撤销、变更的判决，代表国家矫正违法的行政行为，行使司法矫正功能。

（二）保护公民、法人和组织的合法权益不受侵害的功能

当公民、法人和组织对行政机关作出的具体行政行为不服时，可以依法提起行政诉讼，由人民法院依法撤销或变更违法的行政行为，并要求国家行政机关由于违法行政行为给公民、法人或组织的合法权益造成的损害进行赔偿，使公民、法人或组织的合法权益得到切实有效的保障。

（三）对国家行政机关进行监督，提高国家行政效能的功能

国家行政机关的活动包括社会生活各个领域，直接涉及人民群众的利益，要使行政管理高效、正确、合法、不侵害人民的利益，就必须加强行政监督。人民法院作为行政法制监督的一个重要部分，就是通过依法审理各种行政诉讼案件，以判决和裁定的形式来进行的。对违法的具体行政行为判决撤销或变更，对国家行政机关及其工作人员违法乱纪和不负责任，以至人民的合法权益遭受损害时，责令赔偿。因此，通过行政诉讼，使行政机关的行政行为受到监督，可以起到克服官僚主义作风，提高行政效能的功能。

第二节 行政诉讼法概念

一、行政诉讼法的概念

行政诉讼法，是规定有关行政诉讼程序的法律规范的总称。它是调整人民法院和诉讼参与人在解决行政争议过程中所进行的活动，以及确定诉讼主体在这些活动中所形成的权利和义务关系的法律规范。行政诉讼法是人民法院审理行政争议，和诉讼参加人进行诉讼活动必须遵守的准则。

行政诉讼法，有广义和狭义两种理解。广义的行政诉讼法，是指宪法、法律、行政法规等规范性文件中，与行政诉讼有关的一切法律规范。广义的行政诉讼法在我国早就存在了，例如宪法中关于人民法院审判制度，公民基本权利和义务的规定；民事诉讼法（试行）中适用于行政诉讼的有关规定（该法第三条第二款）；各种单行行政法规中有关行政诉讼的规定，以及最高人民法院发布的有关行政诉讼的规范性文件等，都是行政诉讼活动必须遵循的。狭义的行政诉讼法，是指一部统一的行政诉讼法典。它是由国家最高权力机关制定，调整行政诉讼法律关系的专门法。我国在1989年4月4日第七届全国人民代表大会第二次会议通过的，于1990年10月1日起已施行的《中华人民共和国行政诉讼法》就是一部单独的行政诉讼法典。

二、行政诉讼法的外延

我国行政诉讼法的外延较广，包括：

1. 宪法和国家机构（法院、检察院）组织法有关行政诉讼基本原则的法律规范。比如，人民法院依法独立行使审判权原则，以事实为根据，以法律为准绳原则，用本民族语言、文字进行诉讼原则等等。

2. 关于行政诉讼的专门性法律，即第七届全国人民代表大会第二次会议通过的《中华人民共和国行政诉讼法》。

3.《民事诉讼法》的有关规定是《行政诉讼法》的必要补充和不可缺少的有机组成部分。最高人民法院发布《关于执行〈中华人民共和国行政诉讼法〉若干问题的解释》（法释〔2000〕8号）第97条特别规定："人民法院审理行政案件，除依照行政诉讼法和本解释外，可以参照民事诉讼的有关规定。"

4. 各种单行法律、行政法规和地方性法规、自治条例、单行条例中与行政诉讼有关的规定。它们通常表现为对公民、法人或者其他组织不服行政机关的具体行政行为、行政复议行为可以在规定期限内提起行政诉讼的权利的规定。比如，《行政复议法》第30条第一款的规定，公民、法人或者其他组织认为行政机关确认土地、矿藏、水流、森林、山岭、草原、荒地、滩涂、海域等自然资源的所有权或者使用权的具体行政行为，侵犯其已经依法取得的自然资源所有权或者使用权的，经行政复议后，才可以向人民法院提起行政诉讼，但法律另有规定的除外；又如，《中华人民共和国植物新品种保护条例》（1997年3月20日国务院令第213号发布，自1997年10月1日起施行）第32条规定："审批机关设立植物新品种复审委员会。对审批机关驳回品种权申请的决定不服的，申请人可以自收到通知之日起3个月内，向植物新品种复审委员会请求复审。植物新品种复审委员会应当自收到复审请求书之日起6个月内作出决定，并通知申请人。申请人对植物新品种复审委员会的决定不服的，可以自接到通知之日起15日内向人民法院提起诉讼。"

5. 有关行政诉讼的正式解释。包括立法解释、地方性立法解释、审判解释、检察解释、行政解释中有关行政诉讼的规定。如，全国人大常委会法制工作委员会《关于交通事故责任认定行为是否属于具体行政行为可否纳入行政诉讼受案范围的意见》（法工办复字［2005］1号）。2009年5月27日发布实施的《四川省人民代表大会常务委员会关于加强人民检察院对诉讼活动的法律监督工作的决议》（2009年5月27日四川省第十一届人民代表大会常务委员会第九次会议通过）。比较常见的是最高人民法院有关行政诉讼的审判解释，以及最高人民检察院有关行政诉讼的检察解释。比如，《最高人民法院关于执行〈中华人民共和国行政诉讼法〉若干问题的解释》（1999年11月24最高人民法院审判委员会第1088次会议通过）法释〔2000〕8号，《最高人民法院关于行政诉讼证据若干问题的规定》（2002年6月4最高人民法院审判委员会第1224次会议通过）法释［2002］21号，最高人民检察院1995年9月4日发布的《关于抗诉案件向同级人大常委会报告的通知》（高检发〔1995〕15号），2001年10月9日施行的《人民检察院民事行政抗诉案件办案规则》（2001年9月30日最高人民检察院第九届检察委员会第九十七次会议讨论通过）高检发［2001］17号，等等。

6. 我国缔结或者参加的国际条约中有关涉外行政诉讼的规定。这些国际条约与《中华人民共和国行政诉讼法》有不同规定的，除我国声明保留的条款外，一律适用该国际条约中的有关规定。

三、行政诉讼法的性质

我国行政诉讼法的性质，是由国家性质决定的，因为任何法律都是统治阶级意志的体现，同时，又是建立在一定经济基础之上，并为经济基础服务的上层建筑的一部分，我国的行政诉讼法，是由人民民主专政的社会主义国家最高权力机关制定的，反映的是工人阶级及其领导下的广大人民群众的意志，是调整行政诉讼主体的诉讼活动以及由此产生的行政诉讼关系，用以化解行政纠纷，正确实施行政法，为改革开放、发展中国特色社会主义现代化事业服务。所以，它是一部社会主义性质的，具有中国特色的行政诉讼法。

四、行政诉讼法的任务

在我国《行政诉讼法》的第一条中，就开宗明义地阐明了行政诉讼法的任务，这就是：

（一）保证人民法院正确、及时地审理行政案件

行政诉讼法是人民法院审理行政案件的程序法，它的首要任务就是保证人民法院正确、及时地审理行政案件。人民法院要对行政案件进行公正的审理，就必须查明案件事实，界定

清楚具体行政行为是否合法。行政诉讼法对基本原则、受案范围、案件管辖、证据、审理和判决及所适用的法律规范体系等等一系列原则程序制度的规定，就为人民法院对行政案件审理的正确性作了法律保证。为了保证行政案件及时审结，行政诉讼法对当事人和人民法院的诉讼行为的期限作了明确的规定，如起诉、立案、发送诉状副本和答辩状副本、一审、上诉、二审的期限等。

（二）保护公民、法人和其他组织的合法权益

人民法院审理行政案件的目的，就在于确认行政机关的具体行政行为是否合法、正确，对违法的行政行为予以矫正，保护公民、法人和其他组织的合法权益，行政诉讼法在一系列规则中，都体现了这个目的。比如，在规定受案范围中，对涉及行政机关侵犯公民人身权和财产权的具体行政行为，都可向人民法院起诉；在判决的规定中，对违法行政行为可以判决撤销，或要求被告重新作出具体行政行为，对显失公正的行政处罚可判决变更等，在执行及侵权赔偿责任中，也作了具体规定，因此，通过人民法院依据行政诉讼法的规定，对违法行政行为的审判，使损害合法权益的行为及时得以纠正和补救，从而切实、有效地保障了公民、法人和其他组织的合法权益。

（三）维护和监督行政机关依法行使职权

行政机关为了维护国家和社会的公共利益，必须享有充分的行政权力，对国家和社会活动实行有效的行政管理。但是，有权力就应有监督，同时也应加以维护，否则就会滥用权力或权力无效。行政诉讼法在起诉和受理、审理和判决、执行以及起诉不停止执行这个特有原则等方面对此作出了规定，通过人民法院对这些规定的适用，对行政机关合法、正确的行政行为予以维持，并及时执行，而对其违法和不当的行政行为予以撤销和变更，并作出赔偿，从而维护和监督行政机关依法行使其职权。

第三节 行政诉讼法的地位

一、行政诉讼法的对象

行政诉讼法是规定行政诉讼程序的法律，也就是说是调整人民法院和诉讼参加人在解决行政争议过程中所进行的诉讼活动，以及在这些活动中所形成的权利义务关系的法律规范的总和。

因此，行政诉讼法的对象，一是人民法院和诉讼参加人在解决行政争议过程中的一切诉讼活动；二是在行政诉讼活动中形成的行政诉讼法律关系。

二、行政诉讼法是独立的基本法

行政诉讼法第1条规定："为保护人民法院正确、及时审理行政案件，保护公民、法人以及其他组织的合法权益，维护和监督行政机关依法行使行政职权，根据宪法制定本法。"这一规定明确了行政诉讼法的法律规位，是仅次于宪法之下的，与民法、民事诉讼法、行政法等法律处于同等法律地位的基本部门法之一。在我国，一般把民事诉讼法、刑事诉讼法、行政诉讼法并列称为三大诉讼法，并共同保证民法、刑法、行政法、经济法、劳动法等实体法的实施，而行政诉讼法又是其中独立的一个诉讼法。虽然它和民事诉讼法有密切的联系，但二者由于任务、目的不同，在诉讼原则和程序方面，也各有特殊性，所以，这就决定了行政诉讼法是一个独立的法律部门。

三、行政诉讼法与相邻法律部门的关系

（一）行政诉讼法与宪法的关系

宪法与行政诉讼法关系相当密切。宪法是国家的根本大法，规定的是国家的根本制度和

基本原则，同时也是行政诉讼法的立法根据，如：宪法规定“一切国家机关和武装力量，各党派和各社会团体，各企业事业单位都必须遵守宪法和法律。一切违反宪法和法律的行为，必须予以追究。”宪法第 41 条还规定“中华人民共和国公民，对于任何国家机关和国家工作人员的违法失职行为，有向有关国家机关提出申诉、控告或者检举的权利”，“由于国家机关和国家工作人员侵犯公民权利而遭到损失的人，有依照法律规定取得赔偿的权利”。但宪法的这些规定都是一些原则性的规范，要得到保障，还需要基本法和程序法来贯彻落实。行政诉讼法就是对宪法确定的基本原则的具体贯彻和实施。行政诉讼法的实施，使宪法赋予公民的申诉、控告、检举、取得赔偿的基本权利得到具体保障。如行政诉讼法第 11 条规定了具体受案范围，第九章第 67 条、68 条、69 条具体规定了行政赔偿问题等。

（二）行政诉讼法与行政法、经济法的关系

行政诉讼法与行政法、经济法的关系，属于程序法和实体法的关系，是密切联系在一起的。行政法，是调整行政机关在行使行政职能活动过程中所发生的各种社会关系，即行政关系的法律规范。国家行政管理范围广泛，同人民有直接关系，国家行政机关在行使职权进行的行政行为，引起当事人不服发生争议时，就需要通过行政诉讼法加以司法最终解决。我国目前虽没有统一的行政法典，但广义的行政法大量存在，因行政机关的行政行为而引起的争议，除通过行政复议处理途径之外还必须通过行政诉讼程序，明确争议的事实真相，以保证公民、法人或组织的正当权益，同时也保证国家行政机关的行政工作得以顺利进行。因此，行政诉讼法就是解决行政争议的重要程序法，调整的是人民法院和诉讼参与人在行政诉讼过程中的权利义务关系，也为行政实体法的正确贯彻实施服务。

经济法是我国法律体系中的新兴的调整社会纵横经济关系的法律部门。除调整横向经济关系外，它主要调整的是纵向的经济关系，即国家行政机关在组织管理经济活动中所发生的社会关系，这种关系如税务、专利、商标、规划等，都主要是以行政机关单方意志形成、变更和消灭的。所以，经济法调整的纵向社会关系同国家行政机关在管理外交、文教等活动中发生的社会关系一样，都属于行政关系。调整纵向经济关系的经济法的法律规范，也是属于行政法的一个部分。从这一角度讲，行政诉讼法与经济法的关系，实际上是行政诉讼法与行政实体法的关系。

（三）行政诉讼法与法院组织法、检察院组织法的关系

人民法院组织法、检察院组织法与行政诉讼法、民事诉讼法、刑事诉讼法一样，同属于审判法的范畴。组织法与审判法又有区别。组织法规定人民法院、检察院的组织机构和原则，而诉讼法则规定人民法院审判行政诉讼案件、民事案件、刑事案件的原则和程序以及检察院进行监督的程序。尽管如此，它们之间也有某些共同之处，组织法所规定的某些原则和制度，如：人民法院独立进行审判、公开审判、合议等原则，既是人民法院的组织活动原则，又是人民法院审理行政诉讼案件，进行诉讼活动的原则。

（四）行政诉讼法与刑事诉讼法、民事诉讼法的关系

行政诉讼法与民事诉讼法、刑事诉讼法都属于程序法，它们共同构成我国三大诉讼法体系。三者在规定内容、原则和程序上有很多相同或相似之处，都是人民法院行使审判权应当遵守的诉讼原则和程序。特别是行政诉讼法与民事诉讼法有着特殊的密切联系，在《行政诉讼法》颁布以前，行政案件都是按照民事诉讼法进行的，而且，在制定行政诉讼法的过程中，也参考了民事诉讼法的规定，法律技术上也有借鉴，即使行政诉讼法生效以后，也还需要适用民事诉讼法的有关条款，来弥补行政诉讼法的不完备之处。但是，人民法院审理行政

案件、民事案件、刑事案件的目的和任务是不相同的，所以，这三者在很多方面又有不同，主要是：(1) 适用的实体法不同；(2) 当事人双方的地位不同；(3) 起诉主体不同；(4) 遵循的原则、制度和程序不同，例如，民事诉讼法的着重调解原则，就不适用行政诉讼法，而行政诉讼法又特有自己的原则，如，人民法院不享有司法变更权、起诉不停止执行原则等；民事诉讼法中有简易程序、特别程序，行政诉讼法中就没有，而刑事诉讼法中又特有自己的死刑复核程序等。另外，三种诉讼法在案件管辖、受案范围、审判组织、审结期限、诉讼保全等具体制度方面也有不同；(5) 举证责任的分担不同；(6) 裁决的内容和执行方式不同。

第四节 行政诉讼法的体系结构、效力与意义

一、行政诉讼法的体系结构

行政诉讼法是我国社会主义法律体系中的一个法律部门，它和其他部门既有联系又有区别，并有自己独特的体系结构。

《中华人民共和国行政诉讼法》在体系结构上分十一章、七十五条：第一章总则，包括行政诉讼法的立法宗旨，基本原则；第二章受案范围；第三章管辖；第四章诉讼参加人；第五章证据；第六章起诉和受理，包括起诉的期限、受案的条件；第七章审理和判决，包括第一审程序、第二审和审判监督程序及判决；第八章执行；第九章侵权赔偿责任；第十章附则，它包括诉讼费用的承担及行政诉讼法的生效日期。

行政诉讼法的体系结构的形成，是在借鉴了外国行政诉讼法律体系和民事诉讼法的结构，根据我国的行政诉讼的实践经验而完成的。由于我国行政诉讼制度的历史还不长，制定的行政诉讼法在体系结构上还存在着一些问题，如法条过于简单，原则不足等，还很不完备，在今后实践发展的基础上将逐步完善起来。

二、行政诉讼法的效力

行政诉讼法的效力，是指行政诉讼法对事、对人和空间、时间的效力。

(一) 对事的效力

行政诉讼法对事的效力，是指人民法院依照行政诉讼法办理行政案件的范围，也就是说，按照行政诉讼法审理的行政案件是有一定范围的，而不是所有的行政案件都由人民法院审理，应当由人民法院依照行政诉讼法审理的行政案件，可以归纳为：

1. 公民、法人或其他组织认为行政机关具体行政行为侵犯其人身权或财产权而产生的行政纠纷案件，具体地说，有以下八类：(1) 对拘留、罚款、吊销许可证和执照，责令停产停业，没收财产等行政处罚不服的；(2) 对限制人身自由或对财产的查封、扣押、冻结等行政强制措施不服的；(3) 认为行政机关侵犯法律规定的经营自主权的；(4) 认为符合法定条件申请行政机关颁发许可证和执照，行政机关拒绝颁发或不予答复的；(5) 申请行政机关履行保护人身权、财产权的法定职责，行政机关拒绝履行或不予答复的；(6) 认为行政机关没有依法发给抚恤金的；(7) 认为行政机关违法要求履行义务的；(8) 认为行政机关侵犯其他人身权、财产权的。

2. 公民、法人或组织认为侵犯了除人身权和财产权以外的权利的，既不是一律不能起诉，也不是一概都能起诉。能否起诉的标准是单行法律、法规有无可以起诉的规定，有规定可以起诉的，就属于人民法院受理的范围；没有规定可以起诉的，就暂时不能起诉，也不属于人民法院受理的范围。

3. 对于公民、法人或其他组织对下列事项提起诉讼，人民法院不予受理：(1) 国防、

中国法律现代化的一件大事，对于更新旧的传统观念，增强全社会的民主与法律意识有重大的影响作用。

首先，它改变了“官贵民轻”的传统思想，树立了民主观念。中国几千年来长期受“官贵民贱”、“官贵民轻”的影响，“民可使由之，不可使知之”等奴化思想毒害极深，民不与官斗成了人们生活的默规。《行政诉讼法》颁布以后，允许民告官，这对打破“官贵民贱”的旧观念，无疑是一重大突破，也有利广大干部和群众树立民主观点。

其次，它有助于克服“权大于法”的思想，加强法制观念。我国法律明文规定公民在法律面前一律平等原则，在现实中却并不能得到完全落实，究其原因之一，就是宪法的原则缺少有关的法律、法规加以具体化。《行政诉讼法》的颁布，允许民告官，公民、法人或组织合法权益可以得到可靠的法律保障，行政机关及其工作人员的违法失职可以得到及时监督、纠正。这有利于克服“权大于法”的观念，加强干部群众的法制观念。

第三，能帮助行政机关克服人治思想，树立依法行政观念。我国宪法明确规定，要“依法治国，建设社会主义法治国家。”“一切国家机关和武装力量，各政党和各社会团体，各企业事业单位组织都必须遵守宪法和法律。一切违反宪法和法律的行为，必须予以追究。任何组织和个人都不得有超越宪法和法律的特权。”根据这些规定，我国行政机关及其工作人员行使行政职权，必须遵守宪法和法律，不得违反，不得超越宪法和法律，这就是“依法行政”。但是在相当一些行政工作人员思想上不是依法行政而是依我行政，不搞法治，而搞人治，造成了很恶劣的影响。《行政诉讼法》的颁布，允许民可以告官，要求行政人员与公民、法人或组织在法律面前平等，不能有特权，把行政机关及其工作人员的具体行政行为的合法性置于广大群众的监督和法院的司法审查下，维护合法行政，撤销违法行政，从而促使行政工作人员总结经验，吸取教训，克服特权思想，纠正依我行政的观点，逐步树立有法必依、执法必严、违法必究的法制观，搞好各项行政管理工作。

（五）促进我国行政法学、行政诉讼法学的完善发展，繁荣马克思主义法学

我国的行政法学和行政诉讼法学，是两个密切联系的部门法学，它们分别以行政法和行政诉讼法为自己的主要研究对象。行政法与行政诉讼法是实体法与程序法的关系，是内容和形式的关系。行政诉讼法属于诉讼程序法，但它与行政法密切联系，是为保证行政法的贯彻实施的，在我国的行政法中，有很多关于行政诉讼的规定，需要一定的程序加以实现。《行政诉讼法》的颁布，也对行政法学的发展和完善起了促进作用。行政诉讼法学是社会主义法学的一个部门，是对行政诉讼法律制度和行政诉讼活动的规律进行理论研究的科学。在我国，由于1982年就开始了行政案件的审理，因此，已经有很多行政审判的实际案例作为理论总结和研究了，但行政诉讼法学要成为一门法律科学，还须与行政诉讼法成为一门独立的法律部门相一致，所以，《行政诉讼法》的颁布，对于行政诉讼法学自身研究对象的完善，促使它发展成为一门完整的法律科学，起了重要作用。

第三章 行政诉讼法的历史发展

行政诉讼制度的产生、发展及其演变有其客观的历史过程。作为资产阶级革命的产物，行政诉讼制度最先出现在欧美等主要资本主义国家，并获得迅速地成长。

近代资产阶级行政诉讼制度的产生，不仅取决于西欧资本主义政治、经济的发展，而且也与近代资产阶级启蒙思想具有深刻的联系。17 世纪、18 世纪的古典自然法学构成了近代资产阶级行政诉讼法制度建立的理论基础。以“天赋人权论”、“社会契约论”为理论支柱的古典自然法学反映了资产阶级反封建专制、反中世纪神学压抑的要求，为资本主义法治建设提供了理论框架。其中，源于这一理论的“分权原则”、“议会主权原则”、“法治政府（政府守法）原则”、“行政越权无效原则”便成为近代以来资产阶级行政法制建设的基本原则，并获得了充分地实践。很显然，以这些原则为基础而建立起来的行政诉讼制度，在古代和中世纪那种“朕即国家”的专制社会里是不可能产生的。

随着工业革命的爆发和资本主义自由经济的发展，资本主义生产社会化程度迅速提高，资本主义世界发生了从自由竞争向垄断的过渡。与此同时，社会法学渐渐取代了古典自然法学。国家干预经济政策的推行，意味着国家行政权对社会经济和社会生活的影响日益扩大，行政权的膨胀成为现代资本主义国家的重要特征。由此，也导致了资本主义国家行政机关与人民大众，以及行政机关与其他国家机关、社会组织、法人等社会各界之间的行政矛盾的加剧，行政案件亦大量增加。为了缓和这种矛盾，行政诉讼制度在当代资本主义国家更加受到重视，逐渐获得发展和完善。

第一节 罗马—日耳曼法系国家行政诉讼制度的历史沿革

由于欧美各国资产阶级革命的方式和进程并不完全相同，加之各国的文化背景和传统存在着一定的差异，因而，资产阶级法在西方，一开始便走上了不同的发展道路，形成两大法系：罗马—日耳曼法系和普通法系。资产阶级行政诉讼制度在两大法系国家中，无论从理论基础、机构设置、职权范围或诉讼程序都不尽相同，并经历了不同的历史发展过程。

罗马—日耳曼法系，也称大陆法系，其行政诉讼制度以法国、德国为代表。法国作为现代意义上的行政法的发源地，其行政诉讼制度也成为大陆法系的典型，对大陆法系的其他国家产生了深刻影响。

一、法国行政诉讼制度的历史

法国行政诉讼制度是法国大革命的成果，也是革命后严格奉行三权分立的结果。大革命胜利后，资产阶级掌握了作为最高权力机关的国民议会，也控制了国王的行政权力。但是，法院却仍被一批旧法官所把持。产生于革命前的法院与行政机关之间的对立冲突在革命后仍在继续。为了防止司法对行政事务的继续染指，推行三权分立的体制，彻底地打击封建势力，资产阶级夺取政权后，国民议会断然采取措施，在 1790 年 8 月和 10 月的法令中明确规定司法机关不得干预行政事务，无权受理牵涉到行政权力的诉讼，以此避免司法机关的越权行为。1791 年宪法又规定：“法庭不得干涉立法权的行使或停止法律的执行，不得侵犯行政职务，不得对行政官吏因其职务上的原因而将其传唤到庭。”严格确定并禁止司法对行政的干预，从而决定了法国行政诉讼制度上的最重要的特征：行政审判权作为行政权的一部分，与普通司法权相分离；行政案件不由普通法院审判，而由与普通法院相独立而自成体系的行政法院审判。

法国的行政审判系统初建于拿破仑执政时期。1799 年宪法第 52 条规定："在执政的指挥下，设一参政院担任撰拟法律草案和行政规章，以及解决行政上发生的疑难案件"。这个国家参政院与省一级设立的参政院便成为法国最早的行政司法组织。不过这时的国家参政院具有两种职能，一是为政府的咨询机关和国会的立法辅助机关；二是受理行政诉讼法案件。但其诉讼职能是十分有限的，因为它对行政案件所做的决定，还只能视为对行政当局的建议，仅供其参考而已。直到 1872 年 5 月，法律才正式规定国家参政院对行政案件的决定具有确定的效力，对行政当局具有法律的约束力。这样一来，国家参政院开始成为法国的最高行政法院。到 19 世纪末，国家参政院仍只是一个具有上诉审性质的法院，除法律另有特殊规定外，一切行政争议必须首先向有关行政机关的部长提起，当事人不服部长裁决的，才可以向最高行政法院上诉。这种情况在 1889 年 12 月 13 日最高行政法院通过对"卡多"案件的审理，以判例确立行政法院对行政争议有直接管辖权而被打破。根据该判例所确定的原则，一切行政争议，除法律另有规定外，不必先向有关行政机关提起，而可以直接向最高行政法院提起。最高行政法院的判决为终级判决，不得上诉，即实行一审终审制。这标志着现代法国行政诉讼制度的确立和基本定型。

第二次世界大战以后，法国于 1953 年开始实行行政诉讼制度改革，同时对只有在法律明确规定情况下才拥有行政审判权的省参政院进行了改组，使之成为对所有行政争议进行初审的地方行政法院。据此，法国的行政诉讼制度从理论到组织体系又获得了进一步发展和完善。

现在，法国的行政法院为两级审判体制，行政法院由国家行政法院（最高行政法院）和地方行政法院（只在省一级设立）组成。为解决某些特殊行政案件，还设置了与地方行政法院平级的专门行政法院，如会计法院、捕获法院等等。在全国的 95 个行省、4 个海外行省中目前有 28 所地方行政法院，每所管辖数省的行政审判事务，所以地方行政法院又被称作"省际法院"。地方法院由院长一人、法官三至四人组成。其职责有二：（1）是作为省长的咨询机关；（2）是作为行政审判机关审理所辖地区的行政诉讼案件。地方行政法院为一般权限法院，除法律另有规定外，一审行政案件，一般由地方行政法院受理。最高行政法院设在巴黎，由院长（司法部长代理）、副院长各一人，庭长五人，评议官四十七人，调查官五十一人，旁听官四十八人组成；分设内务、财政、公共事业、社会、诉讼五个庭，前四个庭为咨询机关，后一个庭才是审理行政诉讼案件的法庭。最高行政法院为特定权限法院，其管辖权包括：（1）受理法律规定以最高行政法院为第一审的行政案件，主要有：在未设有地方行政法院的领土上（如在海外领地）发生的行政案件；具有特殊重要性行为的诉讼（通常指诸如撤销各部门越权的命令和行政条例，有关公务员任命的争议，有关地方行政法院的权限冲突以及其他有关的事务，经最高行政法院认为有权受理的一切重大案件的诉讼）。（2）受理地方行政法院（包括专门法院）的上诉案件。

由于法国的行政法院是独立于普通法院的自立系统，必然引起两种法院之间在管辖权限上的冲突，因此，为解决权限冲突问题，在法国行政法院系统与普通法院之间便产生了一个权限争议法院。该法院成立于 1872 年，迄今仍作为一个具有浓厚行政性质的审判机构而存在，并仅在中央一级设置。该法院在司法部长的主持下，由最高法院和最高行政法院派出人数相等的法官组成。如果表决票数相等，则由司法部长作出决定。它管辖三种案件：（1）政府认为这一案件不属于普通法院的管辖范围；(2) 两个法院系统都认为自己无管辖权而应由对方管辖；(3) 两个法院系统各自根据案情作出了相互冲突的判决，以致不能达到公正的要求（这时，争议法院应根据案情进行审理并作出判决，而不只是解决管辖权的问题）。

法国的行政诉讼总体上可分为两大类，即越权之诉和完全管辖之诉。凡是公民、公务员或社会团体，由于国家行政机关的违法行为致使其权益遭受损害时，都可以提起越权之诉，请求行政法院撤销违法的行政行为（如无权行为、有形式上或程序上缺陷的行为、滥用权力的行为、违反法律规定的行为等）。在这类诉讼中，当事人有权请求法官撤销损害其利益的行政决定；法官的权力，首先是审查行政决定是否合法，其次对不合法的行为判决撤销，但法官不能变更或重新作出决定，也不能判决行政机关赔偿。凡是由于行政契约或职务上的过失致使当事人遭受损失的，或者因行政机关的合法行为致使当事人遭受损失的，被害人均可向行政法院提起完全管辖之诉。在这类诉讼中，法官行使全部审判权，既可以撤销行政机关的行为，也可以变更或重新作出行政决定。

总体上讲，法国现行的行政诉讼制度的特征主要有以下几个方面：(1) 行政法院与普通法院分属两个相互独立的系统，是作为国家行政机构的一部分而存在，而不是司法机构的一部分，因此，其行政法院并不具有严格意义上的司法性质。为此，其法院的法官都来自文官，与普通法院的法官性质完全不同。如现在法国的最高行政法院的院长由总理兼任，并由司法部长代理。大多数成员来自国立行政学院（ENA）或来自行政人员中工作成绩突出者，其地位远比普通法院的法官的地位高。(2) 行政法院的职能比普通法院更为宽泛。作为行政司法机关，行政法院承担审理控告行政的诉讼案件的职责，但无论从历史的角度或现实的情况可以发现，行政法院的行政咨询和参与行政立法的职能更为重要。根据现行宪法的规定，行政机关（中央政府）制定的行政规程必须提交最高行政法院审议，否则行政法院在以后的诉讼中有可能予以撤销。另外，行政法院都是同级政府的法律顾问机构，为行政首脑提供法律咨询，或向政府各部门就法律问题作出阐明或解释。(3) 由于行政法院与普通法院分属不同性质的系统，因而法国的行政法院在审理行政案件时，一开始就未遵循普通法院的既定的法律适用原则和传统，即行政法院审理行政案件，不是根据普通法院所固守的法律渊源（如刑法典、民法典等成文法），而是根据宪法的精神和判例。所以判例法成为法国行政法和行政诉讼法的基本法源，这是法国法的显著特征。(4) 行政诉讼中，法院审查的对象只能是行政机关的具体行政行为和行政决定，对于国会通过的法律和行政机关的固有权力（警察权、保护公共安全的权力等等）及其行使，行政法院则无权审查。(5) 行政诉讼中关于对行政侵权行为的法律责任的问题贯彻了“无过失原则”，即在一定情况下，政府的行政行为的实施即使无过错，仍要承担损害赔偿的责任。这一原则是在1944年确立下来的。

继法国之后，大陆法系的其他国家，如德国、意大利、奥地利、西班牙，以及亚洲的日本和旧中国，也先后仿效法国或受其影响之下建立了各自的行政诉讼制度，并相继制定了各自的行政诉讼方面的法律、法规。

二、德国行政诉讼制度的历史

到20世纪，大陆法系国家行政诉讼制度的发展、演变，主要是以德国为典型代表的。第二次世界大战以前，德国就在吸收法国经验的基础上，结合德国的具体情况和垄断时期行政法的一般发展状况，创立了现代大陆法系行政诉讼制度的另一种典型模式。其特征主要是：(1) 行政法院作为司法系统中专门法院的一个分支，虽与普通法院仍存在差别，但同属于司法权的一部分，与行政系统相分离，独立行使行政审判权。此外，由于德国实行联邦体制，因而其行政法院与普通法院一样，分为州的行政法院和联邦行政法院两大基本体系。其中，州行政法院分为两级，即地方行政法院和高等行政法院，联邦设联邦行政法院。(2) 行政诉讼的范围，即行政法院的受案范围只限于公法案件，宪法性争议不属此列（由宪法法院管辖）。(3) 行政法院的法官与普通法院的法官相同，不属于文官系列。此外，在法院中还设有由联邦或州的检察院担任的公益代表人，在行政诉讼中代表国家或其他公法人以维护公益。(4) 行政诉讼中，一般案件由基层行政法院受理，可上诉至州行政法院；对于法律方面有争议的案件可以上诉至联邦行政法院，实行三审终审制。(5) 行政法院并非唯一受理行政案件的法院，在某些行政领域里还设有一些特别法院，如社会法院、财政法院等等。这些特别法院的受案范围由专门的法律作规定，如《社会法院法》、《财政法院法》等等。这些法院体制也与行政法院一样分为三级（州地方、州高等和联邦），也实行三审终审制。(6) 行政诉讼以行政复议为必要的前提，实行"复议前置"，即行政争议应先向行政机关申请复议或再复议，对复议决定不服方可以向行政法院提起行政诉讼。

第二节　普通法系国家行政诉讼制度的历史

普通法系以英国、美国为代表，其行政诉讼制度首创于英国，后为美国以及其他普通法系国家所沿袭和发展。

一、英国行政诉讼制度的历史

英国行政诉讼制度的历史是与英国资产阶级革命的进程相伴随的。由于英国的资产阶级革命（1640—1688 年）是一场以"光荣革命"的形式而告终的不彻底的革命，因而英国近代资产阶级法与英国封建法保持了历史的联系。这就决定了英国资产阶级行政诉讼制度走上一条与欧陆各国不同的发展道路，并形成了自己独特的风格。英国行政诉讼制度的最显著的特征在于：行政诉讼的审判组织就是普通法院，没有法国那样的独立于普通法院以外的行政法院系统。行政案件与民事、刑事案件一样由普通司法系统管辖这种诉讼制度以后为普通法系的其他国家所承袭，成为普通法系与大陆法系的基本区别。具有这样特征的行政诉讼制度在英国孕育于革命前，确立于革命中，完善于革命后。

在英国，通过普通法院系统控制行政权力的传统早在封建时期的普通法的发展中业已形成。由于封建时代，英国的王权就已得到了空前的加强和统一，并垄断了行政权力，故而对行政权的司法控制便集中表现为普通法院与王权以及体现王权意志的法院的斗争之中。英国早期著名法学家布拉克斯通（Blackstone）曾说过："国王在万人之上，却在上帝和法律之下"，对英国普通法的"法律至上"的精神作了揭示。革命前，普通法院大法官爱德华·科克（Edward coke）正是利用普通法的这一精神和基本原则勇敢地抵制了詹姆斯一世的干涉，捍卫了普通法，保证了司法的独立和对行政权的控制。布拉克斯通的这句话后来也成为英国司法界的隽言，构成了新兴资产阶级联合议员们把詹姆斯一世驱逐出英国的 1688 年"光荣革命"的理论基础。

在资产阶级革命过程中，资产阶级有效地利用了普通法和国会下院的力量展开了与国王的较量。1642 年，曾为国王掌握的星座法院（历史上它作为刑事法庭代表王权镇压资产阶级，并一度作为国王对抗普通法院的工具）被撤销了。资产阶级代表的议会与国王斗争的结果是议会取得了胜利。1688 年的《权利法案》确立了议会主权的原则，永远结束了旧王室的统治。议会主权的体制，客观上要求建立一个机构监督行政机关服从议会的意志——法律，而革命中又未建立起这样一种新的机关，因此，基于英国法的传统，这种新机关便由普通法院的王座法庭充任了。从此，英国的对行政的司法控制职能便由普通法院承担了，一切案件都由普通的法律，按普通的诉讼程序，由普通的法院管辖。王座法庭对中央行政机关的控制通过历史上沿袭下来的令状（write），即调卷令、禁止令、执行令及人身保护令进行。可以说，到此英国行政诉讼制度被确立下来。

18 世纪，英国行政诉讼制度随法治在英国全盛时期的到来获得发展。这一时期英国的地方政府逐步建立起来，地方行政转移到民选机构（如原归属于治安法官的行政权转给了这些新生的地方民选机构）。19 世纪末，中央行政机关也有所扩大和完善。为此，英国高等法院将“越权无效”和“司法控制”的原理推行到了地方，实现了法院对行政的全面控制和监督。

由普通法院承担对行政的控制和监督，体现了英国行政诉讼制度的司法审查性质。其司法审查的根据就是英国首创的“越权无效原则”和“自然公正原则”。越权无效理论认为，行政机关（乃至一切公共机关）的活动必须有法律的依据，如果超越了法定的范围和权限，其行为就将失去法律效力，法院在审理行政案件时就可以将其撤销，宣告其无效并禁止其执行。行政越权总体上可分为实质性越权和程序性越权。实质性越权包括超越法定权限范围、不履行法定义务、滥用权力以及违反了事实默认的条件等情况。程序性越权主要是指违反了自然公正原则。自然公正原则导源于自然法理论。它要求：任何人或团体在行使权力可能使别人受到不利影响时必须听取对方的意见，行政行为不能建立在偏听偏信的基础上，因而，行政机关作出行政行为必须有公平和正义的程序作保证（如行政机关作出行政处罚之前必须进行公平的“听证”）；任何人或团体不能作为自己案件的审判者（如，涉及行政机关的行政案件只能由法院作为终级裁判机关，而不能由行政机关对自己的行为作最终的判断）。违反了以上要求就违反了自然公正原则，因而构成程序性越权。在英国，法院对行政案件的审理中，基于英国法“程序先于权利”的传统，对程序性越权的注意甚于对实质性越权的考虑。

英国普通法院的司法审查主要通过传统的普通法上的令状程序进行。这些令状主要有：（1）调卷令。它是高等法院王座法庭根据受害人的申请，对行政机关（或行政裁判所）所签发的责令对方将案卷移送高等法院审查的一种令状。通过这种令状，法院经过审查，若认定行政行为有越权的情况则可以撤销其决定的一部或全部；或命令作出行政决定的行政机关按照法院的指示加以纠正。（2）禁止令，也称禁令。它是由高等法院王座法庭对行政机关和下级法院发出的、禁止其违法（或越权）行为进行的令状。作为司法审查的令状，其适用范围与调卷令基本相同。所不同的是对未作出决定和正在执行中的行政决定才适用禁止令，而对已经作出的决定或已经执行的行政决定适用调卷令。在司法审查中，禁止令常常与其他令状同时适用。（3）执行令。它是高等法院王座法庭命令低级法院和行政机关履行法定义务的令状。无论公民或行政机关、法人和社团均可向法院申请此令状，但给予与否则由法院决定。在英国，执行令不适用于行政机关所承担的私法上的义务及非公法性质的其他义务。此外，属于英王的义务或行政官员行使英王授权的行为以及属于行政机关内部事务的行为，法院不得发出执行令。（4）人身保护令。这是英国普通法中传统的令状之一。其含义为：任何公民如被捕，本人或其代理人均有权向法院请求颁发人身保护令，责令有关责任人员将被捕人移交法院审查其被捕理由，若认定被捕人受到非法逮捕，则立即恢复其自由，否则依法审判。最初这一令状的颁发权只属于王座法庭，后来又扩大到其他一些法院。虽然这一令状并非审查行政行为的专有令状，但在行政诉讼中仍常得到适用。

二、美国行政诉讼制度的历史

美国的行政诉讼制度是在继承英国法的基础上发展起来的，因而其行政诉讼制度与英国基本相同，即行政案件也由普通法院管辖，没有独立于普通法院之外的行政法院系统，其诉讼程序与普通法院审理其他案件的程序基本相同。英国普通法院进行司法审查的令状体系在美国也仍然适用。1946 年美国国会制定和颁布了《联邦行政程序法》，该法规定，除法律列举的不受司法审查的行政行为外，其他一切行为均可以由公民起诉于普通法院，接受司法审查；少数须经行政裁决的案件，若当事人仍不服，也可以诉诸普通法院接受司法复审。

三、英美行政诉讼制度的重大发展

第二次世界大战结束以后，英美法系的行政诉讼制度获得了重大发展。其突出表现在：随着战后行政权的扩张及行政纠纷的日益增加和复杂化，行政机关的行政裁判权愈加受到重视，行政裁判机构得到建立和发展。其标志就是英国行政裁判所的建立和美国独立管理机构中司法权的被认可。

英国早在 1660 年就出现了行政裁判所，但当时它只以例外的现象存在。“二战”以后，英国迎来了行政法的复兴时代，因此，行政裁判所（如土地裁判所、租金评价委员会、地方估价法庭等等）已有 50 多种、200 多个。这些裁判所各具特色，具有不同的专门管辖权和受案范围，无统一的体系，但每种裁判所都是根据议会颁布的法令建立的，制定法是它们建立和活动的基本根据。美国的独立管理机构早在 1887 年也建立起来了，但其司法权却未获得明确的认可。“二战”以后，伴随着垄断企业的发展，以监督和集中管理不同行业的垄断集团为基本宗旨的独立管理机构获得迅速发展。目前这种独立管理机构都享有了立法、行政和司法三种权力，起到了甚至比英国行政裁判所更为广泛的作用，因而美国人将这些机构所享有的这种混合权力称作“第四种权力”（合称为“管理权”）。现在，这种独立管理机构有 50 多个，其中最典型的是：州际贸易委员会、联邦商业委员会、证券交易管理委员会、国家劳工关系局、民航委员会、原子能委员会、联邦通讯委员会等等。

英美国家行政裁判机构虽因各国的法律规定不同而有所差异，但总体上都有一些共同点，主要表现在：(1) 它们都直接根据议会的制定法而设立；(2) 它们都是按行业和事务性质而设置，并不具有普通管辖权，只有特殊管辖权；而且其组成人员都具有某一方面的专业知识；(3) 其受理的行政案件大部分是经济行政管理中所引起的行政争议；(4) 其工作程序既带有行政的特色，也具有司法的性质，并可以按照普通法院的诉讼程序审理案件，其裁判具有法律效力；(5) 它们既不属于行政机构的一部分，也不完全属于普通法院系统，具有相对独立性；(6) 对它们的裁判如不服，可以上诉至法院。

由于行政裁判机构的司法权的被认可，当代英美国家的行政诉讼制度的司法审查日益向司法复审的方向发展。

英美两国的行政诉讼制度在当代的影响已远远超出了英美法系的范围。日本在“二战”以后，一方面废除了明治维新以后仿效德国建立起的行政法院系统，转而学习美国建立了行政诉讼置于普通法院之下的司法体系；另一方面，也参照美国，建立了一系列专门行政裁判机构，如“劳动委员会”，“公正取引委员会”等等，从而走上了不同于大陆法系，也不同于英美法系的独特道路。

第三节 苏联和东欧国家行政诉讼制度的历史发展

一、苏联行政诉讼制度的历史沿革

原苏联是世界上第一个社会主义国家。十月革命胜利以后，苏维埃政权的建立为苏联社会主义的行政法制建设创造了条件和基础。苏维埃法律体系是在彻底废除旧法的基础上创立起来的，因此，苏联的行政法制没有承袭革命前旧政权的大陆法系的行政法体系和制度，其对行政争议的解决便长期循着一条独特的道路发展起来：（1）对行政争议的解决采取多种方法，并由多种机构受理并裁决行政案件，即有权审理行政案件的不仅有司法机关，而且有行政机关和各种社会组织；（2）在司法监督机构上，不设行政法院，行政案件的司法解决由普通法院进行；（3）长期以来普通法院对行政案件的审判适用民事诉讼程序。

苏联社会主义行政诉讼法制从其萌芽、建立到发展大体经历了以下过程：

1. 1918 年至 1964 年

这是苏维埃行政法制初创时期，行政诉讼制度处于萌芽阶段。这一时期的特点是：对行政争议的解决主要由行政机关、其他国家机关和各种社会组织采用行政方法进行。因而，具有司法性质的行政诉讼制度并未建立起来。

列宁在 1906 年研讨革命群众对待法律的态度问题时曾经指出，在革命进程中人民大众自己就直接地创造新的革命法律。为了广泛地吸收人民大众和社会组织直接参加国家的管理，苏维埃政权建立以后（直到 1964）便将解决行政争议的工作交给了行政机关和各种社会组织，它们主要是：（1）行政委员会（设于各级执行委员会）；（2）国家仲裁处（设于政府各部门、各级国家机关）；（3）未成年人事务委员会；（4）同志审判会；等等。这些机构并不仅仅受理行政争议案件，也受理其他性质的法律纠纷案件；其受理的行政案件既包括行政违法案件，也包括行政违纪案件，同时所适用的程序也是行政程序。

2. 1964 年至 1977 年

这一时期，苏联开始对前一阶段的行政法制建设进行总结。针对行政案件的特点，人们认为，仅由行政机关或社会组织对行政争议加以解决的方法已不能适应社会发展的需要，且以往的程序和方法已足够多地暴露了其中的缺陷，因此，认为由法院审理公民参加的行政案件的程序是可取的，而且比行政程序具有无可怀疑的优越性，它可以为正确解决行政争议提供很大的保障，可靠地保护公民和国家的权利和利益。为此，1964 年颁布的《苏俄民事诉讼法》对法院审理行政案件的方式作了规定：在有法律直接规定的情况下，由行政法律关系发生的案件，由法院主管，公民就此类争议可以直接向法院提起申诉。这一规定，通常被看做是具有司法性质的行政诉讼制度的初步建立的标志。

根据《苏俄民事诉讼法》第 231 条的规定，由法院主管的产生于行政法律关系的案件有以下三种：（1）对选民名单错误而提出申诉的案件；（2）对行政机关的行政行为（如科处行政罚金、剥夺驾驶交通工具权利）提出申诉的案件；（3）向公民追索国家和地方税收、税捐、强制定额保险金和公益捐款的拖欠的案件。同时，法院对户籍登记错误的申诉案件（第 31 章）、对公证人员行为的申诉（第 32 章）和对法院执行员行为的申诉（第 428～429 条）也实行审判监督。

虽然这一时期法律所确定的由法院主管的由行政法律关系产生的案件的范围十分有限，而这种案件的性质并不完全等同于行政案件而仍作为民事诉讼的范畴，但它使苏联对行政争议的解决开始纳入到了司法的轨道，为其行政诉讼制度的发展创造了条件，作了准备。

《苏联民事诉讼法》的颁布，并未改变行政争议解决的行政机关为主要裁决机关的传统方法，因此，这一时期苏联的行政争议的解决，无论是解决途径或处理程序仍处于多元状态。

3. 1977年至苏联解体

这一时期是苏联行政法制恢复时期，也是行政诉讼制度正式确立并获得重大发展的时期。1977年，原苏联第四部宪法公布施行。这部宪法中增加了著名的第58条："苏联公民有权对公职人员、国家机关和社会团体的行为提出控告的权利，控告应该按照法律规定的程序和期限予以受理。对公职人员违反法律、擅越权限、损害公民权利的行为，可根据法律规定的程序向法院提出控告。苏联公民对于国家机关和社会团体以及公职人员在他们执行公务时用非法行动造成的损失，有要求赔偿的权利"。根据这一宪法规定，苏联于1980年10月23日制定并公布了《苏维埃和各加盟共和国行政违法行为立法纲要》，其中规定，凡对行政机关的行政处罚不服的均可以向普通法院起诉。从此，普通法院获得了对行政案件的上诉管辖权，这就改变了过去公民对国家机关及其工作人员的越权行为和侵权行为的申诉、上诉案件一律由行政机关自己处理的状态，这标志着苏联行政诉讼法制度的正式确立。

在以上法律的基础上，这时的法院在审理行政案件时，可根据《苏俄民事诉讼法》第238条和第289条的规定，审查行政机关的行为是否正确、合法，并且查明追索是否有法律依据，进行追索的机关或公职人员是否拥有追索权，要求申诉人履行其承担的义务时是否遵守了规定的行政程序；受罚款处罚的人依照法律规定是否有承担罚款责任的违法行为，以及其是否有过错；所处罚款是否超过了规定的最高数额；在确定罚款数额时是否考虑到过错的严重程度，有过错的个人情况及其财产状况，以及科处和追索罚款的时效期间是否已过。此外，对财产提起追索时，法院必须审查扣押财产是否符合法律要求。法院对行政机关的决定，可以维持，也可以撤销，甚至还可以变更。

1987年以前，虽然法院对行政案件（公民控告行政机关）具有上诉管辖权，较1964年的民事诉讼法的规定有了进步，但是，法院审理行政案件却仍适用的是民事诉讼程序，这一问题引起了法学界的争论。面对公民的上诉案件越来越多，处理此类案件所需要的专门知识和方法也愈加迫切等情况，制定法院审判行政案件的专门程序法的问题被提到了议事日程。

1987年6月30日，苏联最高苏维埃通过了《对公职人员损害公民权利的违法行为向法院控告的程序法》。该法于1988年1月1日生效，全文共12条（1987年10月20日，还通过了对该法的某些条款修改补充的法律）。这是苏联第一个关于行政诉讼程序的法律，对行政诉讼程序作了较为详尽全面的规定。它包括：行政诉讼的受案范围、起诉条件、起诉期限、管辖、行政案件的审理和裁判、对法院判决的上诉与抗议以及诉讼费用的分担或免缴等内容。其主要特点是：(1) 关于受案范围采用了有限制的概括式规定。对公职人员以个人或其所代表的机关的名义的行为（包括两种：公民被非法剥夺全部或部分地实现法律或其他规范性文件赋予的权利的可能性的行为；非法地责成公民承担某种义务的行为）。如果公民认为损害了自己的权利，可以向法院提出控告。但由刑事诉讼法、民事诉讼法、处理劳动纠纷的程序法、发明创造及合理化建议法、行政违法行为法、个体劳动活动法及苏联和各加盟共和国其他立法规定由控告程序处理的公职人员行为以及保障国家国防能力和国家安全有关的行为，则不能根据该法向法院提出控告。(2) 对行政争议的解决途径，规定公民可以选择，既可以按行政隶属关系向上级公职人员或机关提出申诉，对其复议不服时，再向法院控告，也可以不经复议而直接向法院控告。

二、原东欧国家行政诉讼制度的历史沿革

原东欧国家是“二战”以后，在苏联的直接支持和影响下走上社会主义道路的。因此，“二战”后这些国家的法制都受到原苏联的强烈影响，基本上沿用了苏联法的模式。但由于这些国家各自所处的文化背景、法律传统不尽相同，因此，其法律制度（包括行政诉讼制度）也都有自己的特点。其中，在行政诉讼制度上，南斯拉夫和波兰具有一定的独特性和典型性。

（一）南斯拉夫的行政诉讼制度

“二战”前，南斯拉夫的行政诉讼制度深受法国法影响，设有行政法院（最高行政法院的职能由枢密院行使，另设下级行政法院）。“二战”后，随社会主义联邦共和国的建立，“二战”前的行政法院被废除，建立起了新型的法院体制。其行政诉讼制度也发生了变化，行政案件由普通法院及其他有管辖权的法院受理。

“二战”后，南斯拉夫法院体系几经变化。解体前根据宪法规定，南斯拉夫设有宪法法院、联邦法院、自治法院等。行政案件的管辖权不归属于某个专门法院，因其性质的不同而分别由不同的法院管辖。但是各个法院在审理自己职权范围内的行政案件时，其适用的程序是共同的，其根据就是《行政争议法》。“二战”后的南斯拉夫十分重视行政法制建设。对行政机关的司法监督方面的立法工作在“二战”后不久即提到了议事日程，因此，其行政诉讼制度早在20世纪50年代就建立起来。1952年10月27日，联邦议会通过了《行政争议法》。为了适应1963年宪法和1974年宪法规定的社会主义政治制度和经济制度发展的需要，1965年、1976年对1952年的《行政争议法》进行了修改和补充。

解体前的《行政争议法》，于1976年12月4日由南斯拉夫联邦议会通过，1977年7月1日起生效。该法共7章80条，由总则、行政争议、管辖权与法律手段、审判程序、判决的约束力、特别条款、过渡条款和结束条款组成。它是南斯拉夫行政诉讼制度的法律依据，也是法院审理行政案件的操作规程。根据这个法律的规定，当事人因其合法权利和利益受到行政文件的侵害或因公共财产和社会公共利益受到行政文件的侵害，都可以向有管辖权的法院提起诉讼；作为行政诉讼的原告可以是公民、法人、国家机关、公设律师、社会自治律师、工会以及其他没有法人资格的社会组织；检察院和法律授权的国家机关为了维护国家利益和社会公共利益也有权就非法的行政文件向法院提起行政诉讼；作为行政诉讼的被告只能是制定引起争议的行政文件的国家行政机关。该法关于行政诉讼受案范围，采取了有限制的概括式规定，即公民、法人、非法人单位认为行政机关对其所制定的行政文件侵犯了自己的合法权利和利益的，有权提起行政诉讼。但有下列情况之一的不能提起行政诉讼：（1）法律规定不能提起行政诉讼的行政文件。（2）宪法授权的联邦议会、主席团、主席或者共和国和自治省相应机关的行政文件。如果行政机关逾越权限作出的行政文件不受此限。

南斯拉夫行政诉讼一般实行一审终审，但当法律有特别规定时，也可以对一审判决提起上诉。

（二）波兰的行政诉讼制度

波兰于1980年1月建立了最高行政法院，同时公布了重新修订的《波兰行政诉讼法典》。波兰行政诉讼制度的主要特点是：（1）波兰最高行政法院由国家最高权力机关（国务委员会）产生并对其负责；最高行政法院的活动受最高行政机关的指导和最高法院的监督。（2）行政诉讼既可以由公民和社会组织提起，也可以由检察长提起。（3）在行政诉讼范围上，当事人或检察长对国家行政机关违法或不当的作为的行政行为或不作为的行政行为均可

以提起行政诉讼。(4) 行政诉讼以行政机关先行裁决为必要条件。但检察长提起的行政诉讼不受此限制。

第四节　中国行政诉讼制度的历史演变

一、旧中国行政诉讼制度的产生和发展

旧中国的行政诉讼制度是辛亥革命的产物。

1911 年孙中山领导的辛亥革命，推翻了统治中国两千多年的封建帝制，创立了中华民国，翻开了中国民主主义革命法制发展的新页。旧中国行政诉讼制度在旧中国行政法制建设中逐步建立、发展起来。辛亥革命以后，虽然建立了共和体制，但这个共和国先为北洋军阀控制，后又为以蒋介石为首的独裁政府所把持。为此行政诉讼制度在旧中国的演变亦经历了一个复杂过程。

(一) 行政诉讼制度的建立

1912 年 3 月 31 日，在孙中山领导下中国历史上唯一一部代表民族资产阶级利益的宪法性文件——《中华民国临时约法》颁布了。其第 10 条规定："人民对于官吏违法损害权利之行为，有陈诉于平政院之权"。其第 49 条第 2 款又规定："法院依法律审判民事诉讼及刑事诉讼。但关于行政诉讼及其他特别诉讼，则以法律定之。"这些规定为旧中国行政诉讼制度的建立确立了宪法依据，也标志着旧中国行政诉讼制度的产生。

北洋政府统治时期，根据《中华民临时约法》的有关规定，从 1914 年起，先后制定了一系列有关行政诉讼的具体法律、法规，使旧中国行政诉讼制度从司法组织到诉讼程序得以确立。1914 年 3 月 31 日，北洋政府公布了《平政院编制令》(这是我国历史上第一个关于行政法院组织的法规)，明确规定平政院为审理行政诉讼案件和处理官吏违法行为的专门法院。同年 5 月 18 日又公布了《行政诉讼条例》，对行政诉讼程序作了具体规定。同年 7 月 21 日，北洋政府在《行政诉讼条例》的基础上，又参照日本明治时代的《行政裁判法》制定公布了《行政诉讼法》，这是我国历史上第一部行政诉讼法典。

根据《平政院编制令》(共计 29 条) 的规定，平政院作为专门受理行政诉讼和察理行政官吏的违法行为的审判机关，直隶于大总统。可是这时的平政院，虽为专理行政诉讼的法院，但并非司法权的一部分，与法国的中央行政法院比较相似。平政院设院长 1 人，负责全院事务；院内设评事 15 人，分为 3 个庭，各由评事 5 人组成，每庭设庭长 1 人。平政院内还设有一个肃政厅，由都肃政史 1 人、肃政史 16 人组成，专司纠弹行政官吏违反宪法、行贿受贿、滥用权力等事件，并监督执行平政院的裁决。

平政院审理行政案件的程序由《行政诉讼法》作有具体规定。该法典共由行政诉讼之范围、行政诉讼之当事人、行政诉讼之程序、行政诉讼法裁决之执行、附则 5 章组成，计 35 条。根据此法之规定：人民在受中央或地方行政官署的违法处分或不当处分，以致合法权益遭受损害，经诉愿 (即行政复议程序，分为诉愿、再诉愿两级，为必要程序) 至最高行政官署仍然不服其决定时，有权向平政院提起行政诉讼；如果人民应当提起行政诉讼超过陈诉期限而未陈诉，或者应当提起诉愿超过诉愿期限而未诉愿时，肃政史有权向平政院提起行政诉讼，平政院应依法受理诉讼并作出裁判，其裁判为终审。

(二) 行政诉讼制度的发展

旧中国行政诉讼制度在国民党政府时期有所演变、发展。

1932 年，国民党政府制定并公布了《行政诉讼法》和《行政法院组织法》，将平政院改

为行政法院，将肃政厅改为公务员惩戒委员会，均隶属于司法院之下。这样一来，行政法院与行政机关相分离，成为司法组织的一部分；与普通法院同属于一个司法系统（在中央，行政法院与最高法院都隶属于司法院），但又与普通法院相区别，作为专门法院而存在，专理行政诉讼。这种制度虽直接取自日本，但从历史渊源上讲，则是受德国的影响。

行政法院在全国只有一个，设于南京中央司法院中。行政法院内分设两个庭，由“评事”10人组成，每庭5人。行政法院审理行政案件，实行一审终审制；以书面审判为原则（也称文书审判）；行政诉讼以行政诉愿（诉愿分为诉愿再诉愿，其程序由1930年的《诉愿法》专门作有规定）为必要条件；行政诉讼可以附带损害赔偿之诉、行政机关为被告，行政法院对行政机关拖延不理（即对诉愿不予受理或拖延不给予裁决的）的行政案件可以径直判决。虽然行政法院职能有法律明确规定，但在国民党统治时期，因蒋介石独裁统治大行其道，行政法院也只起到装装门面的作用。有缘于此，国民党统治时期，行政法院在南京中央机关中是最小的部门，全部工作人员不过二三十个，知道它的人也很少，以至于人们常常将它与行政院相混淆。

1949年国民党退踞台湾以后，其行政诉讼制度仍沿袭了上述体制，变化极小。迄今为止，台湾的行政诉讼制度的法律依据仍是1932年的《行政诉讼法》和《行政法院组织法》，2007年7月作了重大的修正，详见本书第二十六章“台湾地区行政诉讼”。

二、新中国行政诉讼制度的建立与发展

1949年，在中国共产党的领导下，中国人民推翻了国民党的反动统治，建立了新中国，为具有社会主义性质的行政诉讼制度的建立、发展开创了广阔的前景。由于新中国的法制建设是在彻底打碎国民党旧法体系的基础上建立起来的，加上新生政权在创建社会主义法律体系的过程中面临着来自政治、经济、文化等各种社会因素的制约，因此，新中国行政诉讼制度的生长与社会主义法制建设一样经历了一个十分曲折和复杂的过程。

（一）建国初期到1959年

这是新中国行政法制初创时期。党和国家对行政法制建设比较重视，曾制定过相当一批行政法律规范。但是，这一时期我国行政法制建设侧重于实体法的制定，对行政争议的司法解决未给予必要的重视。加上建国初期我国社会主义法制建设是在学习苏联模式下进行的，而同一时期，苏联的行政法制建设也未在行政诉讼制度上有重大突破，因此，我国对行政争议的解决采用了苏联的行政体制。

这一时期，对于国家行政机关实施的各个方面的行政管理活动而引起的行政争议，由行政机关自己处理，接受行政申诉的机关有主管行政机关、上级行政机关直至中央人民政府，也有各种国家机关所设立的各级“信访”组织。由于对行政争议的解决，仅仅停留在行政机关通过行政程序加以解决的状态，因此，行政诉讼制度在这一时期并未建立起来。

由行政机关解决行政争议的制度，在建国初期的许多行政法文件中都作有规定。如，政务院1950年11月15日颁布的《财政部设置财政检查机构办法》中规定：“被检查部门，对检查部门之措施，认为不当时，得具备理由，向其上级检查机构申请复议处理。”同年12月《印花税暂行条例》中也规定：“被处罚人不服税务机关之处罚，得于5日内提请复议或向上级机关申诉。”此外，1951年政务院颁布的《暂行海关法》、1957年的《治安管理处罚条例》、1958年公布的《农业税条例》等规范性文件中，对行政机关处理行政争议的办法、事项也都作有相应的规定。为了加强行政机关的自身监督作用，1950年，政务院还设置了人民监察委员会，1954年改为监察部，专门负责监察政府机关和公务人员是否履行其职责。

以后，它又成为受理行政案件的主要行政机关。根据1957年监察部制定的《关于国家监察机关处理公民控诉工作的暂行办法》的规定："处理公民控告、申诉案件，是监察机关的一项基本任务。"其受案范围包括：(1) 控告国家行政机关、企业、事业单位及其工作人员违反国家纪律的案件；(2) 国家行政机关工作人员不服行政纪律处分的申诉案件。

虽然这一时期行政争议的解决尚未被纳入到司法轨道，人民法院不能受理行政案件，但是这种作法在当时对于及时解决行政争议，保护公民的合法权益，保障国家法律、政策的正确执行仍起到了积极的作用。

(二) 1959年至1978年

自50年代末，到十一届三中全会召开以前，极"左"思想开始在法制领域蔓延，建国初期以来的行政法制成果受到严重破坏，甚至受到否定。1959年监察部被撤销。随之而来的"文化大革命"使得行政法制建设陷入停滞乃至倒退，行政诉讼制度更是无从谈起了。这一时期，对行政争议的解决，主要是通过各级国家机关设置的"信访"部门来处理。

(三) 1978年至1989年

1978年12月，党的十一届三中全会召开以后，由于社会主义现代化建设的需要，国家开始大力强调发展人民民主，健全社会主义法制。因此，以法院为核心的国家司法工作逐步健全起来。这为行政诉讼制度的建立提供了良好的政治环境和社会环境。

1982年3月8日公布，同年10月1日生效的《中华人民共和国民事诉讼法（试行）》第3条第2款规定："法律规定由人民法院审理的行政案件，适用本法规定。"这表明，我国的行政争议的解决已开始纳入到司法轨道，人民法院可以受理行政案件了。它标志着我国行政诉讼制度的正式建立。而1985年颁布的《中华人民共和国治安管理处罚条例》又成为我国行政诉讼制度发展上的重要里程碑。根据该条例的规定，公民个人对公安机关的行政行为不服，可以作为行政案件向人民法院提起行政诉讼。这意味着行政诉讼从"官告官"向"民告官"的重大转变。在此以前，虽然人民法院可以受理行政案件，但由于未设立有专门的法庭，行政案件的审判交经济审判庭办理，所以一段时间里，起诉到法院的行政案件，主要是涉及国家经济行政管理方面的"官告官"的行政案件。

随着行政诉讼制度的建立，越来越多的法律、法规都对法院解决行政争议的问题作了规定。例如：(1) 有关工商行政管理方面的法律、法规大部分对此作有规定。如1982年的《中华人民共和国商标法》第86条规定："对工商行政管理部门根据本法第31条、第33条、第34条的规定作出的罚款决定，当事人不服的，可以在收到通知15天内，向人民法院起诉。"又如1987年的《广告管理条例》第19条规定："广告客户和广告经营者对工商行政管理机关处罚决定不服的可以在收到处罚通知之日起15内，向上一级工商行政管理机关申请复议，对复议决定仍不服的可以在收到复议决定之日起30日内，向人民法院起诉。"其他有关工商行政管理的法律文件也大多作有类似规定。(2) 有关税务行政管理的规范性文件大部分对此也作有规定。如，1986年的《中华人民共和国税收征收管理暂行条例》第40条规定："纳税人、代征人或其他当事人同税务机关在纳税或者违章处理上发生争议时，必须首先按照税务机关的决定缴纳税款、滞纳金、罚款，然后在10日内向上级税务机关申请复议。上级税务机关应当在接到申诉的申请之日起30日内作出答复。申请人对答复不服的可以在接到答复之日起30日内向人民法院起诉"，等等。(3) 有关涉外行政法律文件也对此作有明确规定。如1985年的《中华人民共和国外国人出入境管理法》第29条规定："受公安机关罚款或者拘留处罚的外国人，对处罚不服的，在接到通知之日起15日内，可以向上一级公安机关提出申诉，由上一级公安机关作出最后裁决，也可以直接向当地的人民法院提起诉讼”。又如，1987年的《中华人民共和国海关法》第53条规定：“当事人对海关处罚决定不服的，可以自收到处罚通知之日起30日内，海关无法通知的，自海关的处罚决定公告之日起30日内，向作出处罚决定的海关或者上一级海关申请复议，对复议决定仍然不服的，可以自收到复议决定之日起30日内，向人民法院起诉。”此外、《中华人民共和国外国企业所得税法》、《中华人民共和国海上交通安全法》、《商标法》、《专利法》等法律、法规也有类似规定。(4) 其他方面法律、法规的规定。如，1981年的《中华人民共和国价格管理条例》第32条规定：“被处罚的单位和个人对处罚决定不服的，可以在收到处罚通知书之日起15日内，向上一级物价检查机构申请复议；上一级物价检查机构应当在收到复议申请之日起30日内作出复议决定，复议期间，原处罚决定照常执行。申诉人对复议决定不服的，可以在收到复议通知之日起15日内，向人民法院起诉。”又如，1983年的《食品卫生法（试行)》第38条规定：“当事人对食品卫生监督机构给予的行政处罚不服的，在接到处罚通知之日起15日内，向人民法院起诉……”。再如，1986年《土地管理法》第52条规定：“本法规定的行政处罚由县级以上人民政府土地管理部门决定。……当事人对行政处罚不服的，可以在接到处罚决定通知之日起30日内，向人民法院起诉。”此外，《海洋环境保护法》、《统计法》、《森林法》等法律、法规也有类似规定。

总之，据不完全统计，仅中央一级已有130多个法律、法规对行政诉讼作有规定，涉及工商行政、税务、物价、公安、卫生、土地管理、环境保护、统计、计量、森林、渔业、矿产资源、邮电、电力设施、广播电视、工业企业等方面的国家行政管理工作，以及涉外行政管理工作。此外，各地方的地方性法规、自治条例和单行条例也基本上作有规定。这表明，人民法院对行政机关的司法监督已全面展开。

随着改革、开放的不断深化，行政案件逐年增加，行政审判工作也获得了长足进步。到1988年，全国各级法院共审理一审行政案件2194件，二审行政案件1217件。从1986年开始，人民法院陆续建立了行政审判庭，到1988年，全国有26个高级人民法院、242个中级人民法院（占中院总数的63.5%)、1154个基层人民法院（占基层法院总数39%）建立了行政审判庭。最高人民法院于1988年也建立了行政审判庭。

应当说，这一时期，新中国的行政法制建设，在实践中对行政诉讼制度进行了可喜而又大胆的尝试，同时也总结、积累了经验，发现了不少问题（如人民法院审判行政案件仍适用民事诉讼程序，与行政诉讼工作实践极不协调)。这些行政审判的司法实践和行政立法实践，为我国行政诉讼法律规范的法典化奠定了良好的、也是必不可少的基础。

（四）1989年至今

这是新中国行政诉讼制度法典化的重要阶段。

为了适应改革开放的步伐，党的十三大提出：“要制定行政诉讼法，加强对行政工作和行政人员的监察，追究一切行政人员的失职、渎职和其他违法违纪行为。”在这一要求的指导下，全国人大将制定行政诉讼法的工作提到了重要议事日程。从1986年开始，在全国人大常委会的领导下，建立了行政立法研究小组。该小组于1987年8月完成了《行政诉讼法》试拟稿。经广泛征求意见，经三次修改后于1988年初提交到全国人大法制工作委员会，成为正式草案。截止1988年8月底，这个草案又在继续征求各方面意见的基础上又五易其稿，终于于1989年4月4日经第七届全国人大第二次会议通过，由中华人民共和国主席令第16号公布，自1990年10月1日起生效。这是新中国第一部行政诉讼法。

这部行政诉讼法的公布实施，标志着新中国行政诉讼制度的全面司法化和行政诉讼制度的初步完善。从此我国行政诉讼制度与民事诉讼、刑事诉讼制度都作为独立的诉讼制度共同构成我国诉讼法制体系的有机整体，它也标志着我国社会主义诉讼法体系的完善。

第四章　行政诉讼基本理论范畴

第一节　行政诉讼价值

一、行政诉讼价值概说

哲学价值论上的价值是一个关系范畴，是指在主体与客体的相互关系中，客体的存在、作用以及它们的变化对于主体需要及其发展的某种适合、接近或一致。价值反映了人（主体）与自然、社会（客体）的关系，揭示了人的实践活动的动机和目的。人和物之间的需要与满足的对应关系，就是价值关系。理解这一概念，要注意两方面的问题：一是在价值的研究中首先须确定相应的价值主体和客体。因为价值是一个关系的范畴，永远都只具有相对的意义，也就是说在社会生活中，一种事物好不好，有无价值，是相对于一定的人、一定的主体而言；同一社会现象，对不同的人、不同的主体，其价值往往不同，若无主体就无法作出价值判断；同样若无客体，主体就失去了价值评价的对象。正是由于主客体的这种关系，才构成了价值这一范畴。二是价值兼具多元性和一元性。因为在社会生活中，同一客体对不同的个体主体，群体主体的作用不同，主体作出的价值评价就不一样，所以价值具有多元性；而同一客体对同一时空条件下的同一主体的价值评价是一致的，所以价值又具有一元性。

行政诉讼价值，是反映行政诉讼价值关系实质的法哲学概念，是对程序主客体关系的一种主体性描述，它代表着程序的主体化过程。具体来讲，它是指行政诉讼程序主体依其内在尺度促使程序适合、满足和服务于程序主体的诉讼目的和诉讼需要的一种关系。必须明确，程序价值是一个关系范畴，而非属性范畴。程序价值不等同于程序主体的属性或程序的属性等概念，它既不是程序主体的诉讼目的和需要，也不是程序的性质和功能，而是程序主客体的相互作用。在作用过程中，程序主体把自己的诉讼需求外化为客观存在的东西，程序则把自己的属性和功能内化为程序主体享用的东西，从而形成一种特定的需要与满足的关系。

关于诉讼程序价值理论的研究，最早是由英国学者杰罗米·边沁发起的。在19世纪早期，边沁即开始了对证据和法律程序问题的研究。他提出了有关法律程序价值的一般理论，并对实体法与程序法的关系、程序法的价值目标以及功利原则对法律程序制度的作用等问题首次进行了分析。从此，关于法律程序价值的研究开始逐渐升温，有关这方面的著述也不断出现。学者们的观点大体上可以分为以下三种：

1. 程序工具主义。其典型代表是英国学者边沁，在他看来，“程序法唯一正当的目的，则为最大限度地实现实体法。”工具主义只承认程序的工具价值，认为“程序仅仅是手段”，是为实体服务的。实体法为主，程序法为仆。程序从属于实体，无法也不应决定实体。只要能够实现实体公正——按照一般的理解，无非是查明事实真相并正确适用法律，程序无论怎样都无所谓，都是公正的。

2. 程序本位主义。此种观点主要立足于对人之尊严的尊重，强调当事人在诉讼过程中的主体地位。认为法律程序具有完全独立的、与人性相一致而为人所尊重所接受的内在价值，只要能够实现这些价值，程序便是公正的，且经过程序得出的结果也被视为是公正合理的。日本民事诉讼法学者谷口安平将程序本位主义发挥到了极致，他指出：“程序是实体之母，或程序法是实体法之母。”很显然，在程序本位主义的理论中，程序不再是为某种外在目的（实现实体公正）服务的手段，它本身就是目的，就具有一定的价值追求。

3. 新程序主义。在新程序主义者那里，“程序既是手段又是目的”，程序公正和实体公正同是诉讼程序所追求的目标。他们认为：“在诉讼中，与以法官心证为核心的实体合成相对应，由诉讼行为构成的关于诉讼进行（proceeding）的作用机制称为程序合成。”“程序是相对于实体结果而言的，但程序合成物也包含实体内容。程序在使实体内容兼备实质正义和形式正义的层次上获得一种新的内涵。”新程序主义可用英国一句著名箴言予以概括：“正义，不仅应该得以进行，而且还必须能够明确看到其得以进行而不存在任何怀疑的余地。”

由此产生了关于行政诉讼程序价值性质的分类，即分为行政诉讼程序的外在价值（又称为“工具性价值”）与行政诉讼程序的内在价值（又称为“独立性价值”或“目的性价值”）。

二、行政诉讼程序的外在价值

所谓“外在价值”，是指作为一种手段和工具的价值。因而，行政诉讼程序的外在价值又称为工具性价值。它是指人们据以评价一项行政诉讼程序在形成某一好的裁判结果方面是否有用和有效的价值标准。即要看它是否有助于实现裁判结果的公正和是否有利于维护社会正义。一项诉讼程序如果能够产生好的结果或者具备产生好的结果的能力，人们就会认为它具有一种外在的价值。评价行政诉讼结果的标准是独立的，主要是实体公正、秩序等价值。也就是说，行政诉讼程序的外在价值的实现并非取决于程序本身，而是取决于程序所产生的结果符合外在的实体价值标准。具体包括实体公正和秩序等价值类型。

（一）实体公正

实体公正可以从两种意义上理解：一是指立法者对人们实体权利和义务的公正分配，这是实体一般公正；二是指司法者根据实体一般公正的要求，通过在行政诉讼程序中行使自由裁量权而达到公正裁判结果，这是实体个别公正。前一种意义的实体公正属于实体法研究的范围，诉讼法上的实体公正通常称裁判结果公正或“结果公正”。公正的裁判结果是法院或法官通过整个行政诉讼过程所要达到的一种理想结果，即在法官允许的范围内，考虑其他价值构成，求得公正裁决，也就是说通过诉讼使行政行为公正。一般说，在具体行政行为显失公正时，法官可以予以公正裁决，纠正显失公正的具体行政行为。此为裁判结果公正之要求。

（二）秩序价值

秩序价值反映了程序的强制性和排他性，它包括和平和安全两个方面。法律秩序的形成需要程序，法律秩序的维护离不开程序。法律上的秩序是指法律关系主体要素的合理定位，权利和义务的优势结构及法律关系的合规则或规律的动作状态。行政诉讼上的秩序特征为：

1. 在公民和行政机构因行政行为发生争议时，公民就应依法向人民法院起诉，而无权抵制或反抗行政机关的公务行为。

2. 行政秩序是国家权威或秩序的重要组成部分，也是体现和实现公民民主的重要依托和手段。行政诉讼秩序的重要部分就是保证行政法律规范所确定的行政秩序的实现。

3. 行政诉讼秩序的第三层含义是抽象的秩序，即通过行政秩序的恢复，实现和保护国家政治秩序和社会秩序。

4. 行政诉讼本身的秩序。诉讼须遵循一定的地位界定、结构安排和有序运作，诉讼本身也必须符合秩序规则。

三、行政诉讼程序的内在价值

行政诉讼程序的内在价值，是指人们评价一项行政诉讼程序本身是否具有善良品质的道德标准。所谓“善”，是指一种高尚的、至少是令人满意的品质。行政诉讼程序无论是否能够产生好的裁判结果，只要它本身具有“善”的品质，人们就会认为它具有独立的内在价值。由于这种需要的满足，是程序主体活动的内在目的本身，因此，程序满足这种需要所形成的价值，又叫做“目的性价值”。它包括程序公正、程序效益和程序自由等具体型态。

（一）程序公正价值

公正或正义，历来被视为人类社会的美德和崇高理想，是人类生生不息的追求。何为公正？人们在对一种至少会使一部分人的权益受到有利或者不利影响的活动或决定作出评价时，不能仅仅关注结果的正当性，更要看这种结果形成的过程或者结果据以形成的程序本身是否正当、合理。人们把追求公平、正义的诉讼程序，称为“正当程序”或者“程序正义”。

程序正义本质上是一种“过程价值”，它主要体现于程序的运作过程中，是评价程序本身正义与否的价值标准。典型的事例是关于“蛋糕等分”的程序。如果确立这样一种程序——负责切蛋糕的人最后领取应当属于自己的一块，那就不要担心是否会分配不公。这样的程序便是合乎正义的。可见，评价的标准在于程序本身，而非结果。判断程序本身是否正当、合理的标准要独立于用以评价程序结果的价值标准。换言之，程序结果正义并不能直接证明程序本身是否正当、合理。或者说，程序正义的实现与结果的正当与否并无必然联系。而且，正当程序的运用，未必一定能够求得公正的结果。

那么，究竟程序公正的内容达到什么样的标准，或者程序具备怎样的内容要素，才会被人们视为公正的程序呢？对此，国内外的学者从不同的角度出发进行了有益的探索，并提出了许多有价值的观点。这些标准包括：（1）法官中立原则，其内容为，法官同争议的事实和利益没有关联性；法官不得对任何一方当事人存有歧视或偏爱。中立原则不能等同于消极原则。如果法官对双方当事人进行的职权干预程度相等，仍然可以称之为中立的第三人。这在英美法的对抗制与大陆法的审问制之中。（2）当事人平等原则，包括“静态的平等”和“动态的平等”。前者指当事人享有平等的诉讼权利，这源于立法上的分配；后者指法官在诉讼过程中给予各方当事人以平等参与的机会，对各方的主张、意见和证据给予同等的尊重和关注，即平等保护和平等对待。（3）程序参与原则，其内容是，当事人对诉讼程序的参与必须是自主、自愿的，而非受强制的、被迫的行为；必须具有影响诉讼过程和裁判结果的充分的参与机会。（4）程序公开原则，即公开审判。它是指行政诉讼程序的每一阶段和步骤都应当以当事人和社会看得见的方式进行。

（二）程序效益价值

效益是表征成本（投入）与收益（产出）之间关系的范畴。行政诉讼程序的效益价值，是指人们对行政诉讼程序的设计和它的实际运作，要考虑是否符合经济效益。程序效益同样包括两个基本要素，即经济成本与经济收益。经济成本是指程序主体在实施诉讼行为的过程中所耗费的人力、物力、财力和时间等司法资源的总和。经济收益对法院而言，实指其收取的诉讼费用的数额；对当事人而言，则是指预期利益的实现或预期不利益的避免。程序效益价值要求在程序公正的基础上，建立一种简便、高效、节约而又符合现实情况的行政诉讼制度，从而使社会资源配置效益最大化。行政诉讼的效益具有以下几个方面的内容：

1. 行政诉讼效益是狭义上的效益，即指经济效益或效率。行政诉讼本身要合乎经济效益规律，行政诉讼裁决要在法律允许的前提下尽量实现经济效益最大化。

2. 行政诉讼效益的第二层含义是以较少成本或较大诉讼效率促成实现行政诉讼目的。诉讼本身须以诉讼目的尽快实现为宗旨，诉讼本身不能妨碍目的，应有利于目的的实现。

3. 行政诉讼效益的第三层含义是行政诉讼“质检”标准要符合经济效益要求，这意味着司法裁决标准既能使所有“次品”都不能漏网，又不妨碍“合格产品”的销售和营利。

4. 行政诉讼效益的第四层含义是通过诉讼活动包括诉讼中程序和裁决促成整个国家经济水平的提高。应取消或修改不合经济规律的法律、法规。

（三）程序自由价值

我国行政诉讼中的自由价值是指通过诉讼，由人民法院依法律、法规的自由界定及法律、法规禁止之外的公民、法人或其他组织享有的作为或不作为的权利，来审查关于限制公民自由的具体行政行为的合法性，法院依法撤销无法律、法规根据的限制自由的具体行政行为并维持合乎法律、法规根据的限制自由的具体行政行为。

我国行政诉讼中的自由价值具有如下特征：(1) 宪法、法律、法规的自由界定，是人民法院保护公民、法人或其他组织的自由的根据。(2) 个别情况下，对于宪法、法律、法规未禁止的私人自由，法院可以依公共利益和个人自由的比较，作出司法裁决。(3) 保障自由服从合法原则，个别情况做合理性判断。(4) 我国行政诉讼法着重保障公民、法人或其他组织的人身、财产、行为的自由权利。(5) 我国行政诉讼所直接保障的自由，是具体行政行为中的自由。(6) 行政诉讼所保障的自由，包括实体自由和程序自由。

四、程序内在价值与外在价值的冲突与协调

1. 内在价值与外在价值的一致性。主要表现为：(1) 行政诉讼程序的公正性能够保证裁判结果的权威性。公正的程序能够确保案件各方参与裁判制作过程，以及对裁判施加影响，并保证当事人的人格尊严和意志自由得到尊重，使当事人从心理上接受和承认判决结果的正当性。此外，程序公正还具有巨大的示范效应，通过公众值得依赖的正当程序，能使裁判结果在社会公众中获得承认。(2) 行政诉讼程序的公正性有助于维护社会秩序。表现为：其一，能促使行政争议通过文明的诉讼程序得以和平解决；其二，能实现安全的目标，安全意味着放心、依赖，而公正的程序应是值得依赖的程序。程序具有稳定性的特点，经过程序作出的决定应具有强制力、既定力和自我束缚力。

2. 内在价值与外在价值的冲突。主要表现为程序公正与结果公正的冲突。程序公正是结果公正的前提，一般情况下，公正的程序比不公正程序能产生更加公正的结果。然而，公正的程序并不必然产生公正的结果。这是因为除程序以外因素的作用，程序本身的科学性也是影响结果公正的因素。所以，理论和立法应将不完善的程序公正转化为完善的程序公正。

3. 内在价值与外在价值的协调。程序的内在价值与外在价值构成了行政诉讼程序价值的一对矛盾，它涉及行政诉讼程序的各个环节和方面，涉及程序的立法和运作，涉及程序法与实体法关系的许多内容。解决这对矛盾对于理解和领会行政诉讼程序的精神实质至关重要。

我国一些学者长期以来强调的是程序的外在价值，对程序的内在价值缺乏应有的重视，即过多地强调行政诉讼的秩序价值和实体公正，而忽略了行政诉讼的程序公正价值。如有学者认为：“秩序价值是行政诉讼的首要价值，尽管在既定的秩序中包含着既定的效益、自由、公正。但是我们只能在既定的秩序中求得诉讼效益、公正、自由的最大化并对秩序加以维护。秩序是效益、公正、自由的前提和基础。公正、自由、效益是评判秩序的优劣标准。”① 这种观点很容易造成“重实体轻程序”。这在立法上有体现，如不规定违反程序的后果；在

① 王学辉主编：《行政诉讼制度比较研究》，中国检察出版社2004年版，第103页。

2. 应当充分调动原告主张和举证的积极性。法院在原告因为正当原因不能提供证据时可以进行调查取证，但不应完全取代原告的取证，这样既影响诉讼效率，也不利于原告积极性的发挥。因此，应当通过设定原告的协助义务，来减轻法院的负担。职权探知原则也未免除当事人依法提出证明及证据的责任，当事人的行为在实际上构成了法院调查的界限。因为法院不可能漫无目标地探知事实关系和调查取证，法院调查的强度和界限范围在很大程度上取决于当事人的陈述主张。特别是该项必须查明的事实属于原告所了解的领域更是如此。如果原告对于行政机关的意见未予答辩，则法院仅依照卷宗资料审查行政行为在事实与法律上有无瑕疵，即已尽其调查义务。

3. 完全的职权主义有其弊端，应当加以必要的修正和限制。行政诉讼中采取职权主义的主要目的，是保障作为弱者的原告能够与行政机关形成有效的对抗。如果法院在行政审判活动中为行政行为合法性提供事实和证据加以支持，则将造成相对人更大的困难，并使其对提起行政诉讼视为畏途，这在我国行政案件偏少、相对人诉讼意识淡薄的情形下是应当加以克服的。为此，应当明确行政诉讼中职权探知主义的单方性，即法院调查的事实和证据只能用以证明行政行为的违法性，而不能用来证明行政行为的合法性。这与典型的职权探知主义存在很大的区别。在典型的职权探知主义下，法院对判断行政行为合法性的所有事实和证据，无论是对原告有利还是对被告有利，都应当进行调查，而不限于对被告不利的证据。不仅如此，法院还可以依职权对被诉行政行为的理由（包括事实认定和法律适用）进行替换，通过用合法的理由对非法理由的代替来治愈被诉行政行为的瑕疵并作出驳回诉讼判决。如德国通说认为，行政法院在判断行政行为是否合法时，应当斟酌被诉行政行为的一切法律上的理由和事实，而不以被告在作出行政行为时所依据的事实和理由为限。但也有少数学者对此持不同意见，如 Kop 教授即认为，在法院已经确认行政行为是通过足以影响其决定的瑕疵程序作出，或作为行政机关决定基础的事实和法律上的考虑错误有瑕疵时，即应撤销该行政行为，而不许考虑行政行为是否可以根据其他的事实与理由合法作成。[①] 这一规定的主要优点在于保证行政行为，但弊病在于不能达到有效全面控制行政行为的目的，并且容易给公民、法人留下法院和行政机关共同对付自己的印象。我国对行政行为合法性的判定，不仅在于最后的处理结果（例如处罚的数额，是否予以许可等），还包括其事实认定和法律适用，而德国法则认为审查的对象即是最后的处理结果，如果处理结果正确而事实认定和法律适用有瑕疵，行政机关或法院变更或追加理由后该瑕疵即可治愈。规定职权探知的单方性则没有这方面的弊病，这似乎对保护公共利益不利（大陆法系国家在行政诉讼中采取职权主义的主要理由之一即在于公共利益的维护），但是行政机关的能力已经足够收集到其所作的证据，法院不协助被告举证，对实体真实的发现一般并无影响。

最后应该指出的是，我国学者关于行政诉讼模式的议论固然具有积极的意义，但是，从中国的实践出发，尽快明确当事人与法院在行政诉讼中的权能划分，为两种权能的结合寻找有力的黏合剂，形成化解行政纠纷的互动机制，更符合中国现实的需要。审判方式改革已经为我国行政诉讼制度乃至司法制度的改革寻找到了突破口，并实现预定的目标。淡化模式论，注重程序内容的研究，应该是我们对模式论进行分析后得出的结论。

---

① 参见陈清秀：《行政诉讼法》，瀚芦图书有限公司 1999 年版，第 392 页以下。

第五章 行政诉讼法律关系

第一节 行政诉讼法律关系的概念

一、行政诉讼法律关系的概念

行政诉讼法律关系，是指由行政诉讼法所调整的，以行政诉讼主体诉讼权利义务为内容的一种社会关系。[①] 有的学者认为，行政诉讼法律关系是指在行政诉讼活动中，人民法院和一切诉讼参与人为了正确及时地解决行政争议，依据行政诉讼法规定而形成的相互之间的诉讼权利、义务关系。事实上，行政诉讼法律关系不完全是法院同诉讼参与人之间的关系。诉讼参与人之间也会发生各种关系，如当事人同诉讼代理人之间的关系，原告与被告的关系等等，这些关系也应当由法律规范来调整。由此可见，人民法院虽然在诉讼中处于主导地位，是案件的受理者、裁判者与诉讼的指挥者，但人民法院并非始终是行政诉讼法律关系的一方。还有学者认为，行政诉讼法律关系是由行政诉讼法规范所确定的，反映诉讼行为及其后果的法定关系，影响诉讼主体法律地位的权利义务关系。这种观点强调行政诉讼法律关系为反映诉讼行为与诉讼行为后果的关系，具有表面性。行政诉讼法律关系实质是一种在法律调整下的诉讼主体之间发生的社会关系，是诉讼主体之间的社会关系，其依法律要求渐次进行，并最后以法院的裁决行为并向当事人宣示而最后终结。[②]

正确理解行政诉讼法律关系这一概念，必须弄清楚以下几层含义：

1. 行政诉讼法律关系是在行政诉讼中形成的一种程序性法律关系，是一种独立的、具有自身特点的诉讼法律关系。

2. 行政诉讼法律关系作为一种程序性的法律关系，是为解决行政实体和程序法关系的争议服务的。它的形成，要以行政实体和程序法的存在为基础和前提，行政诉讼法律关系的主体往往仍然是原行政实体法律关系的主体，行政诉讼法律关系主体之间诉讼权利、义务所指向的对象，仍是原行政实体和程序法律关系。

3. 行政诉讼法律关系是行政诉讼法律规范作用于特定诉讼活动领域的结果。任何行政诉讼法律关系都只能由行政诉讼法律规范来创设。这里所指的行政诉讼法律规范不仅仅包括全国人民代表大会及其常务委员会所颁布的《行政诉讼法》，还包括其他涉及行政诉讼程序的法律规定和司法解释。必须注意，除了有权制定和发布行政诉讼法规范的机关，任何其他机关都不能任意设定行政诉讼法律关系。即是说，任何其他机关或个人都无权确定行政诉讼主体的权利和义务、职权和职责。因此，行政诉讼法律关系是行政诉讼法律规范对行政诉讼中人民法院与所有诉讼参与人之间诉讼法律地位的确立和具体实现。

4. 行政诉讼法律关系是在行政诉讼法调整之下的行政诉讼主体在行政诉讼过程中发生的各种社会关系。既包括法院同行政诉讼当事人或行政诉讼参与人之间的关系，也包括行政诉讼当事人或行政诉讼参与人相互之间的关系。行政诉讼活动是一种社会行为。在诉讼活动

---

① 张焕光等编：《行政法知识手册》，劳动人事出版社 1990 年版，第 421 页；姜明安著：《行政法与行政诉讼法》，中国卓越出版公司 1990 年版，第 413 页。

② 姜明安主编：《行政法与行政诉讼法》，北京大学出版社、高等教育出版社 1999 年版，第 302 页。

产生、变更和消灭的主要法律事实，在绝大多数情况下行政诉讼法律关系的产生、变更和消灭都是由法律行为导致的。例如，原告的起诉行为和法院的受理行为相结合导致行政诉讼法律关系的发生，从而使原、被告及其他诉讼参与人的诉讼地位确定。此外，当事人为或不为上诉行为或导致行政诉讼法律关系的继续或消灭。其他如：法院的裁定或判决行为；原告的撤诉行为；当事人申请法院执行生效裁判的行为等，均是诉讼法律行为。

二、行政诉讼法律关系的产生

行政诉讼法律关系的产生，指行政诉讼法律关系主体及其相互之间的诉讼权利、义务的形成。通常有两种情况：第一，由诉讼参加人和其他参与人的诉讼行为同人民法院的诉讼行为相结合而产生行政诉讼法律关系，如公民、法人和其他组织起诉的行为和人民法院受理的行为相结合而产生原告同人民法院之间的行政诉讼法律关系；第二，由人民法院的诉讼行为而产生行政诉讼法律关系，如人民法院将行政机关列为被告并通知其应诉而产生被告同人民法院之间的行政诉讼法律关系，再如人民法院要求某公民作为证人则证人与相对一方无论是否同意都不影响人民法院与其形成行政诉讼法律关系。

三、行政诉讼法律关系的变更

行政诉讼法律关系的变更，指行政诉讼法律关系的主体、内容和客体有所变化。如案件管辖法院的改变或作为原告的公民死亡后其近亲属继续作为原告进行诉讼等等，就是主体的变化；人民法院根据实际情况减收当事人的诉讼费用就使当事人的具体诉讼义务发生变化；而原告因变更诉讼请求而导致诉讼权利、义务针对的对象的变化等等就是客体的变化。

四、行政诉讼法律关系的消灭

行政诉讼法律关系的消灭，指因行政诉讼法律关系主体的消失或主体之间诉讼权利、义务的终止而使行政诉讼法律关系不复存在。

行政诉讼法律关系的消灭原因有二：一是，因主体的消失而导致行政诉讼法律关系的消灭。如作为原告的公民死亡，又无近亲属继续诉讼，从而使其同人民法院的行政诉讼法律关系消灭。二是，因诉讼权利、义务的终止而使行政诉讼法律关系消灭。如证人已履行完毕了作证的义务而使其同人民法院的行政诉讼法律关系消灭。

基于主体在行政诉讼活动中不同的法律地位和作用，行政诉讼法律关系的消灭有部分消灭和完全消灭两种情况。部分消灭是指次要行政诉讼法律关系的消灭，即人民法院同证人、鉴定人和翻译人员之间法律关系的消灭。完全消灭是指主要行政诉讼法律关系的消灭，即人民法院同当事人之间法律关系的消灭。任何主要行政诉讼法律关系的消灭都决定了行政诉讼的终结，也使次要行政诉讼法律关系不具存在意义，因而是行政诉讼法律关系的完全消灭。

第四节　行政诉讼法律关系的意义

一、正确、深刻地理解和研究行政诉讼法律关系，在行政诉讼的理论和实践中都有重要意义

认识和掌握行政诉讼法律关系，是掌握行政诉讼法律制度的中心环节。研究和掌握诉讼法律关系有利于行政诉讼制度的完善，有利于人民法院正确行使审判权及时地审理行政案件，有利于当事人预知其诉讼行为的法律后果，正确行使诉讼权利，履行诉讼义务。

首先，正确认识和掌握行政诉讼法律关系是全面理解和掌握行政诉讼法律规范的中心环节。行政诉讼法律规范是根据法律文件的布局结构要求规定诉讼参与者的法律地位和诉讼权利义务的，而行政诉讼法律关系，又具体体现了诉讼参与人的诉讼权利义务。因此，要理解和掌握行政诉讼法的各项原则、制度、程序之间的内在联系，就要把分散在各个阶段的相关法条内容集中到行政诉讼法律关系的理论上来，这样，有助于比较系统地、全面地理解与阐明整个行政诉讼法律规范。

其次，正确认识和掌握行政诉讼法律关系，有利于人民法院依法办事，正确履行职责。按行政诉讼法的规定，人民法院是以行政诉讼法律关系的主体身份参与并主持具体行政案件的审理，作为诉讼主体，在行政诉讼过程中不仅要正确使用诉讼上的权利，还要履行诉讼义务。因此，理解和掌握了行政诉讼法律关系，人民法院就可以正确行使审判权，认真履行职责，保护当事人的合法权益。

第三，正确认识和掌握行政诉讼法律关系，有助于引导诉讼参加人正确行使行政诉讼权利和履行诉讼义务。行政诉讼法律关系表现了诉讼主体享有的权利和承担的义务。因此，只有正确认识行政诉讼法律关系，才能引导他们正确行使诉讼权利，依法履行诉讼义务。尤其在我国目前情况下，人民对行政诉讼法认识不够清楚，作为原告当事人来说，从理论上弄清了当事人的诉讼权利，就从本质上认识了行政诉讼的含义，会使他们的诉讼权利得以实现；作为行政机关一方来说，也往往不习惯于“被告”的位置，对人民法院的司法监督认识不足，经常不尊重原告当事人的诉讼权利，不遵守和不履行自己的诉讼义务。正确认识行政诉讼法律关系，了解行政机关的法律地位，对保障诉讼活动的顺利进行十分重要。

二、运用行政诉讼法律关系的理论应当注意的几个问题

行政诉讼法律关系具有一定的实用性，但是，运用行政诉讼法律关系的理论应当注意以下几个问题：

第一，应当通过行政诉讼法律关系的结构来全面把握行政诉讼法律规范的精神实质，准确地把握行政诉讼法律规范的内在联系。在实践中，各个诉讼主体都可能站在自己的角度来选择于己有利的规范，而容易忽略各个行政诉讼法律规范的内在联系。诉讼主体要准确地了解自身在行政诉讼中的地位，把握自身的行为，就应当站在行政诉讼法系统的角度，不仅注意此处的行政诉讼规范，而且注意彼处的法律规范，不仅要注意到法律规范所确定的法律事实，而且要注意到法律规范所确定的法律后果。只有这样，才能作出正确的诉讼行为选择。

第二，应当注意把握行政诉讼法律关系与行政法律关系的区别。在行政审判的过程中，既要运用行政诉讼法规范，又要运用行政法规范，而且二者在一定条件下又有某些交叉点，因为许多行政诉讼法律关系的产生、变更和消灭取决于行政行为的性质和状况。这就要求各诉讼法律关系主体注意区分这两种关系的不同点，准确地把握这两种法律关系的交叉点。实践中，有的审判人员认为原告人不可能胜诉，或认为行政决定正确合法而拒绝立案，有的行政机关认为自己的决定正确合法而拒绝应诉或拒不到庭，这些都是用实体法律关系中的法律事实来取代诉讼法律关系的法律事实的表现，应当予以纠正。

第三，应当注意全面把握法律事实和法律后果之间的关系。法律事实和法律后果的关系往往不是单一的，而是复杂的，有的法律后果需要若干个法律事实，有的法律事实可以产生若干个法律后果，有的几个法律事实共同产生多个法律后果。如果顾此失彼，就可能导致适用法律的错误，或者导致作出错误的选择。因此，一方面应当注意把握引起行政诉讼法律关系产生、变更和消灭的必要条件；另一方面，应当注意洞悉每一个法律事实带来的所有的法律后果。要实现这一点，必须全面把握行政诉讼法规范。

第二编 总 论

第六章 行政诉讼法的基本原则和基本制度

第一节 行政诉讼法基本原则和基本制度概述

一、行政诉讼法基本原则的概念和特点

（一）行政诉讼法基本原则的概念

任何一个法律部门都有自己的基本原则。基本原则是法的灵魂，对该法律部门具有普遍的指导意义。

我国行政诉讼法的基本原则，是指由行政诉讼法规定的，贯穿于行政诉讼全过程或主要过程，指导行政诉讼法律关系主体进行行政诉讼的基本准则。它体现行政诉讼法的基本原理和精神实质，对整个行政诉讼活动具有普遍的指导意义，而当某些行政诉讼行为缺乏直接法律规定或法律规定不完善时，它可以直接作为诉讼的依据。

根据我国行政诉讼法第一章总则的规定，行政诉讼法的基本原则包括以下八项：即保障公民、法人和其他组织的行政起诉权原则；人民法院依法独立行使行政审判权原则；以事实为根据、以法律为准绳原则；对具体行政行为进行合法性审查的原则；当事人在诉讼中法律地位平等原则；使用本民族语言文字进行诉讼原则；辩论原则；人民检察院对行政诉讼实行法律监督原则。

（二）行政诉讼法基本原则的特点

行政诉讼法的基本原则，具有以下三个特点：

1. 具有明确的法律性。指基本原则是由行政诉讼法加以明确规定，属于法律原则，而并非像有些西方国家那样，大多为学者们概括，更不是一种不成文的惯例或原则。我国《行政诉讼法》在总则部分采用列举的方式明文规定了基本原则，使其与行政诉讼法律规则和法律概念一起构成行政诉讼法律规范的基本要素。

2. 贯穿诉讼过程。行政诉讼法的基本原则不是行政诉讼中某一阶段，如起诉、审判或执行阶段所特有的具体原则或者规则，而是作用于整个诉讼过程或者主要过程，无论是对人民法院还是诉讼当事人、其他诉讼参与人的行为都具有指导和规范的意义。也就是说，这些基本原则的精神在行政诉讼中具有一以贯之的作用。

3. 具有普遍意义，稳定性强。基本原则不是只能适用于某一时期的特有规则，而是反映了行政诉讼的一般规律，反映了立法者对行政诉讼精神实质和内在价值的认识。它一方面是行政诉讼法指导思想的体现，另一方面也是行政诉讼法的一些理论的条文化、法律化，概括性强，对行政诉讼实践中出现的各种情况，具有稳定的指导作用。

二、行政诉讼法基本制度及其与基本原则的关系

行政诉讼法的基本制度是指行政诉讼法规定的，人民法院、诉讼当事人和其他诉讼参与人进行行政诉讼活动必须共同遵守的诉讼规程和行为准则。根据我国《行政诉讼法》的规定，人民法院审理行政案件，依法实行合议制度、回避制度、公开审判制度、两审终审制度。行政诉讼法的基本制度和行政诉讼法基本原则具有密切的联系，二者相辅相成、互相渗透，都是实现行政诉讼任务，使行政诉讼公正、顺利进行的保障。但二者又不完全相同，主要有以下两方面的区别：

1. 基本原则的内容比较概括，基本制度的内容比较具体。基本原则只是针对某一方面问题提出总的要求和原则性的规定，具有高度的概括性，其精神实质体现在整个行政诉讼的行为规范中。而基本制度的内容则相对具体，有比较详细的行为规则和实施程序，有相应的法律条文集中系统地加以规定。

2. 基本原则在适用上灵活性较大，基本制度在适用上基本无伸缩余地，须按固定的程序进行。例如，审判人员在运用“以事实为根据，以法律为准绳”原则对证据进行判断时，可以采用不同证明方法来完成。而基本制度一般不能灵活运用，两审终审制度不能改为一审终审，合议制也不能改为独任制。

三、基本原则和基本制度的作用

基本原则和基本制度一旦为行政诉讼法所确认，就具有保证行政诉讼正确地进行，实现行政诉讼的目的和宗旨的作用。

1. 指导行政诉讼规则体系的建立。基本原则和基本制度是行政诉讼的核心，贯穿整个行政诉讼法，决定了行政诉讼的基本框架和结构，行政诉讼法的其他各个条文都是围绕基本原则和基本制度规定，行政诉讼的各项具体规则和具体制度，都产生于基本原则和基本制度并受其指导和影响。

2. 规范行政诉讼行为。行政诉讼是一整套复杂的操作程序的集合，法律不可能对在特定条件下的每一种行为选择都作出具体规定，此时，基本原则和基本制度就起着原则性的指导作用，当某些诉讼行为缺乏直接、具体的法律规定或法律规定不全面时，基本原则和基本制度可直接作为诉讼的依据，以有效地弥补立法中的不足，从而保证行政诉讼的正常进行。

3. 体现行政诉讼价值。行政诉讼的两大基本价值：公正与效率，即实现公正审判和实现解决行政争议的效率。行政诉讼的基本原则和基本制度集中地体现了公正与效率的要求，同时为实现这两大价值提供了最重要的制度保障。要实现行政诉讼的任务，就必须遵循这些基本原则和基本制度。

第二节　行政诉讼法的基本原则

一、保障公民、法人或者其他组织的行政起诉权原则

行政诉讼法第 2 条规定：“公民、法人或者其他组织认为行政机关和行政机关工作人员的具体行政行为侵犯其合法权益，有权依照本法向人民法院提起诉讼。”这一规定反映了行政诉讼法的立法宗旨，是宪法有关规定的贯彻和体现。宪法第 41 条规定，中华人民共和国公民对于任何国家机关和工作人员的违法失职行为，有向有关国家机关提出申诉、控告或检举的权利，对于公民的申诉、控告或者检举，有关国家机关必须查清事实，负责处理。根据行政诉讼法和宪法的规定，这一原则包含了以下两方面的要求：

1. 公民、法人或者其他组织只要认为行政主体的具体行政行为违法并侵犯了自己的合法权益，就有权向人民法院起诉。也就是说，提起行政诉讼是公民、法人或者其他组织的一项特有权利，作出具体行政行为的行政机关没有起诉权，也没有反诉权。在现代社会，由于行政活动的普遍性、复杂性和多样性以及行政主体等方面的原因，公民、法人或者其他组织合法权益受到行政机关侵犯的可能性也就不可避免。因此，就必须在制度安排上提供保护，使公民、法人或者其他组织受侵犯的权益尽可能获得救济。

2. 人民法院有尊重和帮助公民、法人或者其他组织实现诉权的义务。对当事人依法提起的行政诉讼，人民法院就有义务对起诉进行审查，并及时作出受理立案或驳回起诉的决定，任何给公民、法人或者其他组织行使起诉权设置障碍的行为和妨碍起诉的行为都是为法律所不允许的。

二、人民法院依法独立行使行政审判权原则

我国宪法和人民法院组织法都规定了人民法院依法独立行使审判权原则。行政诉讼法体现了宪法和人民法院组织法的立法精神，其第3条第1款规定："人民法院依法对行政案件独立行使审判权，不受行政机关、社会团体和个人的干涉。"由于行政诉讼是人民法院通过行使行政审判权对行政职权的一种合法监督，在诉讼过程中，有众多社会因素的介入，人民法院的审判可能受到某些出于不同目的的干预，尤其是具有国家权力、经济实力或者舆论力量的机关、团体和个人的干涉，人民法院如果没有足够的权威和独立的地位，就难以发挥其在行政审判中应有的作用，不能实现公正的审判。

人民法院依法独立行使行政审判权原则主要包括以下内容：

1. 行政案件的审判权只能由人民法院统一行使。行政审判权是人民法院依据行政诉讼法的规定，根据诉讼当事人的请求，并在双方当事人的参加下，居中审理、裁判行政争议的权力，是国家审判权的重要组成部分，具有统一性和完整性。国家只设立统一的人民法院行使国家审判权，而不设立行政法院和其他专门行政审判机关，各专门人民法院不受理行政案件。同时，无论是中国公民、组织还是外国人、无国籍人以及外国组织，只要他们在我国进行行政诉讼活动，都必须由人民法院审判，并执行人民法院发生法律效力的行政判决和裁定。

2. 人民法院独立行使审判权，不受行政机关、社会团体和个人的干涉。在行政诉讼中，被告始终是行政机关，而行政机关目前控制着人民法院的人、财、物等工作条件，它有可能对主持审判活动的人民法院施加压力和影响，一些领导干部也可以利用其地位和权力对审判活动进行干涉。因此，行政诉讼中，外来干涉的程度超过其他诉讼活动。人民法院只有具备真正的独立性，才能充分实现审判权通过行政诉讼监督行政权的功能，才能确保法院的公正裁判，以维护公民、法人和其他组织的合法权益。

3. 人民法院行使行政审判权，必须依法进行。人民法院独立行使行政审判权并不意味着人民法院可以任意行使审判权。审判权的行使必须严格依照法律规定进行，从最初对起诉的受理，到对具体行政行为的实质性审查，以及到判决的执行，都要严格依法。

4. 人民法院独立行使审判权的主体是人民法院，不是审判人员个人独立，也不是法院内部审判组织的独立。要正确处理好审判人员、合议庭、审判委员会几者之间的关系，建立完善的自我约束机制和法官责任制度，以实现行政审判的目的。

5. 人民法院独立行使行政审判权与接受权力机关、检察机关的监督并不矛盾。根据宪法的规定，一方面法院应对本级人民代表大会和它的常务委员会负责并报告工作，接受其监督和检查。另一方面，人民检察院作为国家的法律监督机关，也要对人民法院的行政审判工作进行监督。当然，为了确保行政审判的独立进行，国家权力机关的监督和其他新闻舆论的监督都不得提前介入，任何监督都不能代替人民法院独立行使行政审判权。

三、以事实为根据，以法律为准绳原则

以事实为根据，以法律为准绳原则，是我国刑事、民事和行政诉讼共有的一项重要原

的特点，法律分别规定了各自享有的诉讼权利和承担的诉讼义务。如只有公民、法人或者其他组织享有起诉权，而行政机关既无起诉权，在诉讼过程中亦无反诉权，只有按期应诉并承担举证责任的义务。行政诉讼法作这样的规定并不意味着行政机关的诉讼地位低于原告，而正是体现了行政诉讼的特殊要求。因此，行政诉讼中当事人的法律地位平等是享有法律规定权利和承担法律规定义务的平等，而不允许任何一方享有法外特权，也不允许任何一方不履行法定义务。

3. 人民法院在适用法律上对双方当事人应当平等，对双方当事人的诉讼权利要给予同等的法律保障。在行政诉讼中，人民法院在审判案件和适用法律上，对双方当事人应当平等对待，一视同仁。不能因作为被告的行政机关在国家生活中的特殊地位而区别对待，也不能把作为原告的公民、法人或者其他组织当作刑事案件中的被告来审。这也是法律面前人人平等的宪法原则的基本要求。

六、使用本民族语言文字进行诉讼原则

使用本民族语言文字进行诉讼是宪法确立的一项基本原则，是对三大诉讼的共同要求。行政诉讼法第 8 条规定："各民族公民都有用本民族语言文字进行行政诉讼的权利。"

我国是一个统一的多民族国家，各民族不分大小，一律平等。在行政诉讼中，允许当事人使用本民族语言文字进行诉讼，是民族平等的具体体现，它有利于当事人陈述案情，提供证据和进行辩论，有利于法院全面了解案情，保证行政诉讼的顺利进行和行政诉讼目的的实现。

民族语言文字原则包括了以下内容：

1. 使用本民族语言文字进行诉讼是各民族公民法定的权利。任何一个民族的公民，都可以选择运用本民族语言文字进行诉讼，任何人都无权以任何借口和理由反对、限制他们行使这样的权利。

2. 人民法院在少数民族聚居或者是多民族共同居住的地区审理行政案件，应当用当地民族通用的语言、文字进行审理和发布法律文书。

3. 对不通晓当地民族通用语言、文字的当事人、证人等诉讼参与人，人民法院应当为他们提供翻译，以保护其诉讼权利，保证他们顺利地进行各种诉讼活动。

七、辩论原则

行政诉讼法第 9 条规定："当事人在行政诉讼中有权进行辩论。"所谓辩论原则，是指在人民法院主持下，行政诉讼双方当事人就行政案件的事实和法律问题，各自陈述其主张和根据，互相进行答辩和反驳，以维护自己的权利。辩论原则的确立是当事人诉讼地位平等的体现，是诉讼公正的要求，为当事人充分表达自己的意见和主张提供了法律保障。通过双方当事人的辩论，人民法院可以全面查清案件真实情况，分清责任和是非，正确解决当事人之间的争议，保护当事人的合法权益。

辩论原则贯穿行政诉讼的全过程。从起诉开始，原告方即为自己的主张和案件事实提供证据，人民法院受理案件后，被告方参与诉讼，便开始了为自己利益进行辩论的活动。双方的辩论可以在人民法院调查阶段、开庭审理阶段以及第二审和审判监督程序中进行。当事人的辩论权可以自己行使，也可通过法定代理人或者委托代理人行使。

当事人在行政诉讼中辩论的内容是全方位的，既包括实体问题，也包括程序问题；既可涉及事实问题，也可涉及法律问题。在辩论方式上，既可是书面的也可是口头的。在审理前的准备阶段，一般采用书面形式辩论；在开庭审理阶段，则主要以口头方式进行辩论。由于

行政诉讼的第二审大多采用书面审理，因而在第二审中，主要是实行书面辩论。

八、人民检察院对行政诉讼实行法律监督原则

行政诉讼法第10条规定："人民检察院有权对行政诉讼实行法律监督。"第64条规定："人民检察院对人民法院已经发生法律效力的判决、裁定，发现违反法律、法规规定的，有权按照审判监督程序提出抗诉。"这些规定是对我国宪法关于"中华人民共和国人民检察院是国家的法律监督机关"内容的具体化。这一原则的确立，为人民法院合法、公正行使审判权提供了一种制约和监督，也为保障公民、法人或者其他组织的合法权益以及国家和社会公益提供了更完善的机制。

根据我国的法律诉讼理论和司法实践，人民检察院对行政诉讼实行法律监督原则应包括以下内容：

1. 人民检察院有权参与行政诉讼。对于一些重大、复杂的行政案件，为保护公民、法人或者其他组织的合法权益，督促人民法院公正审判，人民检察院可以应当事人的请求、法院的要求以及依职权直接以法律监督者的身份参与到行政诉讼活动中，使审判能依法顺利进行。

2. 人民检察院有权提起行政诉讼。我国在制定行政诉讼法时，就有人提出人民检察院可以代表国家对涉及公共利益的行政案件启动行政诉讼程序。行政诉讼法对其采取了不置可否的立法态度。[①] 这种立法的含糊引起了理论上对人民检察院能否提起行政诉讼的争论，肯定的、否定的和折中的观点都有[②]。我们认为，人民检察院作为国家的法律监督机关，其监督对象是广泛的，行政机关的行政行为应受到检察机关的监督，并且，检察机关对行政行为的监督方式也应是多样的，其中提起行政诉讼，启动行政诉讼程序应属重要的一种。因此，对涉及国家、集体或者公共重大利益而又无人起诉的行政案件，人民检察院可以国家公诉人的身份提起诉讼，以此来保护国家、社会、集体的利益不受侵害，达到促使行政机关纠正错误的行政行为，严格依法行政的目的。

3. 人民检察院有权提起审判监督程序。根据行政诉讼法第64条规定，人民检察院对人民法院已经发生法律效力的行政判决、裁定，发现违反法律、法规规定的，应当按照审判监督程序提出抗诉。人民法院对人民检察院提出抗诉的行政案件应当再审，再审时人民检察院应当派员出席法庭，对诉讼活动是否合法进行监督。

4. 对行政诉讼当事人和其他诉讼参与人的行政诉讼活动实行法律监督。行政诉讼当事人和其他诉讼参与人如有违法行为，人民检察院应当及时进行批评和教育，并视情节作出相应的处理或建议有关机关处理。

第三节　行政诉讼基本制度

根据行政诉讼法第6条的规定，人民法院审理行政案件，依法实行的基本制度有合议制度、回避制度、公开审判制度和两审终审制度。

一、合议制度

合议制度是关于审判组织形式的规定，它是指人民法院对行政案件的审理，由审判员或审判员与陪审员依照法定人数和组织形式组成合议庭进行。根据人民法院组织法的规定，人

---

① 参见行政诉讼法第10条、第64条的规定。

② 见刘莘、马怀德、杨惠基主编《中国行政法学新理念》，中国方正出版社1997年版，第405页。

民法院审理案件的组织形式有两种，即合议制和独任制。在民事诉讼和刑事诉讼中，除简单的民事案件和轻微的刑事案件可以由审判员一人独任审判外，其他的案件必须组成合议庭进行审理。而在行政诉讼中，法律规定只能采用合议制形式审理案件。

根据行政诉讼法第 6 条、第 46 条的规定，行政诉讼的合议制度包括以下内容：

1. 行政诉讼只实行合议制，不实行独任制。这是由行政诉讼的性质所决定的。由于行政诉讼的当事人一方为国家行政机关，审理难度大。采用合议制，有利于发挥集体力量，防止个人专断和弥补个人在审判中所需知识的不足，保障行政案件的公正解决。

2. 在行政诉讼的不同审理阶段，合议庭组成要求不同。第一审行政案件合议庭由审判员或者审判员与陪审员一起组成；第二审行政案件合议庭由二审人民法院的审判员组成；再审重审的行政案件另行组成合议庭，原审合议庭成员不能参加再审重审合议庭审理案件。

3. 行政诉讼合议庭的组成人员应当是三人以上的单数。

4. 合议庭的成员享有平等的审判权利，对案件中的问题，必须共同研究解决。合议庭评议案件时，实行少数服从多数的原则。

二、回避制度

这是一项为了保证诉讼活动的正常进行，从而使行政案件得到公正处理的重要制度。因为公正司法的基本前提是法官的中立，即不偏不倚。黑格尔把“不带特殊的主观情感”，而在特殊场合中“认识和实现法”视为法院的基本使命①。因此，避免利益牵涉，实行回避制度，也就成为诉讼活动的基本要求。而在行政诉讼中确定这一基本制度更具有重要性，对于解除当事人的疑虑，保证法律的正确实施，防止审判人员利用职权谋取私利，保证案件公正处理，都具有重要作用。

在行政诉讼中，回避制度是指人民法院审理某一案件的审判人员和其他人员与案件有利害关系或者其他关系，可能影响公正审判时，应当经过法定程序退出行政诉讼活动。根据行政诉讼法第 47 条的规定，行政诉讼的回避制度不仅适用于审判人员，也适用于书记员、翻译人员、鉴定人和勘验人等。

我国《行政诉讼法》规定回避的情况有两种：一是审判人员和其他有关人员与案件有利害关系。这里的利害关系包括亲属关系或与案件有其他关系可能影响公正审判。这里的其他关系包括朋友、同事、师生等关系。上述两种情况只要具备其中之一，审判人员及有关人员就应当回避。

回避分为自行回避和申请回避两种情况。前者指审判人员和其他有关人员因回避理由的存在而主动回避；后者指由具有回避申请权的主体提出回避申请而实行的回避。行政诉讼中，申请回避是当事人的一项重要的诉讼权利。

关于回避的申请和决定程序，在 2000 年 3 月 10 日起施行的《最高人民法院关于执行〈中华人民共和国行政诉讼法〉若干问题的解释》第 47 条作了规定。当事人申请回避，应在案件开始审理时提出；回避事由在案件开始审理后知道的，应当在法庭辩论终结前提出。被申请回避的人员在人民法院作出是否回避的决定前，应当暂停参与本案的工作，但案件需要采取紧急措施的除外。人民法院对当事人提出的回避申请，应当在申请提出的 3 日内，以口头或者书面形式作出决定，申请人对决定不服的，可以在接到决定时申请复议一次。复议期间，被申请回避的人员，不停止参加本案的工作。人民法院对复议申请，应当在 3 日内作出

① 黑格尔：《法哲学原理》，商务印书馆 1982 年版，第 229 页。

复议决定，并通知复议申请人。

审判人员和其他有关人员是否回避的决定权限，依据不同的对象有不同的规定。行政诉讼法第 47 条规定：法院院长担任审判长时的回避，由审判委员会决定；审判人员的回避，由院长决定；其他人员的回避，由审判长决定。

三、公开审判制度

公开审判是我国宪法所确认的一项制度，体现了诉讼活动的民主化要求。在行政诉讼中，公开审判制度，是指人民法院审理行政案件，除法律规定的特殊情况外，一律公开进行，在不损害公正审判和其他合法利益的情况下，允许公民到法庭旁听，允许记者采访和报导。也就是把法庭审判的全过程，除合议庭评议案件外，都公之于众。公开审判的形式要求，是法庭审判行为应在一定场合公开进行；它的实质要求则是作为法庭裁判基础的事实、证据，裁判的法律依据和理由以及裁判的过程向诉讼主体和社会公开。

公开审判制度是植根于现代民主政治对公众能够监督审判的要求。国家权力来源于人民的授予，而缺乏监督制约的国家权力极可能异化为满足私欲并侵犯公民权益的工具。为了防止这种权力的异化，人民必须监督其运作，而监督的基本条件是权力运作过程的公开。因此，公开审判把审判活动置于群众的直接监督之下，一方面满足了公民作为国家主人对审判权力及其运作的了解，增强审判人员的责任感，保证办案质量，提高公众对司法的信心，使公众能看到“正义是怎样实现的”，从而增强对行政诉讼制度的认同感。另一方面是进行法制教育的重要手段，通过公开审判，展示案件处理的具体过程，对群众和其他行政机关都是生动实际的法制教育，使群众能进一步理解自己的法律权利和义务，使行政机关能更好地依法行政。

公开审判制度是服务于公正的审判目的，其适用也限于公正审判的需要。为此在适用中应设置一定的限制，行政诉讼法第 45 条规定，人民法院公开审理行政案件，但涉及国家秘密、个人隐私和法律另有规定的除外。

人民法院必须严格执行《中华人民共和国行政诉讼法》及相关司法解释关于公开审理的案件范围的规定，应当公开审理的，必须公开审理。当事人提出案件涉及个人隐私或者商业秘密的，人民法院应当综合当事人意见、社会一般理性认识等因素，必要时征询专家意见，在合理判断基础上作出决定。

四、两审终审制度

两审终审制度，是指一个行政案件经过两级人民法院审理即告终结的诉讼制度。即当事人对第一审人民法院的判决和裁定不服，有权依法向上一级人民法院提出上诉，要求再次审判。第二审人民法院对上诉案件进行审理后作出的判决、裁定是终审的判决裁定，当事人必须执行，不得再次提起上诉。根据法律规定，最高人民法院是国家的最高审判机关，它作为第一审法院审理行政案件后所作的判决和裁定是终审的判决、裁定，当事人不得上诉，这是两审终审制度的例外。

我国人民法院分为四级，即最高人民法院、高级人民法院、中级人民法院和基层人民法院，实行四级两审终审制。在行政诉讼中实行两审终审制，能保障行政案件的办案质量，保障当事人，特别是公民、法人或者其他组织的合法权益。但是两审终审制度并非要求每一个行政案件都必须经过两级人民法院的审理才告终结。如果当事人对一审判决、裁定，在法定期限内没有提出上诉，一审判决、裁定即发生法律效力，案件亦告终结。

第七章　行政诉讼受案范围

第一节　行政诉讼受案范围概述

一、行政诉讼受案范围的概念与意义

行政诉讼受案范围，又称行政诉讼主管范围，指的是行政诉讼法所规定的公民、法人或其他组织有权起诉的、人民法院有权审理的、行政机关有义务应诉的行政案件的范围。其目的在于解决人民法院与其他机关之间处理行政争议案件的分工问题。

确定行政诉讼受案范围，是“行政诉讼法首先要解决的重要问题”，[①] 有着重要的意义：(1) 明确了人民法院和其他国家机关之间处理行政纠纷的分工，确定了人民法院对具体行政行为行使司法审查权力的范围，从而有利于在诉讼领域及时、顺利地解决行政纠纷案件。(2) 使公民、法人或其他组织，在与行政机关发生行政管理矛盾冲突时，能够正确行使起诉权利，以解决起诉无门的困境和防止国家机关之间相互推诿的弊端，从而有利于及时保护公民、法人或其他组织的合法权益免受违法行政行为的侵犯。(3) 使行政机关明确自己的哪些行政行为可以接受人民法院的司法审查，哪些行政行为不必进入诉讼领域，能够正确应诉，从而有利于维护和监督行政机关依法行使行政职权。

二、行政诉讼受案范围的确定原则

我国国家最高权力机关确定行政诉讼受案范围的基本原则有三：

（一）保障公民、法人和其他组织的合法权益的原则

这一原则的含义是，根据宪法和执政党加强社会主义民主与法制的要求[②]，从保障公民、法人和其他组织的合法权益出发，着眼于实效，要从办得到的事情做起，适当逐步扩大人民法院受理行政案件的范围。

行政诉讼法第 11 条对受案范围的规定，比《行政诉讼法》出台之前主要是经济行政案件、治安行政处罚案件等受案范围适当扩大，不仅列举了涉及公民、法人或其他组织人身权、财产权的八大类具体行政行为，而且概括规定人民法院受理法律、法规规定的可以提起诉讼的其他行政案件，从而为行政诉讼受案范围规划设置了可持续扩展的法定空间，适时保障公民、法人和其他组织的合法权益。

（二）正确处理审判权和行政权的关系的原则

这一原则的含义是，人民法院对行政案件应当依法进行审理，但不要对行政机关在法律、法规规定范围内的行政行为进行干预，不要代替行政机关行使行政权力，以保障行政机关依法有效地进行行政管理。

在我国人民代表大会制度这一中国特色政体中，行政权和审判权是由人大产生、受人大

---

① 王汉斌《关于〈中华人民共和国行政诉讼法（草案）〉的说明》，1989 年 3 月 28 日在七届全国人大二次会议上。

② 《宪法》第四十一条规定：“中华人民共和国公民对于任何国家机关和国家工作人员，有提出批评和建议的权利；对于任何国家机关和国家工作人员的违法失职行为，有向有关国家机关提出申诉、控告或者检举的权利”。“由于国家机关和国家工作人员侵犯公民权利而受到损失的人，有依照法律规定取得国家赔偿的权利。”党的“十三大”《沿着有中国特色的社会主义道路前进》的主题报告要求：“要制定行政诉讼法，加强对行政工作和行政人员的监察，追究一切行政人员的失职、渎职和其他违法违纪行为。……必须着眼于实效，要从办得到的事情做起，致力于基本制度的完善……使宪法规定的公民权利和自由得到保障。”

监督、对人大负责的、在人大立法权之下的两种性质不同的但相互平行的国家权力，人大立法授权审判权通过诉讼程序对行政权引发的行政纠纷进行处理，首先就要从受案范围着手，正确处理审判权和行政权的关系，以避免审判权超越受案范围无限扩展而影响行政权的正当运行，因此，《行政诉讼法》在第11条明确受案范围的同时，又在第12条明确列举了行政机关的国防、外交等国家行为等事项不纳入行政诉讼的受案范围，既划定了法院行政审判权的受案界限，又标示了行政权不受司法审查的法定空间。

（三）符合国情，量力而行的原则

这一原则的含义是，考虑《行政诉讼法》制定时我国的实际情况，即行政法还不完备，人民法院行政审判庭还不够健全，行政诉讼法规定"民可以告官"，有观念更新的问题，有不习惯、不适应的问题，也有承受力的问题，因此对受案范围现在还不宜规定太宽，而应逐步扩大，以利于行政诉讼制度的推行。既与时俱进，又不超越现阶段实际提出过高要求。

行政诉讼法实施至今，我国行政诉讼法治的形势发生了很大的变化。第一，国家行政机关及其工作人员依法行政的意识明显增强，依法行政的水平得到提高，从最初的对行政诉讼不习惯、不适应、有抵触心理，到现在能够理解公民、法人和其他组织行使行政诉讼权、能够主动应诉，尤其是近年来各地出台行政机关首长出庭应诉制度以积极支持与配合人民法院的行政审判工作；第二，人民群众的法制观念和法律意识普遍提高，在合法权益受到违法行政行为的侵犯时依法提起行政诉讼的实例越来越多，行政诉讼案件的数量每年都有大幅度的增长；第三，人民法院的行政审判机构普遍建立和行政审判队伍得到加强，行政审判活动日趋规范，法律以及最高人民法院发布的一系列的司法解释构成了较为完整的行政审判规则，行政审判已经发展为人民法院的三大审判工作之一；第四，我国行政诉讼受案范围也在与时俱进逐步扩展。特别是跨入21世纪我国加入WTO融入世界经济一体化浪潮，社会主义市场经济加速发展，经济社会转型力度加大，民主与法制建设步伐加快，党和国家确立"国家尊重和保障人权"的宪法原则，推行依法治国，建设社会主义法治国家的方略，实施法治行政，建设法治政府，深入学习贯彻核心是"以人为本"的科学发展观，法律、法规不断出台"人民法院受理法律、法规规定可以提起诉讼的其他行政案件"，行政诉讼受案范围也得以逐步扩大，从保护人身权、财产权，逐步扩大到保护文化权利、社会权利。比如，通过出台《行政复议法》（以不服复议决定可依法起诉的方式）把行政诉讼受案范围扩大至涉及受教育权利、农业承包合同合法权益、社会保险金或者最低生活保障费等社会保障权利的具体行政行为；出台了《对外贸易法》等法律以及《反补贴条例》《反倾销条例》等行政法规把行政诉讼受案范围扩大至国际贸易行政案件、反补贴行政案件和反倾销行政案件等，从而更加全面保护公民、法人或者其他组织合法权益，监督行政机关依法行政。

三、行政诉讼受案范围的确定方式

（一）行政诉讼受案范围确定方式的类型

当代各国或地区在行政诉讼受案范围的确定方式上，因受本国国情和法制环境的制约而不尽一致。大体上有三种类型：

1. 概括式

概括式，即指在一部行政诉讼法典或关于行政诉讼的基本法律中，对法院受理行政案件的范围作出概括的规定，而不一一说明其种类，凡是对行政行为不服的案件，都可以提起诉讼，法院都应受理。概括式对受案范围的规定，实质上只设一个抽象标准来概括各种可诉讼行政行为，只要是符合这一标准的行政行为，即在受案范围之列，因此，这种方式确定的受案范围显得较广泛。例如，苏联《关于对公职人员损害公民权利的违法行为向法院控告的程序法》中没有一一列举规定哪些行为可以控告，该法第2条“须向法院控告的公职人员的行为”（该条实际上就是对法院受案范围的规定）中只规定：“公职人员违反法律，擅越权限，损害公民权利的行为是指造成以下后果的行为：公民被非法地剥夺全部或部分地实现法律或其他规范性文件赋予权利的可能性；非法地责成公民承担某种义务。”根据这一规定，公职人员以个人或其所代表的机关的名义所作的行为只要是符合该条规定标准的，亦即“凡其结果使公民完全或部分地丧失行使法律或其他规范性文件所赋予他的权利的可能，或使公民非法承担某种义务的行为，都属公职人员违反法律和超越职权所实施的侵犯公民权利的行为。”公民对此都可以向法院提出控告。[①] 又如，《南斯拉夫行政诉讼法》第6条对行政诉讼法受案范围的规定是：“只能对行政文件进行行政诉讼。本法所指的行政文件，是行使公共职权的国家机关、联合劳动组织和其他自治组织或共同体，在处理某种行政事务时，涉及一定个人或组织的权利和义务的文件。”这也是概括式的规定，凡当事人认为行政文件侵犯了其合法权利或直接的合法利益的，都可以将该文件诉诸法院。

2. 列举式

列举式，即指在一部行政诉讼法典或关于行政诉讼的基本法律中，对法院受理行政案件的范围作出列举性规定，凡对所列举的行政行为不服的案件，都可以提起诉讼，法院都应当受理。列举式对行政诉讼受案范围的规定，比较具体、明确，只需“对号入座”即便于当事人把握，不在列举范围内的便不得提起行政诉讼。相比而言，列举式所规定的受案范围不如概括式广泛，因为在法律制定过程中客观上是难以全面、穷尽地规范现实的和未来的行政纠纷可诉性的情形的。采取列举式的有匈牙利、波兰等国家。匈牙利1957年的法律列举了进行司法审查的五个主要事项：甲，有关拒绝将资料包括进或排除出民事状况登记册的事项；乙，有关住宅分配的事项；丙，有关剥夺所有权的事项；丁，有关财产被扣押的事项；戊，有关税收的事项。1980年修改的波兰行政诉讼法典列举规定了当事人可以请求最高行政法院复审的行政决定事项达20种。[②]

3. 结合式

结合式，又称混合式、折中式，即指在一部行政诉讼法典或关于行政诉讼的基本法律中，对法院受理的行政案件的范围既概括规定又列举规定，凡对所列举的行政行为不服的案件，可以提起诉讼，法院也应当受理。结合式，乃是对概括式与列举式取长补短有机结合而成的，能够适应行政诉讼受案范围的现状及其发展扩大需要的规定方式。例如，美国《联邦行政程序法》对司法复审案范围即采取结合式加以规定，该法第701条“司法复审适用范围，定义”中以引证同法第551条的形式，明确列举规定了应受司法复审的“相关行为”（“agency action”又可译为“行政行为”）的具体种类，并对各种类的“机关行为”也作出了具体的规定，列举相当详尽。据该条第（十三）项规定：“‘机关行为’包括机关规章、裁决令、决定、许可、制裁和救济的全部或一部；机关采取的其他类似的行为及其否定行为和不作为的全部或一部。”该条第（四）、（六）、（八）、（十）、（十一）项则对各类“机关行为”进一步作出具体列举规定，如该条第（十）项规定：“‘制裁’包括机关下列措施的全部或一

① ［苏］A·邦涅尔《法院对控告公职人员侵犯公民权利的不法行为案件的管辖》，《法学译丛》1988年第6期第37页。

② ［美］雷特·路德维科夫斯基《社会主义法律制度中司法审查的最新发展》，《法学译丛》1989年第2期第10页、12页。

部：(1) 禁止令、强制令、限制令或其他影响人身自由的措施；(2) 不予救济；(3) 罚款或罚金；(4) 销毁、禁止使用、没收、扣留财产；(5) 确定损害赔偿金额、应偿还金额、费用、酬金、收费款、责令赔偿或恢复原状；(6) 吊销或暂停许可证，或对许可证附加限制性条件；(7) 采取其他强制性或限制性措施。”除上述列举规定外，该法第 704 条“可复审的行为”中同时作出概括规定：“法律规定可受司法复审的机关行为和在法院不能得到其他充分补救的机关最终确定的行为应受司法复审。不直接受司法复审的初步的、程序性的或中间阶段的机关行为或裁定，在复审机关最终确定的机关行为时，也应接受复审。”

（二）我国行政诉讼法对受案范围的确定方式

我国于 1982 年开始建立行政诉讼制度，其法律标志是《民事诉讼法（试行）》的颁布。根据该法第 3 条第 2 款的规定：“法律规定由人民法院审理的案件，适用本法规定。”这表明当时对行政诉讼受案范围是采取概括式规定的。

1989 年 4 月 4 日颁布的我国《行政诉讼法》根据前述确定原则，改为采取结合式来确定行政诉讼的受案范围，该法第 11 条第 1 款列举规定对八类具体行政行为不服的案件属法院受案范围，同时该条第 2 款又作出概括规定：“除前款规定外，人民法院受理法律、法规规定可以提起诉讼的其他行政案件。”并在该法第 12 条专门列举规定了四类行政行为禁诉。采取这一具有中国特色（即正反两面列举加上概括规定）的结合式规定行政诉讼受案范围，对于满足我国社会主义民主与法制建设现状的需求，进一步保障公民、法人和其他组织的合法权益，推行和完善我国行政诉讼制度都是必要的和有益的。

第二节　行政诉讼案件的构成要素

一、行政诉讼案件的概念及其与行政纠纷的关系

行政诉讼案件，即指行政诉讼受案范围内的行政案件，亦即行政诉讼法第 11 条所列举和概括规定的公民、法人和其他组织可以起诉，人民法院有权立案审判的行政纠纷案件。

行政案件基于行政纠纷。行政纠纷又称行政争议，乃是有关国家行政管理的社会冲突现象，亦即指在国家行政管理过程中，当事人因行政职权的行使而发生的涉及行政法上权利义务的争执。其特征有三：(1) 在纠纷双方当事人中，必须有一方是行政主体即行使着国家行政管理职权的行政机关（含法律、法规授权的组织），而对方则或者是受其管辖的相对人即公民、法人和其他组织（这是属于外部行政纠纷的当事人），或者也是行政主体或行政主体的公务员（这是属于内部行政纠纷的当事人）。(2) 纠纷发生在国家行政管理过程中，纠纷的初始系由行政主体行使其职权的行政行为所引起。(3) 纠纷的内容是行政法上的权利、义务，表现为纠纷双方当事人对所争执的行政行为的正确、合法性各持异议。衡量某一纠纷是否属行政纠纷，应考察其是否同时具有这三个特征，才能得出正确的判断结论。

行政纠纷，一旦经纠纷当事人请求，有权的国家机关立案处理，就构成行政纠纷案件，通常简称为行政案件。在我国，权力机关、行政机关、人民法院均为有权立案处理行政纠纷的国家机关。它们因地位和权限不同，而分工处理不同的行政纠纷，通常由国家权力机关负责处理重大的行政纠纷，如全国人大常委会有权立案处理因国务院的抽象行政行为引发的行政纠纷，等等；国家行政机关负责处理的行政纠纷范围广泛，既处理外部行政纠纷，如行政复议裁决公民、法人和其他组织与行政机关之间的行政纠纷等等，又处理内部行政纠纷，如不同行政区域的政府之间的边界纠纷、公务员不服行政主体的奖惩任免决定而发生的行政纠纷等等；人民法院负责处理外部行政纠纷，既有权依法立案受理公民、法人和其他组织直接

诉诸法院的行政纠纷，亦有权依法对行政复议机关处理过的外部行政纠纷作出最终处理。此外，有权机关因分工和权限不同，而在立案处理行政纠纷的处理程序上亦各异，通常国家权力机关依照议事程序处理行政案件，行政机关依照行政程序处理行政案件，人民法院依司法程序处理行政案件，各处理程序可能依法发生衔接，但绝不能混淆。这样，在客观上就要求将有权机关处理的行政案件明确划分为行政诉讼案件和非诉讼行政案件，以便各有权机关能够正确、及时立案处理自己分管的行政纠纷，行政诉讼法对受案范围的规定便是完成这种划分的重要法律标志。

由上可见，行政诉讼案件与行政纠纷密切相关，不可分离，从实质上讲，行政诉讼案件乃是可以进入诉讼领域由人民法院立案处理的行政纠纷。行政纠纷乃是行政诉讼案件的前提和内核，没有行政纠纷的存在，就没有行政诉讼案件的存在。只有正确把握行政纠纷，才能正确把握行政诉讼案件的实质，防止将非行政诉讼案件违法纳入行政诉讼受案范围。

二、行政诉讼案件的构成要素

行政诉讼案件的构成要素，乃是其所包含的外部行政纠纷的内核与进入诉讼程序的外貌相互有机结合的统一体，可分述为以下四个方面：

（一）行政诉讼案件的当事人中，必须有一方是国家行政主体，对方则必须是受其管辖的行政相对人。前者是对后者行使着国家行政管理职权的行政机关（以及法律、法规授予国家行政职权的组织），后者则是被前者的管理决定所直接约束的公民、法人和其他组织。因为，行政诉讼案件是因相对人对行政主体的具体行政行为不服而引起，没有行政主体参加，便不可能成为行政诉讼案件。但注意，双方当事人不能都是行政主体，而没有相对人。因为，双方当事人都是行政主体的争议属于内部行政纠纷，不能诉诸法院成为行政诉讼案件。

（二）行政诉讼案件的争议是发生在国家行政管理过程中，其初始系由行政主体作出的具体行政行为直接引起。与国家行政管理无关的争议，如行政机关与公民、法人之间在民事活动中的争议，行政机关的民事违法行为直接引起的纠纷，公民、法人相互之间因对方民事侵权行为而直接引起的后经行政机关居间裁决仍未平息的纠纷等等，均不属行政纠纷，均不能构成行政诉讼案件。

（三）行政诉讼案件的争议内容是行政法上权利、义务、责任，通常表现为双方当事人对争议的具体行政行为所设定的相对人的行政法义务（或违法所负之责任）或未能满足其行政法权益请求，或行政主体的行政管理权力的行使，究竟是否合法、正确各持异议：相对人认为是具体行政行为的违法侵犯其合法权益而对该行为持否定态度，行政主体则认为具体行政行为合法、正确而对该行为持肯定态度，难以平息。与被争议的具体行政行为所包含的行政法权利、义务、责任无关的争议内容，如以作出有争议的具体行政行为的公务员的晋升职务是否合法、正确为内容的争议等，则不能构成行政诉讼案件。

（四）行政诉讼案件中争议的具体行政行为必须具有可诉性，即依法属于原告人可以起诉、人民法院可予司法审查的具体行政行为。凡不能够进入诉讼领域由人民法院立案审判的行政行为所引起的行政纠纷，只能构成非诉讼行政案件，不得包括在行政诉讼案件之中。

上述四方面要素缺一不可，须同时具备，才能构成行政诉讼案件。全面、准确地把握以上要素，有助于在实践中正确辨析行政诉讼案件与非诉讼行政案件、民事（包含经济）案件，防止将非行政诉讼案件混同于行政诉讼案件。

条中的“依照规定实行劳动教养”的规定，是将1957年条例第30条的具体对象明确化的立法表述（虽然原条例第30条的规定在新条例中未予保留单列），并非表明劳动教养的性质已被立法机关改为“处罚”之一。1996年3月17日八届全国人大四次会议通过的《行政处罚法》第八条在列举规定的行政处罚的种类中，没有列入劳动教养。2005年8月28日十届全国人大常委会第十七次会议通过的《治安管理处罚法》处罚种类中在仍维持原来《治安管理处罚条例》那三种的基础上仅增加了“吊销公安机关发放的许可证”和“对违反治安管理的外国人，可以附加适用限期出境或者驱逐出境”[①]，仍然未将劳动教养列入处罚种类之中，甚至抛弃“依照规定实行劳动教养”的提法。这说明，从1957年至今为止，国家最高权力机关从来就没有把劳动教养当作行政处罚看待。（4）1991年11月1日国务院新闻办公室发表的《中国的人权状况》白皮书发表的目的与作用是“有助于国内人民和国际社会较全面地、系统地、准确地了解中国人享有人权的事实”。[②] 而不是国家立法、行政机关对有关法律法规的规定作出立法、行政解释。只有国务院、全国人大常委会对劳动教养性质规定的解释，才有法定解释的法律效力。1957年的《关于劳动教养问题的决定》对劳动教养性质的明确规定，是经全国人大常委会批准，国务院发布的，任何机关都不能以任何形式加以更改（当然，进行学理解释、宣传教育、新闻报道时出现的理解失误，是允许的，但应当是没有法律效力的）。在全国人大常委会、国务院没有明文废止对劳动教养法律性质的规定之前，我们在实践中仍应当遵照执行，不能够将劳动教养作为行政处罚；在被劳动教养的人不服劳教委员会的劳教决定提起行政诉讼时，不能作为不服行政处罚的案件立案审判，只能作为不服行政强制措施的案件受理。

（二）不服行政强制措施的案件

所谓行政强制措施，目前在法学界尚无统一的定义，我们认为，它是指行政机关为实现行政管理职能而采取强制手段限制公民、法人和其他组织行使权利或者强制其履行义务的措施。大体上可分为以下两大类：

1. 限制公民人身自由的行政强制措施。主要有：（1）劳动教养。这是由劳动教养管理委员会决定对犯有轻微犯罪行为，尚不够刑事处罚或者已受过治安管理处罚不改，且又有劳动能力的公民采取的强制性教育改造的行政措施。劳动教养期限为一年至三年，必要时得延长一年。根据《国务院关于劳动教养问题的决定》的有关规定，被劳教者的人身自由受到限制，必须遵守劳动教养机关的纪律和制度，建立爱国守法和劳动光荣的观念，学习劳动生产的技术，养成爱好劳动的习惯，成为参加社会主义建设的自食其力的劳动者。对于被劳教者，应当按照其劳动成果发给适当的工资；并且可以酌量扣出其一部分工资，作为其家属赡养费或者本人安家立业的储备金。被劳教者在劳教期间，表现良好的由单位、家长、监护人请求领回自行负责管教的，劳动机关也可以酌情批准。从这些规定可见，劳动教养与行政处罚显然不相等同。

当然，劳动教养对公民人身自由的限制短则一年，多则四年；若违法适用，势必较之行政拘留等行政处罚更严重地侵犯公民合法的人身自由权利。因此，“公民对劳动教养管理委

① 参见《中华人民共和国治安管理处罚法》“第二章 处罚的种类和适用 第十条 治安管理处罚的种类分为：（一）警告；（二）罚款；（三）行政拘留；（四）吊销公安机关发放的许可证。对违反治安管理的外国人，可以附加适用限期出境或者驱逐出境。”

② 见新华社北京1991年11月2日电：《国务院新闻办公室主任朱穆之就发表〈中国的人权状况〉白皮书答记者问》

员会作出的劳动教养的决定不服的，可以向人民法院提起行政诉讼。”① 这既有利于保障公民的合法人身自由权利，也有利于劳教管理委员会正确行使劳教决定权力。

（2）少年收容教养。公安机关对公民作出的“少年收容教养”决定是具体行政行为，属于《中华人民共和国行政诉讼法》第十一条规定的受案范围，若当事人对公安机关作出的“少年收容教养”决定不服向人民法院起诉的，人民法院应当受理。

（3）海关扣留。海关对走私犯罪嫌疑人经关长批准后，限制其人身自由的行政审查措施。据《海关法》第4条第（四）项规定，在海关监管区和海关附近沿海沿边规定地区，海关“对走私罪嫌疑人，经关长批准，可以扣留移送司法机关，扣留时间不超过二十四小时，在特殊情况可以延长至四十八小时。”被扣留公民认为自己并非走私罪嫌疑人，不服海关扣留决定的，可以不服行政强制措施的案件提起行政诉讼。

（4）强制集中教育。行政机关在一定期限内对卖淫、嫖娼者限制人身自由，强制集中教育及治疗的行政措施。据全国人大常委会《关于严禁卖淫嫖娼的决定》第4条的规定，对卖淫、嫖娼的，可以由公安机关会同有关部门强制集中进行法律、道德教育和生产劳动，使之改掉恶习。期限为六个月至二年。具体办法由国务院规定。对卖淫、嫖娼的，一律强制进行性病检查。对患有性病者，进行强制治疗。

（5）强制戒毒。行政机关对吸食毒品者实行强制教育和治疗的措施。据《国务院关于重申严禁鸦片烟毒的通知（1981年8月27日）》《中共中央、国务院关于禁绝鸦片烟毒问题的紧急指示（1982年7月16日）》的规定，对于鸦片等毒品的吸食者，应当由公安、民政、卫生等部门组织强制戒除。对吸食毒品的人，要加强教育，令其到政府登记，限期戒除。隐瞒或拒不登记，又逾期不戒除的，强制收容戒除，并给予必要惩处。据全国人大常委会《关于禁毒决定》第8条规定，吸毒、注射毒品成瘾的，公安机关除依本规定给予行政处罚外，予以强制戒除，进行治疗、教育。强制戒除后又吸食、注射毒品的可以实行劳动教养，并在劳动教养中强制戒除。

（6）收容审查。据《公安部关于严格控制使用收容审查手段的通知（1985年7月31日）》的规定，收容审查，是党中央、国务院批准的公安机关用来对付流窜犯罪分子和流窜作案嫌疑分子的重要手段。它是对那些在刑事拘留时限内无法查清主要罪行和取得必要证据的嫌疑人所采取的强制性行政审查措施。收容审查对象，是有流窜作案嫌疑的人，或有犯罪行为又不讲真实姓名、住址，来历不明的人。收容审查必须经县级以上公安机关（经由党组、党委批准）作出收容决定，审查期限累计不得超过三个月。对被收容审查人员进行审查后，认为需要追究刑事责任的，应即按《刑事诉讼法》的规定立案侦查；需要予以劳动教养的或治安处罚的，按有关法规办理。对经审查后排除犯罪嫌疑或不够追究刑事责任又不需劳动教养的被收容审查人员，应立即解除收容审查，并向本人及家属和原工作单位公开宣布。由于1996年修改的《刑事诉讼法》把收容审查对象纳入了刑事强制措施对象中，修改了逮捕和拘留的条件，大量的侦查工作将在拘捕后进行，《公安部关于贯彻实施刑事诉讼法有关问题的通知（1996年6月13日）》规定从1997年1月1日起，收容审查将停止使用。对现有的收容审查场所，要经过修建、验收，合格的改为看守所。随着收容审查制度的取消，有关收容审查的规章和规范性文件，一律应予废止。

但是，有的地方未停止适用收容审查措施。为此，1998年8月19日最高人民法院

---

① 见《中华人民共和国最高人民法院公报》1991年第3期第23页。

［1998］行他字第10号司法解释明确指出："收容审查属于强制性行政审查措施，当事人对公安机关作出的收容审查决定不服向人民法院提起诉讼的，人民法院应作为行政案件受理。"据此，人民法院应当受理当事人不服收容审查的行政诉讼案件。

（7）其他限制人身自由的行政强制措施。除以上几种措施以外，行政机关对相对人（即公民）限制人身自由的行政强制措施还有：对某些传染病患者的强制隔离治疗，防止其疾病扩散的措施；对以流浪乞讨为业，扰乱社会管理秩序的人强制遣送的措施；对在醉酒状态中对本人有危险或者对他人的安全有威胁的醉酒者强制约束至酒醒的措施；对违反治安管理者使用模具强制传唤或者使用模具强制其接受拘留处罚的措施，等等。

2. 限制公民、法人和其他组织财产权利的行政强制措施。主要有：

（1）查封。行政机关对相对人的财产进行清查后贴上封条予以封存，限制其动用、处分的措施。如据《审计法》第34条，审计机关进行审计时，被审计单位不得转移、隐匿、篡改、毁弃会计凭证、会计账簿、财务会计报告以及其他与财政收支或者财务收支有关的资料，不得转移、隐匿所持有的违反国家规定取得的资产。否则，审计机关有权制止；必要时，经县级以上人民政府审计机关负责人批准，有权封存有关资料和违反国家规定取得的资产。

（2）扣押。行政机关对相对人的动产实行扣留管押，限制其流转、使用和处分的措施。如据《税收征收管理法》第37条规定，对未按照规定办理税务登记的从事生产、经营的纳税人以及临时从事经营的纳税人，由税务机关核定其应纳税额，责令缴纳；不缴纳的，税务机关可以扣押其价值相当于应纳税款的商品、货物。扣押后缴纳应纳税款的，税务机关必须立即解除扣押，并归还所扣押的商品、货物；扣押后仍不缴纳应纳税款的，经县以上税务局（分局）局长批准，依法拍卖或者变卖所扣押的商品、货物，以拍卖或者变卖所得抵缴税款。

（3）冻结。行政机关对相对人在银行、信用社、证券交易所等金融单位的资金（含存款、冻结股票、债券等）所采取的在一定期限内不准其提取、转移、兑现的措施。如据《证券法》（中华人民共和国主席令［2005］第43号发布）第180条规定，国务院证券监督管理机构依法履行职责，有权查询当事人和与被调查事件有关的单位和个人的资金账户、证券账户和银行账户；对有证据证明已经或者可能转移或者隐匿违法资金、证券等涉案财产或者隐匿、伪造、毁损重要证据的，经证券监督管理机构主要负责人批准，可以冻结或者查封。

行政强制措施或限制人身自由或限制财产权利，一旦违法，将损害公民、法人和其他组织的合法权益。行政诉讼法明确将不服行政强制措施的案件列入受案范围，这对保障公民、法人和其他组织的人身自由和财产权利，促进行政机关正确采取行政强制措施有重要意义。

在理解和掌握不服行政强制措施的案件时，应注意的问题是：公民、法人和其他组织对行政机关的行政强制执行措施不服的，能否按不服行政强制措施的案件提起行政诉讼？

所谓行政强制执行，是指公民、法人和其他组织逾期拒不履行其应履行的行政义务，行政机关依法采取强制措施，迫使其履行义务或达到与履行义务相同状态的具体行政行为。行政强制执行的方式有二：间接执行和直接执行，每种方式各有不同的强制执行措施。间接执行的强制执行措施有：代履行（完毕后向义务人征收或强制行政代收履行费用）和执行罚即缴强制金（含滞纳金、加罚款等，在义务人拒缴时可强制征收）。直接执行的强制执行措施有：对财产直接强制划拨、强制扣款、强制收缴、强制拆除、强制铲除等等，对人身直接强制拘留（如被处拘留处罚者抗拒执行拘留的）等等。公民、法人和其他组织对行政强制执行机关的执行不服，可以依照行政诉讼法的规定，向人民法院起诉。[①]

我们认为，不服行政强制执行措施的案件，是否作为不服行政强制措施的案件受理，不能一概而论。应当根据行政强制执行措施的性质来定：(1) 行政强制执行措施实质上已重新剥夺而不是限制义务人的财产权利，义务人不服而起诉的，应作为不服行政处罚的案件受理。比如义务人不服罚缴强制金（含滞纳金、加罚款等）的执行罚措施而起诉的案件，由于这些执行罚措施实质上已在原定义务（如原定应纳税金，原定应缴罚款）的基础上，又重新增加剥夺义务人对强制金（如滞纳金、加罚款）的财产所有权，而并非仅仅强制义务人履行原定义务（强制金在义务人发行义务后并不退还义务人所有），因此，不应作为不服行政强制措施案件，而应作为不服行政处罚的案件受理。(2) 行政强制执行措施仅是满足原定义务的实现，并未使义务人承担重新增加的义务，亦即该执行措施本身的内容没有超越原定义务范围，义务人不服而起诉的，应作为不服行政强制措施的案件受理。比如义务人不服强制征收代履行费用、强制扣款、强制划拨、强制收缴、强制拆除、强制铲除、强制收兑、强制变卖、强制收购等等执行措施而起诉的案件，由于这些执行措施的内容并没有给义务人新增加义务，而只是为了实现被义务人拒绝履行原定义务（如拒缴原定的罚款，拒缴原定应交的非法所得，拒绝铲除原定应在收缴前自动铲除的非法种植的罂粟、大麻等毒品原植物，拒绝合法传唤，抗拒合法拘留，等等），换言之，这些执行措施仅仅是直接或者间接地迫使义务人履行原定义务，并不迫使他既履行原定义务，又承担重新增加的支付新的款项或作出新的行为的义务。因此，应当作为不服行政强制措施的案件受理。

（三）认为行政机关侵犯法定经营自主权的案件

如最高人民法院《关于当事人对行政机关作出的全民所有制工业企业分立的决定不服提起诉讼人民法院应作为何种行政案件受理问题的复函》（法函［1994］34 号）规定，根据《中华人民共和国全民所有制工业企业法》第二条第二款、《全民所有制工业企业转换经营机制条例》第六条和《中华人民共和国行政诉讼法》第十一条第一款第（三）项的规定，当事人对行政机关强行作出的关于全民所有制工业企业分立的决定不服，依法向人民法院提起行政诉讼的，人民法院应作为“侵犯法律规定的经营自主权的”行政案件受理。

关于经营自主权，目前在法学界尚无统一的定义。我们认为，经营自主权，是指公民、法人和其他组织在市场经济中，依法调配和使用自己的人财物，自主进行产供销等经营管理的权利。经营自主权是我国经济体制改革、对外开放、发展社会主义市场经济的产物，其主体十分广泛，内容十分丰富。我们不能把经营自主权的主体局限于企业，甚至只是国有企业；也不能视经营自主权仅仅是对财产的占有、使用和一定范围内依法处分的经济权利。《行政诉讼法》将侵犯法律规定的经营自主权的案件列入受案范围，旨在用行政诉讼方法保护全民所有制、集体所有制、私营、“三资”企业法人，未成为企业法人的经济联合体等等其他组织，以及承包和租赁经营者、城镇个体工商户、农村专业户、土地承包经营者等等公民，在人财物、产供销方面所享有的自主生产经营的各项合法权利，并促进行政机关正确执行管理经济的行政职权，从而维护我国经济体制改革的成果，发展社会主义市场经济。

---

① 参见《中华人民共和国行政强制执行条例（征求意见稿）》，国务院法制局 1990 年 3 月 15 日印发，第 2、10、11、13、42 条之规定。2005 年 12 月 24 日十届全国人大常委会第十九次会议首次审议的《中华人民共和国行政强制法（草案）》第二条规定：“本法所称行政强制是指行政强制措施和行政强制执行。”第九条规定：“公民、法人或者其他组织对行政机关实施行政强制不服的，有权依法申请行政复议或者提起行政诉讼；对行政机关违法实施行政强制造成损害的，有权依法要求赔偿。”

应指出的是，对行政诉讼法第11条第1款第（三）项关于“认为行政机关侵犯法律规定的经营自主权的”规定中的“法律”，不应理解为狭义的法律亦即只限于国家最高权力机关制定的法律，而应认为是指广义的法律亦即一切法律规范性文件。对行政诉讼法这项规定应理解为：凡是法律、行政法规、地方性法规、自治条例、单行条例、行政规章等一切法律规范性文件所规定的经营自主权，受到行政机关的具体行政行为侵犯的，公民、法人和其他组织可以向人民法院提起行政诉讼。其理由在于：

（1）如果只限于狭义的法律，则城镇集体所有制企业、乡村集体所有制企业、私营企业、劳动就业服务企业、承包经营企业、租赁经营企业、城乡个体工商户、农村个体工商户等许多企业法人和公民的合法经营自主权，若受到行政机关具体行政行为的侵犯，就无法通过行政诉讼途径来保护。因为这些企业法人和公民的合法经营自主权都不是由狭义的法律来规定的，而是由国务院的行政法规（如《城镇集体所有制企业条例》等等）加以规定，由行政规章予以明确的（如城镇集体所有制企业的分配自主权的权能范围就是由《劳动部、国家计委、财政部、国家税务局关于加强城镇集体所有制企业职工工资收入管理的意见》加以明确的）。若抛开行政法规、行政规章，上述企业法人和公民的合法经营自主权，就无法受到行政诉讼制度的保障。这显然是不妥当的。

（2）如果只限于狭义的法律，则其所规定的许多经营自主权究竟是否受到具体行政行为的侵犯将难以定论，从而实际上也不能得到行政诉讼法的保护。比如《全民所有制工业企业法》中规定企业的经营自主权共有17项，其中必须以行政法规、地方性法规、行政规章（如物价部门和有关主管部门关于控制价格的规章）、国家计划（这由行政主管部门制定发布）作为根据和前提条件，才能够确定及行使的企业经营自主权就有14项之多；剩下那3项自主权，在实际生活中往往也离不开狭义的法律以外的其他法律规范性文件的规定来确定权利范围和行使条件，如企业的工资奖金分配自主权，在实际中必须根据国家财政主管部门的财务行政规章规定的范围和条件加以行使。行政机关的具体行政行为有无侵犯狭义的法律规定给予企业的经营自主权，实际上还要根据行政法规、地方性法规、行政规章、国家计划的具体规定，才能够确认。可见，若脱离其他法律规范性文件的规定，狭义的法律所规定的经营自主权便成画饼，要判定这些经营自主权是否受到具体行政行为侵犯就不可能，从而必将导致《行政诉讼法》对此类案件的受理规定成为空话。

（3）如果只限于狭义的法律，也不利于保护公民、法人和其他组织在少数民族自治地方的合法经营自主权。因为这些经营自主权，既适应民族自治地方发展经济的特点又体现国家给予的优惠政策，故多由自治条例、单行条例加以规定，既使是对狭义的法律所规定的经济自主权，少数民族自治地方也可以制定变通的实施办法，例如《全民所有制工业企业法》第68条就允许自治区人大常委会作出变通执行本法的实施办法。因此，少数民族自治地方范围内公民、法人和其他组织享有哪些经营自主权，这些经营自主权是否被行政机关的具体行政行为侵犯了，仅靠狭义的法律是不能下结论的，还必须根据自治条例、单行条例或实施办法加以衡量认定。只有这样，才能保护少数民族自治地方公民、法人和其他组织的合法经营自主权免遭违法具体行政行为的侵犯。

（四）认为符合法定条件申请行政机关颁发许可证和执照，而遭到拒绝或不予答复的案件

许可证制度是现代行政管理中的一项重要制度。随着商品经济高度发达，国家对经济和社会生活的监控、干预加强，许可证制度在各国日益发达起来。在我国，公民、法人和其他

组织要从事某项活动或者建立某种法律关系，大多须依法律、法规、规章的规定向主管的行政部门或人民政府提出申请，获取有关的许可证照，如演出许可证、生产许可证、营业执照、驾驶执照、土地使用证、结婚证、出国护照、集会游行示威批准书等等，否则便属违法活动或不合法关系，受到法律的禁止、取缔及制裁。但是，对于行政机关来说，凡是符合法定条件申请颁发许可证照的，应当及时办理；若拒绝颁发或者已过法定期限不予答复是否颁发，提出申请的公民、法人和其他组织可以根据行政诉讼法第 11 条第 1 款第（四）项的规定向人民法院提起行政诉讼，由人民法院依法审理并判决在一定期限内颁发。这对于保障公民、法人和其他组织在许可证制度中的合法权益，促进行政机关依法行使许可权力，防止和纠正行政机关工作人员“以许可权谋私利”的腐败现象，都是十分必要的。

理解和掌握此类案件时，应注意的问题是：行政诉讼法第 11 条第 1 款第（四）项中所规定的“许可证和执照”是否只能限于标明“许可证”和“执照”的许可证照？[①]

我们认为，尽管《行政诉讼法》这项规定没有“等证书”的字样，但是应当认为它是包括了一切许可证照在内，而并非只限于标明有“许可证”、“执照”的许可证照。因为：(1)《行政诉讼法》这项规定是对行政许可这一类具体行政行为可诉性的规定，旨在保证我国整个行政许可制度在实际生活中得到认真、顺利的贯彻执行，解决目前以行政许可权谋私利，妨害行政效率和政府廉洁的腐败问题，故凡是涉及公民、法人和其他组织合法权益的具体行政许可行为，均应接受人民法院的司法审查。(2) 由于行政许可制度适用的管理领域、事项的特点，以及许可管理的历史传统不同，我国目前的行政许可证照的名称不统一，除明确标示“许可证”、“执照”者外，还有相当大量的许可证照，比如“结婚证”、“持枪证”、“狩猎证”、“出国护照”、“居民身份证”、“集会批准书”、“文物许可出口凭证”、“职务证书”、“大米出省准运证”等等并未也无必要一律打上“许可证”、“执照”的统一标识（比如完全没有必要将“出国护照”改称为“出国许可证”或“出国执照”）。但是，它们与“许可证”、“执照”具有内在的统一性，即都是我国现阶段行政许可制度的组成部分，都属于许可证照（亦即行政机关根据公民、法人和其他组织的申请，依法核发的准许申请人从事某项活动或建立某项合法关系的书面处理决定文书）的范畴，都是行政许可权的记录和具体行政许可行为的产物。因此，行政机关对它们的发放是否合乎行政许可制度的要求，有无违法侵犯申请人的合法权益，也就应当同发放“许可证”、“执照”的行政许可行为一样，统一纳入行政诉讼受案范围之中接受人民法院的司法审查。(3) 从实践效果看，若将行政机关拒绝颁发或不予答复是否颁发未标明“许可证”、“执照”字样的许可证照的具体行政许可行为，排斥在《行政诉讼法》这项规定之外，不仅会导致公民、法人和其他组织在本应通过行政许可制度获取的合法权益遭到违法的具体行政许可行为侵犯时束手无策，丧失本应得到的行政诉讼制度给予的司法保护，而且也会导致某些行政机关采用“上有政策，下有对策”的伎俩，收缩标明“许可证”、“执照”这些许可证照的范围或者将本应标识“许可证”、“执照”的许可证照予以易名除其标识，以规避人民法院审查，架空《行政诉讼法》规定。这样的后果，既损害行政许可制度的完整统一性，又妨碍《行政诉讼法》的统一实施，显然是应当坚决防止的。

（五）申请行政机关履行保护人身权、财产权的法定职责，而遭到拒绝或不予答复的案件

保护公民、法人和其他组织的人身权、财产权，是人权保障的具体体现，是人民政府为

---

① 见胡康申《试论人民法院受理行政案件范围》，《中国法学》1989 年第 3 期第 15 页，华玉刚、徐纯科《谈谈〈行政诉讼法〉尚需明确的条文》，《法的信息》第 31 期第 6 页。

人民服务的必然要求。在公民、法人和其他组织提出申请时，行政机关应当认真负责地履行法定的保护人身权、财产权的职责，若拒绝履行或不予答复，就是一种不作为的违法行为，根据《全国人大常委会关于严惩拐卖、绑架妇女、儿童的犯罪分子的决定》第5条明文规定：各级人民政府对被拐卖、绑架的妇女、儿童负有解救职责，解救工作由公安机关会同有关部门负责执行。据此规定，被拐卖、绑架的妇女、儿童有权申请当地各级人民政府或当地各级公安机关会同有关部门履行职责，接到申请的人民政府或公安机关会同有关部门不应拒绝履行或不予答复。否则，被拐卖、绑架的妇女、儿童（及其法定代理人）有权诉请人民法院依法判决履行解救被拐卖、绑架的妇女、儿童的法定职责。又如，按照《全民所有制工业企业法》的规定，政府有关部门负有“维护企业正常的生产秩序，保护企业经营管理的国家财产不受侵犯”（该法第56条第（四）项）的法定职责，企业所在地的公安机关负有该法第64条确定的维护企业领导干部依法执行职务，维护企业生产、营业、工作秩序的法定职责。如果出现阻碍企业领导干部依法执行职务，企业经营管理的国家财产受到侵犯，致使企业秩序被扰乱的状态，企业有权申请政府有关部门和所在地公安机关出面维持秩序，保护国家财产。倘若政府有关部门和所在地公安机关拒绝履行《全民所有制工业企业法》规定的保护人身权、财产权的职责或者对企业的申请不予答复，企业有权向人民法院提起行政诉讼。

把握此类案件时，应当注意以下三点：

1. 原告人只能是明确提出申请（口头或书面均可），要求行政机关履行保护自己人身权、财产权法定职责的申请人（包括公民、法人和其他组织），而不是非申请人。因为，只有申请人（因其已提出明确的申请）才与被告行政机关之间存在着具体而不是抽象的保护与被保护的行政法律关系，发生可诉性行政纠纷，而非申请人则与被告行政机关之间没有产生具体的行政法律关系，不存在履行法定职责问题上的行政纠纷，没有行使起诉权的基础。因此，非申请人不能够作为本案的原告人。没有诉讼行为能力的人（如被拐卖的儿童），只要有人（法定代理人或者其他人）代其提出保护申请的，即属原告人之列，由其法定代理人代为提起行政诉讼。

2. 被告人只能是法律、法规、规章明文规定赋予保护申请人的人身权、财产权的职责的行政机关，而不能是该行政机关的工作人员，也不能是其他行政机关，更不能是司法机关和权力机关等非行政机关，以及社会政治力量、社会团体、企事业单位和群众组织。比如，《未成年人保护法》第5条规定：“保护未成年人，是国家机关、武装力量、政党、社会团体、企事业组织、城乡基层群众自治组织、未成年人的监护人和其他成年公民的共同责任。”这些负有保护未成年人法定职责的组织和个人，如果拒绝履行自己的职责或者不予答复未成年人提出的保护申请的，只能是由其中的接到申请的国家行政机关来充当不履行保护未成年人法定职责的行政诉讼案件的被告人。如果行政机关按照法律、法规、规章的明文规定，并无保护申请人人身权、财产权的职责（如审计机关并无解救被拐卖妇女的法定职责），即使接到申请而未履行的，亦不应成为不履行法定职责案件的被告人。

3. 被起诉审查的只能是负有法定职责的行政机关不履行保护申请人人身权、财产权的不作为的具体行为。这种不作为的具体行为，有两种方式：不保护即明确拒绝履行与不理睬即不予答复是否履行。如果接受申请的行政机关已经采取了措施履行法定职责，只是措施不得力或者客观原因的限制而不尽如人意，如，接到火警电话后，公安消防机关及时出动消防车，但中途遇路面塌方交通堵塞无法及时赶赴现场灭火，等等，申请人就不应对其提起不履行保护人身权、财产权法定职责的行政诉讼。但是，接受保护申请的行政机关应及时将履行法定职责的有关情况告知申请人，以消除误会。

这里需要指出的是，申请人提起不履行保护人身权、财产权法定职责的行政诉讼的，不能针对行政机关应作而未作的刑事司法行为和居间调解、仲裁、裁决（如责令停止侵犯、赔偿损失等等）处理当事人间的民事（或经济）权益纠纷的准司法行为。这是因为：(1) 刑事司法行为，比如公安机关立案侦查拐卖妇女儿童案件，缉捕犯罪分子归案等等侦查破案行为，不是具体行政行为，不能作为行政诉讼对象，人民法院（根据司法机关分工负责、互相配合、互相制约的宪法原则和刑事诉讼原则）无权判决负有侦查职责的行政机关（包括公安机关、安全机关、司法行政机关的劳改部门）履行其刑事司法行为。所以，申请人不能起诉行政机关应作而未作的刑事司法行为。例如，申请解救的被拐卖妇女只能起诉接到申请的公安机关不解救她的具体行政行为，而不能起诉公安机关不立案侦查，及时通令缉拿拐卖她的犯罪分子归案的刑事司法行为。(2) 行政机关调解、仲裁或裁决处理当事人间的民事（或经济）权益纠纷的行为，不是具体行政行为，而是准司法行为，行政机关应作而不作此类处理行为的，申请处理的当事人不能以行政机关为被告提起不履行法定职责的行政诉讼，而应以原纠纷的对方当事人为被告人向人民法院提出民事（或经济）诉讼。

（六）认为行政机关没有依法发给抚恤金的案件

此处所谓抚恤金，仅指国家民政机关主管的国家优抚对象即现役军人、人民警察、参战民兵民工、革命工作人员（含人大、政府、司法等国家机关工作人员，中国人民解放军队列编制内无军籍正式职工，由国家财政补助的党派、团体的工作人员）或者他们的遗属，根据国家优抚法规、规章的规定，向民政机关领取的各项安抚救济费用的总称。一般包括：

(1) 牺牲、病故抚恤金。这是民政部门主管的优抚对象范围的人员牺牲、病故以后，由其遗属所在地的县级人民政府民政部门凭死者所在团（县）级以上单位填发的《革命烈士通知书》、《因公牺牲证明书》、《病故证明书》，按照财政部、民政部发布的《牺牲、病故抚恤金标准表》的规定，发给其遗属的一次性抚恤金费用，牺牲、病故抚恤金，体现了党和国家对牺牲、病故的对革命有功人员家属的亲切关怀，按现行标准分为三种：革命烈士抚恤标准、因公牺牲（不称烈士者）抚恤标准、病故抚恤标准，其中革命烈士抚恤标准较其他标准高。除上述抚恤金外，对于牺牲、病故人员的家属日常生活有困难的，还按有关规定予以适当的定期定量补助费和优待。

(2) 伤残抚恤金。这指的是民政机关主管的优抚对象范围的人员因战或因公负伤致残的，依照所规定的残废等级而享受的抚恤费用。它包括：按规定应由民政部门发给革命残废人员的残废抚恤金，在乡革命残废人员的副食品价格补贴，回乡安置的特等、一等革命残废军人护理费，革命残废人员伤口复发的治疗、装修假肢和辅助器械等按规定报销的费用，在乡三等革命残废人员疾病医疗减免的费用等项抚恤费用。

(3) 烈军属、复员退伍军人生活补助费、安置费。这是国家对于生活特别困难的优抚对象所给予的补助费用。包括：按规定应由民政部门发给在乡退伍老红军战士的生活补助费及副食品价格补贴和护理费，符合规定条件的烈属、在乡复员退伍军人定期定量补助费和烈军属、在乡复员退伍军人临时补助费，以及按规定应由民政部门发给无住房或严重缺房而自力确有困难无法克服的当年退伍回乡义务兵的一次性建房补助费等。

民政机关应当按照国家政策和优抚法规、规章的明确规定，向国家优抚对象发放上述抚恤金；倘若不依法发放（包括无理拖欠、挪作他用、根本不给、克扣少发）抚恤金，将违法侵犯革命有功人员或其遗属的合法权益。根据行政诉讼法第 11 条第 1 款第（六）项规定，被侵合法权益的革命有功人员或其遗属有权向人民法院提起行政诉讼，追索抚恤金。这对于充分维护革命有功人员或其遗属的合法优抚权益，促进民政机关依法行使管理优抚事业的行政职权，是完全必要的。

把握此类案件时，应将企业事业单位等没有依法发放给职工或其遗属抚恤金的行为，与行政机关没有依法发给国家优抚对象抚恤金的行为区别开来。凡因前行为引起的不服抚恤金发放的案件，因其发放权力主体是企事业单位而非国家行政机关，抚恤金对象是企业事业单位职工或其遗属而非国家优抚对象，故其性质属于劳动保险纠纷而非行政纠纷，不能作为不服抚恤金发放的行政案件提起行政诉讼而只能作为劳动保险纠纷案件通过民事诉讼程序处理。

（七）认为行政机关违法要求履行义务的案件

所谓违法要求履行义务，是指行政机关要求公民、法人和其他组织负担法律、法规、规章所没有规定的或者与法律、法规、规章的明文规定相违背的义务。目前，此类情况在某些地方仍相当严重而且普遍，其具体表现行为方式种类较多。[①] 行政诉讼法第 11 条第 1 款第（七）项规定，公民、法人和其他组织认为行政机关违法要求履行义务的，有权向人民法院提起行政诉讼。这旨在防止行政机关在缺乏法定根据或者公然违抗国家禁令的情况下，以行政手段强求行政管理相对人承担其不应当承担的义务，巧取豪夺损害相对人的合法权益。

理解和把握此类案件，应当注意将非行政机关对公民、法人和其他违法要求履行义务的行为排除在外。目前社会盛行的乱摊派、滥收费等违法要求公民、法人和其他组织承担义务的不良风气，并不完全是行政机关所为。对于其他国家机关或者党派、团体、组织等非行政机关违法要求履行义务的行为，只能向党纪、政纪、信访、审计监督等有关部门申请解决，或者通过提出民事侵权诉讼解决，而不能提起不服违法要求履行义务的行政诉讼。因为，非行政机关不能成为行政诉讼被告人，非行政机关所作的违法要求履行义务的行为也不能与行政机关违法要求履行义务的行为相提并论。例如《征收教育附加费的暂行规定》第 11 条规定，禁止地方各级教育主管部门和学校在征收教育附加费以后向学生家长和单位集资。如果教育主管部门和学校违反这一禁令向学生家长和单位集资，便构成违法要求履行义务的行为。学生家长和单位若要提起不服违法要求履行义务的行政诉讼，只能针对教育主管部门，而不能针对学校，因为学校是事业单位不是行政机关，没有资格充当行政诉讼的被告人。对于学校违法集资的行为，学生家长和单位只能通过非行政途径比如向教育主管部门信访，向审计监督机关申请解决，甚至提起民事诉讼来解决。

（八）认为行政机关侵犯其他人身权、财产权的案件

1. 此类案件范围极广，凡前述七类案件及后述非诉讼行政案件以外的人的因行政机关具体行政行为侵犯公民、法人和其他组织的人身权、肖像权、物权、债权、继承权、专利权、商标权、著作权等等的各种行政案件均属此类案件范围。此类案件以行政诉讼法第 11 条第 1 款第（八）项规定为受案根据，具有拾遗补缺的作用，体现了对公民、法人和其他组织合法权益的充分保护。

2. “认为行政机关侵犯其他人身权、财产权的案件”，目前在司法实践中，根据最高人民法院有关司法解释文件的规定，包括：（1）房屋产权争议的确权决定案件。当事人对人民政府或房地产行政主管部门关于房屋产权争议的确权决定不服而提起诉讼的，人民法院应作

① 参见黄曙海主编《行政机关行政诉讼应诉手册》，中国卓越出版公司 1990 年 5 月版，第 279～281 页。

为行政案件受理。(2) 工商局确认经济合同无效及财产损失的处理决定案件。公民、法人或者其他组织对工商行政管理机关所作的确认经济合同无效及财产损失的处理决定不服，向人民法院提起诉讼的，人民法院应作为行政案件受理。(3) 人事争议仲裁侵犯人身权、财产权案件。当事人认为人事争议仲裁委员会作出的人事争议仲裁侵犯其人身权、财产权的，可以依法提起行政诉讼。但国家行政机关与其工作人员之间发生的人事争议和事业单位与其工作人员之间因辞职、辞退及履行聘用合同所发生的争议除外。(4) 拖欠社会保险基金纠纷案件。社会保险基金经办机构是法律法规授权的组织，依法收支、管理和运营社会保险基金，并负有使社会保险基金保值增值的责任。社会保险基金经办机构与用人单位因拖欠社会保险费而发生的纠纷，属于行政争议。用人单位认为社会保险基金经办机构在收支、管理和运营社会保险基金中的具体行政行为侵犯其合法权益，可依法申请行政复议或者提起行政诉讼。(5) 证券交易所监管职能案件。与证券交易所监管职能相关的诉讼案件包括：①证券交易所根据《中华人民共和国公司法》、《中华人民共和国证券法》、《中华人民共和国证券投资基金法》、《证券交易所管理办法》等法律、法规、规章的规定，对证券发行人及其相关人员、证券交易所会员及其相关人员、证券上市和交易活动作出处理决定引发的诉讼；②证券交易所根据国务院证券监督管理机构的依法授权，对证券发行人及其相关人员、证券交易所会员及其相关人员、证券上市和交易活动作出处理决定引发的诉讼；③证券交易所根据其章程、业务规则、业务合同的规定，对证券发行人及其相关人员、证券交易所会员及其相关人员、证券上市和交易活动作出处理决定引发的诉讼；④证券交易所在履行监管职能过程中引发的其他诉讼。(6) 涉及集成电路布图设计行政案件。包括：①不服国务院知识产权行政部门驳回布图设计登记申请的复审决定的条件；②不服国务院知识产权行政部门撤销布图设计登记申请决定的案件；③不服国务院知识产权行政部门关于使用布图设计非自愿许可决定的案件；④不服国务院知识产权行政部门关于使用布图设计非自愿许可的报酬的裁决的案件；⑤不服国务院知识产权行政部门对侵犯布图设计专有权行为处理决定的案件；⑥不服国务院知识产权行政部门行政复议决定的案件；⑦其他涉及布图设计的行政案件。

3. 理解和把握“认为行政机关侵犯其他人身权、财产权的案件”时，应将行政机关作为机关法人从事民事活动中作出的民事侵权行为排除在外。比如，行政机关从商业企业购买办公用品后，拖欠、拒付货款，侵犯该企业的债权，该企业法人不服而依法起诉的，只能作为债务纠纷的民事案件而不能作为不服行政机关侵犯其他财产权的行政案件起诉。因为：(1) 行政机关此时的主体身份不是行政权力主体，而是机关法人与企业人同为平等民事主体；(2) 行政机关此时的活动领域不是国家行政管理活动，而是民事活动；(3) 行政机关此时的行为性质不是行使行政职权的具体行政行为，而是拒绝履行民事义务的民事侵权行为。

二、《行政诉讼法》概括规定的受案范围

《行政诉讼法》除列举规定上述八种案件外，还接着对受案范围作出概括的规定。

（一）《行政诉讼法》概括规定的受案范围的内容

行政诉讼法第 11 条第 2 款规定：“除前款规定外，人民法院受理法律、法规规定可以提起诉讼的其他行政案件。”这一概括式规定表明，除上述列举的八类案件外，凡是过去、现在、将来颁布施行的法律、行政法规、地方性法规、自治条例、单行条例等法律、法规明确规定可以向人民法院起诉的其他行政案件，均属行政诉讼受案范围。

2000 年 3 月 10 日起实施的《最高人民法院关于执行〈中华人民共和国行政诉讼法〉若干问题的解释》第 1 条也对受案范围概括规定：公民、法人或者其他组织对具有国家行政职权的机关和组织及其工作人员的行政行为不服，依法提起诉讼的，属于人民法院受案范围。

（二）目前，人民法院受理法律、法规规定可以提起诉讼的其他行政案件，主要有：

1. 法律规定可以提起诉讼的其他行政案件

（1）《行政复议法》规定的可以提起诉讼的其他行政复议案件。

《行政复议法》第6条列举的不同于《行政诉讼法》已列举的先复议后起诉的行政案件（《行政复议法》规定为最终裁决的除外）有：（1）对行政机关作出的关于确认土地、矿藏、水流、森林、山岭、草原、荒地、滩涂、海域等自然资源的所有权或者使用权的决定不服的；（2）申请行政机关履行保护受教育权利[①]的法定职责，行政机关没有依法履行的；（3）认为行政机关变更或者废止农业承包合同，侵犯其合法权益的；（4）对行政机关作出的有关许可证、执照、资质证、资格证等证书变更、中止、撤销的决定不服的；（5）认为行政机关违法集资、征收财物、摊派费用或者违法要求履行其他义务的；（6）认为符合法定条件，申请行政机关颁发资质证、资格证等证书，或者申请行政机关审批、登记有关事项，行政机关没有依法办理的；（7）申请行政机关依法发放社会保险金或者最低生活保障费，行政机关没有依法发放的；（8）认为行政机关的其他具体行政行为侵犯其合法权益的。总体上看，《行政复议法》所规定的受案范围更加宽泛，行政诉讼的受案范围也应当相应调整。对于行政复议机关依照《行政复议法》或者其他法律、法规的规定，针对涉及公民、法人和其他组织人身权、财产权以外的其他权利所作的复议决定，公民、法人或者其他组织不服，向人民法院提起行政诉讼的，人民法院应作为行政案件受理。

（2）《行政处罚法》规定的可以提起诉讼的其他行政处罚案件。

1996年3月17日八届全国人大四次会议通过的《行政处罚法》不同于《行政诉讼法》已列举的可以提起诉讼的其他处罚种类有：（1）警告；（2）没收违法所得；（3）暂扣许可证、暂扣执照；（4）法律、行政法规规定的其他行政处罚。这样，《行政处罚法》的规定（与《行政诉讼法》已列举的规定结合）就更进一步标示了行政处罚决定的可诉性。

（3）《行政许可法》规定的可以提起诉讼的其他行政许可案件。

2004年7月1日起施行的《行政许可法》第7条规定："公民、法人或者其他组织对行政机关实施行政许可，享有陈述权、申辩权；有权依法申请行政复议或者提起行政诉讼；其合法权益因行政机关违法实施行政许可受到损害的，有权依法要求赔偿。"根据这一规定，使得不同于《行政诉讼法》已列举的可以提起诉讼的其他行政许可决定均具有可诉性。

（4）《对外贸易法》规定的国际贸易行政案件。

为了适应我国加入WTO的新形势，2004年4月6日十届全国人大常委会第八次会议修订的《对外贸易法》第66条规定："对外贸易经营活动当事人对依照本法负责对外贸易管理工作的部门作出的具体行政行为不服的，可以依法申请行政复议或者向人民法院提起行政诉讼。"从而在行政诉讼受案范围内又增加了国际贸易行政案件。

2. 法规规定可以提起诉讼的其他行政案件

（1）国务院《植物新品种保护条例》规定的植物新品种权行政案件。

① 早在1998年，最高人民法院就已经超前对受教育权的行政诉讼保护予以司法解释关注。见1998年8月21日最高人民法院《关于当事人不服教育行政部门对适龄儿童入学争议作出的处理决定可否提起行政诉讼的答复》（[1998]法行字第7号）："山东省高级人民法院：你院《关于学校不接受适龄儿童入学是否可提起行政诉讼的请示》收悉。经研究认为：根据《教育法》第四十二条第（四）项和《未成年人保护法》第四十六条的规定，当事人不服教育行政部门对适龄儿童入学争议作出的行政处理决定，属于行政诉讼法第十一条第二款规定的受案范围，人民法院应当受理。"

1997年3月20日国务院令第213号发布，自1997年10月1日起施行的《植物新品种保护条例》第11、32、37条规定，当事人可以向人民法院提起行政诉讼的植物新品种权行政案件，包括关于是否应当授予植物新品种权的纠纷案件、宣告授予的植物新品种权无效或者维持植物新品种权的纠纷案件、授予品种权的植物新品种更名的纠纷案件，关于实施强制许可的纠纷案件，关于强制许可使用费纠纷案件。

(2) 国务院《反倾销条例》规定的反倾销行政案件。

2004年3月31日国务院令第401号修改的《反倾销条例》第53条规定："对依照本条例第二十五条作出的终裁决定不服的，对依照本条例第四章作出的是否征收反倾销税的决定以及追溯征收、退税、对新出口经营者征税的决定不服的，或者对依照本条例第五章作出的复审决定不服的，可以依法申请行政复议，也可以依法向人民法院提起诉讼。"

(3) 国务院《反补贴条例》规定的反补贴行政案件。

2004年3月31日国务院令第402号修改的《反补贴条例》第52条规定："对依照本条例第二十六条作出的终裁决定不服的，对依照本条例第四章作出的是否征收反补贴税的决定以及追溯征收的决定不服的，或者对依照本条例第五章作出的复审决定不服的，可以依法申请行政复议，也可以依法向人民法院提起诉讼。"

(4) 国务院《工伤保险条例》规定的工伤认定行政案件和工伤保险行政案件。

2003年4月27日国务院令第375号发布的《工伤保险条例》第53条规定，有下列情形之一的，有关单位和个人可以依法申请行政复议；对复议决定不服的，可以依法提起行政诉讼：①申请工伤认定的职工或者其直系亲属、该职工所在单位对劳动保障行政部门的工伤认定结论不服的；②用人单位对经办机构（即劳动保障行政部门按照国务院有关规定设立的社会保险经办机构，该机构属于法规授权组织，后同）确定的单位缴费费率（即工伤保险费率）不服的；③签订服务协议的医疗机构、辅助器具配置机构认为经办机构未履行有关协议或者规定的；④工伤职工或者其直系亲属对经办机构核定的工伤保险待遇有异议的。该《条例》第53条规定的"有下列情形之一的，有关单位和个人可以依法申请行政复议；对复议决定不服的，可以依法提起行政诉讼"，应当理解为工伤保险行政案件实行行政复议前置。

（三）理解和把握受案范围概括规定，应注意以下两点：

1. 这里的受案范围包括的是"其他行政案件"而不是"其他案件"。因此，不能认为凡是法律、法规规定可以起诉的案件均在此列，必须严格正确地区分"其他行政案件"与"其他非行政案件"，不能够将"其他非行政案件"如行政机关调解、仲裁、裁决处理平等主体间的民事（或经济）纠纷而当事人不服提起诉讼的案件作为"其他行政案件"受理。

2. 这里的受案范围中只包括"法律、法规规定可以提起诉讼的其他行政案件"，而不是行政规章等非法律、法规的规范性文件规定可以提起诉讼的其他行政案件。因此，凡是行政规章等非法律、法规的规范性文件规定可以提起诉讼的其他行政案件，若无法律、法规作为其法定根据的，便不能列入行政诉讼受案范围。对此，1987年10月9日最高人民法院对于广东省高级人民法院提出的《关于深圳特区人民政府规定可以向人民法院起诉的经济行政案件法院应否受理的请示》作有明确批复指出：这不属于法律、法规规定的情况，因此人民法院不予受理。当然，行政规章等非法律、法规的规范性文件所规定可以起诉的行政案件，若已被《行政诉讼法》所列举规定在前述八项案件之中的，应当属于行政诉讼受案范围，不过不必再视为行政诉讼法第11条第2款规定的"其他行政案件"，而应当直接按照该条第1款列举规定的某一类案件"对号入座"。另外，行政规章对于受案范围的规定与行政法规没有

冲突，但是在申请复议与提起诉讼两条救济途径方面的规定与行政法规的相关规定之间有冲突的，严格说，应当按照行政法规的救济途径规定执行。比如，2003 年 9 月 23 日劳动和社会保障部令第 17 号发布的《工伤认定办法》第 19 条规定："职工或者其直系亲属、用人单位对不予受理决定不服或者对工伤认定决定不服的，可以依法申请行政复议或者提起行政诉讼。"这里，该规章把对工伤认定决定不服的救济路径规定为申请复议或提起诉讼由当事人选择，显然是与有关行政法规即《工伤保险条例》第 53 条所规定的行政复议前置的救济路径冲突的，应按照行政法规执行，因此，公民、法人或者其他组织对劳动保障行政部门作出的工伤认定决定未经过行政复议程序直接提起行政诉讼的，人民法院应当裁定不予受理。

(四)《行政诉讼法》概括规定受案范围的目的与意义

《行政诉讼法》在同一个条文里首先明确列举规定了八类案件以后，又概括地规定人民法院还应受理法律、法规规定可以起诉的其他行政案件，其目的与意义在于：承续过去，照顾现在，适应将来。

承续过去。即指在《行政诉讼法》颁布之前，就已经由人民法院在受理法律、法规规定可以起诉的其他行政案件，并且通过审理取得了行政审判的宝贵经验，既保护了公民、法人和其他组织的合法权益，又维护和监督了行政机关依法行使行政职权。这一行之有效的做法，有必要继续保留下去，并有必要在《行政诉讼法》中作出明确肯定。

照顾现在。即指一方面，在《行政诉讼法》制定颁布到生效执行即从 1989 年 4 月 4 日到 1990 年 10 月 1 日这段期间，如果不明确已经受理的法律、法规规定可以起诉的其他行政案件应否继续受理的问题，势必造成行政诉讼实践的空白期间，现在《行政诉讼法》明确肯定人民法院还应继续受理法律、法规规定可以起诉的其他行政案件，就保证了已生效的有关行政诉讼的法律、法规与将生效的《行政诉讼法》的互相衔接，保证了在宣传普及和准备施行《行政诉讼法》的这一段期间内行政诉讼制度不至于中断。另一方面，在《行政诉讼法》正式生效施行后，《民事诉讼法（试行）》业已废止，有必要在受理所列举规定的八类行政案件的同时，确认现行法律、法规对其他行政案件可以起诉的规定效力，以补充列举规定行政诉讼受案范围的未能穷尽现行行政诉讼案件的不足之处。这就能够使现行法律、法规对受案范围的规定与《行政诉讼法》的规定互相结合起来，将现在全部可诉行政案件统一构成较全面的行政诉讼受案范围，从而较充分地满足《行政诉讼法》保护公民、法人和其他组织的合法权益，监督和维护行政机关依法行使行政职权的现实需要。

适应将来。即指考虑到随着经济、政治体制改革和社会的稳定发展，社会主义民主与法制建设不断健全完善，现行的行政诉讼受案范围必将进一步扩充，今天看来不能成为行政诉讼案件的到明天就应该进入行政诉讼受案范围。但是，《行政诉讼法》作为基本法应有其长期稳定性，不宜朝令夕改，频繁修改变动。因此，需要设立一条灵活性规定适应将来发展情况，即明确规定"人民法院受理法律、法规规定可以提起诉讼的其他行政案件。"这样，就能够适应我国社会主义革命和建设事业发展，在条件成熟需要扩充行政诉讼现行受案范围时，采取由单行法律、法规予以规定的方式，不必再对《行政诉讼法》进行频繁修改，从而妥善、合法地解决行政诉讼受案范围规范的适用效力问题。

第四节 人民法院不予受理的非诉讼行政案件

非诉讼行政案件，又可称禁诉行政事项，即指行政诉讼法第 12 条规定公民、法人和其他组织不得向人民法院提起诉讼，人民法院不能受理的行政争议事项。包括以下四类：

一、对行政机关的国家行为提出异议的案件

（一）行政机关的国家行为的含义与种类

国家行为，即指国家机关根据宪法和法律规定权限，以国家名义代表统治阶级意志作出的涉及国家与国家之间的关系，国家安全问题以及有关国家主权的其他重大问题的行为。

由于国家行为与国家在国际社会中的交往、国家主权的行使和保卫有着密切的关系，因此在我国，最高权力机关是作出国家行为的最终国家机关。但由于全国人大及其常委会的会期有限，因而日常的国家行为通过宪法和法律规定由其执行机关即国务院负责。《宪法》第89条规定，国务院管理对外事务，同外国缔结条约和协定；领导和管理国防建设事业。这说明有关国家行为的日常事务，是由国务院为首的行政机关系统来具体负责实施和管理的。

行政机关所作的国家行为分为：1. 有关国防方面的国家行为。即对国家武装力量编制、装备的管理和对武装力量教育训练以及军事科技方面的管理行为，比如负责征集兵员、军费预决算、军需供应、军事设施建设、民兵组织和预备役部队的组建整训、战时居民疏散、战时地方动员、三线工程建设等等领导与管理行为。至于国家武装力量的指挥、调动、设防、作战等战斗行为，则不由国务院而由中央军委负责。

行政机关所作的国防行为，既有抽象的行政行为，比如制定与发布《民兵工作条例》等行政法规；又有具体的直接涉及特定的公民、法人和其他组织的行政行为，比如在特定的备战期间，指令关系国计民生的某大中型企业内迁至三线地区；在局部边境自卫战争期间，组织动员边境地区的某企业单位抽调汽车、木材、人力等支援作战部队作战等等。公民、法人和其他组织对行政机关作的国防方面的具体行政行为，不能向人民法院提起行政诉讼，人民法院也不予受理。

2. 有关外交方面的国家行为。即依据党和国家的对外方针政策而进行的有关国家对外关系方面的行政事务的管理行为。比如，同外国谈判建立外交关系，同外国政府组织缔结条约和协定，组团参加各种类型的国际会议，依法组织驻外机构和任免有关外交人员，发展对外经济贸易关系，开展对外文化交流等等。

行政机关所作的外交方面的国家行为，既有抽象的，也有具体的直接涉及公民、法人和其他组织合法权益的行为。例如，为了保证来访外国首脑的安全，政府决定某著名游览胜地在某日禁止接纳其他国内外游客，以保证外国首脑的参观安全，接到命令的游览胜地单位应当服从，不能以停售门票一日损失收入数千元为由加以拒绝或者向法院提起行政诉讼；起诉了，法院也不予受理。

3. 司法解释的国家行为。《最高人民法院关于执行〈中华人民共和国行政诉讼法〉若干问题的解释》（1999年11月24日最高人民法院审判委员会第1088次会议通过）（法释〔2000〕8号）解释：行政诉讼法第12条第（一）项规定的国家行为，是指国务院、中央军事委员会、国防部、外交部等根据宪法和法律的授权，以国家的名义实施的有关国防和外交事务的行为，以及经宪法和法律授权的国家机关宣布紧急状态、实施戒严和总动员等行为。

（二）对行政机关的国家行为不能起诉、受理的理由

1. 行政机关所作的国防、外交方面的国家行为，只因全国人大及常委会成员提出质询、议案而受立法机关的审查，不因公民、法人和其他组织提起诉讼而受司法机关的审查。

这是因为行政机关的国防、外交等国家行为，牵涉到国家主权，涉及全国人民利益，是代表国家而不是以某个行政机关自身意志而为的。它究竟是否合法、是否适当，除上级行政机关外，只能由授权于它的最高权力机关全国人大及其常委会加以评判。而这种评判，只能

在立法机关表达国家意志的特定场合即开会期间，通过政府的工作汇报，人大代表、常委会成员的质询、议案来进行，最后以决议的形式作出评判结论。

2. 根本利益的一致性，决定了公民、法人和其他组织不能也不应对行政机关所作的国防、外交等国家行为提起诉讼。

因为行政机关在进行国防、外交等国家行为时，从局部利益服从整体利益出发，为国家大局而暂时损害局部公民、法人和其他组织的合法权益的情况也是会发生的。但是，这种情况本身也是维护公民、法人和其他组织最根本的合法权益所必需的，如果不进行国家行为，那么，“无国便无家”，公民、法人和其他组织整体合法权益便无法维护。因此，公民、法人和其他组织在根本利益一致的基础上，不能也不应以个别利益受损为由提起行政诉讼。

当然，在国家财力许可的前提下，行政机关实施国防、外交等国家行为后可能会决定给予遭受损失的公民、法人和其他组织适当的物质补偿。这种补偿决定虽然可能是由行政机关依照职权作出的强制性补偿决定，虽然可能不够完全补偿公民、法人和其他组织所受损失；但是，这与行政侵权损害赔偿是性质完全不同的。因此，公民、法人和其他组织不能也不应以不服行政机关依照职权作出的强制性补偿决定为由向人民法院提起行政诉讼。

3. 从政治体制上讲，因国防、外交等国家行为的失策，行政机关只承担政治责任，而不受人民法院的司法审判。

我国政治体制决定行政机关实行行政首长负责制。因而行政机关的国防、外交等国家行为是否合法、失策，由行政首长负全部责任，而不是由行政机关负责任。行政首长是由权力机关选举产生的政务类公务员，因此，他们只向权力机关负责，承担因国防、外交等国家行为失策而产生的政治责任，如罢免、撤职、辞职等。人民法院无权就此进行司法审判和弹劾。

4. 从国家行为的性质上看，行政机关所作的国防、外交等国家行为即便有误，也只承担国家责任或政治责任，而不承担法律责任。

因为行政机关的国防、外交等国家行为，以一国主权的代表者、执行者（通过立法机关、宪法的授权）的身份而为，其目的是维护国家安全与整体利益，开展国际交往，巩固国家在国际社会中的应有地位和良好声誉。实质上，它就是一个主权国家的政府在行使自己作为国际法主体所享有的自保权和独立权的行为。因此，它是依照本国统治阶级的国家意志，完全自主地不受任何内外组织和个人约束的。除了它违反国际法义务应承担国际法上的国家责任，以及违反国内统治阶级意志而应向立法机关承担政治责任之外，任何公民、法人和其他组织都无权对国家行为提起行政诉讼；人民法院作为非立法机关，没有宪法的授权，亦无权对行政机关所作的国家行为进行审判，追究法律责任。

二、对行政机关的抽象行政行为提出异议的案件

（一）行政机关的抽象行政行为的概念与种类

行政机关的抽象行政行为，是具体行政行为的对称行为，指行政机关依照其职权，针对不特定的对象（人与事），制定具有普遍约束力的行政管理规范文件的行为。这是行政机关实施宏观管理的、亦是为具体行政行为提供依据的行政行为。

根据行政诉讼法第12条第（二）项的列举规定，行政机关的抽象行政行为有：1. 行政法规。2. 规章。包括国务院各部委等主管部门的规章和地方有权人民政府的规章。3. 各级行政机关制定、发布的具有普遍约束力的决定、命令（最高人民法院对此司法解释：行政诉讼法第12条第（二）项规定的“具有普遍约束力的决定、命令”，“是指行政机关针对不特定对象发布的能反复适用的行政规范性文件。"），如《国务院关于加强粮食管理稳定粮食市场的决定》、《国务院关于在我国统一实行法定计量单位的命令》（国发［1984］28号）、《国务院、中央军委发布的2008年冬季征兵命令》，等等。公民、法人和其他组织对于行政机关的抽象行政行为有异议，不得提起行政诉讼，人民法院不能受理此类起诉。

（二）对行政机关的抽象行政行为不能起诉、受理的理由

1. 宪法和有关组织法的规定，决定了人民法院不予受理公民、法人和其他组织因对抽象行政行为不服而提出的控告。

在我国审查行政机关的抽象行政行为是否合法的权力，按照宪法和地方人大政府组织法的规定，是属于作出抽象行政行为的行政机关的同级人大常委会、上级直至最高行政机关。这表现为：（1）县级以上的地方各级人大常委会有权撤销本级人民政府的不适当的决定和命令；（2）全国人大常委会有权撤销国务院制定的同宪法、法律相抵触的行政法规、决定和命令；（3）县级以上的地方各级人民政府有权改变或者撤销所属各工作部门和下级人民政府的不适当的决定；（4）国务院有权改变或者撤销各部、各委员会发布的不适当的命令、批示和规章，有权改变或者撤销地方各级国家行政机关的不适当的决定和命令。可见，宪法和组织法并未赋予人民法院对抽象行政行为的审判权。因此，根据宪法制定的《行政诉讼法》，也只能确立人民法院对具体行政行为而不能对抽象行政行为是否合法进行审查的原则，规定法院不予受理对担负行政行为有异议的案件。

2. 我国现行基本政治制度，决定了人民法院不能受理公民、法人和其他组织起诉抽象行政行为的案件。

我国现行基本政治制度（政体）不是西方式的三权分立与制衡制度，而是有中国特色的人民代表大会制度。行政机关、司法机关等各个国家机关都由人大产生，对人大负责，受人大监督，同时又分工负责，各有权限。1982年开始建立行政诉讼制度便开始了审判权对行政权的干涉，但是人民法院受理的行政案件无一例外地是对具体行政行为，而并非对抽象行政行为提起的诉讼。这正是符合我国人民代表大会制度这一基本政治制度确立的对抽象行政行为，由同级人大常委会和上级行政机关实施审查的"双轨监督制"要求的。如果否定"双轨监督制"，把属于权力机关拥有的审查抽象行政行为权，全盘交给与行政机关平起平坐的审判机关行使，则将在实际中造成行政机关既对人大负责，又对法院负责的局面，削弱人大作为机关应有的权威地位，从而将导致我国现行基本政治制度的解体。所以，我国现行基本政治制度要坚持和完善，是不允许法院受理、审判对抽象行政行为有异议的案件的。

三、不服行政机关内部行为的案件

（一）行政机关内部行为的含义与种类

行政机关内部行为，即指行政机关对行政机关系统内的有关事务进行的行政管理行为。包括作用于行政机关（比如机关的设置、编制、经费管理、职责划分、管辖边界、撤销合并，等等）的内部管理行为，以及作用于行政机关工作人员的内部管理行为，亦即指行政机关对行政机关工作人员作出的奖、惩、任、免等决定。最高人民法院对此司法解释：行政诉讼法第12条第（三）项规定的"对行政机关工作人员的奖惩、任免等决定"，是指行政机关作出的涉及该行政机关公务员权利义务的决定。

奖，即行政奖励，即由行政机关对其所属的行政机关工作人员的优良表现所给予的精神鼓励和物质奖赏。包括：记功、记大功、授予奖品奖金、升级、升职、通令嘉奖等。

惩，即行政处分，即由行政机关对行政机关工作人员的违法失职行为所给予的精神和物

质上的惩戒。包括：警告、记过、记大过、降级、降职、撤职、留用察看、开除公职。

任，即任命、任用，即由行政机关根据工作需要依法任命行政机关工作人员担任一定行政职务，或者根据行政编制及招干要求依法任用公民为行政机关工作人员。

免，即免职，即由行政机关根据工作需要及离退病休制度要求对行政机关工作人员免除其所任行政职务。免职，在性质上不是行政处分，不能等同于撤职。

由于国家公务员制度的执行尚未十全十美，针对特定的人和事的奖、惩、任、免决定，也难免因发生诸如吹牛拍马者荣获奖赏，投机钻营者被晋职加薪，有裙带关系者被封官升级，符合条件者不予任用，不该免职，不够处分者被整下台，等等不正确适用的情形而损害行政机关工作人员的合法权益，并导致各种非议产生。但是，根据行政诉讼法第 12 条第（三）项的规定，行政机关工作人员不服行政机关奖、惩、任、免等决定的，不能提起行政诉讼；起诉了，人民法院亦不予受理。比如，最高人民法院《关于监察机关作出的开除处分行为是否属于人民法院行政诉讼受案范围的答复》（行他字〔2000〕3 号）文件就明确指出："监察机关作出的开除处分行为，不属于法院行政诉讼受案范围。"

（二）对行政机关的内部行政行为不能起诉、受理的理由

1. 目前人民法院无法胜任既审查外部具体行政行为，又审查内部具体行政行为合法性的任务。

行政机关对行政机关工作人员的奖、惩、任、免等决定，是内部具体行政行为；行政机关对公民、法人和其他组织的行政处罚及其他处理决定，是外部具体行政行为。由于我国行政诉讼制度建立时间不长，行政审判力量及经验不足，人民法院能够将法律规定内的因外部具体行政行为引起的量大面广的行政案件审理好，目前实属"满负荷工作"状态了。当前，行政审判从总体上说还处于初步发展阶段，还存在种种困难和不足，与依法治国、建设社会主义法治国家的宪法要求还有相当大的差距，行政审判事业仍然任重道远。还需要"切实解决中西部少数民族地区和欠发达地区基层人民法院法官短缺与法官断层问题"，"切实增强人民法院服务党和国家工作大局与维护人民群众利益的司法能力。"① 倘若再由人民法院来审查行政机关对行政机关工作人员的奖、惩、任、免等决定的内部具体行政行为是否合法，显然就是给人民法院增添了难以承受的重负。另外，还会造成审判权两难境地：一是可能把审判权混同于行政机关的人事、行政监察权而代替行政机关处理本应由其处理的奖、惩、任、免事宜；二是难以真切维护行政机关工作人员在奖、惩、任、免方面的合法权益。因此，《行政诉讼法》根据目前人民法院的实际状态，明确地将不服内部具体行政行为的案件排除在受案范围之外，以充分保证法院完成现有的依法审查外部具体行政行为合法性的重任。

2. 行政监察制度已经恢复及完善发展，通过行政程序内部解决不服对行政机关工作人员奖、惩、任、免等决定的案件，比较稳妥。

随着《行政监察条例》②、《国家公务员法》、《行政监察法》、《行政机关公务员处分条例》、《行政监察法实施条例》，以及《公务员申诉规定（试行）》（中共中央组织部、人力资源和社会保障部 2008 年 5 月 14 日印发，人社部发〔2008〕20 号）、《四川省行政执法监督条例》（2001 年 9 月 22 日四川省第九届人大常委会公告（第 58 号）公布施行）、《四川省行

---

① 《人民法院第三个五年改革纲要（2009—2013）》（法发〔2009〕14 号）

② 1990 年 12 月 9 日国务院令第 69 号发布。该条例已被 1997 年 5 月 9 日第八届全国人民代表大会常务委员会第二十五次会议通过、1997 年 5 月 9 日中华人民共和国主席令第 85 号公布的《中华人民共和国行政监察法》明令废止。

政机关工作人员行政过错责任追究试行办法》(四川省人民政府令(第193号)发布自2005年11月1日起施行)等一系列有关国家公务员人事、监察法律、法规、规章的出台,我国行政机关公务员人事管理制度、行政监察制度已经恢复及完善发展,以及人事部门配合党的组织部门、监察部门配合党管干部以及人事部门配合党的组织部门、监察部门配合党的纪检部门管理干部的优良传统。行政机关对行政机关工作人员的奖、惩、任、免等决定,既是内部具体行政行为,同时又是贯彻执行党的干部路线的具体政治行为。因为,对于不服行政机关奖、惩、任、免等决定而引起的争议,由行政机关的上一级行政机关、监察部门或人事部门按行政程序内部解决①,以配合党委纪检部门、组织部门按党纪检查程序解决,比之放入行政诉讼受案范围内通过司法程序解决更稳妥,能够保持行政机关内部工作秩序的稳定,能够符合我国党管干部的优良传统和基本原则②。

四、不服行政机关终裁行为的案件

(一)行政机关终裁行为的概念与种类

行政机关的终裁行为,即指行政机关根据全国人大及常委会制定的法律规定,针对行政机关与公民、法人和其他组织之间的行政纠纷,作出终局处理裁决的具体行政行为。

根据行政诉讼法第12条第(四)项的明确规定,法律规定由行政机关作最终裁决的具体行政行为,公民、法人和其他组织不能起诉,人民法院不能受理。这里的“法律”,仅指全国人大及其常委会制定的法律,不包括行政法规和地方性法规、行政规章。最高人民法院司法解释:行政诉讼法第12条第(四)项规定的“法律规定由行政机关最终裁决的具体行政行为”中的“法律”,是指全国人民代表大会及其常务委员会制定、通过的规范性文件。

从现行法律的规定看,行政机关的终裁行为,主要有:

1. 上级公安机关对下一级公安机关与违反出入境管理法的中国公民之间因拘留处罚决定而发生的纠纷,根据《中国公民出境入境管理法》第15条的规定,作出的最后裁决。

2. 上级公安机关对下一级公安机关与违反入出境管理法的外国人之间因罚款或者拘留处罚决定而发生的纠纷,根据《外国人入境出境管理法》第29条的规定,作出的最后裁决。

3. 公民、法人或者其他组织对省部级行政机关(即国务院部门和省、自治区、直辖市人民政府)的具体行政行为不服,在向该省部级行政机关申请行政复议并对其复议决定不服后,根据《行政复议法》第14条规定,可以向国务院申请裁决,国务院依照《行政复议法》规定作出最终裁决。

4. 公民、法人或者其他组织认为行政机关的具体行政行为侵犯其已经依法取得的土地等自然资源的所有权或者使用权的,根据《行政复议法》第30条规定可以向省级(省、自治区、直辖市)人民政府申请行政复议。根据国务院或者省级人民政府对行政区域的勘定、

---

① 比如,《四川省行政机关工作人员行政过错责任追究试行办法》第二十六条规定四川省行政机关工作人员不服追究其行政过错责任决定的各项内部救济权利:“被追究行政过错责任的工作人员享有陈述权、申辩权;对行政过错责任追究不服的,可以依法提起申诉和控告。”第二十七条就四川省行政机关工作人员不服对其行政处理决定的申诉、再申诉的内部解决途径予以了全面、明确的保障:“行政机关工作人员对行政处理决定不服的,可以自接到处理决定之日起30日内向作出处理决定的行政机关申请复核。对复核决定不服的,可以在接到复核决定之日起15日内向作出处理决定的行政机关的同级人民政府公务员主管部门或者上一级行政机关提出申诉;也可以不经复核,自知道该行政处理之日起30日内直接提出申诉。其中对行政处分决定不服的,按照《中华人民共和国行政监察法》的有关规定办理。对行政机关作出的申诉处理决定不服的,可以向作出处理决定的上一级机关提出再申诉。”

② 参见《中华人民共和国公务员法》第四条:“公务员制度坚持以马克思列宁主义、毛泽东思想、邓小平理论和‘三个代表’重要思想为指导,贯彻社会主义初级阶段的基本路线,贯彻中国共产党的干部路线和方针,坚持党管干部原则。”

调整或者征用土地的决定，省级人民政府作出的确认土地等自然资源所有权或者使用权的行政复议决定为最终裁决。

5. 被审计单位对审计机关作出的有关财政收支的审计决定不服的，根据《审计法》(2006 年修正）第 48 条第二款的规定，可以提请审计机关的本级人民政府裁决，本级人民政府的裁决为最终决定。

此处，有一个问题可以讨论：集会、游行、示威的复议决定，是不是行政机关的终裁行为？

《集会游行示威法》(1989 年 10 月七届全国人大常委会第十次会议通过）第 13 条规定："集会、游行、示威的负责人对主管机关不许可的决定不服的，可以自接到决定通知之日起三日内，向同级人民政府申请复议，人民政府应当自接到申请复议书之日起三日内作出决定。"这里，只规定申请行政复议，而未规定提起行政诉讼。有观点认为该法第 13 条规定是"最终裁决"的复议决定。我们认为，根据我国立法惯例，凡是法律规定的最终裁决的复议决定，都会鲜明标示该决定为"最终裁决"或者"最后裁决"或"最终决定"。而《集会游行示威法》第 13 条在规定对不许可集会、游行、示威的行政复议决定时，并没有明文规定其为"最后裁决"或"最终裁决"或"最终决定"，因此，该法第 13 条关于同级人民政府作出的不许可集会、游行、示威的行政复议决定，没有进入《行政复议法》第 5 条明定之"法律规定行政复议决定为最终裁决的"范围，应当具有可诉性。对此，可以根据《行政复议法》第 5 条处理："公民、法人或者其他组织对行政复议决定不服的，可以依照行政诉讼法的规定向人民法院提起行政诉讼"。

（二）对行政机关的终裁行为不能起诉受理的理由

1. 行政机关对出入境管理纠纷的终裁行为，是在相对人自愿放弃寻求司法诉讼途径解决的前提下进行的。根据《中国公民出境入境管理法》第 15 条和《外国人入境出境管理法》第 29 条规定，对公安机关出入境管理处罚决定不服的中国公民（受拘留处罚的）、外国人（受罚款或者拘留处罚的），在接到处罚通知之日起十五日内，可以直接向人民法院起诉；不起诉的，可以选择向上一级公安机关提出申诉，由公安机关作出最后的裁决。对于最后裁决不得起诉，即是相对人选择放弃诉权的法律后果，也是及时平息出入境管理纠纷，稳定出入境管理秩序和公安机关的正常工作必需的。

2. 国务院依《行政复议法》作出的裁决是终局裁决，不能对此提起行政诉讼，这是由我国政治体制决定的。根据宪法规定，国务院是最高行政机关，只向全国人大负责，其决定不合适，有问题，应由人大负责监督，而不应由法院审判。同时，在公民、法人或者其他组织不服省部级行政机关具体行政行为的时候，《行政复议法》第 14 条既赋予向该省部级行政机关申请行政复议的救济，又赋予不服其行政复议决定可以选择向法院提起行政诉讼或者选择向国务院申请最终裁决的权利，公民、法人或者其他组织选择国务院裁决，表明放弃行政诉讼救济，因此，没有必要规定对国务院的裁决不服再提起诉讼，否则不利于及时、有效地保护公民、法人或者其他组织的合法权益。

3. 依《行政复议法》第 30 条第一款，公民、法人或者其他组织认为行政机关侵犯其已经依法取得的土地等自然资源所有权或者使用权的，应当先申请行政复议，对行政复议不服的，可以依法向人民法院提起行政诉讼。该法第 30 条第二款属例外的规定：省级人民政府根据国务院或者省级人民政府对行政区域的勘定、调整或者征用土地的决定，对土地等自然资源所有权或者使用权予以确认的行政复议决定则为最终裁决。这是因为国务院或者省级人民政府勘定、调整行政区域或者征用土地的决定，“属于行政机关的专属性权力，省、自治区、直辖市人民政府根据上述决定确定土地等自然资源所有权或者使用权的行政复议决定，实际上只是行政机关行使专属性权利的一种表现形式。”① 故不能将之纳入行政诉讼受案范围之中。

4. 根据2006年2月28日十届全国人大常委会第二十次会议修正的《审计法》，审计机关依据有关财政收支（包括预算执行和其他财政收支）、财务收支的法律、法规和国家其他有关规定进行审计评价，在法定职权范围内对被审计单位审计后作出二类审计决定：一是“有关财政收支的”，二是“有关财务收支的”。为监督审计机关依法审计，《审计法》第48条的第一款规定：“被审计单位对审计机关作出的有关财务收支的审计决定不服的，可以依法申请行政复议或者提起行政诉讼。”以此救济途径而维护被审计单位的合法权益。而该法第48条第二款则规定：“被审计单位对审计机关作出的有关财政收支的审计决定不服的，可以提请审计机关的本级人民政府裁决，本级人民政府的裁决为最终决定。”

之所以规定由本级政府对“有关财政收支的审计决定”争议的“裁决为最终决定”，这是因为“财政收支的审计工作”由政府监督（最终裁决财政收支的审计争议，就是其监督方式的一种体现）和人大监督（听取政府报告对财政收支的审计工作及对存在问题的纠正情况和处理结果并作出决议，就是人大监督方式的体现）双重监督机制所决定的。根据《审计法》第4条的规定②，本级人民政府“有关预算执行和其他财政收支的审计工作”以及“问题的纠正情况和处理结果”（包括对“有关财政收支的审计决定”争议进行最终决定的处理结果在内）要向本级人大常委会报告。可见，对于本级政府裁决有关财政收支的审计争议后作出的“最终决定”，应交由本级人大常委会审查，因此，《审计法》第48条第二款没有赋予被审计单位提起行政诉讼的权利及人民法院进行司法审查的权力。

应当注意，行政机关的终裁行为，必须是由法律明文规定“终局、最终”决定或裁决的，公民、法人和其他组织才无权起诉。如果没有法律的明文规定，而是法规（含行政法规、地方性法规、自治条例、单行条例）或者规章，以及其他（非最高权力机关发布的）决定、命令规定的行政机关终裁行为，公民、法人和其他组织不服的，可以依法提起行政诉讼，人民法院应予受理。因为，只有法律才能限制相对人的起诉权利，而法规、规章等非“法律”的规范性文件，则无此法律的约束力。

五、司法解释规定的不属于行政诉讼受案范围的事项

根据最高人民法院《关于执行〈中华人民共和国行政诉讼法〉若干问题的解释》的规定，除行政诉讼法第12条规定外，不属于行政诉讼受案范围的事项，还包括以下五种行为：

1. 公安、国家安全等机关依照刑事诉讼法的明确授权实施的行为。

区分公安、国安行为是具体行政行为还是刑事侦查行为的关键是看该行为所依据的职权的性质。当公安、国安等机关行使行政管理职权，对特定的公民、法人或者其他组织就特定的事项作出单方公务行为时，该行为即为具体行政行为；而公安、国安等机关在办理刑事案件过程中，依照刑事诉讼法明确授予的侦查权所作出的行为，则为刑事侦查行为。

---

① 曹康泰主编《中华人民共和国行政复议法释义》，中国法制出版社1999年5月第1版，第145页。

② 《审计法》第4条规定：“国务院和县级以上地方人民政府应当每年向本级人民代表大会常务委员会提出审计机关对预算执行和其他财政收支的审计工作报告。审计工作报告应当重点报告对预算执行的审计情况。必要时，人民代表大会常务委员会可以对审计工作报告作出决议。国务院和县级以上地方人民政府应当将审计工作报告中指出的问题的纠正情况和处理结果向本级人民代表大会常务委员会报告。”

公安、国安等机关依照刑事诉讼法的明确授权实施的行为，如：侦查、拘留、执行逮捕、预审、拘传、取保候审、监视居住、对保证人的罚款、没收保证金、具结悔过、传唤、讯问、勘验、人身检查、搜查、扣押物证书证邮件电报（与犯罪有关的）、冻结存款汇款、通缉、保外就医等，不属于人民法院行政诉讼受案范围的行为。

对公安、国安等机关在办理治安行政案件、国安行政案件过程中，依照行政管理职权作出的具体行政行为，行政相对人不服而依法提起行政诉讼的，人民法院有权对该行为进行司法审查；而对公安、国安等机关在办理刑事案件过程中，依照刑事侦查职权作出的刑事侦查行为①，相对人不得提起行政诉讼，即使提起，人民法院也不应受理。比如，(1) 取保候审属于刑事强制措施，当事人对公安机关作出的取保候审决定不服向人民法院提起诉讼的，人民法院不予受理。(2) 公安机关为了防止被告逃避侦查而作出监视居住决定，限制其活动区域和住所，是刑事侦查措施，不属行政诉讼法受案范围所列行为，公民对此不服坚持起诉，法院应裁定不予受理。(3) 至于公安机关作出监视居住决定，但将监视居住对象关押在派出所、拘留所等场所的作法，这是刑事侦查过程中的违法行为，不属于行政诉讼法受案范围。公民对此不服坚持起诉，法院应裁定不予受理。其可向上级公安部门及有关单位反映。(4) 公安机关在刑事案件侦查中，对公民的住宅、人身进行搜查，属于刑事侦查措施。对刑事侦查措施不服提起诉讼的，不属于行政诉讼调整范围。如果公安机关在采取上述措施时违反法定程序，可以向该公安机关或其上级机关及有关部门反映解决，法院不应作为行政案件受理。

在日常生活中，与民众、法院打交道最多的（比之国安机关等）是公安机关，公安侦查行为依法不属于行政诉讼受案范围，审判实践中要注意公安侦查行为与公安行政行为的区分。深圳法院在《关于公安行政案件若干问题的处理意见》(2006/11/08　12:01 发布上网）中，根据审判经验，总结出公安侦查行为与公安行政行为的区分标准，颇有实务启迪意义，兹介绍如下：

(1) 侦查的本质属性，是公安侦查行为与公安行政行为的区分标准。凡符合侦查本质属性的行为，是侦查行为，反之，是公安行政行为。

侦查的本质属性，有两个方面：一是从主观上看，行为的目的是揭露犯罪，证实犯罪；二是从客观上看，实施的行为是法律明确授权规定的行为。公安机关的行为是否符合侦查行为的本质属性，要从行为的目的性和法律的授权性两方面分析。

(2) 判断公安机关的行为是否具有侦查目的，应当从以下几方面把握："(一) 是否办理了刑事案件立案手续。立案是刑事侦查的前提条件和必经程序，没有办理刑事立案手续，视为没有侦查目的，但紧急情况除外。紧急情况下采取的侦查行为必须经过主管领导审批，且事后必须立即补办立案手续。(二) 立案是否有依据。根据我国刑事诉讼法的规定，立案必须具备两个条件，一是有犯罪事实，二是需要追究刑事责任。有犯罪事实是指必须有一定的证据证明犯罪事实确已发生和存在，绝非是出于主观想象或猜测。立案时只要具有能够足以证明犯罪事实已经发生的证据即可。如果没有证据证明犯罪事实存在，则公安机关实施的行为不具有侦查目的。(三) 对犯罪嫌疑人采取强制措施，是否有证据证明'嫌疑'存在。对

① 《刑事诉讼法》第三条明确授权："对刑事案件的侦查、拘留、执行逮捕、预审，由公安机关负责。"第八十二条："本法下列用语的含意是："侦查"是指公安机关、人民检察院在办理案件过程中，依照法律进行的专门调查工作和有关的强制性措施……"

公民采取限制人身自由的强制措施的一个基本前提条件是该公民必须具有犯罪嫌疑，这个'嫌疑'必须有一定的证据，但不要求有充分的证据证明。如果没有一定的证据，主观推断某人有犯罪嫌疑且对其采取强制措施，则不能认定公安的行为出于侦查目的。（四）公安机关的行为是否插手经济纠纷。公安机关插手经济纠纷，可认定公安机关的行为不具有侦查目的。是否插手经济纠纷，首先要看经济纠纷是否存在，然后分析公安机关的行为同当事人之间的经济纠纷是否有关联。（五）公安机关是否滥用职权。如果公安机关滥用侦查权，则不能认定其有侦查目的。滥用职权的行为虽然在表面上、形式上符合法律的要求，但行为的内容不符合法律规定的目的、精神和原则，其实质是行为者想通过表面合法的手段达到其他目的。（六）公安机关采取侦查行为后，是否继续侦查或将案件移送检察院起诉。如果中断侦查或没有将案件移送检察院起诉，有关的侦查手段又没有解除，则可认定公安机关的行为没有侦查目的。"①

（3）判断公安机关的行为是否法律明确授权的行为，应从以下两方面把握："（一）所实施的行为是否符合《中华人民共和国刑事诉讼法》、最高人民法院等二院三部一委《关于刑事诉讼法实施中若干问题的决定》、公安部《公安机关办理刑事案件程序规定》等法律法规规章及司法解释明确规定的种类，如扣押、拘传、监视居住、拘留以及查封、冻结、追缴、传唤、暂扣等。（二）所实施的行为是否符合法律规定的适用对象与条件。公安侦查行为直接影响公民的人身权与财产权，法律对它的适用对象与条件有着严格的规定。凡不符合法律规定的对象与条件的行为，均不能视为法律明确授权的侦查行为。扣押行为的对象是起证据作用能证明案件真实情况的物品、文件；拘传、传唤、监视居住的对象是有证据证明具有犯罪嫌疑的人；刑事拘留的对象是现行犯或重大嫌疑人；查封的对象是作证据使用应当扣押但又不便于提取的物品；冻结的对象是冻结犯罪嫌疑人的存款、汇款、有价证券等；追缴的对象是犯罪嫌疑人的违法所得。查封、冻结、追缴的实质是强制措施，公安机关不得对有关财产作没收处理。"②

（4）公安侦查行为本质属性的两个方面相辅相成，缺一不可，两者只有统一起来，才能体现侦查的本质属性。上述判断公安机关的行为是否符合侦查行为本质属性的各个要素，不能孤立地看待，应当结合其他要素，综合分析。

2. 调解行为以及法律规定的仲裁行为。

行政机关所为之调解行为以及法律规定的仲裁行为，通常以公正第三者身份针对作为平等主体的当事人之间发生的民间纠纷、民事争议或劳动争议进行协调处理的行为，当事人不服行政机关调解及仲裁行为的，依法都可以通过民事诉讼途径解决，不必进入行政诉讼受案范围。比如，根据《商标法》第53条规定，有商标法第52条所列侵犯注册商标专用权行为之一，引起纠纷的，由当事人协商解决；不愿协商或者协商不成的，商标注册人或者利害关系人可以向人民法院起诉，也可以请求工商行政管理部门处理。进行处理的工商行政管理部门根据当事人的请求，可以就侵犯商标专用权的赔偿数额进行调解；调解不成的，当事人可以依照《民事诉讼法》向人民法院起诉。又如，根据最高人民法院《关于审理劳动争议案件诉讼当事人问题的批复》（法〈经〉复［1988］50号）规定，劳动争议当事人不服劳动争议

① 《关于公安行政案件若干问题的处理意见》，载于深圳罗湖区法院网站 www.szlhfy.gov.cn/... 061108014－12k－2006－11－08发布，最后访问时间：2009年7月1日。

② 《关于公安行政案件若干问题的处理意见》，载于深圳罗湖区法院网站 www.szlhfy.gov.cn/... 061108014－12k－2006－11－08发布，最后访问时间：2009年7月1日。

仲裁委员会的仲裁决定，向人民法院起诉，争议的双方仍然是企业与职工。双方当事人在适用法律上和诉讼地位上是平等的。此类案件不是行政案件，而是民事诉讼案件，人民法院在审理时，应以争议的双方为诉讼当事人，不应把劳动争议仲裁委员会列为被告或第三人。

3. 不具有强制力的行政指导行为。

行政指导行为，是指行政机关在其职责任务或其所管辖的事务范围内，为有效地实现一定的行政目的，所作出的具有示范、倡导、建议、劝告等行为。

行政指导是行政民主化潮流下日益广泛运用并逐渐类型化的一种现代行政管理行为方式，具有非权力强制性、主动补充性、主体优势性、行为引导性、方法多样性、方式灵活性、效力柔软性等特征，在行政管理过程中起着补充和替代、辅导和促进、协调和疏通、预防和扶植等积极作用。

行政指导，属于与行政法律行为相对应的行政事实行为，不对行政相对人的权利和义务直接产生实际法律效果。行政指导，没有法律上的强制性约束力，如果没有获得行政相对人同意或自觉采纳，即无实际意义。因此，行政相对人对于行政指导行为不服的，不理会即可，不必进入行政诉讼受案范围耗费司法审查资源处理。

4. 驳回当事人对行政行为提出申诉的重复处理行为。

重复处理行为，一般认为是指行政机关所作出的没有改变原有行政法律关系、没有对当事人的权利义务发生新的影响的行为。通常表现为当事人对以下三种行为不服向行政机关提出申诉，行政机关经过审查予以维持原有行为驳回当事人的申诉：(1) 对历史遗留问题的行政行为。所谓历史遗留问题是指新中国成立以来《行政诉讼法》颁布实施前的历次政治活动中，涉及公民、法人或其他组织权利义务的政府行为。(2) 对已过争讼期间即超过法律救济期限的行政行为。(3) 对行政机关作出具有法律规定终局裁决效力的行为。此外，对信访事项有权处理的行政机关依据《信访条例》作出的处理意见、复查意见、复核意见和不再受理决定，信访人不服提起行政诉讼的，人民法院不予受理。

之所以对驳回当事人对行政行为提起申诉的重复处理行为不能提起诉讼，主要是基于三点考虑：一是，重复处理行为没有对当事人的权利义务产生新的影响，没有形成新的行政法律关系；二是，如果对这类重复处理行为可以提起诉讼，就是在事实上取消复议或者提起诉讼的期间，这也就意味着任何一个当事人在任何时候都可以通过申诉的方式重新将任何一个行政行为提交行政机关或法院进行重新审查，有悖于行政诉讼设定的目的；三是，如果将这类行为纳入行政诉讼受案范围，不仅不利于行政法律关系的稳定，而且不利于行政管理相对人对行政行为的信任。

5. 对公民、法人或者其他组织权利义务不产生实际影响的行为。

对公民、法人或者其他组织权利义务不产生实际影响的行为，是指内容本身不具有对公民、法人或者其他组织的权利、义务予以直接处分的法律效力的行为。比如，还没有成立的行政行为、还在行政机关内部运作的行为、行政事实行为，等等。对公民、法人或者其他组织权利义务不产生实际影响的行为，不属于行政法律行为，故不能直接产生侵犯当事人合法权益的实际影响后果，因此，没有必要进入行政诉讼受案范围。目前，在司法实践中，人民法院不予受理的行政机关对公民、法人或者其他组织权利义务不产生实际影响的行为，主要有：(1) 公安交管部门的交通事故认定行为。根据《道路交通安全法》第 73 条的规定，公安机关交通管理部门制作的交通事故认定书，作为处理交通事故案件的证据使用。因此，交通事故责任认定行为不属于具体行政行为（此即指行政法律行为），不能向人民法院提起行政诉讼。如果当事人对交通事故认定书牵连的民事赔偿不服的，可以向人民法院提起民事诉讼。(2) 公安消防机构的火灾事故责任认定行为。火灾事故责任认定是公安消防机构在查明火灾事故事实后，根据当事人的行为与火灾事故之间的因果关系，以及其行为在火灾事故中所起的作用而作出的结论，其本身并不确定当事人的权利义务，不是一种独立的具体行政行为（此即指行政法律行为），不属于行政诉讼法第 11 条规定的受案范围。(3) 行政机关信访工作机构的信访职责行为。信访工作机构是各级政府或政府工作部门授权负责信访工作的专门机构，其依据《信访条例》作出的登记、受理、交办、转送、承办、协调处理、督促检查、指导信访事项等行为，对信访人不具有强制力，对信访人的实体权利不产生实质影响。信访人对信访机构依据《信访条例》处理信访事项的行为或者不履行《信访条例》规定的职责不服提起行政诉讼的，人民法院不予受理。

总体说，以上这五种行为尽管由行政权力行使主体实施，但它们要么根本不属于行政行为，要么是不具有可诉性的行政行为。因此，公民、法人或者其他组织对这些行为不服提起诉讼的，不属于人民法院行政诉讼的受案范围。

第八章 行政诉讼管辖

第一节 管辖概述

一、管辖的概念

（一）行政诉讼管辖的定义

行政诉讼的管辖，是指人民法院之间受理第一审行政案件的分工和权限。确定管辖的目的是解决由哪一级与哪一个人民法院具体行使行政审判权的问题。管辖是划分各级人民法院或同级人民法院受理第一审行政案件的职权范围，明确它们之间的审理案件具体分工的制度。

管辖有以下含义，首先，它是划分人民法院系统内部受理第一审行政案件的分工和权限，而不是划分国家机关之间解决行政争议的权限与分工。解决国家机关之间，特别是与行政机关之间的权限与分工，是另一个范畴。其次，管辖既要解决人民法院上下级之间受理第一审行政案件的分工和权限问题，也要解决同一级人民法院之间受理第一审行政案件的分工和权限问题。第三，管辖仅指受理第一审行政案件的分工和权限，不涉及第二审行政案件的管辖问题。因为事实上，按照行政诉讼审级制度的规定，一旦一审管辖权明确了，第二审行政案件管辖也就明确了，无须另行确定。

（二）管辖与主管、主审

管辖与主管是相互区别的两个概念。在行政诉讼中，主管是指人民法院有权审理行政案件的范围，解决的是人民法院与其他国家机关之间处理行政争议的权限和分工问题，行政诉讼的管辖，则是在确定了主管后，解决人民法院内部此人民法院与彼人民法院的权限和分工问题。只有首先确定案件属于人民法院主管，然后才确定案件由哪一级、哪一个人民法院管辖。但是管辖不确定，主管也就不会落实。可见，主管是确定管辖的前提，管辖是主管的体现和落实。

管辖与主审也不同：管辖是解决人民法院系统内部法院之间的权限和分工问题；主审则是解决在某一人民法院内部由哪一个审判庭或哪一个合议庭审理的问题。目前，根据最高人民法院有关司法解释规定，各级人民法院行政审判庭审理行政案件和审查行政机关申请执行其具体行政行为的案件。专门人民法院、人民法庭不审理行政案件，也不审查和执行行政机关申请执行其具体行政行为的案件。

（三）管辖权与审判权

行政诉讼的管辖权，是人民法院在明确管辖的基础上获得的审理行政案件的权力。某人民法院依据行政诉讼法关于管辖的规定，确定某一案件属于其管辖，该人民法院对此案即有管辖权；如果此案不属于该人民法院管辖，则其无管辖权。因此，管辖是管辖权产生的基础，管辖权是管辖的具体表现。正确划分和确定人民法院的管辖权，不仅有利于防止法院间相互争执或推诿，有利于明确职责，合理负担，及时顺利地行使审判权；而且避免当事人四处奔波，投诉无门，有利于当事人行使起诉、应诉等诉讼权利。

管辖权一经确定，有管辖权的人民法院始终对此案具有管辖权，除非上级人民法院提审，指定其他人民法院管辖，或者出现排斥原审人民法院管辖的特殊情况。也就是说，管辖一经确定即有恒定的效力。

管辖权与审判权既有联系又有区别，审判权是国家赋予人民法院审理行政案件的职权。由哪个人民法院对某一具体行政案件代表国家行使审判权，须由管辖制度解决。凡不属于人民法院行使审判权范围的，人民法院无权管辖，没有审判权亦无管辖权。从这个意义上说，审判权是确定管辖权的前提，审判权是管辖权的基础。然而审判权又必须通过管辖权来行使并由管辖权来体现。如果某一行政案件属于人民法院管辖，就需在人民法院体系内确定具体审理此案的人民法院。从这种意义上说，管辖权又是审判权得以实现的必要条件。

二、立法上确定管辖的因素和要求

（一）立法上确定管辖的因素

行政诉讼的管辖涉及多种因素，它不仅涉及人民法院之间的关系，而且涉及诉讼当事人的利益，涉及法律、法规的适用等。这些复杂的因素，立法上在确定管辖时须予充分考虑。

人民法院是行政诉讼管辖首先涉及的因素，因为管辖就是人民法院内部的权限分工。人民法院这一因素在管辖上主要影响在于：（1）法院的级别。我国人民法院有多级设置，需要纵向的划分，行政案件要在不同审级的人民法院之间进行分配。行政案件要同人民法院的审级相适应。（2）管辖地域。同一级人民法院有横向区域的划分，每一个人民法院都有自己的管辖区域。确定管辖必须考虑区域因素。

没有相对人的起诉，便不会产生行政诉讼。但是，相对人有多种多样，相对人起诉的原因及其所要达到的要求也各式各样，管辖的确定直接影响着相对人诉权的行使。因此，相对人的居住地，争议的标的等也是行政诉讼中确定管辖必须考虑的因素。

行政机关是行政诉讼的被告。对于相对人的起诉，行政机关必须应诉，参与诉讼。但行政机关同人民法院一样，也是设置多级，也有管辖地域、管辖事项的区别，这些方面都影响到行政诉讼的管辖，确定管辖也必须予以考虑。

（二）确定管辖的基本要求

所谓确定管辖的基本要求，是指确定管辖时应当遵循的原则和标准。由于行政诉讼的管辖涉及多种因素，必须遵循一定的基本要求，才能建立正确、合理的管辖。综合上述因素，立法上确定行政诉讼的管辖有以下要求：

1. 案件性质与法院体系相适应

案件性质和人民法院体系相适应，不仅是处理具体行政案件的客观需要，也是各级法院充分行使其职权的主观需要。案件的性质不同，相应管辖的审级也就不同。例如，重大复杂的行政案件不宜由较低审级的人民法院管辖；对全国有重大影响的行政案件不宜由管辖区域限于某一地域的人民法院管辖。因此，确定人民法院的管辖时，首先应当按照行政案件的性质、复杂程度、影响范围，结合人民法院体系的特点进行。按照这一要求确定管辖，能够使人民法院之间的职权范围在纵向上得到合理划分。

2. 法院负担的均衡性及审理某些具体案件的可能性

确定管辖不仅要考虑案件的性质、复杂程度、影响范围，还要注意各级人民法院工作负担的均衡性以及可能性。各级人民法院工作负担不均衡，有的过重，有的过轻，不利于对行政案件的及时审理，如果不考虑人民法院审判人员的素质和条件，即不考虑人民法院审理某些案件的可能性，也不利于人民法院正确审理行政案件。

3. 便于原告参加诉讼

在行政管理服务关系中，行政机关处于管理者的优越地位，相对人一方则处于被管理者和服从的地位。为保障公民、法人和其他组织都能够充分行使诉权，因此在确定管辖时，必须优先考虑便于原告参加诉讼，适当兼顾便于被告参加诉讼。

4. 有利于人民法院行使审判权

确定管辖应当考虑人民法院行使审判权。在行政诉讼中，人民法院所在地和当事人双方所在地存在着一定的地域距离，如果距离过大，就会给人民法院审理案件带来一定的困难。因此，管辖应便于人民法院查证事实，正确、合法、及时地审理案件，便于法院判决的执行。

5. 原则性与灵活性相结合

确定管辖时，对于管辖给予统一规定是必要的，它能够使管辖保持稳定性。管辖不稳定，不仅会直接影响到人民法院审判工作的稳定性，也会增加当事人进行诉讼的负担。但是，如果不考虑灵活的规定，就不能应付某些特殊的情况或特殊的案件。在行政诉讼中，有关诉讼的管辖的事项复杂多变，很多情况难以预料。因此，在确定管辖时应考虑到，在特殊情况下，人民法院可享有在其系统内对审理具体案件进行调整的权力。

三、管辖的种类

以不同标准，对管辖可以作不同的划分：

（一）法定管辖和裁定管辖

以管辖是否由法院决定为标准，管辖可以分为法定管辖和裁定管辖。前者由法律明文规定管辖法院。行政诉讼法第13条至第16条所规定的级别管辖和第17条至第19条规定的地域管辖，都属此类；后者则由人民法院作出裁决或决定确定诉讼管辖法院。行政诉讼法第21条规定的移送管辖，第22条规定的指定管辖和第23条所规定的管辖权的转移，均属此类。

（二）专属管辖、协议管辖和选择管辖

以是由法律强制规定还是任意规定为标准，管辖可以分为专属管辖、协议管辖和选择管辖。法律强制规定对某些特定类型的案件只能由特定的人民法院管辖，其他人民法院没有管辖权，叫做专属管辖。行政诉讼法第19条规定的不动产管辖，可属于专属管辖。协议管辖即指法律规定可以由当事人双方达成书面协议合意选定一个管辖法院，《行政诉讼法》没有规定协议管辖。选择管辖是指法律允许当事人在两个以上的人民法院同时有管辖权时由当事人选择一个人民法院管辖。行政诉讼法第20条便规定了这种管辖。

（三）共同管辖和合并管辖

以诉讼关系为标准，管辖可以分为共同管辖和合并管辖。共同管辖是指法律规定几个人民法院对同一案件都有管辖权。例如，行政诉讼法第16条规定："因对限制人身自由的行政强制措施不服而提起的诉讼，由原告所在地或被告所在地人民法院管辖。"这就是说，当事人对限制人身自由的行政强制措施不服而提起的诉讼，原告所在地法院和被告所在地法院有共同管辖权。合并管辖是指对某个案件有管辖权的人民法院，可以管辖与此案件有牵连的其他案件，因此，合并管辖又称牵连管辖。例如，公民和组织在提起行政诉讼时，同时提出两个诉讼请求：（1）要求撤销行政机关的处罚决定；（2）要求行政机关赔偿损失。人民法院对此可以合并审理，这就是合并管辖的一种。

（四）如果只从现行立法的规定这一角度来考虑，我国行政诉讼管辖有三大类，即级别管辖、地域管辖和裁定管辖，详见以下各节分述。

第二节 级别管辖

一、级别管辖的概念

根据案件的性质、影响范围、案件难易程度划分上下级法院之间审理第一审行政案件的分工和权限，叫做级别管辖，也叫一般管辖。我国行政诉讼法关于级别管辖的规定是确定某个一审行政案件由基层人民法院，或由中级、高级、最高人民法院管辖的依据。

确定级别管辖时应考虑以下因素。首先，在确定管辖时应考虑案件的性质，在国外，以被诉行政行为的性质作为确定级别管辖的依据已成为一个通例，性质特殊的案件一般都由中级或相当于中级或其上级法院管辖。其次，应考虑案件的难易程度，对于难度较大的案件，一般规定由中级或其上级法院管辖，以确保审判的正确性。同时，影响范围较大的案件一般也不宜由基层法院管辖。第三，应考虑的是法院工作负担的均衡。前面已提到，上级法院除审理因不服一审判决而提起的上诉外，还要监督、指导下级法院的审判工作。因此在确定级别管辖时，第一审行政案件的受理数量应是逐级减少。

我国人民法院按四级设置，故级别管辖种类亦为四种：基层法院管辖、中级法院管辖、高级法院管辖和最高法院管辖。

二、基层人民法院管辖的第一审行政案件

基层人民法院设在县级行政区域，包括县、自治县（旗）、不设区的市、市辖区。每一个县级行政区域设一个基层人民法院。同时，基层人民法院根据地区、人口和案件情况，可以设立若干人民法庭。人民法庭是基层人民法院的派出机构，是基层人民法院的组成部分，它的判决和裁定就是基层人民法院的判决和裁定。但是，基层人民法院派出的人民法庭不审理行政案件，也不审查和执行行政机关申请执行其具体行政行为的案件。这是因为，基层人民法院的派出人民法庭是一个综合性的只审理简单刑事、民事案件的便利性审判机构，其内部不再划分刑事、民事、行政审判专门机构，而《行政诉讼法》总则第 3 条明确规定：人民法院设行政审判庭，审理行政案件。基层人民法院只能内设一个行政审判庭专审行政案件，加之行政案件再简单也总是涉及三权关系即行政权、民权、审判权相互关系，具有不同于简单的刑事自诉、民事案件的特点和难度，须依严格程序慎重处理，而不宜由人民法庭采用简便方式和简易程序审理。

行政诉讼法第 13 条规定："基层人民法院管辖第一审行政案件。"结合其他关于级别管辖规定的条文看，除了法律规定由中级及其以上人民法院管辖的第一审行政案件，其他任何一审行政案件都归基层人民法院管辖。这表明，基层人民法院的一审行政案件管辖权具有量大面广的普遍性特点。

行政诉讼法作出上述规定，是与基层人民法院的地位、任务相适应的，基层人民法院处于全国法院组织体系的最基础部位，任务主要是专门从事审判活动。同时，当事人住所地、具体行政行为及其行政纠纷实施地区及发生地、法律事实所在地、争议财产所在地，都在基层人民法院辖区之内。由基层人民法院管辖大量的第一审行政案件，既易于查明案件事实真相，又便利当事人诉讼和法院解决行政纠纷。尤其在行政诉讼法实施十余年来看，基层人民法院审判队伍建设已有长足发展，充实了法律专业各层次人才，特别是专科、本科人才基本普及，研究生人才也在相当一些基层人民法院就职发挥作用，这使得基层人民法院审判人员素质大为提高。因此，基层人民法院完全有能力承担起对大量的第一审行政案件的审判任务。在行政审判实践中，由基层人民法院审判第一审行政案件的范围广，包括：(1) 除上级

法院的第一审管辖外，凡属行政诉讼受案范围内的行政案件，均由基层人民法院负责第一审。(2) 上级法院根据管辖权转移规范，移交基层人民法院的第一审行政案件。(3) 上级法院指定基层人民法院管辖的第一审行政案件。

三、中级人民法院管辖的第一审行政案件

中级人民法院一般在地市级行政区域，包括省（自治区）派出的行政专员公署所在地区、省（自治区）辖市、自治州（盟）。每一个地市级行政区域设一个中级人民法院。直辖市下不再设地市级行政区域，只设区、县一级行政区域，但根据审判工作需要可以设立若干个中级人民法院，如重庆市第一中级人民法院、重庆市第二中级人民法院等（但重庆市并无第一行政区域、第二行政区域的划分），作为直辖市的若干区、县基层人民法院的上一级亦即上诉审法院。可见，我国唯一不按行政区域设立的普通法院，是直辖市的中级人民法院。

目前，根据行政诉讼法第 14 条以及最高人民法院有关司法解释的规定，中级人民法院管辖以下第一审行政案件：

（一）确认发明专利权的案件

确认发明专利权的案件，是指专利申请人等不服国家专利局及其复审委员会有关确认发明专利权的裁决，向人民法院提起诉讼，要求重新确认的案件。

根据新修订的《专利法》和《最高人民法院关于审理专利纠纷案件适用法律问题的若干规定》(2001 年 7 月 1 日起施行）的相关规定，具体包括以下四种情形：

第一，专利申请人不服驳回专利申请决定的案件。根据新专利法第 37 条和第 41 条之规定，国务院专利行政部门对发明专利申请进行实质审查后认为不符合本法规定的，应通知申请人在指定期限陈述意见或修改其申请，发明专利申请经申请人陈述意见或进行修改后，国务院专利行政部门仍然认为不符合本法规定的，应当予以驳回。专利申请人不服此决定的，可以自收到通知之日起三个月内向专利复审委员会请求复审，对专利复审委员会的复审决定不服的，可以自收到通知之日起三个月内向人民法院起诉。

第二，任何单位或者个人不服宣告专利权无效或者维持专利权决定的案件。据新专利法第 45、46 条之规定，自国务院专利行政部门公告授予专利权之日起，任何单位或者个人认为该专利权的授予不符合本法规定的，可以请求专利复审委员会宣告该专利权无效。专利复审委员会对此请求应当及时审查和作出决定宣告专利权无效或者维持专利权，并通知请求人和专利权人。宣告专利权无效的决定，由国务院专利行政部门登记和公告。对专利复审委员会宣告专利权无效或者维持专利权的决定不服的，可以自收到通知之日起三个月内向人民法院起诉。人民法院应当通知无效宣告请求程序的对方当事人作为第三人参加诉讼。

第三，专利权人等不服实施强制许可决定或者使用费裁决的案件。据新专利法有关专利实施的强制许可规定，国务院专利行政部门依法作出的给予实施强制许可的决定，应当及时通知专利权人，并予以登记和公告。取得实施强制许可的单位或者个人应当付给专利权人合理的使用费，其数额由双方协商；双方不能达成协议的，由国务院专利行政部门裁决。专利权人对国务院专利行政部门关于实施强制许可的决定不服的，专利权人和取得实施强制许可的单位或者个人对国务院专利行政部门关于实施强制许可的使用费的裁决不服的，可以自收到通知之日起三个月内向人民法院起诉。

第四，当事人不服责令停止侵权行为处理的案件。据新专利法第 57 条之规定，未经专利权人许可实施其专利，即侵犯其专利权引起纠纷的，且当事人不愿协商解决或者协商解决不成的，专利权人或者利害人可以请求管理专利工作的部门处理。管理专利工作的部门处理时，认定侵权行为成立的，可以责令侵权人立即停止侵权行为，当事人不服的，可以自收到处理通知之日起十五日内依照《中华人民共和国行政诉讼法》向人民法院起诉；侵权人期满不起诉又不停止侵权行为的，管理专利工作的部门可以申请人民法院强制执行。

应当指出，最高人民法院《关于开展专利审判工作的几个问题的通知》（1985 年 2 月 16 日起施行）中规定，确认发明专利权的案件，由中级人民法院经济庭受理，并明确由北京市中级人民法院管辖，北京市高级人民法院作为其上诉法院。行政诉讼法颁布以后，经济庭不再受理，改由行政庭审理。就新专利法规定的上述四类确认发明专利权的案件而言，前三类案件由于是针对国务院专利行政部门设置的专利复审委员会的决定或裁决而诉，显然应当继续归北京市中级人民法院一审，而其他地方中级人民法院不管辖。后一类案件因其针对的是管理专利工作的部门的裁决而诉，这些部门不仅仅限于国务院专利行政部门，而且也包含了地方政府的专利行政部门，因此并不专归北京市中级人民法院一审，凡管理专利工作的部门所在地的中级人民法院都有管辖权。上述四类案件因其专业性、政策性很强，需要较高的科学技术水平和法律水平，且其被告为国务院部门（或省级政府部门）故归中级人民法院管辖，有利于案件的处理。除上述之外，专利行政案件中还有各种专利行政处罚案件，这些案件若被告不是国务院专利行政部门的，则归基层人民法院管辖，不由中级人民法院管辖。

（二）海关行政执法案件

海关是国家的进出关境监督管理机关。国务院设立海关总署，统一管理全国海关。国家在对外开放的口岸和海关监管业务集中的地点设立海关：直属海关和隶属海关。直属海关，是直接由海关总署领导负责管理一定区域范围内海关业务的海关；隶属海关，是由直属海关领导，负责办理具体海关业务的海关。海关的隶属关系，不受行政区域的限制。海关依法独立行使职权，向海关总署负责。据新海关法有关规定，海关处理的案件包括行政执法案件和走私犯罪侦查案件（由海关侦查走私犯罪公安机构配备的专职缉私警察负责侦查、拘留、执行、逮捕、预审）。可以进入行政诉讼领域的，只能是海关及其工作人员的行政执法案件，包括海关关税案件、海关行政处罚案件、海关行政强制措施案件三大类。

需要注意的是，海事法院不受理行政案件，《最高人民法院办公厅关于海事行政案件管辖问题的通知（2003）》中明确：行政案件、行政赔偿案件和审查行政机关申请执行其具体行政行为的案件仍由各级人民法院行政审判庭审理。海事等专门人民法院不审理行政案件、行政赔偿案件，亦不审查和执行行政机关申请执行其具体行政行为的案件。但通知下发之前，海事法院已经受理的海事行政案件、行政赔偿案件，继续由海事法院审理；海事法院已作出的生效行政判决或者行政裁定的法律效力不受影响。《最高人民法院关于海关行政处罚案件诉讼管辖问题的解释》（2002 年 2 月 7 日起施行）也明确规定：相对人不服海关作出的行政处罚决定提起诉讼的案件，由有管辖权的地方人民法院依照《中华人民共和国行政诉讼法》的有关规定审理。相对人向海事法院提起诉讼的，海事法院不予受理。

由中级人民法院管辖海关处理行政案件是因为：第一，与海关设置相适应。我国海关一般都设在大中城市，多在中级人民法院所在地，由其管辖可以便利当事人诉讼和法院办案。第二，与海关处理案件情况相适应。海关依照海关法和其他有关法律、行政法规，监管进出境的运输工具、货物、物品，征收关税和其他税、费，查缉走私等，业务种类繁多，有的专业技术性很强，并需要高度统一，案情也较为复杂。由中级人民法院一审管辖，有利于保证办案质量。第三，有利于监督和保障海关，护好国门，促进对外开放。海关是国家的进出境监督管理机关，是国门卫士，其处理的行政执法事项涉及对外经济贸易和科技文化交往，很多具有涉外因素，影响范围大。由中级人民法院管辖海关处理的行政案件，办案水平高，办案质量好，对促进海关依法行使职权，维护国家主权和利益，甚为有益。

(三) 涉及集成电路布图设计的行政案件

国务院《集成电路布图设计保护条例》自2001年10月1日起施行。对集成电路布图设计专有权进行司法保护，是人民法院的一项新的审判任务。集成电路，是指半导体集成电路，即以半导体材料为基片，将至少有一个是有源元件的两个以上元件和部分或者全部互连线路集成在基片之中或者基片之上，以执行某种电子功能的中间产品或者最终产品。集成电路布图设计（简称布图设计），是指集成电路中至少有一个是有源元件的两个以上元件和部分或者全部互连线路的三维配置，或者为制造集成电路而准备的上述三维配置。根据《集成电路布图设计保护条例》第19条、20条、29条、31条等条文的规定，以下涉及布图设计的案件可以提起行政诉讼：第一，不服国务院知识产权行政部门驳回布图设计登记申请的复审决定的条件；第二，不服国务院知识产权行政部门撤销布图设计登记申请决定的案件；第三，不服国务院知识产权行政部门关于使用布图设计非自愿许可决定的案件；第四，不服国务院知识产权行政部门关于使用布图设计非自愿许可的报酬的裁决的案件；第五，不服国务院知识产权行政部门对侵犯布图设计专有权行为处理决定的案件；第六，不服国务院知识产权行政部门行政复议决定的案件；第七，其他涉及布图设计的行政案件。

《最高人民法院关于开展涉及集成电路布图设计案件审判工作的通知》（法发［2001］24号）明确规定，上列第一至第六类案件，由北京市第一中级人民法院作为第一审人民法院审理；其余各类案件，由各省、自治区、直辖市人民政府所在地，经济特区所在地和大连、青岛、温州、佛山、烟台市的中级人民法院作为第一审人民法院审理。

(四) 植物新品种行政案件

《最高人民法院关于审理植物新品种纠纷案件若干问题的解释》已于2001年2月14日起施行。该司法解释第一条规定：人民法院受理的植物新品种纠纷案件主要包括以下几类："（一）是否应当授予植物新品种权纠纷案件；（二）宣告授予的植物新品种权无效或者维持植物新品种权的纠纷案件；（三）授予品种权的植物新品种更名的纠纷案件；（四）实施强制许可的纠纷案件；（五）实施强制许可使用费的纠纷案件；（六）植物新品种申请权纠纷案件；（七）植物新品种权权利归属纠纷案件；（八）转让植物新品种申请权和转让植物新品种权的纠纷案件；（九）侵犯植物新品种权的纠纷案件；（十）不服省级以上农业、林业行政管理部门依据职权对侵犯植物新品种权处罚的纠纷案件；（十一）不服县级以上农业、林业行政管理部门依据职权对假冒授权品种处罚的纠纷案件。"

同时，该解释第三条明确指出，第一条所列第（一）至（五）类案件，由北京市第二中级人民法院作为第一审人民法院审理；第（六）至（十一）类案件，由各省、自治区、直辖市人民政府所在地和最高人民法院指定的中级人民法院作为第一审人民法院审理。

(五) 商标行政案件

根据《全国人民代表大会常务委员会关于修改〈中华人民共和国商标法〉的决定》（2001年12月1日起施行）的相关规定，以及《最高人民法院关于审理商标案件有关管辖和法律适用范围问题的解释》（2002年1月21日起施行）第一条的规定，能够提起行政诉讼的商标案件主要有两大类：

第一类：不服国务院工商行政管理部门商标评审委员会（以下简称商标评审委员会）作出的复审决定或者裁定的案件；

根据商标法修改决定的规定，2001年12月1日以后商标评审委员会有权作出的四类复审决定或者裁定，当事人不服的，可以向人民法院提起行政诉讼。这四类复审决定或者裁定是：(1) 关于维持商标局驳回商标注册申请、不予公告通知的复审决定（商标法第32条）；(2) 关于对初步审定、予以公告的商标提出异议作出的复审裁定（商标法第33条）；(3) 关于对注册商标争议作出的裁定（商标法第43条）；(4) 关于对商标局撤销商标权决定的复审决定（商标法第49条）。

根据行政诉讼法的规定，商标授权程序司法审查案件，应当由商标评审委员会所在地的中级人民法院管辖，就是目前商标评审委员会所在地的北京市的中级人民法院管辖。但考虑到这类案件收案量比较大，需要统筹考虑北京市的审判力量，所以《最高人民法院关于审理商标案件有关管辖和法律适用范围问题的解释》第2条第一款规定：这类案件由“北京市高级人民法院根据最高人民法院的授权确定其辖区内有关中级人民法院管辖”。

第二类：不服工商行政管理部门作出的有关商标的具体行政行为的案件。

《最高人民法院关于审理商标案件有关管辖和法律适用范围问题的解释》第二条第二款规定：这类案件“根据行政诉讼法的有关规定确定管辖”。

（六）与证券交易所监管职能相关的行政案件

《最高人民法院关于对与证券交易所监管职能相关的诉讼案件管辖与受理问题的规定》自2005年1月31日起施行，该司法解释明确规定：根据《行政诉讼法》第22条的有关规定，指定上海证券交易所和深圳证券交易所所在地的中级人民法院分别管辖以上海证券交易所和深圳证券交易所为被告的与证券交易所监管职能相关的第一审行政案件。包括：(1) 证券交易所根据《公司法》、《证券法》、《证券投资基金法》、《证券交易所管理办法》等法律、法规、规章的规定，对证券发行人及其相关人员、证券交易所会员及其相关人员、证券上市和交易活动作出处理决定引发的诉讼；(2) 证券交易所根据国务院证券监督管理机构的依法授权，对证券发行人及其相关人员、证券交易所会员及其相关人员、证券上市和交易活动作出处理决定引发的诉讼；(3) 证券交易所根据其章程、业务规则、业务合同的规定，对证券发行人及其相关人员、证券交易所会员及其相关人员、证券上市和交易活动作出处理决定引发的诉讼；(4) 证券交易所在履行监管职能过程中引发的其他诉讼。

（七）国际贸易行政案件

《最高人民法院关于审理国际贸易行政案件若干问题的规定》（2002年10月1日起施行）第五条规定：第一审国际贸易行政案件由具有管辖权的中级以上人民法院管辖。包括：(1) 有关国际货物贸易的行政案件；(2) 有关国际服务贸易的行政案件；(3) 与国际贸易有关的知识产权行政案件；(4) 其他国际贸易行政案件。

（八）反补贴、反倾销行政案件

根据《最高人民法院关于审理反补贴行政案件应用法律若干问题的规定》（2003年1月1日起施行）第一条规定，人民法院依法受理对下列反补贴行政行为提起的行政诉讼：“（一）有关补贴及补贴金额、损害及损害程度的终裁决定；（二）有关是否征收反补贴税以及追溯征收的决定；（三）有关保留、修改或者取消反补贴税以及承诺的复审决定；（四）依照法律、行政法规规定可以起诉的其他反补贴行政行为。”

根据《最高人民法院关于审理反倾销行政案件应用法律若干问题的规定》（2003年1月1日起施行）第一条规定，人民法院依法受理对下列反倾销行政行为提起的行政诉讼：“（一）有关倾销及倾销幅度、损害及损害程度的终裁决定；（二）有关是否征收反倾销税的决定以及追溯征收、退税、对新出口经营者征税的决定；（三）有关保留、修改或者取消反倾销税以及价格承诺的复审决定；（四）依照法律、行政法规规定可以起诉的其他反倾销行政行为。”

根据这两部司法解释的相关规定，第一审反补贴、反倾销行政案件由下列人民法院管辖：（1）被告所在地高级人民法院指定的中级人民法院；（2）被告所在地高级人民法院。由于反补贴、反倾销行政案件的被告，应当是作出相应被诉反补贴、反倾销行政行为的国务院主管部门，因此，反补贴、反倾销行政案件由北京市高级人民法院或者北京市第二中级人民法院管辖。

（九）对国务院各部门或者省、自治区、直辖市人民政府所作具体行政行为提起诉讼的案件

此类案件的范围，包括依法可诉的国务院各部门或者省、自治区、直辖市人民政府直接作出的行政处罚决定和其他行政执法处理决定，及其所作出的变更改动原具体行政行为的行政复议决定。由于国务院各部门和省、自治区、直辖市人民政府位高权重，所作具体行政行为影响广泛、牵涉面宽，专业性、政策性、指导性很强，难度很大，不宜交由基层人民法院管辖。由中级人民法院管辖此类案件的一审，高级人民法院为其二审法院，有利于人民法院公正、正确审案。

（十）本辖区内重大、复杂的案件

鉴于中级人民法院不仅要审理不服基层人民法院判决和裁定的上诉案件，而且本身还要负责上列专业性强、难度颇大、政策性强、牵涉面广的案件，任务相当繁重，因此，立法上只能把本辖区内重大、复杂的案件，交中级人民法院管辖，一般的案件，则交由基层人民法院管辖。最高人民法院有关司法解释确认，有下列情形之一的，属于中级人民法院管辖的本辖区内重大、复杂的案件：

第一，被告为县级以上人民政府，且基层人民法院不适宜审理的案件；

第二，社会影响重大的共同诉讼、集团诉讼案件；

第三，重大涉外或者涉及我国香港特别行政区、澳门特别行政区和台湾地区的案件；

第四，其他重大、复杂的案件。比如，人民群众反映强烈的案件；行政处罚极重，涉及相当一部分人的权益的案件；涉及社会稳定、公众利益的案件等。

除此之外，根据《最高人民法院关于行政案件管辖若干问题的规定》（法释〔2008〕1号）的相关规定，中级人民法院第一审行政案件还包括两种：（1）根据管辖权转移规范，由上级人民法院下交以及基层人民法院上送的第一审案件；（2）上级人民法院指定中级人民法院管辖的第一审案件。

四、高级人民法院管辖的第一审行政案件

每一个省、自治区、直辖市设立一个高级人民法院。高级人民法院是位于中级人民法院和最高人民法院之间的一级人民法院，其审判辖区与所在省、自治区、直辖市行政区划一致。根据我国法院系统内部的分工现状，省、自治区、直辖市高级人民法院的主要任务是依法受理上诉案件、抗诉案件、复核死刑案件和申诉案件，对本辖区内中级和基层人民法院的审判工作进行监督和指导。故由高级人民法院审判的第一审案件的数量有限。

从行政诉讼法第 15 条规定和审判实践看，高级人民法院负责审判的第一审行政案件应包括：第一，在本省、自治区、直辖市的辖区内重大、复杂的第一审行政案件。第二，根据管辖权转移的规范，由最高人民法院下交或者所属中级、基层等下级法院上送的第一审行政

案件。第三，最高人民法院指定高级人民法院管辖的第一审行政案件。比如，第一审国际贸易行政案件（除由具有管辖权的中级以上人民法院管辖外），第一审反补贴、反倾销行政案件（除被告所在地高级人民法院指定的中级人民法院管辖外），由被告所在地高级人民法院管辖。

五、最高人民法院管辖的第一审行政案件

最高人民法院是我国最高审判机关，在依法治国，建设社会主义法治国家的伟大进程中，居于特别重要的地位，应当发挥特别重要的作用。它的基本职责是监督和指导地方各级人民法院和专门人民法院的审判工作；并且审判法律规定由它管辖的和它认为应当由自己审判的第一审案件，对高级人民法院、专门人民法院判决和裁定的上诉案件和抗诉案件，以及最高人民检察院按照审判监督程序提出的抗诉案件；参与起草法律的立法活动，对于在审判过程中如何具体应用法律进行解释。

在行政审判方面的具体工作，系由最高人民法院行政审判庭负责进行。其主要任务是：(1) 审理在全国范围内有重大影响应由最高人民法院管辖的和各高级人民法院移送的第一审行政案件。(2) 审理不服各高级人民法院一审判决、裁定而上诉的行政案件。(3) 监督和指导地方各级人民法院的行政审判工作。(4) 指定跨省、自治区、直辖市的行政案件的管辖。(5) 审理按审判监督程序决定由最高人民法院再审的行政案件。(6) 调查研究行政审判工作中的情况和问题，总结行政审判工作经验。

从上述最高人民法院的地位职责来看，其在一般情况下并不宜直接承担大量的第一审行政案件的管辖。根据行政诉讼法第 16 条和 23 条规定，在审判实践中，最高人民法院审判的第一审行政案件包括两类：第一，在全国范围内重大、复杂的第一审行政案件。第二，根据管辖权转移规范，由下级法院（经高级法院）报送最高法院的第一审行政案件。

第三节　地域管辖

一、地域管辖的概念及其划分依据

地域管辖，它是指位于不同地域的同级人民法院之间在受理第一审行政案件时的分工。地域管辖与级别管辖不同，级别管辖是各级人民法院受理一审案件时的分工和权限，它解决管辖权的纵向划分问题；而地域管辖则解决管辖权的横向划分问题，即确定案件由同级法院中某一具体法院管辖。但是，两者之间又有一定的联系：地域管辖是在级别管辖基础上产生的，在级别管辖尚未明确以前，地域管辖就根本无从谈起；地域管辖又是级别管辖的进一步明确、具体，离开了地域管辖，案件的管辖问题便不能得到最终解决。

划分地域管辖的依据主要有两个：一是人民法院的辖区。我国各级人民法院都有其确定的辖区，一般而言，该辖区与行政区划是保持一致的，法院的辖区是人民法院行使审判权的空间范围，只有发生在该法院辖区以内的行政案件，该法院或其上级法院才能行使管辖权。二是当事人或诉讼标的与法院辖区之间的事实联系。法院辖区只是划分地域管辖的前提，一个法院要对某个案件具有实际管辖权，该法院与案件的当事人或诉讼标的之间还必须有一个既定的事实联系，即当事人所在地和诉讼标的所在地应在法院辖区以内。

二、地域管辖的种类

行政诉讼案件的地域管辖分为两大类：一般地域管辖和特殊地域管辖。

（一）一般地域管辖

一般地域管辖是指以当事人所在地为标准确定案件管辖法院的管辖。包括以下两方面：

1. 原告就被告。我国行政诉讼法在一般地域管辖中，规定行政案件由被诉行政机关所在地法院管辖。这在学理上称之为原告就被告。这样规定，能够适应行政权力行使及其所导致的行政纠纷的区域限定性的特点，便利行政纠纷案件双方当事人起诉、应诉，防止随意兴讼，减少缺席判决，便利被告行政机关履行职责地亦即行政纠纷发生地法院及时审理解决行政纠纷。

行政诉讼法中规定的原告是认为具体行政行为侵犯了其合法权益的公民、法人或其他组织；而被告则是作出该具体行政行为的行政机关。但是，由于目前普遍存在着行政复议制度，实践中应当对以下三种情形区别对待：

第一，未经复议的行政案件的一般地域管辖。根据行政诉讼法第 17 条规定：行政案件由最初作出具体行政行为的行政机关所在地人民法院管辖。据此，当公民、法人或其他组织认为行政机关的具体行政行为侵犯其合法权益的，可直接向该行政机关所在地人民法院提起诉讼。上述规定有如下特点：

首先，由于最初作出具体行政行为的行政机关的所在地，往往是诉讼标的所在地，这就便于人民法院调查取证。其次，便于法院判决的执行，同时也可以充分发挥审判机关对行政机关的监督职能。第三，可以通过审理，尤其是对本地较为典型的行政诉讼案件的审理，达到教育群众的目的。

第二，复议机关维持原具体行政行为案件的一般地域管辖。行政诉讼法第 25 条第 2 款规定：经复议的案件，复议机关决定维持原具体行政行为的，作出原具体行政行为的行政机关是被告。根据“原告就被告”原则，这类案件应由作出原具体行政行为的行政机关，也就是最初作出具体行政行为的行政机关所在地人民法院管辖。

第三，复议机关改变原具体行政行为案件的一般地域管辖。行政诉讼法第 25 条第 2 款规定：经复议的案件，复议机关改变原具体行政行为的，复议机关是被告。行政诉讼法第 17 条又同时规定：复议机关改变原具体行政行为的案件也可以由复议机关所在地法院管辖。从上述规定来看，原告可以按照“原告就被告”原则向复议机关所在地人民法院提起诉讼；也可以在最初作出具体行政行为的行政机关所在地法院对复议机关提起诉讼。行政诉讼法的规定使得这类案件的原告有权选择管辖法院。

行政诉讼法对复议机关维持原行政行为的案件和复议机关改变原行政行为的案件规定不同的地域管辖是有根据的。就复议机关维持原行政行为和复议机关改变原具体行政行为来看，两者的性质是不同的。对前者而言，复议机关所为的行为只是一种消极的行为，即对原行政行为予以确认；而后者则不同，复议机关改变原行政行为，所为的是一种积极的行为，是一种形成性法律行为。两者之间的差异就导致了管辖上的不同。在复议机关改变原行政行为的案件的管辖问题上，行政诉讼法赋予原告选择管辖的权利，其目的在于便利当事人诉讼，便利人民法院调查取证。

复议决定有下列情形之一的，即属于行政诉讼法第 17 条规定的“复议机关改变原具体行政行为”：(1) 改变原具体行政行为所认定的主要事实和证据的；(2) 改变原具体行政行为所适用的规范依据且对定性产生影响的；(3) 撤销、部分撤销或者变更原具体行政行为处理结果的。

以上三种情形，可能单独也可能共同存在于复议机关对同一个原具体行政行为的改变裁决之中。只要有一种情形存在，复议机关即在原告人依法起诉前提下成为行政诉讼被告，而原告人即可依行政诉讼管辖规范选择案件的第一审管辖法院。我们认为，在存在上述第一种改变情形时，从方便法院调查取证，及时查明案件事实真相角度讲，原告人选择作出原具体行政行为所在地法院为一审管辖法院比较合适。在存在着第二、三种情形时（并不同时存在第一种情形），由于不存在对事实认定的改变，只是对法律条款、文件选用及行为实体结果有改变，故从方便当事人（原告人及作为被告的复议机关）参加诉讼的角度讲，原告人选择复议机关所在地法院管辖更为适宜。

2. 被告就原告。即指行政案件由原告所在地法院管辖。在行政诉讼的一般地域管辖中原告就被告是原则规定，被告就原告是补充、例外规定。整个行政诉讼法只有一个条文规定被告就原告的管辖，即行政诉讼法第 18 条："对限制人身自由的行政强制措施不服提起的诉讼，由被告所在地或者原告所在地人民法院管辖。"从该条规定看，行政诉讼一般地域管辖中的被告就原告有两个特点：(1) 被告就原告所适用的案件管辖范围，限于对限制人身自由的行政强制措施（比如收容教育、劳动教养、强制戒毒、海关扣留等等）不服而起诉的案件。至于不服行政拘留处罚的案件，在实践中也可实行被告就原告的管辖。不服限制财产权利的行政强制措施而起诉的案件，则不实行被告就原告的管辖。但是，行政机关基于同一事实既对人身又对财产实施行政处罚或者采取行政强制措施的，被限制人身自由的公民、被扣押或者没收财产的公民、法人或者其他组织对上述行为均不服的，既可以向被告所在地人民法院提起诉讼，也可以向原告所在地人民法院提起诉讼，受诉人民法院可以一并管辖。(2) 行政诉讼被告就原告的管辖，不同于民事诉讼那样的硬性、排他的规定，而是与原告就被告的管辖同存于类案（即对不服限制人身自由行政强制措施而起诉案件）的管辖规定中。它是作为共同管辖而不是作为单一管辖规范出现的，故其在个案管辖中的实现，并无唯一恒定的法律效力，全依原告人"自由裁量"的选择管辖行为而定。实行被告就原告，是由于被限制人身自由行政强制措施约束的原告人所在地会远离作出该强制措施的行政机关，比如被劳动教养人往往在远离劳动教养委员会驻地的劳教场所集中接受劳教，若只规定原告就被告，将会给人身自由受限制的原告人行使诉权造成困难；而允许由原告所在地法院管辖，则有利于原、被告双方当事人参加诉讼和法院及时审理、判决，也有利于生效行政裁判的及时、顺利履行或执行。

这里需指出，在诉讼实践中，原告人选择"被告就原告"时，对于"原告所在地"应有正确把握，不能随心所欲地理解。根据有关司法解释文件规定，"原告所在地"包括原告的下列处所：①户籍所在地。②经常居住地。亦即其离开住所地最后连续居住一年以上的地方，但住医院治疗的（即非由行政强制措施之采用而入院治疗的）除外。③被限制人身自由所在地。原告人只能在上述三地法院中选定本案"被告就原告"的管辖法院，才能确保其选择范围的准确性。一般说，在选择"被告就原告"时，若原告人是正在被行政强制措施约束而失去人身自由的，可选择被限制人身自由所在地法院管辖；若原告人尚未或者已经被依法解除行政强制措施约束而仍有人身自由的，可选择住所地法院管辖，住所地与经常居住地不一致的，可选择经常居住地法院管辖；当然，其也可另选"原告就被告"的管辖。

（二）特殊地域管辖

在行政诉讼地域管辖中，属于以当事人所在地为标准确定的管辖，不论原告就被告抑或被告就原告，皆应归类为一般地域管辖。

特殊地域管辖，是指不以当事人所在地，而以诉讼标的物所在地或者以作出原具体行政行为的非被告行政机关所在地为标准，确定案件的管辖。其范围包括以下两种管辖：

1. 行政诉讼法第 17 条第二句话未明示规定的：经复议的案件，复议机关改变原具体行政行为的，可以由最初作出具体行政行为的行政机关所在地人民法院管辖。这是以作出原具体行政行为的非被告行政机关所在地为标准而确定案件管辖法院的一种特殊地域管辖。其特点有二：（1）只适用于复议机关为被告人而原具体行政行为的行政机关不为被告人的案件管辖。若原具体行政行为的行政机关是案件的被告人，则应归属为原告就被告的一般地域管辖，不再属特殊地域管辖。（2）此种特殊地域管辖与原告就被告（亦即复议机关所在地法院管辖）的一般地域管辖共存，而非单一管辖，故没有唯一恒定落实的法律效力。其能否在具体的复议机关为被告案件的个案管辖中实现，由原告人选择管辖的意愿所决定。

2. 行政诉讼法第19条规定的：因不动产提起的行政诉讼，由不动产所在地人民法院管辖。这是以诉讼标的物所在地为标准而确定案件管辖法院的一种特殊地域管辖。其特点有二：（1）只适用于因不动产提起行政诉讼的案件管辖。所谓因不动产提起行政诉讼，是指原告认为被告所作具体行政行为侵犯其不动产（即位置不能移动或者移动后会引起性能、价值改变的财产。通常指土地包括草原、滩涂、矿山等等，以及自然或人工附着在土地之上或之中的物体包括建筑物、林木、森林、水坝、水流等等。）的合法所有权、使用权，依法向人民法院提起的诉讼。（2）这种特殊地域管辖，是单一管辖，即凡因不动产提起的行政诉讼，只能由不动产所在地人民法院管辖。除遇不动产所在地分属两个以上同级法院辖区的情况外，原告人概无选择管辖法院之权利，非不动产所在地法院均无对不动产行政诉讼的管辖权。与上述第一种特殊地域管辖情况相比可见，不动产行政诉讼的管辖，显然是一种专属管辖（这也是行政诉讼唯一的专属管辖）。它有利于受诉人民法院对诉讼标的物——不动产进行勘验、保全、执行，也便利当事人顺利进行诉讼活动。

《最高人民法院关于国有资产产权管理行政案件管辖问题的解释》（自2001年2月21日起施行）也有相应的规定：当事人因国有资产产权界定行为提起行政诉讼的，应当根据不同情况确定管辖法院。产权界定行为直接针对不动产作出的，由不动产所在地人民法院管辖。这部分内容就属于这种“专属管辖”。

但应当注意的是：产权界定行为针对包含不动产在内的整体产权作出的，由最初作出产权界定的行政机关所在地人民法院管辖；经过复议的案件，复议机关改变原产权界定行为的，也可以由复议机关所在地人民法院管辖。

（三）共同管辖与选择管辖

在行政诉讼地域管辖中，无论是一般地域管辖，还是特殊地域管辖，都会在立法上或实践中出现共同管辖的情况，并需要通过选择管辖来最后落实对个案的地域管辖法院。

1. 共同管辖。即指两个或两个以上人民法院依照有关行政诉讼地域管辖规范，对同一个案件都有权管辖。

共同管辖的产生有以下四种情况：

（1）因当事人所在地域不同一而产生共同管辖。这是指在原告就被告的管辖中，共同被告的若干个行政机关所在地分属不同地域，或者在被告就原告的管辖中，作为必要共同原告人的若干公民所在地不在同一地域，若非专属管辖，则各共同被告人所在地或者各共同原告人所在地的两个或两个以上同级别人民法院，依据行政诉讼法有关原告就被告或者被告就原告的管辖规范，对该同一案件都有权管辖。

（2）因作为诉讼标的物的不动产所在地域不同一而产生共同管辖。这是指在因不动产提起的行政诉讼中，由于作为诉讼标的物的不动产所在地跨越两个或两个以上人民法院的辖区，从而导致不动产所在地的若干个同级别人民法院，依据行政诉讼法关于不动产行政诉讼的专属管辖规范，而拥有对该案的共同管辖权。

(3) 因法律预先规定对同一案件可由两个不同地域人民法院管辖而产生共同管辖。这是指行政诉讼法第 17 条和 18 条中预先规定的两种共同管辖情况：①经过复议的案件，复议机关改变原具体行政行为的，可以由作出原具体行政行为的行政机关所在地人民法院管辖，也可以由被告复议机关所在地人民法院管辖。②对限制人身自由的行政强制措施不服提起的诉讼，由被告所在地或者原告所在地人民法院管辖。

(4) 因共同作出原具体行政行为的非被告行政机关所在地域不同一而产生的共同管辖。目前，法学界对此种共同管辖情况尚无人论及，实乃行政诉讼法学理论研究中的一个认识遗漏，对此，有必要予以明确补正。这种共同管辖情况是指在复议机关因改变了原具体行政行为而当被告的特殊地域管辖中，被改变的原具体行政行为，是由两个或者两个以上的行政机关以共同名义作出的，这些原具体行政行为的行政机关所在地又分属若干个行政区划而不同一，由此导致该原具体行政行为的各行政机关所在地的若干个同一级别的人民法院，依据行政诉讼法关于经复议案件的特殊地域管辖规范，对该经复议案件都有权管辖的情形。

上述四种情况表明，行政诉讼中共同管辖的存在范围相当广泛，它既可以存在于一般和特殊地域管辖内，又可以出现在地域管辖的立法规定和实际操作中。但应注意，共同管辖并不意味着每一个有管辖权法院都必须对案件进行审理、或是几个有管辖权法院联合审理一个案子。在几个法院对同一案件有管辖权的情况下，必须通过选择管辖确定具体管辖法院。

2. 选择管辖。即指在上述共同管辖的情况下，基于原告人起诉而选择、确定案件的唯一管辖法院。选择管辖的内容有二：

(1) 两个以上人民法院都有管辖权的案件，原告可以选择其中一个法院提起诉讼。该受诉法院即基于原告起诉而被选定为案件的唯一管辖法院，未受诉的其他有管辖权的人民法院即不再对该案件行使管辖权。这里应注意：①原告未按规定的期限预交案件受理费，又不提出缓交、减交申请或者提出申请未获批准，按自动撤回起诉处理后，原告在法定期间再次起诉，原告在此种情况下对共同管辖的案件再次起诉的，可以不再选择原受诉法院起诉，而转为选择另一个原未受诉的有管辖权法院起诉，从而更换同一案件的唯一管辖法院。②除了前述可以再次起诉而变换案件唯一管辖法院的情形外，根据"一事不再理"的诉讼公理，原告在共同管辖情况下"选择其中一个人民法院提起诉讼"，只能是一次性的选择，并具有不可变更的效力。原告不得在认为已选定的案件唯一管辖法院受理、审判后的裁判不如己意时，再回转来选择共同管辖中的另一个人民法院提起诉讼，更换同一案件已选定的唯一管辖法院。

(2) 原告向两个以上有管辖权的人民法院提起诉讼的，由最先收到起诉状的人民法院管辖。先收状法院即基于原告起诉而被优先选定为案件的唯一管辖法院，后收到起诉状的其他有管辖权的人民法院即不再对该案件进行管辖，这是由"一事不同理"的诉讼公理决定的。在管辖实践中贯彻此项内容时，应当注意的是：①当原告在按自动撤回起诉处理后又在法定期间内对共同管辖的案件再次起诉的，应重新提交起诉状，可以不再向原被优先选定的收状法院起诉，而另择一个有管辖权法院起诉；若仍然向两个以上有管辖权法院起诉的，则由新的最先收到起诉状法院为案件唯一管辖法院。②两个以上有管辖权的法院同一时间收到起诉状而难分先后的，应当参照《民事诉讼法》第 35 条规定，由最先立案受理的人民法院为案件唯一管辖法院。因为，最先立案受理表明该法院已经切实行使管辖权力，并已结束立案程序开始进入实体审判程序，故其已取得的优先管辖权应予肯定，后立案或未立案的其他同时收状法院即不能对该案件行使管辖权。③一旦出现两个以上有管辖权的人民法院同时收状、同时立案受理而难分先后的，则应由它们协商解决，确定其中一个法院为案件唯一管辖法院，协商未果的，按管辖权争议处理，报它们的共同上级法院指定管辖；不得由它们同时各自分别组成合议庭或者共同派员合成一个合议庭对该案件进行审判。

3. 选择管辖与共同管辖的关系。选择管辖与共同管辖既有联系又有区别，其联系表现在：（1）两者的针对目标是同一的。选择管辖与共同管辖都是针对同一案件的管辖法院确定问题而采取的解决手段。（2）两者的积极作用是一致的。选择管辖与共同管辖都是在行政诉讼地域管辖中，便利原告人起诉和法院管辖的灵活管辖形态，能够确保行政诉讼地域管辖的实现。（3）两者是相辅相成，唇齿相依。共同管辖是选择管辖的适用前提及范围界定，没有共同管辖，就谈不上选择管辖，超出共同管辖界定的范围，选择管辖即不能成立；选择管辖是对共同管辖的落实，它能够使共同管辖的法院之一，现实地行使其管辖权，将共同管辖确立的应有管辖权转化为实有管辖权，没有选择管辖，共同管辖就失去存在意义，甚至会导致现实中的管辖混乱状态。

选择管辖与共同管辖又有一定的区别：（1）两者是同一问题的两个方面，角度有所不同。共同管辖是从法院分工的角度出发解决同一案件的管辖法院问题，选择管辖则是从原告人行使起诉权的角度出发解决这一问题的。（2）由于解决问题的角度不同，而导致两者具有一些不同特性。共同管辖是对同一案件确定由两个或两个以上人民法院有权管辖，它将若干个同级别法院包容在同一案件的管辖权的法院范围之内，从而确立该若干个同级别法院都拥有对同一案件的管辖权。而选择管辖则是对同一案件确定只由一个有管辖权的法院进行现实管辖，它从若干个有管辖权的法院中选定一个作为案件唯一管辖法院，从而同时排斥了其他有管辖权法院对同一案件的现实管辖，除遇原告可以再次起诉的情况外，这些未被选定的法院实际上便被消除了其管辖权。由此可见，共同管辖具有包容性、确权性，而选择管辖则具有唯一性（排他性）、除权性。

第四节　裁定管辖

裁定管辖，是指由人民法院根据具体案情和管辖规范的授权，以裁定方式而确立的管辖。裁定管辖与法定管辖同为对管辖的学理分类。级别管辖、地域管辖都属于法定管辖，它们产生的依据是法律的直接规定。法定管辖具有明确、便于适用等优点，但是由于具体案件的复杂性，仅靠法定管辖根本不足以解决所有行政案件的管辖问题。在这种情况下，就必须赋予人民法院一定的自由决定权，以裁定的方式确定管辖，弥补法定管辖的不足。

根据行政诉讼法的规定，裁定管辖包括：移送管辖、指定管辖和管辖权的转移。

一、移送管辖

移送管辖，是指无管辖权的人民法院将已受理的案件，裁定移送给有管辖权的法院管辖。

根据行政诉讼法第21条规定，人民法院发现受理的案件不属于自己管辖时，应当移送有管辖权的人民法院。受移送的人民法院不得自行移送。移送管辖的产生必须具备一定的条件：首先，移送的法院必须是无管辖权的法院，如果该法院根据法律规定有管辖权，便不会发生移送管辖。其次，此案件必须是已受理的案件，即无管辖权的法院对案件已实施了事实管辖。如果人民法院在立案审查时即发现不属于自己管辖，就应当以书面通知方式告知原告管辖不成立。第三，受移送的人民法院是有管辖权的法院。移送管辖是对无管辖权法院事实管辖所采取的一种补救措施，受移送的人民法院就应当有管辖权。如果受移送的人民法院仍无管辖权，势必会给当事人行使诉权造成不便。但在司法实践中，受移送人民法院无管辖权的情况也可能会存在。为了维护当事人利益，行政诉讼法规定，遇到这种情况时，受移送的法院不得再自行移送，而应报请上级法院指定管辖。

二、指定管辖

指定管辖，是指上级人民法院以裁定方式指定下级法院管辖某一案件。行政诉讼法第22条规定：有管辖权的人民法院由于特殊原因不能行使管辖权的，由上级法院指定管辖。人民法院对管辖权发生争议，由争议双方协商解决，协调不成的，由其共同上级指定管辖。

指定管辖主要发生在以下几种情况：

1. 由于特殊原因，有管辖权的法院不能行使管辖权而发生的指定管辖。所谓特殊原因，大致可分成两类，一类是指有管辖权的法院的审判人员依行政诉讼法第47条第一、二款规定，自行或被申请回避，因而无法组成合议庭的；另一类则是指由于自然灾害、战争等客观原因，造成有管辖权的法院无法行使审判权的。在这种情况下，如果上级法院不采取指定管辖这一补救措施，势必会造成行政诉讼案件审理不能。

2. 两个以上法院对某一案件的管辖权发生争议，而又不能协商解决时所发生的指定管辖。管辖权的争议包括积极的争议和消极的争议。积极的争议是指两个以上人民法院都主张对案件有管辖权，而消极的争议则是指两个以上法院都认为自己无管辖权。这两种争议若得不到及时解决，便有可能出现一事两审、多审或当事人投诉无门等现象。遇到管辖权争议时，应首先强调由争议各方法院协商解决；协商解决不成的，由争议各方法院的共同上级法院指定一个法院管辖。对于上级法院的指定管辖，下级法院应无条件地服从。

指定管辖与移送管辖是有区别的。首先，两者产生的条件不同。前者是由于特殊原因使得有管辖权的法院不能行使管辖权，或几个有管辖权的法院就管辖问题发生争议而又不能协商解决；后者则是无管辖权的法院对案件实施了事实管辖。其次，在指定管辖中被指定的法院就可以是根据法律规定对案件有管辖权的法院，也可以是原无管辖权的法院；而对移送管辖来说，一旦移送管辖成立，受移送的法院就只能是有管辖权的法院。

三、管辖权的转移

管辖权的转移，是指上级人民法院将自己管辖的案件移交给下级法院管辖，或将下级法院管辖的案件上调归自己管辖。行政诉讼法第23条规定：上级法院有权审判下级人民法院管辖的一审行政案件，也可以把自己管辖的一审行政案件移交下级法院审判。下级人民法院对其管辖的一审行政案件，认为需要由上级人民法院审判的，可以报请上级法院决定。据此，管辖权的转移可以分为两类：

1. 上行性管辖权转移。即案件的管辖权由下级人民法院移交至上级人民法院，其产生情况有两种：一是上级人民法院认为下级法院管辖的案件的案情复杂，涉及面广，影响范围大时，可以依其职权直接调上来由自己审理此案件。二是下级人民法院在遇到审理有具体困难的案件时，可以报请上级法院审理，上级法院同意后即发生管辖权的上调性转移。

2. 下行性管辖权转移。即上级法院将其管辖的一审行政案件移交下级法院审判。这种情况通常发生在上级法院认为自己管辖的案件不复杂，或由下级法院审理更为方便时。下级法院对上级法院所作出的管辖权转移决定应无条件服从。

管辖权的转移与移送管辖，虽都是一个法院将一审案件移送给另一个法院审理。但两者不可等同，存在以下区别：（1）是否出让、创生管辖权不同。管辖权的转移，对转移案件的

起诉讼的具体行政行为有（与第三人自己）共同或者同样利害关系的原告或者被告一边进行诉讼，甚至会被法院判决与该原告或该被告一道享受权利、履行义务、承担责任，但其有独立的诉讼地位，仍然是以第三人自己的名义而不是以共同原告或共同被告的名义进行诉讼行为，第三人既不依附于原告也不依附于被告。

二、行政诉讼第三人的诉讼权利与诉讼义务

（一）行政诉讼第三人的诉讼权利

根据行政诉讼法和有关审判解释规定，行政诉讼第三人的诉讼权利主要有：

1. 参诉权利。第三人有权申请或依法院通知参加原被告之间已经开始并尚未结束的行政诉讼及行政赔偿诉讼。人民法院遇到有第三人参加诉讼的，应当向第三人及时送达参加诉讼通知书。第三人经合法传唤无正当理由拒不到庭，或者未经法庭许可中途退庭的，不影响案件的审理。

2. 诉讼主张权利。第三人有权提出与本案有关的诉讼主张。

3. 提起诉讼权利。第三人有权对被告在一审期间改变后的行为提起诉讼。被告在一审期间改变被诉具体行政行为的，应当书面告知人民法院。人民法院应当告知（或送达）（原告或者）第三人。（原告或者）第三人对改变后的行为不服提起诉讼的，人民法院应当就改变后的具体行政行为进行审理。

4. 答辩权利。有第三人参加的诉讼，人民法院在规定期限内将起诉状副本发送第三人，要求其在规定期限内向人民法院提交答辩状及有关材料。第三人不提出答辩状的，不影响人民法院审理。

5. 对撤诉提出异议的权利。被告改变被诉具体行政行为，原告申请撤诉的，第三人有提出异议的权利。根据最高人民法院《关于行政诉讼撤诉若干问题的规定》（法释〔2008〕2号）规定，“第三人无异议”是人民法院裁定准许原告撤诉的必备条件之一。反之，第三人有异议，法院就不得准许原告撤诉。

6. 举证权利。法院应当发给第三人（供原告、第三人举证使用的）举证通知书，以便其行使举证权利。第三人的举证期限于交换证据之日届满。第三人可以在证据交换时，提出其在行政程序中没有提出的反驳理由或者证据。在四川境内，第三人在工伤认定行政诉讼中依法提供的被告在行政程序中作为工伤认定决定依据的证据，人民法院应当予以采纳。人民法院根据第三人提供的证据证明被诉行政行为合法的，可以判决驳回原告的诉讼请求。但是，在江苏境内的工伤认定行政诉讼，第三人在诉讼程序中提供的证据，不能作为认定被诉具体行政行为合法的依据。①

7. 申请调取证据权利。第三人因客观原因不能自行收集证据，在提供有关证据线索后可以申请人民法院调取其他有关证据。比如，审理工伤认定行政案件，被告无正当理由逾期提供或者拒绝提供证据的，人民法院可以（依职权或者）应第三人的申请向劳动保障行政部门调取证据。

8. 申请延期审理权利。在原告增加或者变更诉讼请求的情况下，第三人对此可以要求延期开庭审理，以便重新准备答辩或者补充证据。

---

① 江苏省高级人民法院2005年11月7日由审判委员会第51次会议讨论通过《关于审理劳动保障监察、工伤认定行政案件若干问题的意见（试行）》第九条：“第三人在诉讼程序中提供的证据，不能作为认定被诉具体行政行为合法的依据。”

9. 上诉权利。对与第三人自己的实体权利义务责任关联的人民法院的一审判决不服，有权提起上诉。

10. 申诉和申请再审权利。第三人认为人民法院生效裁判损害（国家、集体或）第三人利益的，可以提出申诉和申请再审。

11. 与当事人、其他诉讼参与人平等享有的其他诉讼权利。

（二）行政诉讼第三人的诉讼义务

根据《行政诉讼法》和有关审判解释规定，行政诉讼第三人的诉讼义务主要有：

1. 按照法定程序和法院要求参加诉讼。比如，第三人应当在人民法院指定的交换证据之日提供证据。因正当事由申请延期提供证据的，经人民法院准许，可以在法庭调查中提供。逾期提供证据的，视为放弃举证权利。第三人在第一审程序中无正当事由未提供而在第二审程序中提供的证据，人民法院不予接纳。

2. 遵守法庭纪律秩序，服从法庭指挥。

3. 对生效判决书、裁定书和调解书所确定的第三人应承担的义务或责任，必须履行。

4. 与当事人、其他诉讼参与人平等履行的其他诉讼义务。

三、行政诉讼第三人的构成情况

（一）当事人以外（没有成为原告）的其他公民、法人或者其他组织为第三人

根据行政诉讼法第27条以及其他法律和最高人民法院法释〔2000〕8号等有关审判解释文件规定，当事人以外（没有成为原告）的其他公民、法人或者其他组织作为第三人的具体情况有：

1. 同提起诉讼的具体行政行为有利害关系的其他公民、法人或者其他组织，可以作为第三人申请参加诉讼，或者由人民法院通知参加诉讼。如，被告的具体行政行为侵犯了他人的合法权益，被具体行政行为侵犯合法权益的人向人民法院提起诉讼，在诉讼活动中，没有起诉的被害人申请并被法院通知参加诉讼，提出不同于本诉原告的诉讼请求。

2. 行政机关的同一具体行政行为涉及两个以上利害关系人，其中一部分利害关系人对具体行政行为不服提起诉讼，人民法院应当通知没有起诉的其他利害关系人作为第三人参加诉讼。比如，根据《商标法》第33条规定，对初步审定、予以公告的商标提出异议的，商标局应当听取异议人和被异议人陈述事实和理由，经调查核实后，作出裁定。当事人不服的，可以自收到通知之日起15日内向商标评审委员会申请复审，由商标评审委员会作出裁定，并书面通知异议人和被异议人。当事人对商标评审委员会的裁定不服的，可以自收到通知之日起30日内向人民法院起诉。人民法院应当通知商标复审程序的对方当事人作为第三人参加诉讼。又如，根据《商标法》第43条规定，商标评审委员会作出维持或者撤销注册商标的裁定后，应当书面通知有关当事人。当事人对商标评审委员会的裁定不服的，可以自收到通知之日起30日内向人民法院起诉。人民法院应当通知商标裁定程序的对方当事人作为第三人参加诉讼。再如，根据《专利法》（2008修正）第46条规定，专利复审委员会对宣告专利权无效的请求应当及时审查和作出决定，并通知请求人和专利权人。宣告专利权无效的决定，由国务院专利行政部门登记和公告。对专利复审委员会宣告专利权无效或者维持专利权的决定不服的，可以自收到通知之日起三个月内向人民法院起诉。人民法院应当通知无效宣告请求程序的对方当事人作为第三人参加诉讼。

3. 与行政赔偿案件处理结果有法律上的利害关系的其他公民、法人或者其他组织有权作为第三人参加行政赔偿诉讼。

4. 工伤认定行政案件的第三人。这里以四川为例，根据《四川省高级人民法院关于审理工伤认定行政案件若干问题的意见》（川高法〔2006〕436号）规定，工伤认定行政案件的第三人构成情况是：(1) 受伤害职工或者其直系亲属、用人单位均不服劳动保障行政部门作出的工伤认定决定，向人民法院提起诉讼的，先起诉的一方当事人为原告，另一方当事人为第三人。(2) 受伤害职工或者其直系亲属、近亲属对劳动保障行政部门作出的工伤认定决定不服提起诉讼，人民法院依法受理后，应当通知受伤害职工所属用人单位作为第三人参加诉讼。(3) 用人单位对劳动保障行政部门作出的工伤认定决定不服提起诉讼，人民法院依法受理后，应当通知受伤害职工作为第三人参加诉讼。受伤害职工无民事行为能力的，通知其法定代理人作为第三人参加诉讼；受伤害职工死亡的，通知其近亲属作为第三人参加诉讼。

（二）没有成为被告的行政机关或者非行政机关为第三人

根据最高人民法院法释〔2000〕8号、法释〔2002〕35号、法释〔2002〕36号等审判解释文件规定，与被诉具体行政行为有法律上利害关系的没有成为被告的行政机关或非行政机关，可以作为第三人，有以下几种情况：

(1) 应当追加为共同被告但原告不同意追加的行政机关，人民法院应当通知其以第三人的身份参加诉讼。

(2) 行政机关与非行政机关共同署名作出的处理决定被诉至法院，非行政机关因法律、法规或者规章未授予其相应行政职权而不能当共同被告。该共同署名作出的处理决定侵犯公民、法人或其他组织合法权益需要进行赔偿的，人民法院可以通知非行政机关作为第三人参加诉讼，以便与被告行政机关一起分担其应负的赔偿责任。

(3) 与被诉反倾销、反补贴行政行为有法律上利害关系的其他国务院主管部门，可以作为第三人参加反倾销、反补贴诉讼。

第七节 行政诉讼代理人

行政诉讼代理是维护被代理人的合法权益，保证行政诉讼顺利进行的一项诉讼制度。

一、行政诉讼代理人的概念

行政诉讼代理人，是指在行政诉讼中，根据法律规定或当事人及其法定代理人委托或法院指定，以当事人的名义，在代理权限范围内为维护当事人利益而代理当事人行使诉讼权利，履行诉讼义务进行诉讼活动的人。

行政诉讼代理人是一种具有独特诉讼地位的诉讼参加人，在行政诉讼活动中，其目的在于维护被代理人的合法权益而不是维护自己的合法权益；其只能以被代理人名义而不能以自己的名义进行诉讼活动；其在代理权限内所为的诉讼行为对被代理人发生效力，由被代理人承受法律后果。

行政诉讼代理人，因其代理权发生根据的不同，可以划分为法定诉讼代理人，委托诉讼代理人、指定诉讼代理人。

二、法定诉讼代理人

（一）法定诉讼代理人的概念

法定代理是基于法律明确规定的代理。法律赋予代理人的权限，为法定代理权。根据法定代理权履行诉讼职能的人称为法定诉讼代理人。

行政诉讼的法定代理，是法律为无行政诉讼行为能力的当事人而设立的一种代理制度，适用于代理原告或第三人是未成年人、精神病人等无行政诉讼行为能力的公民的行政诉讼。

行政诉讼的法定代理权，是基于法律确定的亲权和监护权而发生的代理权，法定代理人和被代理人有一定的身份关系即存在着亲权或监护关系。

行政诉讼的法定代理人，即根据法律的规定代理无行政诉讼行为能力的公民进行行政诉讼活动的人。行政诉讼的法定代理人，必须是对被代理人享有监护权的人。包括与无诉讼行为能力人有身份关系的亲属和对无诉讼行为能力人有监护责任的其他监护人。我国民法（《民法通则》第16条和第17条）和婚姻法分别对未成年人和精神病人的监护人、亲权或监护关系的范围作了明确规定。

（二）法定诉讼代理权的产生

法定代理权的产生，不是基于被代理人的意思表示，无须被代理人的委托授权，而是基于法律的直接规定，即行政诉讼法第28条的规定："没有诉讼行为能力的公民，由其法定代理人代为诉讼"。法定诉讼代理人代理当事人进行诉讼时，应当向法院提交身份证明书，用以证明自己的身份以及同被代理人之间存在的监护与被监护关系。经法院审查属实并记录备案，诉讼代理权即告成立，代理人便可以进行诉讼代理活动，而无须另外办理诉讼代理手续。

（三）法定诉讼代理人的代理权限

《行政诉讼法》未对法定诉讼代理人的代理权限作任何限制性规定。鉴于他同被代理人之间的特定关系，其法律地位相当于被代理的当事人，承受被代理人所有的全部诉讼权利义务，有权依法处分被代理人的实体权利与诉讼权利，包括承认对方陈述和主张，认可对方证据效力，提出、变更、放弃诉讼请求，请求协调，主动和解，申请撤诉，提起上诉、申诉，申请再审的权利。

法定代理人虽然不是当事人，但法律上确认，法定代理人的意思表示视为当事人意思表示，法定代理人的诉讼行为视为当事人的诉讼行为。

三、委托诉讼代理人

（一）委托诉讼代理人的概念和特征

接受当事人及其法定代理人的委托，代为诉讼行为的人，称为委托诉讼代理人。当事人及其法定代理人有权依自己的意愿来选定委托诉讼代理人，所以委托代理又称意定代理。

委托诉讼代理不同于法定诉讼代理的特征在于：（1）委托代理权的产生是基于当事人及其法定代理人的意思表示。而法定代理权的产生是基于监护或亲权（亲权是亲属法上的身份权，监护是亲属法外的身份权）的特定的身份关系。（2）委托代理的事项和权限，一般由委托方决定。而法定代理则是由法律规定。（3）委托代理应向法院提交由委托人签名或者盖章的授权委托书。而法定代理则是向法院提交法定代理人与被代理人之间的身份关系证明书。

（二）委托诉讼代理人的范围

根据行政诉讼法第29条规定，律师、社会团体、提起诉讼的公民的近亲属或由所在单位推荐的人，以及经人民法院允许的其他公民，可以接受委托而成为诉讼代理人。

1. 我国的律师。律师，是指依法取得律师执业证书，为社会提供法律服务的执业人员。律师事务所是律师的执业机构。我国的律师是社会法律工作者，可以接受委托，担任当事人的委托诉讼代理人。但是，曾担任法官、检察官的律师，从人民法院、人民检察院离任后两年内，不得担任诉讼代理人。律师承办行政案件，由律师事务所统一接受委托，律师事务所应当与委托人签订书面委托合同，明确委托代理事项。律师不得私自接受委托，不得在同一案件中为双方当事人担任代理人。律师事务所应当指派执业律师承办案件，不得指派无执业资格的人员承办，也不得指派实习律师单独承办案件。公民在工伤、请求国家赔偿和请求依法发给抚恤金等方面需要获得律师帮助，但是无力支付律师费用的，可以按照国家规定获得法律援助。律师必须按照国家规定承担法律援助义务，尽职尽责，为受援人提供法律服务。

律师应当在委托人的授权范围内行使代理权，按照行政诉讼法及律师法的规定进行诉讼行为，根据证据证明事实，运用法律法规以及规章，对委托人的具体行政行为是否合法或者委托人的合法权益是否遭受具体行政行为侵害等等实体与诉讼问题的争议，发表代理意见，提请法院作出公正裁决，从而维护当事人的合法权益。律师应当保守在执业活动中知悉的国家秘密和当事人的商业秘密，不得泄露当事人的隐私。律师承办案件不得提供虚假证据，隐瞒事实或者威胁、利诱他人提供虚假证据，隐瞒事实以及妨碍对方当事人合法取得证据。同时，当事人委托的律师还应当遵守《最高人民法院、司法部关于规范法官和律师相互关系维护司法公正的若干规定》（法发（2004）9号），在代理案件之前及其代理过程中，不得向当事人宣称自己与受理案件法院的法官具有亲朋、同学、师生、曾经同事等关系，并不得利用这种关系或者以法律禁止的其他形式干涉或者影响案件的审判；不得借法官或者其近亲属婚丧喜庆事宜馈赠礼品、金钱、有价证券等；不得向法官请客送礼、行贿或者指使、诱导当事人送礼、行贿；不得为法官装修住宅、购买商品或者出资邀请法官进行娱乐、旅游活动；不得为法官报销任何费用；不得向法官出借交通工具、通讯工具或者其他物品；不得假借法官的名义或者以联络、酬谢法官为由，向当事人索取财物或者其他利益。

律师参加行政诉讼活动，依照诉讼法律的规定，可以收集、查阅与本案有关的材料，同被限制人身自由的人会见和通信，出席法庭，参与诉讼，经有关单位或者个人同意后可以向他们调查情况，律师担任诉讼代理人的辩论权利应当依法保障，在执业活动中的人身权利不受侵犯，以及享有诉讼法律规定的其他权利。律师对于法官有违反《最高人民法院、司法部关于规范法官和律师相互关系维护司法公正的若干规定》所规定行为的，可以自行或者通过司法行政部门、律师协会向有关人民法院反映情况，或者署名举报，提出追究违纪法官党纪、政纪或者法律责任的意见。

2. 社会团体推荐的人。社会团体，是指中国公民自愿组成，为实现会员共同意愿，按照其章程开展活动的非营利性社会组织。国家机关以外的组织可以作为单位会员加入社会团体。社会团体，除包括工会、共青团、妇联、科协、侨联、台联、青联、工商联等参加中国人民政治协商会议的人民团体外，还可以根据其性质和任务分为四类：一是学术性社会团体，可分为自然科学类、社会科学类及自然科学与社会科学的交叉科学三种，具体社会团体设立时参照国家制定的学科分类标准确定，一般以学会、研究会命名，比如中国人权研究会、中国法学会等等。二是行业性社会团体，主要是经济性团体，又可分为农业类、工业类和商业类等，具体社会团体设立时依照国家《国民经济行业分类和代码》的分类标准确定，特殊需要按大类或小类设立者必须经过充分论证，一般以协会命名。如中国农业机械化协会、重庆市再生资源行业协会等等。三是专业性社会团体，一般是非经济类的，主要由专业人员组成或以专业技术、专门资金，为从事某项事业而成立的团体，多以协会、基金会命名，如中国红十字总会、宋庆龄基金会、中华全国律师协会等等。四是联合性社会团体，主要是人群的联合体或学术性、行业性、专业性团体的联合体，一般以联合会、联谊会、促进会命名，如中国残疾人联合会、中国书画家联谊会、中国产业发展促进会等等。

社会团体的主要宗旨之一是为本社团会员服务，遇到本社会团体成员有行政诉讼代理之需要及提出了委托意向时，根据《行政诉讼法》规定，社会团体可以为其推荐委托诉讼代理人。如各级工会、妇联都有自己的法律事务部门，工会、妇联法定代表人在征得委托人的同意后，可以指定自己的法律事务部门工作人员或聘请律师作为当事人的委托诉讼代理人。

3. 提起诉讼的公民的所在单位推荐的人。提起诉讼的公民的所在单位推荐的人，经过该公民同意及委托授权的，可以作为其委托诉讼代理人。

4. 提起诉讼的公民的近亲属。提起诉讼的公民的近亲属，可以接受该公民委托，担任其诉讼代理人。

5. 其他公民。除上述人员之外的其他公民，要成为委托代理人，除有当事人委托授权以外，还必须取得人民法院的许可。

6. 行政机关负责法制工作的机构。行政机关（或行政复议机关）成为行政诉讼被告的，由该机关负责法制工作的机构具体办理因不服本机关具体行政行为（或行政复议决定）而提起行政诉讼的应诉事项，充当本机关的委托诉讼代理人。

（三）委托诉讼代理人的人数、委托方式及代理权限

1. 委托诉讼代理人的人数。每一个当事人（及其法定代理人）可以委托 1 至 2 名诉讼代理人。当事人同时委托 2 人代理的，应在授权委托书中分别记明他们各自代理的事项和权限。

2. 委托诉讼代理人的委托方式。向法院提交由委托人签名或者盖章的授权委托书，是受托人取得委托诉讼代理权的法定方式。当事人委托诉讼代理人，应当向人民法院提交由委托人签名或者盖章的授权委托书。委托书应当载明委托事项和具体权限。公民在特殊情况下无法书面委托的，也可以口头委托。口头委托的，人民法院应当核实并记录在卷；被诉机关或者其他有义务协助的机关拒绝人民法院向被限制人身自由的公民核实的，视为委托成立。

当事人解除或者变更委托的，应当书面报告人民法院，由人民法院通知其他当事人。

为保证侨居国外的中国公民委托诉讼代理人行为的真实性，更好地保护当事人的合法权益，侨居在国外的中华人民共和国公民从国外寄交或者托交的授权委托书，必须经中华人民共和国驻该国使领馆证明，没有使领馆的，由与中华人民共和国有外交关系的第三国驻该国使领馆证明，再转由中华人民共和国驻该第三国使领馆证明，或者由当地爱国华侨团体证明。如，中国公民某甲侨居美国，委托某乙作为他的诉讼代理人在我国人民法院提起行政诉讼，其对乙的授权委托书，必须经我国驻美国大使馆或领事馆证明，未经使领馆证明的授权委托书，人民法院不予承认，其委托的诉讼代理人也不能代为任何诉讼行为。

授权委托书作为受托人取得委托诉讼代理权的凭证，人民法院应当认真进行审查。授权委托书经人民法院审查认可后，受托人即取得了诉讼代理权，成为诉讼代理人，可以开始诉讼代理活动。

3. 委托诉讼代理人的代理权限。在授权委托书只写明“一般授权”或“全权代理”的情况下，委托诉讼代理人只能代为进行一般性的诉讼活动；只有在写明“特别授权”及其具体内容的情况下，才能代为处分当事人实体权利及提出上诉、申请再审等当事人的重大诉讼权利。委托诉讼代理人只能在当事人授权的范围内进行诉讼活动，超出授权范围所实施的诉讼行为非经被代理人追认，不得对被代理人发生效力。

根据行政诉讼法第 30 条规定，代理诉讼的律师：（1）可以依照规定查阅本案有关材料。有关材料，一般指法庭审理过程中所有的证据材料、庭审笔录，以及起诉状、答辩状、代理意见书等在法庭审理中涉及的材料。至于有关材料的具体范围以及查阅的办法，由最高人民法院规定。（2）可以向有关组织和公民调查，收集证据。对涉及国家秘密和个人隐私的材

料，应当依照法律规定保密。有关单位和个人对代理诉讼的律师调查取证的工作应当支持。

根据行政诉讼法第 30 条规定，经人民法院许可，当事人和其他诉讼代理人可以查阅本案庭审材料，但涉及国家秘密和个人隐私的除外。

三、指定诉讼代理人

（一）指定诉讼代理人的概念

人民法院为无诉讼行为能力的当事人指定诉讼代理人代为诉讼，称为指定诉讼代理。被人民法院指定代理无诉讼行为能力的人为诉讼行为的人称指定诉讼代理人。

（二）指定诉讼代理人的情况

指定诉讼代理人是专为参加诉讼的当事人中的无诉讼行为能力人而设置的。它包括以下两种情况：

1. 指定法定诉讼代理人。

为保护无诉讼行为能力人的合法权益，法律不仅赋予法定代理人代为诉讼的权利，同时也要求他承担代理诉讼的义务。因此，行政诉讼法第 28 条明确规定，无诉讼行为能力人的几个法定代理人互相推诿责任的，由人民法院指定其中一人代为诉讼。被指定的法定代理人，必须承担代理无诉讼行为能力人进行诉讼行为的义务。

2. 指定法定诉讼代理人之外的诉讼代理人。

在一般情况下，无诉讼行为能力人应由其法定代理人代为诉讼。但在已开始的诉讼活动中，无诉讼行为能力人的法定代理人死亡或丧失行为能力时，人民法院就应为其指定法定代理人之外的诉讼代理人，以维护无诉讼行为能力人的实体权益和诉讼利益。

指定代理权产生的依据是基于受诉法院的指定。人民法院通过指定，赋予一个同被代理人既无身份关系又无授权的公民以诉讼代理权。

（三）指定诉讼代理人的代理权限

行政诉讼中的指定代理人，其权限根据人民法院的指定而定：（1）人民法院指定的指定代理人为无诉讼行为能力人的法定代理人其中一人的，其代理权限与法定代理人代理权限一致。（2）人民法院指定的指定代理人为无诉讼行为能力人法定代理人以外的诉讼代理人的，其代理权限应根据人民法院的指定的代理权范围确定。

第十章 行政诉讼证据制度

行政诉讼证据制度，是指有关行政诉讼领域内的证据种类形式和取证、举证、质证、认证等的法律规范的总和。目前，《行政诉讼法》“第五章 证据”的规定，以及最高人民法院《关于执行〈中华人民共和国行政诉讼法〉若干问题的解释》（1999 年 11 月 24 日最高人民法院审判委员会第 1088 次会议通过）法释〔2000〕8 号，《关于行政诉讼证据若干问题的规定》（2002 年 6 月 4 日最高人民法院审判委员会第 1224 次会议通过）法释［2002］21 号等审判解释文件有关证据的规定构成我国行政诉讼证据制度的法律渊源。

第一节 行政诉讼证据的概念

一、行政诉讼证据的含义与特征

（一）行政诉讼证据的含义

证据，顾名思义是证明的根据。诉讼证据，就是用于证明诉讼的事实及其判断的根据。在我国，进行行政诉讼（以及其他诉讼），是以事实为根据，以法律为准绳。无论原告人起诉，被告人答辩反驳，人民法院判决裁定，都离不开事实，而事实又离不开证据；只有在事实清楚、证据确凿的基础上，才能保证正确适用法律，达到诉讼目的。可见，证据对于行政诉讼具有极重要的意义。

目前在法学界对于行政诉讼证据，并无统一的定义。我们认为，行政诉讼证据，是指法律规定的能够用于证明行政诉讼案件真实情况的一切事实。换言之，凡是符合法律规定，能够直接或间接地证明当事人所争议的行政法律关系存在或不存在，被诉具体行政行为合法或不合法，显失公正或比较适当，以及它们的产生、发展和变更过程的所有客观事实都是行政诉讼证据。

（二）行政诉讼证据的特征

1. 客观性，即必须是客观存在的事实。

作为行政诉讼证据应当是与行政案件的真实情况具有同一性的事实，即应当是当事人之间的行政法律关系产生、变更、争议事项及其后果等真实情况的客观反映。凡是推测、假定、想象的情况，或者伪造、虚构的材料都不能作为证据。

客观性是真实性的同位语，因为只有客观存在的才是真实存在的，真实存在的就是客观存在的。证据的客观性与证据真实性无法分割，可合称为证据的客观真实性，这是证据证明效力的根基所在。

2. 关联性，即必须是与行政案件有关联的事实。

行政诉讼证据不仅是客观存在的不依人的意志为转移的事实，而且这种事实还应当与需要查清证明的行政争议的事项有联系。与行政案件无关联的事实，无从证明被诉具体行政行为合法性是否存在或者公民、法人、其他组织合法权益是否遭受损害以及案件其他情节的真伪虚实，故没有证明作用，不能成为行政诉讼证据。

3. 合法性，即必须是法律所许可的事实。

作为行政诉讼证据的事实，应当符合法律的规定，得到法律的许可。这表现为以下两点：

(1) 必须是具备法律所要求的特定形式的证据。这包括两方面：①作为行政诉讼证据的客观事实，必须具有行政诉讼法第31条所要求的法定证据种类形式。即：客观事实须以书证、物证、证人证言、视听资料、鉴定结论、当事人陈述、勘验笔录、现场笔录等八种法定证据之一的形式进入行政诉讼领域。如果没有法定的行政诉讼证据种类形式之外貌，即使是客观事实，也难以进入行政诉讼领域而成其为证据。因此，行政诉讼证据，必须是具备法定的行政诉讼证据种类形式之一的客观事实。②作为行政诉讼证据的客观事实，有时不仅是必须具备行政诉讼法规定的证据种类形式，而且还必须是行政法律规范文件所要求的特定形式的证据。行政机关在行政执法过程中产生的书证、现场笔录等证据，往往因其与被诉具体行政行为所具有的要式行为特色相关联且同体而要求必须具备行政法律规范文件所规定的特定形式。例如，某个体食品经营户不服被告工商行政机关以无证照经营为由对其罚款而起诉，他提出证明自己合法经营的证据应当是政府餐饮服务监管部门在行政许可执法过程中统一印发的《餐饮服务许可证》(或政府卫生监管部门统一印发的《食品卫生许可证》[①])，国家工商行政管理局统一印发的《营业执照》的正本或副本，或者省级工商行政管理局统一印制的《临时营业执照》等。这些特定形式的书证，是《关于贯彻落实〈中华人民共和国食品安全法实施条例〉做好餐饮服务食品安全监管工作的通知》(国食药监食［2009］389号)、《城乡个体工商户管理暂行条例》及其《实施细则》以及《国家工商行政管理局关于使用新营业执照的通知》等行政法律规范性文件所规定的。又如，根据《治安管理处罚法》第101、106条规定，公安机关对违反治安管理的人当场作出治安管理处罚决定的，人民警察应当向违反治安管理行为人出示工作证件，并填写《处罚决定书》。《处罚决定书》应当载明被处罚人的姓名、违法行为、处罚依据、罚款数额、时间、地点以及公安机关名称，并由经办的人民警察签名或者盖章。《处罚决定书》应当当场交付被处罚人；有被侵害人的，并将决定书副本抄送被侵害人。人民警察当场收缴罚款的，应当向被处罚人出具省、自治区、直辖市人民政府财政部门统一制发的罚款收据；不出具统一制发的罚款收据的，被处罚人有权拒绝缴纳罚款。当发生治安管理罚款纠纷诉至法院时，证明该行政处罚行为存在的，应当是《处罚决定书》、省级政府财政部门统一制发的罚款收据等具有特定格式的证据。

(2) 必须是符合法律(行政诉讼法律或行政法律规范性文件)所规定的程序要求和手段方法收集调查的证据。具言之：①一切采取非法(即以违反法律禁止性规定或者侵犯他人合法权益)的方法取得的，即便是具有客观性和关联性的事实，也不能作为证据使用。②凡是不符合法定的程序要求收集、调查的，即便是具有客观性和关联性的事实，也不能作为证据使用。比如，被告在作出被诉反补贴行政行为时没有记入案卷的事实材料，不能作为认定该

① 2009年2月出台自2009年6月1日起实施的《食品安全法》确立了我国的食品安全分段监管体制，政府卫生、农业、质检、工商和食品药品监管部门各司其职，分别负责对食品生产环节、食品流通环节和餐饮服务环节的监管。根据《国务院办公厅关于印发食品安全整顿工作方案的通知》(国办发［2009］8号)规定，各级政府的农业部门负责农产品生产环节质量安全的监管，对生产中或者市场上销售的农产品进行监督抽查。质检部门负责食品生产加工环节和进出口食品质量安全的监管。工商部门负责流通环节食品质量安全的监管。食品药品监管部门负责餐饮业、食堂等消费环节食品安全和保健食品的监管。商务部门负责畜禽屠宰环节整顿。卫生、质检部门负责食品安全标准和检验检测体系建设。工业和信息化部门负责推进食品生产企业诚信体系建设。发展改革、财政部门负责加强食品安全监测能力建设。卫生部门要加强对食品安全整顿工作的综合协调，形成整顿工作合力。根据《食品安全法》，由食品药品监管部门取代卫生监督部门，对餐饮服务环节进行监管，并正式启用《餐饮服务许可证》，取代已沿用了几十年的《食品卫生许可证》。自2009年6月1日起，对餐饮服务经营者申请新发、变更、延续、补发许可证的，各级餐饮服务监管部门按照《食品安全法》的要求，核发《餐饮服务许可证》。餐饮服务经营者在2009年6月1日前已经取得《食品卫生许可证》的，该许可证在有效期内继续有效，有效期届满，按规定换发《餐饮服务许可证》。

行为合法的根据。没有经过法庭质证的（但特别规定免予质证者除外）证据，被告人违反规定在诉讼期间自行向原告人或者证人收集调查的证据，当事人在诉讼过程中自行将专门性问题交付非法定或者非法院指定的鉴定部门鉴定而获取的鉴定结论，都不应作为定案的根据。

上述三大特征紧密联系，缺一不可。否则，将会丧失行政诉讼证据的特征及证明力，难以为证。

二、行政诉讼证据与刑事、民事诉讼证据的区别

我国当前已有三大诉讼证据制度分别运行在行政、刑事、民事三大诉讼领域之中。就共同方面而言，行政诉讼证据与刑事、民事诉讼证据都是具有客观性、相关性、合法性的属性。三大诉讼证据都必须根据实事求是原则进行审查、判断、运用。

但是，由于三大诉讼证据服务的诉讼领域各有不同的诉讼任务和目的，因而在证据的表现形式及其具体运用上又各有不同的地方。

（一）证明对象有所不同

在行政诉讼中，主要目的是审查行政机关具体行政行为的合法性。因此，行政诉讼证据主要是用以证明行政机关的具体行政行为合法与否，而不仅仅限于证明该具体行政行为有无事实根据。在民事诉讼中，主要目的是查明当事人间的权利义务，因此，民事诉讼证据主要是证明当事人主张事实有无根据。刑事诉讼中，主要目的是查明犯罪事实、正确适用刑罚，因此，刑事诉讼证据主要是证明犯罪事实有无以及量刑情节确定有无根据。

（二）证据种类有所不同

由于所服务的诉讼领域不同，行政诉讼法规定的证据种类也不同于刑事、民事诉讼证据的种类。行政诉讼当事人一方的行政机关制作的能够证明行政管理法律关系过程的现场笔录，作为一种独立的证据形态而与法院制作的勘验笔录相并列。这有助于尽快全面查明具体行政行为的合法性，完成行政诉讼任务和维护国家行政活动的应有权威。而在民事诉讼法中，并未将某一方当事人制作的现场记录规定为与法院的勘验笔录相并列的一种独立证据形态。刑事诉讼证据种类所特有的犯罪嫌疑人、被告人供述和辩解，被害人陈述等，也不可能成为行政诉讼证据种类。

（三）举证责任有所不同

由于在实体法律关系中当事人双方的地位不同，因而行政诉讼的举证责任也不同刑事、民事诉讼的举证责任。在行政诉讼中充当被告的行政机关，在行政法律关系中居于行政主体地位，依职权直接作出具有效力的各种具体行政行为，而在行政诉讼中充当原告的公民、法人或其他组织，在这一行政法律关系中则居于相对人地位，负有义务接受行政机关的管理。两者地位不对等，因此决定了在以解决具体行政行为是否合法为中心目的的行政诉讼中，被告行政机关须承担举证责任。民事诉讼双方当事人，在民事法律关系中均居平等的民事主体地位，由此决定在解决民事权利义务纠纷的民事诉讼中，双方举证责任对等，谁主张谁就举证。在刑事诉讼中实行无罪推定，决定了必须由控诉方（公诉机关、自诉人等）负责举证证明被告人有罪并足以推翻无罪推定才能追究刑事责任，被告人不承担证明自己无罪的责任（除《刑法》特别规定的巨额财产来源不明案件外）。

（四）当事人收集调查证据的权利有所不同

从当事人收集调查证据方面看，行政诉讼证据制度也不同于刑事、民事诉讼证据制度。行政诉讼过程中，作为被告的行政机关及其诉讼代理人不得自行向原告、证人收集调查。而在民事诉讼中，当事人双方及其诉讼代理人在诉讼期间可以不受限制地向证人取证，在法律

规定的范围内自由补证。刑事诉讼中，犯罪嫌疑人、被告人的辩护律师经证人或者其他有关单位和个人同意，可以向他们收集与本案有关的材料，也可以申请人民检察院、人民法院收集、调取证据，或者申请人民法院通知证人出庭作证。辩护律师经人民检察院或者人民法院许可，并且经被害人或者其近亲属、被害人提供的证人同意，可以向他们收集与本案有关的材料。人民检察院、人民法院认为确有必要的，应当准许，并签发准许调查书。

第二节 行政诉讼证据的种类

我国《行政诉讼法》将能够成为行政诉讼证据，证明行政案件客观真实情况和各种事实的材料，按其客观形式、特点而划分的类别，就是行政诉讼证据的种类。根据该法第 31 条共规定八种行政诉讼证据：书证、物证、视听资料、证人证言、当事人的陈述、鉴定结论、勘验笔录、现场笔录。

一、书证

书证，是指以文字、符号、图案所记录或表示的内容，来证明案件事实的各种书面材料。比如各种许可证照、批准书、申请书、文件、裁决书、罚款通知单、收据、函电等等。

在行政诉讼中，书证是最常见、最普遍的证明材料。这是因为，行政争议系由具体行政行为而引起，大量的具体行政行为在导致诸多的行政法律关系发生、变更、消灭的过程中都以书面形式表示，或确定权利义务关系，或记载权利义务关系的争执。因此，大量收集书证，运用书证，在行政诉讼中实不可轻视。

（一）书证的分类

书证可以根据不同标准再分类：

（1）根据制作主体的不同，分为公文书证和非公文书证。前者指国家机关、企事业单位、社会团体所制作的书面材料，如文件、公函、证明、许可证、执照等等；后者指公民个人制作的书面材料，如私人的书信、电函、申请报告等。

（2）根据制作过程的不同，分为原本、正本、副本、节录本、复印本、译本。最初确定意思表示而做成的文书为原本；依原本抄缮的为缮本；对外与原本具有同一法律效力的缮本为正本；将正本抄送给有关单位或个人的文书为副本，副本在内容、效力上与正本相同。复印而成的文书为复印本；将文书节录一部分的为节录本；提交外文书证须附送中文译本。

（3）根据制作形式不同，分为普通书证和特别书证。前者是法律不要求具备特定的形式和一定手续，只要意思表示的内容确定即可。如公民申请公安机关解救其被拐骗亲属的申请书；后者是法律规定须具备一定法定形式的书证，如经过一定登记机关注册登记的牌号、商标，罚款裁决书和收据等。

在一般情况下，书证的内容往往体现当事人的真实意思，是案件客观情况的记载和反映。不论存在时间长短，只要其文书内容能辨别出来，都具有相应的证明力。

（二）书证的提供规则

1. 据行政诉讼法第 31 条第 1 款第 1 项的规定，当事人向人民法院提供书证的，应当符合下列要求：（1）提供书证的原件，原本、正本和副本均属于书证的原件。提供原件确有困难的，可以提供与原件核对无误的复印件、照片、节录本；（2）提供由有关部门保管的书证原件的复制件、影印件或者抄录件的，应当注明出处，经该部门核对无异后加盖其印章；（3）提供报表、图纸、会计账册、专业技术资料、科技文献等书证的，应当附有说明材料；（4）被告提供的被诉具体行政行为所依据的询问、陈述、谈话类笔录，应当有行政执法人员、被询问人、陈述人、谈话人签名或者盖章。

法律、法规、审判解释和规章对书证的制作形式另有规定的，从其规定。

2. 当事人向人民法院提供外文书证的，应当附有由具有翻译资质的机构翻译的或者其他翻译准确的中文译本，由翻译机构盖章或者翻译人员签名。

当事人未附送中文译文的，视为未提交该外文书证。

3. 对书证进行质证时，当事人应当出示证据的原件。但有下列情况之一的除外：①出示原件确有困难并经法庭准许可以出示复制件；②原件已不存在，可以出示证明复制件与原件一致的其他证据。

（三）书证的效力

各种书证，不论是由行政机关、法人或其他组织，还是由公民提供，法庭都要进行审查，当事人都要进行质证，应当辨别真伪，审查确定其证明效力。

1. 无法与原件核对的书证复制件，不能单独作为定案依据。

2. 当事人无正当理由拒不提供书证原件，又无其他证据印证，且对方当事人不予认可的书证复制件，不能作为定案依据。

3. 就数个书证对同一事实的证明效力，人民法院可以依照国家机关以及其他职能部门依职权制作的公文文书一般优于其他书证，档案材料以及经过公证或者登记的书证一般优于其他书证，书证原件优于书证复制件的原则认定。

二、物证

所谓物证，是指以其外部形状、质量、特征、规格等来证明案件事实的各种物品。比如假药、劣质彩电、违章建筑物、被污染水域、被走私文物，等等。

物证的主要特点是：物证不带有任何思想内容，是不依赖任何人的主观意志而客观独立存在的物品。这里，有必要注意物证与书证的区别和联系。

（一）物证与书证的区别和联系

物证与书证，就其实体形态而言都是物质材料，但两者又有明显的区别：

1. 书证是以记载（通过人的主观意思表示而形成）在物质材料上的文字、符号、图像表达的内容来证明案情，而物证则是不具有思想内容，仅是以其具有的形态、规格、质量、特征等外在的物质表现来证明案情。

2. 法律对某些书证规定特殊要求，对物证则无特殊要求。如果特定形式的书证不具有法定的形式（如营业执照不合法定形式）就不发生效力，而对物证就没有这些要求。

3. 书证是当事人意思表示的反映，是人的主观意志的体现，脱离其思想内容便无以为证，而物证则不具任何主观意志，只要其客观存在便得以为证。

由于有以上区别，故法律将物证与书证列为两类独立的证据，但在某些情况下，物证与书证是联系在一起，由同一物质材料为其实体。这就是某一物品的客观存在以及记载其内的思想内容，均与案件发生联系，能够证明案情的情况。在此情况下，该物品一身兼二任，既可作物证，又可作书证。比如，走私黄色书报被查处，该书报以其客观存在的形态（即物质实体）为走私物证，同时又以记载其内的思想内容（即淫秽文字、画图）为“黄货”书证。又比如，对于伪造的文件、营业额报表等等，就其以物质实体上的特征如伪造的字迹、章印、涂改的数字等为证而言它是物证，就其以所记载即伪造的内容为证而言它是书证。

（二）物证的提供规则

根据行政诉讼法第31条第1款第2项的规定，当事人向人民法院提供物证的，应当符合下列要求：

（1）提供原物。提供原物确有困难的，可以提供与原物核对无误的复制件或者证明该物证的照片、录像等其他证据；

（2）原物为数量较多的种类物的，提供其中的一部分；

（3）对物证进行质证时，当事人应当出示证据的原物。但有下列情况之一的除外：①出示原物确有困难并经法庭准许可以出示复制品；②原物已不存在，可以出示证明复制品与原物一致的其他证据。

（三）物证的效力

在审判解释中对于物证效力的适用规则是：

1. 无法与原物核对的物证复制品，不能单独作为认定案件事实的依据。

2. 证明同一事实的数个物证，其证明效力一般可以按照物证原物优于物证复制品认定。

3. 当事人无正当理由拒不提供物证的原物，又无其他证据印证，且对方当事人不予认可的物证复制品，不能作为定案依据。

三、视听资料

视听资料，指的是利用录音或录像磁带等反映出来的声音、形象，或者电脑所储存的数据资料，以及其他信息获取、保存手段记载反映出来的资料来证明案情的证据。比如，相对人提供的有关其申请保护财产权的请求遭到负有法定职责的政府主管部门负责人员拒绝的现场交涉录音资料；行政机关对违法相对人的财物实施查封全过程的录像带，电脑储存的有关确认专利发明的资料；设置在重要地点（如机场等）的电视安全监测器观察监测所贮存的数据和资料等。

（一）视听资料的形态

视听资料是随着现代化科技发展和普及而产生的新一类诉讼证据，在我国由《民事诉讼法（试行）》首次予以规定。行政管理向科学化的发展和完善，决定了视听资料也将在行政诉讼中发挥其应有作用，故《行政诉讼法》亦将视听资料列为一类独立证据。

视听资料，以获取其的科技手段不同为根据，可以分为三种形态：

1. 录音、录像资料。这是借助录音机、录像机如实录制保留、生动演示出来的能够证明案件真实情况的各种音响、形象资料。这种形态的视听资料，能使听（观）众身临其境，给听众以形象、生动、直接、真实的感觉，使人们借助于丰富的感性认识来作出理性上的判断。

2. 电子计算机储存的数据。如“电脑档案中心”用电子计算机上的大型数据库和自动检索程序对有关行政管理活动的信息材料进行搜集、整理、汇编、分类、编目、贮存后，在需要使用于证明案件事实时，通过电子传输系统提取出来的中心数据库的贮存资料。这种形成的视听资料，能够节省办案调查取证的工作时间，提高翻查资料的工作效率。

3. 运用现代高精尖技术得到的信息资料。这是通过体现高科技技术的精密仪器和检测装置的搜寻、鉴别所获得的信息资料。在一般的化学分析、物理试验或生物化验的方法所不能完全解决问题的一些技术性很强的特殊疑难案件中，往往需要运用现代技术得到信息资料，认定案情事实。比如不服对放射性元素引起的环境污染给予行政处罚的环保行政案件，若无电子精密仪器和辐射检测装置提供的信息资料，就不能正确认定案情事实。

（二）视听资料的优点

视听资料，本质上是一种高科技证据、科学信息证据。具有以下优点：

1. 时代先进性。视听资料是先进生产力在诉讼领域中的代表者。视听资料拥有新颖的内容，特殊的表现形式，高度的技术要求，需要有精密的技术设备和熟练的操作技能知识。它反映了时代发展，科学技术这个“第一生产力”的进步。在非信息革命时代，不可能产生视听资料这种新型证据。

2. 信息容量大。视听资料由于借助各种现代科技手段而产生，故具有“眼观六路，耳听八方”，既全面宏观，又细微透视地记载、促使、演示、反映有关案件事实系统信息的功能。比如，用于解决确认发明专利争议的电脑储存资料，在一个软盘上就能够容纳全世界对一发明专利的申请、受理、审批等情况的全部信息。视听资料所具有的信息容量大的优点，是其他证据所不可比拟的。

3. 使用方便。随着现代科技商品化速度加快，视听资料作为技术精、性能好、体积小、重量轻、便操作的日常及工业用品，被广泛运用在社会生活各个领域。“办公用品现代化”、“家庭生活电器化”的发展，使用视听资料进行行政管理、记载行政纠纷、角逐行政诉讼，无论对行政机关或者相对人而言，都已不是极难之事。由于视听资料在收集、调取、保管和聘请上的极为方便，也使得作为行政诉讼主持指挥者的人民法院可以避免诸如人证藏匿、知情不述、所证不全、虚实难断的困扰，顺畅行使行政审判权。

4. 直观生动、准确可靠。在行政法律关系发生、变更、消灭以及争议过程中，视听资料可作为以形象、音像反映或者通过电脑设备等储存的资料、数据证明一定的法律行为和法律事实、争议状况的一种重要手段。视听资料将反映案件客观情况的材料、信息固定和保存下来，使在行政管理过程中发生过的，而在行政诉讼中需要查明的事实，真实而又准确地显现出来。与其他证据比较，视听资料能够更直观、更逼真地再现案件事实的原始状态，具有较大的准确性和可靠性。它不仅能够反映案件的事实经过，而且能够将当时的地理环境、人物表现、声音、语调、动作姿态等，绘声绘色地再现出来。比如说，录音播放出来，既能以连续音响所表现的内容证明案件事实，同时又能以音调、语音等证实说话人。录像的播映，既能以连续图像反映人的行为过程，又能再现行为人与周围的人和物的联系，以及行为当时的情景，尤其是图音并茂者，更为生动真切。

（三）视听资料与其他证据的区别

视听资料作为新一类证据，其独立地位还表现在视听资料与其他证据的区别之处。

1. 视听资料不同于书证。仅就从其思想内容来证明案情事实而言，视听资料与书证极为类同。故在国外如英美国家证据法中将视听资料规定在书证之中，国内法学界也有认为书证应包括视听资料。但是，视听资料在记录方式和记录内容方面不同于书证；其思想内容并非所载内容的全部，与思想内容相关联的行为人的音调、声音，行为人与现场环境、气氛的联系，现实情景等等，也都可以作为证明案情事实的证据。

2. 视听资料不同于物证。仅就以其录制的形象的存在及其特征、形状来证明案情事实而言，视听资料亦类同于物证（复制图片）。但是，视听资料不仅录制形象，而且还录制形象的连续动态、音响或相关环境情景，在证明时，既可以静态又可以动态地反映出录制形象及其特征、形状，而物证（复制图片）是无法以动态反映为证的。

3. 视听资料不同于鉴定结论。仅就借助科技专门设备与手段而言，视听资料与鉴定结论极其类似。但是，视听资料并非像鉴定结论那样只限于案件专门性问题的解决，它也解决非专门性问题；并且不像鉴定结论的产生须依靠鉴定人的专门知识，任何人只需要有使用有关产生视听资料的科技设备的常识即可（比如懂得使用录音笔、数码摄像机就可以获取到有关的录音录像资料，而不必具备录音笔、数码摄像机生产修理的专门知识）获取有关的视听资料，而且其准确可靠性亦非因人而异。

至于视听资料不类同于证人证言、当事人陈述、勘验笔录、现场笔录，更是显而易见不必赘述。

（四）视听资料的提供规则

根据行政诉讼法第 31 条第 1 款第 3 项的规定，当事人向人民法院提供计算机数据或者录音、录像等视听资料的，应当符合下列要求：

1. 提供有关资料的原始载体。提供原始载体确有困难的，可以提供复制件。

2. 注明制作方法、制作时间、制作人和证明对象等。

3. 声音资料应当附有该声音内容的文字记录。

4. 当事人向人民法院提供外国语视听资料的，应当附有由具有翻译资质的机构翻译的或者其他翻译准确的中文译本，由翻译机构盖章或者翻译人员签名。

当事人不提供中文译本的，视为没有提供该外国语视听资料。

5. 对视听资料进行质证时，当事人应当出示视听资料的原件。但有下列情况之一的除外：（1）出示视听资料原件确有困难并经法庭准许可以出示视听资料复制件；（2）原件已不存在，可以出示证明视听资料复制件与视听资料原件一致的其他证据。

6. 视听资料应当当庭播放或者显示，并由当事人进行质证。对涉及国家秘密或个人隐私的视听资料，法庭播放时应当注意保密事项。

（五）视听资料的效力

难以识别是否经过修改的视听资料，无法与原件核对的视听资料复制件，不能单独作为定案依据。

就视听资料和其他证据等数个证据证明同一事实的证明效力，其认定规则是：（1）视听资料的证明效力一般不优于鉴定结论、现场笔录、勘验笔录、档案材料以及经过公证或者登记的书证。（2）视听资料原件证明效力一般优于视听资料复制件以及其他传来证据。

以有形载体固定或显示的电子数据交换、电子邮件以及其他数据资料，其制作情况和真实性经对方当事人确认，或者以公证等其他有效方式予以证明的，与原件具有同等证明效力。

四、证人证言

证人证言，是指证人向人民法院所作的有关案件事实情况的口头或书面的陈述。

（一）证人的资格条件

证人，就是除当事人之外的知道案件情况，且其身心条件许可（如能够正常表达意思，神志清醒），并被人民法院许可作证的人。

作证是当事人外的知情者的法律义务，法律对作证条件并无严格限制。只要能正常表达意思并且感知所发生的案件事实的，不分男女老幼，不论与当事人有无利害关系，都可作为证人。任何了解案情的公民（除当事人外），都应认真按照人民法院的传唤出庭作证，出庭确有困难，经法院许可，可将所知道案情的陈述以书面形式交送法院。

对于在涉外行政案件中，需要外国人作证的，应注意其是否属应免除作证义务的人员（政府首脑、国家元首、外交官员及其配偶和未成年子女等），以遵循国际上的外交礼遇。

对于生理上有某种缺陷，但此缺陷并不妨碍正常感知和表达案件有关情况的人仍可为证人。如聋人虽聋但不妨碍其以目观察、以口或手表达所知案情；盲人虽瞎却能以其亲耳听闻之声音情事为证。

对于未成年人，应根据其精神状态、心理、智力发育过程，以及待证案情的难易程度，具体确定其是否能作证。

对证人作证的限制性要求是：不能正确表达意志的人不能作证。当事人对证人正常意识有疑义的，人民法院根据当事人申请，可以就证人能否正确表达意志进行审查或者交由有关部门鉴定。必要时，人民法院也可以依职权交由有关部门鉴定。

（二）证人的责任和权利

证人作为一种独立的诉讼参与人，具有不可替代性，他应当根据法院作证通知按时出庭作证或者提交书面证言，凭借自己对案情事实的感知作据实陈述，不得委托他人代为作证。证人如果故意虚假陈述或故意隐瞒、夸大、缩小事实作伪证的，依照行政诉讼法第 49 条第 1 款第（二）项的规定追究其法律责任。

当然，证人在履行作证义务时，亦应享有自己的权利，有权使用本民族或者当地通用的语言文字陈述；对询问笔录有权要求核对和补漏正误；证人因出庭作证或者接受询问而支出的合理费用，由提供证人的一方当事人先行支付，由败诉一方当事人承担。证人及其近亲属的人身和财产安全受法律保护。人民法院应当对证人的住址和联系方式予以保密。诉讼参与人或者其他人有对证人及其近亲属实施威胁、侮辱、殴打、骚扰或者打击报复等妨碍行政诉讼行为的，依照行政诉讼法第 49 条第 1 款第（三）项、第（六）项的规定追究其法律责任。这样才能有利于证人积极主动、客观如实地作证。

（二）证人应当出庭作证

1. 作证是公民的法律义务，凡是知道案件事实的人，都有出庭作证的义务。

有下列情形之一，原告或者第三人可以要求相关行政执法人员作为证人出庭作证：（1）对现场笔录的合法性或者真实性有异议的；（2）对扣押财产的品种或者数量有异议的；（3）对检验的物品取样或者保管有异议的；（4）对行政执法人员的身份的合法性有异议的；（5）需要出庭作证的其他情形。

2. 当事人申请证人（包括要求相关行政执法人员作为证人）出庭作证的，应当在举证期限届满前提出，并经人民法院许可。人民法院准许证人出庭作证的，应当在开庭审理前送达申请人《准许证人出庭作证通知书》，但有关证人出庭作证的申请，应当记入证据目录或证据收据。同时，送达证人《证人出庭作证通知书》通知证人出庭作证。人民法院不予准许的，应当在开庭审理前送达当事人《不予准许证人出庭作证通知书》。

当事人在庭审过程中要求证人出庭作证的，法庭可以根据审理案件的具体情况，决定是否准许以及是否延期审理。法庭准许的，应当送达当事人《准许证人出庭作证通知书》，并送达证人《证人出庭作证通知书》通知证人出庭作证，证人不能在开庭期日到庭作证的，应当决定延期审理。法庭不予准许的，应当送达申请人《不予准许证人出庭作证通知书》，通知书的内容，审判人员可口头告知申请人，并记入笔录，由当事人或者代理人签字。

3. 证人出庭作证时，应当出示证明其身份的证件。法庭应当告知其诚实作证的法律义务和作伪证的法律责任。

出庭作证的证人不得旁听案件的审理。法庭询问证人时，其他证人不得在场，但组织证人对质的除外。

4. 证人应当陈述其亲历的具体事实。证人根据其经历所作的判断、推测或者评论，不能作为定案的依据。

（三）证人书面证言的提交规则

1. 证人书面证言的提交情形

有下列情形之一的，经人民法院准许，当事人可以提交书面证言：（1）当事人在行政程序或者庭前证据交换中对证人证言无异议的；（2）证人因年迈体弱或者行动不便无法出庭的；（3）证人因路途遥远、交通不便无法出庭的；（4）证人因自然灾害等不可抗力或者其他意外事件无法出庭的；（5）证人因其他特殊原因确实无法出庭的。

不属于上述情形的证人，应当出庭履行作证义务。

2. 证人书面证言的提交要求

根据行政诉讼法第 31 条第 1 款第 4 项的规定，当事人向人民法院提供证人证言的，应当符合下列要求：（1）写明证人的姓名、年龄、性别、职业、住址等基本情况；（2）有证人的签名，不能签名的，应当以盖章等方式证明；（3）注明出具日期；（4）附有居民身份证复印件等证明证人身份的文件。

（四）证人证言的效力

不能正确表达意志的证人提供的证言，以及被告及其诉讼代理人在诉讼过程中自行向证人收集的证据，不得作为定案依据。

就证人证言与证人证言或与非证人证言等数个证据证明同一事实的，其证明效力的认定规则是：（1）证人证言证明效力一般不优于鉴定结论、现场笔录、勘验笔录、档案材料以及经过公证或者登记的书证；（2）其他证人证言证明效力一般优于与当事人有亲属关系或者其他密切关系的证人提供的对该当事人有利的证言；（3）出庭作证的证人证言证明效力一般优于未出庭作证的证人证言。

未成年人所作的与其年龄和智力状况不相适应的证言，与一方当事人有亲属关系或者其他密切关系的证人所作的对该当事人有利的证言，与一方当事人有不利关系的证人所作的对该当事人不利的证言，以及应当出庭作证而无正当理由不出庭作证的证人证言，都不能单独作为定案依据。

五、当事人陈述

当事人的陈述，是指行政诉讼中，当事人就自己所了解的案件的有关情况，向法院所作的陈述。包括：叙述、认可、否认。当事人陈述，是行政诉讼中普遍存在的证据。

（一）当事人陈述具有两重性

一方面，当事人双方都同为所争议的行政法律关系的当事人，对行政法律关系发生、变更、消灭以及争议的事实和过程，比之其他一切诉讼参与人而言都知道得更清楚、更全面、更真实，因此，只要当事人如实陈述，案件情况便易全面查明；另一方面，当事人双方又是在诉讼中互相对峙的，与案件的处理结局有着直接利害关系的人，因而比之证人、鉴定人等而言，他们的陈述又可能存在一定的虚假性或片面性。

因此，对于当事人陈述，既要看到其具有的证明价值，不可一概否定；又要看到其片面或虚假的可能性，不可盲从肯定。只有符合案情事实的当事人陈述，才能用为定案证据。

（二）当事人的承认性陈述的效力

当事人一方就他方所陈述的，并且于己方不利的案件情况或提供的证据表示认可，将导致对己方不利而对他方有利的法律后果：

1. 在庭审中一方当事人或者其代理人在代理权限范围内对另一方当事人陈述的案件事实明确表示认可的，人民法院可以对该事实予以认定。但有相反证据足以推翻的除外。

2. 在不受外力影响的情况下，一方当事人提供的证据，对方当事人明确表示认可的，可以认定该证据的证明效力；对方当事人予以否认，但不能提供充分的证据进行反驳的，可以综合全案情况审查认定该证据的证明效力。经一方当事人或者他人改动，对方当事人不予认可的证据材料，不能单独作为定案依据。

3. 当事人在庭前证据交换过程中没有争议并记录在卷的证据，经审判人员在庭审中说明后，可以作为认定案件事实的依据。

4. 在行政赔偿诉讼中，人民法院主持调解时当事人为达成调解协议而对案件事实的认可，不得在其后的诉讼中作为对其不利的证据。

可见，当事人的承认性陈述，在当事人陈述这一类证据中是至关紧要的。因而，不论何方当事人，在作出承认性陈述时都应十分慎重，做到客观求实，不能唯心应允。这就要求：

(1) 在表达形式上，当事人的承认性陈述，应当以明确的语言文字来表达，不能推测认定。假若当事人仅是对不利于己方的他方陈述不作争辩、不作否认，就不能推定其已作出默示性承认。同时，当事人的承认性陈述，应当在诉讼程序中作出，才能产生法律后果。在有人代理诉讼行为的情况下，除法定代理人外，其他诉讼代理人要作出承认性陈述的，必须事先经过被代理的当事人的特别授权，或事后获得代理人的明确认可，才能产生法律后果。

(2) 在内容实质上，当事人的承认性陈述，应该是建立在他方当事人的陈述或请求确实符合客观实际，反映案件实况的基本上，实事求是地加以确认。如此，它才具有较大的证据力，能够产生其他证据不可产生的法律后果。

当然，为避免"挂羊头卖狗肉"现象发生，法院仍应对当事人的承认性陈述进行审查，防止双方为规避法律而互相串通作出虚伪的承认性陈述。特别是对当事人无争议，但涉及国家利益、公共利益或者他人合法权益的事实，法院可以责令当事人提供或者补充有关证据。

六、鉴定结论

鉴定结论，是指鉴定人运用专门知识或技能，对案件中需要解决的专门性问题，通过分析、检验、鉴别、判断而作出的结论性意见。比如，法医学鉴定、司法精神病鉴定、文书档案鉴定、会计鉴定、文物鉴定、技术鉴定，等等。

（一）对专门性问题的鉴定，需由具有相应资质的司法鉴定机构和司法鉴定人进行，或者由人民法院指定的鉴定部门鉴定

根据行政诉讼法第35条规定，在诉讼过程中，法院认为对专门性问题需要鉴定的，应当由法定鉴定部门鉴定；没有法定鉴定部门的，由人民法院指定的鉴定部门鉴定。当事人双方也可主动申请法定鉴定机构进行鉴定。

鉴定专门性问题，虽然交法定或法院指定的鉴定部门进行，但并非指鉴定人应由机关、团体、企事业单位来充任，而是指鉴定人必须只能是任职于法定鉴定部门或法院指定的鉴定部门的且有专业知识或专门技能的自然人。因此，在行政诉讼中，接到法院通知进行专门性问题鉴定的法定或法院指定的有关鉴定部门，应当指派本部门内有解决此问题的专业知识或技能的人员担任鉴定人员。

法定的鉴定部门及鉴定人员，是指由国家司法行政部门依法制作并颁布的《国家司法鉴定人和司法鉴定机构名册》予以具体确定的具有相应资质的司法鉴定机构和司法鉴定人。各省司法行政部门对于经司法行政机关审批、设立，取得司法行政机关颁发的《司法鉴定人执业证》、《司法鉴定许可证》的司法鉴定人和司法鉴定机构，根据全国人大常委会《关于司法鉴定管理问题的决定》规定，统一进行重新审核。根据审核结果，分情况作出处理：符合条

件的，编入名册；不符合条件的，限期整改，整改后符合条件的，编入名册；部分鉴定事项符合条件的，按其符合部分编入名册；基本不符合条件的，暂缓编入名册。比如司法鉴定人和司法鉴定机构有违反法律、行政法规和地方性法规的行为或被当事人投诉、举报，尚未处理的，暂不纳入名册编制公告范围。对于经查证属实确有过错但尚未达到处罚标准的，应责令其限期整改，整改合格的，纳入名册编制公告范围。国家司法部适时在《法制日报》和《中国普法网》向全国统一公告各地的《国家司法鉴定人和司法鉴定机构名册》。未经登记编入《名册》公告的司法鉴定机构、司法鉴定人不得从事司法鉴定业务活动。

比如，四川省司法厅根据全国人大常委会《关于司法鉴定管理问题的决定》、《四川省司法鉴定管理条例》和司法部《司法鉴定机构登记管理办法》（司法部令第95号）、《司法鉴定人登记管理办法》（司法部令第96号），以及《司法部关于统一开展编制和公告〈国家司法鉴定人和司法鉴定名册〉工作的通知》（司发通［2005］72号）的有关规定，编制了2009年度《国家司法鉴定人和司法鉴定机构名册（四川省分册）》①。根据《关于司法鉴定管理问题的决定》和《四川省司法鉴定管理条例》的规定，在四川境内，司法机关、公民、法人或其他组织在诉讼活动中对涉及诉讼的专门性问题需要进行司法鉴定的，应当委托本《名册》刊载具有相应资质的司法鉴定机构和司法鉴定人进行鉴定。否则，鉴定结论没有证据效力。

但是注意，在行政案件的诉讼过程中，需要鉴定的专门性问题，没有《国家司法鉴定人和司法鉴定机构名册》确定的法定鉴定部门的，则由人民法院指定的鉴定部门进行鉴定。

（二）对被告行政机关先行鉴定结论的处理

在行政诉讼中的鉴定结论，只能由法定鉴定部门或法院指定的鉴定部门作出。但是，被告行政机关在先行处理行政事项或解决行政争议时往往也作有鉴定结论，这些由被告行政机关在诉讼中提交法院的鉴定结论，是其用于证明自己作出的具体行政行为合法正确的根据之一，但对法院并无先行拘束力。法院仍应对其进行审查。

根据行政诉讼法第31条第1款第（六）项的规定，被告向人民法院提供的在行政程序中采用的鉴定结论，应当载明委托人和委托鉴定的事项、向鉴定部门提交的相关材料、鉴定的依据和使用的科学技术手段、鉴定部门和鉴定人鉴定资格的说明，并应有鉴定人的签名和鉴定部门的盖章。通过分析获得的鉴定结论，应当说明分析过程。

人民法院对行政机关先行鉴定结论审查后可以作出如下处理：

1. 不属法定鉴定部门作出的，将该被鉴定的专门性问题，提交法定鉴定部门重新作鉴定；

2. 没有法定鉴定部门而又需要重新作鉴定的，将该被鉴定的专门性问题，交由法院指定的鉴定部门重作鉴定；

3. 对于相对人不表示异议的行政机关作出的鉴定结论，法院可不再重新进行鉴定，经审查属实后，可作为定案的证据。

---

① 《国家司法鉴定人和司法鉴定机构名册（四川省分册）》编制截止时间为2009年6月8日，《名册》分两个部分，第一部分为法医类、物证类、声像资料类司法鉴定机构，包括法医病理鉴定、法医临床鉴定、法医物证鉴定、法医毒物鉴定、法医精神病鉴定、假肢与矫形器司法鉴定、文书司法鉴定、痕迹司法鉴定、微量物证鉴定、声像资料鉴定、计算机司法鉴定、电子数据司法鉴定等12个司法鉴定执业类别；第二部分为经济鉴证类司法鉴定机构，包括司法会计鉴定、建筑工程造价鉴定、建筑工程质量鉴定、知识产权司法鉴定、产品质量司法鉴定、责任事故鉴定、保险赔偿纠纷鉴定、司法资产评估、现代农业司法鉴定等9类司法鉴定。《名册》编制截止日期以后的司法鉴定人和司法鉴定机构增减或司法鉴定人转所和司法鉴定机构的法定代表人、机构负责人、住所、联系方式等变更情况，可要求司法鉴定人和司法鉴定机构出示其《司法鉴定人执业证》和《司法鉴定许可证》，也可向四川省司法厅询问。

（三）鉴定人的权利和义务

鉴定人进行鉴定，便是参与了诉讼，因而作为独立的诉讼参与人享有如下权利：（1）查阅与鉴定有关的案卷材料，询问与鉴定事项有关的当事人、证人等；（2）应邀参与、协助委托人勘验、检查和模拟实验；（3）要求委托人补充鉴定材料；（4）委托人提供虚假情况或拒不提供鉴定所需材料的，有权拒绝鉴定；（5）拒绝解决、回答与鉴定无关的问题；（6）与其他司法鉴定人意见不一致时，有权保留意见；（7）获得执业报酬；（8）法律、法规规定的其他权利。鉴定人及其近亲属的人身和财产安全受法律保护。人民法院应当对鉴定人的住址和联系方式予以保密。鉴定人因出庭作证或者接受询问而支出的合理费用，由提供鉴定人的一方当事人先行支付，由败诉一方当事人承担。诉讼参与人或者其他人有对鉴定人及其近亲属实施威胁、侮辱、殴打、骚扰或者打击报复等妨碍行政诉讼行为的，依照行政诉讼法第49条第1款第（三）项、第（六）项的规定追究其法律责任。

与此相适应，鉴定人应承担如下义务：（1）按时完成鉴定任务；（2）依法主动回避；（3）保守在执业活动中知悉的国家秘密、商业秘密和个人隐私；（4）依法按时出庭，如实回答审判人员和当事人及其诉讼代理人对鉴定提出的询问；（5）遵守职业道德和执业纪律；（6）法律、法规规定的其他义务。鉴定人如弄虚作假，故意作伪证的，依照行政诉讼法第49条第1款第（二）项的规定追究其法律责任。

（四）鉴定结论的提供规则

1. 对需要鉴定的事项负有举证责任的当事人，在举证期限内无正当理由不提出鉴定申请、不预交鉴定费用或者拒不提供相关材料，致使对案件争议的事实无法通过鉴定结论予以认定的，应当对该事实承担举证不能的法律后果。

2. 鉴定结论应当在法庭上宣读。当事人要求鉴定人出庭接受询问的，鉴定人应当出庭。对于出庭接受询问的鉴定人，法庭应当核实其身份、与当事人及案件的关系，并告知鉴定人如实说明鉴定情况的法律义务和故意作虚假说明的法律责任。当事人经法庭许可，可以向鉴定人发问。询问鉴定人不得使用威胁、侮辱的言语和方式。

鉴定人因正当事由不能出庭的，经法庭准许，可以不出庭，由当事人对其书面鉴定结论进行质证。有下列情形之一的，经人民法院准许，当事人可以提交书面鉴定结论：（1）当事人在行政程序或者庭前证据交换中对鉴定结论无异议的；（2）鉴定人因年迈体弱或者行动不便无法出庭的；（3）鉴定人因路途遥远、交通不便无法出庭的；（4）鉴定人因自然灾害等不可抗力或者其他意外事件无法出庭的；（5）鉴定人因其他特殊原因确实无法出庭的。

鉴定人确因特殊原因无法出庭的，经人民法院准许，远程通讯条件许可的可以实施远程视屏进行质证，或者书面答复当事人的质证。

3. 实行专业人员出庭说明制度。根据最高人民法院法释［2002］21号审判解释规定，所谓专业人员出庭说明制度，是指具有专业知识的人员，接受当事人的聘请或者法庭通知就案件中专门性问题进行说明，并接受询问或者对质的制度。

对被诉具体行政行为涉及的专门性问题，当事人可以向法庭申请由专业人员出庭进行说明。法庭审查后分别回应：（1）法庭准许的，应当送达当事人《准许具有专门知识人员出庭协助质证通知书》（为程序公正考虑，此通知书应送达双方当事人），并在开庭审理之前发出《具有专门知识人员出庭协助质证通知书》，通知专业人员届时莅临法庭进行说明；（2）法庭不予准许的，应当送达当事人《不予准许具有专门知识的人员出庭协助质证通知书》，通知书内容，审判人员可口头告知申请人，并记入笔录，由申请人或者代理人签字。

法庭也可以依职权主动发出《具有专门知识人员出庭协助质证通知书》，通知专业人员出庭说明被诉具体行政行为涉及的专门性问题。

在法庭审理中，审判人员和当事人可以对专业人员进行询问。专业人员可以对鉴定人进行询问。专业人员不得参与本案与其协助质证的具体的专门性问题无关的诉讼活动。

必要时，法庭可以组织专业人员进行对质。专业人员经法院准许后，可以与对方当事人申请的具有专门知识的人员就具有专门知识的人员协助质证的具体的专门性问题进行对质。

当事人对出庭的专业人员是否具备相应专业知识、学历、资历等专业资格有异议的，可以进行询问。由法庭决定其是否可以作为专业人员出庭。

（五）申请重新鉴定的情形

1. 对被告的鉴定结论的重新鉴定。原告或者第三人有证据或者有正当理由表明被告据以认定案件事实的鉴定结论可能有错误，在举证期限内书面申请重新鉴定的，人民法院应当准许，并应送达当事人《准许对被告提供的鉴定结论重新鉴定申请通书》，且依法进行重新鉴定。原告或者第三人对被告提供的鉴定结论申请重新鉴定但没有证据或者正当理由或超越举证期限的，法院应当不予准许，并送达当事人《不予准许对被告提供的鉴定结论重新鉴定申请通书》。

2. 对法院的鉴定结论的重新鉴定。当事人对人民法院委托的鉴定部门作出的鉴定结论有异议申请重新鉴定，提出证据证明存在下列情形之一的，人民法院应予准许，并送达当事人《准许对法院委托的鉴定部门的鉴定重新鉴定申请通知书》：（1）鉴定部门或者鉴定人不具有相应的鉴定资格的；（2）鉴定程序严重违法的；（3）鉴定结论明显依据不足的；（4）经过质证不能作为证据使用的其他情形。对有缺陷的鉴定结论，可以通过补充鉴定、重新质证或者补充质证等方式解决。当事人申请重新鉴定没有提出证据证明存在上述情形的，法院应当送达当事人《不予准许对法院委托的鉴定部门的鉴定重新鉴定申请通知书》。

（六）鉴定结论的效力

1. 鉴定结论应当采用书面形式，即鉴定书，并具备完整的内容。否则，鉴定结论无效力。

人民法院对委托或者指定的鉴定部门出具的鉴定书，应当审查是否具有下列内容：（1）鉴定的内容；（2）鉴定时提交的相关材料；（3）鉴定的依据和使用的科学技术手段；（4）鉴定的过程；（5）明确的鉴定结论；（6）鉴定部门和鉴定人鉴定资格的说明；（7）鉴定人及鉴定部门签名盖章。

经过审查发现鉴定书内容欠缺或者鉴定结论不明确的，人民法院可以要求鉴定部门予以说明、补充鉴定或者重新鉴定。

2. 就鉴定结论与非鉴定结论等数个证据对同一事实的证明效力，人民法院可以依照鉴定结论一般优于视听资料和证人证言的原则认定。

3. 就数个鉴定结论对同一事实的证明效力，人民法院可以依照法定鉴定部门的鉴定结论一般优于其他鉴定部门的鉴定结论的原则认定。

4. 对被告在行政程序中采纳的鉴定结论，原告或者第三人提出证据证明有下列情形之一的，人民法院不予采纳：（1）鉴定人不具备鉴定资格；（2）鉴定程序严重违法；（3）鉴定结论错误、不明确或者内容不完整。

七、勘验笔录

广义上的勘验笔录，包括法院主持勘验所制作的勘验笔录，其他部门主持勘验所制作的勘验笔录。本章的勘验笔录部分，只谈法院的勘验笔录。

勘验，是人民法院工作人员执行职务的诉讼法律行为。勘验笔录，是指人民法院为查明案件事实，在法庭主持及当事人等在场，经法院勘验人员对于与解决行政争议有关的现场、物品进行勘查、测量、拍照、绘图、检验之后，由审判人员记录勘察、测验到的各种情况而制作的笔录。

勘验笔录的特征在于它是人民法院在行政诉讼过程中依当事人申请或者依职权决定，由合议庭主持，当事人等在场，法院审判人员及技术人员依照法定程序对与解决行政争议有关的现场、物证等进行勘察、测验活动，并同步由审判人员将该勘察、测验到的现场、物品等与案件事实有关的各种情况予以客观真实的记录。勘验笔录要求直接、真实地记录勘察、测验所得事实情况，不需要也不允许审判人员添加任何主观分析的内容。同时，勘验笔录也是对有关现场、物证提取的客观状况环境特征等重要的证据信息予以保全固定。因此，勘验笔录是一种具有综合性的证明效力较强的证据。

（一）勘验笔录的产生

人民法院可以依当事人申请或者依职权勘验现场。

勘验现场时，勘验人必须出示人民法院的证件，以表明勘验人的身份和具体执行的勘验任务，并邀请当地基层组织（比如邀请当事人所在地的社区工委会、居委会、村委会、派出所、人民调解委员会等）派人参加或者当事人所在单位派人参加，以利勘验工作顺利进行。

当事人是公民的，应当通知当事人或者他的成年家属到场；当事人是行政机关、法人或者其他组织的，应当通知其法定代表人或者其他组织的负责人到场，以便当事人了解勘验情况，维护当事人合法权（力）利。当事人或其成年亲属应当到场，拒不到场的，不影响勘验的进行，但应当在勘验笔录中说明情况。

审判人员应当制作勘验笔录，记载勘验的时间、地点、勘验人、在场人、勘验的经过和结果，由勘验人、当事人、在场人签名。

勘验现场时绘制的现场图，应当注明绘制的时间、方位、绘制人姓名和身份等内容。

当事人对勘验结论有异议的，可以在举证期限内申请重新勘验，是否准许由人民法院决定后分别作出回应：（1）法院准许的，应当发出《准许对法院的勘验结论重新勘验申请通知书》，并着手重新进行勘验；（2）法院不予准许的，发出《不予准许对法院的勘验结论重新勘验申请通知书》。

（二）勘验人的权利义务

勘验人及其近亲属受法律保护。诉讼参与人或者其他人有对勘验人及其近亲属实施威胁、侮辱、殴打、骚扰或者打击报复等妨碍行政诉讼行为的，依照行政诉讼法第 49 条第 1 款第（三）项、第（五）项或者第（六）项的规定追究其法律责任。

勘验人具有法定回避情形的，应当自行回避，当事人及其法定代理人也有权要求他们回避。根据最高人民法院《关于审判人员严格执行回避制度的若干规定》，勘验人员的回避问题，参照审判人员回避的有关内容执行。

勘验人应当出席法庭，接受当事人及其代理人（经法庭准许）的发问。

（三）勘验笔录的效力

勘验笔录未经法庭质证，不得作为定案依据。

勘验笔录与非勘验笔录等数个证据证明同一事实的：（1）勘验笔录的证明效力一般优于（档案材料以及经过公证或者登记的书证之外的）其他书证、视听资料和证人证言。（2）法庭主持勘验所制作的勘验笔录的证明效力一般优于其他部门主持勘验所制作的勘验笔录。

八、现场笔录

现场笔录，是指行政机关在实施具体行政行为时，对有关的事项当场所制作的笔录。

“现场笔录”不同于行政机关制作提供的“书证”。最高人民法院《关于行政诉讼证据若干问题的规定》第10条第一款规定“当事人向人民法院提供书证的，应当符合下列要求：……（四）被告提供的被诉具体行政行为所依据的询问、陈述、谈话类笔录，应当有行政执法人员、被询问人、陈述人、谈话人签名或盖章。”注意：（1）这些“询问、陈述、谈话类笔录”，如果没有签名或盖章，则不具法定证据效力。此外，（2）这些“询问、陈述、谈话类笔录”，属于当事人向人民法院提供的“书证”，而不属于“现场笔录”。

（一）现场笔录与勘验笔录的区别

勘验笔录，是人民法院为查明案情事实，对于解决行政争议有关的现场、物品，进行勘查、检验、测量、拍照、绘图之时所制作的笔录。勘验笔录和现场笔录，都是对与行政争议有关的现场及其物品所作的记录，两者有相同之处，故《行政诉讼法》将两者并列规定。

但是，现场笔录与勘验笔录又不可等同，具有以下区别：

1. 制作机关不同。勘验笔录，只能由法院制作，而现场笔录，只能由行政机关制作。前者体现审判权的行使，后者则是行政权运行的记录。

2. 制作时间不同。勘验笔录，系在行政诉讼发生期间，由法庭审判人员携同勘验人员等亲临现场或物品所在地进行实地勘查或检验时而制作。而现场笔录，只能在行政诉讼之前的行政管理过程中，由行政工作人员代表国家行政机关进行行政执法行为时制作。

3. 制作内容不尽相同。勘验笔录的内容，只反映现场的静态状况，比如现场的环境特征，现场物品的形状、质量，物证分布状态等，以及参加勘验的人员情况，经过、结果。而现场笔录，不仅反映现场的原始状态，而且反映现场的动态状况，如拆除违章建筑的现场笔录，既包括当事人情况、违章建筑物的原始静态情况，又包括当事人的抵触行为状况，行政执法人员对违章建筑的拆除行为状况，以及拆除后的现场及违章建筑物的状况等。从而较全反映出现场及现场实施的行政行为的情况。

4. 制作的效力不同。勘验笔录，一经审判机关制作，即具有诉讼上的证明力，而现场笔录，能否具备诉讼上的证明力，尚须审判机关审查认定后才作数，不能由行政机关说了算。非经法院审查属实的现场笔录，不能作为定案的根据。

总之，我们应当注意以上区别，不能将勘验笔录与现场笔录混为一谈。同时，我们也应当注意到，作为一方当事人制作的现场笔录能够与审判机关制作的勘验笔录并列为法定的诉讼证据，体现了行政诉讼法对行政机关行使国家行政权力的尊重，以及对现场笔录在解决行政案件中应有作用的高度重视。因此，行政机关在实施管理活动过程中，进行具体行政行为时需要作出现场笔录的，应当做到程序合法、形式正确、内容真实、记载客观、反映全面。这样，才能保证现场笔录在行政诉讼中充分发挥其证实被诉具体行政行为具有合法性的作用。

（二）现场笔录的提供规则

1. 根据行政诉讼法第31条第1款第（七）项的规定，被告向人民法院提供的现场笔录，应当载明时间、地点和事件等内容，并由执法人员和当事人签名。当事人拒绝签名或者不能签名的，应当注明。有其他人在现场的，可由其他人签名。法律、法规对现场笔录的制作形式另有规定的，从其规定。

在最高人民法院李国光副院长主编的《〈关于行政诉讼证据若干问题的规定〉释义与适用》一书中对此作出的解释是：对当事人拒绝签名的现场检查笔录，注明原因后，只要有证人签名，作为证据使用是具有法定效力的。

据上，在当事人拒绝签名或不能签名的情况下，行政执法人员“应当”注明原因，否则，“现场笔录”不合法。对于有其他人在现场的情况下，“可由其他人签名”，这意味着“也可不由其他人签名”。在没有其他人在现场的情况下，是否要求有其他单位或组织派人到现场见证并签名，审判解释未做强制性规定。因此，只要行政机关向人民法院提供的“现场笔录”载明了时间、地点和事件等内容，有执法人员的签名，并注明了当事人拒绝签名或不能签名的原因，即已满足了法律规定的形式要件，即使在“现场笔录”上没有当事人的签名，也没有其他人在现场的签名，该“现场笔录”依然合法有效。

2. 与制作现场笔录相关的行政执法人员，在原告或者第三人对现场笔录的合法性或者真实性有异议并提出要求的情况下，作为证人出庭作证。

（三）现场笔录的效力

1. 现场笔录经过法庭质证审查后，才能作为定案根据。法庭一般应着重从现场笔录的内容与制作程序等方面进行审查：（1）是否在实施行政行为的现场制作、格式要素是否齐备。（2）笔录记载内容是否具体明确、详细清楚，有无伪造或变造情况。（3）当事人对笔录记载事实异议是否现场提出、能否成立。（4）笔录记载事实与其他证据是否吻合一致。

2. 现场笔录与非现场笔录等数个证据证明同一事实的，现场笔录的证明效力一般优于（经过公证或者登记的书证之外的）其他书证、视听资料和证人证言。

第三节　行政诉讼证据的分类

行政诉讼证据的分类，是根据行政诉讼证据运用的不同特点所作的学理分类。包括五种分类，即：本证和反证，直接证据和间接证据，原始证据和传来证据，言词证据和实物证据，主要证据和次要证据。

一、本证和反证

根据证据的证明方向的不同，可以把证据分为本证和反证。

本证，是指一方当事人提出的用以证明自己所主张事实的证据。本证的特点是一方当事人（包括原告、被告）从正面肯定自己所主张的事实而提出的证据。原告为了证明自己诉讼请求成立而主张的事实存在所提出的证据是本证，被告为了证明被诉具体行政行为合法性存在履行其举证责任所提出的证据是本证。比如，原告主张被告违法侵犯自己合法经营自主权应赔偿财产损失10万元，而向法院提出的被告执法过程中肆意捣毁其经营场所商品的证据，是本证；而被告提出的执法人员在原告商铺里查找出违法经营物品的现场笔录，也是本证，因为该现场笔录不是反驳原告主张事实，而是证明被告主张的现场执法合法性的基础事实。

反证，是指一方当事人为反驳对方所主张的事实而提出的证据。反证的特点是一方当事人（包括原告、被告）针对对方的举证从反面进行反驳，从而否定对方主张的事实。

反证不同于反驳证据。反证是当事人提出旨在否定对方主张事实的证据；反驳证据，是指当事人并没有提出证据而只是就对方所提出证据本身存在的瑕疵进行披露，以揭示对方证据的不可采信，从而达到间接否定对方主张事实的一种诉讼抗辩方法。

二、直接证据和间接证据

根据证据与案件主要事实的证明关系的不同，可以把证据划分为直接证据和间接证据。

案件的主要事实，是双方当事人讼争并需要法院判明的被诉具体行政行为是否合法的事实。

直接证据，是指能够单独直接证明案件主要事实的证据。比如，当事人陈述是最常见的直接证据，因为当事人作为被诉具体行政行为的实施者和接受者，其陈述大多能直接反映行政案件的主要事实。还有，目击或记载了被诉具体行政行为实施过程是否合法情况的证人证言、书证、视听资料、现场笔录等也可以成为直接证据。

间接证据，则是指那些本身不能直接证明案件的主要事实，而必须同其他证据联系起来互相印证，才能证明主要事实的证据。

划分直接证据与间接证据的意义在于认清这两类证据在诉讼过程中有不同证明效率。由于直接证据有较快证明效率，因此，凡是存在直接证据的案件，要尽可能去搜集、提交、运用直接证据，节约诉讼成本，提高证明效率。但是，在没有直接证据的情况下，间接证据符合运用规则的也可以证明案件主要事实。

间接证据运用规则是：（1）真实性规则。据以定案的每一个间接证据必须查证属实。（2）关联性规则。间接证据须与案件事实之间存在联系。这种联系应以其能与当事人争执点事实有关为标准判定。凡是与争执点事实同时发生的事实以及当时解释争执点事实的陈述，都属于与争执点事实有关的事实，都可以作为间接证据。（3）一致性规则。间接证据之间须一致，即所有的间接证据都互相印证，不能相互矛盾。如有矛盾必须是已经得到合理排除。（4）锁链性规则。间接证据须形成一个完整的“证据锁链”，案件情况的每一个环节都有证据加以证明，每一个环节的间接证据之间都能做到环环相扣、紧密相连。（5）排他性规则。运用间接证据最终须得出具有一个确定性的证明结论，排除其他任何的可能性结论。

三、原始证据和传来证据

根据证据来源的不同，可以把证据分为原始证据和传来证据。

原始证据，是指直接来源于案件事实或者在案件事实的直接作用下形成的证据。

传来证据，是指由原始证据派生出来或者在信息传递的中间环节形成的证据。

一般而言，在证明同一事实的传来证据与原始证据同源的情况下，原始证据的证明力大于传来证据的证明力。所以，诉讼立法及司法实践多主张使用原始证据。

但是，传来证据也有其作用，它可以成为寻找原始证据的线索，可以印证原始证据，在原始证据不存在或者不便提供的情况下，经查证属实、有可靠来源的传来证据也可以作为定案证据使用。

四、言词证据和实物证据

根据证据的表现形式不同，可以把证据分为言词证据和实物证据。

言词证据，是指以言词形式反映出来的证实案件情况的材料。证人证言、当事人陈述、鉴定结论属于言词证据。言词证据的特点，主要是通过人的感受、记忆、表述三个心理活动阶段而形成。

实物证据，是指以物品的外部特征或记载的内容作为某种客观事实的表现形式的证据。书证、物证、视听资料、勘验笔录、现场笔录是实物证据。实物证据的特点在于，它以客观存在的物品所记载的证据信息而立证。

划分言词证据和实物证据的意义在于根据其不同规律和特点对证据进行搜集、审查和判断。尤其对言词证据的审核认定，要注意提供该证据的主体在对所陈述的事实进行感知、记忆和表达三个心理阶段时的主客观条件如何，有无不利的主客观因素干扰和影响；对于实物证据的审核认定，要注意该实物证据有无被人为变造、伪造，或者由于客观条件的影响出现异化现象影响证据信息。

五、主要证据和次要证据

根据证据对具体行政行为的基本事实及其合法性的影响力不同，可以把证据分为主要证据和次要证据。

主要证据，是指能够证明赖以作出具体行政行为的基本事实情况确实存在所必要的、对具体行政行为合法性起关键支配作用的证据。比如，工伤认定行政诉讼案件中，当事人最主要的争议焦点就是职工所受伤害是否因工作造成，有关职工是否因工作造成伤亡的鉴定结论就是对于该案件具体行政行为合法性起关键支配作用的主要证据。缺乏该工伤鉴定结论，就不足以证明赖以作出工伤认定具体行政行为的基本事实情况确实存在，从而导致该工伤认定具体行政行为的合法性存在也难以得到证明。

次要证据，是指对证明赖以作出具体行政行为的基本事实情况的存在以及该具体行政行为合法性不起足以支持作用的一般证据。

划分主要证据和次要证据的意义在于，主要证据不足决定了被诉具体行政行为合法性的欠缺，人民法院对主要证据不足的具体行政行为，判决撤销或者部分撤销，并可以判决被告重新作出具体行政行为。被告不能用次要证据代替主要证据支持被诉具体行政行为的合法性，否则其法定举证责任就无法完成，并将承担败诉后果。但是，次要证据并非毫无意义，次要证据对主要证据予以辅助，为主要证据提供积极的证据补强作用。

第四节　行政诉讼中的举证责任

一、行政诉讼举证责任的含义与特点

（一）举证责任的含义

“举证责任”，从学理上讲，是指诉讼当事人提出证据证明案件事实以求胜诉的责任。法院应就当事人所主张的事实及提出的证据进行审理裁决，如负有举证责任的当事人不举证，那么诉讼结果将可能对其不利，就面临败诉。“举证责任”作为一个法定概念，在我国系由《行政诉讼法》首先使用的。

行政诉讼中的举证责任，是指作为被告的行政机关对其所作的被起诉的具体行政行为，有责任提供事实证据和所依据的法律、法规或规章等规范性文件，证明其合法正确，以求胜诉，否则，将有败诉的危险，将会承担行政违法侵权的法律责任。

（二）举证责任的特点

行政诉讼法使用举证责任这一概念，其意在解决行政机关的举证和法院审理结果之间的关系，从而在行政诉讼中较好地协调行政权和审判权这两种国家权力。由此而导致行政诉讼的举证责任有如下特点：

1. 行政诉讼强调行政机关的举证责任，没有把法院的调查取证置于与行政机关举证责任同等的地位。

2. 行政诉讼的举证责任是单方责任，即被告的行政机关承担举证责任，原告人即相对人并不分担举证责任。

3. 行政诉讼举证责任的范围较广泛，既包括案件事实，又包括行政机关对该项事实采取被诉具体行政行为时所依据的行政法律规范性文件。

4. 行政诉讼举证责任的效果显现较快，当行政机关履行举证责任，使被诉具体行政行为的合法正确性得到证明时，法院即应依法作出维持性判决，以确保依法行政的效率。反之，法院即应作出否定性判决，以保护相对人的合法权益。

二、行政诉讼举证责任的负担

（一）被告行政机关负举证责任

我国《行政诉讼法》颁行前后，法学界和实践中的流行观点之一是认为行政诉讼的举证责任，双方当事人都负担，但行政机关负主要举证责任，原告负次要举证责任。这种认识，是同设置举证责任制度的目的相悖的。因为，双方都有举证责任，而且“主要”、“次要”又是不确定的概念，在案件事实难以查清的情况下，将会出现主要、次要责任难定，胜诉败诉难分，法院难以结案的局面。

因此，行政诉讼法第 32 条关于举证责任的明确规定，没有采纳“主要”、“次要”的认识，更不是双方平均负担举证责任，而是确立“被告对作出的具体行政行为负有举证责任，应当提供作出该具体行政行为的证据和所依据的规范性文件。”这一规定，应当是我们认识行政诉讼的举证责任时所应遵守的法律根据。

（二）行政诉讼法规定“被告负举证责任”的原因

行政诉讼法确立“被告负举证责任”，其原因具体表现在以下四个方面：

1. 这是落实原被告双方在行政诉讼中法律地位平等的基本原则的必然要求。

举证责任，是一种法定义务。为什么这种义务只由被告履行，而不由原告履行？如前所述，作为行政诉讼被告的行政机关，与作为行政诉讼原告的公民、法人或其他组织，它们在行政法律关系中居于不平等的地位。因此，如果在行政诉讼中，像要求在民事法律关系中居于平等地位的民事诉讼原被告双方那样，也规定举证责任（义务）对等，由双方承担，谁主张谁就举证，那么实际上就无法保证双方在行政诉讼中的法律地位平等。只有明确在实体法律关系中单方面就有权作出具体行政行为的行政机关，在行政诉讼中也应单方面承担举证义务，排除原告方的举证义务，才能确保原告方与被告方在诉讼中真正做到“法律地位平等”。

2. 这是行政机关应当依法行使行政权力的必然要求。

尽管行政法律关系中双方地位不平等，但是从依法行使行政权力的社会主义法制原则来说，作为行政权执掌者的行政机关，在单方面作出具体行政行为时，应当具备法律、法规所规定的事实与法律根据，不应当毫无根据地恣意妄为，在行使行政职权的同时，必然要承担相应的行政责任。因此，在因具体行政行为引起争议被诉诸法院时，被告的行政机关理应承担举证责任，提供事实证据和法律规范根据，证明自己是依法行使权力。

3. 这是行政机关在客观上具备较强举证能力的必然要求。

在行政法律关系中处于主动优越地位的行政机关，拥有广泛调查取证的权力和手段，有足够的人、财、物力收集到作出具体行政行为的各种事实证据，掌握各种行政管理法律规范性文件。而处于受管理的被动地位的公民、法人或其他组织，尽管有义务“提供或者补充证据”，但举证比较困难，举证能力客观上远不如行政机关，这是由其欠缺知识水平、技术手段、检测工具等，以及不熟悉、不掌握行政法律规范性文件等条件所限制的。因此，在行政诉讼中，由行政机关单方负举证责任，而不是由原被告双方共同负担，符合行政管理的客观现实，与行政机关能力相适应，比较合理可行。

4. 这是行政机关活动应接受人民群众监督，增加行政工作透明度的必然要求。

党中央明确指出：“要发扬‘从群众中来，到群众中去’的优良传统，提高领导机关活动的开放程序，重大情况让人民知道，重大问题经人民讨论。”根据这一原则，近年来在行政管理活动中形成了政府信息公开制度，凡行政机关的对外职务行为，除法律明文规定应保密者外，一律向人民群众公开，接受社会监督。行政机关在行使行政职权进行管理时，可以单方面作出具体行政行为，在行政诉讼中，它就有责任说清楚这一具体行政行为是凭借何种证据证明的何种事实、根据哪条法律法规规章、按照什么程序环节作出来的，当着法庭上旁听群众，新闻舆论工具，公开自己的具体行政活动过程，接受群众和舆论的监督。可见，行政机关负举证责任，乃是按照党中央的要求，增加行政工作透明度，接受人民监督，防止滥用行政权力的必须要求与现实体现。

三、行政诉讼被告承担举证责任的限制

（一）对行政诉讼被告承担举证责任实行法定限制的表现

《行政诉讼法》虽然规定被告负举证责任，应当提供作出具体行政行为的证据和所依据的规范性文件，但是同时亦规定："在诉讼过程中，被告不得自行向原告和证人收集证据。"（第33条）。

从这条规定中，可以看出对被告行政机关负举证责任的法定限制有三点：

1. 时间上的限制。即对于行政机关在诉讼过程中的取证行为加以限制，对于其在诉讼过程外的取证行为则不作此限制。这里的诉讼过程，也就是从原告起诉，法院受理立案之日起，至法院生效裁定或判决下达之日止的这一段诉讼期间。

2. 对象上的限制。在诉讼过程中，行政机关的取证对象为原告、证人者，须受限制，而对于取证对象为原告、证人以外者，不受限制。如收集鉴定结论，重新检验物证等。

3. 权力上的限制。行政机关在诉讼过程中，没有对原告、证人收集证据的自主决定权，不得自行向这些人取证。否则，取证行为无效。如果确需要向原告、证人补充调查取证的，需要经法院准许后，才能进行。

（二）对行政诉讼被告负举证责任实行法定限制的原因

之所以既要行政机关负举证责任，又要加以必要的限制，其原因有以下几点：

1. 行政诉讼举证责任的特殊性所决定。按行政诉讼法对举证责任内涵的规定，在原告起诉、法院立案后，作为被告的行政机关即应对被诉具体行政行为负举证责任。而该被诉具体行政行为，是在诉讼前所发生的，因此行政机关应向法院提供的证据，只能是在作出该具体行政行为当时所应当收集到的各种事实证据和所依据的法律规范根据，而不能是在此之外的新的事实证据。否则，行政诉讼法关于举证责任条文的规定将会成为一纸空文，无法贯彻执行。因此，为了保证切实落实被告负举证责任的规定，就有必要限制被告负举证责任的行为，防止"上有政策，下有对策"的行政常见瑕疵影响、干扰、破坏法院对具体行政行为合法性的及时审查。

2. 行政案件及时审理的特点所决定。行政诉讼法为保证法院及时审理行政案件，改变了过去按照民诉程序审理行政案件没有法定期限的状况，明确规定了起诉、立案、审理、执行各诉讼阶段的时间限制。作为被告的行政机关，应当在收到法院送达的起诉状副本之日起10天内履行举证责任和书写提交答辩状。不提出答辩状的，不影响法院的审理。但无法在法定期限内向法院提出作出被诉具体行政行为的证据和所依据的规范性文件的，则将受法院的不利裁判。如果不对被告负举证责任实行限制，任其拖延时日，必影响行政案件的及时审理。当然，在法院根据主要撤销或部分撤销被诉具体行政行为之后，行政机关还可以根据新的事实和理由重新作出具体行政行为。

3. 行政行为必须依法定程序进行的原则所决定。任何行政机关在进行行政行为时，都

应当按照法律法规规章所规定的行政程序进行，不得违反，这是我国行政法近年来随着行政管理科学化发展而产生的一项重要原则。行政程序中，行为顺序规范相当重要，行政机关在作出行政行为时，必须依法定步骤进行，在顺序上不能颠倒或任意取舍。比如公安机关在对违反治安管理者处罚时，应依《治安管理处罚法》第四章规定的处罚程序三个步骤依次进行：调查→决定→执行。如果公安机关先作出决定，未曾调查取证，待被处罚人（原告）起诉后，再传唤原告来询问查证，向证人调查取证，这就意味着，公安机关作出治安管理处罚行为时，已经颠倒、取舍法定的治安管理处罚的行政程序，那么根据行政诉讼法第 54 条第（二）项规定，法院有权以违反法定程序为理由作出撤销判决。如果允许被告行政机关在诉讼过程中有权自行向原告和证人收集证据，就有可能纵容行政机关违反行政程序任意用权的违法行为，这是行政法的原则所不允许的。

4. 确保当事人诉讼中法律地位平等原则所决定。前已述及，在行政法律关系中被告行政机关与原告公民、法人或其他组织的地位是不平等的，因而为确保原先处于不平等地位的双方当事人在行政诉讼法律关系中处于平等地位，不仅需要由被告行政机关负举证责任，而且还需要对其负举证责任给予必要限制。从而避免行政机关在行政诉讼过程中，通过自行向原告和证人收集证据的机会，利用行政权对原告和证人施加压力，为其提供有利证据甚至伪证，造成双方在诉讼中法律地位实际不平等状况。

四、被告负举证责任，并不排除原告举证

行政诉讼法将举证责任交被告承担，并不否定原告举证。原告人为维护自己合法权益，而向法院提起诉讼时，应具备的法定条件之一，便是要有能够证明诉讼请求的事实根据。同时，原告人还应按照要求提供或补充证据。如果原告人对自己的请求都不能或不愿举证，那么诉讼将无法开始，原告实际上也就是无效的起诉。

当然，由于原告依法不负担行政诉讼的举证责任，因而，原告的举证与被告的举证在性质上和最终后果上不能相提并论。被告举证是法律规定的责任，原告举证则是法律赋予的权利，他认为某事实对自己有利，即可向法院提供，他所提供的证据不足以证明诉讼请求正确时，不一定导致不利己的裁决。

根据最高人民法院审判解释，在特定行政案件诉讼中的被告和原告有各自的举证责任。比如，最高人民法院在 2002 年 11 月 21 日公布的《关于审理反倾销、反补贴行政案件应用法律若干问题的法释》[2002] 35 号和 36 号审判解释文件中的第 7、8 条分别规定，被告对其作出的被诉反倾销、反补贴行政行为负举证责任，应当提供作出反倾销、反补贴行政行为的证据和所依据的规范性文件。原告对其主张的事实有责任提供证据。经人民法院依照法定程序审查，原告提供的证据具有关联性、合法性和真实性的，可以作为反倾销、反补贴行政案件定案的根据。

第五节 行政诉讼证据的提供、调取、保全

一、当事人对行政诉讼证据的提供

（一）被告对行政诉讼证据的提供

1. 被告对作出的具体行政行为负有举证责任，应当在收到起诉状副本之日起 10 日内，提供据以作出被诉具体行政行为的全部证据和所依据的规范性文件。被告不提供或者无正当理由逾期提供证据的，视为被诉具体行政行为没有相应的证据。

2. 被告认为原告起诉超过法定期限的，在答辩期间内负责提供证明原告起诉超过法定

期限的证据。

3. 被告因不可抗力或者客观上不能控制的其他正当事由，不能在规定的10日期限内提供证据的，应当在收到起诉状副本之日起10日内向人民法院提出延期提供证据的书面申请。

人民法院准许延期提供的，被告应当在正当事由消除后10日内提供证据。

被告逾期提供证据的，视为被诉具体行政行为没有相应的证据。

4. 根据行政诉讼法第33条的规定，在诉讼过程中，被告及其诉讼代理人不得自行向原告和证人收集证据。

但是，原告或者第三人提出其在行政程序中没有提出的反驳理由或者证据的，经人民法院准许，被告可以在第一审程序中补充相应的证据。

（二）原告或者第三人对行政诉讼证据的提供

在行政诉讼中，原告或者第三人对于被诉具体行政行为是否合法不负举证责任。但是，原告提起诉讼，或者第三人参加诉讼，有权就自己的诉求提供证据，证明自己主张。

1. 公民、法人或者其他组织向人民法院起诉时，应当提供其符合起诉条件的相应的证据材料。如被告认为原告起诉超过法定期限的，由被告承担举证责任。

2. 在起诉被告不作为的案件中，原告应当提供其在行政程序中曾经提出申请的证据材料。但有下列情形的除外：（1）被告应当依职权主动履行法定职责的；（2）原告因被告受理申请的登记制度不完备等正当事由不能提供相关证据材料并能够作出合理说明的。

3. 在行政赔偿诉讼中，原告应当对被诉具体行政行为造成损害的事实提供证据。

4. 原告可以提供证明被诉具体行政行为违法的证据。原告提供的证据不成立的，不免除被告对被诉具体行政行为合法性的举证责任。

5. 第三人在行政诉讼中有权提供自己掌握的证据，以支持自己的主张或者反驳其他当事人（原告或者被告）的主张。

6. 原告或者第三人应当在开庭审理前或者人民法院指定的交换证据之日提供证据。因正当事由申请延期提供证据的，经人民法院准许，可以在法庭调查中提供。

原告或者第三人逾期提供证据的，视为放弃举证权利。

7. 原告或者第三人在第一审程序中无正当事由未提供而在第二审程序中提供的证据，人民法院不予接纳，并向其送达《不予准许原告（或者第三人）在第二审程序中提供证据通知书》。原告或者第三人有正当事由的，人民法院予以接纳，并送达其《准许原告（或者第三人）在第二审程序中提供证据通知书》。

（三）人民法院告知义务与当事人供证要求及法院收证回应

1. 人民法院向当事人送达受理案件通知书或者应诉通知书时，应当同时送达《举证通知书（供被告举证使用）》和《举证通知书（供原告、第三人举证使用）》告知其举证范围、举证期限和逾期提供证据的法律后果，并告知因正当事由不能按期提供证据时应当提出延期提供证据的申请。

法院对延期提供证据的申请审核后分别回应：（1）法院准许的，送达申请人《准许延长举证期限通知书》；（2）法院不予准许的，送达申请人《不予准许延长举证期限通知书》。

2. 当事人向人民法院提供的在中华人民共和国领域外形成的证据，应当说明来源，经所在国公证机关证明，并经中华人民共和国驻该国使领馆认证，或者履行中华人民共和国与证据所在国订立的有关条约中规定的证明手续。

当事人提供的在中华人民共和国香港特别行政区、澳门特别行政区和台湾地区内形成的证据，应当具有按照有关规定办理的证明手续。

当事人应当对其提交的证据材料分类编号，对证据材料的来源、证明对象和内容作简要说明，签名或者盖章，注明提交日期。证据涉及国家秘密、商业秘密或者个人隐私的，提供人应当作出明确标注，并向法庭说明，法庭予以审查确认。

3. 人民法院收到当事人提交的证据材料，应当向其出具《证据收据》，注明证据的名称、份数、页数、件数、种类等以及收到的时间，由经办人员签名或者盖章。

二、证据交换

对于案情比较复杂或者证据数量较多的案件，人民法院可以向当事人发出《法院依职权组织交换证据通知书》，组织当事人在开庭前向对方出示或者交换证据，并将交换证据的情况记录在卷。证据交换的运行，详见本书第十六章第一审程序关于“证据交换”部分论述。这里，介绍基层法院审理行政案件证据交换具体实施经验①：

1. 适用证据交换的案件范围：证据多、案情复杂的案件。比如：（1）治安处罚类案件。此类案件中由公安机关作出治安处罚，法律对公安机关执法程序要求严格，形成处罚决定之时，一般都形成了厚厚的卷宗材料，涉及证人的调查笔录，对被处罚人的询问笔录，及公安机关依职权进行的其他调查取证材料，其涉及人数众多，证据复杂。所以治安处罚类案件均适用证据交换规则。（2）土地权争议类案件。此类案件成因复杂，纠纷时间跨度大，本着尊重历史，面对现实的处理精神，在审理过程中要求各方当事人提交的证据要全面，这往往引出“追根溯源”的证据材料，同时涉及许多当时的法律法规或者是红头文件、会议纪要或领导的口头决定（如四固定时期的土地规则），此类案件证据多，需审查的法律法规也多，就必须实施证据交换规则才能归纳和理顺出审理思路。（3）当事人提供较多的证据材料的其他案件。即根据当事人提供证据材料的数量与内容，通过初步审查而决定是否启用庭前证据交换程序。

2. 案件主审法官负责主持证据交换。而重庆市长寿区法院则采取合议庭主持的方式，在合议庭的主持下，原、被告及第三人分别向对方当事人出示和交换了手中的证据，合议庭认真听取并记录了各方当事人的质证意见，并对各方当事人均无异议的证据当场予以了确认。通过庭前证据交换，合议庭明确了案件争议焦点，为进一步审理打下了坚实的基础。

3. 证据交换日期，一般指定在被告提交答辩状后至开庭前三天之间的范围。以留有时间，让当事人结合全部证据，重新审视自己的诉辩主张，并做好充分的庭审准备。

4. 证据交换记录，由书记员以《证据交换笔录》方式记载证据交换情况，并附卷备查。

5. 证据交换范围，是除涉及国家秘密和个人隐私外的全部证据。在实践中的作法是：（1）要求各方当事人出具全部的证据材料和各自认为应当适用的法律法规。（2）要求各方当事人对各自的证据依证明事项进行分类、编号，提供证据目录，并写明每组证据证明对象或所要说明的问题。（3）告知双方当事人证据交换规则的法律后果，即双方无异议的证据，庭审时不再进行质证，仅在庭审时予以说明即可，证据交换程序中双方的陈述和承认具有与庭审时同等的法律效果。逾期提供证据，法庭一般不予接受。（4）证据交换和质证，由对方当事人把证据的质证意见作出概括性的陈述，无异议的记录无异议，有异议的把主要异议内容

---

① 参见河南省宝丰县人民法院段励刚：《行政诉讼庭前证据交换规则在实践中的应用》，中国法院网，发布时间：2004-12-01 08:21:43。《长寿区法院行政诉讼首次适用庭前证据交换规则》，重庆市第一中级人民法院网站，供稿：长寿区法院，发布时间：2005-04-30 12:22:35。吴钝：《爱民法院庭前证据交换“圆桌会议”解纠纷》，中国法院网，发布时间：2009-06-17 17:12:47；最后访问时间：2009年8月6日。

也记入卷内，但不进行辩论。(5) 由主持法官归纳和总结双方当事人有异议和无异议的证据及质证意见，询问双方是否同意归纳的焦点和是否进行补充。

6. 证据交换次数，控制在一次，特殊情况进行第二次。以避免多次证据交换偏离证据交换的出发点。

7. 证据交换应尽量采取亲民和谐方式。牡丹江市爱民区法院从 2008 年开始对行政诉讼庭前证据交换进行了有益的探索，在法律和审判解释的框架下，推行了庭前证据交换“圆桌会议”制度。按照该制度，庭前证据交换由主持法官独任进行。在交换的方式上，对以往法官坐在审判席上、官民对面而坐的抗辩式方式进行了改变，采用法官、原告、被告及其他诉讼参与人环抱而坐的“圆桌会议”的交换的方式。通过法官与当事人、行政机关与行政相对人距离的改变，让法官走下高高的审判台，与双方当事人围坐在一个圆桌旁，让行政机关放下“官”架子，与普通百姓平等地坐在一起，主持法官以平和、诚恳的语言主持证据交换过程，使双方当事人在一种平等、和谐的气氛中进行证据交换，体现司法的人文关怀，为庭审活动奠定基础。同时，这也利于法庭适时展开行政案件的协调处理活动。

三、人民法院对行政诉讼证据的调取

人民法院是行政案件的审判者、行政诉讼的指挥者。因此，法院为了进一步查明案件事实真相，以利于完成审查具体行政行为是否合法的任务，拥有调查取证的权力，这是行政审判权力的具体表现之一。

(一) 法院调查取证与被告举证责任的关系

法院调查取证与被告行政机关负举证责任是有不同性质的。

1. 法院调查取证，是全面收集、客观调查案件证据，查明案件真相，为正确判决打好事实基础。而被告负举证责任，是为维护其所作的具体行政行为，为求胜诉而举能证明其行为合法性的证据。因此，法院调查取证不受案件利害关系的制约，只是保证判决权正确行使，被告负举证责任，则是受案件利害关系影响的。

2. 法院作为审判权的主体，其调查取证的行为本身，就是根据具体案件的具体情况而采取的一种职权行为。而被告负举证责任，因其是行政诉讼的一方当事人，故其举证行为是由法律规定且每案必做的诉讼行为。

3. 法院的调查取证行为，在诉讼过程中没有限制，由法院自主决定进行。被告负举证责任的行为，在诉讼过程中，则须受法律明确的限制。

由于存在以上区别，切不可将法院调查取证与被告行政机关的举证互相混淆，从而避免行政权力不必要地干涉审判权力，也避免审判权力代替行政权力。

(二) 人民法院对行政诉讼证据调取的实施

1. 法院依职权调取证据

根据行政诉讼法第 34 条第 2 款的规定，有下列情形之一的，人民法院有权向有关行政机关以及其他组织、公民调取证据：(1) 涉及国家利益、公共利益或者他人合法权益的事实认定的；(2) 涉及依职权追加当事人、中止诉讼、终结诉讼、回避等程序性事项的。

除上述可依职权调取证据的情形外，法院调查收集证据，应当依当事人的申请进行。

2. 法院依申请调取证据

(1) 申请法院调取证据的条件。原告或者第三人不能自行收集，但能够提供确切线索的，可以申请人民法院调取下列证据材料：①由国家有关部门保存而需由人民法院调取的证据材料；②涉及国家秘密、商业秘密、个人隐私的证据材料；③确因客观原因不能自行收集

的其他证据材料。

(2) 申请法院调取证据的方式。当事人申请人民法院调取证据的，应当在举证期限内提交调取证据申请书。调取证据申请书应当写明下列内容：①证据持有人的姓名或者名称、住址等基本情况；②拟调取证据的内容；③申请调取证据的原因及其要证明的案件事实。

(3) 申请法院调取证据的处理。人民法院对当事人调取证据的申请，经审查，作出如下处理：①符合调取证据条件的，应当及时决定调取并送达申请人《准许当事人申请法院调查收集证据通知书》。人民法院根据当事人申请，经调取未能取得相应证据的，应当告知申请人并说明原因。

②不符合调取证据条件的，应当向当事人或者其诉讼代理人送达《不予准许当事人申请法院调查收集证据决定书》，说明不准许调取的理由。当事人及其诉讼代理人可以在收到通知书之日起3日内向受理申请的人民法院书面申请复议一次。人民法院应当在收到复议申请之日起5日内作出答复，并送达《复议决定书》：驳回当事人申请法院调查收集证据的复议申请，或者撤销原决定。

3. 法院委托调取证据

人民法院需要调取的证据在异地的，可以书面委托证据所在地人民法院调取。受托人民法院应当在收到委托书后，按照委托要求及时完成调取证据工作，送交委托人民法院。

受托人民法院不能完成委托内容的，应当告知委托的人民法院并说明原因。

(三) 人民法院对行政诉讼证据调取的禁止

人民法院不得为证明被诉具体行政行为的合法性，调取被告在作出具体行政行为时未收集的证据。这有利于避免审判权力代替行政权力。

(四) 人民法院对行政诉讼证据调取的主要方法

根据行政诉讼法第34和35条规定以及司法实践，法院调查取证的主要方法有：

1. 要求当事人提供或补充证据。当事人由于案件利害的制约影响，往往发生不愿提供证据，或提供证据不充分的情况。尤其是当被告行政机关自恃位高权重而藐视法院拒绝履行举证责任之时，更是如此。法院一经发现被告没有或不认真履行举证责任的，有权要求其提供证据或补充证据，发现原告起诉时没有或不认真写明事实根据、附送应当附送的证据的，有权要求原告提供或补充证据。

2. 向国家有关部门以及其他组织、公民调取证据。人民法院审判行政案件不是纯粹坐堂问案，静待当事人送交证据。根据案件审理的需要，法院应依法定程序，向与案件有关，掌握、了解案件所需查明的证据和法律规范性文件的被告以外的行政机关取证；向原告以外的其他有关组织调查；询问原告以外了解案情的公民以收集证人证言等证据。

国家有关部门、其他组织、公民都有义务在接到法院送达的《调取证据通知书》后按规定时限提供自己所知道掌握的证据材料和规范性文件，协助法院搞好行政案件的审理工作。

3. 对专门性问题进行鉴定。在诉讼过程中，当发生当事人之间对于曾经鉴定过的专门性问题存在争议，且言之有据，需要由权威性的法定鉴定部门作鉴定，以及依据案件审理的需要，对先前未作鉴定的专门性问题，作出鉴定结论时应由法院指定有关的法定鉴定部门进行鉴定。

4. 对现场进行实地勘验。对于与解决行政争议有关的现场或物品，因其能够比较客观反映具体行政行为及其争议的情况，亦能对于有关人证、物证起到验真伪、辨虚实的作用，故法院应及时进行现场勘验活动，制作勘验笔录，收集其他有关证据。

（五）人民法院对行政诉讼证据的调取应当依法进行

法院调查取证是审判权运用的表现，故应当依法行使，而不能违反法定程序。

1. 法院调查取证，不得采取威逼、引诱等非法方法。凡以非法方法取得证据，不能作定案根据。

2. 在询问证人时，应告知他应如实作证，如果故意作伪证应负什么样的法律责任。在发现有人指使、贿买、胁迫他人作伪证或者威胁阻止证人作证的，以及当事人等伪造、隐藏、毁灭证据的情况下，应及时采取相应行政诉讼强制措施予以制止。

3. 调查取证，应由法院审判人员主持，两人以上共同进行。调查材料应形成笔录；从有关单位摘抄的证明材料，应注明摘抄材料名称、出处、并由有关单位加盖公章。

4. 调查取证中，发生证据保全的情况时，应及时依法采取证据保全措施。

四、行政诉讼的证据保全

（一）行政诉讼的证据保全的含义

所谓证据保全，根据行政诉讼法第 36 条规定，是指在证据可能灭失或者以后难以取得的情况下，人民法院根据诉讼参加人的请求或依职权予以确定和保护。

（二）行政诉讼的证据保全的条件、方式、方法

1. 证据保全的条件。在行政诉讼中证据保全，是在两种条件下才进行：

一是在证据有可能灭失的条件下，即现存的证据以后有不存在的可能。比如某些物品将因质体腐烂、变形而丧失其物证形态，证人因病有死亡危险，而证言有取不到的可能。

二是在证据以后难以取得的条件下，即证据虽然不会丧失无存，但经过一定时间或错过一定机会，取证就困难。比如证人将要出访外国，不及时取证便很难保证在法定审理期限内取得其证言。

只要存在上述一项条件，法院即可采取证据保全。

2. 证据保全的方式。行政诉讼中证据保全，通过两种方式进行：一种是当事人、第三人、诉讼代理人等诉讼参加人，向法院提出申请，陈述证据保全的条件及请求法院及时保全证据。一种是法院发现已存在证据保全的条件时，依职权主动保全证据。

当事人根据行政诉讼法第 36 条的规定向人民法院申请保全证据的，应当在举证期限届满前以书面形式提出，并说明证据的名称和地点、保全的内容和范围、申请保全的理由等事项。人民法院审查后回应：（1）申请符合证据保全的条件的，送达申请人（以及所涉及的各方当事人或相关的第三人）《证据保全裁定书》。（2）不符合证据保全的条件的，送达申请人《驳回证据保全申请通知书》。通知书内容可以口头方式告知当事人，并记入笔录，由当事人或者代理人签字。（3）当事人申请保全证据的，人民法院可以要求其提供相应的担保，并送达其《证据保全担保通知书》。当事人拒绝提供担保的或者逾期不提供担保的，视为放弃证据保全的申请。

3. 证据保全的方法。行政诉讼中的证据保全，不论采取何种方式，均只有法院才有权进行保全。人民法院依照行政诉讼法第 36 条规定保全证据的，可以根据具体情况结合被保全证据的特点而选取查封、扣押、拍照、录音、录像、复制、鉴定、勘验、制作询问笔录等保全措施。比如，对证人可采询问、制作笔录或进行录音、录像等方法保全其证言；对物证的保全，可采封存、扣押等保存原物的方法，或采勘验、制作勘验笔录、绘图、拍照、录像等方法；对书证可采复制、拍照等保全方法。

人民法院保全证据时，可以要求当事人或者其诉讼代理人到场。

（三）行政诉讼前的证据保全

除了在行政诉讼中的证据保全之外，法律规定诉前保全证据的，依照其规定办理。

1.《公证法》规定的证据公证保全。

诉前保全证据法律效力最突显的是证据公证保全。公证是公证机构根据自然人、法人或者其他组织的申请，依照法定程序对民事法律行为、有法律意义的事实和文书的真实性、合法性予以证明的活动。当事人在行政诉讼开始前（亦即原告还未向法院起诉，法院未正式立案），可以根据《公证法》第 11 条（九）项及第 16 条规定，向公证机构提出证据保全的正式申请，由公证机构采取公证的方式保全证据。《公证法》第 36 条规定："经公证的民事法律行为、有法律意义的事实和文书，应当作为认定事实的根据，但有相反证据足以推翻该项公证的除外。"据此，在诉讼开始后，当事人即可向法院送交关于证据保全的公证文书；法院对经过公证证明的证据事实，在没有相反证据能够推翻公证证明的情况下，应当确认其证据效力。

2.《商标法》规定的商标行政诉讼前的证据保全。

行政诉讼前的证据保全，还有商标行政诉讼前的证据保全。根据《商标法》的规定，有商标法第 52 条所列侵犯注册商标专用权行为之一，引起纠纷的，由当事人协商解决；不愿协商或者协商不成的，商标注册人或者利害关系人（利害关系人是指商标注册人以外与侵犯注册商标专用权行为具有直接利害关系的当事人，包括注册商标使用许可合同的被许可人、注册商标财产权利的合法继承人）可以向人民法院起诉，也可以请求工商行政管理部门处理。工商行政管理部门处理时，认定侵权行为成立的，责令立即停止侵权行为，没收、销毁侵权商品和专门用于制造侵权商品、伪造注册商标标识的工具，并可处以罚款。当事人对处理决定不服的，可以自收到处理通知之日起 15 日内依照《行政诉讼法》向人民法院起诉。

为制止侵权行为，在证据可能灭失或者以后难以取得的情况下，商标注册人或者利害关系人可以在起诉前向侵权行为地或者被申请人住所地对商标行政诉讼案件有管辖权的人民法院申请保全证据。

申请人申请诉前保全证据可能涉及被申请人财产损失的，人民法院可以责令申请人提供相应的担保。申请人提供保证、抵押等形式的担保合理、有效的，人民法院应当准许。申请人不提供担保的，驳回申请。

人民法院接受诉前保全证据申请后，必须在 48 小时内作出裁定；裁定采取证据保全措施的，应当立即开始执行。申请人在人民法院采取证据保全措施后 15 日内没有提起商标行政诉讼的，人民法院应当解除保全措施。

第六节　行政诉讼的质证

质证，是行政诉讼的证据运用过程的中心环节。

一、质证的概念

质证，是指在法庭审理活动中，当事人及其诉讼代理人在审判长的主持下，围绕各方出示的有争议证据的真实性、关联性、合法性，针对证据证明力有无以及证明力大小，发表各自的审核认定意见，并进行质疑、说明与辩驳。

质证的实质，是当事人在法庭上、合议庭面前对证据材料示真揭伪。质证的地位，是行政诉讼证据运用过程（即取证、举证（含换证〈交换证据〉）、质证、认证）中不可或缺的中

心环节。“质证是法官正确认证的前提，任何证据未经法庭质证，不得作为定案的根据。”①

二、质证主体

质证主体，即在法庭上有权进行质证活动的行为者。当事人（包括原告、被告和第三人）、诉讼代理人是质证主体，他们有权在法庭上进行质证活动。

法庭是质证的法定场所，合议庭是质证的主持人，是认证主体，不是质证主体，但依据审判职权也可以在对当事人陈述、证人证言、鉴定结论等言词证据进行质证活动时主动发问。

三、质证客体

质证客体，是证据。除最高人民法院审判解释规定予以质证免除者之外，不论当事人举证或法院取证所得，凡可以作为认定被诉具体行政行为是否合法的及其他案情事实依据的证据材料，均应经历法庭质证，未经庭审质证的证据，不能作为定案的依据。

1. 言词证据即当事人陈述、证人证言、鉴定结论等除具有最高人民法院审判解释规定的可以提交书面证据的情形外，其证据主体即当事人、证人、鉴定人应当出庭接受质证。有关专业人员依据法庭通知出庭对案件有关的专门性问题协助质证。

2. 实物证据即书证、物证、视听资料、勘验笔录、现场笔录等除具有最高人民法院审判解释规定的可以提交传来证据的情形外，都应当以原件或者原物接受质证。在有最高人民法院审判解释明确规定的前提下，相关行政执法人员（以证人身份）、勘验人应当出庭作证接受质证主体的质证。

3. 法庭在质证过程中，准许当事人补充证据的，对补充的证据仍应进行质证。

4. 在第二审程序中，对当事人依法提供的新的证据，法庭应当进行质证；当事人对第一审认定的证据仍有争议的，法庭也应当进行质证。按照审判监督程序审理的案件，对当事人依法提供的新的证据，法庭应当进行质证；因原判决、裁定认定事实的证据不足而提起再审所涉及的主要证据，法庭也应当进行质证。

在二审程序、再审程序中的所谓“新的证据”，是指以下证据：①在一审程序中应当准予延期提供而未获准许的证据；②当事人在一审程序中依法申请调取而未获准许或者未取得，人民法院在第二审程序中调取的证据；③原告或者第三人提供的在举证期限届满后发现的证据。这不应当包括当事人故意或重大过失而在原一审、二审程序中藏匿不举的证据。

四、质证免除

1. 无争议事实。即对当事人无争议的事实，无需举证、质证。

2. 当事人认可的证据。当事人在证据交换过程中认可（即没有争议）并记录在卷的证据，经审判人员在庭审中说明后，可以作为认定案件事实的依据，对其免除质证。认可免除质证的条件：一是，该证据是当事人在证据交换过程中没有争议并记录在卷的证据；二是，该证据须由审判人员在庭审中说明已经为双方所认可。该证据具备前两个条件后，其免除质证效用只是“可以”作为认定案情事实的依据。

3. 无关联的证据材料和已质证的证据。法庭在质证过程中，对与案件没有关联的证据材料，应予排除并说明理由。法庭对经过庭审质证的证据，除确有必要外，一般不再质证。

4. 无需举证的事实。无需举证的事实，是指可以直接予以司法认定的事实。“证明案件

---

① 最高人民法院《人民法院五年改革纲要》（法发〔1999〕28号）“10”之规定。

事实的证据未在法庭公开举证、质证，不能进行认证，但无需举证的事实除外。”① 因该事实不用证据证明而直接由法官司法认知，既无需举证也免除质证。下列事实，法庭可以直接认定：（1）众所周知的事实；（2）自然规律及定理；（3）按照法律规定推定的事实；（4）已经依法证明的事实；（5）根据日常生活经验法则推定的事实。其中的（1）、（3）、（4）、（5）项，当事人有相反证据足以推翻的除外。

在当事人用相反证据足以推翻上述无须举证事实的（1）、（3）、（4）、（5）项时，对这些推翻无须举证事实的证据（是否“相反”、是否达到了“足以推翻”无须举证事实的程度）便应当进行质证。

五、质证内容

质证时，当事人、诉讼代理人应当围绕证据的关联性、合法性和真实性，针对证据有无证明效力以及证明效力大小，进行说明、质疑与辩驳等质证活动。

法庭应当根据案件的具体情况，从以下三方面审查证据的合法性：（1）证据是否符合法定形式；（2）证据的取得是否符合法律、法规、审判解释和规章的要求；（3）是否有影响证据效力的其他违法情形。

法庭应当根据案件的具体情况，从以下五方面审查证据的真实性：（1）证据形成的原因；（2）发现证据时的客观环境；（3）证据是否为原件、原物，复制件、复制品与原件、原物是否相符；（4）提供证据的人或者证人与当事人是否具有利害关系；（5）影响证据真实性的其他因素。

六、质证方式与程序

（一）质证方式

涉及国家秘密、商业秘密和个人隐私或者法律规定的其他应当保密的证据，不得在开庭时公开质证。但应当在不公开开庭场合中进行当事人质证。

对于不应当保密的证据，应当在公开开庭场合进行质证。

（二）质证程序

质证程序按下列顺序进行：

1. 被告出示证据，原告、第三人与被告进行质证；
2. 原告出示证据，被告、第三人与原告进行质证；
3. 第三人出示证据，原告、被告与第三人进行质证。

当事人申请人民法院调取的证据，由申请调取证据的当事人在庭审中出示，并由当事人质证。人民法院依职权调取的证据，由法庭出示，并可就调取该证据的情况进行说明，听取当事人意见。

经法庭准许，当事人及其代理人可以就证据问题相互发问，也可以向证人、鉴定人或者勘验人发问。当事人及其代理人相互发问，或者向证人、鉴定人、勘验人发问时，发问的内容应当与案件事实有关联，不得采用引诱、威胁、侮辱等语言或者方式。

法庭应当将当事人的质证情况记入笔录，并由当事人核对后签名或者盖章。

第七节　行政诉讼证据的审核认定

证据的审核认定，是行政诉讼证据制度的核心，是接着质证之后的行政诉讼证明过程的

① 《最高人民法院关于严格执行公开审判制度的若干规定》（法发〔1999〕3号）“五”之规定。

关键环节和最后阶段，在此之后法院转入对行政案件实体判决。

一、审核认定行政诉讼证据的概念

所谓审核认定行政诉讼证据，又称认证，是指对已收集到的行政诉讼证据材料是否具备证据的客观性（或真实性）、关联性、合法性，经过法庭质证充分审核以后，法庭认定其是否具有证据能力和证明力，能否作为证明案件事实的依据的活动。其含义有四：

（一）审核行政诉讼证据材料，首先应审查其是否具备构成行政诉讼证据的基本特性。这是从质的方面进行的审查。凡不同时具备证据的客观性、关联性、合法性的证据材料，便不符合行政诉讼证据的质的规定性，不成其为证据。这一含义提示人们，审查行政诉讼证据材料，并非仅仅限于审查是否真实可靠亦即其客观性之有无，而是必须着眼于审查其是否同时具备行政诉讼证据的“三性”特征。

（二）审核行政诉讼证据材料，不仅要从质的方面进行，而且还要把质与量结合起来，即必须审查其是否充分。“充分”，就是要求有一定数量的（具备“三性”特征的）证据，构成认定案件事实的足够依据亦即“证据群”。凡欠缺一定的证据量，只有个别的证据（即使它在“三性”特点上无可挑剔）而没有若干个证据相互补充、相互印证，构成相互配合、有内在联系的“证据群”，是不能够证明案件事实的。

（三）判断行政诉讼证据材料，即是经审查之后，确定其有无证据能力和证明力，并作出是否能够作为定案根据的认证结论。证据能力（或证据资格），是对证据材料具备证据的合法性特征的前提性评价。经过审查，凡已具备证据的合法性的证据材料，即应判断其已具有证据能力，有充当证据的资格，反之则否，且须在认证阶段予以排除。证明力，是对证据材料已具备客观性（或真实性）、关联性，以及证明待证事实所需要的一定数量的综合性评价。它以证据能力为基础，以证据量为要求，是对“孤证定案”的断然否定。对审查的证据材料作出的是否可以作为定案根据的认证结论，乃是对其是否具备证据能力和证明力的综合性评价。凡已同时具备证据能力和证明力者，应作出肯定性的认证结论即可以采纳或者作为定案的根据。行政诉讼法第 31 条第 2 款关于证据经法庭审查属实，才能作为定案的根据的规定，并非是指仅审查证据客观性属实，而是指审查证据能力和证明力已同时具备属实，才能作为定案的根据。反之，经审查未同时具备证据能力和证明力者，应作出否定性的认证结论即不采纳或者不得作为定案根据。

（四）对行政诉讼诉讼材料进行审核、作出认证结论的场所与主体是法庭。

行政诉讼法第 31 条第 2 款规定：“以上证据经法庭审查属实，才能作为定案的根据。”这一规定，除前述要求审核证据能力和证明力已同时具备属实这一点外，还要求：

1. 只能在法庭这一特定的场所里对行政诉讼证据材料进行审核。这意味着法庭审判人员必须同当事人和其他诉讼参与人一道对证据进行严格审查；凡作为定案根据的证据，必须经过法庭质证。否则，不能作为定案根据。

2. 只能由法庭（即本案合议庭）对行政诉讼证据材料作出能够作为定案依据的最终判断认证结论。这表明，虽然当事人等可以在法庭上充分发表（通过质证、辩论发言）自己对行政诉讼证据材料的审核意见和判断结论，但是却无权作出被法庭审查的证据材料能够作为定案根据的最终判断认证结论。只有负责审查行政案件的法庭（亦即合议庭），才有权作出这一最终判断认证结论，因为这一最终判断认证结论本身，乃是法庭行使行政审判权的必然产物和具体结果之一。

只有把握以上四点含义，才能够全面、正确地理解何谓行政诉讼证据的审核认定，并指导实践中做好此项工作。

二、审核认定行政诉讼证据的意义

证据是保证法院查明事实、正确适用法律处理行政案件的前提和基础。但是由于证据材料的来源和形成的过程不同，可靠程度就不一样。比如证人的证言，因各种主客观因素的影响，有可能失真，有可能作伪；当事人陈述也有可能夸大或缩小事实，掩饰或歪曲真相；书证、物证、视听资料也有发生伪造、变造的可能；鉴定结论、勘验笔录、现场在制作过程中也有可能发生错误。因此，我们既不应搞无证据断案，也不应有证就用，必须认真地审核认定行政诉讼证据，辨伪识真、全面分析、综合评价。这样才能对案情事实作出正确的认定，并使这种认定建立在可靠的基础上，保证行政案件的正确处理。

三、审核认定行政诉讼证据的原则

法学界目前对审核认定行政诉讼证据的原则有不同的认识。我们认为应有以下原则：

（一）实事求是原则

审核认定行政诉讼证据的实事求是原则，其含义有二：

1. 在审核认定行政诉讼证据时，应当凭借客观存在的事实，详细地占有证据材料，在行政诉讼证据一般原理（主要是“三性”特征原理，证据质与量统一原理、证据个证与综合审核认定原则、证据分类原理等科学原理）的指导下，对证据材料与客观案情事实进行系统、周密、认真、准确的分析研究，查证确定，从中引出符合其固有规律性，能够作为定案根据这一正确的判断结论。

2. 在审核认定行政诉讼证据时，应当克服主观唯心主义和形而上学观的不利干扰，切忌先入为主地决定证据材料的优劣、取舍；防止凭主观想象、一时激情判断证据能力、证明效力的有无；杜绝对证据材料进行粗枝大叶、支离破碎、挂一漏万的分析；避免片面武断地确定证据材料的证明力；反对脱离客观存在的事实，臆造编排矛盾百出、难以自圆其说的判断结论。

实事求是原则，是在审核认定行政诉讼证据这一复杂活动中，贯彻马克思主义科学世界观和方法论的要求，也是正确、有效搞好审核认定证据的工作所必需的。

（二）民主集中原则

审核认定行政诉讼证据的民主集中原则，其含义有二：

1. 在审核认定行政诉讼证据时，应当充当发扬诉讼民主，依靠集体智慧。这就是指：

（1）应当充分发挥当事人提供证据材料的积极性、主动性，切实保障当事人、诉讼代理人在证据交换、法庭调查中充分行使对证据材料的查询质证的权利，以及在法庭辩论中有充足的时间、平等的机会阐述各自对证据材料的审核认定见解。对涉及案件专门性问题的证据材料，应当依靠富有专门知识的科学人才即鉴定专家以及专业人员协同审核认定。对于当事人等对证据材料提出的审核认定意见，应当及时、客观记入庭审笔录，从中汲取当事人等诉讼参与人的智慧为审核认定行政诉讼证据所用。为此，在实践中就必须杜绝那种证据交换、法庭调查走过场及法庭辩论搞形式的错误做法。

（2）应当充分发挥审判人员的积极主动性，合议庭成员不仅应当在庭审前审查并占有详细的证据材料，在证据交换、法庭审理中积极主持、指挥当事人等诉讼参与人对证据材料进行质证、论辩，而且应当在评议中充分发表自己对庭审审查证据材料情况的见解，鲜明陈述自己对证据材料分析研究后得出的判断结论，集思广益，运用集体智慧，消除证据矛盾，排除材料疑点。为此，在实践中就必须克服那种“一人评议，众人缄口”，审判长说了算，致使合议庭评议形同虚设的错误做法。

(3) 应当善于将当事人等诉讼参与人的智慧与审判人员的智慧有机结合，融会贯通。在合议庭评议时，坚持兼听则明，取正舍误，虚心采纳当事人等诉讼参与人的正确意见，放弃审判人员的不妥见识，丰富、补充、完善审判人员已有的正确认识，从而熔炼成合议庭对证据材料的最终判断认证结论，并成为依靠集体智慧所获得的正确共识。为此，在实践中就必须克服不加分析鉴别地全盘否定、抛弃或者全盘肯定、搬用当事人等诉讼参与人对证据材料的审核认定见解的形而上学做法。

2. 在审核认定行政诉讼证据时，应当在诉讼民主的基础上实行必要的集中，这就是指：

(1) 对证据材料作出最终判断认证结论的权力，集中于合议庭，不能由诉讼参与人说了算。被审查的证据材料能否作为案件的根据这一最终判断认证结论，不应由当事人、诉讼代理人、证据材料提供单位和个人来作出，而必须是由对本案具体审查的合议庭才有权作出。

(2) 对全案证据材料作出最终判断认证结论的权力，集中于合议庭这一审判组织，不能由审判人员个人说了算。合议庭对证据材料审查评议后，应当按照少数服从多数的原则，集中统一地作出最终判断认证结论。少数人的不同见识应当记入评议笔录中备查，但绝不能以个人"内心确信"不同为由否定合议庭的最终判断认证结论的法律效力。

(3) 对全案证据材料作出最终判断认证结论的权力，在合议庭不宜行使时，集中于审判委员会。审理重大复杂案件的合议庭，在审查评议行政诉讼证据材料遇到疑难复杂问题，而难以或不宜按少数服从多数原则作出集中统一的判断结论的，应当由院长提交审判委员会讨论决定。审判委员会按少数服从多数原则作出的决定，是对证据材料的最终判断认证结论，即使与合议庭提交的初步判断认证意见不同，合议庭也必须执行。

在对行政诉讼证据审核认定活动中，实事求是原则是核心，若背离实事求是原则，那么民主集中原则就毫无意义，审核认定活动就误入歧途；民主集中原则是保障，若损害民主集中原则，就不可能真正坚持实事求是原则，审核认定活动将混乱无序，难以成就。可见，实事求是原则和民主集中原则具有内在联系，是相辅相成的，是一损俱损、缺一不可的；必须同时坚持这两项原则，才能完成好审核认定行政诉讼证据的工作。

(三) 内心确信原则

1. 内心确信原则的提出

最高人民法院法释（2000）8号审判解释规定："法庭应当对经过庭审质证的证据和无需质证的证据进行逐一审查和对全部证据综合审查，遵循法官职业道德，运用逻辑推理和生活经验，进行全面、客观和公正地分析判断，确定证据材料与案件事实之间的证明关系，排除不具有关联性的证据材料，准确认定案件事实。"这是立足于我国实事求是的优良传统且汲取自由心证原则的合理因素而新创提出的对行政诉讼证据认证的内心确信原则。

这是有中国特色的对行政诉讼证据审核认定的内心确信原则。它明确要求：(1) 法庭（合议庭）应当对经过庭审质证的证据和无需质证的证据进行逐一审查和对全部证据综合审查，要全面、客观，确定证据材料与案件事实之间的证明关系，排除不具有关联性的证据材料，准确认定案件事实。这就是体现了我国行政诉讼法"以事实为根据，以法律为准绳"基本原则的精神；(2) 法庭（合议庭）应当遵循法官职业道德和运用逻辑推理及日常生活经验对证据进行公正地分析判断。这就是充分发挥合议庭审判人员主观能动性，在道德、良心、理智指引下正确地认识客观把握证据证明力的自由心证合理因素的体现。

2. 内心确信原则的要素

内心确信原则，是包括了前提、伦理、理智、良心、目标等几方面基本要素的有机统一体：

(1) 内心确信主体是法庭（合议庭审判人员），内心确信客体是证据。内心确信应当以法庭对经过庭审质证的证据和无需质证的证据进行逐一审查和对全部证据综合审查为基本前提，法庭不能搞无证据根基的虚空内心确信。这是对法官在审核认定证据证明力中的内心确信的前提要素。

(2) 内心确信要遵循法官职业道德。这是对法官在审核认定证据证明力中的内心确信的伦理要素。恪守职业道德是《法官法》规定法官应当履行的法定义务。法官具有良好的职业道德，对于确保司法公正、维护国家法治尊严至关重要。法官应当忠实于宪法和法律，具备忠于职守、秉公办案、刚正不阿、不徇私情的理念，惩恶扬善、弘扬正义的良知，正直善良、谦虚谨慎的品格，享有良好的个人声誉，法官审判案件必须以事实为根据，以法律为准绳，秉公办案，不得徇私枉法，要独立思考、自主判断，敢于坚持正确的意见，避免主观偏见、滥用职权和忽视法律等情形的发生。法官审核认定证据处理行政纠纷，离不开事实和法律，也离不开法官职业道德。法官审核认定证据处理行政纠纷，若不恪守职业道德，不讲司法伦理，摈弃司法良心，必然难以做到“以事实为根据，以法律为准绳，秉公办案”，必然难以避免主观、片面地作出认证结论。法官应当勤勉敬业，全身心地致力于履行职责，不得玩忽职守造成错案或者给当事人造成严重损失，必须杜绝粗心大意、无故拖延、贻误工作的行为，认真、及时、有效地完成对行政诉讼证据的认证。

(3) 内心确信要运用逻辑推理和生活经验。运用逻辑推理及生活经验（又可称经验法则），是对法官在审核认定证据证明力中的内心确信的理智要素。

法官审核认定证据证明力本身也是一个思维的过程，逻辑推理是法官审核认定证据证明力所必须运用的重要的形式逻辑的思维方法。法官在审核认定证据证明力的思维过程中，应当明确概念的内涵和外延、掌握各种逻辑判断形式，遵守形式逻辑的基本规律、运用归纳推理方法和演绎推理方法以及两者相互交替运用，以求通过法官正确的思维形式确保其内心确信出对证据证明力的正确结论，避免逻辑推理错误所导致的不理智的内心确信及错误认证结论。与此同时，法官还应当具有丰富的社会经验和对社会现实的深刻理解，在对证据证明力审核认定中能够运用生活经验于逻辑推理之中，以保证理智地进行内心确信及作出合乎情理的认证结论。“法院依自由心证为证据判断时，不得违背经验法则。所谓经验法则，系指吾人基于日常生活经验所得之定则，并非个人主观上之推测。”[①] 在日常生活经验法则没有被反证足以变更的社会常态下，凡是违背日常生活经验法则的法官认证结论，就是不合情理的（亦即不理智的）内心确信；凡是不合情理的认证结论，就是不可靠的认证结论。

(4) 内心确信要求对证据进行分析判断应当全面、客观和公正。这是对法官在审核认定证据证明力中的内心确信的良心要素。全面，要求法官对于当事人各方提出的和法院审判人员收集的、经过庭审质证的证据和无需质证的证据进行逐一审查和对全部证据综合审查，从而审核认定各方证据的证明力，不可无根据地取舍、偏袒或忽略对某一方当事人有利或不利的经过合法质证程序后提供审判人员对其证明力予以审核认定的证据。客观，要求法官尊重证据事实，亦即忠实于事实真相认定证据证明力，而不能脱离实际情况恣意认定证据证明力。全面，还要求法官认定有证明力的证据应当足以构成认定案件事实的充分依据，避免片

---

① 李学灯《证据法比较研究》，五南图书出版有限公司 1992 年 4 月版，第 757 页。

面性错误的发生。客观，还要求法官认定有证明力的证据应当确实，避免主观偏见、滥用职权和忽视法律等情形的发生，避免误用虚假证据错定案情事实。公正，要求法官在履行证据审核认定职责时，应当保持中立，平等保护各方当事人合法权益，不偏袒一方，切实做到实体公正和程序公正，并通过自己在法庭内外的言行体现出公正，避免公众对司法公正产生合理的怀疑。

（5）内心确信要确定证据的证明力。这是对法官在审核认定证据证明力中的内心确信的目标要素。在现代诉讼中，对证据的证据能力，是由法律加以形式的限制，不许法官自由心证判断之；对证据的证明力，则许由法官依据其自由心证而为判断（即内心确信），法律并不加以形式的限制。证据必须先具备证据能力，才能进入法官对其有无证明力的自由心证判断阶段。对没有证据能力的证据材料，如刑讯所得的言辞证据，法律都有严格限制，排除出（诉讼之）局，使其不得成为法官自由心证的对象。法官只能“由有证据能力之证据，形成心证，并非以自由心证，判断证据能力，亦不许以自由心证，创造证据能力。”① 内心确信，就是对证据有无证明力和证明力大小独立进行判断。判断证据有无证明力，是指判断证据有无客观性（或真实性）和关联性，有此两性者就有证明力，无此两性者即无证明力。而判断证据的证明力大小，是指判断数个证据对于待证事实的证明价值强弱的比较力量。因此，内心确信确定证据的证明效力，即应确定证据材料与案件事实之间的证明关系，排除不具有关联性的证据材料，以准确认定案件事实。从而，为案件处理奠定事实根据。

四、审核认定行政诉讼证据的方法

根据司法实践经验，审核认定行政诉讼证据的方法主要是：

（一）逐一审查法

逐一审查法，又称为个证分析法，即根据具体证据特点进行分析的方法。它是对具体证据，依其特点进行分析评价，是审核认定行政诉讼证据的基础工作和基本方法。

证据的种类不同而特点各异，其对案件事实的证明作用亦不相同。因此，在审查中应有不同的侧重点，不能够千篇一律，一个模式照套。要对具体证据具体分析评价，研究该证据是否真实，对所证事项有无联系、有何联系，在合法性方面有无问题、有何问题，从而确定其证据能力有无、证明力大小、可否补强。

1. 对书证的审查

审查书证应根据其分类特点进行：（1）审查书证内容能否为证。需查明书证内容与案情事实有无关联，书证制作者对书证内容在观察、认识、理解、记忆、记载上有无错误、片面、遗漏、伪造、变造等情形。对公文书证内容，还应查明有无违反法律、法规或与上级规定相抵触，是否伪造、违法变更。凡内容有误、违法、与案情无关者，不能作为书证使用。（2）审查书证的来源是否正当。需查明副本、抄本、节录本、复制本等非原本书证，与原本是否无异，有无断章取义、遗漏变动作伪情形，书证的收集有无违反法定的程序。（3）审查书证的形式是否合法。需查明书证有无混用普通文书与特别文书的形式、公文书与私文书的形式，是否由法定单位、机关制作，有无越权制作，所盖公章有无伪造，是否正确；书证载体是否采用法定载体即是否在法定刊物登载，是否使用特定公文用笺，是否使用法定印制铅字、纸张、油墨、材料等。凡书证的来源不正当、形式违法者，不能采为定案的根据。

2. 对物证的审查

① 陈朴生《刑事证据法》，三民书局1979年10月第2版，第554页。

审查物证应注意把握其特点进行，着重审查作为物证的物品的性质、特征、形状是否与案情事实有内在必须联系。为此需查明：(1) 物证是否为行政法律关系中的客体物。物证提交者有无以种类物代替特定物、以案外无关之物调换案内争议之物。凡非行政法律关系中的客体物均不得作为物证使用。(2) 非原物与原物是否无异。在提交原物确有困难前提下所提供的物证标本、照片或复制品等非原物有无掩饰、歪曲原物的固有性质、特征、形状。凡与原物有异者，均不能作为物证使用。(3) 疑似物证是否被鉴别认同。可凭肉眼直观识别的疑似物证，是否经有关人员辨认肯定，非肉眼直观识别的疑似物品、痕迹、性质、特征有无经过科学技术、专门技能的鉴定，其结论是否认定同一。凡未经辨认、鉴定或者其结论认定与案情事实不同一者（排除辨认、鉴定失误的情况后），均不能作为物证使用。

3. 对视听资料的审查

视听资料是高技术、信息证据，在审查时应查清：(1) 视听资料的内容是否与案情相符合，有无伪造、消磁、剪辑变造情形。为此，可以通过用慢速播放的方法，鉴别有无消磁、剪辑；用高分辨仪鉴别图像的真伪；用音素分辨仪鉴别所录音间有无伪造、模仿；直接对磁带有无剪辑拼凑痕迹进行检验。(2) 视听资料的制作仪器设备、检测装置是否符合科学规范要求，在录制、储存、提供视听资料时是否处于良好正常工作状态。电脑数据库的数据资料是否遭到计算机病毒的侵害。(3) 视听资料的制作情况是否与行政管理、行政争议的相关情形相一致。为此，应查明录音、录像，监测数据资料制作的时间、地点、环境、人物、现场气氛等情况是否与行政管理、行政纠纷过程中的相关情况相一致；经复制的视听资料与视听资料原品是否吻合一致；疑似视听资料是否经当事人等相关人员辨别认同，不能由人体器官功能辨别认同或相关人员否定疑似视听资料的，是否通过科技鉴定手段予以辨别认同，凡内容为变造、伪造者，或者制作仪器设备装置处于非常态者，制作情况与行政管理、行政纠纷的相应情况相矛盾者，与视听资料原品不一致者，未经辨别鉴定或辨别鉴定结论未予以认同者（排除辨别鉴定有误情形），均不能或不宜采为视听资料使用。

4. 对证人证言的审查

证人证言的特点在于是由人体器官感知、记忆、表述案情信息的证据，内容的真伪虚实易受主客观条件的制约影响。因此，必须对证人证言涉及的各种主客观因素进行综合对照、分析研究。应注意审查：(1) 证人是否具备正常的生理条件感知、记忆、表述证言内容。(2) 证人在了解案件情况时所处的客观环境条件能否感知所述证言内容。(3) 证人提供的传来证言是否与原始证言无异，有无可靠出处。(4) 证人提供证言时有无受到外界非法干扰，证人与当事人或案件之间是否存在可能影响证言内容真实性的个人恩怨和利害关系。(5) 证人的身份、政治状况和思想品德等一人表现情况是否可能影响证言内容真实性；(6) 同一证人的前后证言之间、不同证人的证言之间，是否一致，能否互为补充、是否合乎情理，矛盾疑点是否得到查证排除。

5. 对当事人陈述的审查

根据当事人陈述的两重性特点，对于当事人陈述主要采取与其他证据结合进行综合研究审查，以排除虚假可能性。从个证审查法角度看，应着力审查当事人的承认性陈述：(1) 在形式上是否明确无误，是否以书面证言文字表达。(2) 在时间上，是否在诉讼期间作出，如由诉讼代理人作出是否得到被代理人的特别授权或明确认可。(3) 在动机背景上，是否为了规避法律，有无互相串通，是否受到对方当事人或外界其他单位个人的非法压力制约。(4) 在内容上，是否针对当事人的符合实际的请求而作出的完整承认，有无遗漏残缺、保留余地，所作承认是否完整表达承认者的真实意思，是否合乎法律有关要求，能否予以许可。承认内容是否前后一致，有无反悔否定。

6. 对鉴定结论的审查

根据鉴定结论的特点，应审查：(1) 鉴定部门是否为法定鉴定部门或者人民法院指定(或认可)的鉴定部门。(2) 鉴定人是否具备解决该项专业性问题所必需的专业知识技能，所采取的鉴定方法是否正确合乎科学规程要求，鉴定过程有无受到外界非法干扰，工作是否公正、负责任，与本案及当事人有无利害关系，是否应当回避。(3) 鉴定所需的仪器、设备、装置是否完备完善，使用时是否处于良好正常工作状态，操作者是否遵守科学程序。(4) 送交鉴定材料是否充分、可靠，能否满足鉴定所需。(5) 鉴定结论内容是否正确，是否合乎逻辑，有无充分、科学的依据，结论与依据之间是否相脱节。

7. 对勘验笔录的审查

法院制作的勘验笔录一般是公正可靠的，但也有可能受主客观因素影响而有失误，对勘验笔录应审查：(1) 勘验人是否存在关系，是否应予回避而未回避，是不是本案当事人、诉讼代理人、证人的近亲属，有无受到外界非法干扰制约，有无勘验所需的业务能力、技术水平。(2) 勘验笔录的内容是否全面、细致、准确反映勘验情况和结果。对被勘验的现场、物品、痕迹的具体地点和位置，所处环境、状态，提取物证、痕迹的手段，有无变动破坏等重要情况是否详细记叙。对勘验过程中所采取收集的各种痕迹物证的名称和数量，以及拍照现场照片和绘制现场图或制作视听资料，种类和数量，是否准确详细记叙。笔录的用语是否明确，有无模棱两可、含混不清的语句。(3) 勘验笔录的制作手续是否完备合法。勘验人有无进行勘验的权力，是否持有并出示人民法院的证明文件。当事人或其成年家属是否被通知到场，是否邀请当地基层组织或者当事人所在单位派人参加。勘验人、当事人、被邀请参加人是否在勘验笔录上签名或者盖章。(4) 对勘验笔录是否准许当事人发问和提出重新勘验要求，是否存在重新勘验的必要。

8. 对现场笔录的审查

对现场笔录的审查，应考虑其是行政机关进行行政管理的产物这一特点，特意查明：(1) 现场笔录的制作者有无此项行政职权，是否越权制作。现场勘验人是否与相对人存在利害恩怨、近亲属以及其他可能影响公正勘验的关系。(2) 现场笔录是否在行政管理期间、行政行为实施的现场当场制作，是否符合法定行政程序的要求。(3) 现场笔录的内容是否客观、全面、详细地记叙现场基本事实性，是否与现场的行政行为或者相对人违法行为的事实中的时间、地点、人物、事件及其过程、物品痕迹、环境、位置、状态及变动情况等相应的各种基本情况相一致。用语表述是否含混不清、歧义横生。有无隐瞒、遗漏、笔误对相对人有利的现场重要事实情况。(4) 现场笔录的形式、手续是否符合行政法文件的要求。制作人、相对人、见证人的基本身份情况是否准确记载，有无张冠李戴，移花接木。笔录格式是否符合法定格式要求，笔录的项目有无遗漏未记。笔录是否依法交给相对人。见证人在现场当场核对，征询其意见。制作人、相对人、见证人是否在现场笔录上签名或者盖章。

(二) 综合审查法

综合审查法，即综合全部证据材料，结合案件事实进行分析研究的方法。包括：

1. 通过“证据群”进行综合比较、鉴别。在许多情况下，一个证据本身无法最终确定其证据能力、证明力，而必须在同其他证据的互相对比、印证中才能判断其真伪虚实，才能确定其能否作为定案的根据。能够作为定案根据的各种证据之间具有内在的必然联系，是互相协调一致的，能够形成一个完整的排他的"证据群"。因此，应当借助"证据群"，进一步对具体证据乃至全部证据进行综合分析，这就是要把各种证据联系起来考察，如果它们之间是能够构筑成一个"证据群"的，则可以作出能够作为定案根据的判断结论。反之，如果它们之间的关系是互相矛盾的，就可能某一证据为真，另一证据为假，或者各矛盾的证据都有部分真实和部分不真实。这时就必须抓住矛盾焦点，予以澄清，去伪存真，或者进一步收集、补充确实可靠的证据，最终构筑一个"证据群"，并将种种矛盾完全否定、排除。

2. 结合案情事实进行综合比较、鉴别。凡是能够作为定案根据的证据，都与案情事实有内在必然联系，否则就是与案情事实相矛盾的。因此，证据能否作为定案根据，还应当结合案情事实加以综合分析：一方面要从宏观上考察"证据群"与"案件事实"总体是否相符合、相一致；另一方面要从微观上考察"证据群"的各环节证据与案件事实的相应环节的情况是否相符合、相一致。凡与案件事实总体或相应环节的事实相抵触冲突的"证据群"或其中有关环节的证据，均不能作为定案的根据，均应予否定、排除，并且应重新进行收集、审核认定证据。

总之，只有将个证分析法与综合分析法结合起来，既要具体证据具体分析，又要联系其他证据，结合案件事实综合评价，并且注意补充新的证据，最终排除证据矛盾、疑点，获得唯一的排他的正确判断结论。

五、审核认定行政诉讼证据的规则

人民法院裁判行政案件，应当以证据证明的案件事实为依据。但是，人民法院可以直接认定当事人无争议的事实（但涉及国家利益、公共利益或者他人合法权益的事实，可以责令当事人提供或者补充有关证据），自然规律及定理，当事人没有提出反证足以推翻的众所周知的事实、按照法律规定推定的事实、已经依法证明的事实、根据日常生活经验法则推定的事实，以及生效的人民法院裁判文书或者仲裁机构裁决文书确认的事实（但，如发现该裁判文书或者裁决文书认定的事实有重大问题的，应当中止诉讼，通过法定程序予以纠正后恢复诉讼），可以作为定案依据。原告确有证据证明被告持有的证据对原告有利，被告无正当事由拒不提供的，可以推定原告的主张成立。

对于庭审中经过质证的证据，能够当庭认定的，应当当庭认定；不能当庭认定的，应当在合议庭合议时认定。法庭在进行认证时，还应遵循最高人民法院所确定的审核认定行政诉讼证据的规则（认证规则）。

（一）不具备合法性的证据不予采纳规则

1. 被告在行政程序中依照法定程序要求原告提供证据，原告依法应当提供而拒不提供，在诉讼程序中提供的证据，人民法院一般不予采纳。

2. 对被告在行政程序中采纳的鉴定结论，原告或者第三人提出证据证明有下列情形之一的，人民法院不予采纳：（1）鉴定人不具备鉴定资格；（2）鉴定程序严重违法；（3）鉴定结论错误、不明确或者内容不完整。

3. 被告在反补贴行政调查程序中依照法定程序要求原告提供证据，原告无正当理由拒不提供、不如实提供或者以其他方式严重妨碍调查，而在诉讼程序中提供的证据，人民法院不予采纳。

（二）不具备合法性和真实性的证据材料或证据不能作为定案依据规则

1. 下列证据材料不能作为定案依据：（1）严重违反法定程序收集的证据材料；（2）以偷拍、偷录、窃听等手段获取侵害他人合法权益的证据材料；（3）以利诱、欺诈、胁迫、暴力等不正当手段获取的证据材料；（4）当事人无正当事由超出举证期限提供的证据材料；（5）在中华人民共和国领域以外或者在中华人民共和国香港特别行政区、澳门特别行政区和台湾地区形成的未办理法定证明手续的证据材料；（6）当事人无正当理由拒不提供原件、原物，又无其他证据印证，且对方当事人不予认可的证据的复制件或者复制品；（7）被当事人或者他人进行技术处理而无法辨明真伪的证据材料；（8）不能正确表达意志的证人提供的证言；（9）不具备合法性和真实性的其他证据材料；（10）以违反法律禁止性规定或者侵犯他人合法权益的方法取得的证据，不能作为认定案件事实的依据。

2. 下列证据不能作为认定被诉具体行政行为合法的依据规则：（1）被告及其诉讼代理人在作出具体行政行为后或者在诉讼程序中自行收集的证据；（2）被告在行政程序中非法剥夺公民、法人或者其他组织依法享有的陈述、申辩或者听证权利所采用的证据；（3）原告或者第三人在诉讼程序中提供的、被告在行政程序中未作为具体行政行为依据的证据。

3. 复议机关在复议程序中收集和补充的证据，或者作出原具体行政行为的行政机关在复议程序中未向复议机关提交的证据，不能作为人民法院认定原具体行政行为合法的依据或者维持原具体行政行为的根据。

4. 未经法庭质证的证据不能作为人民法院裁判的根据。

5. 人民法院依据被告的案卷记录审查被诉反补贴行政行为的合法性。被告在作出被诉反补贴行政行为时没有记入案卷的事实材料，不能作为认定该行为合法的根据。

6. 被告在二审过程中向法庭提交在一审过程中没有提交的证据，不能作为二审法院撤销或者变更一审裁判的根据。

（三）孤证不能定案规则（证据补强规则）

孤证不能定案规则，又称补强证据规则，是指特定的证据单独不能作为定案依据（孤证不能定案）；只有与其他证据结合补强其证明力，才能作为定案依据的证据（证据补强）。

下列证据不能单独作为定案依据：（1）未成年人所作的与其年龄和智力状况不相适应的证言；（2）与一方当事人有亲属关系或者其他密切关系的证人所作的对该当事人有利的证言，或者与一方当事人有不利关系的证人所作的对该当事人不利的证言；（3）应当出庭作证而无正当理由不出庭作证的证人证言；（4）难以识别是否经过修改的视听资料；（5）无法与原件、原物核对的复制件或者复制品；（6）经一方当事人或者他人改动，对方当事人不予认可的证据材料；（7）其他不能单独作为定案依据的证据材料。

上列证据不能单独作为定案依据，必须有其他证据予以补强其证明力有机结合在一起，才能作为定案依据。

（四）数个证据对同一事实的证明力大小确认规则（最佳证明效力规则）

证明同一事实的数个证据，其证明效力一般可以按照下列情形分别认定：（1）国家机关以及其他职能部门依职权制作的公文文书优于其他书证；（2）鉴定结论、现场笔录、勘验笔录、档案材料以及经过公证或者登记的书证优于其他书证、视听资料和证人证言；（3）原件、原物优于复制件、复制品；（4）法定鉴定部门的鉴定结论优于其他鉴定部门的鉴定结论；（5）法庭主持勘验所制作的勘验笔录优于其他部门主持勘验所制作的勘验笔录；（6）原始证据优于传来证据；（7）其他证人证言优于与当事人有亲属关系或者其他密切关系的证人提供的对该当事人有利的证言；（8）出庭作证的证人证言优于未出庭作证的证人证言；（9）数个种类不同、内容一致的证据优于一个孤立的证据。

（五）特定案件中对被告证据充分的认定规则

人民法院审理反补贴、反倾销行政案件，发现在反补贴、反倾销行政调查程序中，利害关系人无正当理由拒不提供证据、不如实提供证据或者以其他方式严重妨碍调查的，国务院主管部门根据能够获得的证据得出的事实结论，可以认定为证据充分。

第十一章　财产保全和先予执行

第一节　财产保全

一、财产保全的概念

财产保全，是指人民法院在涉案有关财产因一方当事人的行为或者其他原因可能出现被转移、隐匿、毁损、灭失等情形，从而可能造成对他方当事人权益的损害或使未来生效判决难以执行或不能执行时，根据当事人申请或依职权裁定采取必要措施保护涉案有关财产安全的制度。

二、财产保全的对象与条件

(一) 财产保全的对象

财产保全的对象，限于诉讼请求所涉及的范围，或者与本案有关的财物。这就是说，保全的货币价金或财产的数额应当不超过本案诉讼请求的金额或财产范围；保全的财物应当是与本案具体行政行为所处理、处罚的财物同一。对于诉讼请求范围之外的或者与本案无关的财产，不得进行财产保全。

(二) 财产保全的条件

财产保全的条件，是指案件存在着因当事人一方的行为（比如将财产转移、隐匿、出卖、毁损，或者将财产挥霍、转账、赠送他人等等）或者其他原因（比如风雨侵蚀、气温变化等自然界客观现象的影响，造成本案有关财物的损耗、变质等等），可能使具体行政行为或者人民法院生效裁判不能执行或者难以执行的。若案件不存在此种可能性，则不予进行财产保全。

三、财产保全的方法和程序

(一) 财产保全的方法

财产保全的方法，包括查封、扣押、冻结或者法律规定的其他方法。查封、扣押是对财物采取保全的方法。冻结是对存款采取保全的方法。法律规定的其他方法，是指查封、扣押、冻结这三种方法以外，法律（包括《民事诉讼法》）以及有关司法解释文件规定可由人民法院用于财产保全的方法。比如，对已查封、扣押而不宜长期保存的财产，采取拍卖、变卖方法转化为价款而予以保全，等等。采取财产保全方法时，应当注意：(1) 采取不同的保全方法，应当分别遵守有关法律规范文件对采取该方法所规定的执行程序和要求。关于此点，可参阅本行政诉讼强制执行的有关论述。(2) 人民法院冻结财产后，应当立即通知被冻结财产的人。财产已被查封、冻结的，不得重复冻结、查封。这是保护被财产保全人的利益所必需的要求。

(二) 财产保全的程序

财产保全程序，包括以下运行环节：

1. 申请保全或主动保全

在一般情况下进行财产保全，由当事人一方提出财产保全申请。在必要的时候，没有当事人的申请，人民法院也可以主动进行财产保全。

当事人一方申请财产保全的，应当注意：(1) 一般应提交书面申请，写明具备财产保全的条件，保全财产的有关情况（比如品名、种类、数量、金额、所在地、财号等），保全方法请求等。书写有困难的，可以口头申请，由审判人员记入笔录，申请人签名或盖章。（2）根据《诉讼费用交纳办法》规定，预交采取财产保全措施的申请费（详见本书第十二章第三节“诉讼费用”“四、申请费的交纳范围与标准”之论述）。（3）根据人民法院责令，提供财产保全担保。担保，可以是保证人出具保证书担保，也可以由申请人提供银行担保或现金、实物担保。

2. 裁定采取财产保全措施或驳回财产保全申请

人民法院接受申请后，对情况紧急的，必须在48小时内作出财产保全裁定。裁定可采取书面或口头方式。裁定应由合议庭成员、书记员署名，加盖人民法院印章。口头裁定的，应记入笔录备查。人民法院裁定采取财产保全措施的，应当在裁定书中写明采取财产保全措施所依据的事实和法律根据，及申请人提供担保的种类、金额或者免予担保的事实和法律根据。

人民法院采取财产保全措施，可以责令申请人提供担保；申请人不提供担保的，应裁定驳回申请。人民法院决定不采取财产保全措施的，应当作出书面裁定，并在裁定书中写明有关事实和法律根据。

3. 执行财产保全

人民法院的财产保全裁定一经作出即为生效，应当立即开始执行。根据《最高人民法院关于人民法院执行工作若干问题的规定（试行）》（法释［1998］15号）第3条规定，人民法院在审理行政案件中作出的财产保全裁定，由审理案件的审判庭负责执行。但，自2009年7月17日起，根据《最高人民法院关于进一步加强和规范执行工作的若干意见》（法发〔2009〕43号）规定，财产保全等统一由法院的执行机构负责实施。在案件审理程序中，当事人提供财产担保的，人民法院应当对该财产的权属证书予以扣押，同时向有关部门发出协助执行通知书，要求其在规定的时间内不予办理担保财产的转移手续。

4. 申请复议

当事人对财产保全的裁定不服的，可以申请复议一次。复议期间不停止裁定的执行。

5. 财产保全的解除

在执行财产保全裁定过程中，被申请执行财产保全的人提供担保的，人民法院应当解除财产保全措施。

四、对财产保全错误的赔偿

（一）申请人对财产保全错误的赔偿责任

申请人申请财产保全有错误的，造成被申请人、案外人损失的，应当对被申请人、案外人因财产保全而遭受的损失后果负赔偿责任。这是在司法实践中，法院对当事人一方申请财产保全确有错误所作的赔偿损失的处理。

申请人对财产保全错误的赔偿责任的构成条件有三：（1）当事人申请财产保全确有错误。如果当事人申请财产保全没有错误，而是人民法院在采取财产保全措施时的自身错误，则不能要求申请人赔偿损失。“申请财产保全确有错误”主要指：①申请财产保全的对象范围确有错误。即申请人申请保全的财产实际上已超过本案诉讼请求所涉及范围或已不是被申请人的财物或与本案有关的财物。②申请财产保全的条件确有错误。即申请人申请财产保全的条件并不成就，实际上并不存在申请人提出的对方当事人有不法行为或其他自然客观原因而可能危害其申请保全财产的安全的情况。③申请财产保全的权利行使确有错误，即人民法院的生效判决确定申请人败诉，由此而返回证明其在不具备胜诉权并不享有实体权利的前提下确有滥用申请财产保全权利的错误。（2）被申请人、案外人因财产保全确已遭受损失后果。倘若没有遭受损失后果，则不能要求申请人赔偿损失。所谓“因财产保全确已遭受损失”，主要是指被申请人由于不能够使用、处分、收益其被保全的财产而遭受的直接经济损失。（3）当事人申请财产保全确有错误与被申请人、案外人确已遭受损失结果之间具有因果关系。对于错误申请财产保全造成的损害赔偿，仅存在错误申请及损害结果并不足以使申请人承担损害赔偿责任，被申请人、案外人还应当证明错误申请财产保全与自己合法财产损害结果之间具有直接的因果关系，否则法院应当驳回其要求申请人赔偿的请求。以上三项条件必须同时具备，缺一不可。

（二）法院对财产保全错误的赔偿责任

法院违法采取财产保全措施造成损害的，依法承担司法赔偿责任。根据《国家赔偿法》第31条规定，人民法院在行政诉讼过程中，违法采取财产保全措施对公民、法人和其他组织合法权益造成损害的，依法应由国家承担司法赔偿责任。被财产保全损害人有权向法院提出司法赔偿请求，要求赔偿的程序，适用《国家赔偿法》关于刑事赔偿程序的规定，以及2000年9月14日最高人民法院审判委员会第1130次会议通过的《最高人民法院关于民事、行政诉讼中司法赔偿若干问题的解释》（法释〔2000〕27号）的有关规定。

1. 财产保全司法赔偿的赔偿请求人与赔偿义务机关

被财产保全损害人，即受害的（即被法院违法采取财产保全措施造成损害的）公民、法人或者其他组织有权要求赔偿，是财产保全的赔偿请求人。根据《国家赔偿法》规定，受害的公民死亡的，其继承人和其他有扶养关系的亲属有权成为赔偿请求人要求赔偿，受害的法人或者其他组织终止的，承受其权利的法人或者其他组织有权成为赔偿请求人要求赔偿。

违法对被财产保全损害人采取财产保全措施造成其损害后果的人民法院，是财产保全的赔偿义务机关。

2. 财产保全司法赔偿的情形

财产保全司法赔偿的情形，即违法采取保全措施，指的是人民法院依职权采取的下列财产保全行为的情形：①依法不应当采取保全措施而采取保全措施或者依法不应当解除保全措施而解除保全措施的；②保全案外人财产的，但案外人对案件当事人负有到期债务的情形除外；③明显超过申请人申请保全数额或者保全范围的；④对查封、扣押的财物不履行监管职责，严重不负责任，造成毁损、灭失的，但依法交由有关单位、个人负责保管的情形除外；⑤变卖财产未由合法评估机构估价，或者应当拍卖而未依法拍卖，强行将财物变卖给他人的；⑥违反法律规定的其他情形。

3. 财产保全司法赔偿的范围

人民法院及其工作人员在行政诉讼中违法采取保全措施的行为，造成损害的，法院应当承担直接损失的国家司法赔偿责任。因多种原因造成的损害，只赔偿因违法侵权行为所造成的直接损失。

可见，财产保全司法赔偿的范围，限于违法采取保全措施造成的直接损失。直接损失包括下列情形：①保全过程中造成财物灭失、毁损、霉变、腐烂等损坏的；②违法使用保全的财物造成损坏的；③保全的财产系国家批准的金融机构贷款的，当事人应支付的该贷款借贷状态下的贷款利息；④保全造成停产停业的，停产停业期间的职工工资、税金、水电费等必要的经常性费用；⑤法律规定的其他直接损失。

4. 财产保全司法赔偿的免除

根据国家赔偿法第 17 条的规定，具有下列情形之一的，国家不承担财产保全司法赔偿责任：①因申请人申请保全有错误造成损害的；②人民法院工作人员与行使职权无关的个人行为；③被保全人或者人民法院依法指定的保管人员违法动用、隐匿、毁损、转移、变卖人民法院已经保全的财产的；④因不可抗力造成损害后果的；⑤依法不应由国家承担赔偿责任的其他情形。

5. 财产保全司法赔偿的程序

（1）确认违法行使职权的行为。确认违法行使职权（即违法采取保全措施）的行为，是当事人申请行政诉讼财产保全司法赔偿的前提。违法行使职权的行为应当先经依法确认。当事人申请确认违法行使职权的行为的，应当先向侵权的人民法院提出。人民法院应自受理确认申请之日起两个月内依照相应程序作出裁决或相关的决定。申请人对确认裁定或者决定不服或者侵权的人民法院逾期不予确认的，申请人可以向其上一级人民法院申诉。

未经依法确认直接向人民法院赔偿委员会申请作出赔偿决定的，人民法院赔偿委员会不予受理。

（2）经依法确认有财产保全司法赔偿的情形之一的，赔偿请求人可依法向赔偿义务机关（即侵权的人民法院）提出赔偿申请。即：赔偿请求人根据受到的不同损害，可以同时提出数项赔偿要求。赔偿请求人应当递交申请书，申请书应当载明下列事项：受害的公民的姓名、性别、年龄、工作单位和住所，受害的法人或者其他组织的名称、住所和法定代表人或者主要负责人的姓名、职务；具体的要求、事实根据和理由；申请的年、月、日。赔偿请求人书写申请书确有困难的，可以委托他人代书；也可以口头申请，由赔偿义务机关记入笔录。

（3）赔偿义务机关应当受理并应当自收到申请之日起两个月内依法给予赔偿。

（4）赔偿义务机关逾期不作决定的或者赔偿请求人对赔偿数额有异议的，赔偿请求人可以自期间届满之日起 30 日内向其上一级人民法院赔偿委员会申请作出赔偿决定。上一级人民法院赔偿委员会应当自收到申请之日起两个月内作出决定。

6. 财产保全司法赔偿的方式

行政诉讼中财产保全司法赔偿的主要方式：支付赔偿金。包括：①财产损坏的，赔偿修复所需费用；②财产灭失的，按侵权行为发生时当地市场价格予以赔偿；③财产已拍卖的，给付拍卖所得的价款；④财产已变卖的，按合法评估机构的估价赔偿；⑤造成其他损害的，赔偿直接损失。

行政诉讼中财产保全司法赔偿的其他方式：能够返还财产或者恢复原状的，予以返还财产或者恢复原状。包括：①解除查封、扣押、冻结；②返还财产、恢复原状。

第二节 先予执行

一、先予执行的概念

先予执行，是指人民法院在终局判决之前，裁定有给付义务的被告行政机关，预先履行义务给付原告一定款项或财物，以解决原告生活、工作、生产经营急需的一种应急制度。

先予执行，实际上是权利人在法院判决确定之前，先行实现了未来判决中确认的部分实体权利，是人民法院及时保护原告的合法权益、解其燃眉之急的有力措施。

二、先予执行的条件

先予执行，应当具备以下四项条件：

1. 先予执行，可以根据原告申请或者案件的具体情况。合议庭根据原告的申请或者案件的具体情况，可以作出先予执行裁定。

2. 先予执行，从案件性质说，应当是具有给付内容的行政案件。包括，向行政机关追索其没有依法发给（烈士遗属、因公牺牲军人遗属、病故军人遗属的）定期抚恤金、（义务兵服现役期间其家庭的）优待金、在乡复员军人定期定量补助、社会保险金或者最低生活保障费（如城市居民最低生活保障金）的行政案件，以及追索赔偿医药费用、追索交付被扣押的特定物（如工作、生产所急需的图纸、资料、设备部件）等其他具有给付性质的行政案件。

3. 先予执行，双方当事人的行政法律关系是明确、具体、可以肯定的，原告对被告并不存在对等给付的义务。双方在行政实体法规范上，存在明显的权利、义务关系。比如，被告民政机关依抚恤法规负有给付抚恤金的义务，原告（即抚恤对象）则依法享有获取抚恤金的权利；被告公安机关依《治安管理处罚法》第 117 条负有赔偿损失的义务，原告（即被公安机关及其人民警察违法行使职权侵犯合法权益及遭受损害的公民、法人和其他组织）则依该法律享有获取应得赔偿费的权利，等等。

4. 先予执行，具有现实必要。也就是说，原告人迫切需要先予执行以解生活、工作、生产的燃眉之急。比如原告生活费无其他来源，或其他来源不足应付生活上的必要开支，或急需支付一笔医药费，或在工作、生产上急需使用被扣押的图纸、资料、设备部件等等。如果不采取先予执行措施，则原告生活就难以甚至无法维持，或使必需的医疗难以继续，或使正常的工作、生活难以进行。特别是在应对国际金融危机，应对各种困难和复杂局面，人民法院高度重视民生类行政案件的审理，切实维护公民、法人和其他组织的合法权益的新形势下，对起诉行政机关依法发放抚恤金、社会保险金、基本生活保障费等案件，可以根据原告的申请依法先予执行。

以上四项条件缺一不可，否则，人民法院不应裁定先予执行。

先予执行，必须在判决之前作出书面裁定。人民法院在审查诉讼材料时，认为确有必要采取先予执行措施的，即应在判决之前依法书面裁定先予执行。人民法院裁定采取先予执行的，应当在裁定书中写明先予执行所依据的事实和法律根据。人民法院决定不采取先予执行的，应当作出书面裁定，并在裁定书中写明有关事实和法律根据。

三、先予执行裁定的效力及对其错误的救济

（一）先予执行裁定的效力

先予执行裁定一经作出，即具有法律效力（并立即移送执行），直至法院对本案判决生效为止。

根据《最高人民法院关于人民法院执行工作若干问题的规定（试行）》（法释［1998］15 号）第 3 条规定，人民法院在审理行政案件中作出的先予执行裁定，由审理案件的审判庭负责执行。但，自 2009 年 7 月 17 日起，根据《最高人民法院关于进一步加强和规范执行工作的若干意见》（法发〔2009〕43 号）规定，先予执行统一由人民法院的执行机构负责实施。

先予执行裁定没有错误的，则裁定先行给付并已立即执行的款项或特定物应在本案判决书中明确记载，并从被告应给付的总数额中扣除或返还，亦即多退少补。

（二）先予执行裁定的救济

当事人不服先予执行裁定的，不能提出上诉，但可以向法院申请复议一次。在复议期间不停止裁定的执行。

先予执行裁定错误的，可以通过执行回转的办法，将已给付的款项或特定物回复被告行政机关，并撤销原裁定。

法院对先予执行裁定执行错误造成损害的，依法承担国家赔偿责任。根据《国家赔偿法》第31条规定，人民法院在行政诉讼过程中，对先予执行裁定执行错误，造成损害的，被先予执行损害人有权提出国家赔偿请求，要求赔偿的程序，适用《国家赔偿法》关于刑事赔偿程序的规定。

四、先予执行的特例

应当指出，在行政诉讼中，裁定先予执行，只是对原告人诉讼请求的先行落实，故只有原告人才享有申请先予执行的权利。被告人因无诉讼请求权，故亦无申请先予执行的权利。否则，将不利于贯彻具体行政行为合法性审查的基本原则。

但是，目前在特定情况下，也可以有对被诉具体行政行为先予执行的特例：

1. 根据最高人民法院法释〔2000〕8号司法解释规定，在诉讼过程中，遇有被告或者具体行政行为确定的权利人申请人民法院强制执行被诉具体行政行为，人民法院不予执行。但不及时执行可能给国家利益、公共利益或者他人合法权益造成不可弥补的损失的，人民法院可以先予执行。具体行政行为确定的权利人申请强制执行的，应当提供相应的财产担保，否则，人民法院不予先予执行。

2. 根据最高人民法院法发〔2009〕38号司法解释规定，人民法院在依法审理劳动行政执法案件过程中，对于劳动部门申请先予执行对恶意欠薪逃匿企业责令发放工资等处理决定的，要及时立案审查，尽快采取先予执行等措施，保证劳动部门处理决定的及时执行，维护劳动者的合法权益。

第十二章　行政诉讼的期间、送达和费用

第一节　行政诉讼的期间

一、行政诉讼期间的概念与种类

（一）期间的概念

行政诉讼的期间，是指人民法院和诉讼参与人等行政诉讼法律关系主体完成或进行一定诉讼行为所必须遵守的具有连续性的一段时间界限或具体行为日期。它包括期限和期日。它是行政诉讼程序的重要组成部分，是有效进行行政诉讼活动的时间条件及要求。

（二）期间的种类

行政诉讼期间，按不同标准可分为不同种类：

1. 按完成诉讼活动的主体不同，分为两种：（1）人民法院进行行政诉讼活动应遵守的诉讼期间。如审查起诉决定是否立案期限、第一审和第二审审判期限、了解案情向被执行人发出执行通知期限，等等。（2）诉讼参与人进行诉讼活动应遵守的诉讼期间。如提起行政诉讼期限，提交答辩状期限、鉴定期间、申请执行期限，等等。各种诉讼行为的主体，应按各自主持或有权进行的诉讼活动的期限要求执行，以保证行政诉讼活动的有序性和效率性。

2. 按诉讼期间的确定方式不同，可分为两种：（1）法定期间，又称法定期限，是指由行政诉讼法律规范预先明确加以规定的进行某项行政诉讼活动的期限。包括：①《行政诉讼法》所明文规定的起诉期限、立案受理期限、提交答辩状期限。发送起诉状及答辩状副本的期限、第一审审限、第二审审限，等等法定期限。②最高人民法院司法解释文件明文规定的诉讼期限，如对申请回避的决定期限、诉讼中止转化为诉讼终结的期限、当事人申请法院强制执行的期限等等。③行政实体法文件中的行政诉讼规范明文确定的提起行政诉讼的期限，包含法律、行政法规、地方性法规以及行政规章等文件规定的行政相对人向人民法院提起行政诉讼的期限。④参照《民事诉讼法》有关规定进行行政诉讼活动时，由《民事诉讼法》有关条文明文规定的期限。如委托执行的完成期限，当庭宣判后发送判决书的期限，通知开庭的期限等等。（2）指定期间，是指行政诉讼法律规范不预先明文规定，而只授权人民法院根据案件具体情况和审判，执行工作的需要自主决定的进行某项行政诉讼行为的期限。比如，行政诉讼法第 40 条之规定：“公民、法人或者其他组织因不可抗力或者其他特殊情况耽误法定期限的在障碍消除后的十日内可以申请延长期限，由人民法院决定。”在这里，行政诉讼法律规范只规定法院有决定具体顺延期限和指定履行期间的权力，但具体的期间长短，则由法院按具体案情具体确定。在司法实践中，法院指定起诉人补正起诉条件的期限，指定先予执行的期限，批准延期审结的期限等等，均为指定期间。一般说，法定期间具有固定性，非经有权机关修改已有规定或法院依授权而决定或批准延长，均不得变更；指定期间具有灵活性，是对法定期限贯彻于实践时所作的必要补充。无论是法定期间还是指定期间，人民法院和诉讼参与人都必须严格遵守，禁止违法变更。

二、行政诉讼期间的计算

（一）期间的计算单位

据《行政诉讼法》的有关规定及司法解释对期间的有关规定，行政诉讼期间以时、日、

月、年为计算单位。分述如下：

1. 以时计算的行政诉讼期间。这一般用于对处置某种紧急情况的诉讼行为的时间要求。比如：人民法院接受财产保全申请后，对情况紧急的，必须在48小时内作出裁定采取财产保全措施，并应当立即开始执行。

2. 以日计算的行政诉讼期间。这多用于对需要短时期完成的诉讼行为的时间要求。比如：人民法院接到起诉，经审查，应当在7日内立案或者作出裁定不予受理，等等。鉴于行政案件与国家行政秩序相关联，故行政诉讼期间多以日为计算单位，以促使人民法院和诉讼参与人及时进行应当在期限内完成的诉讼活动，防止拖延时日。

3. 以月计算的行政诉讼期间。这多用于对内容事项较繁重或应慎重考虑因而需要较长时期完成的诉讼行为的时间要求。比如：除法律另有规定外，公民、法人或者其他组织直接向人民法院提起诉讼的，应当在知道作出具体行政行为之日起三个月内提出。又如：人民法院应当在立案之日起三个月内作出第一审判决。人民法院审理上诉案件，应当在收到上诉状之日起两个月内作出终审判决，等等。

4. 以年计算的行政诉讼期间。这在行政诉讼中一般是用于当事人诉权的保护期限要求。比如：行政机关作出具体行政行为或者行政复议决定时，未告知公民、法人或者其他组织诉权或者起诉期限的，起诉期限从公民、法人或者其他组织知道或者应当知道诉权或者起诉期限之日起计算，但从知道或者应当知道具体行政行为内容或者复议决定内容之日起最长不得超过2年。

（二）期间计算的要点

1. 期间开始的时和日，不计算在期间内。具言之，以时为单位的期间，从开始之时的次时起计算。比如，某法院接受情况紧急的财产保全申请是五月五日上午9时正，其作出采取财产保全措施裁定的期间是48小时，应从五月五日上午10时正起算，至五月七日上午10时正届满。以日、月、年为单位的期间，从开始之日的次日起计算。比如，某当事人在2009年3月4日收到一审行政判决书，其上诉期限为十五日，即从2009年3月5日起计算，至2009年3月19日届满。

2. 期间届满的最后一日是节假日的，以节假日后的第一日（即第一个工作日）为期间届满的日期。此处所谓“节假日”，包括《全国年节及纪念日放假办法》[①] 所规定的全体公民放假的节日（新年、春节、清明节、劳动节、端午节、中秋节、国庆节），国家规定的全民双休日（星期六、星期日），以及由各少数民族聚居地区的地方人民政府按照各该民族习惯规定放假的节日（如泼水节、藏历年、三月三、火把节等等）。全体公民放假的上述节日，

---

① 参见《全国年节及纪念日放假办法》（1949年12月23日政务院发布，根据1999年9月18日《国务院关于修改〈全国年节及纪念日放假办法〉的决定》第一次修订，根据2007年12月14日《国务院关于修改〈全国年节及纪念日放假办法〉的决定》第二次修订）之规定：“第一条 为统一全国年节及纪念日的假期，制定本办法。第二条 全体公民放假的节日：（一）新年，放假1天（1月1日）；（二）春节，放假3天（农历除夕、正月初一、初二）；（三）清明节，放假1天（农历清明当日）；（四）劳动节，放假1天（5月1日）；（五）端午节，放假1天（农历端午当日）；（六）中秋节，放假1天（农历中秋当日）；（七）国庆节，放假3天（10月1日、2日、3日）。第三条 部分公民放假的节日及纪念日：（一）妇女节（3月8日），妇女放假半天；（二）青年节（5月4日），14周岁以上的青年放假半天；（三）儿童节（6月1日），不满14周岁的少年儿童放假1天；（四）中国人民解放军建军纪念日（8月1日），现役军人放假半天。第四条 少数民族习惯的节日，由各少数民族聚居地区的地方人民政府，按照各该民族习惯，规定放假日期。第五条 二七纪念日、五卅纪念日、七七抗战纪念日、九三抗战胜利纪念日、九一八纪念日、教师节、护士节、记者节、植树节等其他节日、纪念日，均不放假。第六条 全体公民放假的假日，如果适逢星期六、星期日，应当在工作日补假。部分公民放假的假日，如果适逢星期六、星期日，则不补假。第七条 本办法自公布之日起施行。”

如果适逢星期六、星期日，应当在工作日补假。比如，某当事人的起诉期限届满的最后一日是 2009 年 1 月 2 日（星期五），不是法定节假日，但由于该当事人及审理法院所在地的省人民政府办公厅决定：2009 年 1 月 1 日（星期四，元旦）、2 日（星期五）、3 日（星期六）连续放假三天，1 月 4 日（星期日）上班（与 1 月 2 日（星期五、工作日）互换）。据此决定，该当事人的起诉期限届满之日应是 2009 年 1 月 4 日（星期日）。又如，某当事人的上诉期限届满的最后一日是 2009 年 10 月 1 日（星期四），法定国庆节放假 7 天加上 2009 年 10 月 4 日（星期日）又是法定中秋节放假 1 天，国家规定"双节"合计放假 8 天，从 10 月 1 日开始至 10 月 8 日（星期四）结束，据此，应以 2009 年 10 月 9 日（星期五，即"双节"后的第一个工作日）为该当事人上诉期届满日。

在此须注意：①期间届满的最后一日属于非社会普休的节假日的，比如五四青年节、三八妇女节、美食旅游节、法院建院庆祝日等等，不得依次顺延，而仍应以该节假日为期间届满日。②期间之内包含社会普休的节假日，而期间届满的最后一日属工作日的，该期间届满日不得依次顺延。③期间开始之日的次日是社会普休节假日的，不予依次顺延或扣除。比如某法院于 2009 年 1 月 25 日（大年三十，除夕夜，法定节假日）收到上诉状，其作出终审判决期限的两个月，应从 2009 年 1 月 26 日（春节·正月初一）起计算，至 2009 年 3 月 26 日届满，对其起算日的社会普休春节假期不作顺延或扣除。

3. 期间以月的第一天起计算的，一个月的日数按历法执行；不是以月的第一天起计算的，一个月为三十日。比如，某法院于 2009 年 3 月 31 日收到上诉状，其作出终审判决的两个月期限，应从 2009 年 4 月 1 日起算，至 2009 年（因 5 月 31 日属星期天，故顺延至）6 月 1 日届满（其实际天数为 62 天）。又如某法院于 2009 年 2 月 1 日收到上诉状，则其终审判决的两个月期限实际天数为 60 日，应从 2009 年 2 月 2 日起算，至 2009 年 4 月 1 日届满。

4. 期间不包括在途时间。诉讼文书（如判决书、裁定书、起诉状、答辩状、上诉状、顺延被耽误法定期限的申请书、确有正当理由不能按时到庭而申请延期审理书等等）在期满前交邮政寄发的，即使在期间届满日后收到，不算过期。

5. 由于不属于起诉人自身的原因超过起诉期限的，被耽误的时间不计入起诉期间内。

6. 因人身自由受到限制而不能提起诉讼的，被限制人身自由时间不计入起诉期间内。

（三）期间延长与耽误的处理

人民法院与诉讼参与人都应当严格遵守行政诉讼期间，在法定或指定期限内完成相应的诉讼活动。

但是诉讼实际情况是复杂的，因此，需要在坚持诉讼期间要求的基础上，对期间的延长与期间的耽误等特殊情况给予相应处置。

1. 期间延长的处理。期间延长，是指人民法院在法律规定的办案期限内未能审结需要延长办案期限。期间延长的原因比较复杂，包括案件本身重大情节复杂；行政庭人手不足力量不够，在法定期内难以审结，等等。期间延长的程序，依行政诉讼法第 57、60 条规定及有关司法解释规定，主要是：①基层、中级人民法院因特殊情况需要延长办案期限（包括第一审和第二审期限）的，一律报请其所在地区的高级人民法院批准。②基层人民法院申请延长审理期限，应当直接报请高级人民法院批准，同时报中级人民法院备案。不必经中级人民法院中转层报。③高级人民法院需要延长办案期限的，报请最高人民法院批准。此外，根据我国现行政体，最高人民法院审判行政案件也应遵守法定期间，需要延长办案期限的，应由全国人大常委会（具体由法律委员会负责）批准。

2. 期间耽误的处理。期间耽误，是指当事人因不可抗力的事由或者其他正当理由而耽搁延误了其进行诉讼活动的有效期限。期间耽误原因有二：①不可抗力的事由，即指当事人不能预见、无法避免、无力克服的客观事由；②其他正当理由，即指除不可抗力事由外，不能归责于当事人的事实理由。期限耽误的处理程序，据行政诉讼法第 40 条规定：耽误了期间的当事人应当在障碍消除后的 10 日内，向案件审理法院申请延长期限，法院审查后决定是否允许延长以及延长的具体期限，并及时决定通知申请人。

三、行政诉讼期日与期间

（一）期日的概念与种类

行政诉讼期日，是指人民法院确定在诉讼期间内人民法院和诉讼参与人会同进行诉讼活动应遵守的具体日期。

行政诉讼期日，以会同进行的诉讼活动不同为标准而分为不同种类：调取证据期日、财产保全执行期日、开庭审理期日、审判期日、查阅本案有关材料和庭审材料期日、实施强制拆除措施期日，等等。

（二）期日与期间的关系

期日与期间具有密切联系，期间包容期日，期日是期间的构成细胞之一，超越期间便不存在期日。

期日与期间亦有一定区别：（1）期日仅由人民法院所指定；期间既由法院指定，更多由法律规范预先规定。（2）期日是人民法院会同诉讼参与人共同进行诉讼活动的时间；期间则不仅限于此，还有诉讼参与人单独进行某项诉讼活动（如起诉、答辩状提交等等）的时间。（3）期日只能确定会同进行诉讼活动的开始时间，而不能预见确定结束时间（只能由法院依诉讼活动进程情况具体决定何时结束），期间则既确定诉讼活动的时间，又预先确定其结束（亦即届满）时间。（4）期日从开始的时间起算（比如决定 6 月 3 日上午 9 时开庭审理，到时便开始开庭审理，不能在 6 月 3 日上午 10 时或 6 月 4 日上午 9 时开始开庭审理）；期间开始的时和日，不计算在期间内。期间从开始之日（时）的次日（时）起计算。（5）期日一经开始后，应即按时进行已确定的诉讼活动，否则会产生一定的不利后果；期间一经开始后，不一定必须马上进行该期间内应完成的诉讼活动，只要不逾该期间届满日而为之，就不会产生不利的后果。（6）期日开始后，诉讼活动已完成的或未进行的，期日即告结束。未竟活动需继续的，人民法院应再定期日（比如，宣判期日开始后判决一经宣告完毕即告结束；开庭审判期日开始后当事人有理缺席而不进行审理即告结束，如需继续开庭的，法院应另定开庭审理期日）；期间开始后，诉讼活动未进行的，期间在届满之日前不告结束（比如，上诉期间开始后当事人表示不上诉的，必须等待届满之日终了才能结束上诉期间）。期间开始后，诉讼活动完成的，期间不一定必然在届满之日前即告结束，若需重新进行诉讼活动的，无须重新开始新的期间，只要在原期间届满之日前进行均有效。比如，起诉或者上诉期间开始后，“原告或者上诉人未按规定的期限预交案件受理费，又不提出缓交、减交、免交申请，或者提出申请未获批准的，按自动撤诉处理。在按撤诉处理后，原告或者上诉人在法定期限内再次起诉或者上诉，并依法解决诉讼费预交问题的，人民法院应予受理。”（《最高人民法院关于执行〈中华人民共和国行政诉讼法〉若干问题的解释》第 37 条）

（三）期日耽误的处理

期日耽误，是指当事人未按规定时日参加应与法院会同进行的诉讼活动，当事人期日耽误有正当理由的，人民法院可以另定期日；如无正当理由的，自负一定法律后果。比如，在开庭审理期日，经人民法院合法传唤后，原告或者上诉人无正当理由拒不到庭或者未经法庭许可中途退庭的，可以按撤诉处理。原告或者上诉人申请撤诉，人民法院裁定不予准许的，原告或者上诉人经合法传唤无正当理由拒不到庭，或者未经法庭许可而中途退庭的，人民法院可以缺席判决。

四、行政案件审理期限制度

《最高人民法院关于严格执行案件审理期限制度的若干规定》（2000 年 9 月 14 日由最高人民法院审判委员会第 1130 次会议通过，自 2000 年 9 月 28 日起施行）为提高诉讼效率，确保司法公正，根据行政诉讼法的有关规定，就人民法院执行行政案件审理期限制度的有关问题作出规定，兹分述如下。

（一）行政案件的审理、执行期限

1. 审理第一审行政案件的期限为三个月；有特殊情况需要延长的，经高级人民法院批准可以延长三个月。高级人民法院审理第一审案件需要延长期限的，由最高人民法院批准，可以延长三个月。

2. 审理行政上诉案件的期限为两个月；有特殊情况需要延长的，由高级人民法院批准，可以延长两个月。高级人民法院审理的第二审案件需要延长期限的，由最高人民法院批准，可以延长两个月。

3. 裁定再审的行政案件，根据再审适用的不同程序，分别执行第一审或第二审审理期限的规定。

4. 执行案件应当在立案之日起六个月内执结，非诉执行案件应当在立案之日起三个月内执结；有特殊情况需要延长的，经本院院长批准，可以延长三个月，还需延长的，层报高级人民法院备案。

委托执行的案件，委托的人民法院应当在立案后一个月内办理完委托执行手续，受委托的人民法院应当在收到委托函件后 30 日内执行完毕。未执行完毕，应当在期限届满后 15 日内将执行情况函告委托人民法院。

（二）立案、结案时间及审理期限的计算

1. 第一审人民法院收到起诉书（状）或者执行申请书后，经审查认为符合受理条件的应当在 7 日内立案；改变管辖的行政案件，应当在收到案卷材料后的 3 日内立案。

2. 第二审人民法院应当在收到第一审人民法院移送的上诉材料及案卷材料后的 5 日内立案。

3. 发回重审或指令再审的案件，应当在收到发回重审或指令再审裁定及案卷材料后的次日内立案。

4. 按照审判监督程序重新审判的案件，应当在作出提审、再审裁定（决定）的次日立案。

5. 立案机构应当在决定立案的 3 日内将案卷材料移送审判庭。

6. 案件的审理期限从立案次日起计算。

7. 下列期间不计入审理、执行期限：(1) 因当事人、诉讼代理人申请通知新的证人到庭、调取新的证据、申请重新鉴定或者勘验，法院决定延期审理一个月之内的期间；(2) 行政案件鉴定的期间；(3) 审理当事人提出的管辖权异议和处理法院之间的管辖争议的期间；(4) 行政、执行案件由有关专业机构进行审计、评估、资产清理的期间；(5) 中止诉讼（审理）或执行至恢复诉讼（审理）或执行的期间；(6) 当事人达成执行和解或者提供执行担保后，执行法院决定暂缓执行的期间；(7) 上级人民法院通知暂缓执行的期间；(8) 执行中拍卖、变卖被查封、扣押财产的期间。

8. 人民法院判决书宣判、裁定书宣告或者行政赔偿调解书送达最后一名当事人的日期为结案时间。

(三) 行政案件延长审理期限的报批

1. 行政案件应当在审理期限届满 10 日前向高级人民法院或者最高人民法院提出申请。

2. 对于下级人民法院申请延长办案期限的报告，上级人民法院应当在审理期限届满 3 日前作出决定，并通知提出申请延长审理期限的人民法院。

需要本院院长批准延长办案期限的，院长应当在审限届满前批准或者决定。

(四) 上诉、抗诉的行政案件移送二审、再审的期限

1. 当事人提出上诉的二审行政案件，第一审人民法院收到上诉状，应当在 5 日内将上诉状副本送达对方当事人。人民法院收到答辩状，应当在 5 日内将副本送达上诉人。

2. 人民法院受理人民检察院抗诉的行政案件的移送期限，比照前款规定办理。

3. 第二审人民法院立案时发现上诉的行政案件材料不齐全的，应当在 2 日内通知第一审人民法院。第一审人民法院应当在接到第二审人民法院的通知后 5 日内补齐。

4. 下级人民法院接到上级人民法院调卷通知后，应当在 5 日内将全部案卷和证据移送，最迟不超过 10 日。

(五) 对行政案件审理期限的监督、检查

1. 各级人民法院应当建立审理期限届满前的催办制度。

2. 各级人民法院应当建立案件审理期限定期通报制度。对违反行政诉讼法规定，超过审理期限或者违反本规定的情况进行通报。

3. 审判人员故意拖延办案，或者因过失延误办案，造成严重后果的，依照《人民法院审判纪律处分办法（试行）》第 59 条的规定予以处分。

4. 审判人员故意拖延移送案件材料，或者接受委托送达后，故意拖延不予送达的，参照《人民法院审判纪律处分办法（试行）》第 59 条的规定予以处分。

第二节 行政诉讼的送达

一、送达的概念与特点

行政诉讼中的送达，是指人民法院按照法定程序和法定方式，将行政诉讼文书交付当事人及其他诉讼参与人的一种诉讼行为。

送达的特点是：(1) 送达是专由人民法院进行的诉讼行为。当事人等向法院递交上诉状、答辩状、鉴定结论等等的诉讼行为，不能称为送达。(2) 送达是专对当事人及其他诉讼参与人实施的诉讼行为。法院内部传递诉讼文书和法院向非诉讼参与人（如被告人的上一级行政机关或监察、人事机关等）移送有关材料（如违纪犯罪材料等）行为，不能称送达。(3) 送达是将行政诉讼文书及时交付当事人及其他诉讼参与人的诉讼行为，意在用诉讼文书通知一定的诉讼事项。当事人及其他诉讼参与人能通过阅读所收诉讼文书，及时了解诉讼事项的具体内容，明确有关要求，以便按照法定程序和方式参加诉讼活动，行使诉讼权利，承担诉讼义务。(4) 送达须是按照法定程序和法定方式进行的诉讼行为。否则，将不能产生送达的法律效力。

二、送达的方式

送达的方式及其程序，在《行政诉讼法》中尚无规定，根据有关司法解释及有关法律的相关规定，有以下六种：

（一）直接送达

直接送达，是指人民法院指派专人，将行政诉讼文书直接送交受送达人本人或法律规定的与受送达人具有特定关系的收件人签收。

直接送达的情形包括：(1) 受送人是公民的，交给本人签收。本人不在时，交他的同住成年家属签收。(2) 受送达人是法人或者其他组织、行政机关的，应当由其法定代表人或主要负责人或者该法人、组织、行政机关负责收件的人签收。(3) 受送达人有诉讼代理人的，可能送交其代理人签收。(4) 受送达人已向人民法院指定代收人的，送交代收人签收。

直接送达的程序是：(1) 由人民法院指派书记员或司法警察专门负责进行送达。(2) 送达诉讼文书必须有送达回证。(3) 由受送达人或其他法定收件人在送达回证上记明收到诉讼文书的日期，并签名或盖章。(4) 诉讼文书的送达日期，以受送达人在送达回证上的签收日期为准，或者以其他法定收件人亦即受送达人的同住成年家属，法人或者其他组织及行政机关的负责收件的人、诉讼代理人或代收人在送达回证上的签收日期为准。直接送达方式，具有及时、快速传递诉讼信息的优点，有利于诉讼参与人及早准备或开始进行相应诉讼行为。因此，直接送达是主要的送达方式。在司法实践中，凡是能够直接送达的诉讼文书，都应当直接送达，避免拖延诉讼进程的不利现象发生。

调解书（行政侵权赔偿调解书）应当直接送交本人，不得由别人代收。因为调解书一经双方当事人签收，即发生法律效力；当事人如果不签收，即视为调解未能成立。

（二）留置送达

留置送达，是指人民法院送达人员依据法定特别处理手续，将诉讼文书留在受送达人的住所。

留置送达的适用条件是：直接送达未能成就，亦即受送达人（包括公司、法人或其他组织、行政机关）或者受送达公民的同住成年家属拒绝接收诉讼文书。欠缺这一条件的，不得采用留置送达。

留置送达的程序是：(1) 送达人员在直接送达未能成就时，应当邀请有关基层组织或者受送人所在单位的代表列席到场。(2) 送达人应当场向见证人说明直接送达未成就情况，在送达回证上记明拒收事由和日期。(3) 由送达人、在场见证人在送达回证上签名或者盖章。送达回证上还应记明见证人的通讯联系地址，以备查。(4) 将应送达的诉讼文书留在受送人的住所（含办公机构地点），即视为送达。其送达日期，以送达人在送达回证上记载的拒收日期为准。

（三）委托送达

委托送达，是指人民法院直接送达有困难的，可以委托其他人民法院代为送达。

委托送达不能代替留置送达。委托送达，是在法院直接送达有困难，不便或难于直接送达（比如受送达人在法院驻地无住所，而法院人手力量不足，难以或不便亲自赴外地进行直接送达）时而采用。留置送达是在直接送达已经进行但未能成就时，针对受送达人拒绝直接送达而采用。故两者不能混淆、互相替代。

委托送达的程序是：(1) 委托法院向受托法院发送委托送达诉讼文书函。明确告知委托事项、要求及注意事项。并随送应送达的诉讼文书。(2) 受托法院采用法定方式进行送达：

首先是直接送达，未成就的，则留置送达。(3) 受托法院向委托法院发送达回证，并附具代为送达情况函。

(四) 邮寄送达

1. 邮寄送达

邮寄送达，是指人民法院直接送达诉讼文书有困难的，可以通过国家邮政局将诉讼文书寄交受送达人。

邮寄送达的适用情况相同于委托送达，有别于留置送达。

邮寄送达的程序是：(1) 送达法院以挂号信形式，将应当送达的诉讼文书交邮局寄发送达人。(2) 挂号信的回执，为送达回证。并以回执上收件人注明的收件日期为送达日期。

2. 邮寄送达制度的进一步规范和完善——“法院专递”

“法院专递”是在国家邮政机构已经开通的特快专递网络的基础上开展的一种更加安全、快捷的邮寄送达方式。2004 年 9 月 7 日由最高人民法院审判委员会第 1324 次会议通过，自 2005 年 1 月 1 日起施行的《最高人民法院关于以法院专递方式邮寄送达民事诉讼文书的若干规定》(法释 [2004] 13 号) 在继续坚持人民法院直接送达的基础上，以“法院专递”的方式来进一步规范和完善现行的邮寄送达制度，大大提高了邮寄送达的质量和效率。

目前，“法院专递”方式，也可成为行政诉讼的邮寄送达方式。“法院专递”具有专业性和及时性，以现有的特快专递网络为基础，基本上能够在两至三日内完成送达，相比过去以平信或挂号信为主要形式的邮寄送达可以大大提高送达的效率，使当事人依法享有的实体权利和程序权利能尽早实现，还可以大大降低直接送达的成本，特别是在跨地区的送达中具有无可替代的优势，在一定程度上可以避免部分法院以异地送达为名向当事人收取“其他诉讼费用”，真正体现司法为民的要求。同时，“法院专递”是由邮递人员具体完成的一种送达活动，它相比人民法院开着警车去直接送达具有更强的中立性和亲和力，有利于减少当事人的抵触情绪。

以“法院专递”方式邮寄送达行政诉讼文书的，其送达与人民法院送达具有同等法律效力。当事人和人民法院均可以通过拨打 11185 电话号码及时查询和掌握送达的状态。

人民法院直接送达诉讼文书有困难的，可以交由国家邮政机构 (以下简称邮政机构) 以“法院专递”方式邮寄送达，但有下列情形之一的除外：(1) 受送达人或者其诉讼代理人、受送达人指定的代收人同意在指定的期间内到人民法院接受送达的；(2) 受送达人下落不明的；(3) 法律规定或者我国缔结或者参加的国际条约中约定有特别送达方式的。

当事人起诉或者答辩时应当向人民法院提供或者确认自己准确的送达地址，并填写送达地址确认书。送达地址确认书的内容应当包括送达地址的邮政编码、详细地址以及受送达人的联系电话等内容。当事人拒绝提供的，人民法院应当告知其拒不提供送达地址的不利后果，并记入笔录。当事人要求对送达地址确认书中的内容保密的，人民法院应当为其保密。当事人在第一审、第二审和执行终结前变更送达地址的，应当及时以书面方式告知人民法院。当事人拒绝提供自己的送达地址，经人民法院告知后仍不提供的，由人民法院确认其送达地址：自然人以其户籍登记中的住所地或者经常居住地为送达地址；法人或者其他组织以其工商登记或者其他依法登记、备案中的住所地为送达地址。

“法院专递”有下列情形之一的，即为送达：(1) 受送达人在邮件回执上签名、盖章或者按印的；(2) 受送达人是无民事行为能力或者限制民事行为能力的自然人，其法定代理人签收的；(3) 受送达人是法人或者其他组织，其法人的法定代表人、该组织的主要负责人或者办公室、收发室、值班室的工作人员签收的；(4) 受送达人的诉讼代理人签收的；(5) 受送达人指定的代收人签收的（受送达人指定代收人的，指定代收人的签收视为受送达人本人签收）；(6) 受送达人的同住成年家属签收的（邮政机构在受送达人提供或确认的送达地址未能见到受送达人的，可以将邮件交给与受送达人同住的成年家属代收，但代收人是同一案件中另一方当事人的除外）。

"法院专递"邮政机构按照当事人提供或者确认的送达地址送达的，应当在规定的日期内将回执退回人民法院。受送达人及其代收人应当在邮件回执上签名、盖章或者按印。受送达人及其代收人在签收时应当出示其有效身份证件并在回执上填写该证件的号码；受送达人及其代收人拒绝签收的，由邮政机构的投递员记明情况后将邮件退回人民法院。

"法院专递"邮政机构按照当事人提供或确认的送达地址在五日内投送三次以上未能送达，通过电话或者其他联系方式又无法告知受送达人的，应当将邮件在规定的日期内退回人民法院，并说明退回的理由。

"法院专递"因受送达人自己提供或者确认的送达地址不准确、拒不提供送达地址、送达地址变更未及时告知人民法院、受送达人本人或者受送达人指定的代收人拒绝签收，导致诉讼文书未能被受送达人实际接收的，文书退回之日视为送达之日。但受送达人能够证明自己在诉讼文书送达的过程中没有过错的除外。

（五）转交送达

转交送达，是指人民法院依法将诉讼文书通过法定单位转交给法定的受送达人。

转交送达，是专门针对法定的受送达人，即军人（含文职军官）、被依法监禁的人及被劳动教养的人采用的送达方式。对这三种人以外的受送达人，均不能采用转交送达方式；同时，非转交送达方式的直接送达、留置送达、代为送达、邮寄送达，均不能对这三种人采用。

转交送达的程序是：(1) 送达法院应当发出代为转交诉讼文书函，并连同应当送达的诉讼文书、送达回证，送交（一般通过内部通讯渠道）给法定单位代为转交受送达人。(2) 受送达人是军人的，通过其所在部队团以上单位的政治机关转交。受送达人是被监禁的，通过其所在监所或者劳动改造单位转交。受送达人是被劳动教养的，通过其所在劳动教养单位转交。(3) 代为转交的单位收到诉讼文书后，必须立即交受送达人签收。(4) 受送达人签收后，代为转交单位应及时将送达回证送交人民法院。(5) 转交送达日期，以受送达人在送达回证上的签收日期为准。(6) 受送达人下落不明的，代为转交单位应当及时退交人民法院另行送达。

（六）公告送达

公告送达，是指人民法院遇有受送达人下落不明，或者采用上述五种方式无法送达的，以向社会公开宣告应当送达的诉讼文书的内容的方式，向受送达人送达诉讼文书。

行政诉讼中的公告送达，通常是针对被告行政机关之外的当事人等其他诉讼参与人。因为被告行政机关下落不明的可能性和现实性是不存在的，采用上述（一）至（四）的方式均可送达，因此人民法院对被告行政机关不采取公告送达的方式。

公告送达，是不得已而采用的送达方式，凡是能够采用其他送达方式送达的，便不能采用公告送达。

适用公告程序的条件必须是受送达人下落不明，用其他方式无法送达。下落不明，是指受送达人离开最后住所地没有音讯的状况，这种状况必须经过查证方可认定，不能以被告一方的陈述，或以一两次电话联系不上，或以一两封信件被退回即认定受送达人下落不明。对公民进行公告的，应该由公民居住地的公安机关、居（村）委会或其所在单位出具离开住所、不知下落、无法代收或转交的证明；对法人或其他组织进行公告的，应有工商行政管理部门或其行政主管部门出具无人经营、负责人不知下落、无法通过其他方法送达或转交的证明。下落不明的事实一般应由当事人举证，当事人非因主观原因申请法院调取证据的，人民法院应主动审查依法取证，以规范证明的形式和内容。

公告送达的程序是：（1）送达法院向社会发出公告，告知受送达人应签收诉讼文书中的内容（注意：这并非将应送达的诉讼文书全文公告。比如，不能把判决书、裁定书全文广播或张贴在公共场合中）。相关的法律事项应通过公告公之于众。如公告送达答辩状或上诉状副本的，应公布答辩或上诉要点，说明受送达人在公告期满前不出庭参诉的法律后果；公告送达裁判文书的，应公布裁判的主要内容，属于一审的应说明上诉权利、上诉期限和上诉的人民法院。公告的形式不限，以能够足以让受送达人知晓为尺度。要充分考虑受送达人可能知晓的地域范围，并以其可能的居住地、活动地范围选择公告的方式、范围。（2）自发出公告之日起，经过六十日，即视为送达。（3）公告送达结束后，送达法院应当在诉讼案卷中记明公告送达的原因和经过情况，以备查。

三、涉外送达的特别规定

我国加入世界贸易组织以后，我国法院审理的涉外行政案件将不断增加，为保护中外当事人的合法权益，确保我国法院审判工作顺利进行，根据《最高人民法院办公厅关于向外国送达涉外行政案件司法文书的通知》（法办［2004］346号）规定，对于需要向海牙民商事送达公约成员国送达涉外行政案件司法文书的，我国法院可参照1965年订立于海牙的《关于向国外送达民事或商事司法文书和司法外文书公约》和国内相关程序向有关外国提出司法协助请求，通过公约规定的途径送达我国涉外行政案件司法文书。

第三节 行政诉讼的费用

一、行政诉讼费用的概述

行政诉讼费用，是指当事人进行行政诉讼活动时依法应向人民法院交纳和支付的费用，包括案件受理费以及其他在诉讼中必须开支的费用。按照案件受理规定向人民法院缴纳的费用，称为案件受理费。当事人因进行诉讼，应当开支的必要费用称为其他诉讼费用。

我国行政诉讼法第74条对行政诉讼费用问题作出了以下三方面的原则规定：

首先，人民法院审理行政案件，应当收取诉讼费用。行政诉讼费用不可能也不应该由国家财政支付，因为行政诉讼的当事人参加诉讼都是为了各自的利益，维护自己的合法权益或维护自己行使权力的行为。这种解决争议费用应当由当事人负担。如果行政诉讼费用都由国家开支，不仅耗用了国家大量资金，也不利于督促行政机关严格履行职权，不利于促进行政机关及有关公民、法人严格依法办事及遵纪守法。

其次，诉讼费用由败诉方承担，双方都有责任的，由双方分担。诉讼费用的负担问题，是诉讼制度中的重要问题。谁负担诉讼费，不仅仅是费用的负担问题，一般应与败诉相联系，即原则上谁败诉谁就应当负担诉讼费用。诉讼费用一般由败诉人负担，这也是世界各国诉讼立法的普遍原则，是确定诉讼费用制度的一个基点。但是结束诉讼的情况多种多样，有些诉讼并非以胜败而告终，因此行政诉讼法实际、客观地作了原则规定。

第三，收取诉讼费用按照具体的有关规定办理。在2007年4月1日之前收取诉讼费用的具体依据，是最高人民法院1989年7月12日发布自1989年9月1日起实行的《人民法院诉讼收费办法》和《〈人民法院诉讼收费办法〉补充规定》这两个司法解释文件的具体规定。

从2007年4月1日起，我国诉讼费用征收的具体办法是——国务院第159次常务会议2006年12月8日通过，2006年12月19日温家宝总理签署国务院令第481号公布，自2007年4月1日起施行的《诉讼费用交纳办法》。

最高人民法院于2007年7月3日发布《关于适用〈诉讼费用交纳办法〉的通知》，告知全国地方各级人民法院、各级军事法院、各铁路运输中级法院和基层法院、各海事法院，新疆生产建设兵团各级法院："《诉讼费用交纳办法》自2007年4月1日起施行，最高人民法院颁布的《人民法院诉讼收费办法》和《〈人民法院诉讼收费办法〉补充规定》同时不再适用。"

《诉讼费用交纳办法》以推动司法为民，促进司法公正为指导思想，规范了诉讼收费项目，降低了诉讼收费标准，规定了"缓、减、免"交诉讼费用的具体情形及申请司法救助的相关程序，给当事人带来了更多的实惠，降低了诉讼费交纳标准，让老百姓打得起官司，明确了案件受理费、申请费全额上缴财政并实行"收支两条线"管理。

根据《诉讼费用交纳办法》第2、3条的规定，当事人进行行政诉讼，应当依照本办法交纳诉讼费用，但本办法规定可以不交纳或者免予交纳诉讼费用的除外。人民法院在行政诉讼过程中不得违反本办法规定的范围和标准向当事人收取费用。《诉讼费用交纳办法》授权各省、自治区、直辖市人民政府可以结合本地实际情况，在第十三条第（二）、（三）、（六）项和第十四条第（一）项规定的幅度范围内制定各地案件受理费和申请费的具体交纳标准。最高人民法院的上述《通知》要求"各高级人民法院要商同级人民政府，及时就上述条款制定本省、自治区、直辖市案件受理费和申请费的具体交纳标准，并尽快下发辖区法院执行。"

二、行政诉讼费用种类

根据《诉讼费用交纳办法》规定，当事人应当向人民法院交纳的诉讼费用包括：

（一）案件受理费；

（二）申请费；

（三）证人、鉴定人、翻译人员在人民法院指定日期出庭发生的交通费、住宿费、生活费和误工补贴。

当事人进行行政诉讼，应当依照《诉讼费用交纳办法》交纳诉讼费用。但是，《诉讼费用交纳办法》规定可以不交纳或者免予交纳诉讼费用的除外。

国家对交纳诉讼费用确有困难的当事人提供司法救助，保障其依法行使诉讼权利，维护其合法权益。外国人、无国籍人、外国企业或者组织在人民法院进行行政诉讼，与我国当事人同等适用《诉讼费用交纳办法》的规定。外国法院对中华人民共和国公民、法人或者其他组织，与其本国公民、法人或者其他组织在诉讼费用交纳上实行差别对待的，按照对等原则处理。

三、案件受理费的排除范围、交纳范围与交纳标准

案件受理费，案件受理费是人民法院受理行政案件后，依照规定向当事人收取并上缴国库的国家规费。

（一）案件受理费的排除范围

根据《诉讼费用交纳办法》规定，下列案件，当事人不交纳案件受理费：

1. 裁定不予受理、驳回起诉、驳回上诉的案件。

2. 对不予受理、驳回起诉和管辖权异议裁定不服而提起上诉的案件。

3. 行政赔偿案件。

4. 根据行政诉讼法规定的审判监督程序审理的案件。但是，后述“(二) 案件受理费的交纳范围”中的“3. 再审案件中，依照本办法规定需要交纳案件受理费的 (1)、(2)”两种规定情形除外。

(二) 案件受理费的交纳范围

根据《诉讼费用交纳办法》规定，案件受理费的交纳范围包括：

1. 第一审案件受理费。

2. 第二审案件受理费。

3. 再审案件中，依照本办法规定需要交纳的案件受理费。即《诉讼费用交纳办法》第九条规定的下列两种情形：(1) 当事人有新的证据，足以推翻原判决、裁定，向人民法院申请再审，人民法院经审查决定再审的案件，要交纳案件受理费。(2) 当事人对人民法院第一审判决或者裁定未提出上诉，第一审判决、裁定或者调解书发生法律效力后又申请再审，人民法院经审查决定再审的案件，要交纳案件受理费。

(三) 案件受理费的交纳标准

根据《诉讼费用交纳办法》规定，行政案件的案件受理费，按照下列标准交纳：

1. 商标、专利、海事行政案件每件交纳 100 元；

2. 其他行政案件每件交纳 50 元。

3. 当事人申请撤诉的，减半交纳案件受理费。

4. 当事人提出案件管辖权异议，异议不成立的，每件交纳 50 元至 100 元（省、自治区、直辖市人民政府可以结合本地实际情况在此标准规定的幅度内制定具体交纳标准）。

四、申请费的交纳范围与标准

申请费，是指当事人申请适用特殊程序、强制执行各类生效法律文书而向人民法院缴纳的费用。

(一) 申请费的交纳范围

当事人依法向人民法院申请下列事项，应当交纳申请费：

(1) 申请执行人民法院发生法律效力的判决、裁定、调解书；

(2) 申请保全措施。

(二) 申请费的交纳标准

根据《诉讼费用交纳办法》规定，申请费分别按照下列标准交纳：

1. 依法向人民法院申请执行人民法院发生法律效力的判决、裁定、调解书的，按照下列标准交纳：

(1) 没有执行金额或者价额的，每件交纳 50 元至 500 元。

(2) 执行金额或者价额不超过 1 万元的，每件交纳 50 元；超过 1 万元至 50 万元的部分，按照 1.5%交纳；超过 50 万元至 500 万元的部分，按照 1%交纳；超过 500 万元至 1000 万元的部分，按照 0.5%交纳；超过 1000 万元的部分，按照 0.1%交纳。

2. 申请保全措施的，根据实际保全的财产数额按照下列标准交纳，但是，当事人申请保全措施交纳的费用最多不超过 5000 元：

(1) 财产数额不超过 1000 元或者不涉及财产数额的，每件交纳 30 元；

(2) 超过1000元至10万元的部分，按照1%交纳；

(3) 超过10万元的部分，按照0.5%交纳。

五、其他诉讼费用的范围与交纳标准

其他诉讼费用，是指除案件受理费、申请费之外，按照《诉讼费用交纳办法》规定需要由当事人承担的费用。

(一) 其他诉讼费用的范围

根据《诉讼费用交纳办法》规定，其他诉讼费用的范围包括：

1. 证人、鉴定人、翻译人员在人民法院指定日期出庭发生的交通费、住宿费、生活费和误工补贴。

2. 诉讼过程中进行勘验、鉴定、公告、出庭、复制案件卷宗材料、聘请翻译（注意：根据行政诉讼法第8条第3款规定，人民法院对于不通晓当地民族通用语言、文字的诉讼参与人提供当地民族通用语言、文字翻译的，不收取费用，应由人民法院承担）等等活动所必须支出的费用。

(二) 其他诉讼费用的交纳标准

1. 证人、鉴定人、翻译人员在人民法院指定日期出庭发生的交通费、住宿费、生活费和误工补贴，由人民法院按照国家规定的交通费、住宿费、生活费和误工补贴的标准代为收取。

2. 当事人复制案件卷宗材料和法律文书应当按实际成本向人民法院交纳工本费。

3. 诉讼过程中因鉴定、公告、勘验、翻译（翻译当地通用的民族语言、文字除外）、评估、拍卖、变卖、仓储、保管、运输等发生的依法应当由当事人负担的费用，人民法院根据谁主张、谁负担的原则，决定由当事人直接支付给有关机构或者单位，人民法院不得代收代付。

六、诉讼费用的交纳、收取和退还

(一) 诉讼费用的交纳

诉讼费用的交纳，又称为诉讼费用的预交，是启动诉讼程序或要求人民法院进行某项诉讼行为的当事人预先交纳本案诉讼费用的行为，也是当事人的一项义务。

1. 案件受理费的交纳

案件受理费，由原告、上诉人、申请再审的当事人在规定期限内预交：

(1) 一审案件的案件受理费：原告自接到法院交纳诉讼费用通知次日起7日内交纳。

(2) 上诉案件的案件受理费：由上诉人向人民法院提交上诉状时预交。双方当事人都提起上诉的，分别预交。上诉人在上诉期内未预交诉讼费用的，法院应当通知其在7日内预交。

(3) 再审案件中依照本办法规定需要交纳的案件受理费：由申请再审的当事人预交。双方当事人都申请再审的，分别预交。

2. 申请费的交纳

(1) 申请费（申请财产保全措施），由申请人预交。

(2) 申请费由申请人在提出申请时或者在人民法院指定的期限内预交。

(3) 申请执行人民法院发生法律效力的判决、裁定、调解书的申请费，不由申请人预交，执行申请费执行后交纳。根据最高人民法院《关于适用〈诉讼费用交纳办法〉的通知》（法发［2007］16号）的规定，对人民法院如何收取执行申请费的规定，自2007年4月1

日起，执行申请费由人民法院在执行生效法律文书确定的内容之外直接向被执行人收取。不由申请执行人预交或者在执行后交纳申请费。

3. 其他诉讼费用的交纳

证人、鉴定人、翻译人员在人民法院指定日期出庭发生的交通费、住宿费、生活费和误工补贴，当事人复制案件卷宗材料和法律文书应当按实际成本向人民法院交纳的工本费，待实际发生后交纳（当事人不预交）。

诉讼过程中因鉴定、公告、勘验、翻译（翻译当地通用的民族语言、文字除外）、评估、拍卖、变卖、仓储、保管、运输等发生的依法应当由当事人负担的费用，由当事人直接支付给有关机构或者单位（当事人不预交给法院）。

4. 当事人未按照规定交纳案件受理费或者申请费的后果

当事人逾期不按照《诉讼费用交纳办法》规定交纳案件受理费或者申请费并且没有提出司法救助申请，或者申请司法救助未获批准，在人民法院指定期限内仍未交纳案件受理费或者申请费的，由人民法院依法按照当事人自动撤诉或者撤回申请处理。

（二）诉讼费用的收取

1. 诉讼费用以人民币为计算单位交纳，外币必须换算成人民币计算交纳。

在涉外行政诉讼案件中，以外币为计算单位的，依照人民法院决定受理案件之日国家公布的汇率换算成人民币计算交纳；上诉案件和申请再审案件的诉讼费用，按照第一审人民法院决定受理案件之日国家公布的汇率换算。外国法院对中华人民共和国公民、法人或者其他组织，与其本国公民、法人或者其他组织在行政诉讼费用交纳上实行差别对待的，按照对等原则处理。

2. 诉讼费用的交纳和收取制度应当公示。

人民法院收取诉讼费用按照其财务隶属关系使用国务院财政部门或者省级人民政府财政部门印制的财政票据。

案件受理费、申请费全额上缴财政，纳入预算，实行收支两条线管理。

3. 到指定代理银行交费或者当场收取诉讼费用。

（1）到指定代理银行交费

人民法院收取诉讼费用应当向当事人开具缴费凭证，当事人持缴费凭证到指定代理银行交费。

（2）当场收取诉讼费用

在边远、水上、交通不便地区，基层巡回法庭当场审理案件，当事人提出向指定代理银行交纳诉讼费用确有困难的，基层巡回法庭可以当场收取诉讼费用，并向当事人出具省级人民政府财政部门印制的财政票据；不出具省级人民政府财政部门印制的财政票据的，当事人有权拒绝交纳。

4. 案件审结后，人民法院应当将诉讼费用的详细清单和当事人应当负担的数额书面通知当事人，同时在判决书、裁定书中写明当事人各方应当负担的数额。

5. 诉讼费用缴库的具体办法，由国务院财政部门商最高人民法院另行制定。

（三）诉讼费用的退还

《诉讼费用交纳办法》对诉讼费用的退还情形、退还时限、退还规范和不予退还情形都作出了明确的规定。

1. 诉讼费用的退还情形

（1）第一审法院裁定不予受理或者驳回起诉的，应当退还当事人已交纳的案件受理费。

（2）当事人对第一审法院不予受理、驳回起诉的裁定提起上诉，第二审法院维持第一审法院作出的裁定的，第一审法院应当退还当事人已交纳的案件受理费。

（3）第二审法院决定将案件发回重审的，应当退还上诉人已交纳的第二审案件受理费。

2. 诉讼费用的退还时限

需要向当事人退还诉讼费用的，人民法院应当自法律文书生效之日起 15 日内退还有关当事人。

3. 诉讼费用的退还规范（国家规定）

依法应当向当事人退费的，人民法院应当按照国家有关规定办理。诉讼费用退费的具体办法，由国务院财政部门商最高人民法院另行制定。

4. 诉讼费用不予退还情形

（1）中止诉讼、中止执行的案件，已交纳的案件受理费、申请费不予退还。中止诉讼、中止执行的原因消除，恢复诉讼、执行的，不再交纳案件受理费、申请费。

（2）依法终结诉讼的案件，已交纳的案件受理费不予退还。

七、诉讼费用的负担

行政诉讼费用负担，即指在诉讼终结时，经人民法院生效行政裁判所确定，由有责任的一方或双方当事人向人民法院支付案件受理费用及其他诉讼费用。

（一）当事人对诉讼费用的负担规则

1. 败诉方负担——诉讼费用负担原则

败诉方负担，是诉讼费用负担原则，根据《诉讼费用交纳办法》规定，其具体内容包括：

（1）诉讼费用由败诉方负担，胜诉方自愿承担的除外。

从实践中看，诉讼费用由败诉方负担的情况还有：①人民法院的第二审判决一并撤销一审判决和被诉具体行政行为的，第一、二审诉讼费用均应由被诉行政机关负担。②在诉讼过程中，被告改变其具体行政行为，原告申请撤诉，人民法院裁定准许的，案件受理费由被告负担；其他诉讼费用按实际支出收取。但是，如果原告不申请撤诉或者人民法院不准许撤诉的，诉讼费用由败诉方负担。

胜诉方自愿承担诉讼费的，败诉方不再负担诉讼费用。

根据最高人民法院《关于适用〈诉讼费用交纳办法〉的通知》的规定，对原告胜诉的案件，诉讼费用由被告负担，人民法院应当将预收的诉讼费用退还原告，再由人民法院直接向被告收取，但原告自愿承担或者同意被告直接向其支付的除外。当事人拒不交纳诉讼费用的，人民法院应当依法强制执行。

（2）部分胜诉、部分败诉的，人民法院根据案件的具体情况决定当事人各自负担的诉讼费用数额。

从实践中看，双方当事人都有责任的，由双方负担诉讼费用。这表现为：人民法院判决部分维持和部分撤销行政机关的具体行政行为时，诉讼费用由原、被告双方按责任大小分担。

（3）共同诉讼当事人败诉的，人民法院根据其对诉讼标的的利害关系，决定当事人各自负担的诉讼费用数额。

从实践中看，共同诉讼当事人败诉，包括共同原告败诉，共同被告败诉，或者共同原告和共同被告双方都有责任即互有胜败的，由人民法院根据每一个当事人各自对具体行政行为的利害关系，决定各自应负担的金额。其中如有专为自己利益而不涉及共同诉讼当事人共同利益的诉讼行为所支出的费用，由该当事人负担。

2. 被告负担

根据《诉讼费用交纳办法》规定，行政案件的被告改变或者撤销具体行政行为，原告申请撤诉，人民法院裁定准许的，案件受理费由被告负担。

这里，注意要有三个条件：(1) 被告改变或者撤销具体行政行为；(2) 原告申请撤诉；(3) 法院裁定准许撤诉。这三项条件同时具备，则案件受理费由被告负担。如果，这三项条件不同时具备的，则案件受理费由败诉方负担。

另外，从实践中看，原告起诉后又在诉讼过程中申请撤诉（包含主动申请撤诉和视为申请撤诉），而被告并没有改变或者撤销具体行政行为的案件，经法院裁定准许撤诉的，案件受理费用应当由原告人负担，减半收取；其他诉讼费用按实际支出收取。

3. 申请再审的当事人负担

根据《诉讼费用交纳办法》规定，依照规定应当交纳案件受理费的再审案件，诉讼费用由申请再审的当事人负担；但是，如果双方当事人都申请再审的，再审的诉讼费用依照上述“1、败诉方负担”处理。

此外，再审案件的原审诉讼费用的负担，由人民法院根据诉讼费用负担原则重新确定。

4. 被执行人负担

根据《诉讼费用交纳办法》规定，执行申请费由被执行人负担。但是，在执行中当事人达成和解协议的，申请费的负担由双方当事人协商解决；协商不成的，由人民法院决定。

5. 财产保全申请人负担

根据《诉讼费用交纳办法》规定，财产保全措施申请费由申请人负担。申请人提起诉讼的，可以将该申请费列入诉讼请求。由此，财产保全措施申请费，就最终会由败诉方负担。

6. 当事人自身负担

根据《诉讼费用交纳办法》规定，当事人因自身原因未能在举证期限内举证，在二审或者再审期间提出新的证据致使诉讼费用增加的，增加的诉讼费用由该当事人负担。

可见，当事人自身负担，只限于“因自身原因未能在举证期限内举证，在二审或者再审期间提出新的证据致使诉讼费用增加的”规定情况，且不论该当事人是否为败诉方，均应由其负担因此而增加的诉讼费用。

7. 二审法院有权改变一审诉讼费用负担

根据《诉讼费用交纳办法》规定，第二审人民法院改变第一审人民法院作出的判决、裁定的，应当相应变更第一审人民法院对诉讼费用负担的决定。

因此，在实践中，第二审人民法院改判一审判决、裁定的案件，除应当确定上诉人和被上诉人对第二审诉讼费用的负担外，还应当相应的变更第一审法院对原告和被告负担诉讼费用的决定。

（二）当事人对诉讼费用负担不服的救济

1. 当事人不得单独对人民法院关于诉讼费用的决定提起上诉。（但，可以合并在对一审判决、裁定的上诉请求之中。）

2. 当事人单独对人民法院关于诉讼费用的决定有异议的，可以向作出决定的人民法院院长申请复核。人民法院院长应当自收到当事人申请之日起 15 日内作出复核决定。

3. 当事人对人民法院决定诉讼费用的计算有异议的，可以向作出决定的人民法院请求复核。计算确有错误的，作出决定的人民法院应当予以更正。

八、司法救助

司法救助是21世纪人民法院改革中的一项司法创新制度，以使经济确有困难的当事人能够依法充分行使诉讼权利，维护其合法权益，确保司法公正。

司法救助最早的依据是2000年7月12日《最高人民法院关于对经济确有困难的当事人予以司法救助的规定》。2000年3月，最高人民法院院长肖扬在九届全国人大三次会议上郑重承诺“要让那些合法权益受到侵害而经济有困难的群众打得起官司，让那些有冤情而得不到伸张的群众打得赢官司”，受到社会各界广泛赞同。为实现这个承诺，最高人民法院于同年7月颁布关于对经济确有困难的当事人予以司法救助的规定。这一制度的实施，取得了良好的法律效果和社会效果，一大批经济确有困难的当事人通过司法救助方式，依法行使诉讼权利，维护了自身的合法权益。

2006年12月8日国务院第159次常务会议通过的《诉讼费用交纳办法》第4条明确规定：“国家对交纳诉讼费用确有困难的当事人提供司法救助，保障其依法行使诉讼权利，维护其合法权益。”从而对司法救助制度予以延展。

（一）司法救助的概念

司法救助，是指国家通过人民法院对于行政案件中有充分理由证明自己合法权益受到侵害但经济确有困难的当事人，实行诉讼费用的缓交、减交、免交。

在行政诉讼中，司法救助的实施依据，是《诉讼费用交纳办法》。司法救助的救助对象，是“交纳诉讼费用确有困难的当事人”，不会是被告的国家行政机关，而通常只是作为原告的公民、法人、其他组织。司法救助的提供主体，是“国家”，而国家则是通过“人民法院”来提供司法救助。司法救助的救助内容，是对交纳诉讼费用确有困难的当事人的申请审查符合适用情形的决定予以缓交、减交或者免交诉讼费用。

（二）司法救助的适用情形

在行政诉讼中，当事人交纳诉讼费用确有困难的，可以依照国务院《诉讼费用交纳办法》的规定向人民法院申请缓交、减交或者免交诉讼费用的司法救助。

1. 缓交诉讼费用

行政诉讼当事人申请司法救助，符合下列情形之一的，人民法院应当准予缓交诉讼费用：（1）追索社会保险金的；（2）正在接受有关部门法律援助的；（3）确实需要缓交的其他情形。

2. 减交诉讼费用

行政诉讼当事人申请司法救助，符合下列情形之一的，人民法院应当准予减交诉讼费用，减交比例不得低于30%：（1）因自然灾害等不可抗力造成生活困难，正在接受社会救济，或者家庭生产经营难以为继的；（2）属于国家规定的优抚、安置对象的；（3）社会福利机构和救助管理站；（4）确实需要减交的其他情形。

3. 免交诉讼费用

诉讼费用的免交，只适用于自然人，不适用法人和其他组织。

自然人作为行政诉讼当事人申请司法救助，符合下列情形之一的，人民法院应当准予免交诉讼费用：（1）残疾人无固定生活来源的；（2）追索抚恤金的；（3）最低生活保障对象、农村特困定期救济对象、农村五保供养对象或者领取失业保险金人员，无其他收入的；（4）

因见义勇为或者为保护社会公共利益致使自身合法权益受到损害，本人或者其近亲属请求赔偿或者补偿的；（5）确实需要免交的其他情形。

（三）司法救助的适用程序

1. 当事人申请

当事人申请司法救助，应当在起诉或者上诉时提交书面申请、足以证明其确有经济困难的证明材料以及其他相关证明材料。

因生活困难或者追索基本生活费用申请免交、减交诉讼费用的，还应当提供本人及其家庭经济状况符合当地民政、劳动保障等部门规定的公民经济困难标准的证明。

2. 法院审查处理

（1）对当事人请求缓交诉讼费用的，由承办案件的审判人员或合议庭提出意见，报庭长审批。

（2）对当事人请求减交、免交诉讼费用的，由承办案件的审判人员或合议庭提出意见，经庭长审核同意后，报院长审批。

（3）人民法院对当事人的司法救助申请不予批准的，应当向当事人书面说明理由。

（4）人民法院准予当事人减交、免交诉讼费用的，应当在法律文书中载明。

（5）当事人申请缓交诉讼费用经审查符合缓交情形的，人民法院应当在决定立案之前作出准予缓交的决定。

3. 司法救助案件的诉讼费用承担

人民法院决定对一方当事人司法救助的诉讼费用，应当分别按照以下三种情况承担：

（1）对方当事人败诉的，诉讼费用由对方当事人交纳；拒不交纳的强制执行。

（2）对方当事人胜诉的，可视申请司法救助一方当事人的经济状况决定申请司法救助一方当事人减交、免交诉讼费用。决定申请司法救助一方当事人减交诉讼费用的，减交比例不得低于30％。

（3）对方当事人胜诉的，申请司法救助一方当事人是孤寡老人、孤儿和农村“五保户”，正在享受城市居民最低生活保障、农村特困户救济或者领取失业保险金，无其他收入的，应免交诉讼费用。

（四）对骗取司法救助的处理

司法救助是人民法院代表国家诚心实意司法为民服务的体现，当事人应当以诚实对待，确有困难符合国家规定适用情形的才去寻获司法救助。

当事人骗取司法救助的，人民法院应当责令其补交诉讼费用；拒不补交的，以妨害诉讼行为论处。

九、对诉讼费用的管理和监督

《诉讼费用交纳办法》第54条对诉讼费用管理和监督问题作了明确规定：

（一）管理和监督诉讼费用的主管部门

价格主管部门、财政部门按照收费管理的职责分工，对诉讼费用进行管理和监督。

（二）查处乱收诉讼费用行为的主管部门

对（人民法院）违反诉讼费用交纳办法规定的乱收费行为，由政府价格主管部门、财政部门依照法律、法规和国务院相关规定予以查处。

第三编 起诉与立案程序

第十三章 行政案件的起诉程序

行政案件的起诉，即提起行政诉讼，这是公民、法人或其他组织作为原告行使诉权的第一诉讼行为，也是行政案件诉讼程序的最初入口。没有行政案件的起诉，就没有行政案件的立案，更谈不到行政案件的审判。我们认为，从加强诉权保护，完善诉讼程序出发，根据诉讼程序运行的基本逻辑规律，起诉程序应为任何行政诉讼案件必经的首发诉讼程序。只有行政案件起诉程序的首发运行，才能启动行政案件立案程序的后续乃至审判程序的跟进。行政案件起诉程序，是指公民、法人或其他组织行使诉权向人民法院提起行政诉讼所必须遵守的法定条件、程序要求、方式、期限等程序规范的总称。我国行政诉讼法第 37、38、39、40、41 条以及《最高人民法院关于执行〈中华人民共和国行政诉讼法〉若干问题的解释》（法释〔2000〕8 号）等审判解释的有关规定，构成行政案件起诉程序规范体系。

第一节 行政诉讼中的诉与诉权

一、诉的概念、特征和意义

（一）诉的概念

行政诉讼中的"诉"的理论，主要是借鉴于民事诉讼法学关于诉的概念的学说。关于"诉"有不同的认识：

1. 声明说。该说认为诉是一种声明，是当事人在自己的权利受到侵害时，请求法院作出有利于自己的判决的声明。

2. 手段说。此说认为诉是一种手段，即诉是从司法上保护当事人的权利、维护国家法律秩序的手段；是当事人请求法院保护自己合法权益的诉讼手段。

3. 诉讼行为说。此说在大陆法系国家占据着通说的地位，该说认为诉是某人（原告）向特定的法院申请审理和判决他对其他特定人（被告）之间关系的特定主张（诉讼上的请求）在法律上是否妥当的诉讼行为。

4. 请求说。此说为我国目前的通说，即认为行政诉讼中的诉，是指依照法律规定，在特定的行政争议发生之时，当事人向人民法院提出的对其合法权益给予司法保护的请求。也就是说，当行政争议发生后，作为行政相对人的公民、法人或其他组织如认为其合法权益受到侵犯，便可依法诉请人民法院通过审判的方式予以保护。因此，诉可以在人民法院和当事人之间起到一种媒介的作用，引起具体行政诉讼法律关系的产生，引发人民法院对行政案件的审理和裁判，从而解决行政争议，维护当事人的合法权益。

（二）诉的双重含义

诉虽然是一个统一的概念，但从其法律性质来看，它包括两个方面的内容，即实体意义上的诉和程序意义上的诉，是二者的有机统一整体。

1. 实体意义上的诉

实体意义上的诉，是指当事人请求法院依照实体法律规定来保护其在实体法律关系中的合法权益。也就是说，当事人通过人民法院向对方当事人提出实体权利的请求，并经人民法院的审判实现其实体法方面的要求。

2. 程序意义上的诉

程序意义上的诉，是指当事人依据有关程序法的规定向人民法院提出的诉讼请求，这是公民、法人和其他组织依法所享有的一项诉讼权利。只有在公民、法人或其他组织向人民法院提出请求，人民法院审查认为符合《行政诉讼法》的规定并予以接受之后，才产生法院对案件的审理活动。因此可以说，程序意义上的诉是法律规定的一种保护当事人合法权益的手段与方式。

3. 实体意义上的诉与程序意义上的诉的关系

实体意义上的诉与程序意义上的诉虽然法律依据不同，前者依据实体法，后者依据诉讼法，并且是分别向对方当事人和人民法院这两个不同的对象提出的诉讼请求，但同时二者又是紧密联系、相互依存、不可分割的。

程序意义上的诉不能脱离实体权利而独立存在，它必须以实体意义上的诉为存在的基础；同时程序意义上的诉的目的，又在于请求人民法院保护自己的实体权利，因此程序意义上的诉又是实体权利实现的保障，是实体意义上的诉的形式和手段；实体意义上的诉则是程序意义上的诉的目的和内容。

（三）诉的特征

行政诉讼中的诉有以下几个特征：

1. 诉的主体包括行政诉讼当事人的各方，作为行政诉讼的双方当事人，均有权向人民法院提出请求。不能认为只有作为原告方的公民、法人及其他组织才能向人民法院提出请求，作为被告方的行政主体也可以在其答辩中向人民法院提出诸如确认其具体行政行为合法并判决维持等请求，同原告方一样，若对判决不服，还可提出上诉的请求。

2. 诉的内容仅限于可以请求保护的某种合法权益。这种合法权益是由行政实体法与行政程序法所明确规定了的，具有可诉性。当事人向人民法院提出的保护其合法权益的请求，既要符合行政实体法的规定，又要符合行政程序法的规定，否则，其提出的诉讼请求就不能成立。

3. 诉以当事人之间发生的行政争议为起因。即诉的前提必须是行政法律关系处于非正常状态。只有公民、法人和其他组织与行政权力主体之间发生了行政争议，才能依法向人民法院提出通过审判方式对其合法权益予以保护的请求。

4. 诉只能向人民法院提出。人民法院代表国家行使审判权，负责解决、处理行政争议。当事人只有向法院提出请求，法院才能通过审判方式对其合法权益予以保护。所以，诉是人民法院行使审判权的前提和起点。尽管行政主体（如行政复议机关）也能依法解决行政纠纷，但其是行政复议权不是行政审判权，不能称为诉。

（四）诉的意义

行政诉讼中的诉，在实践中有着重要的意义：

1. 诉是行政诉讼程序开始的前提和条件，是人民法院行使审判权的起点。诉的根据源于当事人的诉权，没有当事人提出诉讼请求的诉讼行为，行政诉讼程序便无法启动。而一旦提起了诉，则程序将要开始，人民法院就有义务就诉的正当与否进行裁判。

2. 诉是当事人实现诉权的重要形式。当事人因其合法权益受到侵害，由此获得诉权，而要让法律规定的诉权直接服务于实体权利的实现，则必须由当事人实施的起诉行为来予以体现。

3. 诉决定了行政诉讼的对象和范围。当事人有权提起体现自己意志的诉，这种诉的内容完全由当事人确定，裁判的范围也就由此而确定，人民法院不能超越当事人提起的诉的请求范围进行裁判。可见，因诉的提起，行政诉讼法律关系在当事人与法院之间得以具体产生和确定。

二、诉的要素

诉的要素，又称诉的构成要素，是指构成一个诉所必备的、不可缺少的能使诉特定化的因素。它是构成一个诉所必不可少的组成部分，是诉的内在组成元素，是区别不同种类的诉和每一个具体的诉的依据，决定着诉的内容，并使诉特定化、具体化。一般认为，诉的要素包括三个方面，即诉的主体、诉的标的和诉的理由。

（一）诉的主体

诉的主体也就是行政诉讼当事人。任何一个诉，都必须要有当事人，有权利义务的主体。只有当主体之间发生了行政纠纷，出现了实体权益的争议时，才可能涉及诉的问题。因为诉是当事人依法向人民法院提出的保护自己合法权益的请求，如果没有当事人这一诉的主体，就无人向法院提出司法保护的请求，诉也就不能成立。人民法院审理案件，就是要解决当事人之间的行政争议，任何一个诉都必须要有提出请求的一方，还必须要有与其相对的另一方，人民法院才能对案件进行审理。因此诉的主体是诉的构成要素之一。

（二）诉的标的

诉的标的，又叫诉讼标的，指的是当事人之间发生争议的、并要求人民法院进行审理和解决的行政法律关系，它是行政诉讼当事人与人民法院之间的诉讼权利和诉讼义务所共同指向的客观对象。要通过行政诉讼解决行政争议，必须由人民法院根据当事人的诉求，就具体的案件进行审理之后，基于法律作出判决。而法院要作出判决，就必须针对特定的对象作出，因此诉讼也就必须围绕特定的对象进行，这一特定的对象就是诉讼标的。行政诉讼中诉的标的又往往被人们直接指明为被诉的具体行政行为，这是因为具体行政行为集中反映了当事人双方所争议的行政法律关系，即实体法上的权利义务关系。

在诉的构成要素中，最重要的就是诉的标的，是任何一个诉都必须具有的。诉的标的既可能是单一的，也可能有两个以上。由于不同的诉的标的所涉及实体法不同，法院要作出不同的裁判，从而形成不同的诉。因此，诉的标的的一个重要功能就是确定审判的范围并约束着法院行政审判权的行使。在具体的行政案件中，以何种行政法律关系为诉的标的，应以提起诉的当事人所表明的意思而定，即应以起诉的当事人请求人民法院审理裁判的事项而定，法院不能随意扩大或缩小当事人请求的范围，而且在裁判时亦必须以当事人的权利请求为基础。

（三）诉的理由

诉的理由，又称为诉讼理由，指的是当事人向人民法院请求司法保护和支持诉讼的根据。理由决定于事实，事实是客观存在的，只有提供客观存在而又能证明的事实，才能成为诉的理由。一般认为，在行政诉讼中，诉的理由包括两类的事实：一是引起当事人之间行政法律关系发生、变更或者消灭的事实；二是有关当事人对实体法律关系是否存在争议或者当事人的实体权益是否受到侵害的事实。这两类事实共同成为诉讼的事实基础，并且因情况不同，这两类事实在诉讼中的意义也就不同。前者被用作请求确认实体权利义务状态的根据，后者则被用作请求司法保护的根据。人民法院审理行政案件，就是要查明这两方面的事实，才能根据客观事实提供司法保护。

诉的理由，是任何一个诉都必须具备的要素之一。当事人向人民法院提出保护自己合法权益的请求，没有理由支撑，请求就不能实现。没有诉讼理由的诉，是不完整的诉，不能为人民法院受理；即便受理了，也会因为缺乏诉讼理由的支撑，而使当事人的请求得不到法律的支持和保护。

三、诉的种类

根据不同的标准，可以把诉划分为不同的种类。本章按照当事人诉讼请求的内容与人民法院对诉的裁判结果，把我国行政诉讼中的诉作如下分类：

（一）确认之诉

确认之诉，即确认行政法律关系状态之诉，是原告向人民法院提出的就其与被诉方之间行政权利义务关系进行确认的请求。比如，请求人民法院确认被诉具体行政行为是合法还是违法，有效还是无效等等。人民法院经过审理，根据不同的情况，作出不同的判决。如，第一审人民法院作出维持判决，就必须首先确认被诉具体行政行为合法有效。又如，对于被告不履行法定职责，但责令其履行法定职责已无实际意义的；或者被诉具体行政行为违法，但不具有可撤销内容的；或者被诉具体行政行为依法不成立或者无效的，人民法院应当依法作出确认被诉具体行政行为违法或者无效的判决。此外，被诉具体行政行为违法，但撤销该具体行政行为将会给国家利益或者社会公共利益造成重大损失的，人民法院也应当作出确认被诉具体行政行为违法的判决，并责令被告采取相应补救措施。

确认之诉是最基本的一种诉，与其他种类的诉有着密切联系，通常是其他种类的诉的基础，亦是人民法院作出裁判的前提。不论是维持、撤销之诉，还是变更之诉、履行之诉或者行政赔偿之诉，都必须以确认之诉为前提和基础。

（二）撤销之诉

撤销之诉，指的是原告对被告的某个具体行政行为不服，诉请人民法院撤销该具体行政行为之诉。撤销之诉以确认被诉具体行政行为违法、无效为前提。

具体行政行为被判决撤销的，即意味着该行为自始至终都无效。行政复议机关的复议决定维持原具体行政行为，人民法院生效判决撤销原具体行政行为的，行政复议决定因原复议对象的丧失而应当自然失效。

（三）履行之诉

履行之诉，指的是原告认为被告对其负有法定的职责而不履行，而向人民法院提出的判决被告依法履行职责的请求。履行之诉往往以确认之诉为前提，只有经人民法院确认被告对原告负有法定职责之后，责令被告履行法定职责的判决才能作出。

履行之诉的类型主要有：要求法院判令依法发放许可证或执照；要求法院判令被告履行保护人身权、财产权的法定职责；要求法院判令被告依法发给抚恤金等等。

履行之诉，有时会附带着其他的诉提出。比如，在某省溆浦县中医院诉溆浦县邮电局不履行法定职责一案中，原告县中医院认为被告县邮电局不履行“120”急救电话开通职责，向县人民法院提起行政诉讼。原告诉称：原告根据上级文件的规定和主管部门批准，向被告申请开通“120”急救电话，被告拒不作为，致使原告购置的急救车辆和其他设施至今不能正常运转，损失惨重。请求法院判令被告立即履行开通“120”急救电话的职责，并赔偿原告的经济损失8万元。这里，原告提出两个诉：履行之诉附带着行政赔偿之诉。法院终审确认，县邮电局在接到县中医院的申请后拒不开通“120”急救电话，是不履行职责的错误行政行为，应当纠正；县邮电局为推卸责任而提出的县中医院申办不符合文件规定、自己已经履行了开通“120”急救电话的义务、不具备行政诉讼被告资格等辩解理由，均不能成立；县中医院的主要诉求理由成立，应当采纳。县中医院请求县邮电局赔偿购置的急救车辆和其他设施不能正常运转的损失问题，鉴于急救车辆和急救设备没有投入急救使用，这项损失不宜按《中华人民共和国国家赔偿法》第 28 条（七）项规定的“直接损失”计算，因此依法不予支持。法院作出终审判决（履行之诉的判决）：限县邮电局从接到本判决书的次日起 15 日内为县中医院履行法定职责。

（四）变更之诉

变更之诉，是指对于显失公平的行政处罚行为，作为行政相对人的公民、法人或者其他组织可以诉请人民法院对处罚决定予以变更。人民法院经审理查明，确认该行政处罚虽合法，但因显失公正而不合理时，可以判决变更。

目前根据行政诉讼法规定，针对具体行政行为的变更之诉，仅适用于“行政处罚显失公正”的情形，适用范围十分狭窄。

（五）行政赔偿之诉

行政赔偿之诉，是指公民、法人或者其他组织因行政机关作为或不作为形式的具体行政行为违法侵犯其合法权益造成损失后果的，请求人民法院判令被告赔偿其遭受的损失。行政赔偿责任是被告所承担的一种行政法律责任，只要确实造成损害的，就应当依法承担行政赔偿责任。

值得注意的是，如果公民、法人或者其他组织单独就损害赔偿提出请求的，应当先由行政赔偿义务机关进行解决；对行政赔偿义务机关的赔偿处理决定不服的，才能向人民法院提起行政赔偿之诉。

四、诉的合并与分离

诉的合并，是指人民法院把几个独立的诉合并在一个案件中进行审理和裁判。诉的合并，必须是有数个独立的诉，并且彼此有牵连关系。即有多个当事人或者一个当事人有多宗诉讼请求，或者既有多个当事人又有多宗诉讼请求，而且这些请求彼此紧密关联，人民法院将其合并审理，既便于人民法院办案，提高审判工作效率，又便于当事人进行诉讼。

比如，在某省福安市发生的一起房屋拆迁行政案中，原告李国铃诉称：被告福安市政府授权金山南路指挥部，在拆迁安置工作中，违反国务院《城市房屋拆迁管理条例》规定的“先安置后拆迁”的原则，采取封闭道路、注销营业执照、停电、停水等手段，逼迫原告等拆迁；原告被迫签下拆迁协议书，该协议签订违反上述《条例》的规定，属于无效协议，且指挥部对协议规定的内容大部分应承担的义务也没有履行。请求人民法院依法判决：1. 撤销被告违法的房屋拆迁之具体行政行为；2. 恢复原状，就原地赔偿原告的楼店；3. 赔偿损失，每月以 680 元计算，从 1995 年 8 月 26 日起至拆迁安置解决之日止；4. 因原告房屋被拆除，租房居住及做面工场，月租金 680 元，水电安装费 800 元，建灶费用 830 元，停产一个月损失 3000 元，给予赔偿。这里，该原告就提出了两个诉：撤销之诉和行政赔偿之诉。法院予以合并审判。

诉的分离，是指人民法院受理行政案件后，将几个诉从一个案件中分离出来，分别作为独立的案件进行审理。诉的分离，是针对诉的合并而言的，目的在于避免行政诉讼程序的复杂化，加速人民法院对案件的审理，以迅速解决当事人的行政争议。

五、诉权及其保护

（一）诉权的基本含义

诉权，是法律所确定的，赋予当事人进行诉讼的权利。换言之，所谓诉权，就是诉的权利。

诉是当事人向人民法院提出的司法救济的请求，因此，行政诉讼中的诉权就是行政争议当事人请求人民法院对其合法权益给予司法保护的权利。

首先，诉权发生的根据在于行政争议的出现，在于当事人之间权利义务关系不明确的事实状态。国家法律在确立诉的制度的同时，就确定了诉权，即赋予了主体在其权益受到侵犯或者权利义务关系发生争议时，具有进行诉讼的资格。因此，诉权是基于行政争议的事实而发生的。

其次，诉权是由实体法和程序法所共同规定的，在程序上行使的一种权利。法律是确定权利义务的根据，实体法确定在什么情况下有权提起诉讼，程序法确定具备什么条件有权进行诉讼，二者统一于诉的法律制度之中，构成诉权。诉权的行使则只能在诉讼程序上，并且只能向行使国家审判权的人民法院提出，在诉讼程序上运行，同时具备着诉讼程序上的功能。

最后，诉权是当事人要求人民法院就具体的行政争议作出裁判的权利，这意味着当事人与行政争议存在着利害关系，因而有权就争议的事实提请人民法院审判，而且有利害关系的当事人不仅包括原告，同时也包括被告，因为被告在诉讼过程中也可以通过反驳等方式行使自己的诉权。

（二）诉权与诉讼权利

诉权与诉讼权利，既密切联系，又有区别。诉权是诉的制度所确定的当事人的基本权利，是诉讼权利的基础，而诉讼权利则是诉权在诉讼中的具体表现形式。只有依法享有诉权的人，才是符合条件的当事人，才能进行诉讼，享有诉讼权利。没有诉权的人，不是合格的当事人，不能进行诉讼，也就无所谓诉讼权利；即使参加到诉讼中来，也会因不符合当事人的条件而被更换，已经行使的诉讼权利和实施的诉讼行为通通归于无效。享有诉权的人进行诉讼，必然有不同的程序和方式，体现不同的诉讼权利，所以诉权必然表现为各种不同的诉讼权利，成为诉讼权利的核心与本质。

同时，诉权与诉讼权利又有所不同。诉讼权利单纯由程序法所确定，是当事人进行行政诉讼活动所享有的权利；诉权则是由实体法与程序法共同规定的，运行于行政诉讼程序之中的权利。

（三）诉权的保护

行政诉讼中的诉权，是当事人进行行政诉讼的基础，保护诉权至关重要。保护诉权首先必须加强对诉权的观念认识，不断完善立法，关键则在于司法上的保护。人民法院应当依法保障当事人的诉权得到充分的行使，特别是重点保护原告方的起诉权得到充分有效的行使。这是我国行政法制建设的要求，也是实现行政诉讼法的基本宗旨的需要。

第二节　起诉与申请行政复议的关系

一、行政诉讼与行政复议的关系

行政诉讼是以解决行政纠纷为己任的诉讼，而解决行政纠纷的行政复议制度，与行政诉讼也有一定的衔接关系。因而，我们有必要了解行政复议制度，以及行政诉讼与行政复议的异同。

（一）行政复议的概念与特征

行政复议，是指公民、法人或者其他组织认为行政机关的具体行政行为侵犯其合法权益，按照法定的程序和条件，向行政复议机关提出申请，由该行政机关依照行政复议法律、法规受理申请、对具体行政行为复查审议、作出行政复议决定的活动。

行政复议制度，是行政复议机关依法解决行政争议、化解社会矛盾、加强行政内部监督的一项重要法律制度平台。

行政复议具有以下特征：

1. 行政复议的发生，是由于公民、法人和其他组织等行政管理相对人，认为行政机关的具体行政行为侵犯其合法权益，而依法向行政复议机关提出了复议申请。

根据《行政复议法》规定，公民、法人或者其他组织认为行政机关的具体行政行为所依据的（国务院部门规章和地方政府规章以外的）国务院部门的规定、县级以上地方各级人民政府及其工作部门的规定以及乡、镇人民政府的规定不合法，在对具体行政行为申请行政复议时，可以一并向行政复议机关提出对该规定的审查申请。

2. 行政复议的任务，是依法对具体行政行为是否合法和适当进行审查，以解决由该具体行政行为而导致的行政纠纷。行政复议机关依据法律、法规、规章的规定拥有全面的复议决定处理权力，这表现在：（1）可以决定对具体行政行为维持、撤销、确认、变更、责令重作、补正，对不履行法定职责的限期履行作出具体行政行为；（2）也可以在申请人提出行政赔偿请求的情况下决定被申请人依法给予赔偿或者在申请人没有提出行政赔偿请求的情况下责令被申请人返还财产，解除对财产的查封、扣押、冻结措施，或者赔偿相应的价款；（3）还可以在其职权范围内对该具体行政行为所依据的抽象行政行为予以撤销或者改变，或者报告其上级行政机关依法处理，不受复议申请范围的限制。例如，根据《行政复议法》第27条规定，行政复议机关在对被申请人作出的具体行政行为进行审查时，认为其依据不合法，本机关有权处理的，应当在30日内依法处理；无权处理的，应当在7日内（“日”是指工作日，不含节假日）按照法定程序转送有权处理的国家机关依法处理。处理期间，中止对具体行政行为的审查。

3. 行政复议机关，是依照《行政复议法》履行行政复议职责的行政机关。行政复议机关包括10种情况：（1）县级以上地方各级人民政府工作部门的本级人民政府和上一级主管部门为行政复议机关（对县级以上地方各级人民政府工作部门的具体行政行为不服的，由申请人选择）；（2）上一级主管部门为行政复议机关（对海关、金融、国税、外汇管理等实行垂直领导的行政机关和国家安全机关的具体行政行为不服的）；（3）上一级地方人民政府为复议机关（对地方各级人民政府的具体行政行为不服的）；（4）作出被申请复议的具体行政行为的行政机关为行政复议机关；比如《进出口商品检验法》第28条规定，不服处罚决定的当事人可以在收到处罚决定书之日起30日内向作出处罚决定的商检机构申请复议。又如《行政复议法》第14条规定，对国务院部门或者省、自治区、直辖市人民政府的具体行政行为不服的，向作出该具体行政行为的国务院部门或者省、自治区、直辖市人民政府申请行政复议。（5）（对县级以上地方人民政府依法设立的派出机关的具体行政行为不服的）设立该派出机关的人民政府为行政复议机关；（6）（对政府工作部门依法设立的派出机构依照法律、法规或者规章规定，以自己的名义作出的具体行政行为不服的）设立该派出机构的部门或者该部门的本级地方人民政府为行政复议机关；（7）（对法律、法规授权的组织的具体行政行为为不服的，分别向直接管理该组织的）地方人民政府、地方人民政府工作部门或者国务院部门为行政复议机关；(8)（对两个或者两个以上行政机关以共同的名义作出的具体行政行为不服的）其共同上一级行政机关为行政复议机关；(9)（对被撤销的行政机关在撤销前所作出的具体行政行为不服的，继续行使其职权的行政机关的）上一级行政机关为行政复议机关；(10)该行为机关内部依法另设的专业复议机关。如国家专利局内设立的“专利复审委员会”，国家工商总局内设立的“商标评审委员会”。

4. 行政复议的方式，原则上采取书面审查，必要时可采取听证的方式。行政复议机构审理行政复议案件，应当由2名以上行政复议人员参加。行政复议原则上采取书面审查的办法，但是申请人提出要求或者行政复议机关负责法制工作的机构认为有必要时，可以向有关组织和人员调查情况，听取申请人、被申请人和第三人的意见。行政复议机构认为必要时，可以实地调查核实证据；对重大、复杂的案件，申请人提出要求或者行政复议机构认为必要时，可以采取听证的方式审理。

5. 行政复议，可以和解或调解方式结案。《行政复议法实施条例》建立了行政复议和解制度与行政复议调解制度：(1)根据《行政复议法实施条例》第40条规定，公民、法人或者其他组织对行政机关行使法律、法规规定的自由裁量权作出的具体行政行为不服申请行政复议，申请人与被申请人在行政复议决定作出前自愿达成和解的，应当向行政复议机构提交书面和解协议；和解内容不损害社会公共利益和他人合法权益的，行政复议机构应当准许。(2)原《行政复议条例》第8条规定：“复议机关审理复议案件，不适用调解。”《行政复议法》已经取消该第8条内容。根据《行政复议法实施条例》第50条规定，有下列两种情形之一的，行政复议机关可以按照自愿、合法的原则进行调解：①公民、法人或者其他组织对行政机关行使法律、法规规定的自由裁量权作出的具体行政行为不服申请行政复议的；②当事人之间的行政赔偿或者行政补偿纠纷。当事人经调解达成协议的，行政复议机关应当制作行政复议调解书，载明行政复议请求、事实、理由和调解结果，并加盖行政复议机关印章。行政复议调解书经双方当事人签字，即具有法律效力。调解未达成协议或者调解书生效前一方反悔的，行政复议机关应当及时作出行政复议决定。

6. 行政复议，不得不利于申请人。根据《行政复议法实施条例》第51条规定，行政复议机关在申请人的行政复议请求范围内，不得作出对申请人更为不利的行政复议决定。

7. 行政复议，实行一级复议制。行政复议机关作出行政复议决定，应当制作行政复议决定书，并加盖印章。行政复议决定书一经送达，即发生法律效力。

8. 行政复议的时间，有严格的法定期限。一方面，相对人提出复议申请应遵守法定的申请时限，过期不能申请复议。复议申请期限，各种法律、法律有不同的规定。提出复议申请时，应按照相关的（即被申请复议的具体行政行为所依据的）法律、法规规定的时限执行。另一方面，复议机关作出复议决定亦应遵守法定的期限，而不得拖延。复议决定期限的长短，应按《行政复议法》第31条的规定执行：①行政复议机关应当自受理申请之日起60日内作出行政复议决定；但是法律规定的行政复议期限少于60日的除外。②情况复杂，不能在规定期限内作出行政复议决定的，经行政复议机关的负责人批准，可以适当延长，并告知申请人和被申请人；但是延长期限最多不超过30日。从行政复议保护公民、法人和其他组织合法权益的立法精神出发，人民法院裁决应当“复议前置”当事人申请行政复议时已超过期限的复议申请，行政复议机关依法予以受理。①

9. 行政复议，当事人对行政复议决定不服的除法律规定最终裁决外均可获得司法最终救济。行政复议活动是行政机关内部层级监督与救济的重要方式之一，但不是最终的救济方式。《行政复议法》第5条增加规定了“司法最终救济原则”即：“公民、法人或者其他组织对行政复议决定不服的，可以依照行政诉讼法的规定向人民法院提起行政诉讼，但是法律规定行政复议决定为最终裁决的除外。”该原则是确定行政复议与行政诉讼关系的重要准则。据此，当事人对行政复议决定不服的，除法律规定最终裁决外，均有权依法向人民法院提起行政诉讼，人民法院经审理后作出的发生法律效力的判决为最终救济。

（二）行政诉讼与行政复议的区别

就解决相对人与行政机关的外部行政纠纷而言，行政诉讼与行政复议有相同之处，故理论上习惯合称两者为“行政救济制度”。但不能误认行政复议包括行政诉讼，也不能认为行政复议制度是行政诉讼制度的一个组成部分。因为两者之间存在着以下的区别：

1. 主要法律依据不同。行政复议的主要法律依据是《行政复议法》；行政诉讼的主要法律依据是《行政诉讼法》。

2. 受理机关不同。行政复议的受理机关是作出引起行政争议的具体行政行为的行政机关的上一级机关，少数情况下是原行政机关或特设机关。行政复议的受理机关与被复议行政争议案件的当事人一方即作出最初具体行政行为的行政主体都具有行政法上的直接联系；行政诉讼的受理机关则是人民法院，它是以公正第三者身份出现，与行政案件双方当事人没有直接联系，与作为被告的行政机关不存在任何隶属关系，审判人员个人与当事人有利害关系的则将回避。

3. 性质不同。行政复议是行政复议机关的一种行政行为，其全部过程都在行政系统内部进行，如果复议机关改变最初具体行政行为的，复议机关有可能成为行政诉讼中的被告当事人；行政诉讼是人民法院的一种司法行为，表现为人民法院对行政机关具体行政行为的司法监督，无论其判决裁定内容如何，法院都不会成为行政诉讼的当事人。

4. 审理程序不同。行政复议遵循行政程序，除特殊情况，大都实行一级复议，原则上采取书面复议，必要时可以采取听证的方式审理，可以调解；行政诉讼遵循司法程序，在审级上实行两审终审制，而且应组成合议庭，一审案件须开庭审理，除行政赔偿案件外法律规定不适用调解。

5. 当事人的称谓不同。行政复议的当事人称为申请人、被申请人和复议中的第三人；行政诉讼中的当事人称为原告、被告和诉讼中的第三人。

6. 审查范围不同。在行政复议中，复议机关既审查具体行政行为的合法性，又审查具体行政行为的适当性，还审查一定的抽象行政行为（根据《行政复议法》的规定，公民、法人或者其他组织在对具体行政行为申请行政复议时，可以一并提出对所依据的有关规范性文件的审查申请，即使没有这样的申请，行政复议机关也有权对具体行政行为依据的抽象行政

---

① 国务院法制办公室对湖北省人民政府法制办公室《关于人民法院裁决应当“复议前置”当事人申请行政复议时已超过期限的复议申请是否受理的请示》的复函》（国法函〔2003〕253号）规定：“一、公民、法人或者其他组织不服具体行政行为，在法定行政复议申请期限内向人民法院直接提起行政诉讼，人民法院依法裁判应当先申请行政复议、对行政复议决定不服再向人民法院提起行政诉讼，公民、法人或者其他组织申请行政复议时已经超过法定行政复议申请期限的，行政复议机关可以根据行政复议法第九条第二款规定处理，即：公民、法人或者其他组织提起行政诉讼到人民法院生效裁判送达之日的时间，不计入法定行政复议申请期限。二、除前述情形外，公民、法人或者其他组织申请行政复议时超过法定申请期限，又没有正当理由的，行政复议机关依法不予受理。”

行为进行审查。这也就建立对抽象行政行为审查的行政复议监督机制）；而在行政诉讼中，人民法院一般只审查被诉的具体行政行为及其合法性，不审查抽象行政行为，除显失公正的行政处罚行为之外，原则上不审查被诉具体行政行为的适当性。

7. 处理权限不同。行政复议机关对行政复议案件享有完全的处理权，有权根据审查情况作出维持、撤销、变更最初具体行政行为的复议决定。法院对行政诉讼案件没有完全的判决处理权，只能根据审理情况作出维持、撤销最初具体行政行为，要求被告行政机关履行法定职责或者重新作出具体行政行为；除对显失公正的行政处罚行为可以变更外，其他被诉具体行政行为都不能由法院判决变更。

8. 受理的效果不同。一般来说，除法律规定行政复议决定为最终裁决的外，公民、法人或者其他组织对行政决定不服的，可以依法提起行政诉讼。而行政诉讼的处理结果具有司法终局性效果，不能转回行政复议处理。

9. 费用不同。行政复议根据《行政复议法》规定不收任何费用，行政诉讼按照《诉讼费用交纳办法》征收诉讼费用。

由于行政复议不同于行政诉讼，故在我国行政诉讼法中，没有对行政复议作出专门规定，但是，由于行政复议在处理后，往往都与行政诉讼的提起相衔接，因此，我们应注意申请行政复议与提起行政诉讼的关系。

二、起诉与申请行政复议的关系

提起行政诉讼与申请行政复议的关系问题，是每个国家制定行政诉讼法都必然涉及并作妥善处理的重要问题。这个问题的核心在于：申请行政复议是否必须作为提起行政诉讼的前提条件？各国的法制不同，国情有别，但不外乎两种方式：一是申请经复议而后才能起诉，称为复议前置；二是先复议或直接起诉由当事人自行选择，称为复议选择。

（一）《行政诉讼法》对起诉与申请行政复议关系的规定

根据行政诉讼法第 37 条规定：“对属于人民法院受案范围的行政案件，公民、法人或者其他组织可以先向上一级行政机关或者法律、法规规定的行政机关申请复议，对复议不服的，再向人民法院提起诉讼；也可以直接向人民法院提起诉讼。但是，法律、法规规定应当先向行政机关申请复议，对复议决定不服再向人民法院提起诉讼的，依照法律、法规的规定。”据此规定，我国在处理申请行政复议与提起行政诉讼的关系上，以复议选择为原则，特殊情况下即法律、法规另有复议前置规定的，则适用复议前置的规定。

（二）有关法律、法规对起诉与申请行政复议关系的规定

除行政诉讼法第 37 条规定外，其他法律、法规也对提起行政诉讼与申请行政复议的关系作有规定，目前主要有以下四种情况：

1. 规定行政复议前置

行政复议前置，即指公民、法人和其他组织不服行政机关的具体行政行为先向行政复议机关提出申请复议，对行政复议决定不服的，才能向法院起诉；行政复议机关不受理复议申请或者在法定复议期限不作复议决定的，应当在收到不受理复议申请决定书之日起或者法定复议期限届满才能起诉。否则，法院将不予受理。

法律在规定行政复议前置时，一般使用“应当”二字。例如，《行政复议法》第 30 条第 1 款规定：“公民、法人或者其他组织认为行政机关的具体行政行为侵犯其已经取得的土地、矿藏、水流、森林、山岭、草原、荒地、滩涂、海域等自然资源的所有权或者使用权的，应当先申请行政复议；对行政复议决定不服的，可以依法向人民法院起诉。”

但是在特定情形下，法律在规定行政复议前置时，也使用“可以”二字。比如，经2000年8月25日九届全国人大常委会第十七次会议修改后的《专利法》第41条规定：“专利申请人对国务院专利行政部门驳回申请的决定不服的，可以自收到通知之日起三个月内，向国务院专利行政部门设立的专利复审委员会请求复审。专利复审委员会复审后，作出决定，并通知专利申请人。专利申请人对专利复审委员会的复审决定不服的，可以自收到通知之日起三个月内向人民法院起诉。”又如，根据《专利法》第45条、第46条规定，自国务院专利行政部门公告授予专利权之日起，任何单位或者个人认为该专利权的授予不符合本法有关规定的，可以请求专利复审委员会宣告该专利权无效。对专利复审委员会宣告专利权无效或者维持专利权的决定不服的，可以自收到通知之日起三个月内向人民法院起诉。再如，《税收征收管理法》第88条第1款规定：纳税人、扣缴义务人、纳税担保人同税务机关在纳税上发生争议时，必须先依照税务机关的纳税决定缴纳或者解缴税款及滞纳金或者提供相应的担保，然后可以依法申请行政复议；对行政复议决定不服的，可以依法向人民法院起诉。还有，《海关法》第64条规定：纳税义务人同海关发生纳税争议时，应当缴纳税款，并可以依法申请行政复议；对复议决定仍不服的，可以依法向人民法院提起诉讼。《反垄断法》第53条规定：“对反垄断执法机构依据本法第二十八条、第二十九条作出的决定不服的，可以先依法申请行政复议；对行政复议决定不服的，可以依法提起行政诉讼。对反垄断执法机构作出的前款规定以外的决定不服的，可以依法申请行政复议或者提起行政诉讼。”

此外，行政法规在规定行政复议前置时，也使用“可以”二字。比如，1999年10月1日起施行的《城市居民最低生活保障条例》（国务院令第271号）第15条规定：城市居民对县级人民政府民政部门作出的不批准享受城市居民最低生活保障待遇或者减发、停发城市居民最低生活保障款物的决定或者给予的行政处罚不服的，可以依法申请行政复议；对复议决定仍不服的，可以依法提起行政诉讼。又如，2008年8月1日国务院第20次常务会议修订通过的《外汇管理条例》第51条规定：当事人对外汇管理机关作出的具体行政行为不服的，可以依法申请行政复议；对行政复议决定仍不服的，可以依法向人民法院提起行政诉讼。

这里应注意：法律、法规规定行政复议前置，而公民、法人或者其他组织未申请复议直接提起诉讼的，人民法院不予受理。但是，下列情形应例外：

（1）复议机关不受理复议申请或者在法定期限内不作出复议决定，公民、法人或者其他组织不服，依法向人民法院提起诉讼的，人民法院应当依法受理。

（2）与被诉的行政复议决定有法律上利害关系的公民、法人或者其他组织可以依法向人民法院提起行政诉讼，不必再申请行政复议。

（3）在复议程序中被追加为第三人的公民、法人或者其他组织可以依法向人民法院提起行政诉讼，不必再申请行政复议。

（4）治安行政复议机关的复议裁决撤销原治安管理处罚决定，未提起复议申请的被侵害人不服的，如未逾复议申请和起诉的时限，不必再申请行政复议，可以直接向法院起诉。已逾复议申请期限或起诉期限者，不能起诉。

以上例外情形的提出，既未与“行政复议前置”规定相抵触冲突，又能够有效避免在同一个复议前置案件中出现完全不必要的复议、再复议的“双重前置状态”，有利于及时解决行政纠纷。

2. 同时规定行政复议和直接起诉，由原告人自行选择

（1）当事人选择直接起诉的，即不得再选择行政复议。选择行政复议（不是终局复议）

的，在行政复议期间，起诉权暂停行使，复议结果作出后不服的，可以向法院起诉。

例如，《治安管理处罚法》第102条规定，被处罚人对治安管理处罚决定不服的，可以依法申请行政复议或者提起行政诉讼。[①]《人口与计划生育法》第44条规定也比较简洁：公民、法人或者其他组织认为行政机关在实施计划生育管理过程中侵犯其合法权益，可以依法申请行政复议或者提起行政诉讼。又如，《矿山安全法》第45条规定：当事人对行政处罚决定不服，可以在接到处罚决定通知之日起15日内向作出处罚决定的机关的上一级机关申请复议；当事人也可以在接到处罚决定书通知之日起15日内直接向人民法院起诉。再如，《税收征收管理法》第88条第二、三款规定：当事人对税务机关的处罚决定、强制执行措施或者税收保全措施不服的，可以依法申请行政复议，也可以依法向人民法院起诉。当事人对税务机关的处罚决定逾期不申请行政复议也不向人民法院起诉、又不履行的，作出处罚决定的税务机关可以采取本法第40条规定的强制执行措施，或者申请人民法院强制执行。

另外，《行政处罚法》、《行政许可法》、《反不正当竞争法》、《广告法》、《水污染防治法》、《环境保护法》、《固体废物污染环境防治法》、《进出口商品检验法》（2002年4月28日九届全国人大常委会第二十七次会议修正）等法律也有类似的规定。此外，行政法规亦有类似的规定，比如《政府信息公开条例》第33条规定：公民、法人或者其他组织认为行政机关在政府信息公开工作中的具体行政行为侵犯其合法权益的，可以依法申请行政复议或者提起行政诉讼。

（2）当事人选择直接起诉的，不得再选择行政复议。选择行政复议（是终局复议）的，即失去起诉的权利。

如《中国公民出入境管理法》第15条规定："受公安机关拘留处罚的公民对处罚不服的，在接到通知之日起十五日内，可以向上一级公安机关提出申诉，由上一级公安机关作出最后的裁决，也可以直接向当地人民法院提起诉讼。"又如，《外国人入境出境管理法》第39条规定："受公安机关罚款或者拘留处罚的外国人，对处罚不服的，在接到通知之日起十五日内，可以向上一级公安机关提出申诉，由上一级公安机关作出最后的裁决，也可以向当地人民法院提起诉讼。"这里的"最后的裁决"具有终结行政争议处理的效力，当事人不能再向法院提起诉讼。这里需要注意以下几点：

①如果当事人出于种种原因既提起诉讼又申请终局复议的，应以先收到当事人请求的机关为当事人所选择的机关；倘若法院和复议机关同时收到请求的，应由当事人再次明确选定其中一机关，以避免发生主管上的纠葛。

②受同一具体行政行为约束而不服的若干当事人中，如果一部分人选择申请终局复议裁决，这一部分人就不得再向法院起诉；未选择申请终局复议的另一部分人不受他人申请复议的约束，仍可以依法向法院提起行政诉讼，法院对此应予受理，但不能将已申请终局复议者追加为共同原告参加行政诉讼。

3. 只规定向法院起诉，未规定行政复议

有的法律、法规规定，当事人不服行政机关的行政处理决定时，可以在法定期限内向法

---

① 根据公安部《公安机关执行〈中华人民共和国治安管理处罚法〉有关问题的解释》，《治安管理处罚法》已经取消了（原《治安管理处罚条例》规定有）行政复议前置程序。被处罚人对治安管理处罚决定不服的，既可以申请行政复议，也可以直接提起行政诉讼。对未经行政复议和经行政复议决定维持原处罚决定的行政诉讼案件，由作出处罚决定的公安机关负责人和原办案部门的承办民警出庭应诉；对经行政复议决定撤销、变更原处罚决定或者责令被申请人重新作出具体行政行为的行政诉讼案件，由行政复议机关负责人和行政复议机构的承办民警出庭应诉。

院起诉，但未规定行政复议。例如，《专利法》里有两个条文只规定向法院起诉，未规定行政复议，即第55条："专利权人对国务院专利行政部门关于实施强制许可的决定不服的，专利权人和取得实施强制许可的单位或者个人对国务院专利行政部门关于实施强制许可的使用费的裁决不服的，可以自收到通知之日起三个月内向人民法院起诉。"第57条："未经专利权人许可，实施其专利，即侵犯其专利权，引起纠纷的，由当事人协商解决；不愿协商或者协商不成的，专利权人或者利害关系人可以向人民法院起诉，也可以请求管理专利工作的部门处理。管理专利工作的部门处理时，认定侵权行为成立的，可以责令侵权人立即停止侵权行为，当事人不服的，可以自收到处理通知之日起十五日内依照《中华人民共和国行政诉讼法》向人民法院起诉；侵权人期满不起诉又不停止侵权行为的，管理专利工作的部门可以申请人民法院强制执行。"又如，《土地管理法》第83条规定，责令限期拆除在非法占用的土地上新建的建筑物和其他设施的，建设单位或者个人必须立即停止施工，自行拆除；对继续施工的，作出处罚决定的机关有权制止。建设单位或者个人对责令限期拆除的行政处罚决定不服的，可以在接到责令限期拆除决定之日起15日内，向人民法院起诉；期满不起诉又不自行拆除的，由作出处罚决定的机关依法申请人民法院强制执行，费用由违法者承担。《大气污染防治法》第35条规定，当事人对行政处罚决定不服的，可以在收到处罚决定通知之日起15日内，向人民法院起诉；期满不起诉又不履行的，由作出处罚决定的机关申请人民法院强制执行。

一般而言，法律、法规只规定向法院起诉，未规定行政复议程序的，当事人就不享有复议申请权，只能是按法律、法规规定的起诉期限直接向法院起诉。逾期不起诉又不履行的，将受到非诉行政强制执行。

另外，关于劳动教养行政案件是否需要复议前置应当注意1998年11月19日最高人民法院行政审判庭《关于人民法院受理劳动教养行政案件是否需要复议前置问题的答复》："法律、法规未规定当事人对劳动教养决定不服，应当先向行政机关申请复议，对复议不服的，再向人民法院提起诉讼；《劳动教养试行办法》第十二条第二款规定的'复查'不应视为劳动教养委员会的复议程序。因此，被决定劳动教养的人对劳动教养决定不服的，可以向上一级劳动教养委员会申请复议；也可以直接向人民法院提起诉讼。"①

4. 只规定申诉或行政复议，未规定起诉

如《全民所有制工业企业法》第61条规定："政府和政府有关部门的决定违反本法第五十八条规定（即：任何机关和单位不得侵犯企业依法享有的经营管理自主权；不得向企业摊派人力、物力、财力；不得要求企业设置机构或者规定机构的编制人数）的，企业有权向作出决定的机关申请撤销；不予撤销的，企业有权向作出决定的机关的上一级机关或者政府监察部门申诉，接受申诉的机关应于接到申诉之日起三十日内作出裁决并通知企业。"在这里，《全民所有制工业企业法》显然没有规定可以提起诉讼，只规定可以提出申诉，但是，由于这种申诉处理不是最后裁决或终局处理，而且此类侵犯法定经营自主权的争议已列入了行政复议法和行政诉讼法的受案范围之中，因此，应按行政诉讼法第37条规定，全民所有制工

① 1982年1月21日《国务院劳动教养试行办法》（国发〔1982〕17号）第12条："（第一款）对需要劳动教养的人，承办单位必须查清事实，征求本人所在单位或街道组织的意见，报请劳动教养管理委员会审查批准，作出劳动教养的决定，向本人和家属宣布决定劳动教养的根据和期限。被劳动教养的人在劳动教养通知书上签名。（第二款）被决定劳动教养的人，对主要事实不服的，由审批机关组织复查。经复查后，不够劳动教养条件的，应撤销劳动教养；经复查事实确凿，本人还不服的，则应坚持收容劳动教养。"

业企业不服行政机关的申诉处理决定时，可向法院提起行政诉讼。这里需注意：

(1) 属于法律只规定申诉或申请行政复议（非终局复议）的具体行政行为，而《行政诉讼法》规定可起诉的，当事人享有起诉权。但是，对此应按复议前置的规则处理，即当事人必须先申请行政复议，对行政复议决定仍不服的，才能向人民法院提起诉讼。

(2) 属于法律只规定终局复议的，不得再向人民法院提起诉讼，当事人只能申请终局复议。当事人如果既提起诉讼又申请终局复议的，人民法院不论是先收到或是与复议机关收到复议申请书同时收到起诉书，都不能受理当事人的起诉。

5. 空白规定

有的法律对于起诉与行政复议关系是空白规定：既未规定提起行政诉讼，也未规定申请行政复议。比如《森林法》第 44 条规定："违反本法规定，进行开垦、采石、采砂、采土、采种、采脂和其他活动，致使森林、林木受到毁坏的，依法赔偿损失；由林业主管部门责令停止违法行为，补种毁坏株数一倍以上三倍以下的树木，可以处毁坏林木价值一倍以上五倍以下的罚款。违反本法规定，在幼林地和特种用途林内砍柴、放牧致使森林、林木受到毁坏的，依法赔偿损失；由林业主管部门责令停止违法行为，补种毁坏株数一倍以上三倍以下的树木。拒不补种树木或者补种不符合国家有关规定的，由林业主管部门代为补种，所需费用由违法者支付。"而《森林法》对于当事人不服林业主管部门的处罚怎么办给了一个空白规定：既未规定提起行政诉讼，也未规定申请行政复议。

此外，《价格法》、《药品管理法》、《枪支管理法》、《海域使用管理法》、《渔业法》、《海洋环境保护法》、《水法》、《防洪法》、《传染病防治法》、《大气污染防治法》、《邮政法》、《保险法》(2009 年 2 月 28 日修订，自 2009 年 10 月 1 日起施行）等也都只是规定了行政处罚，而对当事人不服主管部门行政处罚提起行政诉讼或申请行政复议的事宜，均给了空白规定。

对于法律、法规既未规定提起行政诉讼，也未规定申请行政复议，而属于《行政诉讼法》和《行政复议法》受案范围内的人民法院与行政复议机关都有管辖权的行政争议案件，当事人有权提起行政诉讼，或先申请行政复议不服后提起行政诉讼。当事人如果既提起诉讼又申请复议的，由先受理的机关管辖。同时受理的，由当事人自己最终确定选择行政复议还是行政诉讼。

综上所述，在行政诉讼实践中，对于其他法律、法规有特别规定的，就不再依行政诉讼法的规定；没有特别规定的，就适用行政诉讼法的规定。这是"特别法优于普通法"的原则所确定的，也是在我国正确处理提起行政诉讼与申请行政复议的关系，调整行政权与审判权在行政诉讼中的关系所必需的。

第三节 起诉的法定条件

一、起诉的概念

起诉，是指公民、法人和其他组织认为具体行政行为侵犯其合法权益，依照法定的条件和程序向人民法院提出诉讼请求，请求法院通过诉讼形式解决行政争议，制止违法行政现象，保护合法权益的诉讼行为。简言之，起诉，即指原告诉请人民法院审判被告的具体行政行为以求其合法权益获得司法保护的诉讼行为。

二、起诉的法定条件

起诉是公民、法人和其他组织的一项法定权利，应当依法行使，才能发生预期的效果。它必须要遵循下列法定条件：

（一）原告是认为具体行政行为侵犯其合法权益的公民、法人或其他组织

这表明作为原告的，须是在行政管理过程中处在具体行政法律关系的被管理者即行政相对人地位的公民、法人或其他组织。根据行政诉讼法第11条和最高人民法院有关司法解释的规定，可以作为原告的被管理者主要包括：

1. 受到行政机关行政处罚的公民、法人或其他组织。

2. 被行政机关限制人身自由的公民，以及被行政机关查封、扣押、冻结措施而限制了财产权利的公民、法人或其他组织。

3. 被行政机关要求履行义务的公民、法人或其他组织。

4. 要求行政机关依法发放抚恤金的公民以及要求行政机关依法颁发许可证照的公民、法人或其他组织。

5. 请求行政机关保护人身权、财产权、停止侵害合法经营自主权的公民、法人或其他组织。

这里还应注意，当有权提起诉讼的原告人死亡或终止的时候根据行政诉讼法第24条规定，死亡公民的近亲属，承受终止法人或其他组织权利的法人或其他组织，即享有充当原告提起诉讼的权利。

此外，在司法实务中确定原告适格还应当遵从最高人民法院的有关原告适格的司法解释规定。可参见本书第九章第三节对原告的阐述。

（二）有明确的被告

这里要求原告起诉时，应明确谁是被告。如果没有被告，就无所谓提起诉讼。因此，原告应指明哪一个或哪几个行政机关，或哪一个法律、法规授权的组织是本案被告人。在实践中，原告只要将其所不服的具体行政行为的书面文件中盖章的行政权力持有主体的名称列为被告即可。

“明确的被告”的构成情况，可参见本书第九章第四节对被告的阐述。

（三）有具体的诉讼请求和事实根据

具体的诉讼请求，也就是原告通过提起诉讼将行政案件付诸审判，所希望达到的具体目的。例如，希望法院能够撤销，或部分撤销具体行政行为；希望法院判决被告机关依法发放抚恤金与赔偿行政侵权损失；希望法院判决被告在一定期限内尽快颁发许可证；希望法院判决变更显失公正的行政处罚决定等等。行政案件不同，具体诉讼请求也不尽相同，这里注意提出诉讼请求一定要具体，而不能笼而统之。例如，只应提“要求法院判决被告在法定期限内颁发给原告结婚证”，而不应提“要求法院判决被告民政机关保障原告的结婚自由的合法权利。”

提出具体诉讼请求，须有具体的事实根据。这就是要求原告不能平白无故向法院提出具体诉讼请求，而应具有相应的能够支持所提请求的具体事实根据。主要包括：一方面，原告要提出有关具体行政法律关系存在的案件事实，比如，被告实施行政罚款的行政过程事实情况，被告拒绝发放抚恤金的事实经过，申请保护人身权而遭被告拒绝的整个过程等等。不同案件有不同的案情事实，原告在提出诉讼请求时，应加以具体的阐述。另一方面，原告要提出能够证明这些案情事实存在的证据。比如，罚款的收据或通知，证明没有违法不应受罚款的各种材料，被告拒绝发抚恤金行为的录音，目击被告拒绝保护人身权情况的证人证言等等。这里要注意的是，由于原告不负举证责任，因此，原告提出证据事实，只要能够表明其所提出的具体诉讼请求和所阐述的案情事实并非毫无根据的杜撰，而是有必要的证据作为根

据，即符合该项条件的要求。有关原告举证问题，可参见本书第十章行政诉讼证据制度中的相关论述。

（四）属于人民法院受案范围和受诉人民法院管辖

这是要求原告的行政争议，应当是行政诉讼法第11条和其他法律、法规（即行政法规、地方性法规、自治条例和单行条例）所规定可由法院审理的行政案件。否则，就不能向法院起诉，起诉了也无效，法院无权过问。

原告起诉的行政争议，不仅应属法院审判的案件范围，而且还应在级别上和地域上都属于受诉法院管辖。这也就是要求原告在提起诉讼时，应按级别管辖与地域管辖相结合的标准，正确选择本案的第一审法院。否则，起诉将达不到预期效果。比如，不服省政府对不动产的行政处理决定而起诉的行政案件，由于此案是省政府作出的具体行政行为，在级别上归中级法院管辖；由于此案是以不动产为诉讼标的物，在地域上归不动产所在地法院专属管辖；把级别管辖与地域管辖结合，结论是：此案应由该不动产所在地的中级法院为第一审法院。原告应向这个中级法院提起诉讼，而不应向该不动产所在地的基层法院或其他地域的中级法院提起诉讼，因为前者缺乏级别管辖权，后者缺乏地域管辖权，故都不是此案的第一审法院，对此案都没有管辖权。

上述四项法定条件，必须同时具备，缺一不可。否则，起诉行为将因欠缺实质性条件而无从奏效。

第四节 起诉的程序要求

原告起诉，除应遵守上述四项实质性条件外，还应注意《行政诉讼法》和其他法律法规以及审判解释规定的起诉步骤、方式、期限等程序要求。

一、遵守起诉的“双轨制”的步骤要求

行政诉讼法第37条规定了原告起诉的“双轨制”步骤，一是，直接起诉，即原告在法定直接起诉的规制下直接起诉以及在复议选择规制下选择直接起诉的；二是，经行政复议后起诉，即原告在复议前置规制下须先申请行政复议后依法起诉或者在复议选择规制下选择先申请行政复议后依法起诉。

原告起诉必须遵守起诉的“双轨制”步骤，特别是法律、法规特别规定须先经行政复议前置处理的，应当先申请复议，对复议决定不服才能起诉。

行政复议机关不受理复议申请或者在法定复议期限不作复议决定的，应当在收到不受理复议申请决定书之日起或者法定复议期限届满才能起诉。

二、遵守起诉方式的要求

根据行政诉讼法第42条规定，原告起诉应采用起诉状，而不应采用口头方式。

起诉状，是原告行使起诉权的一种诉讼文书。并应当写明以下内容：

1. 本案当事人的基本情况。按照先原告、后被告的顺序写明。诉讼代理人应当在被代理人后面写明。

原告是公民的，应当写明姓名、性别、年龄、民族、籍贯、职业、工作单位、住所；是组织的，应写明组织名称、住所、法定代表人或主要负责人的姓名、职务。

原告委托有诉讼代理人的，如是律师，应写明律师的姓名及其所在的工作机构即可，如是其他公民，应写明姓名、性别、年龄、职业、工作单位、住所。

被告的基本情况，应写明被告行政机关（或法律、法规授权组织）的全称、地址、法定代表人的姓名、职务。

2. 写明向法院提出的具体诉讼请求。

3. 写明本案的案情事实。一般应按时间顺序来叙述，要写明事实发生的时间、地点、人物、内容、过程，以及行政复议的情况。

4. 写明能够证明上述案情事实的证据材料。以概括列举方式叙述。

5. 写明受诉人民法院名称，起诉的年、月、日，并由起诉人签名或盖章。

6. 附项。写明起诉状副本份数、随起诉状附送的证据材料种类、名称及件数。证人的姓名、工作单位、住址。

三、遵守起诉期限的要求

原告行使起诉权利，应按照《行政诉讼法》或其他相关法律、法规明文规定的期限进行。

（一）直接起诉的法定期限

1.《行政诉讼法》规定的直接起诉期限

行政诉讼法第 39 条规定："公民、法人或者其他组织直接向人民法院提起诉讼的，应当在知道作出具体行政行为之日起三个月内提出。"这表明，原告依法直接向法院起诉，而未申请行政复议的案件，其起诉权利应当在原告接到行政权力行使主体的书面或口头通知即知道具体行政行为已作出之日起三个月内行使。

例如，《矿产资源法》第 46 条规定："当事人对行政处罚决定不服的，可以依法申请复议，也可以依法直接向人民法院起诉。当事人逾期不申请复议也不向人民法院起诉，又不履行处罚决定的，由作出处罚决定的机关申请人民法院强制执行。"《草原法》（2002 年 12 月 28 日九届全国人大常委会第三十一次会议修订）第 16 条规定："草原所有权、使用权的争议，由当事人协商解决；协商不成的，由有关人民政府处理。单位之间的争议，由县级以上人民政府处理；个人之间、个人与单位之间的争议，由乡（镇）人民政府或者县级以上人民政府处理。当事人对有关人民政府的处理决定不服的，可以依法向人民法院起诉。在草原权属争议解决前，任何一方不得改变草原利用现状，不得破坏草原和草原上的设施。"对矿产资源主管部门行政处罚决定或者对有关人民政府对草原权属争议处理决定，当事人不服而直接向人民法院起诉的，依行政诉讼法第 39 条规定执行即"应当在知道作出具体行政行为之日起三个月内提出"，逾期则失去起诉权利。

2. 其他法律规定的直接起诉期限

上述《行政诉讼法》的规定是在其他法律对直接起诉期限没有明文规定的情况下才能适用，如果其他法律另有直接起诉期限规定的，则只能适用其他法律的规定。这里的"法律"，只是狭义的法律，仅仅指全国人大及其常委会制定的法律。目前，其他法律规定的直接起诉期限，主要分为以下四种：

（1）直接起诉期限为 15 日。比如《环境保护法》第 40 条规定，当事人也可以在接到处罚通知之日起 15 日内，直接向人民法院起诉。此外，《城市规划法》、《统计法》、《野生动物保护法》、《水污染防治法》、《外国人入境出境管理法》、《中国公民出境入境管理法》、《国境卫生检疫法》、《土地管理法》、《大气污染防治法》等不少法律亦规定原告直接向法院起诉的时限为 15 日。

（2）直接起诉期限为 30 日。比如经国务院授权财政部和国家海洋局颁布的《国家海域使用管理暂行规定》第 31 条规定，当事人对海洋行政主管部门处罚决定不服的，可以在接到处罚决定之日起30日内，申请复议；对复议决定不服的，可在接到复议决定之日起30日内，向人民法院起诉。当事人也可以在接到处罚决定之日起30日内，直接向人民法院起诉。当事人逾期不申请复议，也不向人民法院起诉，又不履行罚款决定的，由作出处罚的主管部门申请人民法院强制执行。

(3) 直接起诉期限为一个月，比如《森林法》(1998年4月29日九届全国人大常委会第二次会议修正) 第17条规定，单位之间发生的林木、林地所有权和使用权争议，由县级以上人民政府处理。个人之间、个人与单位之间发生的林木、林地所有权和使用权争议，由当地县级或者乡级人民政府依法处理。当事人对人民政府的处理决定不服的，可以在接到通知之日起一个月内，向人民法院起诉。这里的"一个月"如果不是以某月1日起算则与前述"30日"含义是一致的。

(4) 起诉期限为三个月。比如《专利法》(2000年8月25日九届全国人大常委会第十七次会议修正) 第55条规定，专利权人对国务院专利行政部门关于实施强制许可的决定不服的，专利权人和取得实施强制许可的单位或者个人对国务院专利行政部门关于实施强制许可的使用费的裁决不服的，可以自收到通知之日起三个月内向人民法院起诉。

以上起诉期限，是原告直接向法院起诉应遵守的时限。

(二) 经过行政复议后，向法院起诉的期限

1.《行政诉讼法》规定的不服复议决定的起诉期限

行政诉讼法第38条规定，公民、法人或其他组织不服复议决定的，可以：①在收到行政复议决定书之日起15日内向人民法院提起诉讼；②如果复议机关在收到复议申请书之日起两个月内不作决定的，申请人可以在复议期满之日起15日内向人民法院提起诉讼。其他法律另有规定的，则依法律的特别规定执行。

2. 其他法律规定的不服复议决定的起诉期限

目前，其他法律的特别规定主要有三种情况：

(1) 不服复议决定的起诉期限为15日。《城市规划法》第42条规定，当事人对行政处罚不服的，可以在接到处罚通知之日起15日内，向作出处罚决定的机关的上一级行政机关申请复议。对复议决定不服的，可以在接到复议决定之日起15日内向人民法院起诉。《广告法》第48条，当事人对行政处罚决定不服的，可以在接到处罚通知之日起15日内向作出处罚决定的机关的上一级机关申请复议；当事人也可以在接到处罚通知之日15日内直接向人民法院起诉。复议机关应当在接到复议申请之日起60日内作出复议决定。当事人对复议决定不服的，可以在接到复议决定之日起15日内向人民法院起诉。复议机关逾期不作出复议决定的，当事人可以在复议期满之日起15日内向人民法院起诉。

(2) 不服复议决定的起诉期限为30日。《商标法》第32条规定，商标注册申请人不服商标局驳回申请、不予公告的商标的，可以自收到书面通知之日起15日内向商标评审委员会申请复审，当事人对商标评审委员会的决定不服的，可以自收到书面通知之日起30日内向人民法院起诉。该同法第33条规定，任何人在公告之日起三个月内对初步审定、予以公告的商标提出异议的，商标局应当听取异议人和被异议人陈述事实和理由，经调查核实后，作出裁定。当事人不服的，可以自收到通知之日起15日内向商标评审委员会申请复审，由商标评审委员会作出裁定，并书面通知异议人和被异议人。当事人对商标评审委员会的裁定不服的，可以自收到通知之日起30日内向人民法院起诉。

(3) 不服复议决定的起诉期限为三个月。《专利法》第41条规定，国务院专利行政部门

设立专利复审委员会。专利申请人对国务院专利行政部门驳回申请的决定不服的，可以自收到通知之日起三个月内，向专利复审委员会请求复审。专利申请人对专利复审委员会的复审决定不服的，可以自收到通知之日起三个月内向人民法院起诉。

以上是先经行政复议后起诉时，原告应遵守的起诉期限。

（三）因特殊原因在起诉时限内未行使起诉权利的处理

行政诉讼法第 40 条规定："公民、法人或者其他组织因不可抗力或者其他特殊情况耽误法定期限的，在障碍消除后的 10 日内，可以申请延长期限，由人民法院决定。"这就是说，虽然超过起诉期限，但如果并非本人的主观过错，而是客观上的原因造成的，经过法院审查批准，可以延长起诉时限，以便原告行使起诉权利。这种客观原因包括不可抗力，即原告无法预防、无从克服的客观事由，如因自然灾害（地震、水灾等）或战争、交通中断致原告在法定时限内无法起诉；此外也包括不能归咎于原告的其他特殊情况，如原告因工伤住院治疗而无法按时起诉等等。但是，在障碍消除后 10 日内，应及时向受诉法院提出延长起诉时限的申请。受诉法院经过审查，认为申请有理由的就应批准顺延起诉时限；反之，认为申请无理的，可以用裁定驳回。

（四）符合审判解释对起诉期限的要求

原告起诉，除应当遵守行政诉讼法及其他法律规定的起诉期限的同时，还要注意符合最高人民法院执行行政诉讼法若干问题解释中对起诉期限的一些具体要求：

1. 申请行政机关履行法定职责，行政机关在接到申请之日起 60 日内不履行的，原告在该 60 日期限届满才可以起诉，法律、法规、规章和其他规范性文件对行政机关履行职责的期限另有规定的（比如行政机关公布的"两公开一监督"制度中对履行职责期限的承诺性规定等），从其规定。但是，公民、法人或者其他组织在紧急情况下请求行政机关履行保护其人身权、财产权的法定职责，行政机关不履行的，起诉期间不受该履行期限届满之限制。

2. 行政机关作出具体行政行为或者作出复议决定时，未告知诉权或者起诉期限的，起诉期限从原告知道或者应当知道诉权或者起诉期限之日起计算，但从知道或者应当知道具体行政行为内容之日起最长不超过 2 年。

3. 原告不知道行政机关作出的具体行政行为内容的，其起诉期限从知道或者应当知道该具体行政行为内容之日起计算，涉及不动产的具体行政行为从作出之日起 20 年内，其他具体行政行为从作出之日起 5 年内，可以起诉。

4. 对不属于起诉人自身的原因超过起诉期限的，被耽误的时间不计算在起诉期间内。因人身自由受到限制而不能起诉的，被限制人身自由的时间不计算在起诉期间内，可以在顺延期限内起诉。

第五节　起诉的法律效力

起诉作为法定的诉讼行为，不仅反映着原告行政诉权的行使状态，而且还依法产生正式开始行政诉讼，约束原告、被告以及受诉法院行为的法律效力。

一、行政诉讼正式开始

原告起诉，对于正式开始行政诉讼发生法律约束力：从原告向人民法院提交起诉状之日起，行政纠纷的解决进入法院诉讼系属，行政诉讼活动正式开始，行政诉讼期间正式开始，原告与受诉法院之间的行政诉讼法律关系正式发生，人民法院必须运行立案程序对原告起诉予以审查并决定是否接纳（表现为或决定立案或裁定不予受理）且因接纳（决定立案）而进入第一审或者因不接纳（裁定不予受理）原告提出上诉而进入第二审。

二、约束原告

原告起诉，对于自己的行为发生法律约束力：在复议与起诉由原告自行选择的时候，原告选择直接起诉的，无论是否受理，原告都不得再对已经起诉的具体行政行为申请行政复议。这就是说，起诉行为的实施，导致法院诉讼系属成立且依法排除行政机关对已诉具体行政行为行使行政复议权和原告不得再转向申请行政复议的法律后果。

三、约束法院

原告起诉，对于法院的行为发生法律约束力：从程序方面看，法院应当在法定期限（收到起诉状之日起 7 日内）行使立案权，运转立案程序对起诉进行审查，并依法给予决定立案或者裁定不予受理的书面回应。受诉法院在 7 日内既不立案，又不作出不予受理裁定的，原告可以向上一级人民法院申诉或者起诉。另外，从实体方面看，起诉还约束法院的审判范围，一旦起诉为法院所立案受理进入审判程序，则法院审判的范围不能遗漏也不能超出起诉请求事项的范围。

四、约束被告

原告起诉，对于被告的行为发生法律约束力：在法律、法规有规定停止执行被诉具体行政行为时，被告应依法停止执行。

例如，根据《治安管理处罚法》第 107 条规定，被处罚人不服行政拘留处罚决定，申请行政复议、提起行政诉讼的，可以向公安机关提出暂缓执行行政拘留的申请。公安机关认为暂缓执行行政拘留不致发生社会危险的，由被处罚人或者其近亲属提出符合该法第 108 条规定条件的担保人，或者按每日行政拘留二百元的标准交纳保证金，行政拘留的处罚决定暂缓执行。据此，被处罚人作为原告起诉，只要当事人提供担保人或者交纳保证金，公安机关就应当暂缓执行原拘留裁决①。

---

① 《治安管理处罚法》第 108 条规定："担保人应当符合下列条件：（一）与本案无牵连；（二）享有政治权利，人身自由未受到限制；（三）在当地有常住户口和固定住所；（四）有能力履行担保义务。"另外，第 109 条规定："担保人应当保证被担保人不逃避行政拘留处罚的执行。担保人不履行担保义务，致使被担保人逃避行政拘留处罚的执行的，由公安机关对其处三千元以下罚款。"第 110 条规定："被决定给予行政拘留处罚的人交纳保证金，暂缓行政拘留后，逃避行政拘留处罚的执行的，保证金予以没收并上缴国库，已经作出的行政拘留决定仍应执行。"

第十四章 行政案件的立案程序

第一节 行政案件立案程序概述

一、行政案件立案和立案程序的概念

当前，人民法院实行立案与审判分开的原则。行政案件立案，有广义和狭义之分。

广义的行政案件立案，是指人民法院对第一审案件、第二审案件、审判监督案件的立案。对起诉的审查与处理，构成第一审人民法院行政案件立案工作的整体。对上诉的审查和处理（立案登记），构成第二审人民法院上诉案件立案工作的整体。对申诉或申请再审的审查和处理（立案登记），构成审判监督案件立案工作的整体。

狭义的行政案件立案，仅指人民法院对第一审行政案件的立案。由此视角看，我们认为，行政案件立案，是指人民法院的专门机构根据行政诉讼法的规定，对于公民、法人或者其他组织有关行政争议的起诉进行审查后，依法决定是否作为行政案件受理的诉讼活动。行政案件的立案程序，是指人民法院对起诉的审查与处理等活动的步骤、要求、方式、期限等程序规范的总称。

我国行政诉讼法第 42 条以及《最高人民法院关于执行〈中华人民共和国行政诉讼法〉若干问题的解释》（法释［2000］8 号）的第 34 条至 43 条和《最高人民法院关于人民法院立案工作的暂行规定》（法发［1997］7 号）等审判解释的相关规定，构成行政案件立案程序规范体系。

二、立案程序的工作任务、原则、范围

（一）立案程序的工作任务与原则

人民法院立案工作的任务，是保障当事人依法行使诉讼权利，保证人民法院正确、及时审理案件。

人民法院的立案工作遵循便利人民群众诉讼、便利人民法院审判的原则。比如，当事人因肢体残疾行动不便或者身患重病卧床不起确实无法到法院起诉且没有能力委托代理人而要求上门立案的，法院可以根据实际情况上门接受起诉材料。人民法院要畅通行政案件受理渠道，积极引导群众通过理性、合法的方式表达诉求，对当事人提起的诉讼依法进行审查，符合受理条件的应当及时立案。诉状内容和形式不符合规定的，告知其按照有关规定进行更正，做到一次讲清要求，且不得因起诉要件以外的瑕疵拒绝立案。受诉法院应当增强为党委和政府分忧、为群众解难的主动性和自觉性，依法及时受理行政案件，积极引导群众通过理性、合法的方式表达诉求，要高度重视行政诉讼立案工作，不得随意限制缩小行政诉讼受案范围，不得额外增加受理条件，不能以支持诉讼请求的证据不充分为由拒绝立案，当事人在立案后询问案件处理流程或时间的，应告知其案件处理流程和法定期限，不得以与立案工作无关为由拒绝回答，发现涉及群体的、矛盾易激化的纠纷要及时向领导汇报并和有关部门联系，积极做好疏导工作，防止矛盾激化。

上级人民法院要加强行政诉讼立案监督，对下级人民法院的立案工作进行监督和指导。对于受诉法院对符合立案条件的起诉不予受理的，上级人民法院要及时予以纠正，防止因当事人告状无门而到处上访，激化社会矛盾。

（二）立案程序的工作范围

根据《最高人民法院关于人民法院立案工作的暂行规定》（法发［1997］7号），人民法院立案工作的范围，包括：（1）审查行政案件的起诉，决定立案或者裁定不予受理。（2）对下级人民法院移送的行政上诉案件进行立案登记。（3）对本院决定再审、或者提审、上级人民法院指令再审和人民检察院按照审判监督程序提出抗诉的案件进行立案登记。（4）负责应由人民法院依法受理的其他案件的立案工作。（5）计算并通知原告、上诉人预交案件受理费。

本章着重阐述法院对第一审行政案件的立案工作，即：审查行政案件的起诉，决定立案或者裁定不予受理等立案工作。

三、立案与起诉的关系

立案是法院行政审判权力的初端诉讼行为，起诉是原告人行使行政诉权的初端诉讼行为，这两种诉讼行为具有密切的呼应联系或互动关系。

（一）起诉是立案的必要前提

我国行政案审判实行不告不理原则，即只有当行政法律关系中的相对人不服具体行政行为，依法诉诸法院，请求法院解决纠纷时，法院才能立案和审判。法院对行政案件不采取主动干预的行动，没有起诉，法院就不能立案及审判。否则，就是违法的。因为，法院不能既做审判者，又充当事人；不能既行使法定的审判职权，又代替原告行使起诉权利。因此，法院的立案，虽然是其行使审判权力的第一步行为，但须以原告人已经起诉为必要前提。实践当中，个别地方发生的未经起诉就已立案的现象，是不允许的，应予纠正。

（二）立案是对起诉效果的认可

起诉虽然是立案的必要前提，但不必然引起立案。法院对待起诉与对待上诉不同，对待上诉，那是只要有上诉，就必然引起第二审开始，而有起诉，则不一定引起法院立案。这里，法院对待起诉有两种结果：一是对不符合法定条件的起诉，法院不予受理；二是对合乎法定条件的起诉，法院予以立案。由此可见，受理是对起诉效果的确认，未被立案的起诉则属无效起诉。只有起诉与立案相结合，才能导致行政案件第一审程序的运行。

四、立案程序与审判程序的关系

人民法院实行立案与审判分开的原则，立案程序是独立于审判程序的任何一个行政案件诉讼必经的审前程序。任何行政案件，未经历立案程序，不得进入任何审判程序。

人民法院的立案与审判，分别由立案庭与审判庭负责。人民法院的立案庭，是行政案件立案的专门机构，负责审查公民、法人或者其他组织提起的行政诉讼，决定立案受理或者裁定不予受理。立案庭经审查决定立案受理后，将案件及时移送行政审判庭进行审理。人民法院的行政审判庭，不负责行政案件立案，只负责对行政案件的审理和裁判。

五、立案程序的运行期间

行政诉讼法第42条规定："人民法院接到起诉状，经审查，应当在七日内立案或者作出裁定不予受理。原告对裁定不服的，可以提起上诉。"这"七日"就是立案程序运行的法定期间，亦即法院对起诉进行审查与处理的法定期限。

把握立案程序运行的法定期限，应注意：

1. 该"七日"的期限，从受诉人民法院收到起诉状之（次）日起计算。

因起诉状内容欠缺而责令原告补正的，从人民法院收到补正材料之（次）日起计算。

人民法院审查立案中，发现原告证明其诉讼请求的主要证据不具备的，应当及时通知其补充证据。收到诉状的时间，从原告补交有关证据材料之日起开始计算。

2. 属于指定管辖、管辖权转移情况的，受理期限从接受管辖权转移法院收到起诉状之（次）日起算，而不以原法院收到起诉状之日起算。

3. 法院应当在该“七日”的法定期限完成对起诉的审查与处理，结束立案程序运行。

在该“七日”内，法院应当完成对起诉的审查；对于起诉符合条件的决定立案受理，对于起诉不符合条件的裁定不予受理。在该“七日”内，法院对原告起诉不能决定是否受理的，应当先受理，受理后经审查不符合起诉条件的，裁定驳回起诉。在该“七日”内，受诉人民法院既不立案，又不作出裁定的，起诉人可以向上一级人民法院申诉或者起诉。

六、立案程序的运行阶段环节

第一审行政案件的立案程序，主要包括人民法院对起诉的审查和审查后的处理两个前后衔接的阶段及有机互动的环节。

第二节　对起诉的审查

对起诉的审查，是法院在立案程序的首要任务，是决定是否作为一个行政诉讼案件予以受理的前提，是立案程序的第一阶段及首发环节。

一、对起诉的审查组织

人民法院的立案庭，应当根据《最高人民法院关于执行〈中华人民共和国行政诉讼法〉若干问题的解释》（法释［2000］8号）第32条的规定，组成合议庭对原告的起诉进行审查。当然，合议庭审判长可以确定具体负责审查起诉的审判人员。

二、对起诉的接受登记

人民法院的立案庭收到原告的起诉状和有关证据，应当进行登记，并向原告出具收据。收据中应当注明证据名称、原件或复制件、收到时间、份数和页数，由负责审查起诉的审判人员和原告签名或者盖章。对于不予立案或者原告在立案前撤回起诉的，应当将起诉材料退还，并由原起诉人签收。

在司法实务中，一些地方的人民法院对起诉的接受登记，证据经核对后，一般只收复印件，复印件经核对签名后，原件退回原告；确需收取原件的，应当进行证据登记，并出具收据，注明证据的名称、原件、收到的时间、份数、页数和主要的内容，由立案人员签名并加盖立案庭印章，一联交付原告，一联附卷。这些做法，有益于根据具体案件情况进一步完善法院对起诉的接受登记程序规范。

三、对起诉的审查内容

人民法院对起诉的审查内容，主要是：

（一）原告的起诉是否符合法定条件

审查原告的起诉是否符合法定条件，即审查其是否符合法律和司法解释规定的案件受理条件。该法定条件与起诉的法定条件是一致的，包括：（1）起诉人应当具备法律规定的主体资格；（2）应当有明确的被告；（3）有具体的诉讼请求和事实根据；（4）属于人民法院受理案件的范围和受诉人民法院管辖。

（二）原告的起诉是否符合法定起诉期限

在审查起诉有无逾期时还应注意，原告起诉逾期的是否有正当理由，应否作期间耽误的顺延处理。只要符合行政诉讼法第40条规定的，法院应决定其可在延长的起诉期限内起诉。

（三）原告的起诉是否符合起诉与行政复议关系的规定

即审查原告的起诉是否合乎行政复议前置规定或者申请复议与起诉自择的规定。

（四）原告的起诉是否符合法定方式

对于不符合法定方式的起诉或起诉状，应当及时告知原告予以补正。

（五）原告的起诉是否符合一事不再理、一事不同理的纠纷解决公理

一事不再理，是适用一切诉讼的公理，指案件一经判决并发生效力，除法律另有规定外不得再行起诉和受理。这一公理源于古罗马法。其理论基础是："既判的事实，应当视为真实"，因而产生既判力的效果，对同一案件、同一诉讼标的和同一诉讼当事人生效。近现代各国诉讼法均遵循"一事不再理"。我国行政诉讼法在"起诉与受理"一章中没有关于一事不再理的明确条款。但结合司法解释和其他法律规定，我国在行政诉讼中也奉行一事不再理公理，表现在：（1）人民法院裁定准许原告撤诉后，原告不得以同一事实和理由重新起诉，即使是该准许撤诉的裁定确有错误，也只能申请再审来解决，而不得进行第二次起诉。（2）全国人大及其常委会制定的法律已明确规定行政复议决定为最终裁决的，公民、法人或其他组织不得向法院起诉。

一事不同理，也是适用一切诉讼的公理，指一个案件在同一时间和地点只能由一个法院进行审理裁决。也就是说，同一案件、同一诉讼标的和同一诉讼当事人，在同一时间、地点上不能同时接受两个法院的审理裁判。我国行政诉讼法在"管辖"一章中有一事不同理的规定，即在共同管辖情况下，应由原告选择其中一个法院起诉。原告同时向两个以上有管辖权的法院起诉的，有违"一事不同理"公理，故法律规定由其中一个先收到起诉状或先受理的法院审理。此外，在起诉与申请复议的关系上也体现"一事不同理"公理的要求：如《行政复议法》第 16 条第 1 款规定，公民、法人或者其他组织申请行政复议，行政复议机关已经依法受理的，或者法律、法规规定应当先向行政复议机关申请行政复议、对行政复议决定不服再向人民法院提起行政诉讼的，在法定行政复议期限内不得向人民法院提起行政诉讼，公民、法人或其他组织既提起行政诉讼又申请行政复议的，由先受理的机关管辖，人民法院已经依法受理的，不得申请行政复议。若法院与行政复议机关同时受理的，则由公民、法人或其他组织选择起诉或复议，以避免违反"一事不同理"的公理。

四、对起诉的审查方法

人民法院在对上述五项内容进行审查时，其方法主要是：认真仔细审阅原告起诉状及其附送的有关证据材料，起诉条件如有欠缺或证据事实缺乏的，应通知原告及时补正或补充；进行必要的调查研究，包括直接调查或委托有关法院调查，全面查明原告起诉是否合乎案件受理的（亦即起诉的）法定条件及要求。

第三节　对起诉审查后的处理

人民法院在对起诉进行审查后，依法应作出立案受理决定或者裁定不予受理等相应处理。这是立案程序的第二阶段及结束环节。

一、对于符合法定条件及要求的起诉，决定立案受理

（一）对于符合法定条件及要求的起诉在法定期限内决定立案受理

人民法院经过审查认为起诉符合法定受理条件及要求的，应当在收到起诉状之日起 7 日内决定立案，并通知当事人。

经审查认为起诉符合受理条件的，根据案件的不同情况，可以由合议庭决定立案，或由

负责审查起诉的审判人员决定立案或者报庭长审批。重大疑难案件报院长审批或者经审判委员会讨论决定。

（二）在立案受理实务中，还应注意下列具体事项与要求：

1. 行政复议机关不受理复议申请或者在法定期限内不作出复议决定，公民、法人或者其他组织不服，依法起诉的，法院应当受理。

2. 法律、法规未规定行政复议为提起行政诉讼的必经程序，公民、法人或其他组织向复议机关申请行政复议后，又经复议机关同意撤回复议申请，在法定期限内对原具体行政行为提起诉讼的，法院应当受理。

3. 原告因未按立案庭规定的期限预交案件受理费，又不提出缓交、减交、免交申请，或者提出此申请未获批准，按自动撤诉处理后，在法定期限内再次起诉，并依法解决诉讼费预交问题的，法院应予受理。

4. 法院判决撤销具体行政行为后，公民、法人或者其他组织对被告重新作出的具体行政行为不服向法院起诉的，法院应当受理。

5. 公民、法人或者其他组织申请行政机关履行法定职责，行政机关在接到申请之日起60日内或者在法律、法规、规章和其他规范性文件规定的履行职责的期限内不履行的，或者公民、法人或其他组织在紧急情况下请行政机关履行保护其人身权、财产权的法定职责而行政机关不履行的，公民、法人或者其他组织向法院提起诉讼，法院应当受理。

6. 行政机关作出具体行政行为时，没有制作或者没有送达法律文书，公民、法人或者其他组织不服向法院起诉的，只要能证明具体行政行为存在，法院应当受理。

7. 立案要注意建立健全诉讼与非诉讼相衔接的矛盾纠纷解决机制。

根据2009年7月24日最高人民法院司法改革领导小组办公室印发的经中央批准的《最高人民法院关于建立健全诉讼与非诉讼相衔接的矛盾纠纷解决机制的若干意见》（法发〔2009〕45号）司法解释的规定，为发挥人民法院在建立健全诉讼与非诉讼相衔接的矛盾纠纷解决机制方面的积极作用，为有效化解行政管理活动中发生的各类矛盾纠纷，人民法院鼓励和支持行政机关依当事人申请或者依职权进行调解、裁决或者依法作出其他处理。调解、裁决或者依法作出的其他处理具有法律效力。

在收到起诉状之后正式立案之前，当事人不服行政机关对平等主体之间民事争议所作的调解、裁决或者其他处理，法律或司法解释明确规定作为行政案件受理的，人民法院可以依职权或者经当事人申请后，委派行政机关、人民调解组织、行业调解组织或者其他具有调解职能的组织进行调解。调解结束后，有关机关或者组织应当将调解结果告知人民法院。达成调解协议的，法院可以允许原告撤诉，并作出不立案登记及退回起诉状和相关证据材料。当事人不同意调解或者在商定、指定时间内不能达成调解协议的，人民法院应当依法及时立案。

在立案之后案件移送审判庭之前，对行政行为违法或者明显不合理、不适当，符合和解条件的案件，人民法院应根据当事人自愿，积极做好协调工作。当事人确有和解意愿并提出和解请求的，立案庭法官可以主持庭前和解协调，促使当事人达成诉讼和解。因当事人双方经协商达成了庭前和解协议原告申请撤诉的，立案庭应予允许。

二、对于不具备法定条件及要求的起诉，裁定不予受理

（一）对于不具备法定条件及要求的起诉，裁定不予受理的期限要求

法院经立案审查，对于不符合法定受理条件及要求的起诉，应当说服原告撤回；原告坚

持起诉的，应当在收到起诉状之日起 7 日内作出裁定不予受理。不予受理的案件，应由合议庭审理。

（二）对于不具备法定条件及要求的起诉，裁定不予受理的具体情况

1. 法律、法规未规定行政复议为提起行政诉讼必经程序，公民、法人或者其他组织已经申请行政复议，在法定复议期间又向法院提起诉讼的，法院不予受理。

2. 法院裁定准许原告撤诉后，原告以同一事实和理由重新起诉的，法院不予受理。

但准许撤诉的裁定确有错误，原告可申请再审，法院应通过审判监督程序撤销原准予撤诉的裁定，重新对案件进行审理。

3. 有下列情形之一的，应当裁定不予受理；已经受理的，裁定驳回起诉：

（1）请求事项不属于行政审判权限范围内的。

（2）起诉人完全无原告诉讼主体资格的。

（3）起诉人错列被告且拒绝变更的；起诉状针对的被告没有一个适格，若有一个适格者不归属此情形。

（4）法律规定必须由法定或者指定代理人、代表人为诉讼行为，未由法定或者指定代理人、代表人为诉讼行为的。

（5）由诉讼代理人代为起诉，其代理不符合法定要求的。

（6）起诉超过法定期限且无正当事由的。这一情形包括：①被告作出具体行政行为而未告知诉权或者起诉期限的，原告从知道或者应当知道具体行政行为内容之日起超过 2 年而起诉的。②在不知道被告作出的具体行政行为内容的，原告对涉及不动产的具体行政行为从作出之日起超过 20 年，其他具体行政行为从作出之日起超过 5 年而起诉的。

（7）法律、法规规定行政复议为提起行政诉讼必经程序而未申请复议的。

（8）起诉人重复起诉的。

（9）已撤回起诉，无正当理由再行起诉的。

（10）诉讼标的为生效判决的效力所羁束的。

（11）起诉不具备其他法定要件的。

4. 对上列 11 种情形中可以补正或者更正，在指定期间已经补正或者更正的，法院应当依法受理。

对于不可补正或者更正的，从贯彻便民原则出发，法院亦可作出必要告知：（1）对于不属于本院管辖的行政诉讼案件，应当告知起诉人向有管辖权的法院起诉。（2）对于行政复议前置规定的案件，应当告知起诉人先申请行政复议，不服复议决定才能起诉。（3）对于正在复议的案件，应告知起诉人必须等待复议决定作出后仍不服时，或者复议期限届满而行政复议机关未作出复议决定时，才能起诉。（4）在对于行政诉讼法第 12 条禁诉事项的起诉裁定不予受理的同时，应当分别情况，告知起诉人：①不服行政机关所作国防、外交等国家行为的，以及不服行政法规、规章和具有普遍约束力的决定、命令的，应向作出该行为或制定该文件的行政机关，或该机关的上级行政机关，或产生该机关的国家权力机关（人大及其常委会）提出，由这些有权监督机关进行审查。②不服行政机关对行政机关工作人员（包括企业事业单位中由国家行政机关任命的领导人员）的奖惩、任免等决定的，应向作出该决定的行政机关，或该机关的上一级行政机关，或者与该机关同级的人事、监察等行政机关提出申诉。③不服行政机关对具体行政行为依法律规定作出最终裁决（即终局裁决）的，应向作出该裁决的行政机关或者其上一级行政机关申诉。

三、决定立案后的工作事宜及立案日期的确定

根据《最高人民法院关于人民法院立案工作的暂行规定》（法发［1997］7号），人民法院对原告起诉经审查决定立案后，应当确定行政案件的案由①、编立案号，填写立案登记表，计算案件受理费，向原告发出案件受理通知书，并书面通知原告预交案件受理费，办理原告申请诉讼费缓交、减交、免交的审批。②

决定立案后，立案庭应当在二日内将案件移送行政审判庭审理，并办理移交手续，注明移交日期。经审查决定受理的日期，为立案日期。

审判庭对立案庭移送的案件认为不属本庭职责范围的，应当及时提出，报院长决定。

四、原告对不予受理或驳回起诉的裁定，可以依法上诉

根据行政诉讼法第42条与第58条规定，原告对法院不予受理或驳回起诉的裁定不服的，可以在裁定书送达之日起10日内向上一级人民法院提出上诉。

五、对受诉法院立案不作为的处置

为纠正和防范受诉法院在行政诉讼立案工作中的拖延推诿，致使公民、法人或其他组织的诉权被冻结难行的司法弊病，最高人民法院法释［2000］8号司法解释第32条对受诉法院在审查处理期限内不作为作出如下规定：受诉人民法院在7日内既不立案，又不作出不予受理裁定的，起诉人可以向上一级人民法院申诉或者起诉。上一级人民法院认为符合受理条件的，应予受理；受理后可以移交或者指定下级人民法院审理，也可以自行审理。

根据最高人民法院《人民法院审判纪律处分办法（试行）》（法发［1998］16号）规定，立案法官违反法律规定擅自对应当受理的案件不予受理的，或者因过失致使依法应当受理的案件未予受理造成严重后果的，给予警告至记大过处分。

第四节　对群体性行政案件起诉的审查与处理

一、群体性行政案件的概念

随着改革的深入和城乡一体化的快速发展，社会利益格局日益多元化和复杂化，行政争议呈现增多的趋势，特别是出现不少群体性行政诉讼案件。

群体性行政案件，主要系指起诉人数在10人（户）以上，因同一或同类且存在一定关

---

① 根据《最高人民法院关于规范行政案件案由的通知》（法发［2004］2号）的规定，行政案件的案由分为：作为类案件、不作为类案件、行政赔偿类案件。行政作为类案件案由的结构为：管理范围+具体行政行为种类。不作为类案件的案由，原则上仍适用上述作为类案件的两种构成要素的结构，但又要体现此类案件的特色，其确定方法是：以"诉"作为此类案件案由的第一个构成要素；以行政主体的类别作为第二个构成要素，如"工商行政管理机关"、"海关"等；以不履行特定行政职责或义务作为第三个构成要素。行政赔偿类案件分为两种情况，即一并提起行政赔偿和单独提起行政赔偿。对于一并提起的行政赔偿案件，在被诉具体行政行为案件案由后加"及行政赔偿"一语即可。对于单独提起行政赔偿的案件，案由的确定方法为：行政管理范围+行政赔偿。在立案审查阶段，可以根据当事人的起诉确定初步案由。在审理阶段，如果发现初步确定的案由不准确时，应当根据审理后确定的法律关系性质来确定结案案由。但法律文书和卷宗封面等均应以结案案由为准。当出现行政管理范围和具体行政行为种类难以界定、案由难以确定的情况时，可以作为例外情况酌情确定案由。如起诉乡镇人民政府的一些越权行政行为或者不作为案件，就很难确定管理范围，也很难确定其行政行为的种类，这时，可以用"乡（镇）政府行政处理"、"诉乡（镇）政府不履行法定职责或行政义务"等作为案由。不属于行政诉讼受案范围的案件，在裁定不予受理或驳回起诉时，案由可通过概括当事人诉讼请求的方式来确定。

② 在司法实务中，广东法院的做法是：经审查认定起诉符合立案受理条件的，计算案件受理费，书面通知原告自接到人民法院预交案件受理费通知的次日起七日内预交。立案庭在预交案件受理费通知书上告知原告在规定的期限内，凭该通知书到人民法院指定银行交纳案件受理费。人民法院收到案件受理费后，凭银行出具的收据，应当出具预收单据一式三联，一联交付原告，一联附卷，一联由财务入账。在原告预交足额案件受理费后，才填写立案登记表，编立案号，决定立案，向原告发出受理案件的有关诉讼文书。原告在预交案件受理费期间向人民法院申请缓交、减交、免交的，应当书面向人民法院申请，由立案庭审查。审查同意原告申请的，由庭长审批后报经主管院长决定。

联的行政争议，分别或以共同原告的形式向人民法院提起诉讼的行政案件，以及起诉人数虽在10人（户）以下，但案件的处理结果可能影响人数较多的行政案件。如2001年广州市中级人民法院受理的广东省属煤矿梅田、坪石、曲仁矿务局等4583名离退休职工诉广东省社会保险基金管理局要求撤销养老金给付标准的行政决定系列案，其起诉人数之众多至今仍在全国独领风骚。

在群体性行政案件中，目前较为突出的是由农村土地征收、城市房屋拆迁、企业改制、劳动和社会保障、资源环保等社会热点问题引发的群体性行政争议引发的行政诉讼案件。

二、对群体性行政案件起诉的审查及处理的特别要求

根据《最高人民法院关于妥善处理群体性行政案件的通知》（法［2006］316号）规定，法院要高度重视群体性行政案件的立案受理工作，在依法对群体性行政争议起诉进行审查及处理的过程中除按照行政案件的一般立案受理条件审查处理之外还应注意遵循以下特别要求：

1. 各级法院不得随意限缩行政诉讼受案范围，不得额外增加受理条件。

2. 对于起诉到法院的群体性行政争议，符合法定起诉条件的，应当依法及时立案受理。

上级法院要加强行政诉讼立案监督，对于符合立案条件不予受理的，及时予以纠正，防止因当事人告状无门而到处上访，激化社会矛盾。

3. 对于不符合起诉条件的，或者不属于法院主管的问题，在依法作出处理前，应当向起诉人说明原因，告知其依法解决问题的途径，并视情况通知有关部门做好稳控工作。

4. 对于政治性、政策性强，难以单纯通过行政诉讼解决问题的争议，要慎重对待和处理，尽可能通过当地党委、政府统一协调解决。

5. 对于人数众多、重大复杂、符合立案条件的群体性案件，可以由中级人民法院受理，也可以指定其他基层人民法院受理。

6. 要根据案件的不同情况，对于可分的群体性案件，可以分别立案受理。

各级人民法院应高度重视群体性行政争议的立案工作，立案庭和行政庭在立案受理环节上要加强沟通，密切配合，力争将矛盾化解在初发状态。

第五节　立案的法律后果

立案作为法定的诉讼行为，反映着审判权的行使及其与诉权的互动状态，一经依法进行，便将产生诉讼上应有的法律后果：

一、本案诉讼系属成立，原告不得再申请行政复议和另行起诉

法院立案受理后，本案诉讼系属成立，除当事人提出管辖异议且获得法院认同而改变本案诉讼系属外，即使受诉法院立案后的管辖因素发生变更，也不影响本案诉讼系属在该法院的成立状态。原告对于已经立案的被诉具体行政行为，丧失申请行政复议的权利，同时，原告也不得以任何理由（包括管辖错误在内）就同一案件向其他法院另行起诉。

二、人民法院对受理的行政案件行使审判权，第一审程序启动

在对原告起诉作出立案受理决定后，法院（行政庭）启动第一审程序对该案件依法审判。

三、被告不得自行向原告和证人收集证据，并且被诉具体行政行为依法停止执行

原告起诉及法院立案受理，标志着行政案件的诉讼期间开始及继续，并同时对于被告的行为发生法律约束力，表现为：

一是，被告在行政案件的诉讼期间，应停止并且不得自行向原告和证人收集证据。根据司法解释规定，被告的诉讼代理人，也不得自行向原告和证人收集证据。

二是，有行政诉讼法第44条所规定情形之一的，由被告自行停止或者根据法律、法规规定停止被诉具体行政行为的执行，或由法院根据原告申请及行政诉讼法规定的条件裁定停止执行被诉具体行政行为。

第四编　审判程序

第十五章　行政案件审判概述

第一节　行政案件审判的概念

一、行政案件审判的含义

行政案件审判，简称行政审判，是指人民法院行使国家赋予的专门权力，依法对行政案件进行审理和裁判活动的合称。

审理，是指人民法院在当事人及其他诉讼参与人参加下，通过询问当事人、证人、鉴定人以及组织、指挥当事人双方展开辩论、审查证据，或者在认为事实清楚的情况下，只依书面材料，查清行政案件真相，确定案情性质的开庭或不开庭的审案活动。裁判，是指人民法院以审理所查明的事实为根据，运用法律、法规并参照行政规章对行政案件作出判决和裁定的审判活动。

审理和裁判，是人民法院行使国家行政审判权的核心内容，两者相互配合，前后衔接而密不可分。审理是裁判的根据和基础，裁判是审理的结论和目的，未审即判，是主观臆判，非枉则纵；审而不判，致审理走过场，达不到审理的目的。人民法院依法对行政案件独立行使审判权，其实质是严格依法办案，因此，必须严格遵守法定的审判程序。

二、行政案件审判的意义

公民、法人或者其他组织提起诉讼，经人民法院立案受理后，行政诉讼程序即进入审判程序阶段。

审判程序阶段是一个独立的诉讼阶段，是行政诉讼程序的中心环节，具有重要意义。

1. 审判阶段是行政诉讼程序的核心。行政诉讼的基本任务，是保护公民、法人或者其他组织的合法权益，监督和维护行政机关依法行使行政职权。而这一基本任务，只有由人民法院通过对起诉来院的案件进行审理后，确认案情事实与法律规范并作出相应的判决或裁定，才能最后完成。审判前的审查起诉，决定立案受理，是为保证审判活动的正确、及时进行做好准备、提供条件。审判后的执行阶段，则是为了实现审判阶段作出的判决或裁定所确定的事项。离开审判阶段，审查起诉和立案就失去意义，执行也就丧失了前提和基础。可见，审判阶段在整个行政诉讼程序中居于核心地位。

2. 在审判阶段，行政诉讼的基本原则和制度，能够得到全面贯彻、体现。行政诉讼法总则规定的基本原则和制度，比如法院对行政案件独立行使审判权，不受行政机关、社会团体和个人的干涉；以事实为根据，以法律为准绳；审理行政案件，对具体行政行为是否合法进行审查；当事人法律地位平等、有权互相辩论，用本民族语言文字进行行政诉讼；人民检察院对行政诉讼实行法律监督；以及依法实行合议、回避、公开审判、两审终审制度，都要通过审判阶段予以切实的贯彻。离开审判阶段，这些基本原则、制度规定便无落脚之地，而成为一纸空文，无法得到充分贯彻和全面体现。

3. 在审判阶段，行政诉讼法律关系能够得到全面展现。人民法院的审判行为，必须与原告、被告及其他诉讼参与人的诉讼行为结合起来进行；在再审阶段，还可以与人民检察院的行使法律监督权的抗诉行为结合起来进行，一道在法庭上解决被指控的具体行政行为是否合法的问题。特别是在第一审审判阶段，只有在原告、被告及其他诉讼参与人参加下调查核实的事实、证据，才能成为定案判决的合法依据。这是审判活动的主要活动形式。在其中，各种行政诉讼法律关系得到充分全面的体现。在起诉和立案受理阶段，一般只发生起诉人与人民法院之间的诉讼法律关系，而在审判阶段，不仅原告与人民法院之间发生行政的诉讼法律关系，而且人民法院与被告行政机关之间，与证人、鉴定人之间，以及原告与被告之间，当事人与其他诉讼参与人之间都发生行政诉讼法律关系即各个法律主体相互间发生行政诉讼权利、义务关系，比起其他各个诉讼阶段要全面得多。这既是人民法院正确审判行政案件所必需的，又是审判阶段作为行政诉讼程序中心阶段的必然反映。

4. 行政案件审判，是宪法和法律赋予人民法院的神圣职责，是人民法院审判工作的重要方面。行政审判是对行政行为的合法性审查，是对行政权力的司法监督和制约，一直以来，在人民法院所有审判工作中，行政审判工作与中国特色社会主义民主政治和法治的联系最为紧密，是中国特色社会主义民主政治和法治的一个晴雨表，直接反映法院和公众的法治意识，直接体现依法行政的水平，直接衡量公民权利的保障程度。特别是进入21世纪以来，我国行政审判工作进入一个新的重要历史阶段，我国全面建设小康社会与和谐社会的目标，要求行政审判在建设完善的社会主义市场经济体制，推进社会主义民主法治进程和促进社会主义政治文明中，发挥更大的作用；我国加入世界贸易组织之后，要求行政案件审判承担新的符合WTO规则要求的司法审查职能，行政审判领域不断拓宽，社会影响日益增大。行政审判直接影响我国宪法确定的“依法治国，建设社会主义法治国家”这一治国方略的实施进程和落实程度，与人民群众的切身利益息息相关，人民群众对行政审判工作寄予厚望。在保护人民群众切实利益中、在国家政治、经济和社会生活中，行政审判责任重大、作用日益凸显，扮演更加重要和不可替代的角色。

行政案件审判工作是维护人民权利，促进依法行政的正义事业，人民法院应当理直气壮地搞好行政案件的审判，这是人民法院深入学习实践科学发展观的具体要求，是践行司法为民的重要体现，是衡量各级法院现代法治意识的重要标尺。搞好行政案件的审判，公正是基石，效率是保证，效果是生命。人民法院需从依法治国、建设社会主义法治国家的高度，从落实求真务实、司法为民要求的高度，从维护对行政行为合法性的司法审查权威的高度，充分认识行政案件审判的意义，准确把握现行法律的精神实质，最大限度地发挥司法监督职能，以公正裁判树立司法公信力，使行政权力、行政行为纳入科学发展的轨道，促进法治政府的建设，进一步提高行政案件审判工作的质量与效率。

三、行政案件审判的任务

人民法院代表国家审判行政案件的主要任务，是对行政诉讼受案范围内的行政案件，依照法律、法规规定，从实体上和程序上予以审理和裁决，正确解决行政案件的最中心问题——被告行政机关作出的具体行政行为合法与否，妥善审理行政案件和国家（行政）赔偿案件，促进行政机关、司法机关与公民、法人和其他组织关系和谐。以司法公正保护公民、法人和其他组织的合法权益不受行政机关的非法侵害，监督和维护行政机关依法行使行政职权，巩固安定团结的社会政治局面，稳定行政管理的正常秩序，促进改革、开放、发展以及和谐社会进程。

为此，人民法院代表国家审判行政案件，要坚持实体处理的正确性与诉讼程序的正当性的有机统一，充分发挥行政诉讼在化解行政争议中的重要作用，坚持依法受理行政案件，畅通救济渠道，引导当事人通过法定的诉讼程序表达诉求，探索行政诉讼和解制度，推行执行中的和解，防止矛盾激化；依法审理群体性行政案件，妥善协调好行政主体与行政相对人的关系，维护行政主体的合法行政行为，保护公民、法人和其他组织的合法权益，依法对受到行政机关违法行政行为侵害并造成损失后果的公民、法人和其他组织给予国家赔偿救济，监督和促进行政机关依法行使职权。

为此，人民法院代表国家审判行政案件，要依法排除违背行政案件审判任务的各种以言代法、以权压法和非法干预行政审判工作的现象，坚决杜绝“官官相护”，认真清除妨碍行政案件受理和审判的各种“土政策”，优化司法环境，确保司法公正。同时，人民法院务必时刻注意维护行政审判的中立性和独立性，遇有当地领导要求与有关政府部门“合署办公”、“联合执法”等现象的，应当积极做好说服工作并坚决加以纠正，在法律许可范围内，研究办案艺术，讲究工作方法，采取灵活措施，更好地完成行政案件审判的任务，实现行政案件审判的法律效果、政治效果及社会效果的最佳统一。

四、行政案件审判程序的含义与种类

行政案件审判程序，是指人民法院对行政案件进行审理、裁判等活动所遵循的步骤、要求、方式、期限等程序规范的总称。

《行政诉讼法》共十一章，75个条文。在立法体系结构上，只设置一章（即“第七章审理和判决”）来规定行政案件审判程序。该章根据两审终审制度和有错必纠的原则，将行政案件审判程序分为两类三种：一类是普通审判程序，即第一审程序（计13个条文）和第二审程序（计4个条文）；一类是特殊审判程序，即审判监督程序（计3个条文）。并把对妨害行政诉讼行为的强制措施（计1个条文）、回避制度（计1个条文）等浓缩包容在内。“第七章审理和判决”共计22个条文，占行政诉讼法条文总数（75条）的30%。

可见，与刑事、民事诉讼法都是设置专编专章对第一审程序、第二审程序和审判监督程序等各个主要审判程序予以分别详细规定，以及对各个主要的诉讼制度予以分章节规范的做法迥然不同，我国行政诉讼法对行政案件审判程序规定具有结构紧凑，程序浓缩，条文数少，内容精简的特点，着重集中规定审判行政案件的主要规范和特殊要求，以适应行政案件“民告官”及“官（法官）审官（行政官员）”的特殊性。

对于第一审程序、第二审程序、审判监督程序，后面将分章详述。

五、人民法院审判行政案件应注意的问题

（一）人民法院必须遵守《行政诉讼法》关于审判程序的规定审判行政案件

《行政诉讼法》“第七章审理和判决”，虽然条文数量较少，规范内容不够全面、详细，但是由于：(1)《行政诉讼法》是国家基本法律，是人民法院审判行政案件的基本和主要的法律准绳；(2)《行政诉讼法》所规定的是适合行政案件特殊性的主要审判规范及特定要求，这些规定对于规范人民法院审判行政案件的活动，使之办理每一个行政案件做到事实清楚、证据确凿、定性准确、裁决正确、程序合法，都具有基本的、积极的作用。因此，人民法院在审判行政案件时，必须严格遵守《行政诉讼法》“第七章审理和判决”的规定，这也是对其依法行使行政审判权的基本要求。

（二）人民法院在审判行政案件时，对于《行政诉讼法》未作或未详细作出规定的具体审判程序问题，应当依照最高人民法院有关司法解释文件的规定执行

我国行政诉讼制度自1982年建立后，最高人民法院就人民法院审判行政案件而发出的司法解释文件（包括“通知”、“暂行规定”、“批复”、“函”、“意见（试行）”等形式而发布者），在《行政诉讼法》颁行前，对法院适用《民事诉讼法（试行）》审判行政案件的程序进行了补充、修改，使之适应行政案件的特殊性；在《行政诉讼法》生效施行后，对该法未作规定的具体审判程序问题（比如，诉讼中止和终结问题，裁定适用范围问题、财产保全和先予执行问题、未被诉的行政复议裁决效力的处理问题等等）以及对该法未作详细规定的具体审判程序问题（比如回避申请与处理的期限和方式问题、上诉状递转方式与期限问题、上诉审审理范围问题等等），仍作了大量的补充。过去的《最高人民法院关于贯彻执行〈中华人民共和国行政诉讼法〉若干问题的意见（试行）》对审理和判决问题所作的司法解释规定有35条。现行的《最高人民法院关于执行〈中华人民共和国行政诉讼法〉若干问题的解释》（法释〔2000〕8号）对行政案件审判程序的解释规定有38个条文（从第44条至第81条），占《最高人民法院关于执行〈中华人民共和国行政诉讼法〉若干问题的解释》总数（98条）的26%，比《行政诉讼法》“第七章审理和判决”的22条还多16条文，起到了较好的补充、解释作用。因此，人民法院在实践中，一方面必须遵守《行政诉讼法》规定的审判程序，另一方面应当依照最高人民法院对审判程序的有关司法解释文件规定执行，以确保正确、及时审判行政案件。

（三）人民法院在审判行政案件时，对于《行政诉讼法》和最高人民法院司法解释文件未作规定的具体审判程序问题，可以参照《民事诉讼法》的有关规定，但与《行政诉讼法》规定精神不相符的不得适用

仔细分析《行政诉讼法》和司法解释文件对行政案件审判程序的规定，人们不难看出，仍有一些具体的程序问题并无详细的规范，比如开庭审理的具体程序、审理前的准备工作等等。鉴于：(1) 行政案件曾经适用《民事诉讼法（试行）》的规定，新的《民事诉讼法》在审判程序的具体问题方面规定较全面详细，其中一些具体规定可以通用于行政案件审判程序。(2) 在行政诉讼法制定过程中，立法机关参考国外对行政诉讼和民事诉讼关系的立法例，选择了以联邦德国为代表的立法类型，在公布全民讨论的《中华人民共和国行政诉讼法（草案）》中曾明确肯定：“本法没有规定的，适用有关民事诉讼的规定，但是，关于和解、反诉、简易程序的规定不适用。”（第49条）。现行《行政诉讼法》中虽无原草案第49条之规定，但其立法体例显然并未排斥立法机关原先选定的立法类型与可适用民事诉讼法相关规定的要义。(3) 最高人民法院在司法解释文件中，虽然未全面、详细地补充规定行政案件审判程序的各种具体问题，但是在现行的《最高人民法院关于执行〈中华人民共和国行政诉讼法〉若干问题的解释》中已明确规定：“人民法院审理行政案件，除依照行政诉讼法和本解释外，可以参照民事诉讼的有关规定。”（第97条）因此，人民法院在实践中在遇到《行政诉讼法》和司法解释文件未作规定的审判程序具体问题时，可以参照《民事诉讼法》相关规定执行。

在此应当注意，(1) 人民法院只是“可以”而不是“应当”参照《民事诉讼法》有关审判程序的规定。(2) 人民法院在审理行政案件中，按照“坚持合法审查、促进执法完善、依法规范撤诉、力求案结事了”的原则，可以积极探求行政案件处理新机制。因此，在最高人民法院没有统一、具体地全面规范行政案件审判程序的情况下，有的省、市高级人民法院根据行政案件特点和审判需要自拟详尽的审判程序规则，比如《四川省高级人民法院关于开庭审理行政案件的程序规则》（1990年12月6日印发），《上海市高级人民法院行政案件第一审程序开庭审理规范（试行）》（1994年6月2日市高级人民法院审判委员会第27次会议原

则通过)，《江苏省高级人民法院第一审行政案件审理规则（试行）》（1998年4月14日苏高法［1998］82号），海南省高级人民法院制定的《行政诉讼一、二审程序庭审操作规范》（2005年8月24日琼高法［2005］133号），北京市高级人民法院制定的《关于一审行政案件庭审程序的规定》（试行）（2008年5月7日京高法发［2008］76号）等等，只要其中的规定未与《行政诉讼法》、司法解释文件相抵触的，该高级法院辖区内的人民法院便可遵守执行，而不参照《民事诉讼法》的相关规定。

（四）人民法院在审判行政案件时，要把握好《行政诉讼法》对被诉具体行政行为效力的规定

对被诉具体行政行为在诉讼期间的效力作出的明确规定，既维护国家行政管理的连续性，又确保法院行政审判的有效性。这是我国《行政诉讼法》"第七章审理和判决"的一个关注点。

行政案件被告人是行使国家行政权力的行政机关，其被诉具体行政行为与国家行政管理秩序相关联。因此，为维护国家行政管理活动的连续性及管理秩序的稳定性，防止或避免一起诉就中断行政管理活动或因起诉量大而导致行政管理陷于瘫痪境地，《行政诉讼法》第44条明确规定：诉讼期间，不停止具体行政行为的执行。

同时，该条也规定了有下列法定情形之一的，停止具体行政行为的执行：(1) 被告认为需要停止执行的；(2) 原告申请停止执行，人民法院认为该具体行政行为的执行会造成难以弥补的损失，并且停止执行不损害社会公共利益，裁定停止执行的；(3) 法律、法规规定停止执行的。这些例外情形的规定，尤其是赋予人民法院依法行使裁定权处置被诉具体行政行为在诉讼期间的效力，无疑有助于保障法院所作裁判的有效落实。

（五）人民法院在审判行政案件时，要及时处理好被告行政机关主管人员及直接责任人员的违纪犯罪材料、原告的犯罪材料

人民法院审判行政案件，针对具体行政行为是否合法进行审查与判定，并不对被告行政机关主管人员与直接责任人员违反政纪及刑事犯罪的行为予以审理和裁判。但是，我国政治体制中的行政法制监督这一系统工程以及打击、预防刑事犯罪的社会治安综合治理这一系统工程均要求人民法院司法审判的子系统，在发挥行政审判功能的同时，还应当与这两大系统工程中的其他系统予以配合，互相协调，互相促进，还应当与这两大系统的整体功能的实现而活动。因此，《行政诉讼法》第56条明确规定：人民法院在审理行政案件中，认为行政机关主管人员、直接责任人员违反政纪的，应当将有关材料移送该行政机关或者其上一级行政机关或者监察、人事机关；认为有犯罪行为的，应当将有关材料移送公安、检察机关。《最高人民法院关于执行〈中华人民共和国行政诉讼法〉若干问题的解释》（法释〔2000〕8号）也明确规定："根据行政诉讼法第五十四条第（二）项规定判决撤销违法的被诉具体行政行为，将会给国家利益、公共利益或者他人合法权益造成损失的，人民法院在判决撤销的同时，可以分别采取以下方式处理：……（四）发现违法犯罪行为的，建议有权机关依法处理。"这些规定既确保法院行政审判权的正确运用，又发挥法院参与行政法制监督和社会治安综合处理的作用。

这里应注意：(1) 行政机关主管人员和直接责任人员不是行政诉讼被告人，其违反政纪及刑事犯罪的行为不属行政诉讼受案范围，行政诉讼法也不允许在审案方式上搞行政诉讼附带政纪诉讼，或者搞行政诉讼附带刑事诉讼。因此，人民法院在行政审判中应及时将违纪、犯罪材料移送有权机关，不得径自处理。(2) 同时，我国法律也未规定有刑事诉讼附带行政

诉讼，或者政纪处分附带行政诉讼。因此，人民法院不得将行政案件附同违反政纪材料、刑事犯罪材料一并移交出去，而应当在移交违纪、犯罪材料给有权机关的同时，继续对行政案件进行审理和裁判。但是，在被告原主管人员因被政纪处分或刑事处罚而需要换法定代表人的情况下，人民法院可以裁定中止诉讼，待被告新的法定代表人确定参加诉讼后，再继续对行政案件进行审判。

除对被告行政机关主管人员和直接责任人员的违纪、犯罪材料及时处理外，在行政案件审判过程中，也可能出现需要对原告的犯罪材料予以处置，以配合搞好社会治安综合治理的情况。《行政诉讼法》对此尚无规定。根据《行政处罚法》第 7 条和 22 条关于“违法行为构成犯罪，应当依法追究刑事责任，不得以行政处罚代替刑事处罚。”“违法行为构成犯罪的，行政机关必须将案件移送司法机关，依法追究刑事责任”的规定，人民法院在审理行政案件过程中，发现被处罚人的行为构成犯罪，应当追究刑事责任的，为了纠正和避免行政机关“以罚代刑”，必须区别情况作出处理：(1) 如果对刑事责任的追究不影响本案审理的，应继续审理，并应及时将有关犯罪材料移送有关公安、检察机关；(2) 如果对刑事责任的追究影响本案审理的（比如必须对当事人采取刑事拘留、逮捕等强制措施羁押，剥夺人身自由权利的，等等），应裁定中止行政诉讼，将人犯及有关犯罪材料移送有关公安、检察机关处理，在有关机关（包括公、检、法三机关）作出最终处理后（包括刑事诉讼程序因撤销案件、不起诉而终结，以及法院刑事裁判已生效而终结刑事审判程序后），再恢复行政诉讼。

第二节　行政案件的审判组织

审判组织，即指人民法院审判行政案件的组织形式。根据《行政诉讼法》第 6 条规定，人民法院审理行政案件，依法实行合议制度，即根据《行政诉讼法》第 46 条，采取合议庭而不采取独任制的审判组织形式。我国《人民法院组织法》第 10 条还规定，每个人民法院应当设立审判委员会。审判委员会虽然对重大、疑难、复杂的行政案件不负责审理，但是有权作出定性及处理的决定。审判委员会的决定，合议庭应当执行。因此，行政案件的审判组织，包括合议庭和审判委员会，两者都是人民法院开展行政案件正常审判活动所必需的组织保证。

一、合议庭

合议庭，是指人民法院审判行政案件时，依法由审判员组成的或者由审判员与人民陪审员组成的集体审判案件的审判组织形式。合议庭是人民法院最基本的审判组织，直接负责各类案件审判。合议庭的组成人员通过直接审判案件，在法庭调查、质证和法庭辩论中，集中听取诉讼当事人和其他参与人的意见，是公正审判、公正裁决的重要前提。

（一）合议庭的组成

1. 审判每一个行政案件，都应由合议庭进行，而不能采取审判员独任审判的方式。否则，将与《行政诉讼法》第 46 条规定的精神相悖。

在《行政诉讼法》颁布以前，为解决治安行政案件的审判程序问题，最高人民法院在 1986 年 10 月 24 日发布的《人民法院审理治安行政案件具体应用法律的若干问题的暂行规定》第二项规定：“人民法院审理治安行政案件，实行合议制；案情简单的，由审判员一人独任审判。”这一规定在 1990 年 10 月 1 日前有效，因为它是在适用《民事诉讼法（试行）》的规定审理行政案件的情况下作出的，并且没有违反《民事诉讼法（试行）》第 35 条的精神。但是，它却是与《行政诉讼法》第 46 条的精神相悖的。从 1990 年 10 月 1 日《行政诉讼法》正式实施生效后至国家立法机关尚未进行修改之前，人民法院对于行政案件统一按照《行政诉讼法》的规定合议审判。

2. 审判行政案件的合议庭，由行政审判庭组织。

根据《行政诉讼法》第3条第2款以及司法解释的规定，各级人民法院行政审判庭审理行政案件和审查行政机关申请执行其具体行政行为的案件。专门人民法院、人民法庭不审理行政案件，也不审查和执行行政机关申请执行其具体行政行为的案件。因此，审判行政案件的合议庭，应当由法院内部的主管庭即行政审判庭来具体组织，而不能由民事审判庭、刑事审判庭等非主管庭来组织。

行政审判庭的设置与审判组织的运行，要消除"一人庭"，"二人庭"等不能依法组成合议庭、审判组织机构不健全的现象。各级法院要健全行政审判庭，配备足够的行政审判人员，保证每个基层法院能够组成一个合议庭，中级以上法院能够组成两个以上合议庭。行政审判庭庭长、副庭长和审判长的配备要坚持高标准、严要求，行政审判法官应具有较高的政治素质和业务水平，行政审判人员的整体职业化水平应与时俱进加以提高。

3. 审判行政案件的合议庭组成结构有两种类型，由审判员（法官）组成，或者由审判员（法官）和人民陪审员组成。

根据行政诉讼法第46条明文规定，人民法院审理行政案件，由审判员组成合议庭，或者由审判员、人民陪审员组成合议庭。不论成员来自何方，每个合议庭的成员，应当是三人以上的单数。这适用于对第一审行政案件的审判。《最高人民法院关于人民法院合议庭工作的若干规定》（法释〔2002〕25号，以下简称《合议庭工作规定》）也规定，人民法院实行合议制审判第一审案件，由法官组成合议庭或者由法官和人民陪审员组成合议庭进行。

根据《人民法院组织法》第10条第3款规定精神，人民法院审判上诉案件即第二审行政案件，则由审判员组成合议庭进行，而不由审判员与人民陪审员组成合议庭进行。《合议庭工作规定》明确规定，人民法院实行合议制审判第二审案件和其他应当组成合议庭审判的案件，由法官组成合议庭进行。

合议庭接受案件后，应当根据有关规定确定案件承办法官（比如审判长担任案件承办人），或者由审判长指定案件承办法官。

对于知识产权行政案件，要指定专门的合议庭或者专业人员负责审判。

4. 合议庭设审判长一人，由符合审判长任职条件的法官或院长、庭长担任。

合议庭设审判长一人，负指挥、主持合议庭审理、裁判活动之责。根据人民法院组织法的规定，人民陪审员不能担任审判长。

合议庭的审判长，由符合审判长任职条件的法官担任。审判长一般由审判员担任。优秀的助理审判员被选为审判长的，应当依法提请任命为审判员。根据2000年7月11日最高人民法院审判委员会第1123次会议通过的《人民法院审判长选任办法（试行）》（法发〔2000〕16号）规定，担任审判长，应当具备5项条件：（1）遵守宪法和法律，严守审判纪律，秉公执法，清正廉洁，有良好的职业道德。（2）身体健康，能够胜任审判工作。（3）最高人民法院、高级人民法院的审判长应当具有高等院校法律本科以上学历；中级人民法院的审判长一般应当具有高等院校法律本科以上学历；基层人民法院的审判长应当具有高等院校法律专科以上学历。（4）最高人民法院和高级人民法院的审判长必须担任法官职务从事审判工作5年以上；中级人民法院的审判长必须担任法官职务从事审判工作4年以上；基层人民法院的审判长必须担任法官职务从事审判工作3年以上。（5）有比较丰富的审判实践经验，能够运用所掌握的法律专业知识解决审判工作中的实际问题；能够熟练主持庭审活动；并有较强的语言表达能力和文字表达能力，能够规范、熟练制作诉讼文书。此外，经济、文化欠发达地区的人民法院，经本院审判委员会研究决定并报上一级人民法院批准，可以适当放宽审判长的学历条件和从事审判工作年限。

院长、副院长、审判委员会委员、庭长、副庭长参加合议庭审理案件时，依照法律规定自己担任审判长。最高人民法院明确要求"院长、庭长应当抽出时间直接参加合议庭担任审判长，每年审理一定数量的案件，真正履行作为一名人民法官的职责。同时，根据合议庭请求，主持对少数重大、疑难案件的研究。"① 根据最高人民法院2007年3月30日发布的《关于完善院长、副院长、庭长、副庭长参加合议庭审理案件制度的若干意见》（法发〔2007〕14号）规定，各级人民法院院长、副院长、庭长、副庭长除参加审判委员会审理案件以外，每年都应当参加合议庭或者担任独任法官审理案件。院长、副院长、庭长、副庭长参加合议庭审理下列案件：（1）疑难、复杂、重大案件；（2）新类型案件；（3）在法律适用方面具有普遍意义的案件；（4）认为应当由自己参加合议庭审理的案件。院长、副院长、庭长、副庭长参加合议庭审理案件依法担任审判长，应当选择一定数量的案件亲自担任承办人办理，与其他合议庭成员享有平等的表决权。院长、副院长参加合议庭评议时，多数人的意见与院长、副院长的意见不一致的，院长、副院长可以决定将案件提交审判委员会讨论。合议庭成员中的非审判委员会委员应当列席审判委员会。

审判长根据《合议庭工作规定》应当履行10项职责：（1）指导和安排审判辅助人员做好庭前调解、庭前准备及其他审判业务辅助性工作；（2）确定案件审理方案、庭审提纲、协调合议庭成员的庭审分工以及做好其他必要的庭审准备工作；（3）主持庭审活动；（4）主持合议庭对案件进行评议；（5）对重大疑难案件和合议庭意见有重大分歧的案件，依照规定程序提请院长决定将案件提交审判委员会讨论决定；（6）制作裁判文书，审核合议庭其他成员制作的裁判文书；（7）依照规定权限签发法律文书；（8）根据院长或者庭长的建议主持合议庭对案件复议；（9）对合议庭遵守案件审理期限制度的情况负责；（10）办理有关审判的其他事项。

在实行审判长选任制度后，审判长组织合议庭独立地完成一般案件的审理，并依法作出对案件的处理决定。审判长除有主持审理案件中的各项职责权限外，还可享受特殊津贴，在晋升法官等级时，也优于其他条件相同的法官。

（二）合议庭的活动原则和职责

合议庭对行政案件进行审理、裁判时，应按照平等参与原则和民主集中制原则进行，并严格执行案件审理期限规定。

合议庭的审判活动由审判长主持，全体成员平等参与案件的审理、评议、裁判，共同对案件认定事实和适用法律负责。人民陪审员在人民法院执行职务期间，除不能担任审判长外，同法官有同等的权利义务。根据《合议庭工作规定》，合议庭承担9项职责：（1）根据当事人的申请或者案件的具体情况，可以作出财产保全、证据保全、先予执行等裁定；（2）确定案件委托评估、委托鉴定等事项；（3）依法开庭审理第一审、第二审和再审案件；（4）

---

① 参见《最高人民法院副院长姜兴长在最高人民法院公布〈人民法院审判长选任办法（试行）〉新闻发布会上的讲话》（2000年8月16日），载于 http：//www. court. gov. cn/news/bulletin/release/200207260135. htm 中华人民共和国最高人民法院网站，2007年10月22日访问。

评议案件；(5) 提请院长决定将案件提交审判委员会讨论决定；(6) 按照权限对案件及其有关程序性事项作出裁判或者提出裁判意见；(7) 制作裁判文书；(8) 执行审判委员会决定；根据最高人民法院1998年8月26日公布施行的《人民法院审判人员违法审判责任追究办法(试行)》(法发［1998］15号) 第13条规定，合议庭审判人员拒不执行审判委员会决定的，由人民法院监察部门追究其违法审判责任。(9) 办理有关审判的其他事项。

在案件开庭审理过程中，合议庭成员必须认真履行法定职责，遵守《中华人民共和国法官职业道德基本准则》中有关司法礼仪的要求。

审判长在合议庭审理案件时具有不可替代的作用，但合议庭审理案件时必须实行少数服从多数的民主集中制原则。合议庭成员之所以应是三人以上的单数，是为了在表决时根据少数服从多数的民主集中制原则对行政案件作出判决或裁定，即在合议庭进行评议的时候，如果意见分歧，应当按多数人的意见作出决定，审判长不能以自己的意见代替合议庭多数成员的意见。但是少数人的意见应当写入笔录。因为，合议庭的所有成员都有权参加合议庭的审理、裁决活动，并对全案的审判负完全的责任。审判长与合议庭其他成员意见有重大分歧时，应当提请院长提交审判委员会讨论决定。

合议庭应当严格执行案件审理期限的有关规定。遇有特殊情况需要延长审理期限的，应当在审限届满前按规定的时限报请审批。

(三) 合议庭的评议规则和要求

合议庭评议案件应当在庭审结束后五个工作日内进行。

合议庭评议案件时，按照以下规则和要求进行：(1) 先由承办法官对认定案件事实、证据是否确实、充分以及适用法律等发表意见，审判长最后发表意见；审判长作为承办法官的，由审判长最后发表意见。根据最高人民法院《人民法院审判人员违法审判责任追究办法(试行)》第12条规定，承办法官向合议庭报告案情故意隐瞒主要证据、重要情节，或者提供虚假材料的或者遗漏主要证据、重要情节，导致合议庭裁判错误，造成严重后果的，应当追究其违法审判责任。(2) 对案件的裁判结果进行评议时，由审判长最后发表意见。(3) 合议庭成员进行评议的时候，应当认真负责，充分陈述意见，独立行使表决权，不得拒绝陈述意见或者仅作同意与否的简单表态。同意他人意见的，也应当提出事实根据和法律依据，进行分析论证。故意违背事实和法律作出错误裁判的，因过失导致裁判错误造成严重后果的，应根据《人民法院审判人员违法审判责任追究办法(试行)》第14条规定追究其违法审判责任。(4) 审判长应当根据评议情况总结合议庭评议的结论性意见。(5) 合议庭成员对评议结果的表决，以口头表决的形式进行。(6) 合议庭在评议案件时应当同步制作笔录。评议笔录由书记员制作，由合议庭的组成人员签名。(7) 合议庭的评议笔录，除应公开宣布的判决或裁定的内容外，应当注意保密，不得向社会公开，当事人、诉讼代理人亦不得查阅。

(三) 合议庭的裁判要求和裁判文书制作

合议庭应当依照规定的权限，及时对评议意见一致或者形成多数意见的案件直接作出判决或者裁定。但是，按照规定提交审判委员会讨论的案件，应当由审判委员会决定。合议庭对审判委员会的决定有异议，可以提请院长决定提交审判委员会复议一次。

合议庭一般应当在作出评议结论或者审判委员会作出决定后的五个工作日内制作出裁判文书。裁判文书一般由审判长或者承办法官制作。但是，审判长或者承办法官的评议意见与合议庭评议结论或者审判委员会的决定有明显分歧的，也可以由其他合议庭成员制作裁判文书。对制作的裁判文书，合议庭成员应当共同审核，确认无误后签名。审判长按权限直接签发裁判文书。

对合议庭的评议意见和制作的裁判文书，院长、庭长可以进行审核，但是不得改变合议庭的评议结论。院长、庭长在审核合议庭的评议意见和裁判文书过程中，对评议结论有异议的，可以建议合议庭复议，同时应当对要求复议的问题及理由提出书面意见。合议庭复议后，庭长仍有异议的，可以将案件提请院长审核，院长可以提交审判委员会讨论决定。

（四）实行合议制审判行政案件的意义

法院对行政案件的审判工作，直接关系到国家和人民利益，即涉及维护公民、法人和其他组织的合法权益，又涉及监督行政机关依法行使行政职权，维护国家行政管理法制。因此，人民法院对于行政审判必须十分慎重，搞好合议制审判。

实行合议制审判，一是有利于吸收广大人民群众（通过依法被选为人民陪审员的途径）参加行政案件的审判，直接参加对国家审判工作的民主管理。二是有利于集思广益，发挥集体智慧，防止主观片面，保证行政案件审判质量，相应的减少上诉或再审案件，减少当事人讼累，节省人力、物力和时间。三是有利于互相监督，避免个人擅断，防止徇情枉法，杜绝非法裁判。根据《人民法院审判人员违法审判责任追究办法（试行）》的规定，合议庭成员评议案件时，故意违反法律规定或者歪曲事实、曲解法律，导致评议结论错误的，由导致错误结论的人员承担责任。院长、庭长故意违反法律规定或者严重不负责任，对合议庭的错误不按照法定程序纠正，导致违法裁判的，院长、庭长、合议庭有关人员均应当承担相应责任。

二、审判委员会

审判委员会，是人民法院内部对审判工作实行集体领导的固定组织。审判委员会不直接对行政案件进行审理，但有权依法对重大、复杂案件的裁判问题作出权威的最终决定。

（一）审判委员会的组织

审判委员会，是一个固定性的组织，每一个人民法院只能设一个审判委员会。人民法院院长、副院长、庭长、审判员以及专职委员组成审判委员会，充当委员。审判委员会没有主任，不设委员长。审判委员会委员，不能由法院自己任免，只能由法院院长提请同级国家权力机关任免。人民法院院长（正职）是审判委员会委员之一，又是审判委员会的主持者，需要审判委员会讨论决定的问题，均由院长提交审判委员会讨论、决定。

根据《人民法院组织法》第11条，各级法院审判委员会会议，本级人民检察院检察长可以列席。院内外其他人员不能参加。

（二）审判委员会的任务、活动原则与问责

1. 审判委员会的任务

根据《人民法院组织法》第11条规定，审判委员会的任务是总结审判经验，讨论决定重大或者疑难的案件和其有关审判工作的问题。在行政案件的审判中，审判委员会讨论决定的行政案件，是由人民法院院长提交讨论决定的重大、复杂、疑难的行政案件，并不是一切行政案件都要提交审判委员会讨论决定。

根据《合议庭工作规定》，对于下列案件，合议庭应当提请院长决定提交审判委员会讨论决定：（1）疑难、复杂、重大或者新类型的案件，合议庭认为有必要提交审判委员会讨论决定的；（2）合议庭在适用法律方面有重大意见分歧的；（3）合议庭认为需要提请审判委员会讨论决定的其他案件，或者本院审判委员会确定的应当由审判委员会讨论决定的案件。

在实践中，重大案件一般包括：（1）本级别管辖的在本地有重大影响的案件；（2）上级法院指定下级法院审判的案件；(3) 上级法院指令下级法院再审的案件；(4) 依照审判监督程序立案再审的案件；(5) 人民检察院提起抗诉的案件。

在实践中，疑难案件一般包括：(1) 法律没有规定或规定不明确的案件；(2) 新类型案件。比如，关于是否应当授予植物新品种权的纠纷案件、宣告授予的植物新品种权无效或者维持植物新品种权的纠纷案件、授予品种权的植物新品种更名的纠纷案件等等。

在实践中，复杂案件一般包括：(1) 行政法律关系涉及面广互相交叉的案件。比如，国际贸易行政案件、反补贴行政案件、反倾销行政案件等。(2) 行政法律规范位阶紊乱效力冲突的案件。

审判委员会要在强化合议庭职责，不断提高审理案件质量的基础上，逐步做到只讨论合议庭提请院长提交的少数重大、疑难案件的法律适用问题（事实认定由合议庭负责），总结审判经验，以充分发挥其对审判工作中带有根本性、全局性问题进行研究和作出权威性指导的作用。

2. 审判委员会的活动原则

审判委员会进行活动实行民主集中制。审判委员会对合议庭和全院审判工作实行集体领导。在讨论决定行政案件时，由院长主持会议，每个委员享有同等权利，有发言、表决权。

审判委员会的讨论，应当在行政案件已经过合议庭的审理这一基础上进行，否则，将出现后审先判，不审即判，从而导致合议庭审判走过场的不良倾向。对于合议庭的意见和检察长的发言，审判委员会均应重视、考虑。审判委员会决定案件意见不一致时，应按少数服从多数的民主集中制原则作出决定。在讨论记录上，应记载少数人的意见。对于审判委员会的决定，合议庭应当执行。在案件的判决书或裁定书上，应写明本案是经审判委员会讨论、决定的，但仍由合议庭全体成员签名，而不由审判委员会成员签名。

3. 对审判委员会的问责

根据《人民法院审判人员违法审判责任追究办法（试行）》的规定，审判委员会委员讨论案件时，故意违反法律规定或者歪曲事实、曲解法律，导致决定错误的，由导致错误决定的人员承担责任。审判委员会主持人违反民主集中制原则导致审判委员会决定错误的，由主持人承担责任。向审判委员会报告案情故意隐瞒主要证据、重要情节，或者提供虚假材料的或者遗漏主要证据、重要情节，导致裁判错误，造成严重后果的审判人员要承担责任。

第三节 人民法院审判行政案件适用的实体法律准绳

法院审判案件必须以法律为准绳乃是我国宪法确立的刑事、民事、行政三大诉讼的共同基本原则，《行政诉讼法》在贯彻时则独具特色，即对于行政案件审判的实体法律规范准绳，予以明确列举，划分“依据”和“参照”两板块，并对“参照”的实体准绳冲突规定了明确的解决途径。这是由于：(1) 行政案件是发生于行政管理过程的行政纠纷案件，其实体解决应当依照行政法的规定。(2) 我国行政法的多样化形式的特点，决定了行政法渊源的多样性、多层次。(3) 行政审判人员大多不是行政机关公务员转行，对于行政法渊源的多样性、多层次特征不太熟悉。因此，在《行政诉讼法》这一程序法中，要确保法院办案确实做到以法律为准绳，就必须一反民诉法、刑诉法之常规，对法院办理行政案件的“法律准绳”中的行政实体法部分，作出详尽的规定，保证法院按照正确的行政实体法律规范来正确裁判行政案件的实体问题。

一、人民法院审判行政案件“依据”的法律准绳

根据《行政诉讼法》第52条规定，人民法院审判行政案件“依据”的法律准绳有：

（一）法律

法律，是指我国最高国家权力机关即全国人大及其常委会行使宪法规定的国家立法权并依据《立法法》制定的且须由国家主席令公布实施的法律规范性文件。人民法院审判行政案件首先要依据全国人大制定的基本行政法律和全国人大常委会制定的普通行政法律。前者，如《全民所有制工业企业法》（1988年4月13日七届全国人大一次会议通过，自1988年8月1日起施行），《行政处罚法》（1996年3月17日八届全国人大第四次会议通过，自1996年10月1日起施行），《国防法》（1997年3月14日八届全国人大第五次会议通过，同日国家主席令第八十四号公布施行）；后者，如《节约能源法》（1997年11月1日八届全国人大常委会第二十八次会议通过，2007年10月28日十届全国人大常委会第三十次会议修订），《行政复议法》（1999年4月29日九届全国人大常委会第九次会议通过，自1999年10月1日起施行），《行政许可法》（2003年8月27日十届全国人大常委会第四次会议通过，自2004年7月1日起施行），《治安管理处罚法》（2005年8月28日十届全国人大常委会第十七次会议通过，自2006年3月1日起施行）等等。

（二）行政法规

行政法规，是指国务院根据宪法和法律或者全国人大常委会的授权决定，依照法定权限和程序制定、颁布实施的有关行政管理的规范性文件。行政法规是仅次于法律的重要立法层次。人民法院审判行政案件要依据国务院根据宪法和法律，并且按照《行政法规制定程序条例》（2001年11月27日国务院令发布，自2002年1月1日起施行）的规定制定的有关国家政治、经济、教育、科技、文化、外事等行政管理工作的各类行政法规。比如，《工伤保险条例》（2003年4月16日国务院第5次常务会议讨论通过，自2004年1月1日起施行），《生产安全事故报告和调查处理条例》（2007年3月28日国务院第172次常务会议通过，自2007年6月1日起实行），《土地调查条例》（2008年2月7日国务院令第518号公布施行），《政府信息公开条例》（2007年1月17日国务院第165次常务会议通过，自2008年5月1日起施行），《历史文化名城名镇名村保护条例》（2008年4月2日国务院第3次常务会议通过，自2008年7月1日起施行），《乳品质量安全监督管理条例》（2008年10月6日国务院第28次常务会议通过，2008年10月9日公布施行）等等。

（三）地方性法规

地方性法规，是指《立法法》所规定的地方国家权力机关依照法定的权限，在不同宪法、法律和行政法规相抵触的前提下，制定和颁布的在本行政区域范围内实施的规范性文件。地方性法规的范围，包括：（1）省、自治区、直辖市人大及其常委会根据本行政区域的具体情况和实际需要在不同宪法、法律、行政法规相抵触的前提下制定的地方性法规，以及经济特区所在地的省、市的人大及其常委会根据全国人大的授权决定，制定在经济特区范围内实施的法规。比如，《四川省安全生产条例》（2006年11月30日四川省第十届人大常委会第二十四次会议通过，自2007年1月1日起施行），等等。（2）较大的市（根据《立法法》规定，较大的市包括三种：①省、自治区的人民政府所在地的市（通称“省会市”），②经国务院批准的较大的市，③经济特区所在地的市）的人大及其常委会根据本市的具体情况和实际需要在不同宪法、法律、行政法规和本省、自治区的地方性法规相抵触的前提下制定的地方性法规（须报该市所在的省、自治区人大常委会批准后施行）。比如，《成都市旅游业

促进条例》（2008 年 12 月 30 日成都市第十五届人大常委会第八次会议通过，2009 年 3 月 27 日四川省第十一届人大常委会第八次会议批准），等等。地方性法规不能与法律、行政法规相冲突，凡与法律、行政法规相抵触的，以法律、行政法规为准绳。

人民法院在依据地方性法规审判行政案件时，应注意以下两点：（1）地方性法规，只适用于裁判本行政区域内发生的行政案件，即只具有属地效力，而不具有属人效力。比如，《四川省人口与计划生育条例》只适用在四川省境内发生的计划生育行政案件的裁判，其对于在外省的四川人违反计划生育条例而发生的该类行政案件不能适用。同样，《重庆市城市环境卫生管理条例》也只适用于发生在该城市市辖区、县城的城区范围的环境卫生行政案件的裁判，对于在成都的重庆人违反环境卫生管理法规而发生的环卫行政案件的裁判就不能适用，而只能适用《成都市市容和环境卫生管理条例》来作出裁判。（2）根据有关司法解释规定，被诉行政机关与受诉人民法院不在同一地区，人民法院审理案件适用地方性法规时，应当以作出具体行政行为的行政机关依法所适用的地方性法规为依据。而不应以受诉人民法院所在地区的地方性法规为依据。

（四）自治条例和单行条例

自治条例，是指民族自治地方（即自治区、自治州、自治县，后同）人大依照当地民族的政治、经济和文化的特点制定的全面调整本自治地方事务的综合性规范性文件。自治条例集中体现民族自治地方的自治权，具有民族自治地方总章程的性质。单行条例，是指民族自治地方人大依照当地民族的政治、经济和文化的特点制定的调整本自治地方某方面事务的规范性文件。单行条例是民族自治地方行使某一方面自治权的具体规定，单行条例应当遵循自治条例的规定。

民族自治地方人大制定的本自治区、州、县自治条例和单行条例，可以依照当地民族的特点，对法律和行政法规的规定作出变通规定，但不得违背法律或者行政法规的基本原则，不得对宪法和民族区域自治法的规定以及其他有关法律、行政法规专门就民族自治地方所作的规定作出变通规定。自治区的自治条例和单行条例，报全国人大常委会批准后生效。自治州、自治县的自治条例和单行条例，报省、自治区、直辖市的人大常委会批准后生效。

人民法院审理发生在民族自治地方的行政案件时，在依据法律、行政法规、地方性法规时，应一并依据该民族自治地方的自治条例、单行条例。这是维护我国民族区域自治制度，保障少数民族人民当家做主的宪法原则的体现和要求。

二、人民法院审判行政案件“参照”的法律准绳

为正确解决法院裁判行政案件的法律准绳的范围问题，《行政诉讼法》第 53 条紧接着规定了人民法院审判行政案件，参照执行以下行政规章：

（一）部门规章

部门规章，是指国务院各部门（包括具有行政管理职能的直属机构）根据法律和国务院的行政法规、决定、命令在本部门的权限范围内按照规定的程序所制定的规定、办法、细则、规则等规范性文件的总称。部门规章包括：国务院各部、委员会、中国人民银行、审计署和具有行政管理职能的直属机构根据法律和国务院的行政法规、决定、命令，在本部门的权限范围内制定的规章。部门规章规定的事项应当属于执行法律或者国务院的行政法规、决定、命令的事项。比如，公安部根据《消防法》制定的《火灾事故调查规定》（2009 年 4 月 30 日公安部部长办公会议通过，自 2009 年 5 月 1 日起施行），工业和信息化部为贯彻国务院《无线电管理条例》而制定的《无线电台执照管理规定》（2009 年 2 月 4 日工业和信息化部第6次部务会议审议通过，自2009年4月10日起施行)，国家旅游局为实施国务院《旅行社条例》而制定的《旅行社条例实施细则》(2009年4月2日国家旅游局第4次局长办公会议审议通过，自2009年5月3日起施行)，等等。

（二）地方政府规章

地方政府规章，是省、自治区、直辖市和较大的市（即：省、自治区的人民政府所在地的市、经国务院批准的较大的市、经济特区所在地的市）的人民政府根据法律、行政法规和本省、区、市的地方性法规，并按照规定的程序所制定的规章。地方政府规章可以就执行法律、行政法规、地方性法规的规定而需要制定规章的事项以及属于本行政区域的具体行政管理事项作出规定。在我国行政管理活动中，地方政府规章作为法律、法规的补充形式，发挥着重要作用。比如，《四川省生产安全事故报告和调查处理规定》(2008年7月15日四川省人民政府第9次常务会议通过，自2008年9月1日起施行)。四川省人民政府第22号令发布施行的《四川省罚款和没收财物行政处罚管理办法》，等等。这里需要注意，根据《立法法》对地方政府规章主体范围的界定，上述三种地方政府的主管部门制定发布的规范性文件，不可划归该政府制发的地方政府规章之列。比如，四川省人民政府卫生厅（川卫防发[1991]第033号）通知颁发施行的《四川省卫生行政处罚程序》、《四川省卫生许可证发放管理办法》以及《四川省卫生监测管理办法》等，不属于四川省政府规章。

人民法院在参照行政规章审判行政案件时应当注意并适用《立法法》的规定：“部门规章之间、部门规章与地方政府规章之间具有同等效力，在各自的权限范围内施行。”根据有关司法解释规定，在参照规章时，应当对规章的规定是否合法有效进行判断，对于合法有效的规章应当适用。在作出判决或者裁定需要参照规章时，人民法院应当写明“根据《中华人民共和国行政诉讼法》第五十三条，参照××规章（条、款、项）的规定”，以示郑重。另外，规章制定了机关作出的与规章具有同等效力的规章解释，人民法院审理行政案件时也予以参照适用。

三、人民法院审判行政案件时适用“依据”、“参照”的实体法律准绳应当注意的事项

人民法院要正确地适用“依据”、“参照”的法律准绳审判行政案件实体问题，就应当根据《立法法》以及法[2004]96号司法解释文件等的规定，注意“依据”、“参照”的法律准绳之间在法律效力位阶方面的关系与法律效力冲突处理的如下事宜：

1. 宪法具有最高的法律效力。一切法律、行政法规、地方性法规、自治条例和单行条例、规章都不得同宪法相抵触，否则无效。人民法院不能适用该无效的法律、行政法规、地方性法规、规章对行政案件作出裁判。

2. 法律的效力高于行政法规、地方性法规、规章。行政法规、地方性法规、规章与法律相抵触的，人民法院不能适用该行政法规、地方性法规、规章对行政案件作出裁判。

最高人民法院认为行政法规、地方性法规、自治条例和单行条例同宪法或者法律相抵触的，可以向全国人大常委会书面提出进行审查的要求。

人民法院审判行政案件，发现同一法律内的不同条文对相同事项有一般规定和特别规定的，优先适用特别规定。

人民法院审判行政案件，发现法律之间对同一事项的新的一般规定与旧的特别规定不一致的，如果：①新的一般规定允许旧的特别规定继续适用的，适用旧的特别规定；②新的一般规定废止旧的特别规定的，适用新的一般规定。③不能确定新的一般规定是否允许旧的规定继续适用的，人民法院应当中止行政案件的审理，逐级上报最高人民法院送请全国人民代表大会常务委员会裁决。

3. 行政法规的效力高于地方性法规、规章。地方性法规、规章与行政法规相抵触的，人民法院审判行政案件不予适用。

人民法院审判行政案件，发现同一行政法规内的不同条文对相同事项有一般规定和特别规定的，优先适用特别规定。

人民法院审判行政案件，发现行政法规之间对同一事项的新的一般规定与旧的特别规定不一致的，人民法院原则上应按照下列情形适用：①新的一般规定允许旧的特别规定继续适用的，适用旧的特别规定；②新的一般规定废止旧的特别规定的，适用新的一般规定。③不能确定如何适用时，不能确定新的一般规定是否允许旧的规定继续适用的，人民法院应当中止行政案件的审理，逐级上报最高人民法院交由国务院裁决。

4. 地方性法规的效力高于本级和下级地方政府规章。本级和下级地方政府规章与地方性法规相抵触的，人民法院审判行政案件不予参照，只依据地方性法规裁判。

同一地方性法规内的不同条文对相同事项有一般规定和特别规定的，优先适用特别规定。地方性法规之间对同一事项的新的一般规定与旧的特别规定不一致的，人民法院原则上应按照下列情形适用：新的一般规定允许旧的特别规定继续适用的，适用旧的特别规定；新的一般规定废止旧的特别规定的，适用新的一般规定。不能确定新的一般规定是否允许旧的规定继续适用的，人民法院应当中止行政案件的审理，由高级人民法院送请地方性法规制定机关裁决。

5. 人民法院审判行政案件，发现地方性法规、规章之间不一致时，应当依照《立法法》交由有关机关依照下列规定的权限作出裁决：

（1）同一机关制定的新的地方性法规、规章的一般规定与旧的地方性法规、规章的特别规定不一致时，由制定机关裁决。

行政案件的审判法院是与该制定机关不同级别的下级人民法院的，应当层报与该制定机关同级别的上级人民法院交由该制定机关裁决。

（2）地方性法规与部门规章之间对同一事项的规定不一致，不能确定如何适用时，应当层报最高人民法院交由国务院提出意见，国务院认为应当适用地方性法规的，应当决定在该地方适用地方性法规的规定；国务院认为应当适用部门规章的，应当提请全国人大常委会裁决。

6. 人民法院审判行政案件，发现国务院部门规章之间、部门规章与地方政府规章之间对同一事项的规定不一致的处理。

（1）国务院部门规章之间对同一事项的规定不一致的处理。地方各级人民法院审判行政案件适用规章时，认为国务院部门规章之间对同一事项的规定不一致的，一般可以按照下列情形选择适用：①适用与上位法不相抵触的部门规章规定；②与上位法均不抵触的，优先适用根据专属职权制定的规章规定；③两个以上的国务院部门就涉及其职权范围的事项联合制定的规章规定，优先于其中一个部门单独作出的规定；④能够选择适用的其他情形。不能确定如何适用的，应当中止行政案件的审理，逐级上报最高人民法院，送请国务院作出解释或裁决。人民法院应据此解释或裁决确定审判行政案件可参照的规章。

（2）国务院部门规章与地方政府规章之间对同一事项的规定不一致的处理。地方各级人民法院审判行政案件适用规章时，认为部门规章与地方政府规章之间对同一事项的规定不一致的，一般可以按照下列情形适用：①法律或者行政法规授权部门规章作出实施性规定的，其规定优先适用；②尚未制定法律、行政法规的，部门规章对于国务院决定、命令授权的事项，或者对属于中央宏观调控的事项、需要全国统一的市场活动规则及对外贸易和外商投资等事项作出的规定，应当优先适用；③地方政府规章根据法律或者行政法规的授权，根据本行政区域的实际情况作出的具体规定，应当优先适用；④地方政府规章对属于本行政区域的具体行政管理事项作出的规定，应当优先适用；⑤能够直接适用的其他情形。不能确定如何适用的，应当中止行政案件的审理，逐级上报最高人民法院，送请国务院作出解释或裁决。人民法院应据此解释或裁决确定审判行政案件可参照的规章。

7. 省、自治区的人民政府制定的规章的效力高于本行政区域内的较大的市的人民政府制定的规章。

人民法院审判行政案件，发现省（区）会市人民政府和经国务院批准的较大的市的人民政府制定、发布的规章，与省、自治区人民政府制定、发布的规章相抵触的，应参照后者，而不参照前者。

8. 自治条例和单行条例依法对法律、行政法规、地方性法规作变通规定的，人民法院审判在本自治地方发生的行政案件应当适用自治条例和单行条例的规定。

自治条例和单行条例内的不同条文对相同事项有一般规定和特别规定的，优先适用特别规定。

9. 经济特区法规根据全国人大常委会授权对法律、行政法规、地方性法规作变通规定的，人民法院审判在本经济特区发生的行政案件应当适用经济特区法规的规定。

人民法院审判行政案件，发现根据授权制定的法规与法律规定不一致，不能确定如何适用时，应当层报最高人民法院交由全国人大常委会裁决。

10. 人民法院审判行政案件，发现同一机关制定的法律、行政法规、地方性法规、自治条例和单行条例、规章，特别规定与一般规定不一致的，适用特别规定；新的规定与旧的规定不一致的，适用新的规定。

11. 法律、行政法规、地方性法规、自治条例和单行条例、规章不溯及既往，但为了更好地保护公民、法人和其他组织的权利和利益而作的特别规定除外。人民法院审判行政案件可以适用这些“为了更好地保护公民、法人和其他组织的权利和利益而作的特别规定”对案件实体作出裁判。根据行政审判中的普遍认识和做法，公民、法人和其他组织的行为发生在新法施行以前，具体行政行为作出在新法施行以后，人民法院审查具体行政行为的合法性时，实体问题适用旧法规定，程序问题适用新法规定，但下列情形除外：①法律、法规或规章另有规定的；②适用新法对保护行政相对人的合法权益更为有利的；③按照具体行政行为的性质应当适用新法的实体规定的。

12. 对有关部门为指导法律执行或者实施行政措施而作出的具体应用解释和制定的其他规范性文件的适用。

行政审判实践中，经常涉及有关部门为指导法律执行或者实施行政措施而作出的具体应用解释和制定的其他规范性文件，主要是：国务院部门以及省、市、自治区和较大的市的人民政府或其主管部门对于具体应用法律、法规或规章作出的解释；县级以上人民政府及其主管部门制定发布的具有普遍约束力的决定、命令或其他规范性文件。行政机关往往将这些具体应用解释和其他规范性文件作为具体行政行为的直接依据。这些具体应用解释和规范性文件不是正式的法律渊源，对人民法院不具有法律规范意义上的约束力。但是，人民法院经审查认为被诉具体行政行为依据的具体应用解释和其他规范性文件合法、有效并合理、适当的，在认定被诉具体行政行为合法性时应承认其效力；人民法院可以在裁判理由中对具体应用解释和其他规范性文件是否合法、有效、合理或适当进行评述。

第四节　行政案件的判决、裁定、决定

一、判决

（一）判决的概念与特征

行政案件的判决，简称行政判决，是指行政审判组织审理行政案件后，根据法庭审理查明和认定的案情事实，适用行政实体法和行政诉讼法律规范，以人民法院的名义，作出直接或间接解决当事人行政纠纷的实体问题的权威性处理判定。其特征有四：

1. 它是一种权威性处理判定。这种权威性处理判定，以国家审判权为基础，以国家强制力为后盾，一经作出，除由法院依法定程序改变外，任何机关、团体和个人，不得变更、撤销和违反；就是作出判决的法院自身，也须受其约束。对于拒绝履行这种权威性处理判定的违法当事人，人民法院或有权被告人有权依法强制执行，情节严重构成犯罪的，还要依法追究其刑事责任。

2. 它是直接或间接解决当事人行政纠纷的实体问题的权威性处理判定。也就是指，它所针对的对象，是当事人争执的各自在行政法上的权利和义务关系，表现为它对被起诉的具体行政行为是否合法、被告是否应承担行政违法责任等实体问题作出明确的处理结论。一审判决和二审的改判判决，是直接解决当事人行政纠纷的实体问题的权威性处理判定；而二审的维持判决则是间接（即通过维护一审判决）解决当事人行政纠纷的实体问题的权威性处理判定。由于针对的对象不同，使得判决区别于裁定、决定。裁定主要是针对当事人的行政诉讼权利、义务而作的判定；决定主要是针对诉讼秩序的维护而作出的判定。

3. 它是以事实为根据，以法律为准绳作出的。换言之，它必须以法庭审理的并依照查证属实证据所认定的案件真实情况为根据，合乎行政实体法规范对争议实体问题的明确界定，合乎行政诉讼法规范对判决形态（或类型）适用条件的明确要求。只有这样，它才具备真正的、合法的权威性，否则，它就会被依法撤销。在这一点上，判决有别于裁定和决定，后两者的作出不一定必须根据法庭审理查明与认定的事实（比如裁定不予受理起诉，就不是根据这种事实，而是根据行政庭受案审查人员所审查与认定的该起诉不具备且无法补正起诉条件的事实），也不一定必须以行政实体法规范为适用准绳，仅以行政诉讼法规范为依据即可作出（如裁定不予受理起诉）。

4. 它是由法院行政审判组织，以人民法院名义，在每次审理程序进行完结时作出的。这就是说，判决必须是对行政案件每次审理（一审开庭审理，二审书面或开庭审理）程序结束时的产物，在审理程序尚未开始或者未完结之时，不得作出判决。未审即判或者先判后审的判决，脱离或者违反了审理程序，因而是不合法、不应具有权威性的。同时，判决还必须是在对行政案件每次审理程序结束后，由审理本案的行政审判组织，以所在人民法院的名义而作出。也就是须经本案合议庭成员集体评议，实行少数服从多数作出判决；对须经审判委员会讨论决定的重大、复杂、疑难行政案件的判决，则根据审判委员会的决定作出。若以审判人员或者院长、庭长个人名义作出判决则是非法的。这一特征，也使判决有别于裁定和决定：裁定并不一定是必须在每次审理程序完结时才作出。决定也不一定必须由审判组织以人民法院名义而是可由审判人员、院长、庭长以个人名义作出的。

(二) 判决的种类

行政案件的判决，从不同的视角，可以作出不同的分类：

1. 从判决与其所针对的被诉具体行政行为的关系不同，可分为：维持型判决、撤销型判决、履行型判决、变更型判决、驳回型判决、确认型判决。

维持型判决，即维持被诉具体行政行为的判决。撤销型判决，即撤销或部分撤销被诉具体行政行为的判决。履行型判决，即判定被告的行政机关作出具体行政行为履行其行政法职责的判决。变更型判决，即变更不妥当的具体行政行为（只限于显失公正的行政处罚行为）的判决。驳回型判决，即在被诉具体行政行为合法但存在合理性问题等情形下驳回原告诉讼请求的判决。确认型判决，即确认被诉具体行政行为违法或者无效的判决。

2. 从判决与其经历的审理程序的关系不同，可分为：一审判决、二审判决。

一审判决，即人民法院在第一审程序结束时作出的判决，包括初审的和再审的行政案件的一审判决。其判决包括前述维持、撤销、履行、变更、驳回、确认这六种判决类型。

二审判决，即人民法院在第二审程序结束时作出的判决，包括新审的和再审的行政案件的二审判决。其判决，从内容上分为两种类型：(1) 维持判决，即驳回上诉，维持一审判决的判决；(2) 变更判决，即直接变更一审判决的判决。

3. 从判决与其自身的权威性确立关系不同，可分为：生效判决、不生效判决。

生效判决，即权威性业已确立，可以强制执行的判决。其判决类型包括：在法定期限内未遭到当事人上诉的或者虽上诉但又撤回的地方法院的一审判决。不生效判决，即权威性尚未确立，不可以强制执行，或者权威性虽然确立但后来又被依法否定的判决。其判决类型包括：被当事人依法上诉的一审判决，被二审法院裁判撤销或者变更的一审判决，以及被再审的裁判撤销或变更的原生效判决。

生效判决，当事人必须履行，否则，法院（或有权被告人）可依法强制执行。不生效判决，当事人没有履行的义务，法院（或有权被告人）不能依法强制执行，已经履行或强制执行的，应予执行回转恢复原状或予以依法补偿或依法赔偿。

4. 以判决与其自身所对的诉讼主体权利的关系不同，可分为：终审的判决、非终审的判决。

终审的判决，即人民法院和当事人不能按两审终审制及其审理程序继续审理和继续进行诉争的判决。其判决类型包括：二审判决、最高法院的一审判决、已过法定期限未上诉的地方法院的一审判决。非终审的判决，即人民法院和当事人仍然可以按两审终审制及其审理程序继续进行审判和诉争的判决。其判决类型包括：地方各级法院作出的一审判决。

终审判决，当事人没有上诉权，法院没有二审权；非终审判决，当事人可在法定期限内行使行政上诉权，从而使上一级法院必须行使二审权。

5. 从判决与庭审期日在庭当事人的关系不同，可分为：对席判决、缺席判决。

对席判决，即在当事人双方在庭参加法庭审理活动基础上产生的判决。缺席判决，即在当事人一方在庭，而另一方拒绝依法在庭参加法庭审理活动或者中途未经许可而退出法庭审理活动的基础上产生的判决。

按照公开审判的要求，人民法院开庭审理行政案件，不论是第一审或第二审，都应当采取对席判决，以确保判决的质量与公正。但是，行政审判权由人民法院依法独立行使，不受当事人的干涉，因此，并非一切判决都必须只能是对席判决。当出现《行政诉讼法》规定的可以采取缺席判决情形时，即“被告无正当理由拒不到庭的，可以缺席判决。”至于“经人民法院两次合法传唤，原告无正当理由拒不到庭的，视为申请撤诉"；"是否准许，由人民法院裁定。"（该法第48条和第51条）如果法院裁定准许撤诉，案件诉讼终止，原告再起诉的，法院不予受理。如果法院裁定不准许撤诉，而原告仍拒不到庭的，怎么办？我们认为，按照《行政诉讼法》第3条规定的法院依法独立行使行政审判权的基本原则，参照该法第48条对"被告无正当理由拒不到庭可以缺席判决"的规定，人民法院可以作出缺席判决。最高人民法院后来发布的《关于执行〈中华人民共和国行政诉讼法〉若干问题的解释》（法释〔2000〕8号）对此的解决办法是：原告（或者上诉人）申请撤诉，人民法院裁定不予准许的，原告（或者上诉人）经合法传唤无正当理由拒不到庭，或者未经法庭许可而中途退庭的，人民法院可以缺席判决。

（三）判决的法律效力

判决的法律效力，即指判决的合法约束力。其构成要素有四力：判决的确定力、判决的排除力、判决的支配力和判决的执行力。

1. 判决的确定力。这是判决的法律效力最基本的构成机制。它指的是：判决，以其所确定事项对案件的实体问题给予权威性判定，无论是当事人或者人民法院，都必须以判决为唯一标准来解决、平息该判决所针对的行政纠纷。非由有权法院依照法定审判程序予以撤销或变更，任何机关、团体和个人，包括作出判决的受诉法院，都不能对判决进行变更或撤销。

判决的确定力，是任何一个判决所不可或缺的基本法律效力。即使是一审判决，也具有一定程度的确定力或者说具有予决的确定力。因为，它是一审法院对案件实体问题处理的权威性判定，若上诉期限届满而未遭当事人上诉的，或者虽遭当事人依法上诉但二审法院判决驳回上诉，维持原判的，则由予决的确定力转化为既定的确定力。虽然一审判决的予决确定力，对当事人和二审法院没有法律约束力，当事人不服可以依法上诉，二审法院可以依法变更或者撤销；但是对一审法院来说，一审判决的确定力则是既定的，一经作出，在未经依法启动审判监督程序予以再审的状态下，该一审法院就不能自行变更或撤销。

2. 判决的排除力。这是建基于确定力之上的判决的又一基本法律效力要素。它指的是：判决，以其所确定事项以对案件实体问题给予的权威性判定，排除了当事人之间对该项行政争议继续进行诉争的权利，排除了人民法院按普通审理程序继续审判该行政案件的权力，排除了法院在其他诉讼案件（如附带行政赔偿诉讼案件）中作出相反裁判的权力。

判决的排除力，是对判决的确定力的维护机制。在实践中，它表现为：（1）原告不能就已判决事项重新提起行政诉讼；（2）被告不得以同样的事实和理由作出与（被判决要求改变的）原具体行政行为基本相同的具体行政行为，以消除产生重复诉讼的隐患；（3）受诉法院不得受理原告对已判决事项的再行起诉；（4）受诉法院在审理其他诉讼案件时，不得作出与已判决事项相抵触的判决。如附带行政赔偿诉讼的判决，就不能与附带它的行政诉讼案的判决事项相冲突。

3. 判决的支配力。这是建基于确定力之上的判决的又一基本法律效力要素。它指的是：判决，以其所确定事项对案件实体问题给予的权威性判定，支配着当事人严格按此判定为一定行为或者不为一定行为，享有判决确定的权利，履行判决确定的义务。

判决的支配力，是对判决的确定力的落实机制。在实践中，它表现为：（1）胜诉的原告有权享有判决赋予的权利，败诉的被告有义务履行判决确定的义务，撤销具体行政行为，并且依判决之确定而承担行政赔偿责任，赔偿对原告合法权益造成的损失。（2）胜诉的被告有权依判决之确定将被诉具体行政行为实施终了，败诉的原告有义务按判决之确定服从被告的依法行政管理，而不得对此再事纠纷。(3) 在法院判决与行政复议决定对于同一具体行政行为存在着矛盾的情况下（比如对于被诉具体行政行为，行政复议决定维持，而法院判决撤销或变更的），当事人只能依法院判决行事，行政复议决定自然不再有效。因为司法最终处理的诉讼机制决定了判决的支配力优于行政复议决定的支配力。被告不得以行政复议的维持决定为依据，抵制法院的（撤销型或变更型）判决所确定事项的落实。

4. 判决的执行力。这是建基于确定力之上的判决的又一基本法律效力要素，它指的是：判决，以其所确定事项对案件实体问题给予的权威性判定，凭借着国家强制力，突破当事人或其他人的阻碍而付诸实现的效力。

判决的执行力，是对判决的确定力的保障机制。它对判决的确定力既予有力维护，又予坚决落实，因而，它也是对判决的排除力和支配力的补充、支持和保障。脱离执行力，则判决的权威实际上就无从树立。在实践中，判决的执行力表现为：(1) 败诉的原告拒绝接受判决的支配时，应胜诉被告的申请第一审法院的执行庭或有行政强制执行权力的胜诉被告依法定执行程序将判决付诸实现。(2) 败诉的被告拒绝履行判决的，应胜诉原告的申请，第一审法院依法采取强制执行措施将判决付诸实现。(3) 有义务协助执行判决的人，对法院的协助执行通知书无故推托、拒绝或者妨碍执行的，第一审法院依法采取行政诉讼强制措施鞭策其协助法院将判决付诸实现。

判决的法律效力的上述“四力要素”是互相联系、密不可分的有机统一体。确定力是判决法律效力机制的核心，它通过排除力而得到维护，通过支配力而得到落实，在排除力和支配力受到阻碍时，执行力对确定力起到有力的无坚不摧的保障效能。判决的“四力要素”是判决的法律效力的整体，而为任何一个生效的判决所具备，未生效判决，虽不具备法律效力，但其在一定程度上具有判决的确定力：这就是对作出未生效判决的法院而言，不能随意变更、撤销该判决已确定事项对案件实体问题给予的权威性判定。被撤销或变更的生效判决，虽曾具备法律效力但因其确定力被依法否定或者修正，故导致整个法律效力的消灭或者部分消灭。

（四）判决发生法律效力的法定条件

判决的法律效力，必须在法定条件具备时，才能发生。这里所说的法定条件，就是指的被判决的行政案件经历的普通审理程序已进行终结。如果被判决的行政案件正在进行普通审理程序（如正在二审法院的审理之中）或者是否终结普通审理程序尚无定论（如正在上诉期间但尚未有上诉），则判决的法律效力便无从发生。只有在普通审理程序已经进行终结亦即依法不能继续按照普通审理程序审理的（含经第二审程序终结的或依法不经第二审程序而只经第一审程序即告终结的）行政案件，其判决才能发生法律效力。

判决发生法律效力的法定条件，是由我国法院审理行政案件依法实行两审终审制度所决定的，也是行政案件两审终审制度的要求和反映。在实践中，这一法定条件表现为：

(1) 判决已经宣告或者判决已经送达。如果判决只是在草拟、决议之中，则不具备发生法律效力的条件。比如，合议庭评议的判决要点，在宣判之前提请本院审判委员会讨论决定，审判委员会有权撤销或者变更，作出不同判决要点。

(2) 判决不存在被有权法院按照普通审理程序即两审终审程序以确认、撤销或者变更的可能性。一是，在判决法院之上不可能存在按普通审理程序对被判决案件继续进行审理和判决的有权法院。比如最高法院作一审判决的、二审法院作二审判决的，在这些判决法院之上就不可能存在对被判决案件继续按普通审理程序进行审判的有权法院。二是，在判决法院之上虽然可能存在有二审权的法院，但是它已不可能按照普通审理程序对已作的判决进行确认、撤销或者变更。比如地方各级法院作一审判决的，虽然其上一级法院有进行第二审审理和判决的权力，但因无当事人的依法上诉，故该有权法院已不可能按照第二审程序对一审判决作出确认、撤销或变更。

应当指出，判决发生法律效力的条件，除上述的形式要件之外，最根本的是要具备实质要件即判决的合法性和公正性。合法性，指的是判决事项必须具备正确的法律、法规依据，必须是正确适用实体法规范的结果。公正性，指的是判决的产生必须遵循行政案件审理程序过程，必须是公正审理行政案件的结果。判决的合法性和公正性，同时也是判决的法律效力的根本保障。仅仅具备形式要件，尽管能够发生法律效力，但是难免最终丧失（因审判监督程序的提起及再审）而被否定。

二、裁定

（一）裁定的概念与特征

行政案件的裁定，简称行政裁定，是指人民法院在行政案件的整个诉讼过程中，针对有关诉讼程序（立案、审判及执行程序）问题及个别实体问题，依法作出的权威性处理判定。

裁定的特征主要是：

1. 裁定不受审判阶段的限制，可以适用于整个行政诉讼过程之中。在起诉与受理阶段可以适用，在审判阶段（包括一审、二审和再审）甚至执行阶段，都可以适用裁定。而判决则只能在审判阶段采用。

2. 裁定主要针对诉讼程序问题的处理，以及个别实体问题（如先予执行、补正判决书实体问题的笔误等）的处理。而判决则只能针对案件实体问题的处理而作出。

3. 裁定没有数量的限制，每一件行政案件在同一个审判程序根据实际情况和需要，可以有一个或者若干个裁定。而判决则受数量的限制，每一件行政案件在同一个审判程序只能有一个判决，不得有两个判决。

（二）裁定的适用范围

根据行政诉讼法及有关司法解释的规定，裁定适用的范围是：

1. 不予受理。根据《行政诉讼法》第42条规定，人民法院接到原告起诉状后，经审查认定不符合起诉条件且不能补正的，应在七日内作出不予受理的裁定。原告对裁定不服的，可以向上一级法院提起上诉。

2. 驳回起诉。人民法院在第一审程序中征得原告的同意后，可以依职权追加或者变更被告。应当变更被告，而原告不同意变更的，裁定驳回起诉，结束一审活动，原告不服驳回起诉裁定的，可以向上一级法院提起上诉。

3. 管辖异议。人民法院在第一审程序中经审查后裁定驳回当事人提出的管辖权异议，或者在管辖异议成立前提下裁定将案件移送有管辖权的人民法院。

4. 中止诉讼。人民法院遇到一方当事人死亡，需要等待继承人或者有扶养、赡养关系的人表明是否参加诉讼等法定情形时，应裁定中止诉讼。中止诉讼是诉讼程序的暂时停止，一切诉讼活动暂停进行。

5. 终结诉讼。人民法院遇到原告死亡，没有继承人或者继承人放弃诉讼权利等法定情形时，应裁定终结诉讼。终结诉讼是诉讼程序非正常结束，一切诉讼活动不再进行。

6. 移送或者指定管辖。

7. 诉讼期间停止具体行政行为的执行或者驳回停止执行的申请。人民法院在诉讼期间接到原告提出停止执行具体行政行为的，执行会造成难以弥补的损失，并且停止执行不损害社会公共利益的，应裁定在诉讼期间停止具体行政行为的执行；否则，应裁定驳回停止执行的申请。

8. 财产保全。法院为防止发生未来判决不能或难以执行的情况，有权采取财产保全措施；财产保全虽然涉及但并不最后解决案件实体问题，只是保障诉讼顺利进行，因此采用裁定。当事人对财产保全裁定不服的，可以申请复议一次。但复议期间不停止裁定的执行。

9. 先予执行。法院为解决当事人燃眉之急，在符合法定条件的情况下可以采取先予执行措施，先予执行虽然涉及但并不最后解决案件实体问题，只是保障诉讼顺利进行，因此采用裁定。当事人对先予执行裁定不服的，可以申请复议一次。但复议期间不停止裁定的执行。

10. 准许或者不准许撤诉。根据《行政诉讼法》第51条规定，在人民法院对行政案件宣告判决或裁定以前，原告申请撤诉的，或者被告改变其所作的具体行政行为，原告同意并申请撤诉的，是否准许，由人民法院裁定。此外，原告无正当理由，经两次合法传唤拒不到庭的，视为申请撤诉，人民法院可以根据情况裁定准许或者不准许撤诉。

11. 补正裁判文书中的笔误。判决书解决案件实体问题，人民法院对判决书的笔误予以补正，虽有可能涉及实体问题（如赔偿金额小数点位置的移动会涉及赔偿费用的增减），但属诉讼程序中的失误（如制作法律文书粗心大意造成数字错误不符合判决原意等等），故采用裁定来补正判决书的笔误。

12. 中止或者终结执行。中止执行是执行程序的暂时停止，一切执行活动暂停进行；终结执行是执行程序非正常结束，一切执行活动不再进行。人民法院在行政诉讼强制执行过程中发现有法定的中止或终结执行情况发生的，应当作出中止执行或终结执行的裁定。

13. 提审、指令再审或者发回重审。最高人民法院对地方各级人民法院已经发生法律效力的判决、裁定，上级人民法院对下级人民法院已经发生法律效力的判决、裁定，发现确有错误的，裁定提审或者裁定指令下级人民法院再审。第二审法院审理不服一审判决的上诉案件，认为事实不清、证据不足，或违反法定程序可能影响案件正确判决的，可以裁定撤销一审判决，发回原审法院重审。第二审法院审理不服一审驳回起诉裁定的上诉案件，认为一审裁定驳回起诉有错误的，应当裁定撤销一审裁定，发回原审法院重新审理。

14. 准许或者不准许执行行政机关的具体行政行为。人民法院对行政机关申请执行的行政行为的合法性进行审查，并就是否准予强制执行作出裁定。行政机关申请执行的行政行为具有明显缺乏事实根据等法定情形之一的，人民法院应当裁定不准予执行。

15. 其他需要裁定的事项。比如，裁定维持正确的一审裁定，或者裁定撤销不予受理有错误的一审裁定并指令原审法院立案受理；裁定对外国公民和组织的行政诉讼权利实行对等限制；裁定准许或不准许协助外国法院行政判决在华执行；对于按照审判监督程序决定再审的案件，裁定中止原判决、裁定的执行；裁定对拒不履行生效裁判的行政机关按日处以罚款；裁定执行回转；等等。总之，人民法院在行政案件审理、执行的过程中，根据具体情况和实际需要，对于不宜采取判决、决定解决的问题，均可采取裁定来处理，以体现法院判定的权威性和严肃性，保证行政审判工作及执行工作顺利进行。

对上述第1、2、3项裁定，当事人可以上诉。

（三）裁定的内容和形式

行政裁定的内容，主要包括裁定事项、裁定所依据的事实理由和法条，是否准予上诉或者申请复议。

行政裁定的形式，分为书面和口头两种。书面裁定，须制作行政裁定书，其格式目前尚无统一的规定，人民法院可按所属高级法院行政庭自拟的行政裁定书的文书样式的试行规定办理，或参照最高人民法院制定的《民事诉讼文书样式（试行）》对裁定书格式的具体规定进行制作。人民法院作出裁定需要参照规章时，应当写明“根据《中华人民共和国行政诉讼法》第五十三条，参照××规章（条、款、项）的规定”。行政裁定书的署名应注意：(1) 在一般情况下应由合议庭成员（在执行阶段应由执行员）和书记员署名，并加盖人民法院印章；(2) 在特殊情况下，应由法院院长署名（比如，按照审判监督程序决定再审的案件，应当裁定中止原判决的执行，该裁定应由院长署名），并加盖人民法院印章。

依法口头裁定的，应记入审理笔录或执行笔录。

（四）裁定的法律效力

行政裁定具有与行政判决同等的法律效力。

行政裁定的生效时间分为两类：(1) 当事人在上诉期内没有上诉，上诉期届满即生效。人民法院作出的起诉不予受理的裁定、驳回起诉的裁定，便属于这一类。(2) 宣布和送达当事人后，即生效。凡属于不准提起上诉的或终审的裁定，一经宣布（口头裁定）和送达（书面裁定）即发生法律效力。对于其中可以申请复议一次的行政裁定，在复议期间不停止裁定的生效执行。

行政裁定生效后的法律后果是：(1) 对于因裁定生效而告终结的案件审理、执行活动，人民法院非依审判监督程序不得再次进行，当事人不得重新起诉、上诉或申请执行。(2) 已经生效的行政裁定，除因法定情形消失或法定期限届满而告自行失效的（比如中止诉讼的、中止执行的、冻结银行存款的裁定，在中止的法定情形消失后、在法定冻结期限届满后便自动失效）以外，人民法院非依法定审判程序不得撤销或者变更。(3) 具有给付事项的裁定（比如财产保全、先予执行、罚款等）生效后，负有给付义务的当事人拒不履行的，人民法院可以依法强制执行。

三、决定

（一）决定的概念

行政案件的决定，简称司法决定，是指人民法院在特定的情况下对行政案件的实体和程序问题依法作出的权威性判定。

司法决定不同于行政判决、行政裁定的特征主要是：(1) 行政判决不适用解决程序问题，行政裁定不适用解决整个实体问题，而司法决定在特定情况下，可以解决一些程序问题，也可以直接用于解决行政案件的实体问题。比如，审判委员会讨论重大、复杂、疑难行政案件后作出的直接处理该案实体问题的决定，不是行政判决、行政裁定，而是司法决定，合议庭必须遵守执行，并在行政判决书中予以贯彻，且须写明根据审判委员会的决定作出本判决。(2) 行政判决和特定的行政裁定可以上诉，而司法决定一律不准上诉，至多只能依法申请复议一次（只限于特定准许申请复议者，如处理回避申请的决定、罚款及拘留的决定），但复议期间不停止司法决定的执行。

（二）决定的适用范围

根据行政诉讼法、人民法院组织法等法律的有关规定，司法决定适用于解决的问题主要有：

1. 是否同意审判下级人民法院管辖的第一审行政案件。

2. 是否许可当事人委托其他公民（即指除了律师、社会团体、提起诉讼的公民的近亲属或者所在单位推荐的人之外的其他公民）为委托诉讼代理人。

3. 是否许可当事人和（律师以外的）其他诉讼代理人查阅本案庭审材料。

4. 是否准许当事人延长被耽误的法定期限的申请。

5. 是否准许当事人关于回避的申请。

6. 处理对财产保全或者先予执行裁定不服的申请复议。当事人对财产保全或者先予执行的裁定不服的，可以申请复议一次。由法院作出复议决定，复议期间不停止裁定的执行。

7. 对符合法定条件的起诉立案受理。

8. 对妨碍行政诉讼的行为人予以罚款、拘留。

9. 对重大复杂疑难的行政案件的定性处理。

10. 对下级人民法院确有错误的生效判决的提审或者指令再审。上级人民法院对下级人民法院已经发生法律效力的判决、裁定，发现确有错误的，有权决定提审或者指令下级人民法院再审（上级人民法院决定提审或者指令下级人民法院再审的，应当作出裁定，裁定应当写明中止原判决的执行）。

11. 是否对本法院已生效裁判自行进行再审。审判委员会根据院长提请讨论本法院已生效裁判是否确有错误并作出是否进行再审的决定（决定按照审判监督程序再审的，应当裁定中止原判决的执行；裁定由院长署名，加盖人民法院印章）。

12. 是否准许当事人缓、减、免交诉讼费用，诉讼费用的预交和负担。

13. 是否合并审理同类行政案件。

14. 对行政机关申请法院强制执行其具体行政行为的立案受理。

15. 其他需要决定的事项。比如，决定案件合议庭的具体成员及审判长的担任者；决定将非行政诉讼材料移送有权处理机关处理；决定将案件专门性问题交法定鉴定部门或法院指定鉴定部门进行鉴定；决定通知第三人参加诉讼；等等。

（三）决定的形式与法律效力

司法决定的形式，可以采取书面形式，比如复议决定书、拘留决定书、罚款决定书等等，也可以采取口头形式（包括举手表决形式），比如审判委员会成员对重大或疑难案件作出定性、处理决定时的举手表决，院长对审判人员作出不予回避决定时的口头宣布等等。书面决定送达当事人后即发生法律效力，口头决定一经作出或宣布后即发生法律效力。口头决定应记入笔（记）录中备查。

当事人对司法决定不服的，在法律、法规有许可规定时，可以向人民法院申请复议或复核，但不影响该决定的效力。比如，当事人对罚款、拘留决定不服的，可以在接到决定书时向作出决定的人民法院申请复议，复议期间不停止执行罚款和拘留的决定。又如，根据《诉讼费用交纳办法》第 43 条的规定，当事人不得单独对人民法院关于诉讼费用的决定提起上诉。当事人单独对人民法院关于诉讼费用的决定有异议的，可以向作出决定的人民法院院长申请复核。复核决定应当自收到当事人申请之日起 15 日内作出。当事人对人民法院决定诉讼费用的计算有异议的，可以向作出决定的人民法院请求复核。计算确有错误的，作出决定的人民法院应当予以更正。

第十六章 行政案件的第一审程序

第一节 行政案件第一审程序的任务与作用

一、行政案件第一审程序的概念与任务

行政案件的第一审程序，是指人民法院对行政案件进行最初审理、裁判应遵循的步骤、方式、方法的总称。被人民法院初次审判的案件，称为第一审行政案件；对行政案件初次审判的人民法院，称为第一审法院或原审法院。各级人民法院都可以成为第一审法院，在审判第一审行政案件时，都应当遵循第一审程序。

行政案件的第一审程序，包括审理前的准备、开庭审理、评议宣判等环节，以及判决类型、撤诉、缺席判决、延期审理、中止诉讼和终结诉讼等内容，是行政诉讼的一个独立阶段。其任务是：对已经立案受理的行政案件进行审理，查清事实真相，核实定案证据，依据法律法规及参照行政规章确认，参照行政规章的规定确认被告的具体行政行为是否违法，是否承担行政侵权赔偿责任，并作出公正的判决或裁定，维护公民、法人和其他组织的合法权益，并予以司法救济；维护和监督行政机关依法行使行政职权，促进国家行政管理法治化、科学化、民主化和现代化建设进程。

二、行政案第一审程序的地位和作用

行政案件的第一审程序在行政诉讼中占有重要的地位，对行政案件的正确、及时审判有积极作用。

（一）行政案件的第一审程序是一个独立的诉讼程序

行政案件的第一审程序，是一个独立的诉讼程序，表现在它是一切行政案件的审判必经程序，是审判程序及执行程序的基础。行政案件的各审判程序之间，有其法定的内在联系和连续性。没有进行第一审程序，就不可能进行第二审程序，更不可能进行审判监督程序和执行程序。离开第一审程序而进行其他审判程序，是没有法律依据和无效的做法。

（二）行政案件的第一审程序是保证其他审判程序顺利进行的前提

《行政诉讼法》第59条首次规定第二审的书面审理方式，其前提是“事实清楚”。这就离不开第一审程序对案件事实的准确认定以及确定、充分的证据。只有第一审程序把证据搞扎实、事实搞清楚，才能使第二审程序采取书面审理方式顺利结案。当第一审程序不仅认定事实清楚，而且适用法律、法规正确，裁判公正，质量保证时，就能为第二审、审判监督程序的顺利进行创造良好前提。

（三）行政案件的第一审程序的正确进行有利于尽快实现行政诉讼的目的

行政案件的第一审程序的正确进行，能够保证人民法院正确、及时审理行政案件尽快实现《行政诉讼法》所规定的保护公民、法人和其他组织合法权益，监督和维护行政机关依法行政，及时、正确审结行政案件，减少当事人讼累，巩固社会安定团结的良好局面。

第二节 审理前的准备

审理前的准备，是行政案件第一审程序的重要内容，指的是法院立案受理后至开庭审理前，依照法定程序所进行的各项必要的准备工作，从而为开庭审理、裁判提供有利条件。

一、组成本案合议庭

人民法院审判行政案件，一律组成合议庭进行。合议庭成员的人数、构成应按《行政诉讼法》第 46 条规定执行。组成合议庭的同时，应确定法庭书记员，负责担任记录工作和办理有关审判的其他事项如送达、通知等。

合议庭成员确定后，应当在 3 日内发出《行政案件合议庭组成人员及书记员告知书》告知当事人，以利于其有充分时间行使申请回避权利。合议庭成员确定后，除因回避或者其他特殊情况，不能继续参加案件审理的外，不得在案件审理过程中更换。

合议庭成员有变化的，应当在合议庭重新组成后 3 日内发出《变更合议庭组成人员及书记员告知书》告知当事人。在开庭前 3 日内调整合议庭成员，当事人要求延期开庭的，原定开庭日期应当顺延。

开庭审理前，合议庭应当召开庭前准备会议，由主审法官向合议庭汇报本案基本情况即各方当事人的诉讼请求、争议焦点及证据情况，征求合议庭其他成员对庭审内容的意见。合议庭成员认真听取汇报审核诉讼材料，明确本案的审理对象和审查重点，了解被诉具体行政行为的法定构成要件和与案件有关的法律规范，分析研究开庭审理中可能出现的问题和对策；研究和确定庭审提纲，明确合议庭成员在庭审中的分工及合议庭成员是否提出回避；确定是否公开开庭以及是否传证人到庭，确定开庭的时间、地点及是否邀请有关人员旁听；审判长最终确定争议焦点、审理重点和庭审分工。但是，合议庭不得在开庭审理前研究案件的证据效力和实体处理意见，以避免未审先定、庭审走过场局面出现。

合议庭组成后，即应着手下列各项准备工作。

二、送达诉讼通知书、起诉状副本和答辩状副本等诉讼文书

（一）向当事人送达各类诉讼通知书和起诉状副本

1. 行政案件经审查立案移送审判庭后，在开庭审理前，根据《行政诉讼法》第 43 条规定，以及参照最高人民法院制定的《行政诉讼证据文书样式（试行）》（法发［2004］26 号）规定，从立案之日起 5 日内应当分别向当事人送达《案件受理通知书》（给原告）、举证通知书（供原告、第三人举证使用），以及《应诉通知书》（给被告）、《举证通知书》（供被告举证使用）、《起诉状（副本）》（给被告）。

诉讼通知书应当向当事人告知以下事项：（1）当事人在诉讼过程中，有权行使法律规定的诉讼权利，同时必须遵守诉讼秩序，履行诉讼义务。（2）自然人参加诉讼的，应当在接到本通知书之日起 10 日内提交身份证明。法人或者其他组织参加诉讼的，应在接到本通知书之日起 10 日内，提交法人或者其他组织资格证明以及法定代表人身份证明书或者负责人身份证明书。（3）如需委托代理人代为诉讼，应向本院递交由委托人签名或盖章的授权委托书。授权委托书应当载明委托事项和委托权限。诉讼当事人应当向法院提供公民身份证明或者诉讼代表人身份证明。诉讼当事人为法人或者其他组织的，应当提供该组织的相关证明文件和法定代表人身份证明；（4）诉讼当事人的举证范围、举证期限，以及逾期提供证据的法律后果。诉讼当事人因正当事由不能按期提供证据的，可以提出延期提供证据的申请；（5）诉讼当事人及其诉讼代理人的诉讼权利和诉讼义务；（6）其他需要通知的事项。

2. 起诉状副本送达被告后，原告提出新的诉讼请求的，人民法院不予准许，但有正当理由的除外。

（二）被告提交答辩状以及作出被诉具体行政行为的全部证据和所依据的规范性文件

根据《行政诉讼法》第 43 条规定，被告行政机关应当在收到起诉状副本之日起 10 日

内，向第一审人民法院提交答辩状，并按原告人数提供答辩状副本，同时，应当提供据以作出被诉具体行政行为的全部证据和所依据的规范性文件。

这里应指出的是：(1) 被告行政机关在法定期限内“向人民法院提供据以作出被诉具体行政行为的全部证据和所依据的规范性文件”，乃是其履行行政诉讼举证责任的行为。倘若被告行政机关不提供，将会导致败诉后果。对此，有关司法解释（法释〔2000〕8号以及法释［2002］21号）文件已有明确规定：被告应当在收到起诉状副本之日起10日内提交答辩状，并提供据以作出被诉具体行政行为的全部证据和所依据的规范性文件。被告因不可抗力或者客观上不能控制的其他正当事由不能在收到起诉状副本之日起10日内提供证据的，必须在该10日的期限内提出延期举证的书面申请；经一审法院准许后，被告应在延期举证的正当事由消除后10日内提供证据。

(2) 被告行政机关在法定期限内向人民法院提交答辩状，是其行使行政诉讼答辩权利的行为。这种答辩权利，被告不予行使的，不影响人民法院对行政案件的审判。人民法院仍应依法通知被告行政机关出庭应诉。同时，在法庭审理时，被告行政机关仍可行使答辩权利。

(3) 被告行政机关在收到起诉状副本之日起10日内行使答辩权的行为，是一种要式的法律行为，即必须是提交书面答辩状，而不能是口头答辩。

答辩状，是行政案件的被告行政机关针对原告在起诉状中提出的起诉目的或请求事项、事实和理由向第一审人民法院作出的书面答复。制作答辩状的目的，在于反驳原告不正确、不合法的起诉，论证被诉具体行政行为的合法性。

答辩状的内容，应符合以下要求：(1) 答辩人的全称、地址，法定代表人的姓名、职务、联系电话及邮政编码。(2) 答辩人于何年何月何日收到人民法院送达的原告起诉状副本。(3) 本案发生的事实经过。(4) 针对起诉状中与事实不符，证据不足，缺乏法律、法规依据的内容，逐一进行驳斥，并提出自己的理由，列举有关证据和法律、法规、规章依据。(5) 结尾。写明答辩状送交的人民法院名称，具答辩状人及法定代表人签名、盖章，具答辩状时间。(6) 附注。写明交付法院的证据种类及件数，有关法律、法规、规章文件副本及件数。

(三) 送达答辩状副本

人民法院应当在收到答辩状之日起5日内，由合议庭书记员将答辩状副本送达原告，以便原告作好庭审应对的充分准备。

(四) 向当事人出具《证据收据》

当事人向法院提交证据的，法院应当向当事人出具《证据收据》，注明证据的名称、收到的时间、份数及页数等，并由证据接收人签名或盖章。《证据收据》一式二份，一份交当事人，一份入卷存档。

三、审阅诉讼材料，调取证据

(一) 主审法官应当在接到案卷材料之日起五日内通过对案卷材料的审查，确定本案当事人是否存在漏列或者错列、基本的诉讼材料是否齐备。

审阅诉讼材料，应着重审阅起诉状、答辩状及被告所提供的证据和规范性文件，弄清案件的产生、发展过程，抓住双方争议的主要事实和理由，从而明确还要进一步查清哪些问题，调取哪些证据。

在审阅诉讼材料时，还应注意以下问题：

1. 原告提出哪些事实根据证明自己的诉讼请求和理由；原告的起诉应当有具体的诉讼

请求和事实根据。诉讼请求和基本的事实根据不明的，应当通知原告予以补正。

被告行政机关的答辩是否提供所作具体行政行为的证据和有关规范性文件依据。如果原告和被告提交的证据不全，人民法院有权要求当事人提供或补充证据。被告不提供或者无正当理由逾期提供证据的，视为被诉行政行为没有相应的证据。但是，涉及国家利益、公共利益或者他人合法权益的，一审法院有权责令被告提供证据或依职权或应第三人申请调取证据，也可以根据其他当事人提供的证据，审查被诉行政行为的合法性。

2. 对当事人提供的证据或申请证据保全以及专门性问题鉴定等进行审查，看有无进行证据保全、专门鉴定或勘验检查的必要，并采取相应的行动。

3. 原告、被告当事人有无遗漏，有无共同诉讼及何种类共同诉讼的情况，是否有第三人需通知参加诉讼，并采取相应的措施：(1) 必须参加共同诉讼的当事人没有参加诉讼的，应当通知其参加诉讼。(2) 被诉行政行为涉及利害关系人的，应当发出《参加诉讼通知书》通知利害关系人作为第三人参加诉讼。(3) 原告为两人以上，经审查，部分原告不适格的，应当通知其退出诉讼。如其坚持诉讼，应当单独制作裁定书，裁定驳回起诉。

4. 被告不适格的，应当及时通知原告变更被告，原告不同意变更的，应当制作笔录，由其签字认可。否则，不能作为“起诉错列被告且拒绝变更”的情形而裁定驳回起诉。

(二) 在阅卷基础上，进行必要的调查取证。

根据《行政诉讼法》第 34 条第 2 款规定，人民法院有权向有关行政机关以及其他组织、公民调取证据。当事人在举证期限内以书面形式申请法院调取证据、保全证据或者申请重新鉴定、重新勘验现场的，一审法院应当按照《最高人民法院关于行政诉讼证据若干问题的规定》及时作出处理。有关机关、组织、公民有义务按人民法院要求，如实提供证据。对阻碍、拒绝调取证据的行为人，人民法院有权依照《行政诉讼法》第 49 条的规定采取必要的强制措施。法院调取证据时，应注意以下几点：

1. 调取证据应由两人以上共同进行，不能独任调查、自问自记，以确保调查的准确性。审判人员调查时，应先向被调查人出示证件，要耐心、认真听取各被调查人的陈述，力求全面、详尽，切忌马虎草率，偏听偏信，先入为主。要查明行政争议事实发生的时间、地点、原因、经过、双方争议焦点、证据、证据来源。调查时，应如实作好调查笔录，经被调查人审校后，由调查人、记录人、被调查人签名或盖章。

2. 需要在外地作调查的，可以委托有关法院作调查。委托的法院应发出委托调查书(经领导批准，以本法院名义而不以本案合议庭名义发出)，提出明确的调查事项和要求，包括被调查人的姓名、身份、所在单位；被调查人与案件、与当事人的利害关系；需要查明的问题和收集的证据，以及需要注意的事项等。受委托的人民法院应认真负责，严格按委托要求进行调查取证，及时将调查结果函寄委托法院。从而加快办事效率，节省人、财、物。

3. 在调查取证时需要向侨居外国的中国公民进行调查的，人民法院应提交调查询问提纲。经所在省、自治区、直辖市高级人民法院审查后，送请外交部领事司转送我国驻该国的使领馆代为进行询问。

4. 在认为需要对专门性问题进行鉴定、需要采取证据保全、需要勘验现场的，人民法院应不误时机，及时依法进行鉴定、证据保全和现场勘验。

四、更换和追加当事人、通知第三人参加诉讼

(一) 更换和追加当事人

人民法院发现在案原告或者被告不符合当事人条件的，应通知符合条件的当事人参加诉

讼并予以替换；发现必须共同进行诉讼的当事人没有参加诉讼的，应通知其参加诉讼。

1. 更换当事人的情况，主要有以下几方面：

(1) 作为原告的公民死亡的，应更换原告。根据法律和司法解释的规定，有权提起诉讼的公民死亡，其近亲属可以提起诉讼。“近亲属”，包括配偶、父母、子女、兄弟姐妹、祖父母、外祖父母、孙子女、外孙子女和其他具有扶养、赡养关系的亲属。因此，人民法院在发现原告死亡时，应通知其近亲属按法定继承的顺序参加诉讼。在其近亲属已明确表示参加诉讼的前提下，人民法院应更换原告，即将死亡原告除名，而以其近亲属作为本案原告。

(2) 作为原告的法人或者其他组织终止的，应更换原告。即由人民法院通知承受其权利的法人或其他组织作为原告参加诉讼，替换已被终止的原告。

(3) 作为被告被撤销或被误诉的，也应更换被告。包括：①被告行政机关被撤销的，应由继续行使其职权的行政机关替换其充当被告。②复议机关在复议期间不作复议决定，原告不服原具体行政行为而以复议机关为被告的，应由原具体行政行为机关替换复议机关当被告。③行政机关的派出机构作出具体行政行为，原告不服而以派出机构为被告的，应由行政机关替换派出机构当被告，但法律、法规对派出机构有授权的则不予更换。④行政机关委托的组织作出具体行政行为，原告不服而以受托组织为被告的，应由委托机关替换受托组织当被告。⑤行政机关和非行政机关共同署名作出处理决定，原告不服而以该两机关为共同被告的，应将非行政机关除名，把共同被告更换为单一被告，即只保留行政机关当被告。

(4) 作为当事人的法定代表人或者主要负责人因职务解除而变动人选的，应以新的法定代表人替换被解除职务者充当当事人的法定代表人或者主要负责人继续参加诉讼。在诉讼进行中，作为原告的法人或者其他组织和作为被告的行政机关的法定代表人或者主要负责人被更换，导致参加诉讼的法定代表人也要更换时，应向人民法院提交新的法定代表人的身份证明，继续参加诉讼；已经进行的诉讼活动对于继续参加诉讼的法定代表人具有约束力。

2. 追加当事人的情况，多发生在必要共同诉讼之中。一是，发现符合原告条件，可以与在案原告构成必要共同诉讼原告的公民、法人或者其他组织（这一般是与在案原告共同作出同一行为并共同受到同一被诉具体行政行为处理或处罚的公民、法人或者其他组织）未参加诉讼的，应通知其参加诉讼。被通知者若已明确表示不愿参加诉讼的，人民法院可以不追加其为本案共同原告，但应当通知其作为第三人参加诉讼；若明确表示不放弃诉权愿意参加诉讼的，人民法院应追加其为共同原告参加本案诉讼。二是，发现符合被告条件，应当与在案被告构成必要共同诉讼被告的行政机关（这一般是与在案被告共同作出同一具体行为的行政机关）未参加诉讼的，经征得原告认可，人民法院应当追加其为本案共同被告。

3. 鉴于行政纠纷和行政案件的特殊性，人民法院在更换和追加当事人时应注意：(1) 对原告的更换和追加，应当取得更换者和被通知追加者同意才能有效。法院不能强行更换或追加。因为行政案件的诉权既涉及诉讼进程，又涉及行政管理效率，若公民、法人或者其他组织不愿行使诉权，亦即不愿通过更换和追加原告而参加已开始的诉讼之中，表明其服从被诉具体行政行为的管理。法院应尊重其选择，不必强人所难，在有正当（即符合条件的）原告的情况下应继续本案审理；在无正当原告的情况下依法裁定中止或终止本案诉讼。(2) 对被告的更换和追加，不必取得行政机关的同意，但必须取得原告的同意，否则无效。因为，以谁为被告，是由原告行使诉权时自主确定的，不应由法院代劳，也不必经过行政机关批准同意（当然，原告选择被告包括是否同意变更被告也要依法为之并受法院审查确认）。因此，人民法院在第一审程序中，征得原告的同意后，才可以依职权追加或变更被告。应当变更被告而原告不同意变更的，法院不能强行变更，但有权裁定驳回起诉，因本案并无适格被告。

（二）通知第三人参加诉讼

通知第三人参加诉讼，是人民法院为保证行政案件得以全面、顺利解决的司法行为，故无须征得该第三人同意，即为有效。根据《行政诉讼法》第27条和有关司法解释文件规定，只要是同被诉具体行政行为有法律上的权利义务关系的个人或组织，在不成为当事人或没有主动申请作为第三人参加诉讼的时候，人民法院有权通知其作为第三人参加诉讼，以利于全面处理行政案件。主要有以下三种情形：

1. 行政机关的同一具体行政行为涉及两个以上利害关系人，其中一部分利害关系人对具体行政行为不服提起诉讼，人民法院应当通知没有起诉的其他利害关系人作为第三人参加诉讼。比如，行政机关就同一违法事实作出同一处罚行政行为处罚了两个以上共同违法的人，其中一部分人对处罚决定不服，向人民法院起诉的，人民法院发现没有起诉的其他被处罚人与被诉具体行政行为有法律上的利害关系，应当通知他们作为第三人参加诉讼。这实际上是对未成为必要共同诉讼原告的公民、法人或其他组织采取的要求其参加诉讼，以便全面解决现有行政纠纷的必要手段。

2. 非行政机关在同行政机关共同署名作出处理决定，侵犯公民、法人或其他组织的合法权益，需要进行赔偿的，人民法院可以通知非行政机关作为第三人参加诉讼。这实际上是对不成为必要共同诉讼被告的非行政机关采取的要求其参加行政诉讼，以便全面解决行政纠纷及行政赔偿责任承担的必要措施。

3. 应当追加被告而原告不同意追加的，人民法院应当通知其以第三人的身份参加诉讼。

第三人应当按照人民法院要求参加诉讼活动，在诉讼中，有权提出与本案有关的诉讼请求；对法院一审判决不服，有权提出上诉。

五、提供翻译人员

发现诉讼参与人不通晓当地民族通用语言、文字的，法院应当与有关单位联系，为诉讼参与人提供翻译人员，以确保各民族公民都有使用本民族语言、文字进行行政诉讼的权利。

六、裁定财产保全、先予执行

财产保全是对涉案财产安全和未来生效裁判得以有效执行的保障措施，先予执行是对紧急情况下维护处于弱势地位的原告合法权益的判前给付，体现了法律正义、司法为民。法院发现具备财产保全或先予执行条件的，应及时裁定财产保全或先予执行并移交执行机构执行（详见本书第十一章财产保全和先予执行）。

七、裁定是否停止被诉具体行政行为的执行

根据行政诉讼法第44条规定，人民法院在收到原告关于停止执行被诉具体行政行为的申请时，根据案件的具体情况予以审查处理：（1）认为没有必要停止执行的，应裁定驳回原告的停止具体行政行为执行的申请；（2）认为继续执行该具体行政行为会给本案造成难以弥补的损失，而停止执行并不损害国家行政管理连续性和稳定性的，应裁定停止执行。停止执行的裁定，一经作出即发生法律效力，被诉具体行政行为即行中止。

同时，人民法院还可以监督被告行政机关是否依据法律、法规的规定停止被诉具体行政行为的执行。如果发现被告行政机关没有依据法律、法规的规定停止被诉具体行政行为执行的，法院可以发出《司法建议书》要求其依据法律、法规的规定停止被诉具体行政行为执行。

八、解决行政案件的合并审理与分案审理的问题

人民法院在审阅诉讼材料时，凡属必要共同诉讼亦即当事人一方或双方为两人以上，因同一具体行政行为发生的行政案件，应决定合并审理而不宜分案审理。

在司法实践中，遇有下列情形之一的，人民法院可以决定合并审理：(1) 两个以上行政机关分别依据不同的法律、法规对同一事实作出具体行政行为，公民、法人或者其他组织不服向同一人民法院起诉的；(2) 行政机关就同一事实对若干公民、法人或者其他组织分别作出具体行政行为，公民、法人或者其他组织不服分别向同一人民法院起诉的；(3) 在诉讼过程中，被告对原告作出新的具体行政行为，原告不服向同一人民法院起诉的；(4) 人民法院认为可以合并审理的其他情形。比如，当事人的一个行为同时违反两个或者两个以上法律、法规，如果不同的主管行政机关分别依据不同的法律、法规给予行政处罚，受处罚人均不服，向人民法院起诉的，人民法院可以合并审理。

此外，在以下条件具备时，人民法院也可从诉的主体合并或诉的客体（即诉讼请求）的合并的角度对行政案件作出合并审理的决定：(1) 原告的不同诉讼请求，须是人民法院认为可以合并审理的；(2) 几个不同的诉讼请求，须是受诉人民法院都有管辖权的；(3) 须是向同一法院提出，适用同一诉讼程序的；(4) 因同样具体行政行为发生的行政案件，实行合并审理，须是能简化诉讼程序，方便审理的。

除上述之外，人民法院可作出不合并审理、分案审理的决定。

九、组织当事人进行庭前证据交换

庭前证据交换，是指对案情比较复杂或者证据数量较多的案件，在开庭审理之前，为提高庭审效率，明确争议焦点，人民法院决定并组织双方当事人在指定的时间和地点，互相向对方展示支持自己主张或者反驳对方主张的全部证据、互相发表意见，并由合议庭根据双方证据交换展示情况确定开庭时需要质证的证据的一项审理前准备活动。

合议庭组织当事人进行庭前证据交换，应当注意以下几点：

1. 庭前证据交换时间确定后，应当在三日前向双方当事人送达《法院依职权组织交换证据通知书》，告知当事人证据交换的具体时间和地点，以及证据交换之日举证期限届满，逾期提供证据的，视为放弃举证权利。

2. 庭前证据交换由主审法官主持。审判长认为有必要，或者当事人请求审判长或合议庭全体成员参加的，审判长或者合议庭全体成员可以参加庭前证据交换。

主审法官应当根据当事人的争议焦点，组织各方当事人分组交换证据，并从证据的关联性、合法性、真实性方面逐一询问各方当事人对相关证据是否有异议及理由。

主审法官应当归纳出当事人无争议和有争议的证据，并宣布开庭时需要质证的证据名称。

书记员应当将庭前证据交换的全部过程记入笔录。当事人核对无误后在笔录上签名或者盖章，确实有误的，可以在笔录上修正或者另页补正。

3. 当事人提出证人、鉴定人、勘验人作证的，应当要求其提交证人、鉴定人、勘验人身份或者资格证明及所要证明的内容。不能出庭作证的，应当说明理由。经主审法官准许的，可以提供言词证据。

4. 证据交换时，因原告或者第三人提出其在行政程序中没有提出的反驳理由或者证据，被告要求补充证据的，或者主审法官认为原告或者第三人还需要补充证据的，应当告知其补充证据的期限及逾期补充证据的法律后果。补充举证的最后期限应当在法庭调查结束前。

第三节　开庭审理

一、开庭审理是行政案件第一审程序的中心环节

（一）开庭审理的概念与任务

开庭审理，亦称法庭审理，是指在人民法院审判人员的主持下，在当事人及其他诉讼参与人的参加下，在法庭上对行政案件进行全面审查，并作出裁判的活动。

开庭审理的任务，主要是审查核实证据，查明行政案件事实真相，确定案情性质，分清是非责任，最后正确适用法律、法规，参照规章确认当事人在行政法上的实体权利义务责任，作出正确裁判。

（二）开庭审理的特点

开庭审理，是在审理前的准备工作完成的基础上，对行政案件进行实体审判的活动，具有以下特点：

1. 有一定的组织形式。即有合议庭和审判法庭。也就是说，开庭审理，必须明确宣布本案的审判组织——合议庭主持审判，必须在法院或其他适宜场所设置的常年或临时法庭进行，审判人员、书记员、当事人、证人等在审判法庭上各设其位，不能随意变动。

2. 必须依照法定方式和程序对行政案件进行审理。根据《行政诉讼法》第 45 条规定，人民法院公开审理行政案件，但涉及国家秘密、个人隐私和法律另有规定的除外，这表明，开庭审理有公开开庭审理和不公开开庭审理两种方式，除法定特殊情形外，均应采取公开方式进行开庭审理。

开庭审理，除须依法定方式外，还须依法定的程序进行，应根据行政诉讼的特别规定，可参照民事诉讼法的有关具体规范。

开庭审理，一般包括：（1）开庭准备、（2）审理开始、（3）法庭调查、（4）法庭辩论、（5）法庭调解（这一规范只限于行政赔偿案件的调解。对行政案件不适用调解。实践中，法院对行政案件可适用“协调处理”）、（6）评议宣判等六大阶段的活动，前一活动为后一活动提供前提条件，后一活动又是前一活动的延续发展。

在开庭审理时，不拘形式、颠倒顺序或者任意擅定开庭方式和增减庭审程序内容，都是不允许的。

3. 开庭审理，有严格的法庭纪律。对于一切妨碍开庭审理的行为，人民法院有权采取法庭安全保障措施或行政诉讼强制措施予以处理。

（三）开庭审理在第一审程序中的中心地位与作用

1. 开庭审理，是行政案件第一审程序的中心环节，是人民法院行使行政案件审判权的最主要表现。在审判法庭上，由审判人员主持双方当事人及其他应到庭的诉讼参与人，全面审查案情。一切事实、证据必须在法庭上经过当众调查核实，逐一查明，未经法庭上展示、查证属实的事实、证据，不能成为判决的根据。原告的请求，被告的答辩，调查、收集证据，辩论和质证，合议庭的活动等一切行政诉法律关系主体所进行的一系列诉讼活动，都在开庭审理中得到集中的全面地反映。脱离开庭审理，则行政案件第一审程序便将有名无实。

2. 开庭审理，充分体现了行政诉讼的社会主义民主性。当事人及其他诉讼参与人在法庭上可以充分行使法律赋予的提供新证据、互相辩论、申请回避、使用本民族语言文字、质证核查事实证据等各项诉讼权利，人民法院在开庭审理中，通过审判长告知当事人享有哪些诉讼权利，为当事人提供行使诉讼权利的机会等活动，充分保障其行使各项诉讼权利。

3. 开庭审理，充分体现社会主义法制原则。在审判法庭这一庄严的场所里，行政诉讼法律关系的各个主体都必须依照法定程序进行活动，合议庭的审判人员，要按法定程序进行审理、评议、宣判，正确依法行使审判权；当事人及其他诉讼参与人，也要按照法定程序办事，依法行使诉讼权利，正确进行诉讼活动。

4. 公开开庭审理，加强了行政法制宣传教育，扩大了办案效果。除法定特殊情况外，开庭审理应一律公开，即向诉讼参与人以外的人民群众公开整个审理过程，让群众旁听审理和宣判，又向社会公开，允许电视台拍摄、转播审理实况，允许新闻界采访、公开报道。这就可以产生“办了一个案，教育一大片”的法制宣传效果，也便于人民群众对法院的行政审判是否严格依法办案进行直接监督。

二、开庭准备

人民法院经过对行政案件审理前的准备工作，而作出开庭审理决定后，还应做好下列开庭准备工作，以确保开庭审理顺利进行。

（一）确定并通知开庭审理的日期

人民法院开庭日期应当确定在答辩期限届满之后，当事人已经答辩或者明确表示不提交答辩状并同意开庭的除外。

人民法院确定开庭审理的日期后，应当在开庭审理前3日，用传票通知当事人、用通知书通知其他应到庭的诉讼参与人（第三人、诉讼代理人、证人、鉴定人、勘验人、翻译人员等)。传票或通知书应写明案件的案由、开庭日期、时间、地点。以便当事人及其他诉讼参与人做好出庭准备，按时出庭参加审理。

传票应于开庭审理前3日送达当事人。少于3日前通知的，当事人有权以通知不合法为由而拒绝出庭。

人民法院公开审理案件，庭审活动应当在审判法庭进行。巡回审理案件，有固定审判场所的，庭审活动应当在该固定审判场所进行；尚无固定审判场所的，可根据实际条件选择适当的场所。

（二）发出开庭审理的公告

公开开庭审理的行政案件，应在开庭前在法院公告栏或法庭设置处张贴公告。公告内容，应写明当事人姓名、案由、开庭时间、地点，欢迎人民群众届时旁听。

公开审理的案件，根据法庭场所和参加旁听人数等情况，需要限制旁听人数的，应及时发出旁听证。

（三）通知原定开庭时间延期

开庭前，原定开庭时间需要延期的，书记员应当立即通知当事人。无法通知的，应当安排人员在原定开庭时间和地点向当事人及其他诉讼参加人解释。

（四）查明当事人及其他诉讼参与人到庭情况

开庭前，书记员应当查明当事人及其诉讼代理人是否到庭，查验担任诉讼代理人的律师的律师执照；安排诉讼当事人及其他诉讼参与人就座；对未到庭的当事人和其他诉讼参与人，应查明对他们的传票、通知书是否已经依法送达，有无声明不到庭的书状，提出不到庭的理由等情况；询问有无证人、鉴定人、勘验人出庭作证，并将其带离法庭等候传唤。

（五）法警进入审判区值庭

书记员应当于开庭前5分钟通知法警进入审判区值庭。

值庭法警应当按照规定着警服、佩戴警衔专用标志，警容严整。女法警不得浓妆、披发、戴饰物。

值庭法警应当站立于审判台侧面，背向审判台，面向旁听席。根据需要采取立正、跨立姿势或坐姿。法庭宣判时采取立正姿势；法庭调查开始后采取坐姿（在法庭调查开始后可以坐下）。值庭时间超过一小时可替换。出入法庭时应以齐步动作行进。

值庭法警在法庭审判活动中，根据审判长的指令，依法履行以下职责：(1) 警卫法庭，维护法庭秩序；(2) 保障参与审判活动人员的安全；(3) 传唤证人、鉴定人。传唤证人、鉴定人时，应当打开通道门，引导证人、鉴定人到达指定位置；(4) 传递、展示证据；(5) 制止妨害审判活动的行为。

法警值庭时，对旁听人员应当进行安全检查。发现未成年人、精神病人、醉酒的人和其他不宜旁听的人员，应当阻止或者劝其退出审判法庭。对旁听人员违反法庭纪律的，应当予以劝阻、制止。如果遇到以下情形之一的，值庭法警可以采取责令退出、强制带离、强行扣押、收缴、检查等强制措施及时处理：(1) 未经许可进入审判区，经劝阻、制止无效或者有违法犯罪嫌疑的；(2) 严重违反法庭纪律，经劝阻、制止无效的；(3) 哄闹、冲击法庭，侮辱、威胁、殴打参与审判活动人员等严重扰乱法庭秩序的。

（六）书记员宣布法庭纪律

书记员宣布《中华人民共和国人民法院法庭规则》第 7 条、第 9 条规定的法庭纪律：(1) 诉讼参与人应当遵守法庭规则，维护法庭秩序，不得喧哗、吵闹；发言、陈述和辩论，须经审判长许可。(2) 旁听人员必须遵守下列纪律：①不得录音、录像和摄影；②不得随意走动和进入审判区；③不得发言、提问；④不得鼓掌、喧哗、哄闹和实施其他妨害审判活动的行为。

（七）合议庭成员进入法庭就座

1. 书记员对全场宣布：全体起立！请审判长、审判员（人民陪审员）入庭就座。审判区、旁听区内的全体人员应当起立，书记员本人也应起立，迎候合议庭成员入庭就座。

合议庭成员应当按规定着装（穿法官袍、戴法官帽）进入法庭，并在开庭审理中保持仪表端正，始终保持公正，不得有违公正形象的态度、语言和行为。

2. 在合议庭成员就座之后，书记员对全场宣布：请坐下。

3. 合议庭成员就座后，脱法官帽并整齐放置于本人席位台面的左前方，帽徽朝向旁听席。

4. 书记员对全场宣布：报告审判长，本案当事人、有关诉讼参与人已到齐，法庭审理准备工作就绪。

如有未到齐情况的，书记员应向审判长报告未到庭当事人或其他诉讼参与人的情况和原因，由审判长根据不同情况依法作出决定延期审理或按期审理。

三、审理开始

合议庭全体审判人员入庭就座后，审理正式开始进行。其步骤目前尚无全国统一的规则要求，有的按民诉法规定，有的按本辖区高级法院行政庭制定规则，一般都包括：审判长核对当事人，宣布案由，宣布审判人员、书记员名单，告知当事人有关的诉讼权利义务，询问当事人是否提出回避申请等主要内容。据《四川省高级人民法院第一审行政案件审理规范（试行）》（2006 年 7 月 25 日四川省高级人民法院审判委员会第 72 次会议讨论通过），四川境内的人民法院审理开始的步骤如下：

（一）审判长宣布开庭

审判长敲击法槌并宣布：×××人民法院（本院全称）行政审判庭现在开庭。

审判长应当准时开庭，不随意推迟开庭时间。诉讼当事人、诉讼代理人和其他诉讼参与人迟到的，值庭法警应告知其等候在旁听区并报告审判长，经审判长准许后方可进入审判区入庭就座。

（二）审判长宣布案由、开庭方式

审判长宣布案由、开庭方式以及开庭审理的法律根据：本庭今天对原告×××（公民姓名或法人或其他组织的全称）不服×××（行政管理的性质）处理（或处罚）决定（对不履行法定职责的案件、涉及许可行为的案件、行政赔偿案件以及其他行政案件，根据案件的性质宣布案由）诉被告×××（行政机关的全称或者法律法规授权组织的全称）一案，根据《中华人民共和国行政诉讼法》第四十五条之规定，进行公开（或不公开）审理（不公开开庭审理的，应同时说明其法定原因）。

（三）审判长核实出庭诉讼参与人

审判长核实出庭诉讼参与人的身份及诉讼代理人的代理权限：(1) 逐一核对（按顺序:）原告及其诉讼代理人的身份及诉讼代理人的代理权限、被告及其诉讼代理人的身份及诉讼代理人的代理权限、第三人及其诉讼代理人的身份及诉讼代理人的代理权限，以及证人的身份。(2) 宣读当事人的法定代表人身份证明书和授权委托书，并宣布经法庭审查合法有效。(3) 询问当事人对其他出庭人员有无异议；当事人提出异议的，审判长应当根据异议理由决定是否宣布休庭评议。异议理由成立的，审判长应当责令不符合规定的出庭人员退出诉讼，并询问该方当事人是否需要延期开庭。(4) 审判长核对出庭人员完毕后，当事人无异议或者异议不成立的，宣布经法庭审查核实，以上出庭人员符合法律规定，可以参加本案的诉讼活动。

（四）审判长宣布合议庭及书记员、鉴定人、翻译人员、勘验人名单，处理回避事宜

1. 由审判长宣布审判人员、书记员及鉴定、翻译人员、勘验人名单。首先，宣布本案由××××人民法院院长（或副院长、行政庭庭长、副庭长、审判员、代理审判员）×××担任审判长，与审判员（或代理审判员）或者人民陪审员×××、×××组成合议庭，书记员×××担任记录。其次，有鉴定人、翻译人员、勘验人的，应接着宣布本案由×××（单位、职务、姓名）担任鉴定人，×××（单位、职务、姓名）担任当事人×××的翻译，×××（单位、职务、姓名）担任勘验人。

2. 由审判长告知当事人有关的诉讼权利义务。即根据《行政诉讼法》的规定，告知当事人如认为审判人员及书记员、翻译人员、鉴定人、勘验人与本案有利害关系或者有其他关系可能影响公正审判的，有权申请上述人员回避；当事人有提供证据、进行辩论等诉讼权利，双方当事人必须遵守诉讼秩序，陈述事实，提问和辩论，须经审判长许可。

3. 由审判长询问当事人是否提出回避申请。当事人不提出回避申请的，审判长即可宣布法庭调查开始。

当事人当庭提出回避申请的，审判长应按法定权限作出相应处理：(1) 当事人申请回避的，审判长应宣布休庭，等待对回避申请作出的决定。(2) 当事人申请书记员、翻译人员、鉴定人、勘验人回避的，审判长有权当庭决定及口头宣布是否回避并记入笔录：①申请回避的理由成立，审判长当庭决定并宣布被申请人应予回避、本案延期审理；②申请回避的理由不能成立，审判长当庭决定并宣布回避申请予以驳回、本案继续开庭。(3) 当事人申请审判

人员回避的，审判长应当做如下处理：①当事人申请审判人员回避的理由不属于法定回避情形的，审判长有权决定并宣布：回避申请的理由不成立、本案继续审理；②当事人申请审判人员回避的理由属于法定回避情形的，审判长无权决定而须由审判委员会或者院长决定是否回避，审判长应当宣布休庭，等待审判委员会或者院长对回避申请作出的处理决定。待作出决定后再开庭，由审判长宣读审判委员会或院长的决定。(4) 当事人申请回避被审判委员会或院长决定准许后，若因审判人员回避、更换新的审判人员而影响开庭的，审判长应当宣布本案延期审理和延期审理的时间，或宣布审理时间另行通知，随即宣布休庭。

根据有关司法解释文件规定，在回避申请与决定问题上，还应注意：(1) 当事人申请回避的，应在案件开始审理时提出。但是，回避事由是案件开始审理后知道的，也可以在法庭辩论终结前提出。申请回避，可以口头提出，也可以书面提出。(2) 被申请回避的人员，在人民法院作出是否回避的决定前，应当暂停参与本案的工作，但是案件需要采取紧急措施的除外。(3) 人民法院对当事人提出的回避，应当在申请提出的3日内，以口头或者书面形式作出决定。(4) 申请人对驳回回避申请决定不服的，可以向作出决定的人民法院申请复议一次。复议期间，被申请回避的人员不停止参与本案的工作。对申请人的复议申请，人民法院应当在3日内作出复议决定，并通知复议申请人。

(五) 审判长告知证人、鉴定人有关的诉讼权利、义务

由审判长告知证人、鉴定人有关的诉讼权利、义务。包括：(1) 告知证人出庭作证必须实事求是地提供证言，如作伪证，要负法律责任。应询问证人是否听清楚，并得到肯定回答。(2) 告知鉴定人有了解进行鉴定所需要的案件材料，询问当事人和证人的权利。对人民法院委托的鉴定事项，应向法庭提供书面的鉴定结论。(3) 宣布请证人、鉴定人退庭，听候传唤。

(六) 审判长查询有关开庭准备情况

审判长简要叙述原告起诉、法院立案、发送诉状副本、被告答辩及提交材料等有关事项及具体日期，并询问当事人有无异议。审判长查询有关开庭准备情况，必要时应当逐一询问原告、被告、第三人收到传票、出庭通知书的时间，查明当事人是否在开庭3日前接到传票、出庭通知书，是否符合开庭审理的有关规定。我们认为，审判长查询后，对于不符合规定且无法立即补正者，可宣布延期审理，重作准备。对于符合规定的或当庭立即补正后，可转入法庭调查。

四、法庭调查

法庭调查，是指人民法院审判组织依照法定程序，在当事人和其他诉讼参与人的参加下，在法庭上全面调查行政案件的事实，审查核实证据及法律规范性文件的诉讼活动。

法庭调查是开庭审理的核心内容，是行政案件实体审理的中心阶段，其主要任务是通过法院的直接审理审查核实证据，全面查明案件事实，揭示案情真相，为正确认定案件性质和适用法律奠定基础。

法庭调查是完善行政审判方式的重要环节，应当紧紧围绕被诉具体行政行为的合法性进行审查，彻底改变既审查具体行政行为又审查原告行为，甚至只审原告行为的错误做法。

法庭调查的顺序，由于《行政诉讼法》未作出规定，实践中各地法院做法不一，大体上是参照民事诉讼法规定的顺序即：当事人陈述，证人作证或宣读未到庭证人的证言，出示物证、书证和视听资料，宣读鉴定结论，宣读勘验笔录和现场笔录。有的地方法院则在正式调查前，由合议庭一名审判人员先宣读被诉具体行政处罚或处理决定的全文，然后再由原告宣

读起诉状，被告宣读答辩状。这样，先展示本案全貌及争议焦点，再开始具体全面的调查。有的地方法院则首先由合议庭从起诉状和答辩状中归纳概括，并宣布原告诉讼请求和理由、被告答辩的基本观点和理由，然后再询问双方当事人及其诉讼代理人有无异议和补充，把诉讼争议确定后，再进行具体细节证据的法庭调查。据前述《规范》，四川省境内人民法院进行法庭调查的顺序要求是：

（一）审判长宣布法庭调查

在完成上述开庭准备工作后，审判长敲击法槌并宣布：现在进行法庭调查。

（二）原告、被告、第三人依次陈述诉讼主张及答辩理由

审判长指令由原告、被告、第三人依次陈述诉讼主张及答辩理由，展示本案争议。其步骤是在审判长宣布法庭调查开始后：(1) 指令原告宣读起诉状。原告在陈述诉讼主张时，超出起诉状内容，提出新的诉讼请求的，不予准许，有正当理由的除外。法庭准许原告增加或者变更诉讼请求的，审判长应当询问被告或者第三人对此是否要求延期开庭审理以便重新准备答辩或者补充证据。被告或者第三人不要求延期的，继续审理。(2) 指令被告宣读被诉具体行政行为的决定书或答辩状。审判长应当先询问被告其具体行政行为是否具有书面形式：①有书面形式的，指令被告出示并宣读书面材料全文；②无书面形式的，指令被告当庭陈述被诉具体行政行为。(3) 指令第三人发言，说明其诉讼请求和理由，或者对本案争议实体问题的意见和理由。(4) 由当事人的诉讼代理人宣读起诉状、答辩状的，审判长应询问当事人（或其法定代表人、法定代理人）有无补充说明。

（三）审判长查询当事人诉权和行政程序的有关问题

审判长查询当事人诉权和行政程序的有关问题。其顺序是：(1) 询问被告何时将行政决定（含处理、处罚决定）通知或送达原告，并指令被告提供通知、送达的证明。经过行政复议程序的，应先询问被告作出原具体行政行为的时间及送达时间，收到复议申请的时间和作出复议决定的时间。(2) 询问原告收到（或知道）被告作出的行政决定及向人民法院提起诉讼的时间，经过行政复议程序的，应先询问原告收到原行政决定的时间、申请复议的时间及收到（或知道）复议决定的时间。对于复议机关逾期不作复议决定的，应询问原告人起诉时间是否在复议期满之日起 15 日内或法律另有规定日期内。(3) 对因被告行政机关不作为提起的诉讼，在宣读起诉状、答辩状后，应先询问原告请求履行法定职责的时间，再询问被告收到这一请求的时间。(4) 审判长对上述诉权和行政程序有关问题进行调查后，应再分别（按原查询顺序）询问当事人及其诉讼代理有无补充说明。

（四）审判长对被诉具体行政行为执行问题进行调查

审判长对被诉具体行政行为执行问题进行调查。其步骤是：(1) 询问原告是否执行了具体行政行为，让其陈述执行情况或未执行的理由。(2) 若被告决定或依照法律、法规规定停止执行的，应要求被告陈述停止执行的情况和理由。(3) 若是人民法院裁定停止执行的，由审判长宣读停止执行的裁定书。

（五）明确法庭调查的范围

1. 法庭调查的行政案件事实的范围。

一般而言，法庭调查的行政案件事实的范围，包括审查：行政机关作出的具体行政行为所认定的事实，适用法律、法规、规章方面的事实，行政执法主体资格方面的事实和行政执法程序方面的事实。

在司法实践中，法庭对行政案件事实的调查，可以针对不同方面的事实分段进行：

（1）调查被诉具体行政行为内容方面的事实：①事实证据较多时应告知被告分组列举。②被告在开庭前未提交证据材料的，应当庭向法庭提交证据材料并予陈述。③被告在开庭前已提交证据材料的，亦应以其当庭列举的证据材料为准。④具体行政行为无书面证据材料的，以被告或其诉讼代理人的当庭陈述为准。

（2）调查被诉具体行政行为适用法律、法规、规章及有关规范性文件方面的事实：①由被告提供具体行政行为所依据的法律、法规、规章及其他规范性文件；②由被告陈述具体行政行为所依据的法律、法规、规章的条、款、项目具体内容，或提供有关的规范性文件内容；③审查具体行政行为所适用的法律、法规、规章的时间效力和空间效力；④询问原告和第三人，具体行政行为适用法律、法规、规章及具体条、款、项、目的情况是否属实。

（3）调查被诉具体行政行为执法主体资格方面的事实：①被告陈述取得行政执法主体资格的法律、法规、规章依据，法庭认为此节已明确无异议时可以从简；②被告陈述被诉具体行政行为印章称谓；③原告、第三人对被告列举的执法主体资格证据分别质证。

（4）调查作出被诉具体行政行为程序方面的事实：①由被告陈述行政程序所依据的法律、法规、规章的相应规定。法庭认为此节已明确并无异议时可以从简；②由被告列举作出具体行政行为过程的相关证据；③由被告列举行政复议过程或送达行政文书过程的相关证据；④对被告列举的上述证据进行质证。

2. 明确本案的审查范围、争议焦点及审理重点。

在实践中，就个案的法庭调查而言，审判长或者主审法官应当根据具体行政行为合法性审查原则，结合当事人的诉讼请求及理由的陈述及答辩情况，确定本案的审查范围、争议焦点及开庭审理的重点，并在征求各方当事人意见后，当庭宣布。诉讼中，被告自行改变经复议维持的被诉行政行为的，法庭不予认可改变后的行为效力，继续审理原被诉行政行为。

（六）询问当事人

1. 合议庭成员应按照庭审提纲的分工，对调查的问题依次询问当事人。在询问中应做到语言简练、词句清楚、表述准确、目的明确。对被诉具体行政行为所认定的事实、证据、法律根据，应采取以询问被告为主，再征询原告意见的调查方式，尔后依此先问被告再问原告的顺序将争议的问题逐一审查核实。

2. 庭审中，当事人对法庭确定的重点以外的问题进行陈述，法庭认为陈述的内容与被诉具体行政行为的合法性有关联的，应予准许。

3. 当事人的陈述，如与本案无关或属不必要重复的，审判长应及时引导或制止。

（七）法庭调查中的举证、质证

法庭调查中的举证、质证，是指当事人、法官在法庭上出示、宣读、提供证据的诉讼活动，以及当事人就对方当事人、法官所出示证据材料的证据能力与证明力进行辨析、质疑、发问、反驳、认可的诉讼活动。

1. 在法庭调查中，审判长应当根据不同情况，确定当事人举证的先后顺序。

（1）法庭调查阶段，先由被告就被诉行政行为的合法性进行举证。被告在庭审中应当宣读、出示作出具体行政行为的证据和规范性文件。审判人员应注意询问证据材料的来源、取证时间和鉴定结论是否出自法定的鉴定部门等问题。合议庭一般应按以下顺序组织当事人举证、质证对被告作出的具体行政行为的合法性进行法庭调查：①被告是否为适格主体；②是否超越职权；③是否违反法定程序；④事实是否清楚，主要证据是否确凿、充分；⑤适用法律是否正确；⑥是否滥用职权；⑦行政处罚行政行为是否显失公正；⑧其他与被告作出的具体行政行为的合法性有关的问题。

(2) 在行政赔偿诉讼中，先由原告对被诉行政行为造成损害的事实提供证据。后由被告对具体行政行为具有合法性进行举证。对行政赔偿案件，合议庭一般应从以下几个方面组织当事人举证、质证进行法庭调查：①查明具体行政行为是否违法的事实；②原告合法权益受损害的事实是否存在；③违法的具体行政行为与原告合法权益受损害事实之间的因果关系是否存在；④有无《国家赔偿法》所规定的免除行政赔偿责任的情形。

(3) 起诉被告不作为的案件，应当先由原告提供其在行政程序中曾经提出申请的证据材料。但有下列情形之一的除外：①被告应当依职权主动履行法定职责的；②原告因被告受理申请的登记制度不完备等正当事由不能提供相关证据材料并能够作出合理说明的。对要求履行法定职责类行政案件，合议庭一般应从以下几个方面组织当事人举证、质证进行法庭调查：①原告在行政程序中是否提出过申请，但被告依职权应当主动作为的除外；②被告是否具有相应的法定职责；③原告的申请是否符合法定条件；④被告是否存在不履行法定职责的事实及其理由；⑤被告是否应当依法作出具体行政行为；⑥其他与被告不履行法定职责的有关问题。

2. 对当事人提供证据的必要限制：(1) 庭审中，当事人所提供证据是其未在开庭审理前或者法院指定交换证据之日提供且无正当事由的，法庭不予接纳。(2) 庭审中，原告所提供证据是其在行政程序中依法应当提供而未提供，被告有证据证明其已依照法定程序要求原告提供证据，而原告拒不提供的，法庭经审查确认原告无正当事由的，不予接纳。(3) 当事人提供与本案没有关联性的证据材料，法庭不予接纳。

原告或者第三人提出其在行政程序中没有提出的反驳理由或者证据，被告就此在法庭调查阶段申请补充相应的证据或者申请延期审理，法庭有权决定是否准许。

3. 证据必须提交对方当事人质证。被告举证后，由原告、第三人对被告陈述的证据分别质证。对证据可逐一质证，也可以分组质证。原告对第三人提供的证据，被告对原告或第三人提供的证据均有权质证，并提出新的证据。

涉及国家秘密、商业秘密和个人隐私或者法律规定的其他应当保密的证据，不得在开庭时公开质证。当事人认为证据涉及国家秘密、商业秘密或者个人隐私的，必须向法庭作出明确说明。法庭审查确认后，不予公开出示，仅向对方当事人作适当提示或者在不公开开庭场合进行质证。

4. 当事人提供的证据，由当事人出示并宣读，原告提出的证据材料可由原告宣读、出示，也可由审判人员宣读、出示，再交由其他当事人质证。

一审法院依申请调取的证据，应交申请人并在庭审中质证。法院依职权调取的证据材料和鉴定材料，应当先由法庭说明调取证据的理由，再由审判人员宣读、出示，并由当事人逐一发表意见。

在庭审前已进行证据交换的，法庭提示各方当事人只宣读证据清单并说明证明对象，不必在庭审中出示宣读及交由其他当事人质证。

5. 庭审中，当事人在庭前证据交换过程中没有争议并记录在卷的证据，经法庭说明后，可以作为认定案件事实的依据。

对庭前证据交换中各方当事人没有异议并记录在卷的证据，当事人提出异议的，法庭仍应组织质证。

6. 庭审中，当事人及其诉讼代理人在代理权限范围内明确认可他方证据效力的，法庭对该证据予以确认，不再质证。但有相反证据推翻的除外。

对自然规律及定理、众所周知的事实、按照法律规定推定的事实、根据日常生活经验法则推定的事实、经过公证的事实，法庭可以直接认定其效力，不再质证。当事人有相反证据足以推翻后四项的除外。

（八）询问证人、鉴定人、勘验人，审查证人证言、鉴定结论、勘验笔录

1. 询问证人，审查证人证言材料。在法庭调查中，应当根据庭审提纲确定的调查事项及法庭调查的情况，做到：(1) 证人出庭作证的，在作证前不得进入法庭。(2) 审判长适时传唤有关证人出庭作证。有两个以上证人的，应当分别单独出庭作证。传证人入庭后，法庭应查明证人的基本情况，告知证人作证的义务及作伪证应负的法律责任。法庭应就需要证明的事实询问证人。(3) 证人确有困难经过法庭许可不出庭的，应当宣读其证言，同时应宣布未到庭证人的姓名、年龄、工作单位和职务。提供证言的具体时间、地点以及取证人员的身份。宣读每个未到庭证人的证言后，法庭应当询问对方当事人及其诉讼代理人对该书面证言有无意见。(4) 对每个证人的当庭陈述，都应当询问当事人及其诉讼代理人有无意见，有无问题需要发问证人。(5) 当事人及其诉讼代理人经法庭许可，可以就有关证据问题向证人发问。证人应当回答当事人及其诉讼代理人的发问。(6) 遇有证人证言之间有矛盾，分别询问不便排除的，可以当庭对质。合议庭成员认为还需要核实部分事实的，也可以向证人提问。

2. 询问鉴定人，审查鉴定结论：(1) 审判长在法庭调查过程中，应适时传唤鉴定人出庭。对鉴定人不存在单独出庭的限制。(2) 审判长宣布由鉴定人宣读鉴定结论。(3) 合议庭委托鉴定部门所作的鉴定结论，由审判长指定合议庭成员当庭宣读。鉴定人出庭的，也可以由其宣读鉴定结论。(4) 宣读后，当事人及其诉讼代理人经法庭许可，可以就有关证据问题向鉴定人发问。审判人员发现当事人等发问不属于鉴定范围内问题的，应当及时制止。(5) 合议庭成员认为还需要核实部分事实的，也可以向鉴定人提问。

3. 询问勘验人，审查勘验笔录：(1) 勘验人出庭的，由其宣读勘验笔录。当事人及其诉讼代理人经法庭许可，可以就有关证据问题向勘验人发问。合议庭成员认为还需要核实部分事实的，也可以向勘验人提问。(2) 勘验人未出庭的，审判人员在宣读勘验笔录的同时，应宣布进行勘验的时间、地点及勘验人员的身份。宣读勘验笔录后，审判人员应当询问对方当事人及其诉讼代理人对该勘验笔录有无意见，并记录在卷。

4. 询问证人、鉴定人、勘验人，审查证人证言、鉴定结论、勘验笔录还应当注意：(1) 证人、鉴定人、勘验人之间不能同时出庭作证，以免对各人所提的言辞证据的证明力发生互相干扰和不良影响，出庭对质的除外。有正当事由经法庭准许可以不出庭的，必须就当事人提出质疑的问题作出书面说明。(2) 证人、鉴定人、勘验人出庭作证时，法庭应当验明其身份，与当事人及案件的关系，并告知其作证的权利、义务和相应的法律责任。(3) 证人、鉴定人、勘验人作证结束后，应当退离法庭。(4) 一审法院应当对证人、鉴定人、勘验人的住址和联系方式予以保密。

（九）当事人宣读、出示或播放书证、物证、视听资料、现场笔录

当事人适时宣读、出示或播放书证、物证、视听资料、现场笔录，其内容要求是：(1) 在适时宣读，出示书证、物证，播放视听资料的同时，应当说明该书证、物证、视听资料的来源，收集时间、地点以及证据提供者。(2) 对于当事人向法庭提供的书证、物证，审判长应指示值庭法警将证据材料交由其他当事人及其诉讼代理人辨认。(3) 审判人员应当询问其他当事人及其诉讼代理人对该书证、物证、视听资料有无意见。(4) 现场笔录由审判人员指

令被告宣读。在被告宣读完毕后，审判人员应当询问制作该现场笔录的时间、地点、制作人员的身份，以及其他当事人及其诉讼代理人对该现场笔录有无意见。

（十）法庭调查应注意保障当事人诉讼权利

1. 保障当事人的异议权。（1）在法庭调查中有下列情形之一的，当事人可以通过举手的方式提出异议，要求审判长予以制止：①对方当事人向证人、鉴定人、勘验人的发问具有诱导性；②对方当事人的发言内容与案件完全没有关联；③对方当事人的发言涉及国家秘密、商业秘密或者个人隐私；④对方当事人违反诉讼程序的其他情形，如，对方当事人进行人身攻击扰乱法庭秩序的等。（2）审判长认为异议成立的，予以制止；认为异议不成立的，示意当事人继续发言。

2. 庭审中，当事人对主要证据有重大分歧，一方当事人要求补充证据或者申请重新鉴定、勘验，审判长应当宣布休庭评议，并根据《最高人民法院关于行政诉讼证据若干问题的规定》作出处理。

3. 在法庭调查时，当事人还可以提供新的证人、证据。审判人员应重视当事人提供新证据的诉讼权利，只要没有违法行使的情况，合议庭在已有的证据调查完毕后，应主动询问当事人有无新的事实和证据需要补充。

对于当事人补充的新的事实和证据均需进行法庭调查，经合议庭研究认为：（1）其补充的事实或证据与本案关系重大，需要休庭进行取证核实的，由审判长宣布对本案延期审理和延期审理时间，或者宣布继续开庭的开庭时间另行通知，并宣布休庭。（2）其补充的事实或证据不影响案件的实体审理，或者可当庭调查核实的，应当继续审理，在已开始的法庭调查中完成审查核实。

（十一）法庭认证

法庭认证，是指合议庭在法庭调查的基础上，经过当庭举证、质证对证据进行全面、客观的审查核实，对证据有无证据效力和证明力（及证明力的范围与大小）予以明确认定。

1. 法庭认证应当严格遵循《最高人民法院关于行政诉讼证据若干问题的规定》中所规定的证据审核认定规则进行。

2. 法庭可以采取多种方法对证据进行认证。既可以对各项证据逐一认定，也可以对数份证据分组认定，也可以在庭审质证结束后综合认定。

3. 当庭能够认定的，当庭认定；不能当庭认定的，休庭经合议庭评议后认定。

4. 合议庭发现当庭认定的证据有误的，可以按照下列方式纠正：（1）庭审结束前发现错误的，应当重新进行认定；（2）庭审结束后宣判前发现错误的，在裁判文书中予以更正并说明理由，也可以再次开庭予以认定；（3）有新的证据材料可能推翻已认定的证据的，应当再次开庭予以认定。

（十一）法庭调查结束

在合议庭成员认为案情事实和证据已经查清核实，可以结束法庭调查之前，审判长应当分别询问被告、原告、第三人及各自诉讼代理人，对本案的事实、证据、规范性文件是否还需要补充陈述。

当事人表示没有补充的，审判长敲击法槌并宣布：法庭调查结束。

法庭调查，是法庭辩论、合议庭评议与裁判的基础，相当重要，不可轻视。作为审判人员来说，在主持法庭调查时，应抓住事实是否清楚来调动各方对证据可靠性进行审核，从而达到弄清事实真相，核实全案证据的目的。作为原告方来说，在参加法庭调查时，应着重抓住本方合法权益被具体行政行为所侵犯的事实及其结果来调动本方或法庭收集到的有关证据，甚至借用对方的有利证据加以核实，为法定辩论奠定事实基础。作为被告方来说，在法庭调查过程中，应着重抓住原告人在行政管理过程中的违反行政法律规范的事项，以及本方所作具体行政行为具有客观事实依据与合乎行政法规范文件来调动本方或法庭收集到的有关证据予以充分、全面、清晰的证明，并对相关证据充分加以核实，为法庭辩论做好准备。

五、法庭辩论

法庭调查结束后，行政案件的开庭审理进入法庭辩论阶段。

法庭辩论，是在审判长主持下，当事人及其诉讼代理人以已经经过法庭调查所确认的事实和证据为根据，就案件被诉具体行政行为的合法性及案件适用法律问题，论述自己的意见，并互相争论辩驳的活动。法庭辩论，是继法庭调查后才能进行的开庭审理的又一重要阶段，是当事人行使辩论权的集中表现。其目的，在于使人民法院做到“兼听则明”，通过听取各方辩论主张，进一步查明案情性质、澄清是非、分清责任，以便正确地适用法律，作出公正的判决。

（一）法庭辩论的开始

审判长敲击法槌并宣布：法庭辩论开始。

（二）法庭辩论的顺序

法庭辩论应遵循以下的顺序：

1. 原告及其诉讼代理人发言。

2. 被告及其诉讼代理人答辩。

3. 有第三人时，由第三人发言。

4. 当事人双方互相辩论发言。

（三）法庭辩论的进行

为了搞好法庭辩论，应当注意以下几点：

1. 法庭辩论应当在审判长主持、引导、指挥下进行。为此，审判长：（1）在当事人辩论发言前，应当对案件事实调查中当事人之间对事实认识的一致之处和争议焦点作简单扼要的归纳，告知当事人围绕被诉行政行为的合法性及争议焦点辩论。同时，提醒当事人把辩论建立在法庭调查的基础上，要求当事人做到依法辩论、据证辩论、文明辩论。（2）根据案情，指明双方当事人就争议的具体问题逐一进行辩论。并注重引导双方当事人对争执大的问题充分发表意见，不纠缠枝节问题。当事人及其诉讼代理人发表意见重复或者与本案无关的，应适当提醒或及时引导，对辩论内容纠缠于已经调查清楚的事实时应予引导，不以生硬言辞予以指责。（3）发现有新的事实和证据需要审查的，应当宣布中止法庭辩论，恢复法庭调查。查清后再继续辩论；当庭不能查清的，宣布休庭，延期审理。

2. 法庭辩论应当充分保障当事人平等地行使辩论权利。（1）法庭辩论阶段，合议庭应当公平合理地分配各方的辩论时间。（2）合议庭成员应充分听取诉讼各方的辩论意见。凡有争议的有关行政案件的事实、证据、法律适用等问题，都应许可各方当事人充分发表意见。一方当事人发表辩论词后，应当保障他方当事人进行辩驳。当事人各方发表意见，要实事求是，有理有据。（3）除违反诉讼秩序及法庭应当予以制止的言行外，不得禁止当事人及其诉讼代理人发言。（4）有下列情形之一的，法庭应当予以制止：①当事人的辩论超出庭审范围的；②当事人的辩论涉及国家秘密、商业秘密、个人隐私等法律、法规规定不准公开的内容的；③当事人在辩论时进行人身攻击的；④其他应当制止的情形，比如，遇有言词激烈、讽刺挖苦的情况应及时制止。

诉讼参与人的陈述与本案无关或者重复陈述的，或者诉讼参与人、旁听人员违反《中华人民共和国人民法院法庭规则》，妨害审判活动，扰乱法庭秩序的；审判长应敲击法槌（一般敲击一次）予以制止。

诉讼参与人、旁听人员在听到槌声后，应当立即停止发言和违反法庭规则的行为；仍继续其行为的，审判长可以分别情形，依照《中华人民共和国人民法院法庭规则》的有关规定予以处理。

3. 法庭辩论一般进行两轮。

（四）当事人的最后陈述

当事人没有新的补充意见，合议庭亦认为应当辩明的事实及法律问题已经辩论清楚，没有必要重复辩论的，由审判长按照原告、被告、第三人的先后顺序征询各方最后意见。由各方当事人进行最后陈述，简要说明自己的诉讼主张。

（五）法庭辩论的结束

在当事人发表最后意见后，审判长敲击法槌并宣布：法庭辩论结束，休庭进行合议庭评议。

六、对行政侵权赔偿诉讼的法庭调解

人民法院在开庭审理行政侵权赔偿问题时，根据《行政诉讼法》第 67 条第 3 款的规定，对“赔偿诉讼可以调解”。因此，在法庭辩论结束后，判决前，合议庭可以在事实清楚的基础上和双方当事人的自愿的前提下，分清是非，进行调解。

对行政侵权赔偿诉讼的法庭调解步骤是：

1. 在行政赔偿诉讼的法庭辩论结束后，由审判长按原告、被告的先后顺序征询各方当事人是否愿意调解。当事人同意调解的，由法庭主持调解，一方当事人不同意调解的，应当依法判决。对一并提起的行政赔偿案件，法庭可以先对行政案件作出处理。

2. 双方当事人都愿意调解的，合议庭应即进行调解。调解既可以当庭进行，也可以庭外进行。调解达成协议，必须双方自愿，不得强迫。调解协议不得违反法律规定，不得损害国家利益、公共利益和他人的合法权益。

3. 人民法院在调解达成协议后，应当制作调解书结案。调解书应当写明诉讼请求、案件的事实和调解结果，由审判人员、书记员署名，加盖人民法院印章，送达双方当事人。

4. 调解书经双方当事人签收后，即发生法律效力，一方拒绝履行的，对方可申请人民法院强制执行。对于能够即时履行的行政侵权赔偿诉讼案件，调解达成协议的，也可以不制作调解书，所达成的调解协议应当记入笔录，由双方当事人、审判人员、书记员签名和盖章，即具有法律效力。

调解书送达最后一名当事人的日期，为结案日期。

5. 当事人一方或双方不愿意调解的、调解未达成协议的或者调解书送达前一方反悔的，人民法院应当及时依法判决。

在行政赔偿诉讼中，经一审法院主持调解，当事人为达成调解协议而对案件事实的认可，不能作为今后诉讼中对其不利的证据。

除行政侵权赔偿诉讼外，其他行政案件以及非赔偿的诉讼请求，均不能适用调解。

七、行政案件的协调处理

行政案件的协调处理，又称行政诉讼协调处理制度，是指人民法院在行政案件的审判阶段，根据当事人自愿、合法的原则，组织当事人各方就案件讼争焦点及相关事项稳妥处理进行互谅互让的和解、协商并达成和解协议，由法院审查予以认可后终结案件诉讼的一项司法创新制度。

目前，我国不少地方法院积极、充分发挥行政审判职能作用结合本地方行政审判工作实际，依法稳妥审理行政案件，采取行政案件协调处理机制化解行政争议，实现办案法律效果与社会效果最大化，促进社会的稳定与和谐。根据2007年11月28日《四川省高级人民法院关于行政案件协调处理若干问题的意见（试行）》（川高法［2007］462号），四川境内的法院在行政案件的审判阶段可对行政案件协调处理。

（一）协调处理的原则

1. 当事人自愿、合法原则。

法院协调处理行政诉讼案件，应当在对被诉行政行为进行合法性审查的基础上，根据自愿和合法的原则进行：(1) 人民法院根据行政案件审理需要组织协调，促成当事人和解，应当坚持当事人自愿。当事人不愿协调处理的，或经协调处理达不成和解协议的，法院不能诱导或强行协调，而应当及时作出裁判。(2) 人民法院的协调方案和当事人的和解协议不得违反国家禁止性规定，不得损害国家利益、公共利益和他人的合法权益。

2. 禁止对当事人不利原则。

行政案件当事人在协调过程中为达成和解协议而对案件事实的认可，以及对有关事项的妥协意见，不得在其后的诉讼中作为对其不利的证据。

（二）协调处理的适用

1. 行政案件协调处理的适用阶段

对行政案件的协调处理，可以在人民法院一审（以及二审、再审行政案件）的判决宣告前的各个诉讼阶段进行。

2. 行政案件协调处理的适用范围

(1) 经审查，行政案件有下列情形之一的，人民法院可以决定进行协调工作：①被诉行政行为程序违法，但实体处理正确的；②被诉行政行为适用法律正确，但存在合理性问题的；③被诉行政行为适用法律错误，但实体处理正确的；④被诉行政行为主要证据不足，但行政主体事后收集补充的证据材料能够支持该被诉行政行为的；⑤其他通过裁判不能达到良好社会效果的。比如，案件当事人矛盾突出、情绪激烈，硬性判决可能激化矛盾影响社会稳定的；被诉具体行政行为违法，但硬性判决撤销该具体行政行为将会给国家利益、公共利益或他人合法权益造成重大损失的；被诉具体行政行为合法，行政相对人的诉讼请求难以得到法院支持，但硬性判决维持被诉具体行政行为、驳回诉讼请求可能不利于妥善处理行政相对人的由于种种原因而切实存在需要解决的实际问题的；行政机关不履行法定职责，但硬性判决可能达不到行政机关自觉履行法定职责的良好社会效果的，等等。

(2) 除上述情形外，人民法院对于因农村土地征收、城市房屋拆迁、企业改制、劳动和社会保障、资源环保等社会热点问题引发的群体性行政案件，要尽可能通过协调方式加以解决。在依法进行合法性审查的基础上，根据当事人自愿，综合考虑和平衡各方面的利益，促使当事人达成诉讼和解，以不损害国家利益、公共利益、他人合法利益为前提，积极做好协调工作，把司法为民和服务大局紧密联系起来认真做好群体性行政案件的稳控工作，消除矛盾、减少对抗、定分止争、案结事了，力求法律效果和社会效果的有机统一。

（三）协调处理的启动与时限、主持与进行

1. 行政案件协调处理的启动与时限

诉讼中双方当事人均要求对本案进行协调处理的，人民法院应当积极主持协调工作。当事人在申请人民法院对案件进行协调的同时可以提出协调处理方案。

人民法院也可以根据案件具体情况，主动做协调处理工作，提出协调方案供当事人参考。

当事人可申请自行和解。当事人申请庭外和解的，或者当事人同意并书面申请人民法院协调的，行政案件庭外和解和协调时间可不计入案件审理期限内。

法院应当在规定的审限范围内对案件进行协调，特殊情况需要延长审限的，应按规定办理延审手续。

2. 行政案件协调处理的主持与进行

行政案件协调处理工作，应当在人民法院的主持下进行，行政机关不得主持。

人民法院对受理的行政案件进行协调，不影响案件的财产保全、证据保全、证据交换等活动。

人民法院对案件进行协调处理，可根据行政争议的性质、难易程度、发展变化等情况，采取灵活多样的方式组织当事人进行协调。进行协调处理的案件的当事人应具有相应的处分权，进行协调不违反法律等禁止性规定，不损害国家利益、公共利益和他人合法权益的。

根据协调工作的需要，人民法院可以商请相关部门予以配合，也可邀请人民陪审员以及有关单位或其他具有专门知识的个人等参与协调。代理人参与协调应当出具当事人明确具体的特别授权委托书。

人民法院对案件进行协调处理，根据案件具体情况，倡导院长、庭长亲自指导，参与协调。下级法院进行协调确有困难的，可以报请上级法院协助协调。

人民法院在处理涉及面广、案情重大的行政案件时，特别是对群体性行政案件进行协调时，应当及时向当地党委、人大汇报情况，向同级政府通报情况，最大限度地争取对协调工作的支持。

在行政案件协调处理过程中，人民法院发现行政机关在行政管理或者行政执法中存在问题或被诉行政行为存在瑕疵或不规范之处的，应当向有关行政机关或政府法制部门提出相关的司法建议。

3. 人民法院主持协调工作应当形成书面笔录留档备查。

笔录应当全面反映参与协调各方的意见。达成一致意见的，各方当事人和其他应邀参与协调方，应当签字或者盖章予以认可。

案件协调处理过程中形成的各种笔录及其他诉讼材料，人民法院应根据具体情况，入正、副卷装订归档。

（四）协调处理的结案方式与诉讼费用

1. 裁定准许撤诉，是行政案件的协调处理的结案方式。

（1）当事人在诉讼过程中经过协调达成和解协议，使行政争议得到稳妥处理并执行完毕的，应以原告或者上诉人申请撤诉、由法院裁定准许撤诉的方式结案。

行政案件审理过程中，行政机关完善、改变行政行为或者补偿行政相对人损失的。行政相对人申请撤诉，人民法院可以裁定准许。

当事人自行达成和解协议的，经当事人要求，人民法院可以在准予撤诉裁定书中载明和解协议内容。

诉讼中，当事人就行政争议经过协调已达成和解协议，但尚未执行完毕，原告或上诉人申请撤诉的，法院在准许撤诉的裁定理由中可以认定原具体行政行为或一审判决不再执行。

(2) 一方当事人坚持实施和解协议后才予以撤诉的，经双方当事人同意，人民法院可以按最高人民法院法释〔2000〕8号审判解释规定第51条第（七）项“其他应当中止诉讼的情形”处理，中止本案审理。

当事人和解协议约定“履行期限内双方履行完毕原告申请撤诉”的，法院应当督促各方当事人按协议约定的期限履行各自义务。

2. 行政案件协调处理结案的，案件受理费减半。

《诉讼费用交纳办法》规定：“以调解方式结案或者当事人申请撤诉的，减半交纳案件受理费。”（第15条）“经人民法院调解达成协议的案件，诉讼费用的负担由双方当事人协商解决；协商不成的，由人民法院决定。”（第31条）“行政案件的被告改变或者撤销具体行政行为，原告申请撤诉，人民法院裁定准许的，案件受理费由被告负担。”（第34条）据此规定，我们认为，行政案件经协调处理结案的，减半交纳案件受理费。双方当事人可以协商解决案件受理费的负担，协商不成的，由人民法院（在裁定准许撤诉的同时）决定案件受理费由被告负担。

八、评议、宣判

评议、宣判，是开庭审理的最后阶段，是由合议庭对案件作出实体处理从而结束本案第一审程序的重要活动。其程序分以下顺序：

（一）合议庭评议

1. 合议庭评议案件应当在庭审结束后五个工作日内进行。

在审判长宣布法庭辩论结束，暂时休庭后，合议庭全体成员退庭，进入评议室讨论对案件如何处理，依照法律、法规，参照行政规章，作出判决。合议庭讨论和处理案件的这一活动称为合议庭评议。这是人民法院行使对行政案件的独立审判权的重要行为，不受行政机关或其他组织、个人的干涉。

2. 合议庭评议，在审判长主持下进行。首先应审查双方争议的事实是否调查查明，每一证据是否真实可靠；解决案件的关键证据、案件的主要事实是否经过法庭调查和辩论；本案事实及其证据体系有无不一致，矛盾是否已经排除。如认为有必要补充调查和辩论，应恢复开庭审理的调查和辩论阶段。

3. 合议庭根据开庭审理的情况，综合研究，充分讨论，对下列事项作出合议结论：(1) 原告主体资格、起诉条件是否符合法律规定；(2) 被告主体资格是否符合法律规定、是否具有相关法定职权，有无超越职权、滥用职权；(3) 被诉具体行政行为认定的事实是否正确和相关证据是否确凿、主要证据是否充足；(4) 被诉具体行政行为实体上是否合法，如，适用法律、法规，参照规章是否正确，行政给付不作为或者拒绝履行法定职责是否合法，行政处罚决定是否显失公正等；(5) 被诉具体行政行为程序上是否合法；(6) 法院裁判应当依据的法律、法规、司法解释，应当参照的规章及参考的其他规范性文件；(7) 其他与被诉具体行政行为的合法性有关的问题，比如，被诉具体行政行为的合法性是否有合法的证明根据；撤销被诉具体行政行为是否存在重新作出具体行政行为的必要性；(8) 本案适用何种裁判类型及判决主文的具体事项如何确定；本案诉讼费用由何方当事人及如何承担。

合议庭评议案件时，先由主审法官介绍案情并发表意见，审判长最后发表意见；审判长作为主审法官的，审判长最先介绍案情，并在其他合议庭成员发表意见后最后发表意见。审判长应当根据评议情况总结合议庭评议的结论性意见。

合议庭成员进行评议时，应当充分陈述意见，不得拒绝陈述意见或者仅作同意与否的简单表态。同意他人意见的，也应当提出事实根据和法律依据，进行分析论证。

4. 合议庭评议案件时，按少数服从多数原则作出决定。所有合议庭成员发表的评议意见及理由均应记入评议笔录。评议笔录由书记员制作，由合议庭成员签名。诉讼参与人无权查阅评议笔录。

5. 遇有重大、复杂的行政案件，应先由合议庭进行评议，作出决定；而后为保证本案正确判决，应由审判长（通过行政庭庭长）提交本法院院长，由院长提交本院审判委员会讨论决定。审判委员会的决定，合议庭必须执行。

6. 合议庭一般应当在作出评议结论或者审判委员会作出决定后的五个工作日内完成裁判文书的制作。合议庭在裁判文书中应当引用法律条文全文，注重以法论理，加强裁判文书的说理性。

主审法官主拟判决原本草稿，交由书记员打印、校对后，将初稿送合议庭成员阅读一遍，合议庭成员认为有误的地方可以在初稿上改正，或添加自己的意见。

合议庭最后评议的时间或者审判委员会最后讨论决定的时间应作为裁判文书的落款时间。

合议庭判决原本，由合议庭全体成员签名、存档。

（二）公开宣判

合议庭评议完毕时，还应决定本案当庭或定期宣判。宣判，即指审判长在公开的场合里，将合议庭以人民法院名义对所审理的行政案件作出的判决，向当事人及其他诉讼参与人，以及旁听的群众予以宣告。

1. 宣判，是本案开庭审理结束的标志，也是第一审程序终止的标志，并导致第一审程序中行政诉讼法律关系主体之间的权利、义务的消灭。也就是说，合议庭判决一经宣告，本案不再进行第一审活动，第一审人民法院与当事人及其他诉讼参与人之间在第一审活动中的主持指挥与服从主持指挥的、当事人双方之间的起诉与被起诉的，以及当事人与其诉讼代理之间的代理与被代理的各种权利、义务关系即告终结，而被行政诉讼法律关系主体在执行程序的或者第二审程序的新的权利、义务关系所替代。

2. 由于宣判具有上述重要意义，因此，人民法院对公开审理或者不公开审理的案件，一律应公开宣布判决。公开开庭审理的，可以当庭宣判；不公开开庭审理的，不能当庭宣判，而应定期公开宣判。

3. 当庭公开宣判的，应当从闭庭后第 2 日起 10 日内送达判决书；定期公开宣判的，审判长应查对到庭的当事人，并在宣判后，立即发给判决书。

4. 宣判，在程序上还应注意：(1) 需要报请审判委员会讨论决定的案件，合议庭评议结束后开庭时，应由审判长宣布本案需报请本院审判委员会讨论决定及其报请原因，并宣布本案定期宣判和审判的日期、地点，也可宣布定期宣判日期、地点另行通知，然后宣布休庭。(2) 不需报请审判委员会讨论决定的案件，可当庭口头宣判。宣判前审判长应发表经合议庭讨论通过的评议词，对被诉具体行政行为合法性问题作出法庭评价，对双方当事人诉争的主要问题焦点表明法庭看法，并且简明扼要阐明法庭判决类型及维持、撤销、变更具体行政行为的理由和根据。(3) 在审判长的评议词发表后或者判决书（定期宣判的）“判决理由”

宣读后，审判长宣布："现在宣判"，此时，书记员应即宣布："请全体起立"，在合议庭成员、书记员和当事人、诉讼代理人及旁听人员都起立后，审判长宣布判决正文部分（即合议庭对案件实体裁判）。（4）审判长在宣判后，均应告知当事人双方的上诉权利、上诉期限、上诉的法院，以及不上诉的法律后果。最高人民法院作第一审法院的，判决宣告即发生法律效力，当事人不得提出上诉。（5）然后，审判长宣布闭庭。（6）书记员在审判长宣布闭庭后，宣布：请审判长及其他合议庭成员退庭。然后，再宣布：当事人和旁听人员退庭。

5. 宣判，应在审限内。根据《行政诉讼法》第 57 条规定，人民法院应当在立案之日起三个月内作出第一审判决，不得久拖不审，久审不决。但是在遇到案情复杂、影响重大、取证困难、干扰严重的特殊情况，在三个月内无法宣判而需要延期的，属基层、中级法院一审的，径报高级人民法院批准延期；属高级法院一审的，报最高人民法院批准后才能延期。

人民法院判决书宣判的日期，为本案的结案日期。

九、开庭笔录

开庭审理，是人民法院独立行使行政案件审判权的核心活动，必须用笔录的书面形式予以记载。开庭笔录，又称法庭笔录或庭审笔录，是合议庭书记员对合议庭开庭审理各阶段活动及其过程的客观记录，是人民法院制作的重要诉讼文书。

（一）开庭笔录的重要性

1. 开庭笔录，是反映法庭上诉讼活动的全过程，反映合议庭按照法定程序审理案件的记录。某一行政案件是否经过法庭审理，审理是否符合法定程序，上级人民法院在检查案件质量，总结行政审判工作经验、教训时，对此问题，都以开庭笔录为根据。

2. 开庭笔录，是对行政案件全部事实和定案证据审核的客观记录。当事人主张的事实和理由的陈述、证人的证言等必须加以固定的证据，在笔录上得到反映和固定，经过法庭调查和辩论的事实和证据，在笔录上得到详尽的记载，法庭调查和辩论中记录下来的经法庭上审核属实的证据，案件的真实情况，是合议庭认定事实，适用法律、法规的基础，是人民法院作出判决的重要根据。

3. 开庭笔录，是上诉审程序和再审程序审理案件和审查判决是否确有违法的根据。第二审法院通过审阅开庭笔录，认为事实清楚，即可决定采取书面审理方式审理上诉案件；上级人民检察院通过审阅开庭笔录，认为确有违反法律、法规的，即可决定按审判监督程序提起抗诉；本法院院长、上级人民法院通过审阅开庭笔录，发现已审结案件确有违反法律、法规的，提交本法院审判委员会决定再审，或者按审判监督程序提审或指定下级法院再审。

（二）开庭笔录的内容

开庭笔录，要成为合议庭审理的完整记录，其记载的内容应是按照开庭审理顺序进行活动的主要事项：

1. 案件的案由，案件是否公开审理及不公开开庭审理的理由，开庭审理的地点，起始与终结或中止时间。

2. 合议庭审判员、人民陪审员、审判长、书记员姓名、职务。

3. 诉讼参加人及其他到庭诉讼参与人的姓名和基本情况，未到庭的应记明处理情况。

4. 审理前审判长宣布的事项，当事人、法定代理人是否申请谁回避，以及法院对回避申请的决定情况。

5. 法庭调查中当事人的陈述、审判人员与当事人的询问与回答情况及内容。证人当庭陈述的证言，或合议庭宣读的书面证言，询问人笔录的内容，当事人对证人证言的质证情况。在法庭上出示的物证及其件数，宣读的书证、鉴定结论、勘验笔录、现场笔录的内容及其件数，播放的录音、录像的内容及视听资料的件数，以及当事人对这些证据的意见及其内容。当事人有无提出新的事实与证据，是否要求重新调查、鉴定、勘验，合议庭对此如何处理。

6. 诉讼参加人在法庭辩论中各自发言和相互辩论，审判长引导、主持双方辩论的情况和辩论内容，以及当事人最后陈述意见。

7. 延期审理、缺席判决、赔偿诉讼调解、协调处理、申请撤诉、中止诉讼等特别情况有无存在，合议庭如何解决。

8. 合议庭的评议活动另作评议笔录附卷。评议结束当庭审判的，在开庭笔录中应记明判决主文，以及宣判后审判长的询问与当事人对判决的申明意见。定期宣判的，另行制作宣判笔录附卷。

9. 书记员应当将法庭审理的全部活动记入笔录，由合议庭成员和书记员签名。

开庭笔录的制作，必须真实、准确、清楚、全面、详细地反映合议庭开庭审理行政案件的完整过程及其具体内容，记录原话，不损原意，文字使用应正确、规范、避免发生歧义。

10. 庭审笔录由当事人和其他诉讼参加人当庭或者在五日内阅读，有阅读障碍的，书记员当庭宣读。合议庭评议笔录除外。

庭审笔录经核对无误后，由当事人和其他诉讼参加人在笔录上签名或者盖章；有拒绝在笔录上签名或者盖章的，书记员应当记明情况附卷。

当事人或者其他诉讼参加人认为庭审笔录有误或者有遗漏，申请补正的，经书记员同意可以在笔录上修正或者另页补正。但补正涉及案件主要事实认定的，由合议庭决定是否准许。

以上所述开庭审理的各大阶段，各自任务及其具体方式、步骤、方式均有所不同；但同时又是前后衔接，密切相联系，缺一不可地构成行政案件第一审的开庭审理的统一程序。它是第一审人民法院正确查明案情，认定事实，适用法律、法规处理案件的比较完整、科学、民主的程序。

第四节　对开庭审理中的特殊情况处理

一、撤诉

（一）撤诉的概念与种类

撤诉，是指原告撤回起诉，请求人民法院不再对其与被告之间的行政争议案进行审理或裁判的一种诉讼行为。

根据《行政诉讼法》第 48 条和 51 条的规定，撤诉分为两种情况：

1. 自愿申请撤诉。即指原告在人民法院对行政案件宣告判决或者裁定前，表示愿意服从被诉具体行政行为或者同意被告改变被诉具体行政行为，而主动向人民法院申请撤回起诉。

自愿申请撤诉，必须符合两个条件才能提出：（1）人民法院对行政案件的判决或者裁定尚未宣告。如已宣告则不能申请撤诉。因为判决或者裁定一经宣告，即表明人民法院对如何解决行政争议、对原告的诉讼请求和被诉具体行政行为是否合法，已经作出权威性判定结论并公布于众，非经法定程序不能改变，同时，也表明案件诉讼活动已告结束，撤诉已无现实意义。因此，申请撤诉必须在法院宣告判决或裁定之前。（2）申请撤诉的，必须是原告，或者是经原告特别授权的委托代理人，无诉讼行为能力原告人的法定代理人。除此之外，其他诉讼参加人均无权申请撤诉。这是因为申请撤诉乃是法律赋予原告的一项专有的起诉处分权利，依法无起诉权的非原告方自然不能行使。

2. 视为申请撤诉。即指经人民法院两次合法传唤，原告无正当理由拒不到庭的，人民法院据此而推定原告已自愿申请撤诉。

视为申请撤诉，必须符合三个条件：①人民法院对原告进行了两次合法传唤。“合法传唤”，即一要有传票；二要把传票送达原告；三要有送达回证予以证明。此种“合法传唤须进行两次”，即一要有两张传票；二要把传票两次送达原告；三要有两张送达回证予以证明。倘若不是合法传唤，或者是合法传唤但仅为一次，均不能视为申请撤诉。②原告拒不到庭确无正当理由，即并无《行政诉讼法》第 40 条规定的可延长期限的情况。倘若原告未到庭确有正当理由者不能视为申请撤诉，只能作延期审理处理。③人民法院已作出明确的推定。即已明确宣布视经两次合法传唤，无正当理由拒不到庭的原告为自愿申请撤诉。此种推定，应由合议庭作出，并由审判长当庭宣布，书记员记入笔录备查。倘若人民法院无此明确的推定，则不能视为申请撤诉。

视为申请与自愿申请撤诉，都是原告行使其起诉处分权利的申请撤诉行为，只不过前者是原告消极的、被动的申请撤诉，而后者是原告积极的、主动的申请撤诉。

（二）对撤诉的审查与处理

1. 根据《行政诉讼法》第 51 条，原告申请撤诉，无论是自愿申请撤诉或者视为申请撤诉，能否产生撤诉息讼的法律后果亦即是否准许撤诉，必须由人民法院审查后裁定。法院裁定准许撤诉的，原告申请撤诉方能奏效；法院裁定不准许撤诉的，原告申请撤诉即无效果。

2. 法院裁定准许撤诉的条件。在司法实践中，根据 2007 年 12 月 17 日最高人民法院审判委员会第 1441 次会议通过的《最高人民法院关于行政诉讼撤诉若干问题的规定》（法释〔2008〕2 号)，被告改变被诉具体行政行为，原告申请撤诉，符合下列 4 项条件的，人民法院应当裁定准许撤诉：

（1）申请撤诉是当事人真实意思表示。

（2）被告改变被诉具体行政行为，不违反法律、法规的禁止性规定，不超越或者放弃职权，不损害公共利益和他人合法权益。

有下列情形之一的，属于或者可以视为“被告改变其所作的具体行政行为”：①改变被诉具体行政行为所认定的主要事实和证据；②改变被诉具体行政行为所适用的规范依据且对定性产生影响；③撤销、部分撤销或者变更被诉具体行政行为处理结果。或者：④根据原告的请求依法履行法定职责；⑤采取相应的补救、补偿等措施；⑥在行政裁决案件中，书面认可原告与第三人达成的和解。此外，人民法院经审查认为被诉具体行政行为违法或者不当，可以在宣告判决或者裁定前，建议被告改变其所作的具体行政行为。

（3）被告已经改变或者决定改变被诉具体行政行为，并书面告知人民法院。

（4）第三人无异议。

此外，被告改变被诉具体行政行为，原告申请撤诉，有履行内容且履行完毕的，人民法院可以裁定准许撤诉；不能即时或者一次性履行的，人民法院可以裁定准许撤诉，也可以裁定中止审理。

3. 人民法院裁定准许或不准许撤诉，应当制作裁定书，写明原告申请撤诉（含自愿申请撤诉或视为申请撤诉）的情况及理由，准许或不准许撤诉的裁定，及其理由和根据，由合议庭成员、书记员署名，加盖人民法院印章。

准许撤诉裁定可以载明被告改变被诉具体行政行为的主要内容及履行情况，并可以根据案件具体情况，在裁定理由中明确被诉具体行政行为全部或者部分不再执行。

在必要的时候，对于视为申请撤诉而裁定不准许撤诉的，为保证庭审活动按时进行，合议庭可以（由审判长）当庭作出口头裁定，记入庭审笔录备查，不需要制作裁定书、准许或不准许撤诉的裁定书，送达后即为生效；口头裁定一经宣告后即为生效，申请撤诉原告不得上诉或者申请法院复议。

4. 经审查，申请撤诉不符合法定条件的，或者被告改变被诉具体行政行为后当事人不撤诉的，人民法院应当及时作出裁判。

（三）准许或不准许撤诉的裁定的效力

1. 人民法院准许撤诉裁定的效力是：（1）终结本案诉讼，并消灭原告对本案的起诉权利。原告即使是在法定起诉期间再次起诉的，人民法院亦不予受理。但是，原告因在法定期间内预交诉讼费，又不提出缓交诉讼费用申请，人民法院按自动撤回起诉而未按裁定准许撤诉处理的，原告在起诉期间再次起诉，人民法院应予受理。（2）原告应即转入自觉履行被告作出的具体行政行为（包括被诉的具体行政行为或被告改变而原告同意的具体行政行为），否则，被告行政机关有权依法强制执行或者申请人民法院强制执行。（3）当事人依照规定承担诉讼费用，即根据《诉讼费用交纳办法》负担撤诉案件的诉讼费用：①撤诉的案件，案件受理费由原告负担，减半收取，其他诉讼费按实际支出收取。②在诉讼过程中被告改变或者撤销其具体行政行为，原告申请撤诉，人民法院裁定准许撤诉的，案件受理费由被告负担，减半收取，其他诉讼费用按实际支出收取。

2. 人民法院不准许撤诉裁定的效力是：（1）继续进行本案诉讼。即使是被告行政机关在第一审程序中改变其所作的具体行政行为，但是原告申请撤诉未获准许，或者原告不申请撤诉的，人民法院应当继续审理被诉的原具体行政行为。（2）人民法院裁定不准许原告撤诉，如果原告仍然拒不到庭，人民法院可以比照《行政诉讼法》第 48 条规定缺席判决。

（三）申请撤诉可被参照适用于撤回上诉或撤回再审申请

根据《最高人民法院关于行政诉讼撤诉若干问题的规定》，第二审或者再审期间行政机关改变被诉具体行政行为，当事人申请撤回上诉或者再审申请的，参照一审申请撤诉的规定。法院准许当事人撤回上诉或者再审申请的裁定可以载明行政机关改变被诉具体行政行为的主要内容及履行情况，并可以根据案件具体情况，在裁定理由中明确被诉具体行政行为或者原裁判全部或者部分不再执行。

二、缺席判决

（一）缺席判决的概念

缺席判决，是指在只有一方当事人到庭，而另一方当事人无正当理由拒不出席或者中途未经许可而退席的情况下，人民法院依法对案件开庭审理之后所作出的判决。

（二）缺席判决的适用情况

根据《行政诉讼法》第 48 条和有关司法解释文件的规定，缺席判决的适用情况是：

（1）经人民法院两次合法传唤，被告无正当理由拒不到庭应诉的；

（2）原告或者上诉人申请撤诉，人民法院裁定不予准许的；

（3）原告或者上诉人经合法传唤无正当理由拒不到庭，或者未经法庭许可而中途退庭的。

行政诉讼第三人经合法传唤无正当理由拒不到庭，或者未经法庭许可中途退庭的，可视其放弃权利，不影响案件的审理。

（二）缺席判决的注意事项

缺席判决的实施，须注意以下五点：

（1）未经合法传唤当事人，不得进行缺席判决。

（2）缺席判决，仍应以经过法庭审判尤其是法庭调查为基础。合议庭必须在法庭上在其他诉讼参加人等在场及其他诉讼参与人参加下认真查明案情事实，核实证据，听取到庭当事人发表辩论意见和最后陈述；同时也应该核查拒不到庭当事人已提供的诉讼文书、证据材料和规范性文件；并对被诉具体行政行为是否合法作出认真的评议认定，才能够作出缺席判决，无论是原告不到或被告缺席，都不能搞未审即判，必须在进行开庭审理以后才能判决。

（3）经合法传唤，因被告无正当理由拒不到庭而需要依法缺席判决的，被告提供的证据不能作为定案的依据，但当事人在庭前交换证据中没有争议的证据除外。

（4）缺席判决的宣告，只能在公开开庭审理或者定期公开宣判的场合进行，在不公开开庭审理的场合，不能即时宣告缺席判决。

（5）缺席判决，应当保障缺席当事人的合法上诉权利，在依法宣告缺席判决后，应在法定期限内将判决书送达缺席当事人，便利其依法行使上诉权利。

三、延期审理

（一）延期审理的概念

延期审理，是指因法定特殊情况产生，在开庭审理期日确定后或者开庭审理过程中，致使原定开庭审理活动不能按期进行或者不能持续进行的，由人民法院决定中断原定审判期日的审理活动，另定（亦即推延到）新的审判期日再继续进行。

（二）延期审理的情况

《行政诉讼法》没有延期审理的规定，参照《民事诉讼法》的相关规定以及参考行政诉讼司法解释有关规定，延期审理产生的特殊情况主要有：

1. 除视为申请撤诉和缺席判决状况之外，必须到庭的当事人及其他诉讼参与人没有到庭参加审理活动。

2. 当事人因正当理由不能出庭的，应当延期审理（或者中止诉讼）。

3. 因当事人申请回避不能进行开庭审理。这指法院在决定是否回避的时间内，或者虽已决定回避，但还未指定新的审判人员承办本案之前，本案无人主持审理，从而只得延期审理。

4. 需要通知新的证人到庭，调取新的证据；需要重新鉴定、勘验或者补充调查，否则无法对事实和证据进行法庭上的审核。

5. 原告或者第三人提出其在行政程序中没有提出的反驳理由或者证据，被告就此在法庭调查阶段申请补充相应的证据或者申请延期审理，法庭有权决定是否准许。

6. 其他应当延期审理的情形。比如，①当事人突发急病，法庭许可其中途退庭，从而无法继续在原定审理时间内审理的，应当延期审理；②当事人因实施妨害行政诉讼的行为而被司法拘留，不能继续开庭审理的；③合议庭组成人员和书记员临时变更的，审判长开庭时应当予以说明并征求当事人意见，当事人要求延期审理的，法庭应当准许。等等。

（三）延期审理的注意事项

1. 开庭审理活动是严肃的，必须依法进行，除规定的延期审理的情形外，不能随便以任何理由决定延期审理，以保证开庭审理活动顺畅。

2. 法院决定延期审理后，对下次开庭审理的时日和地点，能够当庭确定的，应当在当庭宣布延期审理决定的同时当庭通知当事人和其他诉讼参与人；不能当庭确定的，可休庭后确定时发出书面通知。

3. 除因当事人申请回避而引起延期审理的情况下，延期审理前已经进行的法庭调查等审理活动，对延期后的开庭审理仍然有效，非有必要，不需重复进行。

（四）延期审理与审理期限的关系

行政诉讼中的延期审理期间，不计入审限。其理由在于：（1）《行政诉讼法》以及《民事诉讼法》都没有规定延期审理期间计入审限。（2）《最高人民法院关于严格执行案件审理期限制度的若干规定》（法释〔2000〕29 号）“为提高诉讼效率，确保司法公正，根据刑事诉讼法、民事诉讼法、行政诉讼法和海事诉讼特别程序法的有关规定，现就人民法院执行案件审理期限制度的有关问题规定如下：……第九条下列期间不计入审理、执行期限：……（五）因当事人、诉讼代理人、辩护人申请通知新的证人到庭、调取新的证据、申请重新鉴定或者勘验，法院决定延期审理一个月之内的期间……”《最高人民法院案件审限管理规定》（法〔2001〕164 号）强调：不计入审理期限的期间依照本院《关于严格执行案件审理期限制度的若干规定》第九条执行。

四、中止诉讼

（一）中止诉讼的概念

行政诉讼的中止诉讼，是指在行政诉讼进行中，由于出现法定特殊情形，致使已开始的诉讼暂时无法继续进行，由人民法院裁定暂时停止诉讼。

（二）中止诉讼的适用情形

《行政诉讼法》对中止诉讼未作规定，据有关司法解释文件规定，在行政诉讼过程中，有下列情形之一的，中止诉讼：

1. 原告死亡，需要等待其近亲属表明是否参加诉讼的。

原告是提起行政诉讼的诉讼主体，没有原告也就没有诉讼。在诉讼过程中，原告死亡的，诉讼主体即告缺位，诉讼不能继续进行。根据《行政诉讼法》第 24 条第 2 款规定，应由其近亲属（在愿意提起诉讼的前提下）充当原告替代死亡原告继续诉讼，这即为原告主体资格的合法转移。完成这种转移，需要一定时间等待死亡原告的近亲属对是否愿意参加诉讼的问题作出明确表示（一般应以书面方式通知审理法院）。因此，在新的原告成员正式确定之前，人民法院应当中止欠缺诉讼主体的诉讼活动。

2. 原告丧失诉讼行为能力，尚未确定法定代理人的。

在诉讼进行中，作为原告的公民因某种原因（比如，因车祸致脑伤失语，因受精神压力而致精神失常等等）丧失了亲自进行行政诉讼活动的思维能力或语词能力，为保护其合法权益，人民法院就需确定甚至指定法定代理人参加诉讼。而这都需要有一定时间才能确定或指定。因此，在法定代理人参加诉讼之前的空白时间，应当中止诉讼。

这里应注意两个问题：（1）原告丧失诉讼行为能力，须是发生在已开始的诉讼之中，即原告原来是具有诉讼行为能力并已实际参加了诉讼的。倘若原告在诉讼前就丧失行为能力，不发生中止诉讼的问题，而只发生是否立案受理与开始进行诉讼的问题。

（2）原告人在诉讼中丧失诉讼行为能力，而其在此前委托有诉讼代理人的，应视委托诉讼代理人的不同情况处理：①委托诉讼代理人是原告的近亲属的，在该近亲属担任原告监护人不发生异议的前提下，法院即可确定其为原告的法定代理人而代为继续进行诉讼，而不必中止诉讼。②除前述情况外，法院在尚未确定原告法定代理人之前，不论委托诉讼代理人所享有的是部分代理或者全权代理的权限，都应中止诉讼，等候法定代理人参加。

3. 作为一方当事人的行政机关、法人或者其他组织终止，尚未确定权利义务承受人的。

根据《行政诉讼法》规定，行政机关被撤销的，继续行使其职权的行政机关是被告。在诉讼进行中，作为一方当事人的行政机关因依法被撤销而终止，尚未确定继续行使其职权的行政机关接替其为被告的，人民法院应当中止诉讼。

作为一方当事人的法人或者其他组织在诉讼过程中，因依法被撤销、合并、分立、解散、宣告破产、散伙等原因而终止时，诉讼活动即因无原告而不可继续进行。遇此情形，人民法院应当中止诉讼，并依《行政诉讼法》第 24 条第 3 款规定，通知并等待其权利义务承受人替代其原告资格后参加诉讼。

4. 一方当事人因不可抗拒的事由，不能参加诉讼的。

在行政诉讼中，当事人一方因地震、灾害、交通中断、抢险等不可抗拒的客观情况，在一定时期内不能参加诉讼的，人民法院应当中止诉讼，等待不可抗拒事由消失之后，再恢复诉讼。

5. 案件涉及法律适用问题，需要送请有权机关作出解释或者确认的。

6. 案件的审判须以相关民事、刑事或者其他行政案件的审理结果为依据，而相关案件尚未审结的。

这种情形是指，一个案件的解决，与另一案件的解决有必然联系，并以另一案件的解决为先决条件，另一案件审结之前，本案件就不可能解决，也无法审理，比如，一起不服行政机关处罚违章不动产的行政决定而起诉的案件，人民法院在立案受理后发现，原告人因该不动产的所有权归属问题正在进行一场民事诉讼，究竟谁是本行政案件的正当原告人，本行政案件的不动产主人是谁，须待法院作出民事裁判后才能确定。因此，在这个民事案件未审结之时，本行政案件无法继续审理，应当中止诉讼。

7. 其他应当中止诉讼的情形。

在行政诉讼过程中，只要发生其他特殊情形，使诉讼难以继续进行的，人民法院均可中止诉讼。在司法实践中，一般包括：(1) 因追究刑事责任而影响行政案件审理的。人民法院在审理行政案件过程中，发现被处罚人的行为构成犯罪，应当追究刑事责任的，如果对刑事责任的追究影响本案审理的，应中止诉讼，将有关犯罪材料移送有关机关处理，在有关机关作出最终处理后，再恢复诉讼。(2) 原告公民在诉讼期间因必须参加地方党委或所在部门组织的中心工作，而暂时无法抽身参加行政诉讼的；(3) 被告行政机关在行政诉讼期间因行政机构改革而发生内部改组、人员调整、机关撤并等重要事变而暂时不能继续参加诉讼的或需等待被告资格转移完成，由继续行使被撤并机关职权的行政机关接替参加诉讼的，等等，均可视为其他应当中止诉讼的情形，人民法院应中止诉讼。

(三) 中止诉讼的裁定效力与恢复诉讼

1. 出现以上特殊情形而致已开始的行政诉讼活动难以继续进行时，人民法院应当裁定中止诉讼。并须制作中止诉讼裁定书，记明中止诉讼的情形、裁定中止诉讼的理由和根据。由合议庭审判人员、书记员署名，加盖人民法院印章，送达当事人各方，对于因发生当事人主体资格转移事由而裁定中止诉讼的，还应当在中止诉讼裁定书中，写明根据《行政诉讼法》第 24 条或第 25 条有关规定，应由原当事人的近亲属、权利义务承受人、继续行使其职权的行政机关替代原当事人参加诉讼，并将裁定书送达该近亲属、权利义务承受人、继续行使原当事人职权的行政机关。

2. 中止诉讼裁定书一经送达，即为生效。人民法院和当事人除可依法申请与采取财产保全或先予执行措施外，应当停止本案的诉讼活动。当事人对中止诉讼的裁定不服的，不能提出上诉或复议申请。

3. 中止诉讼的原因消除后，恢复诉讼。原中止诉讼裁定自然失效。恢复诉讼，可以由当事人（含新的当事人）提出申请，也可以由人民法院依职权决定。从人民法院通知双方当事人继续进行诉讼之日起，中止诉讼的裁定即告自行失效，无需作出新的裁定予以撤销。诉讼程序恢复后，人民法院和当事人及其他诉讼参与人在中止诉讼裁定之前已进行的一切诉讼活动仍然有效，并对原当事人的诉讼权利义务承受人即新参加诉讼的死亡原告的近亲属、被终止原告的权利义务承受人、继续行使被撤销被告职权的行政机关，以及原告人的法定代理人，均具约束力。

（四）中止诉讼期间不计入审理期限

根据《最高人民法院关于严格执行案件审理期限制度的若干规定》（法释〔2000〕29号）“第9条下列期间不计入审理、执行期限：……（九）中止诉讼（审理）或执行至恢复诉讼（审理）或执行的期间”的规定，行政诉讼的中止诉讼期间不计入审理期限。

五、终结诉讼

（一）终结诉讼的概念

终结诉讼，是指在行政诉讼进行中，由于出现法定特殊情形，致使继续进行诉讼已失去实际意义或根本不可能时，由人民法院裁定就此结束本案诉讼。

（二）终结诉讼的适用情形

在《行政诉讼法》中未对终结诉讼作出规定。根据有关司法解释文件规定，在行政诉讼过程中，有下列情形之一的，终结诉讼：

1. 原告死亡，没有近亲属或者近亲属放弃诉讼权利的。

这一情形表明，“无原告即无诉讼”，此时案件的原告资格已缺失，导致继续诉讼已属不可能，且行政实体法律关系已因一方主体死亡而消灭，人民法院应当终结诉讼。

2. 作为原告的法人或者其他组织终止后，其权利义务的承受人放弃诉讼权利的。

3. 因原告死亡，须等待其近亲属表明是否参加诉讼，人民法院裁定中止诉讼已满90日，仍无人继续诉讼的，但有特殊情况的除外。

这一情形表明，此时案件的原告资格已缺失，导致继续诉讼已属不可能，而若无限期中止诉讼会导致司法资源的闲置，因此，如无特殊情况的存在，人民法院应当终结诉讼。

4. 因原告丧失诉讼行为能力，尚未确定法定代理人，人民法院裁定中止诉讼已满90日，仍无法定代理人继续诉讼的。但有特殊情况的除外。

这一情形表明，丧失诉讼行为能力的原告必须由其法定代理人代为诉讼，在中止诉讼已满90日还没有法定代理人继续诉讼的情况下，失去诉讼行为能力的原告不可能独立进行诉讼，若继续中止诉讼等待下去已无意义。因此，除特殊情况外，人民法院应当终结诉讼。

5. 因作为一方当事人的行政机关、法人或者其他组织终止，尚未确定权利义务承受人，人民法院裁定中止诉讼已满90日，仍无人继续诉讼的。但有特殊情况的除外。

这一情形表明，此时案件一方当事人缺失，或者只存原告，或者只存被告，继续诉讼已属不可能，且继续中止诉讼无限期地等待权利义务承受人参加诉讼会造成司法僵硬局面。因此，如没有特殊情况的，人民法院应当终结诉讼。

（三）终结诉讼的裁定及其效力

1. 人民法院终结诉讼，应当制作终结诉讼裁定书。写明引起终结诉讼的情形、裁定终结诉讼的理由和根据；由合议庭审判人员、书记员署名，加盖人民法院公章，并送达当事人或当事人的继承人、权利义务承受人、法定代理人。

2. 人民法院终结诉讼裁定书一经送达，即告生效。其效力表现为：（1）本案的诉讼程序即告终了。原先中止的诉讼活动不再恢复进行，对案件的实体争议问题不予司法裁判，预交的案件受理费不予退回。（2）本案原告当事人或其继承人、权利义务承受人、法定代理人丧失起诉权利，即不得基于同一事实、同一理由对本案具体行政行为再次起诉。（3）人民法院除依审判监督程序再审外，对本案不再行使审判权，即不得依普通审判程序对本案再予立案受理及审理裁判。（4）本案被告行政机关的被诉具体行政行为，不再接受人民法院的司法审查。该被诉具体行政行为，不可能实施的，即告自行失效；可以实施的，行政机关可要求原相对人自觉履行该行政行为设定的义务，亦可依法强制执行或者申请人民法院强制执行。

（四）终结诉讼与中止诉讼的联系与区别

终结诉讼与中止诉讼有着密切的联系：（1）两者都是在行政诉讼过程中，因法定特殊情形出现后，人民法院依职权处理诉讼程序和处置当事人诉讼权利的行为。（2）中止诉讼是终结诉讼的前提，导致终结诉讼的法定特殊情形须以中止诉讼满三个月为其成就的必要因素，未经裁定中止诉讼不得裁定终结诉讼；终结诉讼则是中止诉讼经一定期间后已不可能恢复继续同案诉讼活动的必然后果。

终结诉讼与中止诉讼又有区别：（1）终结诉讼是完全结束诉讼程序，不再进行诉讼活动；中止诉讼则是暂时停止诉讼程序，可以恢复进行诉讼活动。（2）终结诉讼是对诉讼过程中出现了使案件继续诉讼失去实际意义或成为不可能的特定情况的处理；中止诉讼则是对诉讼过程中发生了使案件诉讼活动暂时不能连续进行的特定情况的处理。（3）终结诉讼导致当事人诉权和人民法院对终结案件审判权的失却；中止诉讼则保留并可恢复当事人诉权和人民法院对中止案件的审判权。（4）终结诉讼致使被诉具体行政行为解脱司法审查而可径直付诸实施；中止诉讼仍然置被诉具体行政行为于司法审查领域，已在诉讼期间依法停止执行的被诉具体行政行为不能在中止诉讼期内付诸实施。

（五）终结诉讼与审理期限的关系

终结诉讼的裁定之日，即为案件审理期限结束之日。

第五节　行政案件的第一审判决

一、行政案件的第一审判决、判决书概述

（一）行政案件的第一判决、判决书的含义

行政案件第一审判决，指的是人民法院在按照第一审程序对行政案件（包含初次审理的案件，第二审法院裁定发回的重审案件，依第一审程序审理的再审理案件）的开庭审理中，根据法庭上查明和确定的客观事实，适用行政法律规范（包括依据法律、法规和参照行政规章），对案件实体问题所作出的权威性的处理决定。

在审判实践中，第一审判决须由审理本案的合议庭经过审理、评议后，以所在人民法院的名义作出。合议庭以人民法院名义，按法定格式，依判决内容制成的书面文件，被称为“行政判决书”。

行政判决书，是十分严肃而具有国家强制性的法律文书。一经作出，除依法定的上诉审或再审程序改变外，任何机关（包括法院自己）、团体、个人不能任意变更、撤销、违反。

（二）行政案件第一审判决、判决书的内容

行政案件第一审判决的内容，一般包括以下几方面：

1. 当事人及其诉讼代理人的基本情况、案由、诉讼请求、争议的事实和理由。

2. 判决认定的事实、理由，适用的行政实体法律规范。

3. 合议庭（含根据审判委员会决定）对案件实体问题的处理决定，诉讼费用负担的决定。

4. 上诉期间和上诉法院。

第一审判决书的内容，除须写明上述判决内容外，在判决书首部，应写明人民法院的名称、判决书的名称、字、号和年期；在判决书尾部，应写明审判长、审判员（陪审员）、书记员的姓名，并加盖人民法院的公章。

人民法院裁判文书是人民法院公开审判活动、裁判理由、裁判依据和裁判结果的重要载体。为规范行政裁判文书的样式，提高行政裁判文书的制作水平，2004 年 12 月 8 日最高人民法院发布《一审行政判决书样式（试行）》（法发［2004］25 号），分别规定了适用于一审作为类行政案件、一审不作为（仅指拖延履行和不予答复）类行政案件、一审行政赔偿（单独提起行政赔偿）案件的一审行政判决书样式。第一审法院应当根据案件类别正确制作一审判决书，符合最高人民法院颁布的裁判文书样式要求，包含裁判文书的必备要素，并按照繁简得当、易于理解的要求，清楚地反映裁判过程、事实、理由和裁判依据。

二、行政案件第一审判决的法定类型

根据《行政诉讼法》第 54 条以及有关司法解释的规定，人民法院经过审理，根据行政案件不同情况，分别作出以下六种类型的第一审判决：维持型判决、撤销型判决、履行型判决、变更型判决、驳回型判决、确认型判决。

（一）维持型判决

维持型判决，指人民法院经开庭审理，认定被诉具体行政行为具有合法性时，所作出的维持该具体行政行为的判决。

维持型判决的条件，根据《行政诉讼法》第 54 条第（一）项规定有三：（1）具体行政行为证据确凿，即具有充分、确实的事实依据。（2）具体行政行为适用法律、法规正确，即具有正确的行政法律规范依据；（3）具体行政行为的作出，符合行政法规范文件所规定的程序。这三项条件，经审查同时具备的，人民法院应作出维持具体行政行为的一审判决。

（二）撤销型判决

撤销型判决，指人民法院经开庭审理，确认被诉具体行政行为全部或部分违法时，所作出的撤销或部分撤销该具体行政行为的判决。

根据《行政诉讼法》第 54 条第（二）项规定，人民法院经审理查明被诉具体行政行为有下列情况之一的，判决撤销或部分撤销，并可以判决被告行政机关重新作出具体行政行为：

1. 主要证据不足的。“主要证据”，是指能够证明赖以作出具体行政行为的基本事实情况确实存在的必要证据。主要证据不足的，行政机关应当不作出具体行政行为，已经作出的具体行政行为必然欠缺基本的行政法律事实，并由此导致该行为欠缺合法性而不能成立。因此，人民法院对主要证据不足的具体行政行为，应当判决全部撤销。

2. 适用法律、法规错误。这是指具体行政行为所依据的行政法律规范性文件不正确，使该行为不具备合法性。在实践中，一般认为具体行政行为适用法律、法规有错误，包括以下5种情形：(1) 应当适用的规范性文件未予适用，不应适用的却适用。如本应适用《水土保持法》的，却错用上了《土地管理法》。(2) 在同一规范性文件中，应当适用的条款未予适用，不应适用的条款却适用。(3) 适用失效或未生效的规范性文件。比如，在《城市规划法》生效后仍在适用已废止的《城市规划条例》处理现时事项。又如《食品安全法》2009年2月28日第十一届全国人大常委会第七次会议通过自2009年6月1日起才生效施行，而有关主管部门却在此日期前直接适用该法作出食品安全行政处罚决定。(4) 适用与法律、法规相抵触的规章或具有普遍约束力的决定、命令。(5) 适用了被国务院的行政解释或者裁决不予准许适用的行政规章。具体行政行为适用法律、法规错误，是其欠缺合法性的表现，并且往往导致该行政行为在对相对人行为的定性认识和处理（或处罚）结果上的错误。因此，人民法院应当判决撤销，并责令被告适用正确的法律规范重新作出具体行政行为，而不能直接对其适用法律、法规的错误予以判决变更。

3. 违反法定程序。"法定程序"，是指行政法律规范性文件中已经明确、具体规定的作出具体行政行为必须遵循的步骤、顺序、形式、时限、审批手续等各个环节的总称。违反法定程序，是实施具体行政行为时违反法律、法规规定的方式、形式、手续、步骤、时限等，未遵循法定"操作规程"而任意行为。符合法定程序要求，是具体行政行为合法性得以成就的必要条件；违反法定程序，具体行政行为即为欠缺合法性。但是，人民法院应视不同情况予以判决；

(1) 一般说具体行政行为违反法定程序直接影响当事人合法权益的，人民法院应予判决撤销，并可判决被告重新作出具体行政行为。比如1990年12月29日四川省七届人大常委会第二十次会议通过公布施行的（至少在2008年1月15日国务院第516号令决定废止《投机倒把行政处罚暂行条例》等一批行政法规之前有效实施的）《四川省查处投机倒把条例》的"程序"章第21条明文规定："工商行政管理机关查处投机倒把案件，对需要暂时查扣的物质和现金，应开具暂时扣留凭证交当事人；暂时扣留时间不得超过三个月，必要时，经县级以上工商行政管理局局长批准，可延长三个月。"但是，某县工商局执法人员仅以在香烟盒背面草写成的一张收条便代替开具暂时扣留凭证，且未经县工商局局长批准便将当事人的物质和现金扣留四个月之久。对此种违反法定程序（即不遵守法定形式、法定时限、法定审批手续）的并直接影响当事人合法权益（即当事人依该条例当然享有不受违法扣留物质和现金的合法权益）的扣留行为，人民法院应当判决撤销，并可判决被告工商局重新作出扣留行为。

(2) 具体行政行为只是违反法定程序的个别环节，没有直接影响当事人的合法权益的，人民法院一般不予判决撤销。比如，工商行政管理人员在休假时接到紧急通知，来不及携带国家工商行政管理局统一制发的"工商行政管理检查证"，便参加了查处投机倒把的突击行动，以至于在实施查处行为时未能表明身份。除此环节违法外，整个查处投机倒把行为均遵守法定程序的其他环节，且适用法律、法规正确，证据确凿。人民法院就不应以违反法定程序的个别环节（即未能持证查处）为由而判决撤销该查处行为，但是必须指明违反法定程序的错误。

(3) 在某些特定期间，出于维护国家和人民重大利益的目的，具体行政行为的作出仅仅是违反法定程序，但其结果保卫了公共安全，人民法院一般也不应判决撤销。比如，在

1988年的春运紧张期间，为了加强安全管理，确保生产运输和春节期间的公共安全，“公安机关根据《治安管理处罚条例》对实施妨害公共安全的人，依法予以行政处罚的，人民法院应予支持，受处罚人不服向人民法院起诉的，除公安机关的裁决在认定事实或者适用法律上确有错误的以外，应予维持。”① 人民法院就不得仅以公安机关违反治安管理处罚程序为由而判决撤销其对妨害公共安全者的处罚行为。

4. 超越职权。这是指被告行政机关已经超越其自身依法拥有的主管权限、行政辖区及法律法规确定的业务范围和行为幅度，实施了本身无权实施的具体行政行为。比如，公安机关吊销当事人的营业执照，工商局决定给当事人行政拘留处罚，县政府只有3亩耕地征用批准权却批准当事人征用耕地5亩，如此等等。超越职权，表明具体行政行为欠缺合法的行政权力主体，因而是无效的行政行为。人民法院应当判决撤销，并可以判决被告依其职权重新作出具体行政行为。

5. 滥用职权的。即指具体行政行为是为了满足被告及其工作人员不正当动机和违法目的而实施的。通常表现为，作出具体行政行为时，伴随有行政工作人员徇私舞弊、贪赃受贿、弄权勒索、敲诈唬骗、枉法泄愤、意气用事、假公济私、公报私仇等等不正当的违反道德和法纪的情形。滥用职权行为，主要发生在行政自由裁量事务的管理过程中，是滥用自由裁量权力，以表面合法掩盖以权谋私意图的一种实质违法的行政行为。对此，人民法院应予判决撤销或部分撤销（如保留该行为的认定事实部分，撤销滥用职权的处理部分）；同时在认为：(1) 因原告人确有违反行政法行为或正当合理要求而需重新处理的，可以判决被告重新作出具体行政行为。(2) 因滥用职权而致被诉行政处罚行为显失公正的，可以判决直接变更。

根据《行政诉讼法》第55条和有关司法解释文件的规定，在审判实践中，运用撤销型判决时应注意以下四点：

1. 人民法院在判决撤销被诉具体行政行为后，行政机关还应依法对相对人行为作出处理（处罚）决定的，可以同时判决被告重新作出具体行政行为。

被告在该判决生效后重新作出具体行政行为的，不得以同一事实和理由作出与被撤销的原具体行政行为基本相同的具体行政行为。“否则，人民法院可以以被告拒绝履行判决为由，对被告采取强制措施予以制止，以保障司法审判活动的权威性和严肃性。”②

2. 人民法院判决被告重新作出具体行政行为，被告重新作出的具体行政行为与原具体行政行为的结果相同，但主要事实或者主要理由有改变的，不属于行政诉讼法第55条规定的“同一事实和理由”情形。

3. 人民法院以违反法定程序为由，判决撤销行政机关具体行政行为的，行政机关重新作出具体行政行为不受行政诉讼法第55条规定的限制。

我们认为，在不予否定被诉具体行为的事实和理由的前提下，人民法院仅以适用法律法规错误，或者超越职权，或者滥用职权为由判决撤销被诉具体行政行为，并判决被告重新作出具体行政行为的，被告在重新作出具体行政行为时，应不受《行政诉讼法》第55条规定的“不得以同一事实和理由作出”的限制，但不得作出与被撤销具体行政行为基本相同的实体处理决定。

---

① 《最高人民法院关于严厉打击危害公共安全犯罪活动的紧急通知》（高法明电〔1988〕10号）

② 马原主编《中国行政诉讼法讲义》，人民法院出版社1990年7月版，第187页。

4. 行政机关以同一事实和理由重新作出与原具体行政行为基本相同的具体行政行为，人民法院应当根据行政诉讼法第54条第（二）项（即：判决撤销或者部分撤销，并可以判决被告重新作出具体行政行为）、第55条（即：人民法院判决被告重新作出具体行政行为的，被告不得以同一事实和理由作出与原具体行政行为基本相同的具体行政行为）的规定判决撤销或者部分撤销，并根据行政诉讼法第65条第三款的规定处理（即：行政机关拒绝履行判决、裁定的，第一审人民法院可以采取罚款、司法建议等强制执行措施）。

5. 在先经复议不服而起诉的案件中，复议决定维持原具体行政行为的，人民法院判决撤销原具体行政行为，复议决定自然无效。人民法院无须在判决中一并撤销该复议裁决，被告行政机关不得以该复议裁决为依据继续实施已被法院判决撤销的被诉具体行政行为。

复议决定改变原具体行政行为错误，人民法院判决撤销复议决定时，应当责令复议机关重新作出复议决定。

（三）履行型判决

履行型判决，指人民法院开庭审理，确认被告行政机关不作为的行为具有违法性时，所作出的责令被告行政机关在限期内履行其法定职责或者给付义务的判决。

根据《行政诉讼法》第54条第（三）项规定，人民法院在开庭审理中，查明被告不履行或者拖延履行法定职责的，应判决其在一定期限内履行。结合《行政诉讼法》第11条规定看，履行型判决，一般发生在以下行政案件的审理中：

1. 经开庭审理查明，原告申请行政机关颁发许可证和执照，确实符合法定条件，但被告行政机关却拒绝颁发或者不予答复的，人民法院应判决被告在一定期限内，向原告颁发所申请的许可证和执照。

2. 经开庭审理查明，原告确有必要申请行政机关履行保护人身权、财产权的法定职责，该法定职责依行政法规范文件又确实属被告行政机关负担，但被告行政机关却拒绝履行或者不予答复的，人民法院应判决被告在一定期限内，作出保护原告人身权、财产权的行为，履行其法定职责。比如判决公安机关尽快将被拐卖的外地妇女、儿童，安全遣送回家，等等。

3. 经开庭审理查明，原告依法确实应享有抚恤金的，人民法院应判决被告在一定期限内，履行给付义务，依法发给原告抚恤金。

4. 经开庭审理查明，被告行政机关先前具体行政行为已实施终了或因有错误而已被撤销，但被告行政机关却仍然拒绝恢复原告的人身自由或财产权利原状的，人民法院应判决被告行政机关在一定期限，履行恢复原告人身自由或返还原告财产的法定职责。比如，行政拘留已超过原裁决依法确定的拘留时间，公安机关应当放人而未放人的，或者劳教决定的期限已满，劳教机关却未按规定解除劳教的，人民法院应判决被告行政机关尽快恢复原告的人身自由。又如，公安机关对原告的行政拘留的处罚决定被撤销，或者行政拘留处罚开始执行，但公安机关收取（原告交纳的）保证金却未依法（《治安管理处罚法》第111条）及时退还交纳人的，人民法院应判决被告行政机关在一定期限内，向原告返还保证金，恢复原告对其保证金的财产权利。

（四）变更型判决

变更型判决，指人民法院经开庭审理，确认被告行政机关作出的行政处罚行为，虽在法定幅度或罚种内但却显失公正的，所作出的直接变更该行政处罚事项的判决。

根据《行政诉讼法》第54条第（四）项规定，人民法院经审理确认行政处罚显失公正的，可以判决变更。据此可见，变更型判决的适用，有两个条件：

1. 只能对行政处罚案件适用。即人民法院只有在审理原告不服行政机关所作的行政拘留、罚款、吊销许可证和执照、责令停产停业、没收财物等行政处罚而起诉的行政案件中，才能够适用变更型判决。人民法院在审理原告不服非行政处罚行为引起的行政案件中，是不得采用变更型判决的。

2. 只能对显失公正的行政处罚案件适用。这里有两层意思：（1）行政处罚行为确有必要，亦即原告人的行为确已违反行政法，有必要给予行政处罚。倘若原告根本没有违法不应受到或虽有违法但依法可免受行政处罚的，或者行政处罚行为欠缺合法性（如主要证据不足、篡权处罚等等）应予撤销或者撤销重作的，则不存在适用变更型判决的前提。（2）确有必要的行政处罚行为显失公正。这是变更型判决适用的关键条件。倘若行政处罚并未显失公正，而只是"行政机关在法律、法规的范围内作出的行政处罚轻一些或重一些的问题，法院不能判决变更"。[①] 这表明，行政处罚轻重一些不属于显失公正之列。所谓行政处罚显失公正，应是指行政处罚在法定的罚种或罚幅的范围内显然畸轻畸重、罚与错极不相称，从而严重违反行政合理性原则的要求。可见，行政处罚显失公正并不是有一些不公正，而是非常不公正，凡是具有通常道德或法律常识辨别能力者都可以直观地发现和确认这种非常不公正合理的行政处罚。

究竟如何确定一个具体的行政处罚行为是否"显失公正"？行政诉讼法典未作列举规定，司法解释亦尚未出台。在诉讼实践中，我们可以从三方面把握：

1. 行政机关的行政处罚是否与行为人违反行政管理法律规范的行为所具有社会危害性相一致，也就是说，是否依照行为人违法的动机、目的、手段、危害结果来确定行政处罚的罚种和幅度。比如，警告，是对违反治安管理情节轻微者适用，如果对情节轻微无严重后果的行为人，按情节严重处以拘留处罚，就是罚不当错，显然畸重，有失公正。

2. 行政机关的行政处罚是否依照法律规定考虑行为人有无从重、从轻、减轻或免除处罚的情节。比如，对主动承认错误及时改正，违法情节轻微的行为人，就应当有别于拒不认错，且情节严重的行为人，而予以从轻处罚。如果从重处罚，即为显失公正。

3. 行政机关的行政处罚，在同一时期、同一地区，案件的性质、情节后果等基本相同的，选用的罚种和处罚幅度是否大体平衡，有无悬殊的同责不同罚或者不同责同罚的情况。比如，同样是结伙斗殴的组织人，在甲案处理中，公安机关只给警告处罚，而在与甲案各方面情形基本相同的乙案的处理中，公安机关却给予拘留和罚款的处罚，两案处罚比较，显示公安机关或对甲案处罚畸轻，或对乙案处罚畸重存在着行政处罚显失公正，当然，人民法院在变更时，既不能以重的一方为标准加重另一方的处罚，也不能以轻的一方为标准减轻另一方的处罚，而应该以各行为人的违法行为应依法受领的行政处罚罚种和处罚幅度为标准作出变更判决，从而使罚与责相适应。

根据有关司法解释规定，人民法院在对行政处罚显失公正案件适用变更型判决时，应当注意：

1. 变更不加重处罚。即人民法院审理行政案件不得加重对原告的处罚，但利害关系人同为原告的除外。行政处罚显失公正，既包括畸重处罚问题，也包括畸轻处罚问题。[②] 人民

---

① 王汉斌《关于〈中华人民共和国行政诉讼法（草案）的说明〉》（1989 年 3 月 28 日在七届全国人大二次会议）。

② 关于此点，在行政诉讼立法过程中曾有明确的规定，即全国人大常委会交付全民讨论的《中华人民共和国行政诉讼法（草案）》第 36 条第（四）项："行政处罚畸轻畸重显失公正的，可以判决变更。"

法院对畸重的处罚可以判决变更。对畸轻的处罚也可以判决变更，但要受到“变更不加重处罚”的限制，倘若利害关系人同为原告的，法院才可以加重处罚。

2. 人民法院审理行政案件不得对行政机关未予处罚的人直接给予行政处罚。这是由于根据《行政处罚法》的规定，行政处罚是行政机关的行政执法权力，而不是法院的审判权力，因此，人民法院只有判决变更显失公正行政处罚的权力，没有对未受行政处罚者实施行政处罚的权力。人民法院在审理行政案件（包括行政处罚案和非行政处罚案）中，对于行政机关应给予行政处罚而没有给予行政处罚的人（包括原告人、第三人、案外人），不能直接给予行政处罚。倘若法院在判决变更显失公正行政处罚的同时，判决对行政机关应罚而漏罚者给予行政处罚的，即为超越审判权限，替代行政机关执法。我们认为，人民法院审理行政案件遇到行政机关依法应罚而漏罚的情况时正确的做法应是：(1) 对案情清楚的，可以在判决变更显失公正行政处罚后，发函建议行政机关对应罚而漏罚者追加作出行政处罚。(2) 对案情主要事实不清、证据不足的，可以适用撤销型判决，并判决行政机关重新（对已罚者和漏罚者）作出行政处罚。(3) 对非行政处罚的行政案件，发现行政机关应罚而未罚的情况，不能将被诉的非处罚行为判决变更为处罚；可以适用撤销型判决，并判决行政机关重新作出具体行政行为（即行政处罚行为）。

（五）驳回型判决

驳回型判决，是指人民法院经审理认定原告起诉被告不作为理由不能成立或者被诉具体行政行为合法的，但又不宜采取维持型等其他判决处理，所作出的驳回原告的诉讼请求的判决。简言之，驳回型判决，即人民法院驳回原告的诉讼请求的判决。

根据有关司法解释规定，有下列情形之一的，人民法院应当判决驳回原告的诉讼请求：

1. 起诉被告不作为理由不能成立的。

在原告“起诉被告不作为理由不能成立的”情形下，“被告不作为”处在“未知”或“不成立”状态，法院若采用对被告不作为的维持判决，显然没有意义，而原告对“被告不作为”的“起诉理由”这一诉的构成要素的“不能成立”已经突显，且导致其诉讼请求沦入“虚空”状态；另从证明角度看，“起诉被告不作为理由不能成立的”情形的出现，还表明了原告未能按照司法解释要求完成好对指控“被告不作为”的证明负担，故法院应作出驳回原告的诉讼请求的判决。

2. 被诉具体行政行为合法但存在合理性问题的。

在“被诉具体行政行为合法但存在合理性问题的”的情况下，应当选择最佳处理方式。目前，根据具体行政行为合法性审查的基本原则，法院只对被诉具体行政行为合法性进行审查，而不解决其合理性问题（“行政处罚显失公正的”除外）。法院若仅仅因其存在合理性问题而作出变更型或撤销型判决，于法无据，冲击具体行政行为合法性审查的基本原则；法院若仅仅因其合法而作出维持型判决，只完成了合法性审查任务仍遗留了合理性问题未决，且判决维持一个存在瑕疵的合法具体行政行为，显然不是最佳处理。在“被诉具体行政行为合法”但尚存合理性瑕疵情形下，原告已处于不可逆转的败诉境地，其诉讼请求失去了司法支持根基，因此，针对“被诉具体行政行为合法但存在合理性问题的”，法院适用驳回原告诉讼请求的判决，能够避免维持型判决的缺憾，这是在现行行政诉讼法框架内的最佳处理方式。

3. 被诉具体行政行为合法，但因法律、政策变化需要变更或者废止的。

在“被诉具体行政行为合法，但因法律、政策变化需要变更或者废止的”的情形下，法院若对被诉的合法的具体行政行为适用维持型判决，将陷于两难境地：既无实际意义（该行为已被变更或废止了）又否定（导致该行为变更或者废止的）“法律、政策变化”的合法性。而被诉具体行政行为合法性的存在，在法律上已足以对抗并否定原告的诉讼请求，因此，法院应选择的最佳处理只能是判决驳回原告的诉讼请求。例如，2001 年 5 月 1 日以前税务机关处罚纳税人偷税行为的罚款幅度是其所偷税款数额的百分之五十以下，纳税人对此不服在 2001 年 5 月 1 日以后提起行政诉讼，法院经审理后认为被诉具体行为虽然合法，但因法律变化（即 2001 年 4 月 28 日第九届全国人大常委会二十一次会议修订的《税收征管法》对纳税人偷税的罚款幅度已经从原来规定的“百分之五十以下”提高到了“百分之五十以上五倍以下”并自 2001 年 5 月 1 日起施行）需要变更，在此种情形下，适用维持型判决实际上是维持已被修订变更的法律规范，不符合司法正义原则，应作出驳回原告诉讼请求的判决。

4. 被告改变原具体行政行为，原告不撤诉，人民法院经审查认为原具体行政行为合法的，应当判决驳回原告的诉讼请求。这是因为，法院对原具体行政行为（因被告已改变该行为而）适用维持型判决没有实际意义，最佳处理只能是对原告的（因被诉的原具体行政行为合法而致）不能成立的诉讼请求予以判决驳回。

5. 其他应当判决驳回诉讼请求的情形。比如，(1) 对方当事人提出当事人的诉讼请求已经超过司法解释规定的诉讼时效，同时又不存在诉讼时效中止、中断和延长的法定事由的。(2) 诉被告不作为的案件，经审查法院认定被告不构成不作为或判令被告作为没有实际意义的。(3) 原告提出行政赔偿请求但证据又不足的。等等。

判决驳回原告诉讼请求和裁定驳回原告起诉，两者共同之点是：它们都是人民法院对已经立案受理的案件经审理后所作出的处理。两者不同之点在于：(1) 驳回起诉，是指人民法院依据程序法的规定，对已立案受理的案件在审理过程中，发现原告的起诉不符合《行政诉讼法》规定的起诉条件，因而对原告的起诉予以拒绝的司法行为。而驳回诉讼请求，是指人民法院对已经立案受理的案件经审理后，发现原告请求法院保护的实体权利不符合法律规定的条件，因而对原告的请求不予保护的司法行为。(2) 驳回起诉所要解决的是立案受理后具有程序意义上的诉权问题，驳回诉讼请求所要解决的是实体意义上的诉权问题。(3) 驳回起诉针对的是不符合法律规定的起诉条件的起诉，驳回诉讼请求针对的是不符合法律规定的实体请求。(4) 驳回起诉用裁定的方式，驳回诉讼请求用判决的方式作出。(5) 驳回起诉的案件，当事人再次起诉的，如果符合起诉的条件，法院应予受理。驳回诉讼请求的案件，法院“一事不再理”，当事人不能再次起诉。

因此，法院不能运用驳回诉讼请求的判决处理应当裁定驳回起诉的案件。

（六）确认型判决

确认型判决，是指人民法院经审理认定被诉具体行政行为合法，或违法，或依法不成立，或无效的，但又存在不宜采取维持型、撤销型、驳回型、履行型等其他判决处理的情形下，所作出的确认被诉具体行政行为合法或有效，以及违法或者无效等的判决。简言之，确认型判决，即人民法院确认被诉具体行政行为合法或有效、违法或者无效等的判决。

确认型判决，根据不同情形，分为下列几种：

1. 确认合法或有效的判决。

确认合法或有效的判决，即指人民法院认为被诉具体行政行为合法，但不适宜判决维持或者驳回诉讼请求的，可以作出确认其合法或者有效的判决。

法院作此判决，须同时符合正反两面条件：①正面条件：被诉具体行政行为合法。被诉行为在主体、权限、方式、内容、形式、程序都符合依法行政的要求。这是确认合法或有效的判决的前提条件。②反面条件：不适宜判决维持或驳回诉讼请求。也就是说，须在可以排除适宜维持型判决和驳回型判决的情况下，才适用确认被诉具体行政行为合法或有效判决。这是确认合法或有效的判决的必要条件。比如，行政案件经过审理，法院确认存在前述“应当判决驳回诉讼请求”的规定情形之一的，就适用驳回型判决，反之，则可适用作出确认被诉具体行政行为合法或者有效的判决。

2. 确认被诉具体行政行为违法或者无效的判决。

确认被诉具体行政行为违法或者无效的判决，分别适用于以下几种情形：

(1) 被告不履行法定职责，但判决责令其履行法定职责已无实际意义的。在此情形下，法院应当作出确认被告不履行法定职责违法的判决，而不作出履行型判决。例如，纳税人符合《税收征管法》关于延期缴纳税款的条件，税务机关在规定期限内未予办理。纳税人为免受处罚，已贷款缴纳税款，但对税务机关不履行其法定职责不服提起行政诉讼，法院经审理认为被告税务机关履行法定职责已无实际意义。在这种情况下，法院应判决确认其不履行法定职责的行为违法。

(2) 被诉具体行政行为违法，但不具有可撤销内容的。针对此种情形，人民法院应作出确认被诉具体行政行为违法的判决，而不作出撤销型判决。

所谓“不具有可撤销内容”，是指被诉具体行政行为对法律关系主体、客体及对象的违法处分已执行完毕没有回复原状之可能；或者在法律上已经被明文规范为不可撤销事宜范围，如《行政许可法》第69条第三款规定：撤销违法的行政许可，可能对公共利益造成重大损害的，不予撤销；或者在客观上灭失而不复存在，如被诉具体行政行为违法处分的不动产，在地震发生期间已经沉沦毁损殆尽；或者已经处于另一个法律的规制境地且根据该另一个法律而应予保护。例如，某房管局在未经得店面合法所有人王某的同意下即擅自注销王某店面合法产权，并变更登记该产权归（王某原来的恋人、非产权人）杨某所有，王某得知此事后向法院起诉，要求法院撤销房管局注销王某该店面产权的行政行为，恢复王某产权证的合法有效性，并确认杨某对该店面产权证书无效。而早在该店面变更产权登记后此案起诉之前，杨某已将该店面转卖给了不知情的胡某，且胡某已经办理了该店面产权过户登记手续。房管局变更产权登记（将王某产权变更为杨某）的行政行为明显违反法定程序，应属违法行政行为，但已经“不具有可撤销内容”。因为，该被诉具体行政行为所违法处理的法律关系对象（该店面）已经处于另一个法律的规制境地且根据该另一个法律而应予保护，即：根据《物权法》第106条（一）项规定：“受让人受让该不动产或动产时是善意的，受让人取得该不动产或者动产的所有权。”胡某（从杨某手中）受让时对该店面的产权瑕疵完全不知情，且经公平交易受让了该店面房产，属于善意取得，应当受到《物权法》保护。倘若判决撤销房管局的变更产权登记行政行为，恢复王某的合法产权，则明显违反《物权法》的规定，侵害胡某的合法权益。因此，法院作出确认房管局将王某产权变更为杨某的登记行为违法的判决。本案杨某未经王某的许可，无权处分王某的财产，由此造成的损失，王某可以依法向杨某追偿。再如，2004年备受国人瞩目的中国“乙肝歧视第一案”一审结束，芜湖市新芜区人民法院以“2003年安徽省国家公务员招考工作已结束，且原告张先著考的职位已由该专业考试成绩第二名的考生进入该职位”为由，对芜湖市人事局不准许原告进入考核程序的被诉具体行政行为作出了“不具有可撤销内容”的法律认定，并据此作出了确认该被诉具体行政行为违法的判决[①]。

(3) 被诉具体行政行为依法不成立或者无效的。针对此种情形，人民法院应作出确认被诉具体行政行为违法或者无效的判决。而不作出撤销型判决，因为判决撤销所针对的是已成立、生效的违法具体行政行为。

所谓被诉具体行政行为“依法不成立的”，是指被诉具体行政行为的法律效力在事实上未最终形成，该行为对行政相对人不发生法律效力即无确定力、约束力、执行力，当事人可以不履行，行政机关也不能强制执行。法院应作出确认被诉具体行政行为违法的判决，而不适用撤销型判决。例如，根据《行政处罚法》第 41 条规定，行政机关及其执法人员在作出行政处罚决定之前，不依照行政处罚法第 31 条、第 32 条的规定向当事人告知给予行政处罚的事实、理由和依据，拒绝听取当事人的陈述、申辩，行政处罚决定不能成立（当事人放弃陈述或者申辩权利的除外）。当事人不服行政机关及其执法人员该类不能成立的行政处罚决定而依法提起诉讼的，法院应作出确认被诉行政处罚决定违法的判决。

所谓被诉具体行政行为“无效的”，是指成立后的具体行政行为，因没有法定依据或者不遵守法定程序，故其法律效力虽已形成但应予否定，在其未被确认无效并撤销之前，当事人必须履行义务，行政机关也可以强制执行。例如，《行政处罚法》第 3 条第 2 款规定：“没有法定依据或者不遵守法定程序的，行政处罚无效。”行政机关及其执法人员作出此类无效的行政处罚决定当事人不服依法诉至法院，法院应判决确认该行政处罚决定无效。

(4) 被告改变原具体行政行为，原告不撤诉，人民法院经审查认为原具体行政行为违法的，应当作出确认其违法的判决。这是因为，法院对违法的原具体行政行为（因被告已改变该行为而再）适用撤销型判决没有实际意义，只能判决确认其违法。

3. 确认违法并责令补救或赔偿的判决。

这是指：被诉具体行政行为违法，但撤销该具体行政行为将会给国家利益或者公共利益造成重大损失的，人民法院应当作出确认被诉具体行政行为违法的判决，并责令被诉行政机关采取相应的补救措施；造成损害的，依法判决承担赔偿责任。例如，某规划局批准房地产开发公司建造一栋大楼，但在批准过程中并未遵循调查、公示、决定的程序，而是直接批准了房地产开发公司的申请。大楼建成后，相邻的居民认为影响了他们的通风、采光、眺望等相邻权，依法向法院起诉规划局，要求撤销规划局的规划许可，法院受理后查明，规划局的规划许可明显违法，如法院判决撤销规划许可行为，则后果是已经建成的大楼应当拆除，这导致房地产公司将会向国家申请巨额赔偿使国家利益蒙受巨大损失。在这种情况下，法院判决确认被诉规划许可行为违法，并责令被告采取补救措施比如让受益的房地产商对原告作出补偿；原告遭受实际损害的，判决被告承担国家行政赔偿责任。

---

① 张继峰《论“不具有可撤销内容”行政行为的法律适用》，《行政法学研究》2006年第4期

第十七章　行政案件的第二审程序

第一节　第二审程序在行政诉讼中的地位

一、第二审程序的概念与任务

第二审程序，亦称上诉审程序，是指上一级人民法院基于当事人对第一审法院审理行政案件后作出的、尚未发生法律效力的第一审判决、裁定不服而提出的上诉，根据事实和法律，对该行政案件进行第二次审理、裁判的步骤、方式、方法的总称。

第二审程序，包括上诉提起、受理、审理和审理期限、判决和裁定等内容，是行政诉讼的一个独立阶段，其任务是：对第一审法院作出判决、裁定所认定的事实是否清楚，适用法律、法规及参照行政规章是否正确，诉讼程序是否合法，进行全面审查和审理，并依法作出判决或裁定，以维持正确的一审判决、裁定，纠正错误的一审判决、裁定。

根据《行政诉讼法》第6条规定，人民法院审理行政案件依法实行两审终审制度。除最高人民法院审理行政案件，实行一审终审外，行政案件经过地方各级法院第一审审判之后，在判决、裁定发生法律效力以前，当事人不服的，有权向其上一级人民法院提出上诉。只要上诉是在法定期限内由当事人提出，即具有必然引起行政案件被第二次审理的法律效力，上一级法院就必须对上诉的行政案件进行第二次审判，审判后所作出的第二审判决、裁定，除撤销原判决、裁定，发回原审法院重新进行第一审审判的裁定外，都是终审的判决、裁定，当即发生法律效力。

二、第二审程序与第一审程序的联系与区别

行政案件的第二审程序与第一审程序有着密切的联系：（1）它们同为人民法院贯彻实施两审终审制、对同一具体行政行为合法性进行司法审查的普通审判程序。（2）第一审程序是第二审程序的前提和基础，未经第一审程序，整个行政审判就无法开展，第二审程序亦不可能存在。（3）第二审程序是第一审程序的继续发展和监督保障。在当事人依法上诉后，第二审程序接替第一审程序对同一行政案件继续审理，对第一审程序予以监督保障，使第一审程序未能解决的问题得以解决，并最终完成对具体行政行为合法性的司法审查。

行政案件的第二审程序与第一审程序的区别在于：（1）法定启动原因不同。第二审程序主要因依法上诉而启动，第一审程序主要由合法起诉及法院受理而开始。（2）引发主体不同。有权提起第二审程序的主体是依法享有并行使上诉权利的各方当事人，引发第一审程序的主体则只限于依法享有并行使诉讼权利的原告方当事人。（3）案件审次不同。属于第二审程序的，均是已经人民法院依法裁判过一次的行政案件；属于第一审程序的，则为人民法院进行初次审理裁判的行政案件。（4）审理法院不同。能够依照第二审程序审理行政案件的人民法院只能是中级以上的人民法院，而可以依照第一审程序审理行政案件的人民法院则不受级别限制，可以是各级人民法院。同时第二审法院必须是第一审法院的上级法院，而第一审法院则是第二审法院的下一级法院，两者之间必存上下一级关系。（5）审理方式不同。第二审程序可以采取开庭审理或书面审理方式，第一审程序则只能适用开庭审理方式。（6）审判组织不同。第二审程序的合议庭，只能由审判员组成；第一审程序的合议庭，可以由审判员组成，也可由审判员和人民陪审员组成。（7）审结期限不同。第二审程序从收到上诉状之日

起两个月内审结，第一审程序则是在立案之日起三个月内审结。(8) 是否为案件的必经程序不同。第二审程序并非为每个行政案件所必经，凡遇到未依法上诉和法定不准上诉的行政案件，第一审程序结束即告诉讼终结，不必再经第二审程序。第一审程序是行政审判活动的基本程序，是审判每个行政案件的必经程序。

行政案件第二审程序与第一审程序的联系，是两者作为普通审判程序的有机组成部分的必然反映；第二审程序与第一审程序的区别，是两者各自成为独立的审判程序及实现各自特定的审判任务的客观要求。把握以上联系和区别，有助于更好地理解和运用第二审程序。

三、第二审程序在行政案件审判程序中的作用

第二审程序，在行政案件审判程序中处于承先启后的地位。它与第一审程序相承，以第一审程序为基础。同时，它又能通过终审判决、裁定，结束行政案件的审理活动，从而为启动对生效判决、裁定的执行程序奠定基础。因此，第二审程序是行政案件审判程序中一个重要的程序，具有以下作用：

1. 落实当事人的上诉权，保护其合法权益。只要当事人依法上诉，就必然导致第二审程序发生，上一级人民法院就必须对同一行政案件进行第二次审理。这样就保证了上诉权的落实，而不致使其成为一纸空文。在第二审程序中，当事人可以补充和提出新的事实和证据，但被告在上诉案件审理过程中，仍然不能自行向原告和证人收集证据。

2. 加强上级法院对下级法院审判工作的监督，保证法院正确审理行政案件。第二审程序是上级法院监督下一级法院审判工作的有效形式和法定途径之一。通过审理上诉案件，第二审法院可以了解下一级法院在行政审判工作中适用法律、法规以及审判作风方面存在的问题，及时维护正确裁判，纠正错误裁判，帮助下一级法院总结经验教训，改进审判作风，提高办案质量，保证法院正确行使行政案件的审判权。

第二节 引起第二审程序的法定原因

按照《行政诉讼法》第 58 条规定，引起第二审程序启动的法定原因，是当事人不服第一审判决、裁定而依法提出上诉。换句话说，只要当事人依法提出上诉，第二审程序就必须进行，上一级法院就必须进行对案件的第二次审判。

一、上诉的概念

上诉，是指行政案件当事人不服地方各级法院未发生法律效力的第一审判决、裁定，在法定期限内行使法律赋予的上诉权利，提出上诉状，请求上一级法院对第一审审理过的案件进行第二次审判的诉讼行为。

由于上诉是第二审程序得以进行的法定原因，因此第二审程序又可称为上诉审程序；行政案件经由第二审程序审理的可称为上诉案件或二审案件；当事人在第二审程序中的称谓也与第一审不同，上诉一方称上诉人，未上诉一方称被上诉人，而不论其原来是原告，还是被告；此外，适用第二审程序审理案件的法院，可称为第二审法院或上诉审法院。

应当注意，作为行政诉讼法专用名词的“上诉”有其特定的含义和启动第二审程序的特定功能，切不可与“申诉”、“起诉”这些专用名词互相混淆使用，以免贻误行政诉讼。

二、上诉的条件

上诉，作为一项诉讼行为、诉讼法律制度、诉讼权利，当然就要求当事人提出上诉应具备一定的条件，方能启动第二审程序。这些条件是：

1. 提出上诉的人和被上诉的人应当合格。也就是说，上诉人、被上诉人应当包括第一审程序的当事人亦即原告、被告、共同诉讼人、诉讼代表人，以及第三人（根据最高人民法院司法解释规定，第三人有权提出与本案有关的诉讼主张，对人民法院的一审判决不服，有权提起上诉）。

当事人的法定代理人以及经当事人或者当事人的法定代理人特别授权的委托代理人，也可以代为行使上诉权。但是，他们不列为本案的上诉人。本案的上诉人只能是被他们代理上诉的当事人。

此外，原告或第三人死亡或终止的，其近亲属或承受其权利的法人或其他组织有权作为诉讼继受人参加诉讼，有提起上诉的权利，能成为上诉人或被上诉人；按照行政诉讼法第25条规定，被告被撤销的，继续行使其职权的行政机关有权作为诉讼继受人参加诉讼，有提出上诉的权利，能成为上诉人或被上诉人。

有上诉权的人，如果是无行为能力的公民时则由其法定代理人行使上诉权，是法人或其他组织以及行政机关的则由其法定代表人行使。经当事人特别授权的委托代理人，向法院提交特别授权委托书的，可以被代理人的名义行使上诉权，但上诉人仍应是被代理的当事人。

原来第一审程序的当事人，不论原告、被告均有上诉权。谁提出上诉，谁就是上诉人。原告、被告均提出上诉的，双方均应列为上诉人，并互为对方的被上诉人。若一审判决后，当事人中的一部分人上诉的，未上诉的对方当事人在法律文书中列为被上诉人，其他当事人、第三人依原审诉讼地位列明。第三人提起上诉的，第三人为上诉人，原来第一审程序的原告、被告双方均为被上诉人

上诉人、被上诉人不合格，不能引起第二审程序。

2. 上诉的对象应当准确。也就是说，当事人上诉的对象须是依法准许上诉的地方各级人民法院第一审未发生法律效力的判决和裁定，以及地方各级人民法院对原来一审终结案件再审后作出的未发生法律效力的判决和裁定。当事人可以上诉的裁定只限于三种：不予受理、驳回起诉以及管辖异议的裁定。依法不应上诉的情形有：最高人民法院的一审判决、裁定，业已生效的地方各级人民法院的第一审判决、裁定，第二审判决和裁定。

3. 上诉应在法定期限内提出。上诉权利的行使应严格遵从行政诉讼法明确规定的上诉期限，否则无效。不服一审裁定的，应在送达裁定书之日起 10 日内提出上诉；不服一审判决的，应在送达判决书之日起 15 日内提出上诉。逾期不上诉的，第一审裁定、判决发生法律效力，上诉权利失效，案件一审终审。对于因逾期不上诉而生效的判决或者裁定，当事人认为确有错误的，只能申诉或申请再审。

4. 上诉应当以书面方式进行。当事人提起上诉，应在法定上诉期内向人民法院提交上诉状，并按照被上诉人、其他当事人或者诉讼代表人的人数提交上诉状副本。

提交上诉状，是上诉人的法定义务。在法院宣告一审判决、裁定时，当事人即当庭声明不服、要上诉的口头表达，不能替代其在上诉期间提交上诉状的义务。

上诉状，是当事人不服第一审判决、裁定，依法请求上一级人民法院撤销或变更该判决、裁定的专用诉讼文书。其内容包括：

(1) 上诉人、被上诉人、其他当事人的姓名。其写法与起诉书、判决书、裁定书对当事人的姓名等情况写法一致，但是应注明上诉人、被上诉人在第一审中处干原告还是被告、第三人地位，其他当事人依原审诉讼地位列明。

(2) 第一审法院名称、案由、案件编号。

(3) 上诉的请求和理由。这是重点内容。上诉请求亦即当事人所作的要求上一级人民法

院撤销或变更一审判决、裁定的意思表示。上诉理由是上诉请求成立的根据，包括事项有：认为第一审法院认定的事实有错误、违反法律法规；审理程序不符合法定要求，如合议庭成员该回避的不回避，定案证据不在法庭上经双方当事人质证；提出在第一审未提供的新的事实、证据等等。

（4）受理上诉的上一级人民法院的全称。

（5）具状人姓名，具状时间（年、月、日）。

5. 上诉应依法预交二审诉讼费用。上诉人在向人民法院提交上诉状时，应按法院规定期限、数额预交上诉案件受理费。双方当事人都提出上诉的，由上诉的双方当事人分别预交。上诉人在上诉期限内上诉的，由原审人民法院立案庭计算并通知其预交上诉案件受理费。

以上五项条件紧密联系，缺一不可，必须同时具备，上诉才有效，才能启动第二审程序。

三、上诉的提起

上诉的提起，其法定标志是当事人在法定期间内向法院提交了上诉状。

上诉的提起，其法定方式有两种：（1）当事人可以直接到法院递交上诉状；（2）当事人也可以通过邮局向法院递交上诉状。当事人通过邮寄方式向法院递交上诉状的，法院收到后应把邮寄信封保存附卷，以作为上诉期限的计算凭证。

上诉的提起，其法定途径有两条：（1）向原审法院提起。即当事人应当通过原审人民法院提交上诉状，并按对方当事人的人数递交上诉状副本。这样规定便利当事人提出上诉，也便利原审人民法院进行审查。（2）向原审法院的上一级法院提起。即如果当事人不愿意通过原审人民法院提交上诉状的，法律也允许上诉人直接向第二审人民法院递交上诉状。第二审人民法院收到上诉状时，收件人应当场在上诉状的右上角加盖上诉状签收专用章，注明签收日期与签收人，同时向上诉人出具收到上诉状的收据。第二审法院应当在收到上诉状后5日内将上诉状移交原审人民法院。这样，有利于原审法院及时了解一审判决、裁定的效力如何，有利于对上诉手续的及时办理，有利于通知其他当事人做好上诉审的诉讼准备。

上诉的提起，其法律效力在于：当事人在法定上诉期间提交上诉状的，（1）第二审程序被依法启动，案件非经第二审法院的裁判不可终结；（2）第一审法院的判决、裁定的法律效力，处于待定状态，必须经第二审法院的裁决才能决定是否有效。（3）约束第一审法院，必须完成一审法院应完成的向第二审法院尽快完整传递被上诉的第一审诉讼案卷及上诉材料的义务，且不得对自己所作出的第一审判决、裁定进行变更。

四、上诉的受理

受理上诉的具体步骤、方式、时限等程序问题，根据最高人民法院《关于立案工作的暂行规定》（法发〔1997〕7号）和《关于执行〈中华人民共和国行政诉讼法〉若干问题解释》等文件的规定，其操作规程如下：

1. 原审人民法院收到上诉状后，应当及时办妥送达上诉状副本、计算并通知上诉人预交上诉案件受理费等有关手续，将案卷材料连同二审案件受理费缴费凭证等一并移交第二审人民法院。具体运作步骤是：（1）一审法院收到上诉状时，应向上诉人当场发出或者及时送达《预交诉讼费通知书》告知：①应预交二审诉讼费用的数额和期限。②二审法院的诉讼费账户。③告知上诉人不按时预交诉讼费而又不提出缓交申请的法律后果。④上诉人提出减、缓、免交诉讼费的申请应直接向二审法院递交。《预交诉讼费通知书》的原本及送达回证应附一审卷宗，备二审法院立案审查。(2) 原审人民法院收到上诉状，应当在5日内将上诉状副本送达其他当事人，对方当事人（即被上诉人）应当在收到上诉状副本之日起10日内提交答辩状。(3) 原审人民法院应当在收到答辩状之日起5日内将副本送达当事人。(4) 原审人民法院收到上诉状、答辩状，应当在5日内连同全部案卷和证据，报送第二审人民法院。已经预收诉讼费用的，一并报送。上诉人提出减、缓、免交诉讼费书面申请的，一审法院应通知上诉人直接向二审法院递交，一审法院一律不得接收上诉人递交的减、缓、免申请。

原审人民法院的上述活动，应由其立案庭进行，而不由行政审判庭进行。

这里须注意，在上诉的受理过程中，原审人民法院只起一个上诉接转站的作用，只是尽到收、转上诉状和答辩状等，连同全案一切材料送交第二审法院的义务，而没有权力来代替第二审法院对上诉进行审查及决定是否受理；更没有权力来压制当事人的上诉，被上诉人未提交答辩状，上诉人未交诉讼费，均不影响向二审法院移送案卷；除可以裁定补正第一审判决、裁定中的笔误外，一律不得在收到上诉状、答辩状后，对已经宣布的一审判决、裁定进行修改、补充，也不得对被上诉的案件作出任何裁定。

2. 第二审人民法院立案庭收到原审人民法院移送的上诉材料及一审案件卷宗材料，应当查对以下内容：(1) 上诉状、一审裁判文书是否齐全；一审卷宗数与案件移送函标明的数量是否相符。(2) 上诉人递交上诉状的时间是否在法定上诉期限以内；或超过法定上诉期限的，是否提交了因不可抗拒的事由或者具有其他正当理由申请顺延上诉期限的书面材料。(3) 是否附有上诉案件受理费单据或者上诉人关于缓交、减交、免交上诉费用的申请。

3. 第二审法院立案庭经查对后，作出如下处理：(1) 对卷宗、材料不齐备的，应当在两个月内通知原审人民法院立案庭补充。(2) 对有关材料无误的，予以立案，应当填写立案登记表，编立案号，并将案卷材料于立案登记的第二日移交本院行政审判庭审理。(3) 二审法院立案庭应当在立案之日起5日内向当事人送达受理案件通知书、应诉通知书。通知书应当向当事人告知诉讼权利和义务、提供新证据的条件，以及参加诉讼需要注意的其他事项。

这里须注意，上诉人收到预交诉讼费通知或不予批准减缓免诉讼费通知后逾期未预交诉讼费的，应由二审法院立案庭裁定按自动撤诉处理，其裁定未送达，不影响当事人申请对一审判决的执行。根据最高人民法院法释〔1998〕19号文件规定，上诉人不依法预交上诉案件受理费，或者经传唤无正当理由拒不到庭，由第二审人民法院裁定按自动撤回上诉处理后，第一审判决自第二审裁定确定之日起生效。当事人对生效的第一审判决不服，申请再审的，第一审人民法院及其上一级人民法院可以依法决定再审，上一级人民法院的同级人民检察院也可以依法提出抗诉。对第二审裁定不服申请再审的，由第二审人民法院或其上一级人民法院依法决定是否再审。根据最高人民法院法释〔2000〕8号文件第37条规定，在第二审人民法院按自动撤回上诉处理后，上诉人在法定期限内再次上诉，并依法解决上诉案件诉讼费预交问题的，第二审人民法院应予受理。

五、对撤回上诉的处理

上诉成立，对第二审人民法院产生约束力，其有义务对上诉案进行第二审开庭或者书面审判。但在第二审人民法院受理后，至作出二审判决、裁定前，上诉人有权利撤回已经成立、正在被审理的上诉案件。但是，撤回上诉的权利能否实现，须经第二审法院裁定。

（一）撤回上诉的申请

法律对撤回上诉申请的理由未作要求，也就是说，不论是基于什么事由，都可以提出撤回上诉的申请。但应注意：

(1) 由于上诉是上诉人行使上诉权利的结果，故撤回上诉也就只能由上诉人提出申请。被上诉人不能提出撤回上诉的申请，因为他未曾行使上诉权利，没有申请的基础。

(2) 提出撤回上诉申请的时间，必须在第二审法院作出判决、裁定以前，如果在第二审判决、裁定宣告后，则不能撤回上诉。

(3) 提出撤回上诉的申请方式，一般应以书面申请方式，以示郑重，但在法庭庭审过程中上诉人也可以口头申请方式提出，由法庭记载于庭审笔录。

(二) 对上诉人撤回上诉申请的处理

1. 裁定准许撤回上诉。

在上诉人自动提出撤回上诉的申请后，只要该项申请没有违背法律或故意规避法律，并且是在第二审判决、裁定宣告前提出的，第二审法院应作出裁定书，准予上诉人撤回上诉，终结二审活动，从而使一审判决、裁定生效。

上诉人经合法传唤无正当理由拒不到庭或未经法庭许可中途退庭的，可按撤诉处理。

对上诉人而言，其撤回上诉的申请一旦经第二审法院裁定准许，则上诉人丧失上诉权，虽然上诉期限未满，也不能再上诉，同时，上诉人还应承担上诉的诉讼费用。

上诉人未按规定的期限预交案件受理费，又不提出缓交、减交、免交申请，或者提出申请未获批准的，按自动撤诉处理。在按撤诉处理后，上诉人在法定期限内再次上诉，并依法解决诉讼费预交问题的，人民法院应予受理。

2. 裁定不予准许撤回上诉。

在下列情形下，第二审人民法院应作出裁定，驳回上诉人撤回上诉的申请：

(1) 经过审查，认定第一审判决、裁定确有错误，应当纠正，或应依法发回原审法院重新审理的，不准撤回上诉。

(2) 经过审查，认定上诉人申请撤回上诉，是为规避其应负的法律责任，不利于被上诉人的合法利益的，不准撤回上诉。

(3) 在原审当事人双方都依法提出上诉，而其中一方申请撤回上诉，另一方坚持上诉的，不准撤回上诉。

(4) 在第二审程序中，上诉人如因原审被告改变其原具体行政行为而申请撤回上诉的，不准撤回上诉。

上诉人申请撤诉，人民法院裁定不予准许的，第二审程序继续进行，上诉人经两次合法传唤无正当理由拒不到庭，或者未经法庭许可而中途退庭的，第二审法院可以缺席判决。

3. 第二审法院对上诉人申请撤回上诉的处理方式，可以采取书面裁定或口头裁定。

一般说：(1) 裁定准许撤回上诉的，本案即告终结，原审裁判效力得以确认，故应制作裁定书，以示郑重其事，而不宜口头裁定。裁定书由合议庭审判人员、书记员签名，加盖人民法院印章，并依法送达上诉人和被上诉人。(2) 裁定不准许撤回上诉的，本案二审尚需继续，若在二审开庭审理过程中，可以采取口头裁定方式，即由审判长代表合议庭当庭宣布裁定不准许撤回上诉，书记员记入庭审笔录即可；若在二审书面审理过程中，则应采取书面裁定方式，依法制作不准许撤回上诉的裁定书并送达上诉人和被上诉人。

第三节 上诉案件的审理

一、上诉案件的审理准备

第二审人民法院审理上诉案件前应做好以下几项准备工作：

（一）组成上诉案合议庭

对上诉案件的审理，由第二审法院行政审判庭的审判员、助理审判员组成合议庭进行，合议庭人数应为三人以上的单数。人民陪审员不参加第二审合议庭。

（二）对案件卷宗进行形式审查

第二审人民法院的行政审判庭接到本院立案庭移送来的被上诉的第一审行政案件卷宗后，应当进行形式审查。经审查，案卷材料不齐全的，通知原审法院补充；上诉人超过法定期限上诉的，应当审查其有无正当事由；上诉人主体不适格的，应当通知上诉人予以修正。

第二审人民法院在开庭审理前，合议庭进一步确认上诉主体不符合法定条件无法修正的，或上诉超过法定期限无正当事由的，应裁定驳回其上诉。

（三）主审法官阅卷

主审法官接受全部一审案卷材料后，应当及时阅卷，制作阅卷笔录，阅卷笔录的内容应当包括：（1）本案的诉讼请求。（2）初步确认当事人无争议事实。（3）初步确认诉讼争议的焦点。（4）拟订法庭调查的范围或者重点。（5）其他。并审查各方当事人的身份证明或者资格证明是否齐全，诉讼代理人的手续是否合法，确定争议事实，整理出一审中各方当事人没有异议的证据和有异议的证据。同时，主审法官应当确定在二审中当事人有无以下新的证据：（1）在一审中应当准予延期提供而未获准许的证据；（2）当事人在一审中依法申请调取而未获准许或者未取得，人民法院在二审中调取的证据；（3）原审原告或者第三人提供的在举证期限届满后发现的证据。

根据最高人民法院发布的《人民法院审判纪律处分办法（试行）》第39条规定，上诉案件的主审法官向合议庭报告案情故意隐瞒主要证据、重要情节，或者提供虚假材料的，给予警告至记大过处分。情节严重的，给予降级至开除处分。遗漏主要证据、重要情节导致裁判错误，造成严重后果的，给予警告至记大过处分。

（四）决定是否开庭审理及开庭的时间和地点并告知当事人

第二审人民法院对上诉案件的审理方式有两种，一是开庭审理，二是书面审理。第二审法院应根据案件的具体情况，在审理前准备阶段确定采取哪一种审理方式。

决定开庭审理的，第二审法院应将开庭的具体时间、地点，在开庭前3日内，用传票告知当事人，用通知书告知其他诉讼参与人。

（五）庭前证据交换

对于一方当事人在一审之后提供新的证据的，法庭可以送达的方式交换。对于新证据较多或者双方当事人均提供新证据的，或争议较大的案件，法庭认为有必要的，也可以召集当事人当面进行庭前证据交换，并根据庭前证据交换情况确定开庭时需要质证的证据。

庭审中，当事人提供的新证据不符合《最高人民法院关于行政诉讼证据若干问题的规定》的，法庭不予接纳。庭审中，当事人认为原审法院审判程序违法或者适用法律错误，依法提供新的证据或者依据的，法庭应予接纳。

二、上诉案件的审理范围

第二审人民法院审理上诉案件，不受当事人上诉请求范围和理由的限制，应当对原审人民法院的裁判和被诉具体行政行为是否合法进行全面审查。

1. 原审裁判是上诉审的直接审查对象。二审法院必须审查并确认一审判决、裁定：（1）认定的事实是否清楚；（2）证据是否确实充分；（3）一审审判过程是否遵循法定程序；（4）裁判适用法律、法规、参照行政规章是否正确；（5）裁判结果是否适当；（6）以及当事人上诉有无道理等问题。

2. 全面审查被诉具体行政行为是否合法。当事人之间对被诉具体行政行为发生的争议，应当结合对原裁判的审查中进行审查确认。二审中，行政机关改变被诉行政行为的，二审法院仍旧被诉行政行为的合法性进行审查：(1) 行政主体是否合法；(2) 行政主体是否越权；(3) 行政主体是否存在滥用职权的情形；(4) 行政程序是否合法；(5) 被诉行为所认定的事实是否清楚和证据是否确实充分；(6) 适用法律、法规、规章是否正确；(7) 需要审查被诉行为的合理性的，还需审查该行为是否适当、有无显失公正。

总之，第二审人民法院审理上诉案件，要从原审裁判和被诉行政行为、事实和法律、实体和程序等方面对原审案件作全面审查。

三、上诉案件的审理期限

根据《行政诉讼法》第60条规定，第二审法院审理上诉案件，应当在收到上诉状之日起两个月内作出终审判决。最高人民法院法释〔2000〕8号文件第64条对此解释：行政诉讼法“第六十条规定的审限，是指从立案之日起至裁判宣告之日止的期间。鉴定、处理管辖争议或者异议以及中止诉讼的时间不计算在内。”依据此解释，第二审法院审理上诉案件，就不是在本法院立案庭收到上诉状之日起，而是在本法院立案庭对上诉案件立案之日起两个月内作出终审判决、裁定。这就是实践中，第二审法院遵守的审理上诉案件的期限。有特殊情况需要延长二审期限时，中级人民法院为第二审法院的，报请高级人民法院批准。高级人民法院审理上诉案件需要延长的，报请最高人民法院批准。

最高人民法院作为第二审法院审理行政上诉案件的期限为两个月；有特殊情况需要延长的，经最高人民法院院长批准，可以延长两个月。

第二审法院审理上诉案件，审判人员故意拖延办案，或者因过失延误办案，造成严重后果的，依照《人民法院审判纪律处分办法（试行）》第59条的规定予以处分：(1) 为谋私利故意拖延办案的，给予警告至记大过处分。情节严重的，给予降级至开除处分。(2) 因过失延误办案，造成严重后果的，给予警告至记大过处分。

四、上诉案件的审理地点

第二审法院采取书面审理方式审理上诉案件的，在本院进行；采取开庭审理方式审理上诉案件的，可以在本院进行，也可以在原审原告或者被告住所地的人民法院进行。

五、上诉案件的审理方式

对上诉案件的审理，第二审法院可以采取开庭审理和书面审理两种方式。

（一）开庭审理

开庭审理，就是合议庭传唤上诉人、被上诉人及其他诉讼参与人等到庭，通过宣布开庭、法庭调查、法庭辩论、合议庭评议、宣告判决、裁定等一系列步骤、方式对上诉案件进行审理、裁判。

1. 开庭审理的条件

当事人对原审法院认定的事实有争议的，或者第二审法院认为原审法院认定事实不清楚的，以及第二审法院认为有必要的，第二审法院应当开庭审理。

2. 开庭审理方式

二审法院开庭审理上诉案件除涉及国家秘密、个人隐私和法律规定的特别情形外，应当公开开庭审理。

3. 开庭审理程序

开庭审理程序，应按照第一审程序的做法进行。实践中，各地法院为了规范第二审行政案件审理程序，保障当事人充分行使诉讼权利，保证审判质量，提高审判效率，结合审判工作实际，制定各地法院的行政诉讼第二审程序庭审规定。根据《四川省高级人民法院第二审行政案件审理规范（试行）》（2006 年 7 月 25 日四川省高级人民法院审判委员会第 72 次会议讨论通过），在四川境内第二审法院审理上诉案件时除可按照一审程序外，还遵行以下二审程序开庭审理的规范：

（1）开庭审理活动由审判长主持。

审判长敲击法槌，宣布开庭后，应当询问当事人对对方出庭人员的诉讼主体资格及代理权限有无异议，并予以确认。异议成立的，责令不适格的出庭人员退出诉讼；异议不成立的，予以驳回。

审判长宣布案由、开庭方式以及开庭审理的法律根据，不公开开庭审理的应当说明理由。

审判长宣布合议庭成员和书记员名单后，应当询问当事人是否申请回避。

审判长应当依次询问上诉人、被上诉人及其他当事人对上诉状副本、答辩状副本的内容是否清楚。

双方当事人表示对法律文书中所交代的诉讼权利和义务，及书状副本的内容清楚的，简要陈述上诉状、答辩状的主要内容。

（2）法庭调查阶段，法庭只对当事人有争议和二审法院认为原审法院未查清的事实和证据进行调查。

法庭调查阶段，审判长或者主审法官应当首先询问当事人对第一审裁判文书中所认定的事实和证据是否存在异议。法庭应当告知当事人对一审中无争议的证据不再质证，对无争议的事实法庭不再审理，并予以确认。

法庭应当根据各方当事人的陈述意见，归纳出有争议和无争议的事实和证据，并询问各方当事人的意见，提醒书记员记录在卷。法庭在确认当事人无争议的事实和争议的焦点时，除了明确当事人之间的争议情况外，还应特别明确当事人各方对原判认定的事实和判决依据的意见，充分考虑当事人上诉的理由和根据。在确定法庭调查的范围时，必须考虑到原判认定事实是否清楚、证据是否确实充分。

庭审中，法庭应当提示当事人对在一审中提供的证据，只需简要说明证据的名称及证明对象即可。一审出庭作证的证人，二审可以不出庭，只宣读一审的证词即可，若证人提供新的证词，应当出庭。

庭审中，当事人提供的新证据不符合《最高人民法院关于行政诉讼证据若干问题的规定》的，法庭不予接纳。当事人认为原审法院审判程序违法或者适用法律错误，依法提供新的证据或者依据的，法庭应予接纳。

庭审中，当事人依法提供的新证据，法庭应当组织质证；当事人对原审法院认定的证据仍有争议的，法庭也应当组织质证。二审法院改变原审法院认定的证据效力的，应当在法庭上或者裁判文书中加以说明。

庭审中，法庭应当组织当事人围绕证据的关联性、合法性和真实性，针对证据有无证明效力以及证明效力大小，进行质证。经法庭准许，当事人及其诉讼代理人可以就证据问题相互发问，也可以向证人、鉴定人、勘验人发问。发问的内容与案件事实无关，或者采用了引诱、威胁、侮辱等语言或者方式法庭应予制止。

每个争议焦点质证结束时，审判长应当对当事人的质证意见进行归纳、总结。庭审中，当事人、证人否定其在一审中提供的且被原审法院采信的证据，无充分理由的，法庭不予支持。

(3) 法庭调查结束后，即进入法庭辩论阶段。

当事人明确表示对原审法院所认定的事实和证据均没有异议，且二审法院认为原审法院认定事实清楚的，也可以不经过法庭调查而直接进入法庭辩论阶段。但二审法院认为原审法院认定事实有部分不清楚的，应就该部分事实进行法庭调查。

辩论前，法庭应当告知当事人围绕一审裁判的正确性、被诉行政行为的合法性及各方当事人的争议焦点辩论。

辩论时，由上诉人及其诉讼代理人、被上诉人及其诉讼代理人、其他当事人及其诉讼代理人依次陈述。

法庭辩论结束后，审判长宣布法庭辩论结束，由各方当事人进行最后陈述，简要说明自己的诉讼主张。

(4) 评议和宣判。

合议庭工作应当严格遵循《最高人民法院关于人民法院合议庭工作的若干规定》。合议庭评议案件遵循少数服从多数的原则。少数人的意见也应当写入合议庭评议笔录。合议庭成员评议案件时，故意违反法律规定或者歪曲事实、曲解法律、法规、行政规章，导致评议结论错误的，由导致错误结论的人员承担违法审判责任。

二审法院对公开审理或者不公开审理的案件，一律公开宣判。二审法院可以委托其他法院代为宣判。

(5) 对行政赔偿请求的处理。

二审中，当事人提出行政赔偿请求的，二审法院可以进行调解；调解不成的，应当告知当事人另行起诉。

(6) 休庭合议，延期审理或者中止诉讼、缺席判决。

庭审中，有下列情形之一的，审判长应当宣布休庭合议：①上诉人申请撤诉的；②一方当事人中途退庭拒不返回的；③当事人申请重新鉴定或者勘验的；④当事人申请新的证人出庭作证的。

休庭后，需要再开庭的，审判长应当宣布复庭。

当事人因正当理由不能出庭的，应当延期审理或者中止诉讼。

经二审法院裁定不予准许，上诉人经合法传唤无正当理由拒不到庭的，或者未经法庭许可中途退庭的，可以缺席判决。

(二) 书面审理

书面审理，就是不开庭审理，仅仅根据原审法院报送的书面材料，进行审理，径行判决、裁定。

根据《行政诉讼法》第 59 条规定，第二审人民法院对上诉案件，认为事实清楚的，可以实行书面审理。二审法院受理上诉后，合议庭经过阅卷审查，确认事实清楚、证据可靠，可以不开庭，直接作出二审的判决、裁定。

这里注意，必须把握书面审理方式的适用对象：仅仅是事实清楚的上诉案件，而不是一切上诉案件。如果合议庭通过阅卷审查后认为原审事实不清楚的，就应当停止书面审理方式，决定开庭审理。通过开庭审理，查清事实、正确适用法律。第二审法院绝对不能以提高办案效率、节省当事人时间、精力为由将书面审理方式作为审理一切上诉案件的唯一方式。

六、上诉案件的协调处理

在不违反法律司法解释规定和不违背法律精神的前提下，第二审法院可以积极探索上诉案件的协调处理方式，比如，根据上诉案件具体情况，(1) 倡导院长、庭长亲自指导，参与协调。(2) 与同级地方政府的法制部门或监察部门等有关部门联系，请他们参与协调。(3) 第二审法院（中级法院）进行协调处理确有困难的，可以报请高级法院协助协调。(4) 特别是群体性行政诉讼的上诉案件矛盾突出、情况复杂的，可提请当地政法委协调相关部门配合第二审法院协调处理；必要时，在同级地方党委领导与政府支持下，协同社会各方形成合力对群体性行政诉讼上诉案件予以妥善协调处理。

第二审法院经审查，上诉案件有下列情形之一的，可以决定进行协调工作：(1) 被诉行政行为程序违法，但实体处理正确的；(2) 被诉行政行为适用法律正确，但存在合理性问题的；(3) 被诉行政行为适用法律错误，但实体处理正确的；(4) 被诉行政行为主要证据不足，但行政主体事后收集补充的证据材料能够支持该被诉行政行为的；(5) 行政相对人的诉讼请求难以得到法院支持，但由于种种原因又切实存在需要解决的实际问题的；(6) 当事人矛盾突出、容易激化，案件审判中可能存在影响社会稳定因素的；(7) 案件当事人申请进行协调的；(8) 其他通过裁判不能达到良好社会效果的，比如被诉具体行政行为违法，但撤销该具体行政行为将会给国家利益、公共利益或其他人合法权益造成重大损失的。对于因农村土地征收、城镇房屋拆迁、企业改制和重组、劳动与社会保障、资源环保等社会热点领域问题引发的群体性行政案件，第二审法院应当最大限度地采取协调方式处理。

第二审法院审理上诉案件应当在对原审裁判和被诉具体行政行为的合法性全面审查的基础上，根据自愿和合法的原则积极主持协调工作，力求妥善化解上诉案件当事人之间的行政纠纷，在法律允许的范围内努力寻求行政权力与公民权利的最佳结合点，既要设身处地为人民群众着想，维护人民群众的合法权益，又要依法监督和支持行政机关依法行政，保障各项改革政策和措施的落实，努力实现上诉案件审理法律效果与社会效果的有机统一，促进社会的稳定与和谐。

第二审法院对上诉案件进行协调处理，还可参照一审法院的协调处理机制。

上诉案件的当事人不愿协调或协调不成的，第二审法院应当及时依法作出终审裁判。

第四节　上诉案件的判决、裁定

对上诉案件进行审理后，除裁定准许上诉人撤回上诉、终止二审程序外，第二审法院审理后，应当分别不同案件情况依法作出终审判决、裁定。

一、对不服一审判决的上诉案件的判决裁定

根据《行政诉讼法》第 61 条规定，第二审法院审理不服一审判决的上诉案件，按照下列情形，分别处理：

（一）判决驳回上诉、维持原审判决

即第二审法院经过审理，查明原审判决认定事实清楚、适用法律、法规，参照行政规章正确的，作出判决：驳回上诉，维持原判。

（二）依法改判

以下两种情况，适用依法改判：

1. 第二审法院经过审理，查明原审判决认定事实没有错误，但适用法律法规，参照规章错误的，如引用的法律、法规、行政规章已经被废除效力、引用法律法规、行政规章条款

不当而导致案件的责任是非混淆，裁量失当，依法判决变更原审判决。

2. 原审判决认定的事实不清或证据不足，第二审法院经过审理后查清事实、补足证据的，依法判决变更原审判决。这里应注意，鉴于行政诉讼举证责任由被告负担的单方性及严格性的特征，有关司法解释文件明确规定，被告在二审过程中向法庭提交在一审过程中没有提交的证据，不能作为二审法院撤销或者变更一审判决的根据。

根据最高人民法院执行行政诉讼法若干问题的解释规定，第二审法院审理上诉案件，需要改变原审判决的，应当同时对被诉具体行政行为作出判决。也就是在需要改判，撤销、部分撤销原审判决时，一并依照法律、法规等规范性文件和司法解释的有关规定，分别情况对被诉具体行政行为作出维持、撤销、变更、确认等判决。

在二审改判的判决书中，应着重写明变更原审判决和被诉具体行政行为的理由和根据。属于原审判决适用法律、法规，参照行政规章错误的，应写明原审判决适用法律、法规，参照行政规章错在何处，应当引用哪些法律、法规、行政规章的条款；并撤销原审判决适用法律、法规依据，参照行政规章的错误部分，正确适用法律、法规，参照行政规章作出新的判决内容。属于原审判决事实不清或证据不足的，应根据审理中查证属实的事实的证据制作终审判决书，并指出原审判决认定的哪些事实不清或证据不足，撤销原审判决书的认定结论。

特别是在处理群体性行政诉讼案件时，对应当撤销的违法行政行为要理直气壮地依法判决撤销，对合法的行政行为要坚决予以维持。要注意把握案件裁判的有利时机，缓解当事人的对立情绪，增强裁判文书说理性，避免因说理不当引发新的矛盾。要坚持判后答疑制度和首访接待制度，细化当事人的思想疏导工作，消除当事人对法院判决的误解，做好案件当事人服判息诉工作，争取案结事了。

（三）裁定撤销原审判决，发回重审

第二审法院裁定撤销原审判决，发回重审适用于以下情况：

1. 经过审理，认为原审判决认定的事实不清楚、证据不足，证据之间互相矛盾、彼此脱节，而二审法院难以查清的，作出裁定撤销原审判决，发回原审法院重审。这里要注意，此项裁定不得以被告所提交的其在一审过程中未提交的证据作为根据。

2. 经过审理，发现原审法院违反法定程序可能影响案件正确判决，而二审法院又不易查清事实后改判的，作出裁定撤销原审判决，发回原审法院重审，以体现诉讼程序的独立价值及严肃性要求。

3. 经过审理，发现原审判决遗漏了必须参加诉讼的当事人或者诉讼请求的，第二审法院应当裁定撤销原审判决，发回重审。但是，对原审判决遗漏行政赔偿请求的，第二审法院根据具体情况有两种处理：（1）第二审法院经审查认为依法不应当予以赔偿的，应当判决驳回行政赔偿请求。（2）第二审法院经审理认为依法应当予以赔偿的，在确认被诉具体行政行为违法的同时，可以就行政赔偿问题进行调解；调解不成的，应当就行政赔偿部分发回重审。此外，若当事人在第一审期间未提出而在第二审期间提出行政赔偿请求的，第二审法院根据最高人民法院规定，可以进行调解；调解不成的，应当告知当事人另行起诉。

4. 裁定撤销原审判决，发回重审或者径行驳回起诉。根据最高人民法院法释〔2000〕8号文件规定，第一审人民法院作出实体判决后，第二审人民法院经过审理认为本案依法不应当受理的，在裁定撤销第一审人民法院判决的同时，可以发回重审，也可以径行驳回起诉。

对二审法院撤销原判、发回重审的案件，原审法院应另行组成合议庭取代原合议庭依第一审程序重新进行审判。重审后作出的判决、裁定，当事人可以依法上诉。

二、对不服一审裁定的上诉案件的裁定

第二审法院对不服一审裁定的上诉案件的处理，一律适用裁定，不适用判决。

在实践中，第二审法院审理不服一审裁定的上诉案件，按照下列情形，分别处理：

1. 第二审法院审理不服一审裁定的上诉案件后，认为一审裁定认定事实清楚，适用法律、法规正确的，裁定驳回上诉，维持一审裁定。

2. 第二审法院审理不服对管辖权异议裁定的上诉案件后，认为一审裁定确有错误的，应当裁定撤销一审裁定，并分别情况作出处理：（1）一审裁定驳回管辖异议不成立有错误的，在确认异议成立的同时，指令一审法院将案件移送有管辖权的法院。（2）一审裁定管辖异议成立将案件移送其他法院有错误的，在确认异议不成立的同时，指令作出该裁定的第一审人民法院审理。（3）一审裁定管辖异议成立正确但将案件移送其他法院有错误的，应在确认异议成立但移送管辖错误的同时，指令一审法院将案件移送给有管辖权的人民法院审理。

3. 第二审法院审理不予受理裁定的上诉案件后，认为一审不予受理裁定确有错误且起诉符合法定条件的，应当裁定撤销该不予受理的裁定，指令原审法院依法立案受理。

4. 第二审法院审理不服驳回起诉裁定的上诉案件后，认为原审法院驳回起诉的裁定确有错误且起诉符合法定条件的，应当裁定撤销该驳回起诉的裁定，指令原审人民法院依法继续审理。原审法院应当另行组成合议庭进行审理。

当事人对于原审法院依照第二审法院的上述裁定、指令进行审理或继续审理后所作出的一审判决、裁定，不服的，仍可依法提出上诉。

三、第二审裁判的法律效力

第二审人民法院的判决、裁定是终审的判决、裁定。

第二审法院作出裁判，经宣告或送达立即发生法律效力。当事人不得再提起上诉，也不得以同一事实和理由再行起诉。

当事人不服第二审人民法院裁判认为确有错误的，可以根据《行政诉讼法》第 62 条规定向原审人民法院或者上一级人民法院提出申诉，但判决、裁定不停止执行。或者根据最高人民法院法释〔2000〕8 号文件第 73 条规定在法定期限内依审判监督程序向法院申请再审。

四、行政诉讼中超期裁判的效力[①]

（一）行政诉讼中超期裁判是客观存在，违反诉讼效率价值与诉讼公正价值

刑事诉讼中违反法定程序超期羁押的行为是法学界关注的焦点问题之一，一直以来为学者所诟病。而在行政诉讼中，同样是违反法定程序的超期裁判的行为，却尚未引起法学界的注意。从性质上讲，超期裁判与超期羁押都是对诉讼效率价值与诉讼公正价值的违反，损害了当事人获得及时、公正裁判的诉讼权益。

虽然最高人民法院极力强调法院对审限的遵守，但在行政审判中，法院超期裁判的情况

---

① 本部分内容参见陈永革、李成《行政诉讼中超期裁判效力研究》，2005 年 8 月中国行政法学会海南“行政法博鳌论坛”会议论文集。

仍然是客观存在的[①]。并且，目前我国行政诉讼实践表明，当事人的起诉超越起诉时效是导致其实体失权（亦即丧失实体意义上的诉权而获得败诉结果）的事由之一[②]，而人民法院的裁判超越裁判时限（亦即单纯的超期）并不会成为其裁定或判决无效的事由之一。这种超期裁判做法是对行政诉讼法独立价值的否定，无益于对相对人利益的保护，也无益于我国行政法与行政诉讼的法治建设。

现行《行政诉讼法》的有关条文虽然为部分裁定和判决设定了下达期限，最高人民法院也对裁判下达期限问题三令五申且相继出台了《最高人民法院关于严格执行案件审理期限制度的若干规定》、《最高人民法院案件审限管理规定》以及《最高人民法院关于执行〈最高人民法院关于严格执行案件审理期限制度的若干规定〉中有关问题的复函》等旨在明确案件审限的规范性文件，但并没有明确地规定超过期限下达的裁定和判决的法律效力如何，这显然是行政诉讼法立法技术上的一个缺陷，实践中超期裁判的情况并没有因此得到根治。

（二）对超期裁判认定为无效裁判的处理程序设计建议

我们认为，从严格依法审判的意义上讲，在具体的行政审判活动中，所有的超期裁判原则上均应为无效，但当事人放弃挑战其效力的，可以视为有效。但是，对超期裁判认定为无效裁判，应当有序进行：

1. 相对人和行政机关都应拥有并依法行使对超期裁判认定为无效裁判的请求权

在这里有条件地承认超期裁判的效力，一是考虑到对相对人合法利益的保护，二是考虑对行政机关的行政行为合法状态的维护。在经历了旷日持久的行政诉讼后，迟到的正义胜于没有正义。对当事人双方而言，与其再面对一场费时费力的行政诉讼，倒不如承认眼前的虽然迟到但合其法益的裁判来得实惠。

但是，如果当事人双方无法达成认可法院超期裁判的共识，其中有一方不承认超期裁判的有效性而提出异议的，无论其是相对人还是行政机关都应当赋予其对超期裁判认定为无效裁判的请求权。但该项请求权并非无拘束，当事人在行使该项请求权时，应当遵守法律规定的对裁判上诉或者申请再审的法定期限。

2. 上一级法院拥有并依法行使对超期裁判认定为无效裁判的确定权

当事人对行政诉讼中的超期裁判认定为无效裁判的请求，应当向作出超期裁判法院的上一级法院提出，除了最高人民法院自己拥有对自己超期裁判认定为无效裁判的确定权之外，上一级法院拥有对下一级法院的超期裁判认定为无效裁判的确定权，这是由上下级人民法院是一种审判监督关系所决定的。在根据请求人提交的证据查明确系超期裁判的，法院应当作出裁定认定该超期裁判为无效裁判；对于被该无效裁判所拘束的实体事项或者程序事项，必

---

① 某地发生了一起普通的行政诉讼案件。基层法院在接到原告张某的起诉状之后，在法定期限内既不立案又不作出不予受理的裁定，张某遂依据《最高人民法院关于执行〈中华人民共和国行政诉讼法〉若干问题的解释》第32条第3款之规定，直接向市中级人民法院提起行政诉讼。然而，在中院审查立案期间，基层法院突然以“请求事项不属于人民法院行政审判权限范围”为由裁定对原告的起诉不予受理（本案的实际情况是：基层法院未按照行政诉讼法第42条和《解释》第32条的规定在法定期限内立案受理或裁定不予受理，但事后向原告送达了一份没有日期的一审裁定，并坚决否认存在程序违法的地方。对于原告有关裁定书上没有注明作出日期的疑问，基层法院的解释是工作失误所致）。张某不服，以该份裁定严重违反法定程序为由向中级法院提起上诉。至本文结稿之日，中级法院尚未对基层法院该份裁定的法律效力问题作出明确表态。

② 任何诉讼程序都包含各种各样的时效制度，行政诉讼也是如此，而其中最典型的一个就是起诉时效制度。关于诉讼时效，我国民法采用的是抗辩权发生说，而行政诉讼法采用的是请求权消灭说。因此，所谓的行政诉讼时效，是指公民、法人或其他组织不服行政机关的行政行为而向人民法院提起行政诉讼的法定期限，以及超过此期限后，将承担的丧失该权利的法律后果。——周启泉《试论我国的行政诉讼时效制度》，中国法院网，发布时间：2004—01—17。

须重新予以裁判的，应当同时责令原裁判法院依法重新审理或审查此案件的实体问题或者程序事项之后在法定期限内作出新的裁判。

（三）防范超期裁判的立法及司法管理措施建议

1. 立法应当对各级法院的一审、二审的审限时段分别作出适当、放宽的规定

司法实践部门要严格按照现有审限的规定下达裁判，但同时在立法上确有完善审限制度的必要。因为，行政案件的超期裁判，有些是全国性的问题，必须通过国家立法机关解决一些体制性的问题。例如，中级法院不同于基层法院，中级法院的案件通常是大要案（如以国务院各部门或者省、自治区、直辖市人民政府为被告的行政案件）、疑难案[①]。在对基层、中级、高级、最高各级别法院的审判负担不作区别，也不分地区、不分案件类型的情况下，将行政案件的审判期限统一规定为：第一审“三个月”，第二审“二个月”的“一刀切”做法，显然是不合适的。

因此，按照区别对待的基本思路，我们建议，立法机关根据行政诉讼价值取向的需要，立足中国国情，考虑政治、经济、社会、文化等中国的实际情况，在满足程序正义价值的基础上，就各级法院下达一审、二审判决的法定期限以及涉及当事人重大诉讼利益的裁定的法定期限，予以立法完善，修改现行裁判下达期限规定，适当放宽各级、各地法院以及重大、复杂案件的审理期限，在此建议对基层、中级、高级、最高法院的各自下达裁判的总期限分别予以直接、明确规定：（1）基层法院一审（包括再审）的审理期限为三个半月（或者105个工作日）；（2）中级法院一审审理期限为四个半月（或者135个工作日）、二审期限为三个月（或者90个工作日）；（3）高级法院一审的审理期限为五个半月（或者165个工作日）、二审期限为四个月（或者120个工作日）；（4）最高法院一审审理期限为六个半月（或者195个工作日）、二审期限为五个月（或者150个工作日），这样就便利当事人参加诉讼和法院审理裁判，从法制根基上防范超期裁判现象。

2. 立法应当对行政案件审判组织作出裁定、判决的时间设置具体明确的拘束性规定

从国外立法例看，有些国家没有从整体上规定审理期限，但他们关注真正对司法行为构成控制的一个细节——从最后一次开庭到作出判决之间的时限。要求法官在最后一次开庭之后必须在一定期限内（如10天或15天）作出判决，旨在敦促法官快速审理[②]。这种规范法官裁判时间的明细化做法，有助于防治超期裁判，值得我国借鉴。

我们建议，《行政诉讼法》在未来修改时，除了对各级法院分别规定一个合理的较宽范围的总期限以及保留现有的合理规定（比如在接收起诉状之日后7个工作日内作出不予受理的裁定等）之外，还应当进一步对行政审判组织作出裁定、判决的时间加以细化，给予直接、具体、明确、有法律拘束力的规定：（1）独任法官审理简易行政案件开庭结束后的10个工作日之内应当作出判决或驳回起诉的裁定（如增设了行政案件审判简易程序的话）；

---

① 《行政诉讼法》第14条规定，中级人民法院管辖下列第一审行政案件：（一）确认发明专利权的案件、海关处理的案件；（二）对国务院各部门或者省、自治区、直辖市人民政府所作的具体行政行为提起诉讼的案件；（三）本辖区内重大、复杂的案件。最高人民法院《解释》确认，有下列情形之一的，属于中级人民法院管辖的本辖区内重大、复杂的案件：第一，被告为县级以上人民政府，且基层人民法院不适宜审理的案件；第二，社会影响重大的共同诉讼、集团诉讼案件；第三，重大涉外或者涉及香港特别行政区、澳门特别行政区、台湾地区的案件；第四，其他重大、复杂的案件。比如，人民群众反映强烈的案件；行政处罚极重，涉及相当一部分人的权益的案件；涉及社会稳定、公众利益的案件等。此外，中级人民法院还管辖包括国际贸易、反倾销、反补贴等与WTO相关的第一审行政案件以及集成电路布图设计行政纠纷案件、植物新品种行政纠纷案件等。

② 参见傅郁林《诉答程序·程序时效·诚信机制》，《人民法院报》2005年4月13日版

(2) 基层法院合议庭在最后一次开庭结束后的 15 个工作日之内应当作出（一审、或再审的）判决或者驳回起诉的裁定；(3) 中级法院合议庭在最后一次开庭结束后的 20 个工作日之内应当作出（一审、或二审、或再审的）结案判决或者裁定；(4) 高级法院合议庭在最后一次开庭结束后的 25 个工作日之内应当作出（一审、或二审、或再审的）结案判决或者裁定；(5) 最高法院合议庭在最后一次开庭结束后的 30 个工作日之内应当作出（一审、或二审、或再审的）结案判决或者裁定；(6) 各级法院合议庭提交审判委员会议决的案件应当在议决后的 15 个工作日内作出判决；(7) 除上述规定的裁定作出时间外，各级法院的裁定应当在受理当事人申请（比如补正判决书笔误的申请）之日或者法定客观事由（比如因原告死亡而裁定中止诉讼后无特殊情况已满 90 日仍无人继续诉讼）出现之日起 7 个工作日内作出，各级法院的复议决定应当在接到当事人申请（如对行政诉讼财产保全裁定不服的复议申请）后 3 个工作日内作出。

此外，为适应行政案件审判客观情势，立法可以设定对上述裁判下达明细化时间的特殊例外，但必须标明客观标准，以便于实务操作并避免随意性造成的超期裁判现象。

3. 防范超期裁判的司法管理措施建议

我们认为，从目前司法实践看，人民法院可以采取的防范超期裁判的司法管理措施包括以下几方面：

(1) 充实行政审判力量，以高素质行政法官队伍防范及根除超期裁判。在行政诉讼实践中造成超期裁判的主体因素，是法院（特别是基层法院）从事行政审判的法官素质或人手不足，因此法院必须按照《法官法》的规定坚持高标准、严要求配齐行政审判人员，尽快消除当前存在的“一人庭”，“二人庭”等不能依法组成合议庭、审判组织机构不健全的现象。同时，鉴于行政审判是对行政行为的合法性审查，是对行政权力的司法监督和制约，要求行政审判法官具有较高的政治素质和业务水平，故应尽快提高行政审判人员的整体职业化水平，加强行政审判法官队伍建设，并保持业务骨干的相对稳定。

(2) 加强对行政案件审判的监管。设置行政案件审判流程管理制度，对案件审理各阶段的时限实行动态跟踪管理，实行行政案件结案“倒计时”活动，每天公布可能超期裁判案件的进展情况，鞭策审案法官及时下达裁判。严格依法审批申请延期案件，坚决杜绝人为拖拉裁判。对合议庭报送的重大复杂行政案件审判委员会应当及时讨论决定，防止因审委会拖延议决而造成合议庭的超期裁判。

(3) 落实超期裁判责任追究。贯彻最高人民法院《关于严格执行〈中华人民共和国法官法〉有关惩戒制度的若干规定》（法发［2003］10 号）第 11 条的规定，对超期裁判者以及其他责任人员坚决依法追究超期裁判责任。比如，2003 年 12 月某地芙蓉区人民法院有一名干警因其承办的案件在经审判委员会讨论并形成决议后长达 10 个月没有作出判决，法院提请区人大免去其审判员职务，并停职待岗学习一个月，此追责事件促生了“遵守制度已成为每个干警的自觉行为”的良好效果。①

(4) 树立“保护人权”和“公正与效率”的现代司法理念，增强法官的效率意识和审限意识，从思想意识上根治超期裁判。能否从根本上杜绝超期裁判，事关人民群众对法院工作的评价和对司法公信力的认可。要把杜绝超期裁判问题，提高到保障公民合法权益的高度。法官应牢固树立超期裁判就是违法的观念，纠正“重实体、轻程序”的错误思想，应当遵守

---

① 芙蓉先锋《保持先进性 落实司法为民》(2005 年 3 月 25 日)

法律规定的诉讼期限，在法定期限内尽快地立案审理、判决。同时，法院内部的司法管理在价值观上，特别是在对行政审判法官工作考勤和奖优罚劣的标准上，也应当做到实体与程序、公正与效率并重。

第十八章 行政案件的审判监督程序

第一节 审判监督程序在行政诉讼中的地位

一、审判监督程序的概念与任务

审判监督程序，又称再审程序，是指人民法院、人民检察院对于已经发生法律效力的判决和裁定，发现违反法律、法规规定的，依法提出再审决定，或提出抗诉，由有关人民法院对已终结审理的行政案件再行审理的步骤、方式和方法的总称。

审判监督程序，主要包括两大相互连接的程序，审判监督程序的启动程序和审判监督案件再审的审判程序：

1. 审判监督程序的启动程序，包括相互并行的三大启动程序：（1）当事人申诉或申请再审启动审判监督程序；（2）人民检察院提起行政抗诉启动审判监督程序；（3）人民法院依职权主动启动审判监督程序。

2. 审判监督案件再审的审判程序，即人民法院按照审判监督程序再审的案件应当遵循的审判程序，包括前后衔接的：（1）审判监督案件的再审准备程序；（2）审判监督案件的再审审理程序；包括：①第一审程序或②第二审程序，以及③审判监督案件的再审审理中的具体问题处理程序；（3）审判监督案件的再审判决、裁定。

审判监督程序，与审判监督不相等同。审判监督含义比审判监督程序广泛，包括人民检察院对法院审判行政案件的活动是否合法而进行的监督，法院内部上级法院对下级法院以及本院院长对本院的审判行政案件活动的监督。法院内部的审判监督，既包括上级法院依照第二审程序、审判监督程序审理行政案件，还包括上级法院对行政审判工作进行检查和一般性指导等等。所以审判监督程序仅仅是审判监督的组成部分之一，两者不可互相混同。

我国《行政诉讼法》第 6 条规定人民法院对行政案件的审理是实行“两审终审制度”，由此而决定审判监督程序不是每一个行政案件必经的审理程序。只有判决和裁定已发生法律效力，又确有违反法律法规规定的一审终止和二审终结的行政案件，才适用这一程序。可见，审判监督程序是第一审程序、第二审程序以外的不具有审级性质的一种特殊的行政案件审理程序。其任务是：贯彻执行党和国家确立的“有错必纠、违法必究”的社会主义民主与法制原则，通过对违反法律、法规规定的已审理终结的行政案件再行审理，纠正确有错误的生效判决、裁定，使已被违法裁判的行政案件重新得到正确处理。

二、审判监督程序在行政诉讼中的地位与作用

审判监督程序，作为一种特殊的行政案件审理程序，在行政诉讼中处于监督、保证的地位，具有维护社会主义法制，监督法院依法行使行政审判权，保证行政案件正确处理，保护当事人合法权益的积极作用。

（一）维护社会主义法制，监督人民法院依法行使行政审判权

社会主义法制以“有法可依，有法必依，执法必严，违法必究”为基本原则。实行行政诉讼，通过法院审查具体行政行为是否合法并作出判决，本身就是对社会主义法制基本原则的落实和体现。但是，行政诉讼与其他诉讼最重要的不同之处，不仅是“民告官”，而且是“官（法官）审官（行政官员）”，这就容易给行政诉讼造成一定难度。尤其是我国目前行政

机关对社会生活的方方面面几乎无所不包地行政管理权力。法院的房子（基建）、票子（调资）、位子（人事、编制）、车子（办事交通工具、出差经费）、儿子（审判人员子女的工作，就业安排）等问题的解决，离开行政机关的行政权力的行使，几乎无法解决。由于行政案件的审理法院与被审行政机关之间存在着案件诉讼之外的“五子”问题解决的利益关系，因此，在某些时候、个别地区很难完全避免“上有政策、下有对策”的行政瑕疵，对行政案件的审理发生腐蚀作用，产生“权力交换利益”，你审判时高抬贵手，我诉讼外定给好处；以审判权的违法行使，换取审判外本法院、本法官的利益。这种腐蚀现象，越是在基层，往往因制约因素不强而越容易产生。虽有第二审程序的监督，但上一级法院（除最高法院外）又大多是本行政辖区的法院，地方保护主义倾向的影响以及诉讼外与被诉行政机关的上一级机关之间利益关系的制约，往往容易导致第二审的“走过场”和第二审法院的错误的终局裁判，从而使第二审程序的监督流于形式。

有了审判监督程序的把关，其中特别是调动国家法律监督机关——人民检察院的力量，与人民法院互相配合，就加强了对违法行政和违法审判现象的制约力量。在人民检察院代表国家提出的抗诉以及人民法院作出的再审指令、决定的强力约束下，由有关人民法院对那些判决、裁定已经生效但确属违反法律、法规规定已审结的行政案件再行审理，并作出合法的处理，消除权力交换利益的腐蚀，从而有利于维护社会主义法制的尊严，有力地监督、鞭策人民法院依法行使对行政案件的审判权力。

（二）保证行政案件最终得到正确处理，保护当事人的合法权益，维护社会安定团结

行政诉讼是因国家行政机关及其工作人员具体行使行政权力的行为，被认为是侵犯了公民、法人和其他组织合法权益而引发的“民告官”的诉讼。一般说，在诉讼前不少的行政争议先经行政机关的行政复议处理，但处理结果仍不尽如人意，从而诉诸法院，抑或不经行政复议处理，而依法直接诉诸法院，请求法院作为一个公正的裁决人，不偏不倚地依法评断是非、解决行政纠纷。行政诉讼，从社会政治的一定角度看，可以说“也是政府和人民的关系不正常乃至矛盾激化的表现”①，如果处理不当，一方面，可能会引起人民对政府的不满，滋生群众对行政工作人员的抵触情绪，从而明里暗里地抵制、对抗政府的一切行政管理活动，甚至会派生出一些违法犯罪举动，影响整个社会的安定团结。另一方面，也可能引起行政机关工作人员正确行使行政职权、合法作出具体行政行为的积极性受挫，从而影响行政机关依法行政的威信和工作效率。

而要处理得当，不仅应当在政治上宣传与加强政府爱人民、人民爱政府的亲切关系，而且应当在法制上设定正确可行的行政实体法律规范和行政诉讼法律规范，并切实保证这些法律规范始终得到认真、严格的贯彻执行。设置审判监督程序，正是为了监督、保证人民法院严格依法断案，当好公正的裁决者，缓解人民与政府之间的行政管理矛盾与冲突。尤其是人民法院通过再审，严肃地撤销那些虽已生效甚至执行完毕，但却违反法律、法规，颠倒案情是非曲直，恣意袒护、宽容违法行为的判决、裁定，并重新作出合乎法律、法规的规定，具有法律效力的判决、裁定，从而就使任何行政案件最终都有机会得到人民法院正确处理。这样既维护行政机关依法行政的效力，又保护公民、法人和其他组织的合法权益免受违法行政与违法审判的双重侵害，确保政府与人民矛盾与冲突最终解决，维护社会安定团结的政治局面。

---

① 张友渔《关于行政诉讼法的两点意见》，载《中国法学》1989年第4期，第26页。

三、行政案件的审判监督程序与第二审程序的联系与区别

行政案件的审判监督程序与第二审程序在目的上有其共同联系，都是为了纠正错误的判决、裁定，保证行政审判权正确行使。但它们是不同的两种审判程序，具有以下区别：

（一）程序的性质不同。第二审程序是第一审程序的继续和发展，是两审终审原则的体现，是审理行政案件的必经程序：只要当事人在限期内依法上诉，第二审程序就成为行政案件的审判必经程序。审判监督程序不是第一审或第二审程序的继续和发展，不是每个行政案件的必经程序，只是为纠正违反法律法规、并已生效的判决、裁定而对终结审理但确有违法的行政案件再审的一种特殊的审判补救程序。

（二）提起的原因不同。第二审程序的提起，仅仅因为当事人对第一审法院的判决、裁定依法定期限提出了上诉。审判监督程序的提起，不因当事人的申诉，而是因为已经生效的判决、裁定违反法律、法规，而被人民检察院提出抗诉、上级法院或本院审判委员会作出提审或再审的决定。

（三）提起的主体不同。提起第二审程序的主体，是享有上诉权的第一审行政案件当事人（包括原告、被告、原告的法定代理人），提起审判监督程序的主体，不包括当事人，只是对行政法律监督的人民检察院、上级人民法院、最高人民法院、各级法院的院长。院长对本院生效判决、裁定发现违法认为需要再审的，尚须提请本院审判委员会决定。

（四）提起的期限不同。第二审程序的提起，应在第一审判决、裁定尚未发生法律效力的期间，亦即当事人行使上诉权法定期限。一旦超期，当事人失去上诉权，一审判决、裁定生效，就不能开始第二审程序。审判监督程序的提起，不受法定期限的限制。不论什么时候，只要发现终审案件的判决、裁定违反法律、法规的，都可以提起审判监督程序。

（五）审理的对象不同。第二审程序审理的对象，是下一级法院尚未发生法律效力的第一审判决、裁定。审判监督程序审理的对象，则是下级（不限于下一级）法院和本法院的已发生法律效力甚至执行完毕的但确有违反法律法规的第一审和第二审的判决、裁定。

（六）审理的法院不同。在第二审程序中，审理上诉案件的法院，只能是第一审法院的上一级法院。在审判监督程序中，审理再审案件的法院，包括上级法院和原审法院。这里应注意：（1）原审法院只对本院的一审终了以及二审终结的行政案件有权再审，而且可以不受级别限制地对下级法院审结的行政案件有权再审（即提审）：中级人民法院可以对所属各基层法院审结终了案件按审判监督程序再审；高级人民法院可以按审判监督程序对本省（自治区、直辖市）内的任何一个基层法院、中级法院审结的案件进行再审；最高人民法院有权按审判监督程序审理全国（但特别行政区依法律另有规定的除外）的任何一个基层法院、中级法院、高级法院审结的案件。这种不受法院级别限制的“一竿子插到底”的方式，正是审判监督程序具有对违法行政和违法审判实施有力的制约、纠错作用的重要因素。

以上区别亦是行政案件审判监督程序特点的集中反映，行政审判人员倘若能够都正确认识审判监督程序的这些特点，从而适时、依法运用审判监督程序有力处理违法审判问题，那么，违法审判的现象将受到极大的遏制。而诉讼当事人，尤其是行政管理相对人那种“上下奔波求青天，长年累月告御状”的既不利于自己合法权益，又影响社会安定的现象将日趋减少，直至绝迹。

第二节 当事人申诉或申请再审启动审判监督程序

审判监督程序，其关键性的内容在于审判监督程序的启动程序。如前所列，审判监督程

序的启动程序，包括相互并行的三大启动程序：(1) 当事人申诉或申请再审启动审判监督程序；(2) 人民检察院提起行政抗诉启动审判监督程序；(3) 人民法院依职权主动启动审判监督程序。其中，当事人申诉或申请再审启动审判监督程序，是最常见的、最普遍的、最有影响的、最受关注的审判监督程序的启动程序。

一、行政诉讼中的当事人"申诉"与当事人"申请再审"的提法解析

(一) 行政诉讼中的当事人"申诉"与"申请再审"的规定溯源

1. 行政诉讼中的当事人"申诉"，是《行政诉讼法》第 62 条参照《民事诉讼法（试行）》第 158 条"申诉"的规定而规定的。

《行政诉讼法》第 62 条规定："当事人对已经发生法律效力的判决、裁定，认为确有错误的，可以向原审人民法院或者上一级人民法院提出申诉，但判决、裁定不停止执行。"之所以如此规定，是因为 1989 年 4 月 4 日出台的《行政诉讼法》的这一条"申诉"条文是以当时的《民事诉讼法（试行）》（1982 年 3 月 8 日第五届全国人大常委会第二十二次会议通过，自 1982 年 10 月 1 日起试行；1991 年 4 月 9 日废止）的《审判监督程序》一章中对当事人"申诉"的规定为范本，即该法第 158 条规定："当事人、法定代理人对已经发生法律效力的判决、裁定，认为确有错误的，可以向原审人民法院或者上级人民法院申诉，但是不停止判决，裁定的执行。人民法院对已经发生法律效力的判决、裁定的申诉，经过复查，认为原判决、裁定正确，申诉无理的，通知驳回；原判决、裁定确有错误的，由院长提交审判委员会讨论决定。"

最高人民法院《关于贯彻执行〈中华人民共和国行政诉讼法〉若干问题的意见（试行）》（1991 年 6 月 11 日 法（行）发〔1991〕19 号；2000 年 3 月 10 日起废止）没有对当事人"申诉"予以解释，也没有突破《行政诉讼法》规定当事人"申请再审"，而只是规定："按照审判监督程序决定再审的案件，应当裁定中止原判决的执行。裁定由院长署名，加盖人民法院印章。"

2. 行政诉讼中的当事人"申请再审"，是最高人民法院现行行政诉讼审判解释文件里参照《民事诉讼法》第 178 条"申请再审"的规定而规定的。

1991 年 4 月 9 日第七届全国人大第四次会议通过并公布施行《民事诉讼法》，把当事人"申诉"改为"申请再审"，即该法第 178 条规定："当事人对已经发生法律效力的判决、裁定，认为有错误的，可以向原审人民法院或者上一级人民法院申请再审，但不停止判决、裁定的执行。"（说明：2007 年 10 月 28 日第十届全国人大常委会第三十次会议对该法进行修正，自 2008 年 4 月 1 日起施行，其中，已经将该第 178 条修改为："当事人对已经发生法律效力的判决、裁定，认为有错误的，可以向上一级人民法院申请再审，但不停止判决、裁定的执行。"）八年后的 1999 年 11 月 24 日最高人民法院审判委员会第 1088 次会议通过《关于执行〈中华人民共和国行政诉讼法〉若干问题的解释》（法释〔2000〕8 号，2000 年 3 月 8 日公布，自 2000 年 3 月 10 日起施行）参照《民事诉讼法》第 178 条规定，突破《行政诉讼法》第 62 条规定，而确定了当事人"申请再审"，即该解释第 73、74 条规定："当事人申请再审，应当在判决、裁定发生法律效力后 2 年内提出。当事人对已经发生法律效力的行政赔偿调解书，提出证据证明调解违反自愿原则或者调解协议的内容违反法律规定的，可以在 2 年内申请再审。""人民法院接到当事人的再审申请后，经审查，符合再审条件的，应当立案并及时通知各方当事人；不符合再审条件的，予以驳回。"

（二）行政诉讼中的当事人“申诉”与当事人“申请再审”的同异

从上述提法溯源可知，当事人“申诉”与当事人“申请再审”的规定，实际上都是有一个共同的参照点，即民事诉讼法典。不同之处在于，《行政诉讼法》第62条的“申诉”规定没有紧跟民事诉讼法典（从1982年试行法转换到1991年正式法目前已到2007年修正案）变迁步伐，而最高人民法院法释〔2000〕8号审判解释是注意到了紧跟《民事诉讼法》第178条而规定行政诉讼中的当事人可以“申请再审”。

但是，最高人民法院的审判解释不得突破被其解释的法律。根据1981年6月10日第五届全国人大常委会第十九次会议通过的《关于加强法律解释工作的决议》第一、二条规定，“凡关于法律、法令条文本身需要进一步明确界限或作补充规定的，由全国人大常委会进行解释或用法令加以规定。”凡属于法院审判工作中具体应用法律、法令的问题，由最高人民法院进行解释。根据2000年3月15日第九届全国人大第三次会议通过自2000年7月1日起施行的《立法法》规定，全国人大和全国人大常委会行使国家立法权。全国人大制定和修改刑事、民事、国家机构的和其他的基本法律。全国人大常委会制定和修改除应当由全国人大制定的法律以外的其他法律；在全国人大闭会期间，对全国人大制定的法律进行部分补充和修改，但是不得同该法律的基本原则相抵触。《立法法》明确规定：诉讼和仲裁制度，只能制定法律。最高人民法院可以向全国人大常委会提出法律案。法律解释权属于全国人大常委会。法律有以下情况之一的，由全国人大常委会解释：“（一）法律的规定需要进一步明确具体含义的；（二）法律制定后出现新的情况，需要明确适用法律依据的。”最高人民法院可以向全国人大常委会提出法律解释要求，之后由常委会工作机构研究拟订法律解释草案，由委员长会议决定列入常委会会议议程。法律解释草案经常务委员会会议审议，由法律委员会根据常务委员会组成人员的审议意见进行审议、修改，提出法律解释草案表决稿。法律解释草案表决稿由常委会全体组成人员的过半数通过，由常委会发布公告予以公布。全国人大常委会的法律解释同法律具有同等效力。

可见，最高人民法院法释〔2000〕8号审判解释文件以“申请再审”视同于《行政诉讼法》“申诉”的做法，已经超越了审判解释权限进入了《立法法》明确规定的法律解释领域代替全国人大常委会对“法律的规定需要进一步明确具体含义的”事项即《行政诉讼法》第62条规定的“申诉”的具体含义是不是“申请再审”作出了肯定性解释，尽管今后《行政诉讼法》的“申诉”规定，肯定要与《民事诉讼法》的“申请再审”规定接轨，尽管现在许多地方人民法院都已根据最高人民法院的该审判解释在提起行政诉讼审判监督程序中使用“申请再审”而不使用“申诉”提法[①]。但是，在全国人大常委会对《行政诉讼法》第62条与《民事诉讼法》的“申请再审”接轨问题上未作立法修改之前，这仍然是一种合理而不合法的做法。我们认为，妥当的做法是，最高人民法院按照《立法法》规定向全国人大常委会提出法律解释要求，由全国人大常委会依法律解释程序，对于《行政诉讼法》第62条规定的“申诉”的具体含义作出进一步明确具体含义等同于“申请再审”的法律解释，以奠定法释〔2000〕8号审判解释文件有关“申请再审”内容的合法性基础。因为，“加强法律解释

① 比如深圳市中级人民法院在2002年10月11日颁布的《关于申诉和申请再审的若干规定（试行）》第五条规定：“申请再审是指当事人、当事人的法定代理人或有利害关系的案外人认为人民法院已经发生法律效力的民事、行政案件的判决、裁定和调解确有错误，请求撤销、变更生效裁判的诉讼行为。”深圳市罗湖区人民法院《案件流程指南》（同样适用龙岗区人民法院）明示：“当事人、当事人的法定代理人或有利害关系的案外人认为人民法院已经发生法律效力的民事、行政判决、裁定和调解确有错误时，可以申请再审。申请再审，应当在判决、裁定发生法律效力后两年内提出。”

工作，对于正确执行法律，健全社会主义法制，具有重要的作用。”[①]

（三）行政诉讼中，当事人向人民法院的“申诉”或“申请再审”都应具有提起审判监督程序的法律效果

我们认为，在民事诉讼法由试行法（1982）变更为正式法（1991）再进步到修正法（2007）后，在行政诉讼的审判监督程序运作领域里，行政诉讼当事人“申诉”和“申请再审”虽然名称不同，但实际上已经是两个实质内容相同、法律效力等同的可以换用的语词，《行政诉讼法》的“申诉”效力事实上已被视同于《民事诉讼法》的“申请再审”的效力。最高人民法院在2002年9月10日发布的《关于规范人民法院再审立案的若干意见（试行）》（法发［2002］13号）也作出“申诉”与“申请再审”是名异实同的认定，如该“意见”第五条：“再审申请人或申诉人向人民法院申请再审或申诉，应当提交以下材料：……”第九条：“对终审行政裁判的申诉，具备下列情形之一的，人民法院应当裁定再审：……”等条文的规定就已将当事人的“申诉”与“申请再审”等量齐观。在实践中地方法院已把“申诉”与“申请再审”捆绑使用。如，江苏省苏州国家高新技术产业开发区人民法院向社会公布的《申诉或申请再审须知》：“一、民事案件、行政案件的当事人及法定代理人，不服本院的判决、裁定，可以在判决、裁定生效后两年内提出申诉或申请再审。”因此，在行政诉讼领域，当事人可以（根据《行政诉讼法》第62条规定及最高人民法院法发［2002］13号审判解释文件规定）“申诉”，也可以（依据最高人民法院法释〔2000〕8号审判解释文件参照《民事诉讼法》第178条规定）“申请再审”。当事人“申诉”也好，“申请再审”也罢，只要符合法定条件具备再审事由情形，都同样具有提起行政案件审判监督程序的法律效果。

当然，从更精确使用的角度而言，并考虑到不久将来行政诉讼法出台（换“申诉”为）“申请再审”而与民事诉讼法接轨情况，可以区别使用行政诉讼的当事人“申诉”和当事人“申请再审”：“申诉”可专用于“检察院行政抗诉案件主要来源”，而“申请再审”可专用于“启动审判监督程序”。

但目前在全国人大常委会对于《行政诉讼法》第62条“申诉”规定未修改解释的情况下，不宜完全排除当事人向人民法院的“申诉”对启动行政诉讼审判监督程序的作用，而应当认定当事人向人民法院的“申诉”与“申请再审”均可适用于行政诉讼审判监督程序的启动。

据上，本节冠名“当事人申诉或申请再审启动审判监督程序”。

二、当事人申诉或申请再审的概念及意义

当事人申诉，根据《行政诉讼法》第62条，是指当事人认为已经发生法律效力的行政判决、裁定确有错误，或行政赔偿调解书违反自愿合法原则，而申请人民法院进行再次审判的诉讼救济行为。

当事人申请再审，根据最高人民法院法释〔2000〕8号审判解释，是指当事人认为人民法院已经发生法律效力的行政判决、裁定有错误，或行政赔偿调解书违反自愿合法原则，向人民法院申请对该审结案件进行再次审判的诉讼救济行为。

从广义看，当事人的申诉，也包括当事人向人民检察院申诉，请求人民检察院对生效的错误判决、裁定提起再审抗诉，监督法院运行再审程序对已审结行政案件重新作出审理裁

---

① 《关于加强法律解释工作等三个决定（草案）的说明》，全国人大常委会法制委员会副主任王汉斌在第五届全国人民代表大会常务委员会第十九次会议（1981年6月5日至10日）期间所作。

判。对于“当事人向人民检察院申诉”在下一节论述。

本节所述的当事人申诉，是《行政诉讼法》第62条所指的当事人向法院的“申诉”，与“申请再审”同义。

当事人申诉或者申请再审，是当事人享有的对法院行政审判工作实施监督的合法权利，是与法院审查立案再审相结合而启动行政案件审判监督程序纠正错误生效裁判、调解书等法律文书的重要诉权。当事人申诉，是人民检察院依审判监督程序提出再审抗诉的主要材料来源，在司法实践中，不少错案是通过审查、受理当事人申诉或者申请再审发现问题，再调阅案件材料，从而发现已生效行政判决、裁定确已违反法律法规的。

正确、及时地提出与受理当事人申诉或者申请再审，有利于当事人行使诉权，维护合法权益或依法行政的效果；有利于人民法院在审查确定其具有再审事由（又称法定再审情形）时径行裁定再审，及时进入案件再审审判依法纠正错案，节约司法资源改进行政审判工作，提高行政案件的审结质量。

三、当事人提出申诉或申请再审的法定条件

根据《行政诉讼法》以及参照《民事诉讼法》（2007修正）和最高人民法院法释〔2000〕8号、法释〔2008〕14号等有关审判解释文件的规定，当事人提出申诉或申请再审的法定条件有：

（一）申诉人或者申请再审人必须是当事人

申诉或者申请再审，是原审结案件的当事人包括原告、被告以及被生效裁判确定承担实体义务责任的第三人依法享有的诉讼权利。因此，原审结案件的当事人有资格在认为人民法院发生法律效力的判决、裁定有错误时向人民法院提出申诉或者申请再审。

当事人无诉讼行为能力的，由其法定代理人依法申诉或者申请再审。

案外人对原行政判决、裁定、行政赔偿调解书确定的执行标的物主张权利，且无法提起新的诉讼解决争议的，可以在该判决、裁定、调解书发生法律效力后两年内，或者自知道或应当知道利益被损害之日起三个月内，向作出原判决、裁定、调解书的人民法院的上一级人民法院申请再审。但在执行过程中，案外人对执行标的提出书面异议的，按照执行异议规定处理。

（二）行政判决、裁定、行政赔偿调解书已经发生法律效力

当事人提出申诉或申请再审，只能够针对生效的行政判决、裁定、行政赔偿调解书。(1) 生效的行政判决、裁定，其范围包括：①终审的行政判决、裁定（含最高人民法院的一审行政判决、裁定和第二审法院的行政判决、裁定）；②上诉期间届满，未被当事人提出上诉的地方各级法院的一审行政判决、裁定（如不予受理、管辖异议处理、驳回起诉的裁定）。(2) 生效的行政赔偿调解书，即指当事人双方已经签收的行政赔偿调解书。倘若行政判决、裁定、行政赔偿调解书尚未发生法律效力，比如，一审判决裁定未过上诉期间的，行政赔偿调解书虽已送达但被当事人拒签的，自无提出申诉或申请再审的基本前提。

当事人对于在行政诉讼过程中的即时生效裁定，亦即那些一经人民法院作出或送达后即生效、不准上诉的行政裁定（如：在诉讼期间停止具体行政行为或驳回停止执行申请的裁定，财产保全和先予执行的裁定，准许或不准许撤诉的裁定，中止或终结诉讼的裁定，补正判决书笔误的裁定，中止或终结执行的裁定等）能否提出申诉或申请再审，是一个值得研究的问题。我们认为，对此问题不可概而论之，应根据即时生效裁定产生的不同程序后果而定。鉴于当事人申诉或申请再审是提起审判监督程序而不是引起普通审判程序的一个重要因

素；当事人提出申诉或申请再审是着眼于要求重开行政诉讼程序，对已审结甚至已执行终结的案件再行审理和裁判；同时，审判监督程序启动，又须以普通审判程序已经结束为前提；同一案件的诉讼不可能既适用普通审判程序又同时适用审判监督程序，否则，会造成审判程序紊乱失调。因此：(1) 凡是导致行政案件审判程序终结的即时生效裁定，比如准许撤诉的裁定，准许撤回上诉的裁定，终结诉讼的裁定等，当事人可以提出申诉或申请再审。比如，根据最高人民法院法释〔1998〕19号文件规定，上诉人不依法预交上诉案件受理费，或者经传唤无正当理由拒不到庭，由第二审人民法院裁定按自动撤回上诉处理后，第一审判决自第二审裁定确定之日起生效。当事人对生效的第一审判决不服，申请再审的，第一审人民法院及其上一级人民法院可以依法决定再审，上一级人民法院的同级人民检察院也可以依法提出抗诉。对第二审按自动撤回上诉处理的裁定不服申请再审的，由第二审人民法院或其上一级人民法院依法决定是否再审。(2) 凡是不能导致行政案件审判程序终结的即时生效裁定，比如财产保全和先予执行的裁定，不准许撤诉的裁定，具体的行政行为停止执行或驳回停止执行申请的裁定，中止诉讼的裁定，当事人不可以提出申诉或申请再审。(3) 行政案件审判程序终结后附着于终局生效行政裁判或在落实终局生效行政裁判中产生的即时生效裁定，比如，补正判决书笔误的裁定，终结执行的裁定，当事人可以单独或附着于终局生效行政裁判提出申诉或申请再审。

(三) 有申诉或者申请再审的具体请求

1. 当事人申诉或者申请再审必须要有具体的请求，以便人民法院有针对性进行再审。申诉或者申请再审的具体请求，应当围绕被申诉或者申请再审的原审法院生效法律文书及其所处置的被诉具体行政行为和公民、法人或其他组织权益，或者所涉及的诉讼程序阶段环节而提出，包括四个方面：(1) 针对原审法院已经生效判决、裁定、行政赔偿调解书的撤销或变更的请求；(2) 针对原审法院对于被诉具体行政行为合法性认定结论和（或）处理结论的撤销或变更的请求；(3) 针对原审法院没有保护好的本方的合法权益或者依法行政的保护或维持的请求。(4) 针对原审法院没有进行的诉讼程序的重新启动的请求。比如，针对原审法院不予受理裁定的申诉或者申请再审，可以请求法院撤销该不予受理裁定而重新启动立案程序予以立案受理。等等。

2. 当事人申诉或者申请再审的请求，必须限于原审案件的诉讼请求范围。由于当事人申诉或者申请再审，只能是请求人民法院对已经审结的行政案件再审，因此，申诉或者申请再审的请求范围，应当仅限于当事人在原一、二审提出的诉讼请求范围内。当事人申诉或者再审申请的请求如超出原审诉讼请求范围的，实际上是一个新的诉，应另行依法提起新的行政诉讼，而不适用审判监督程序程序再审审理。

(四) 有法定的再审事由（又称法定再审情形）及具体事实、理由

当事人提出申诉或申请再审，必须具有再审事由（又称法定再审情形）及具体事实、理由，从大的范围讲，就是指行政判决、裁定被当事人认为确有错误，行政赔偿调解被当事人认为违反自愿、合法的再审事由及具体事实、理由。

所谓“认为行政判决、裁定确有错误”，不得空泛而论，要求当事人的申请必须具有人民法院应当再审的下列之一法定的再审事由（又称法定再审情形）及具体事实、理由：

1. 有新的证据，足以推翻原判决、裁定的。

足以推翻原判决、裁定的“新的证据”，包括：(1) 原审庭审结束前已客观存在庭审结束后新发现的证据；(2) 原审庭审结束前已经发现，但因客观原因无法取得或在规定的期限

内不能提供的证据；(3) 原审庭审结束后原作出鉴定结论、勘验笔录者重新鉴定、勘验，推翻原结论的证据。(4) 当事人在原审中提供的主要证据，原审未予质证、认证，但足以推翻原判决、裁定的，应当视为新的证据。

当事人在原审程序中懈怠提供证据或故意隐匿证据直至申诉或申请再审才提供的证据，不得作为审判监督程序“新的证据”使用。

2. 原判决、裁定认定的基本事实缺乏证据证明的。

原判决、裁定认定的“基本事实”，即对原判决、裁定的结果有实质影响、用以确定当事人主体资格、案件性质、具体权利义务和行政法责任等主要内容所依据的事实。原判决、裁定认定的基本事实缺乏证据证明，包括：(1) 原判决、裁定所认定的基本事实没有证据或者没有足够证据支持的；(2) 原判决、裁定对有足够证据支持的事实不予认定的；(3) 原判决、裁定采信了伪证并作为了认定事实的主要证据的；(4) 原审当事人及其代理人由于客观原因不能自行收集的主要证据，人民法院应予调查取证而未进行调查取证，影响原判决、裁定正确认定事实的；(5) 原审当事人提供的证据相互矛盾，人民法院应予调查取证而未进行调查取证，影响原判决、裁定正确认定事实的；(6) 原判决、裁定所采信的鉴定结论的鉴定程序违法或者鉴定人不具备鉴定资格的；(7) 原审法院应当进行鉴定或者勘验而未鉴定、勘验却认定了基本事实的；(8) 原判决、裁定认定基本事实的证据不足的其他情形。比如，原判决认定基本事实的是法律所禁止使用的被告行政机关在诉讼期间中自行收集的证人证言，该证据被剔除后导致原判决认定基本事实的证据不足。

3. 原判决、裁定认定事实的主要证据不足或者主要证据是伪造的。

4. 原判决、裁定认定事实的主要证据未经质证的。

5. 对审理案件需要的证据（即人民法院认定案件基本事实所必需的证据），当事人因客观原因不能自行收集，书面申请人民法院调查收集，人民法院未调查收集的。

6. 原判决、裁定适用法律确有错误的。

原判决、裁定适用法律确有错误，即该行政判决、裁定适用法律、法规、参照行政规章不正确。包括原判决、裁定：(1) 适用的行政实体法律、法规、规章及其他规范性文件与案件性质明显不符的；(2) 确定被诉具体行政行为是否合法或者对行政赔偿责任的认定及承担明显违背法律、法规、规章及其他规范性文件规定的；(3) 适用已经失效或尚未生效施行的法律、法规、规章及其他规范性文件的；(4) 违反法律、法规溯及力规定的；(5) 违反法律适用规则的；(6) 明显违背立法本意的。(7) 其他适用法律、法规、规章及其他规范性文件规定确有错误的情形。

7. 违反法律规定，管辖错误的。

违反法律规定，管辖错误的，即违反级别管辖、地域管辖和指定管辖规定以及其他严重违法行使管辖权的。比如，对于不属于法院主管或者本院没有完整管辖权的案件予以立案审判。

8. 审判组织的组成不合法或者依法应当回避的审判人员没有回避的。

9. 无诉讼行为能力人未经法定代理人代为诉讼或者应当参加诉讼的当事人，因不能归责于本人或者其诉讼代理人的事由，未参加诉讼的。

10. 违反法律规定，剥夺当事人辩论权利的。

违法剥夺当事人辩论权利，表现为：(1) 原审开庭过程中审判人员不允许当事人行使辩论权利，或者 (2) 以不送达起诉状副本或上诉状副本等其他方式，致使当事人无法行使辩论权利的。但依法缺席审理，依法径行判决、裁定的除外。(3) 明显偏袒一方而压抑另一方，不公平合理地分配诉讼各方在庭审中的陈述及辩论时间，随意打断、恶意禁止一方当事人及其代理人等的陈述、辩论发言。(4) 诉讼一方只能讲方言或使用少数民族语言陈述，他方当事人表示不通晓的，法官或者书记员没有用普通话复述或为其配备翻译致其无法行使辩论权利。

11. 未经传票传唤，缺席判决的。

12. 原判决、裁定遗漏或者超出诉讼请求的。

原判决、裁定遗漏或者超出诉讼请求，包括：遗漏原告或第三人、上诉人的诉讼请求事项未予处理；超出原告诉讼请求范围判令被告或第三人承担责任；对未超过诉讼时效的诉讼请求不予支持；对超过诉讼时效的诉讼请求予以支持等情形。

13. 据以作出原判决、裁定的法律文书被撤销或者变更的。

据以作出原判决、裁定的法律文书被撤销或者变更，包括：(1) 原判决对案件的实体事项的处理内容据另一案件的判决实体事项内容作出，而该判决内容被撤销或者变更的；(2) 原判决、裁定对基本事实和案件性质的认定系根据其他法律文书作出，而上述其他法律文书被撤销或变更的。

14. 违反法定程序可能影响案件正确判决、裁定的。

违反法定程序可能影响案件正确判决、裁定的情形，是指除上述第4项以及第7项至第12项之外的其他违反法定程序，可能导致案件裁判结果错误的情形。

15. 审判人员在审理该案件时有贪污受贿，徇私舞弊，枉法裁判行为的。

审判人员在审理该案件时有贪污受贿，徇私舞弊，枉法裁判行为，是指该行为已经相关刑事法律文书或者纪律处分决定确认的情形。换言之，该审判人员在审理该案件时的贪污受贿，徇私舞弊，枉法裁判行为及其具体情形，已被人民检察院依法制作的起诉书、酌定不起诉书或人民法院依法制作的刑事（有罪处刑、有罪免刑）判决裁定等相关刑事法律文书，或者党的纪委依据党纪制作的或人民法院监察部门依据法官法纪制作的纪律处分决定文书所确认。

此外，对已经发生法律效力的行政赔偿调解书，当事人提出证据证明调解违反自愿原则或者调解协议的内容违反法律规定的。

（五）当事人申诉或者申请再审必须在法定期限内提出

当事人申诉或者申请再审，应当在行政判决、裁定、行政赔偿调解书发生法律效力后两年内提出。该两年期间，为不变期间，自判决、裁定、行政赔偿调解书发生法律效力次日起计算，不适用中止、中断和延长的规定。

如果在判决、裁定发生法律效力两年之后（无论多少年过去），具有以下两种情形之一的，当事人自知道或者应当知道之日起三个月内有权提出申请再审：(1) 据以作出原判决、裁定的法律文书被撤销或者变更的；(2) 发现审判人员在审理该案件时有贪污受贿，徇私舞弊，枉法裁判行为的。发生法律效力的判决、裁定，不具此两种情形之一的，当事人申请再审，就只能是在生效之日起两年内提出。

（六）向有再审管辖权的人民法院提出申诉或者申请再审

对行政诉讼案件有再审管辖权的人民法院，是原审人民法院（即：最终审结本案件的法院）和原审人民法院的上一级人民法院。

当事人对已经发生法律效力的判决、裁定认为有错误的，对已经发生法律效力的行政赔偿调解书，当事人提出证据证明调解违反自愿原则或者调解协议的内容违反法律规定的，可以向对于本案有再审管辖权的原审结案人民法院或者它的上一级人民法院申诉或者申请再审。

上述六项条件缺一不可，必须同时具备，当事人才能有效地提出申诉或者申请再审。

四、当事人申诉或申请再审启动审判监督程序的运行环节

（一）当事人提出申诉或申请再审

1. 当事人应当按照上述六项法定条件，向原审人民法院或者其上一级人民法院提出申诉或申请再审。

2. 当事人提出申诉或申请再审，应采取书面方式，即以提交申诉状或申请再审书为主，并附送有关材料。

根据最高人民法院法发［2002］13号审判解释文件规定，再审申请人或申诉人向人民法院申请再审或申诉，应当提交以下材料：（1）再审申请书或申诉状。应当载明下列事项：①申请再审（申诉）人与对方当事人的姓名、住所及有效联系方式等基本情况；法人或其他组织的名称、住所和法定代表人或主要负责人的姓名、职务及有效联系方式等基本情况；②原审人民法院的名称，原判决、裁定、调解文书案号；③申请再审的法定事由及具体事实、理由；④具体的再审请求。需要注意的是，当事人关于再审具体请求、事实与理由，应详尽、全面、清楚阐述生效行政判决、裁定、行政赔偿调解书存在着确有错误的或违反自愿、合法原则的法定再审事由情形；以新证据申诉或申请再审的，还应当说明原审未提出该证据的原因、新证据的来源、获得新证据的时间，以及新证据足以推翻原裁判的理由，以期引起受理机关的注意。（2）原一、二审判决书、裁定书、行政赔偿调解书等法律文书，经过人民法院复查或再审的，应当附有驳回通知书、再审判决书或裁定书。（3）以有新的证据证明原裁判认定的事实确有错误为由申请再审或申诉的，应当同时附有证据目录、证人名单和主要证据复印件或者照片；需要人民法院调查取证的，应当附有证据线索。

当事人申请再审或申诉不提交上述材料的，人民法院不予审查。

3. 当事人向人民法院提出申诉或申请再审的途径。根据《行政诉讼法》第62条，当事人向人民法院提出申诉或申请再审的途径有二：（1）向原审法院提交申诉状或申请再审书。（2）向原审法院的上一级法院提交申诉状或申请再审书。从有关审判解释看，上一级法院可以负责审查处理当事人不服下级原审法院审查处理申诉后提出的再申诉，也可以在认为本院需要直接处理时，直接负责处理当事人对下级原审法院生效裁判的申诉。

4. 当事人提出申诉或申请再审的效力。表现在两方面：（1）当事人申诉或申请再审，对人民法院而言，其效力是必然依法启动人民法院的对当事人再审请求的审查立案程序的运作，但不具有必然导致法院对已审结行政案件的再审的法律效力。只有经过法院审查确认该申诉或再审申请符合法定应当再审情形，裁定再审，才能对已经审结行政案件进行再审。（2）当事人提出申诉或申请再审，不能阻止已生效行政判决、裁定的执行。

（二）人民法院对当事人申诉或申请再审的审查

1. 审查处理的法院。

审查处理的法院，包括：（1）申请再审或申诉一般由终审人民法院审查处理。（2）上一级人民法院对未经终审人民法院审查处理的申请再审或申诉，一般交终审人民法院审查；对经终审人民法院审查处理后仍坚持申请再审或申诉的，应当受理。对未经终审人民法院及其上一级人民法院审查处理，直接向上级人民法院申请再审或申诉的，上级人民法院应当交下一级人民法院处理。

2. 法院审查处理的负责机构。

人民法院实行立案与审判分开的原则，立案庭是法院内部履行对当事人申诉或申请再审的审查、受理立案，对本院决定再审、上级人民法院指令再审和人民检察院按照审判监督程序提出抗诉的案件进行立案登记的专门职能机构。

法院立案庭负责审查当事人提出的申诉或者再审申请的条件，作出是否受理其再审申请的决定，并向其发出通知书。办理审判监督庭再审案件的立案登记。根据最高人民法院《关于人民法院立案工作的暂行规定》(法发［1997］7号）第22、23条规定，立案庭对当事人提出的申诉或者再审申请，认为符合受理条件（亦即前述的提起申诉或者申请再审的法定条件）的，应当登记后立卷审查。对具有以下情形的再审案件，应当移送有关审判庭审理：①经审查认为申诉或者再审申请符合法律规定的条件（亦即法定再审情形），并报经院长批准再审的；②本院院长提交审判委员会讨论决定再审的；③上级人民法院指令再审的；④人民检察院提出抗诉的。

3. 法院审查处理的审判组织与审查方式。

法院立案庭审查处理的审判组织与审查方式：一是，组织合议庭进行审查。据最高人民法院法发〔2009〕26号审判解释，人民法院立案庭受理申请再审案件后，应当组成合议庭，围绕申请再审事由是否成立进行审查，还应审查当事人诉讼主体资格的变化情况，对于当事人未主张的再审事由不予审查。

二是，合议庭的审查方式，包括：(1) 审查当事人提交的再审申请书、书面意见等材料。(2) 审阅原审卷宗。可根据审查工作需要决定调取原审卷宗的范围。上级人民法院决定调卷审查的，原审法院应当在收到调卷函后15日内按要求报送卷宗。必要时，在保证真实的前提下，可要求原审法院以传真件、复印件、电子文档等方式及时报送相关卷宗材料。(3) 询问当事人。根据审查工作需要，可以询问一方或者双方当事人。(4) 组织当事人听证。人民法院对以下列事由申请再审的案件，可以组织当事人进行听证：①有新的证据，足以推翻原判决、裁定的；②原判决、裁定认定的基本事实缺乏证据证明的；③原判决、裁定认定事实的主要证据是伪造的；④原判决、裁定适用法律确有错误的。如果人民法院书面审查足以确定此四类再审事由成立的，也可以不组织当事人听证而径行裁定再审。以有新的证据足以推翻原判决、裁定为由申请再审的，人民法院应当询问当事人。合议庭决定听证的案件，应在听证5日前通知当事人。听证由审判长主持，围绕申请上述四类再审事由是否成立进行。被申请人及原审其他当事人不参加询问、听证或未经许可中途退出的，视为放弃在询问、听证过程中陈述意见的权利。

（三）人民法院对当事人申诉或申请再审审查后的处理

根据最高人民法院（法发［2002］13号）及参照法释〔2008〕14号、法发〔2009〕26号审判解释，人民法院审查当事人提出的申诉或者再审申请后，分别不同情形作出处理：

1. 径行裁定再审。

人民法院对于当事人以下列五类事由申诉或申请再审，且根据其所提交的申请材料实施书面审查，足以确定再审事由成立的案件，可以径行裁定再审：(1) 违反法律规定，管辖错误的。比如，法院在管辖争议未解决的情况下抢先作出判决等。(2) 审判组织的组成不合法或者依法应当回避的审判人员没有回避的。(3) 无诉讼行为能力人未经法定代理人代为诉讼，或者应当参加诉讼的当事人因不能归责于本人或者其诉讼代理人的事由未参加诉讼的。

(4) 据以作出原判决、裁定的法律文书被撤销或者变更的。(5) 审判人员在审理该案件时有贪污受贿、徇私舞弊、枉法裁判行为，并经相关刑事法律文书或者纪律处分决定确认的。

如果人民法院认为仅书面审查再审申请书等材料难以作出裁定的，应当调阅原审卷宗，可以根据案情需要决定是否询问当事人，或组织当事人听证予以审查。

2. 应当裁定再审。

法院经过审阅原审卷宗、询问当事人、组织当事人听证等方式审查后，对终审行政裁判的申诉，具备下列再审事由情形之一的，人民法院应当裁定再审：(1) 依法应当受理而不予受理或驳回起诉的。(2) 有新的证据可能改变原裁判的。(3) 主要证据不充分或不具有证明力的。比如，对审理案件需要的证据（即人民法院认定案件基本事实所必需的证据），当事人因客观原因不能自行收集，书面申请人民法院调查收集，人民法院未调查收集的。(4) 原裁判的主要事实依据被依法变更或撤销的。(5) 引用法律条文错误或者适用失效、尚未生效法律的。(6) 违反法律关于溯及力规定的。(7) 行政赔偿调解协议违反自愿原则，内容违反法律或损害国家利益、公共利益和他人利益的。(8) 审判程序不合法，影响案件公正裁判的。比如，未经传票传唤，缺席判决的；违反法律规定，剥夺当事人辩论权利的；原判决、裁定遗漏或者超出诉讼请求的。(9) 审判人员在审理案件时索贿受贿、徇私舞弊并导致枉法裁判的。

3. 裁定再审的效力。

裁定再审一经作出，即发生法律效力，再审申请或申诉的案件进入再审审判。根据最高人民法院《关于严格执行案件审理期限制度的若干规定》(法释〔2000〕29号) 审判解释，按照审判监督程序重新审判的案件，应当在作出提审、再审裁定（决定）的次日立案。立案机构应当在决定立案的三日内将案卷材料移送审判庭。再审案件的审理期限从立案次日起计算。

上一级人民法院经审查认为申请再审事由成立的，一般由本院提审。上一级人民法院可以根据案件的影响程度以及案件参与人等情况，决定是否指定再审。

最高人民法院、高级人民法院也可以指定与原审人民法院同级的其他人民法院再审，或者指令原审人民法院再审。

需要指定再审的，应当考虑便利当事人行使诉讼权利以及便利人民法院审理等因素。接受指定再审的人民法院，应当按照法定的第一审或第二审程序审理。

有下列情形之一的，不得指令原审人民法院再审：(1) 原审人民法院对该案无管辖权的；(2) 审判人员在审理该案件时有贪污受贿，徇私舞弊，枉法裁判行为的；(3) 原判决、裁定系经原审人民法院审判委员会讨论作出的；(4) 其他不宜指令原审人民法院再审的。

4. 应当裁定再审并制作调解书。

人民法院在审查过程中，对于适宜协调处理的申诉或申请再审案件尤其是群体性行政案件，应按行政案件协调处理的有关规定，及时主持对申诉或申请再审各方当事人进行再审协调处理，申诉或申请再审人、被申请人及原审其他当事人自愿达成和解协议，当事人申请人民法院出具调解书且能够确定申请再审事由成立的，人民法院应当裁定再审并制作调解书。该案件可以不进入再审审判。

5. 裁定驳回再审申请或不予受理。

人民法院经审查，认为具有下列情形之一的，应当裁定驳回再审申请或不予受理：(1) 人民法院经审查申请再审人提交的再审申请书、对方当事人提交的书面意见、原审裁判文书和证据等材料，足以确定申请再审事由不能成立的，可以径行裁定驳回再审申请。(2) 超过两年提出再审申请或申诉的法定期限的，驳回再审申请。(3) 超出法定的再审事由范围的，驳回再审申请。(4) 不符合法定主体资格的，裁定不予受理。(5) 上级人民法院对经终审法院的上一级人民法院依照审判监督程序审理后维持原判或者经两级人民法院依照审判监督程序复查均驳回的申请再审或申诉案件，一般不予受理。但再审申请人或申诉人提出新的理由，且符合《行政诉讼法》第 62 条及具备本节所述法定再审事由情形之一的除外。(6) 最高人民法院再审裁判或者复查驳回的案件，再审申请人或申诉人仍不服提出再审申请或申诉的，裁定不予受理。

驳回再审申请或不予受理的裁定书，应当包括以下内容：①申诉或申请再审人、被申请人及原审其他当事人基本情况；②原审法院名称、申请再审的生效裁判文书名称、案号；③申诉或申请再审人主张的再审事由、被申请人的意见；④驳回再审申请或不予受理的理由、法律依据；⑤裁定结果。裁定书由审判人员、书记员署名，加盖人民法院印章。

驳回再审申请或不予受理的裁定一经送达，即发生法律效力。

6. 对再审事由一并审查及对撤回再审申请的处理。

(1) 对再审事由一并审查。在审查再审申请过程中，被申请人或者原审其他当事人也提出符合条件的再审申请的，人民法院应当将其列为申请再审人，对其申请再审事由一并审查。审查期限重新计算。经审查，其中一方申请再审人主张的再审事由成立的，人民法院即应裁定再审。各方申请再审人主张的再审事由均不成立的，一并裁定驳回。

(2) 对撤回再审申请的处理。在案件审查期间，申请再审人申请撤回再审申请的，是否准许，由人民法院裁定。申诉或申请再审人经传票传唤，无正当理由拒不参加询问、听证或未经许可中途退出的，裁定按撤回再审申请处理。

7. 人民法院对当事人申诉或申请再审的审查处理期限。

人民法院应当自受理当事人申诉或再审申请之日起三个月内审查处理完毕，但鉴定期间等不计入审查期限。有特殊情况需要延长的，报经本院院长批准。

根据《最高人民法院案件审限管理规定》(法〔2001〕164 号) 规定，对不服最高人民法院生效裁判或不服高级人民法院复查驳回、再审改判的各类申诉或申请再审案件，最高人民法院立案庭应当在三个月内审查完毕，作出决定或裁定，至迟不得超过六个月。申诉或申请再审的审查期限从立案庭收到申诉或申请再审材料并经立案后的次日起计算。立案庭审查申诉的结案时间以作出决定或裁定的日期为准。

最高人民法院按照审判监督程序重新审判的案件，应当在作出提审、再审裁定或决定的次日立案。立案庭应当在决定立案并办妥有关诉讼收费事宜后，三日内将案卷材料移送审判监督庭。案件的再审审理期限从立案次日起计算。距案件审限届满前十日，立案庭应当向审判监督庭发出提示。

最高人民法院立案庭、审判监督庭审判人员故意拖延办案，或者因过失延误办案，造成严重后果的，依照《人民法院审判纪律处分办法（试行)》第 59 条的规定予以处分。

第三节　人民检察院提起行政抗诉启动审判监督程序

根据我国《行政诉讼法》确立的“人民检察院有权对行政诉讼实行法律监督”的基本原则和行政抗诉的相关规定，以及最高人民检察院 2001 年 10 月 9 日发布施行的《人民检察院民事行政抗诉案件办案规则》(高检发［2001］17 号) 等检察解释文件规定，人民检察院依法独立行使检察权，通过遵循公开、公正、合法的原则办理行政抗诉案件启动审判监督程序，对行政诉讼活动进行法律监督。在提起行政抗诉领域，有案不办、压案不查，放弃履行职责、不敢办案，甚至人为设置办案禁区，就是失职，甚至渎职，讲强化法律监督就只是一种空气振动。“有为才有位，有位更有为”，执法办案包括提起行政抗诉在内，是人民检察院最主要的业务工作，是强化法律监督、维护公平正义最基本的手段和最重要的途径，各级检察院必须采取有力措施抓好执法办案工作，维护国家利益、社会公共利益和人民群众利益，维护司法公正和司法权威，保障国家法律的统一正确实施。

一、行政抗诉的概念

行政抗诉，亦称再审抗诉，是指有权人民检察院对人民法院已经发生法律效力的行政判决、裁定，发现确有违反法律法规规定的，以国家（或行政诉讼）法律监督机关的名义，按照审判监督程序，向有关人民法院提出抗议并责成其对已审理终结的行政案件进行再审（或指令再审，或提审改判）的一种法律监督活动。

行政抗诉权，是人民检察院作为行政诉讼法律监督机关所独享的专门监督权力。与刑事抗诉权相比，它只限于对生效判决、裁定确实违法而提出，对未生效判决、裁定则无权抗诉，亦即只有再审抗诉权，而无二审抗诉权。这是由人民检察院在行政诉讼中的地位不同于在刑事诉讼中的地位所决定的。在刑事诉讼中，人民检察院不仅是法律监督者，而且是刑事诉讼主体，享有法定的起诉权。而在行政诉讼中，人民检察院仅仅是法律监督者，并非行政诉讼主体，没有法定的起诉权。因此，它就不能够像在刑事诉讼中那样为确保起诉权目的的最终实现而对未生效判决、裁定提出二审抗诉，只能够从法律监督者的地位出发对确实违法的已生效判决、裁定提出再审抗诉。

人民检察院行政抗诉的执法理念，是依法开展抗诉监督，立足审判监督，既对当事人合法权益的保护，又维护国家利益和社会公共利益，维护司法公正和司法权威。行政抗诉监督通过抗诉和服判息诉两方面的工作，直接和间接地维护了司法权威，对正确行政裁判的不予抗诉，直接维护了审判权威；对错误行政裁判提出抗诉，通过审判监督程序由法院再审得到纠正，不是侵害了法院的审判权威而是通过这种法定的监督机制，追求公正裁判，最终达到提升法院生效行政裁判的权威性的目的。

二、行政抗诉的条件

根据《行政诉讼法》第64条和最高人民检察院有关检察解释文件规定，人民检察院提起行政抗诉的条件有二：

1. 人民法院的行政判决、裁定已经发生法律效力。这里所指的已经生效的行政判决、裁定的范围，与前述当事人可以申诉的范围应是一致的。

2. 人民法院的行政判决、裁定被检察院发现确已违反法律、法规的规定。这一条件的具体要求是，具有下列情形之一的，人民检察院应当依照《中华人民共和国行政诉讼法》第64条的规定提出抗诉：

(1) 原判决、裁定违反《立法法》第78条至86条的规定[1]适用法律、法规、规章的。

(2) 人民法院对依法应予受理的行政案件，裁定不予受理或者驳回起诉的。

(3) 人民法院裁定准许当事人撤诉违反法律规定的。

(4) 原判决、裁定错误认定具体行政行为的性质、存在或者效力的。比如，行政案件行政行为性质认定错误导致错判的。

(5) 原判决、裁定认定行政事实行为是否存在、合法发生错误的。

(6) 原判决、裁定违反《行政诉讼法》第32条规定（被告对作出的具体行政行为负有举证责任，应当提供作出该具体行政行为的证据和所依据的规范性文件）的举证责任规则的。

(7) 原判决、裁定认定事实的主要证据不足的。"主要证据"是指对于认定案件事实能够起决定性作用的基本证据，"主要证据不足"，是指原判决、裁定认定的事实没有足够的基本证据支持，因而使案件的事实无法成立。据人民检察院的行政抗诉实践，主要证据不足表现为：①原判决、裁定所认定事实没有证据或者没有足够证据支持的；②原裁判对有足够证据支持的事实不予认定的；③原裁判采信了伪证并作为了认定事实的主要证据的；④原审当事人及其代理人由于客观原因不能自行收集的主要证据，人民法院应予调查取证而未进行调查取证，影响裁判正确认定事实的；⑤原审当事人提供的证据相互矛盾，人民法院应予调查取证而未进行调查取证，影响裁判正确认定事实的；⑥原判决、裁定所采信的鉴定结论的鉴定程序违法或者鉴定人不具备鉴定资格的；⑦原审法院应当进行鉴定或者勘验而未鉴定、勘验的；⑧原判决、裁定认定事实的主要证据不足的其他情形。

(8) 原判决确定权利归属或责任承担违反法律规定的。比如，行政案件处罚期限或财产数额错误的，行政案件违反法定处罚种类和处罚标准导致错判的。

(9) 人民法院违反法定程序，可能影响案件正确判决、裁定的。这主要是指行政审判活动违反了行政诉讼法的基本原则、重要制度、诉讼阶段及侵犯当事人诉讼权利。比如，①合议庭组成不合法，不具备审判员陪审员资格的人参加合议庭，或以独任审判取代合议制。②禁止当事人使用本民族语言文字进行行政诉讼。③违反回避制度，承办人员、审判委员会委员应当回避的没有回避，或开庭审理时不告知当事人有申请回避的权利。④违反公开审判制度，依法不公开审理的案件却进行公开审理，应当公开审理的案件却秘密审理。⑤任意取舍

---

① 《立法法》第七十八条："宪法具有最高的法律效力，一切法律、行政法规、地方性法规、自治条例和单行条例、规章都不得同宪法相抵触。"第七十九条："法律的效力高于行政法规、地方性法规、规章。行政法规的效力高于地方性法规、规章。"第八十条："地方性法规的效力高于本级和下级地方政府规章。省、自治区的人民政府制定的规章的效力高于本行政区域内的较大的市的人民政府制定的规章。"第八十一条："自治条例和单行条例依法对法律、行政法规、地方性法规作变通规定的，在本自治地方适用自治条例和单行条例的规定。经济特区法规根据授权对法律、行政法规、地方性法规作变通规定的，在本经济特区适用经济特区法规的规定。"第八十二条："部门规章之间、部门规章与地方政府规章之间具有同等效力，在各自的权限范围内施行。"第八十三条："同一机关制定的法律、行政法规、地方性法规、自治条例和单行条例、规章，特别规定与一般规定不一致的，适用特别规定；新的规定与旧的规定不一致的，适用新的规定。"第八十四条："法律、行政法规、地方性法规、自治条例和单行条例、规章不溯及既往，但为了更好地保护公民、法人和其他组织的权利和利益而作的特别规定除外。"第八十五条："法律之间对同一事项的新的一般规定与旧的特别规定不一致，不能确定如何适用时，由全国人民代表大会常务委员会裁决。行政法规之间对同一事项的新的一般规定与旧的特别规定不一致，不能确定如何适用时，由国务院裁决。"第八十六条："地方性法规、规章之间不一致时，由有关机关依照下列规定的权限作出裁决：（一）同一机关制定的新的一般规定与旧的特别规定不一致时，由制定机关裁决；（二）地方性法规与部门规章之间对同一事项的规定不一致，不能确定如何适用时，由国务院提出意见，国务院认为应当适用地方性法规的，应当决定在该地方适用地方性法规的规定；认为应当适用部门规章的，应当提请全国人民代表大会常务委员会裁决；（三）部门规章之间、部门规章与地方政府规章之间对同一事项的规定不一致时，由国务院裁决。根据授权制定的法规与法律规定不一致，不能确定如何适用时，由全国人民代表大会常务委员会裁决。"

重要诉讼阶段，未经法庭辩论或法庭调查径行裁判。⑥剥夺当事人的上诉权，压制上诉请求或未逾法定上诉期间便将判决、裁定付诸执行等等。

（10）审判人员在审理该案件时有贪污受贿、徇私舞弊或者枉法裁判行为的。包括：①审判人员利用职务之便，侵吞、盗窃、骗取、私分或以其他手段非法占有本案被依法冻结、查封、扣押的财产或本案收缴的司法罚款；②审判人员利用职务之便，索取本案当事人财物或非法接受本案当事人的请吃送礼及其他待遇（如当事人奉送其家属的"农转非"指标，为其批准的住宅建筑用地，为其子女安排工作等）；③审判人员利用职务之便徇私包庇一方而压制另一方当事人，办理"人情案"、"关系案"，明显歪曲事实，公然混淆是非，故意颠倒黑白，严重曲解法条本意进行裁判；等等。

（11）原判决、裁定违反法律、法规的其他情形。比如，人民法院作出原判决、裁定时：①引用无效的（如尚未生效施行的，或被明令废止的，或已自行失效的）法律、法规、规章。②对具体的法律规范条款选择适用有误。等等。

以上两项抗诉条件缺一不可，必须同时具备，人民检察院才能提出行政抗诉。

三、行政抗诉案件的来源

人民检察院按照审判监督程序对违反法律法规规定的生效行政判决、裁定提出抗诉，首先要解决的是抗诉案件的来源问题。根据最高人民检察院高检发［2001］17号检察解释文件规定，人民检察院受理的抗诉行政案件主要来源于：

（一）当事人或者其他利害关系人申诉的案件

当事人或者其他利害关系人申诉的案件，是人民检察院始终予以高度关注的提起行政抗诉案件的首要的、常见的、丰富的来源。

1. 申诉的权利主体

当事人或者其他利害关系人不服人民法院已生效的行政判决、裁定，有权向人民检察院提出申诉。这里的"当事人"，当然包括作为原告的公民、法人或其他组织，以及作为被告行政机关或法律、法规授权的组织，其他利害关系人，包括当事人的法定代理人、被法院判决承担义务责任的第三人、与生效的行政判决、裁定有利害关系的案外人等。

2. 申诉的方式及费用

当事人等应当以书面方式向人民检察院申诉，应当提交：①申诉书；②人民法院生效的裁判文书；③身份证明及证明其申诉主张的证据材料。

人民检察院办理行政抗诉案件，不收取案件受理费；复制费用可以由当事人承担。

3. 申诉的受理与不受理

行政申诉案件由各级人民检察院的控告申诉检察部门负责受理。下级人民检察院有抗诉权的案件，上级人民检察院认为案情复杂或者在本辖区有重大影响的，可以直接受理。由于原则上中级以上法院一审处理重大、疑难的行政案件，与此相对应，省人民检察院和最高人民检察院监督二审生效裁判的任务繁重，不应当受理一审生效的行政申诉案件。

对于符合下列条件的申诉，人民检察院控告申诉检察部门应当受理：①人民法院的判决、裁定已经发生法律效力；②有具体的申诉理由和请求。

对于有下列情形之一的申诉，人民检察院控告申诉检察部门不予受理：①判决、裁定尚未发生法律效力的；②人民法院已经裁定再审的；③当事人对人民检察院所作的终止审查或者不抗诉决定不服，再次提出申诉的；④不属于人民检察院主管的其他情形。

4. 申诉受理之后的处理

对行政申诉案件，人民检察院控告申诉检察部门应当自受理之日起 7 日内分别情况作出以下处理：(1) 不服同级或者下一级人民法院生效行政判决、裁定的，移送本院民事行政检察部门审查处理；(2) 下级人民检察院有抗诉权的，转下级人民检察院审查处理；(3) 依法属于人民法院或者其他机关主管范围的，移送人民法院或者其他机关处理。比如，属于违反党纪政纪的案件，应及时移送党的纪检部门、政府监察部门和人事部门处理。

5. 申诉的效力

当事人等的申诉，对人民检察院而言，其效力只是提供了检察院行政诉讼法律监督线索和作为检察院行政抗诉案件的主要来源之一，并不具有必然引起检察院对已生效行政判决、裁定提起再审抗诉的效力。

只有经过审查这一线索来源后，确认申诉具有法定再审事由（亦即应当抗诉条件情形）的，检察院才能决定提出抗诉，并导致已审结行政案件进入法院再审。

（二）国家权力机关或者其他机关转办的案件

现行《宪法》确定我国检察机关与国家权力机关领导体制是：最高人民检察院对全国人大及其常委会负责，地方各级人民检察院对产生它的人大及其常委会和上级人民检察院负责。各级人大常委会依照《宪法》和《人大常委会监督法》等法律的规定，通过听取专项工作报告、组织执法检查等方式，支持和监督人民检察院依法开展对行政诉讼活动的法律监督工作。对人民群众向人大常委会反映的诉讼活动中的问题，交由有关机关依法处理；属于人民检察院法律监督职权范围的行政抗诉案件，交由人民检察院依法处理；人民检察院及有关机关应当认真办理。可见，作为国家权力机关的各级人大常委会有权向同级人民检察院转办涉及再审抗诉的行政案件。当然，国家权力机关，只能向它所产生的人民检察院转办，不能向不由它产生的人民检察院转办。人民检察院对于同级国家权力机关转办的案件，应当认真负责办理，在要求期限内办结，并将处理结果报送转办权力机关，逾期未能办结的，要上报办理情况并说明原因。

其他机关比如同级党委政法委、政府信访部门、政协委员会等转办的案件，也是人民检察院行政抗诉案件的一大来源。对于其他机关转办的案件，也应当认真负责，审查依法办理，保障国家法律的统一正确实施。

（三）上级人民检察院交办的案件

现行宪法确定我国检察机关的领导体制是：最高人民检察院领导地方各级人民检察院和专门人民检察院的工作，上级人民检察院领导下级人民检察院的工作，上级人民检察院有权向下级人民检察院交办涉及再审抗诉的行政案件。这里应注意的是：(1) 上级人民检察院，可以向它领导下的下级（不限于下几级）有抗诉权的人民检察院交办。(2) 最高人民检察院，可以向全国任何一个有抗诉权的人民检察院交办。

人民检察院对于上级、最高人民检察院交办的案件，应当认真负责办理，在要求期限内办结，并将处理结果报送交办检察院，逾期未能办结的，要上报办理情况并说明原因。

（四）人民检察院自行发现的案件

目前，人民检察院对行政诉讼实行法律监督的重点工作，是发现并采取行政抗诉方式处理人民法院确定违法的生效判决、裁定。要抓好这个重点工作，人民检察院不能够仅仅靠坐等当事人申诉、国家权力机关或者其他机关转办、上级检察院交办，必须经常、积极主动地加强专门监督机关与社会各个层次的密切联系，建立和健全定期或不定期调阅或到人民法院审阅生效行政判决、裁定的制度；参与重大行政案件诉讼实施监督的制度；定期走访政协、参政党和新闻舆论界调查了解对行政审判反映情况的制度；定点设置特邀检察员的制度；定期向律师主管部门和律师事务所了解情况的制度；检察长接待日制度；上级检察院深入基层检察院、人民检察院深入到社会各阶层民众听取意见的制度；接受当事人以外的公民、法人和其他组织对人民法院生效行政判决、裁定或行政审判活动违法的检举制度；定期到政府法制机构听取涉及行政审判情况反映的制度，等等。直接依靠和密切联系社会各界人民群众，开辟途径，拓宽渠道，主动发现、自行获取行政抗诉案件的来源，有效、合法地发挥法律监督职能的作用。

四、人民检察院提起行政抗诉启动审判监督程序的运行环节

（一）行政抗诉案件的立案

1. 立案的检察院

行政抗诉案件，由有抗诉权或者有提请抗诉权的人民检察院（本院民事行政检察部门负责进行）立案。

对需要交办、转办的案件，应当分别制作交办函、转办函，并将有关材料移送下级人民检察院。

对上级人民检察院交办的案件，下级人民检察院应当及时立案审查，并报告审查结果或者审查意见。对上级人民检察院转办的案件，下级人民检察院自行处理。

2. 立案的期限与条件

有下列情形之一的，人民检察院应当自受理之日起30日内立案：(1) 原判决、裁定认定事实的主要证据可能不足的；(2) 原判决、裁定适用法律可能错误的；(3) 原审人民法院违反法定程序，可能影响案件正确判决、裁定的；(4) 有证据证明审判人员在审理案件时有贪污受贿、徇私舞弊或者枉法裁判行为的。

3. 立案的通知

人民检察院决定立案的行政案件，应当通知申诉人和其他当事人。其他当事人可以在收到《立案通知书》之日起15日内提出书面意见。

人民检察院决定不立案的案件，应当通知申诉人。

（二）行政抗诉案件立案后的审查

人民检察院立案以后，应当及时指定检察人员对人民法院的行政诉讼活动进行审查。审查工作由本院民事行政检察部门负责进行。

1. 审查事项

人民检察院对不服人民法院生效判决、裁定的申诉案件决定立案以后，应当及时指定检察人员对行政判决、裁定是否符合《行政诉讼法》第64条规定的抗诉条件进行审查。

2. 审查方法

一是案卷审查法。人民检察院审查行政案件，应当就原审案卷进行审查。非确有必要时，不应进行调查。

人民检察院应当在立案以后调（借）阅人民法院审判案卷进行审查，人民法院应当根据最高人民法院法行函［1991］91号审判解释，为人民检察院在审查拟提出抗诉的行政案件时调（借）阅有关案件材料提供便利。人民检察院应当在调（借）阅人民法院审判案卷后三个月内审查终结。

二是必要调查法。有下列情形之一的，人民检察院可以进行调查，上级检察院可以指令下级检察院协助调查：①当事人及其诉讼代理人由于客观原因不能自行收集的主要证据，向人民法院提供了证据线索，人民法院应予调查未进行调查取证的；②当事人提供的证据互相矛盾，人民法院应予调查取证未进行调查取证的；③审判人员在审理该案时可能有贪污受贿、徇私舞弊或者枉法裁判等违法行为的；④人民法院据以认定事实的主要证据可能是伪证的。人民检察院可以调查核实有关证据，包括传唤和询问当事人、证人，有权向有关行政机关及公民、法人和其他组织调取证据，必要时可以勘验现场和进行鉴定。人民检察院的调查活动应当由两名以上检察人员共同进行。调查材料应当由调查人、被调查人、记录人签名或者盖章。

三是申诉人提供证据材料法。人民检察院认为申诉人应当提供证据材料证明其申诉主张的，可以要求申诉人在指定的期限内提交证据材料。申诉人逾期无故不提交证据材料的，视为撤回申诉。对当事人提供的证据原件，人民检察院应当出具收据。

3. 终止审查

人民检察院遇有下列情形之一的，应当终止审查：（1）申诉人撤回申诉，且不损害国家利益和社会公共利益的；（2）人民法院已经裁定再审的；（3）当事人自行和解的；（4）应当终止审查的其他情形。比如，在对行政案件的审查过程中，发现申诉人依据的事实和理由不充分的，人民检察院应当终止审查，做好申诉人的息诉工作。

人民检察院决定终止审查的案件，应当制作并向当事人送达《终止审查决定书》。

4. 审查期限与审查终结

人民检察院审查行政案件，应当在立案之日起三个月内完成，复杂、疑难案件应当在六个月内完成，并依法作出抗诉或者不抗诉或者检察建议等处理决定。有特殊情况在上述期限内难以完成审查，需要延长审查期限的，应当在期限届满前30日内报请本院检察长批准。

对下级人民检察院提请抗诉的案件，上级人民检察院应当在三个月内审查终结，并依法作出抗诉或者不抗诉或者检察建议等处理决定。需要延长审查期限的，在期限届满前30日内由本院检察长批准。

行政案件审查终结，应当制作《审查终结报告》，载明：案件来源、当事人基本情况、审查认定的案件事实、诉讼过程、申诉或者提请抗诉的理由、审查意见及法律依据。

在案件审查终结前，承办案件的主办检察官不得就审查的案件，向当事人和其他相关人员发表案件的结论意见。承办案件的检察人员不得在非办公场合私自会见当事人及其代理人。

（三）行政抗诉案件的处理

人民检察对行政抗诉案件审查终结后的处理，是应当分别情况作出抗诉、不抗诉、检察建议的决定。

1. 决定抗诉

人民检察院审查终结后，发现人民法院发生法律效力的行政判决、裁定有《中华人民共和国行政诉讼法》第64条规定情形（即上述“行政抗诉条件”）的，应当决定抗诉。

人民检察院提出抗诉，由检察长批准或者检察委员会决定。

人民检察院决定抗诉的案件，应当制作《抗诉书》。《抗诉书》应当载明：案件来源、基本案情、人民法院审理情况及抗诉理由。《抗诉书》由检察长签发，加盖人民检察院印章。

对于典型的行政抗诉案件，人民检察院可以向社会公布，并向同级人民代表大会备案。

2. 决定不抗诉

人民检察院审查终结后，发现有下列情形之一的，应当作出不抗诉决定：①申诉人在原审过程中未尽举证责任的；②现有证据不足以证明原判决、裁定存在错误或者违法的；③足以推翻原判决、裁定的证据属于当事人在诉讼中未提供的新证据的；④原判决、裁定认定事实或者适用法律确有错误，但处理结果对国家利益、社会公共利益和当事人权利义务影响不大的；⑤原审违反法定程序，但未影响案件正确判决、裁定的；⑥不符合法律规定的抗诉条件的其他情形。

人民检察院决定不抗诉的案件，应当分别情况作出处理：①直接受理的行政案件，应当制作《不抗诉决定书》，通知当事人；②下级人民检察院提请抗诉的行政案件，应当制作《不抗诉决定书》，送达提请抗诉的人民检察院。提请抗诉的人民检察院接到《不抗诉决定书》以后，应当通知当事人。

3. 决定检察建议

人民检察院审查终结后，认为行政案件符合规定的检察建议条件且确有必要的，可以决定向人民法院或者有关单位提出检察建议。

检察建议，是人民检察院履行行政诉讼法律监督职责的创新检察行为方式，是指人民检察院经过审查，对符合最高人民检察院检察解释文件规定可以提出检察建议条件情形的行政案件，向人民法院或者涉案有关单位提出建议，由人民法院自行启动再审程序进行重新审理的或者由人民法院或涉案有关单位自行依法改进工作。

（1）向人民法院提出再审或者改进行政审判工作的检察建议。

再审或者改进行政审判工作的检察建议，是指人民检察院对符合最高人民检察院检察解释文件规定可以提出检察建议条件情形的行政案件，不采取或依法不能采取抗诉方式启动再审程序，向人民法院提出再审检察建议或改进工作检察建议，由人民法院自行启动再审程序进行重新审理依法纠正或者自行依法改进工作。

有下列情形之一的，人民检察院可以向人民法院提出再审的检察建议：①原判决、裁定符合抗诉条件，人民检察院与人民法院协商一致，人民法院同意再审的。②人民法院已经发生法律效力的行政赔偿调解书违反自愿、合法原则或者原协调处理结果侵害国家利益、社会公共利益以及第三人合法权益符合再审条件的。

有下列情形之一的，人民检察院可以向人民法院改进行政审判工作的检察建议，建议该人民法院依照相关程序受理当事人请求，或者依照其他规定自行纠正工作失误及瑕疵：①原裁定确有错误，但依法不能启动再审程序予以救济的；②人民法院对抗诉案件再审的庭审活动违反法律规定的；③应当向人民法院提出检察建议的其他情形。比如，在实践中[①]，人民法院及其工作人员在行政诉讼活动中违法采取对妨碍诉讼的强制措施、违法保全或者执行错误并造成损失的；人民法院作出的生效行政判决、裁定有某些因工作疏忽而造成的失误或者瑕疵，但可由人民法院依法予以补正而无需启动再审程序的；人民法院行政审判活动虽有某些失误或者瑕疵，但尚未影响该案件正确裁判和执行的；确有必要且报经上级人民检察院同意向人民法院提出改进审判工作检察建议的其他情形。等等。

人民检察院在提出上述检察建议过程中，应当严格遵守检察建议的提出条件和程序（再审的检察建议，由检察长批准或者检察委员会决定；其他建议可以由检察长或分管副检察长批准），并制作《行政再审检察建议书》或者《改进行政审判工作检察建议书》，加盖人民检

---

① 参见重庆市高级人民法院、重庆市人民检察院《关于规范民事行政检察建议工作的若干意见（试行）》（渝高法发〔2005〕14号）等。

察院印章，连同行政检察案卷一并送达人民法院。

人民法院依据再审检察建议对被建议再审的行政案件立案复查后，认为原生效判决、裁定可能错误，人民检察院提出再审检察建议的理由成立，该案符合再审立案条件的，应依职权启动审判监督程序裁定再审，并告知提出检察建议的人民检察院。认为不符合再审立案条件的，应当书面告知提出再审检察建议的人民检察院，并说明理由。

人民法院审理依据再审检察建议而再审的行政案件，在再审裁定书中，应当有“该案系人民检察院向本院提出再审检察建议，且符合《中华人民共和国行政诉讼法》规定的再审立案条件”的相关表述。

人民法院依据再审检察建议再审的，提出检察建议的人民检察院不派员出席再审庭审活动。人民法院对依据检察建议而再审的行政案件作出再审判决、裁定后，应当及时函复提出再审检察建议的人民检察院，并随附再审裁判文书。

人民法院依据人民检察院改进工作检察建议对相关工作事宜处理完毕后，应当将处理结果及时函复提出检察建议的人民检察院。

（2）向涉案有关单位提出整改或问责检察建议。

有下列情形之一的，人民检察院可以向涉案有关单位提出检察建议：①有关国家机关或者企业事业单位存在制度隐患的；②有关国家机关工作人员、企业事业单位工作人员严重违背职责，应当追究其纪律责任的；③应当向有关单位提出检察建议的其他情形。

有关单位依据人民检察院的检察建议对被建议整改或问责的事宜处理完毕后，应当将处理结果及时函复提出检察建议的人民检察院。

（3）不适用再审检察建议。

具有下列情形之一的，人民检察院不适用再审检察建议：①人民法院尚未发生法律效力的行政判决、裁定；②行政案件当事人在人民法院行政判决、裁定生效后两年内，无正当理由未向人民法院申请再审或未向人民检察院提出申诉的；③人民法院对行政案件当事人提出的申诉已经立案复查，或者经复查后已经驳回申诉的；④行政案件已经人民法院再审或者正在再审的；⑤行政案件当事人在诉讼中依法撤诉或者人民法院裁定按撤诉处理的；⑥行政案件的原告已经撤诉或者当事人已经和解结案的；⑦行政案件当事人对人民检察院作出的终止审查或者不抗诉决定不服，再次提出申诉的；⑧其他不宜提出再审检察建议的情形。

（四）人民检察院按照审判监督程序提出行政抗诉

1. 行政抗诉的主体

行政抗诉的主体，即指有权按照审判监督程序提出抗诉的人民检察院。我国《行政诉讼法》第64条规定：“人民检察院对人民法院已经发生法律效力的判决、裁定，发现违反法律、法规规定的，有权按照审判监督程序提出抗诉。”该规定没有划分哪一级人民检察院才有抗诉权。

最高人民检察院高检发［2001］17号的检察解释，则对行政抗诉权力按检察院级别作了如下划分：

（1）最高人民检察院有抗诉权。最高人民检察院对各级人民法院已经发生法律效力的行政判决、裁定，发现违反法律、法规规定的，应当按照审判监督程序提出抗诉。

（2）上级人民检察院有抗诉权。上级人民检察院对下级人民法院已经发生法律效力的行政判决、裁定，发现违反法律、法规规定的，应当按照审判监督程序提出抗诉。

（3）地方各级人民检察院对同级人民法院已经发生法律效力的判决、裁定，经审查认为符合抗诉条件的，没有抗诉权，应当提请上一级人民检察院抗诉。人民检察院提请抗诉，应当制作《提请抗诉报告书》，并将审判卷宗、检察卷宗提交至上级人民检察院。《提请抗诉报告书》应当载明：案件来源、当事人基本情况、基本案情、诉讼过程、当事人申诉理由、提请抗诉理由及法律依据。

据最高人民检察院的检察解释，行政抗诉的主体，不是各级人民检察院，而是最高人民检察院和地方各级法院的上一级人民检察院。对照《民事诉讼法》、《刑事诉讼法》、《人民检察院组织法》对审判监督程序抗诉主体的规定，显然，上述检察解释对抗诉主体的划分，较之《行政诉讼法》第 64 条规定，更符合现阶段人民检察院按审判监督程序抗诉运作的统一性、规范性。

2. 行政抗诉的提出途径

抗诉，应当由有抗诉权的人民检察院向同级人民法院提出。

最高人民检察院对最高人民法院和地方各级人民法院违法、生效的行政判决、裁定决定抗诉，应由最高人民检察院制作《抗诉书》后，连同立案审查所收集到的有关材料（含被抗诉的行政裁判文书和有关证据材料），一并向最高人民法院提交。

地方上级人民检察院对地方下级人民法院违法、生效的行政判决、裁定决定抗诉的，由该上级人民检察院制作《抗诉书》后，向同级人民法院提交，并附送有关材料。

《抗诉书》副本应当送达当事人，并报送上一级人民检察院。

3. 行政抗诉的撤回与不撤回

在检察实践中，针对在行政案件抗诉之后及再审期间，或因诉讼当事人情况的变化，或应再审人民法院的要求，部分人民检察院出现了随意撤回或执意不撤回抗诉等情形，最高人民检察院民事行政检察厅发出《关于人民检察院办理民事行政案件撤回抗诉的若干意见》（［2003］高检民发第 7 号），对撤回抗诉与不撤回抗诉予以如下规范，以最大限度地追求办案法律效果和社会效果的统一：

（1）撤回抗诉。人民检察院向人民法院提出抗诉后，人民法院裁定再审之前：①发现本院抗诉不当或下级人民检察院抗诉不当的，应当在人民法院裁定再审之前，按照《人民检察院民事行政抗诉案件办案规则》第 42 条、第 43 条规定之程序要求，决定撤回抗诉或者撤销抗诉。②申诉人书面申请撤回申诉或者确认涉案当事人已达成和解协议并提交该协议，经人民检察院审查，认为涉案当事人达成的和解协议不损害国家、集体和第三人利益的，人民检察院应当撤回抗诉。

（2）不撤回抗诉。人民检察院向人民法院提出抗诉，人民法院裁定再审之后：①申诉人书面申请撤回申诉或者确认涉案当事人已达成和解协议并提交该协议的，人民检察院不撤回抗诉，由人民法院依法处理。②申诉人丧失诉讼行为能力，或者再审时申诉人无正当理由拒不到庭参加诉讼的，人民检察院不撤回抗诉，由人民法院依法处理。③人民检察院向人民法院提出抗诉后，又得知人民法院已依据当事人的申请或者依据职权裁定再审的，人民检察院不撤回抗诉，由人民法院一并审理。

4. 行政抗诉的期限

行政抗诉的期限是三个月。即人民检察院应当在调（借）阅人民法院审判案卷后三个月内审查终结并决定提出抗诉（或不抗诉）。“人民检察院审查行政申诉案件的期限有明确的规定：受理审查期限为 7 天；立案审查的期限为 30 天；抗诉审查的时间为 3 个月。我们认为，抗诉不能不考虑效益原则无时限地提出，原则上，只要生效裁判的履行不影响社会公共利益的实现，当事人在裁判生效两年内不向检察机关申诉的，检察机关不予受理。”[①]

（五）人民检察院向人民法院提出行政抗诉的法律效果

我国《行政诉讼法》对行政抗诉的法律后果未作规定，根据最高人民法院法释〔2000〕8号审判解释文件和最高人民检察院高检发［2001］17号检察解释文件，行政抗诉的法律效果有二：

1. 人民法院对行政抗诉案件应当再审。

对人民检察院按照审判监督程序提出抗诉的案件，人民法院应当再审，并将裁判结果告诉提出抗诉的人民检察院。这是由于人民检察院是国家法律监督机关，对违法的生效行政判决、裁定提出抗诉，是行使行政诉讼法律监督职能的重要形式，因此，人民检察院一经按审判监督程序提交了《抗诉书》，应当具有必然引起已经审结行政案件进入再审的法律效力。接到抗诉书的人民法院，除遇有抗诉检察院的上一级检察院通知撤销抗诉的情况外，不得以任何理由拒绝或驳回抗诉，必须依法进行再审，包括：自行再审或提审或指令下级人民法院再审。

2. 人民检察院派员出席再审法庭。

人民法院开庭审理抗诉案件时，应当通知人民检察院派员出庭。人民检察院应当派员出席法庭，对诉讼活动是否合法进行监督。

受理抗诉的人民法院指令下级人民法院再审的，提出抗诉的人民检察院可以指令人民法院的同级人民检察院派员出席再审法庭。

检察人员出席抗诉案件再审法庭的任务是：(1) 宣读抗诉书；(2) 发表出庭意见；(3) 发现庭审活动违法的，向再审法院提出建议。

根据最高人民法院法［2001］161号审判解释规定，人民法院开庭审理抗诉案件，经提前通知提出抗诉的人民检察院，检察院不派员出席法庭的，按撤回抗诉处理，裁定终结再审诉讼。人民法院开庭审理抗诉案件，由抗诉机关出席法庭的人员按照再审案件的审判程序宣读抗诉书，不参与庭审中的其他诉讼活动，以避免抗诉机关成为一方当事人的“辩护人”或“代理人”，保证诉讼当事人平等的诉讼地位。由于抗诉机关的特殊地位。对方当事人不得对不参与庭审的抗诉机关出席法庭的人员进行询问、质问或者发表过激言论。人民检察院出席法庭的标牌和裁判文书的称谓统一为“抗诉机关”。人民法院开庭审理抗诉案件后，在制作检察机关抗诉理由不能成立的裁判文书中，一般不使用“驳回抗诉”的表述。

人民法院就抗诉案件作出再审判决、裁定以后，提出抗诉的人民检察院应当对再审判决、裁定进行审查，并填写《抗诉再审判决（裁定）登记表》。

（六）人民检察院按照审判监督程序提出行政抗诉的内外监督

1. 人民检察院按照审判监督程序提出行政抗诉的内部监督

(1) 检察长或者检察委员会监督。

人民检察院发现本院抗诉不当的，应当由检察长或者检察委员会决定撤回抗诉。

人民检察院决定撤回抗诉，应当制作《撤回抗诉决定书》，送达同级人民法院，通知当事人，并报送上一级人民检察院。

(2) 上级检察院监督。

---

① 《人民检察院民事行政抗诉案件办案规则》——最高人民检察院民事行政检察厅负责人答记者问，《检察日报》2001年11月8日，记者宋安明。

上级人民检察院收到下级检察院的抗诉书副本后，发现下级人民检察院抗诉不当的，有权撤销下级人民检察院的抗诉决定。这是由上下级人民检察院的领导与被领导的关系决定的，也是确保行政抗诉的质量所必需的。下级人民检察院接到上级人民检察院的《撤销抗诉决定书》，应当制作《撤回抗诉决定书》，送达同级人民法院，通知当事人，并报送上一级人民检察院。

2. 人民检察院按照审判监督程序提出行政抗诉的外部监督

人民检察院按照审判监督程序提出行政抗诉的外部监督，主要是同级人大常委会的监督。为进一步贯彻“严格执法，狠抓办案”的工作方针，自觉地接受人大常委会的监督，切实加强检察机关的法律监督工作，最高人民检察院第八届检察委员会第三十八次会议决定，各级人民检察院向人民法院提起抗诉的案件，一律将抗诉书副本报同级人大常委会：

（1）最高人民检察院、上级人民检察院按照审判监督程序提出的抗诉，由作出抗诉决定的人民检察院向同级人大常委会报告。

（2）省、自治区、直辖市人民检察院分院按照审判监督程序提出的抗诉，由省级人民检察院向同级人大常委会报告。

第四节　人民法院依职权主动启动审判监督程序

人民法院依职权主动启动审判监督程序，是指人民法院在当事人未申诉或申请再审、人民检察院未抗诉的行政案件，人民法院发现生效判决、裁定、行政赔偿调解书有损害国家利益、社会公共利益等确有错误情形的，依据《行政诉讼法》第63条规定的再审纠错职权提起再审的程序。

《行政诉讼法》第63条以及最高人民法院有关审判解释规定了人民法院依职权主动启动审判监督程序的条件和运行环节等内容。

一般而言，审判权的非主动性暨“不告不理”的审判公理，决定了人民法院提起再审权是被动的。在构成现行审判监督程序的相互并行的三大启动程序中，当事人申诉或申请再审启动审判监督程序因当事人为利益驱动主动行使诉权而走在前列；人民检察院提起行政抗诉启动审判监督程序往往以当事人的申诉为主要来源和催促动力；人民法院在当事人行使诉权、检察院行使抗诉权的前两个启动程序里，也实际发挥着监督、协同当事人、检察院启动审判监督程序的作用：（1）在当事人申诉或申请再审启动审判监督程序中不可或缺人民法院的受理、审查及处理，当事人诉权必须与法院审判权结合，才构成完整的当事人申诉或申请再审启动审判监督程序的全部内涵，否则是不能导致案件进入再审的。（2）人民检察院提起行政抗诉启动审判监督程序虽然人民法院必须接受抗诉进入案件再审，但法院也为检察院的抗诉审查提供调（借）阅原审案卷的便利。在当事人没有行使诉权、人民检察院也没有行使抗诉权启动审判监督程序的情况下，根据实事求是，有错必纠，最终维持社会正义的中国特色社会主义的司法原则，人民法院作为维护社会正义最后一道审判纠错防线的执掌者，应当依职权主动启动审判监督程序。

一、人民法院依职权主动启动审判监督程序的条件

人民法院依职权主动启动审判监督程序的条件，即《行政诉讼法》第63条规定的已经发生法律效力的判决、裁定，违反法律、法规规定。

根据最高人民法院法释〔2000〕8号审判解释文件规定，具有下列情形之一的，属于《行政诉讼法》第63条规定的“违反法律、法规规定”：（1）原判决、裁定认定的事实主要

证据不足；(2) 原判决、裁定适用法律、法规确有错误；(3) 违反法定程序，可能影响案件正确裁判；(4) 其他违反法律、法规的情形。

二、人民法院依职权主动启动审判监督程序的运行环节

(一) 人民法院依职权主动启动审判监督程序的运行环节

《行政诉讼法》第 63 条规定了人民法院依职权主动启动审判监督程序的运行环节：

1. 本院院长和审判委员会提起审判监督程序

根据《行政诉讼法》第 63 条第 1 款规定，各级法院的院长，对本法院已经发生法律效力的判决、裁定，发现违反法律、法规规定，认为需要再审的，有权提交本院审判委员会讨论决定。

审判委员会经过集体开会讨论，根据案件的具体情况，按照少数服从多数原则，作出是否再审的决定。

各级人民法院对本院作出的终审裁判，经复查认为符合再审立案条件的，应当决定再审。

审判委员会的再审决定，本院立案庭予以立案登记转送审判监督庭依法进行再审。

2. 最高人民法院提起审判监督程序

最高人民法院作为国家最高审判机关，对全国地方各级人民法院都有行政审判监督权。它对每个地方法院（但特别行政区的法院因法律另有规定而除外）已经发生法律效力的判决、裁定，发现确有违反法律、法规规定的，有权提审或指令地方各级法院再审已审理终结的案件。

对最高人民法院的再审指令，被指令法院应负责执行，不得推诿。最高人民法院指令高级人民法院再审并发函指出问题的案件，高级人民法院在作出裁判后应当将裁判文书及时报送最高人民法院。

3. 地方上级人民法院提起审判监督程序

上级人民法院对下级人民法院作出的终审裁判，经复查认为符合再审立案条件的，应当裁定再审。

根据《行政诉讼法》第 63 条第 2 款规定，地方上级人民法院对所属下级法院已经发生法律效力的判决、裁定，发现违反法律、法规规定的，有权提审或指令下级法院再审理已审理终结的案件。对上级法院的再审指令，被指令的下级法院应负责执行，不得推转。

最高人民法院、上级人民法院审查的下列案件，可以指令原审法院再审：

(1) 依据以下事由提起再审的案件：①原判决、裁定认定事实的主要证据不足或者主要证据是伪造的。②据以作出原判决、裁定的法律文书被撤销或者变更的。③对审理案件需要的证据（即人民法院认定案件基本事实所必需的证据），当事人因客观原因不能自行收集，书面申请人民法院调查收集，人民法院未调查收集的。④原判决、裁定适用法律确有错误的。⑤原判决、裁定遗漏或者超出诉讼请求的，等等。

(2) 因违反法定程序可能影响案件正确判决、裁定提起再审的。比如，①违反法律规定，管辖错误的。②审判组织的组成不合法或者依法应当回避的审判人员没有回避的。③无诉讼行为能力人未经法定代理人代为诉讼或者应当参加诉讼的当事人，因不能归责于本人或者其诉讼代理人的事由，未参加诉讼的。④违反法律规定，剥夺当事人辩论权利的。⑤未经传票传唤，缺席判决的。⑥原判决、裁定认定事实的主要证据未经质证的，等等。

(3) 上一级法院认为其他应当指令原审法院再审的。

最高人民法院、上级人民法院提审和指令再审的裁定书应当包括以下内容：(1) 申请再审人、被申请人及原审其他当事人基本情况；(2) 原审法院名称、申请再审的生效裁判文书名称、案号；(3) 裁定再审的法律依据；(4) 裁定结果。

提审和指令再审的裁定书由最高人民法院、上级人民法院院长署名，加盖本法院印章。

(二) 人民法院依职权主动启动审判监督程序的运行环节应注意事项

1. 人民法院依职权主动启动审判监督程序，收到人民检察院的《抗诉书》，如果正在就同一案件是否启动再审程序进行审查的，应当终止审查，按照抗诉案件处理。

人民法院依职权主动启动审判监督程序，裁定再审后，收到人民检察院《抗诉书》的，不作为抗诉案件审理，但再审审理时应当将此情况告知各方当事人，案件再审审结后应将裁判文书送有关人民检察院。

2. 收到最高法院、上级法院再审指令的法院，不必再经本院院长报请审判委员会讨论决定是否再审，而应即根据指令的要求，对被指令的案件再行审理。

第五节 审判监督案件再审的审判程序

审判监督案件再审的审判程序，即人民法院按照审判监督程序再审的案件应当遵循的审判程序，包括：审判监督案件的再审准备程序；审判监督案件的再审审理程序；审判监督案件的再审审理中的具体问题处理；审判监督案件的再审判决、裁定等内容。

一、审判监督案件的再审准备程序

(一) 审判监督案件的再审立案

1. 审判监督案件的再审立案管辖法院

地方各级人民法院负责下列案件的再审立案：(1) 本院作出的终审裁判，符合再审立案条件的；(2) 下一级人民法院复查驳回或者再审改判，符合再审立案条件的；(3) 上级人民法院指令再审的；(4) 人民检察院依法提出抗诉的。

对本院决定再审、上级人民法院指令再审和人民检察院按照审判监督程序提出抗诉的案件进行立案登记。

最高人民法院负责下列案件的再审立案：(1) 本院作出的终审裁判，符合再审立案条件的；(2) 高级人民法院复查驳回或者再审改判，符合再审立案条件的；(3) 最高人民检察院依法提出抗诉的；(4) 最高人民法院认为应由自己再审的。

上级人民法院对下级人民法院作出的终审裁判，认为确有必要的，可以直接立案复查，经复查认为符合再审立案条件的，可以决定或裁定再审。

人民检察院根据审判监督程序提出抗诉的案件，一般应由作出生效判决、裁定的人民法院裁定进行再审；人民检察院向作出生效判决、裁定的人民法院的上一级人民法院提出抗诉的，该上级人民法院可以交由作出生效判决、裁定的人民法院进行再审；人民检察院对生效的再审判决提出抗诉的，一般应由上级人民法院提审。

对人民检察院根据审判监督程序提出抗诉案件的再审裁定书，由审理抗诉案件的人民法院作出。

2. 审判监督案件的再审立案期限

按照审判监督程序重新审判的案件，应当在作出提审、再审裁定（决定）的次日立案。

指令再审的案件，应当在收到指令再审裁定及案卷材料后的次日内立案。

（二）审判监督案件再审立案后移送审判

立案庭对具有以下情形的再审案件，应当在立案后的三日内将案卷材料移送有关审判庭审理：（1）经审查认为申诉或者再审申请符合法律规定的条件，并报经院长批准再审的；（2）本院院长提交审判委员会讨论决定再审的；（3）上级人民法院指令再审的；（4）人民检察院提出抗诉的。

（三）审判监督案件的再审应当裁定中止原判决的执行

人民法院按照审判监督程序决定再审的案件，应当裁定中止原判决的执行；裁定由院长署名，加盖人民法院印章。

最高人民法院、上级人民法院决定提审或者指令下级人民法院再审的，应当作出裁定，裁定应当写明中止原判决的执行；情况紧急的，可以将中止执行的裁定口头通知负责执行的人民法院或者作出生效判决、裁定的人民法院，但应当在口头通知后10日内发出裁定书。

（四）审判监督案件的再审审判组织

为确保再审案件的审判公正，人民法院审理再审案件，应当另行组成合议庭。凡在原一审、或二审任何一个审判程序中参与过本案审判工作的审判人员（含人民陪审员）以及书记员、翻译人员、司法鉴定人员、勘验人员，不得再参与该案再审审理程序的活动。

二、审判监督案件的再审审理程序

再审案件依照原审结程序进行审理，但被提审的原一审案件除外。再审案件的审理程序内容包括：第一审程序、第二审程序，以及审判监督案件的再审审理中的具体问题处理。

（一）再审案件按照第一审程序审理

人民法院按照审判监督程序再审的案件，发生法律效力的判决、裁定是由第一审人民法院作出的，按照第一审程序审理。

按照第一审程序审理后所作的判决、裁定，当事人可以上诉。

但被上级人民法院提审的原一审案件除外（即不按照第一审程序审理）。

（二）再审案件按照第二审程序审理

人民法院按照审判监督程序再审的案件，发生法律效力的判决、裁定是由第二审人民法院作出的，按照第二审程序审理，所作的判决、裁定是发生法律效力的判决、裁定。

上级人民法院按照审判监督程序提审的再审案件，按照第二审程序审理，所作的判决、裁定是发生法律效力的判决、裁定。

（三）再审案件审理的注意事项

1. 再审开庭通知

再审法院送达再审开庭通知书时，应同时告知当事人的诉讼权利义务，明确当事人的举证时限及举证不能所应承担的法律后果。根据有关法院的司法实践，应当将当事人举证时限限定在法庭辩论之前。

2. 再审开庭前准备

再审案件开庭前的准备工作应当充分，保证当事人能够较好地行使诉讼权利及履行诉讼义务。再审法院在开庭前可召集双方当事人及其诉讼代理人交换、核对证据，对双方无争议的原判事实和证据应当记录在卷，并由双方当事人签字确认，保证再审开庭时能够针对焦点问题进行充分的调查。

经复查听证后进入再审程序的案件，或者开庭前已由书记员核对当事人身份，告知诉讼权利义务，出示、质证当事人认同的证据或事实等事项的案件，开庭后，不必再重复上述程序，但应重申关于申请回避的权利。

3. 再审审理范围

再审程序虽然适用一审程序或二审程序，但应突出再审案件的特点，再审案件的审理范围应把握这样几个原则：(1) 由当事人申请再审启动再审程序的案件，再审案件的审理范围应确定在原审范围内，申请人诉什么就审什么，不诉不审。(2) 由上级法院启动的或本院院长发现程序启动的案件，应在原审案件的范围内全案审查，但上级法院有明确审查范围意见的除外。(3) 抗诉案件的审理范围应围绕抗诉内容进行审理。抗诉内容与当事人申请再审理由不一致的，原则上应以检察机关的抗诉书为准。

4. 再审缺席审理

再审案件当事人经法院传票传唤无正当理由拒不到庭的，由审判长宣布缺席审理，并说明传票送达合法及缺席审理的依据。

5. 再审质证

当事人申请再审提出的新证据，必须当庭质证；出示的书证、物证等应当交由对方当事人当庭辨认，发表质证意见；审判长根据案件的具体情况，经征求合议庭成员意见后，可当庭认证，或经合议庭评议后再行认证。

三、再审案件审理中的具体问题处理

(一) 抗诉案件终结再审诉讼及其例外

根据最高人民法院审判监督庭《关于审理民事、行政抗诉案件几个具体程序问题的意见》(法审［2003］11号) 审判解释，人民法院对行政抗诉案件裁定再审后，出现当事人申请撤回申诉、达成和解协议、主体发生变化、拒不出庭应诉等情形的，裁定终结再审诉讼。适用终结再审诉讼及其例外主要有以下几种情形：

1. 人民法院裁定再审后，向人民检察院申诉的当事人书面申请撤回申诉，人民法院应当裁定终结再审诉讼。

但是，人民检察院是以生效裁判损害国家利益或者社会公共利益为由提出抗诉的，人民法院应当依法继续审理，及时作出再审裁判。

2. 人民法院对行政赔偿抗诉案件裁定再审后，发现双方当事人达成和解协议，且履行完毕的，应当裁定终结再审诉讼。

和解协议尚未履行或者未履行完毕的，人民法院可以根据双方当事人达成和解协议的内容制作行政赔偿调解书，并依法送达双方当事人。

3. 人民法院裁定再审后，发现向人民检察院申诉的自然人死亡，没有继承人，或者继承人放弃继承或者放弃参加诉讼的，应当裁定终结再审诉讼。

4. 向人民检察院申诉的法人或者其他组织被依法撤销或者注销，没有权利义务继受人，或者其权利义务继受人放弃参加诉讼的，应当裁定终结再审诉讼。

5. 人民法院裁定再审后，经合法传唤，向人民检察院申诉的一方当事人无正当理由拒不到庭或者未经法庭允许中途退庭，人民法院应当裁定终结再审诉讼。①

但是，人民检察院是以生效裁判损害国家或者社会公共利益为由提出抗诉的，人民法院应当依法继续审理，及时作出再审裁判。

（二）审判监督案件的再审审限及延长处理

根据最高人民法院法释〔2000〕8号和法释〔2000〕29号审判解释文件规定，人民法院按照审判监督程序裁定再审的行政案件，根据再审适用的不同程序，分别执行行政案件第一审或第二审审理期限的规定。

1. 按照第一审程序再审的期限

再审案件按照第一审程序审理的，适用《行政诉讼法》第57条规定的审理期限：

（1）人民法院应当在裁定再审之日起三个月内作出第一审判决、裁定。

（2）有特殊情况需要延长的，由高级人民法院批准可以延长三个月。基层人民法院申请延长审理期限，应当直接报请高级人民法院批准，同时报中级人民法院备案。

（3）高级人民法院审理第一审再审案件需要延长期限的，由最高人民法院批准，可以延长三个月。

2. 按照第二审程序再审的期限

再审案件按照第二审程序审理的，适用《行政诉讼法》第60条规定的审理期限：（1）人民法院应当在裁定再审之日起，两个月内作出第二审判决、裁定。（2）有特殊情况需要延长的，由高级人民法院批准，可以延长两个月。（3）高级人民法院审理的第二审再审案件需要延长期限的，由最高人民法院批准，可以延长两个月。

3. 延长再审期限的报批程序

再审案件应当在审理期限届满十日前向高级人民法院或者最高人民法院提出申请。距再审案件的审限届满前十日，立案庭应当向有关审判庭发出提示。

对于下级人民法院申请延长再审办案期限的报告，上级人民法院应当在审理期限届满三日前作出决定，并通知提出申请延长审理期限的人民法院。

再审案件需要延长审理期限的，应当在再审审理期限届满十日以前，向院长提出申请。需要本院院长批准延长办案期限的，院长应当在审限届满前批准或者决定。

再审案件审理期限的监督、管理工作由立案庭负责。凡变动再审案件审理期限的，有关合议庭应当及时到立案庭备案。

人民法院应将审理再审案件期限情况作为审判管理的重要内容，加强对再审案件审理期限的管理、监督和检查，建立再审审理期限届满前的催办制度和再审案件审理期限定期通报制度（对超过再审审限的案件实行按月通报制度）。对违反《行政诉讼法》规定，超过再审审理期限或者违反最高人民法院审判期限规定的情况进行通报。再审案件的审判人员故意拖延办案，或者因过失延误办案，造成严重后果的，依照《人民法院审判纪律处分办法（试行）》第59条的规定予以处分。

---

① 最高人民法院《关于印发〈全国审判监督工作座谈会关于当前审判监督工作若干问题的纪要〉的通知》（法〔2001〕161号）“四、关于审理民事、行政抗诉案件的几个问题”第20条规定：“人民法院开庭审理抗诉案件，向抗诉机关申诉的对方当事人经依法传唤，无正当理由不到庭或者未经法庭许可中途退庭的，依照行政诉讼法中的有关规定，缺席判决。经依法传唤，向抗诉机关申诉的一方当事人无正当理由不到庭或者表示撤回申请的，应建议检察机关撤回抗诉，抗诉机关同意的，按撤诉处理，作出裁定书；经依法传唤，当事人各方均不到庭，应当裁定终结再审程序，但原审判决严重损害国家利益或者社会公共利益的除外。”这一规定，比较最高人民法院审判监督庭《关于审理民事、行政抗诉案件几个具体程序问题的意见》（法审〔2003〕11号）审判解释的规定，更体现对检察机关之抗诉权的尊重。

四、再审案件审理之后的判决、裁定

人民法院按照第一审程序或者按照第二审程序原审结程序审理再审案件之后，应当根据以下不同情况作出不同的再审判决、裁定：

1. 对原生效判决、裁定确有错误的裁判

（1）人民法院审理再审案件，认为原生效判决、裁定确有错误，在撤销原生效判决或者裁定的同时，可以对生效判决、裁定的内容作出相应裁判，也可以裁定撤销生效判决或者裁定发回作出生效判决、裁定的人民法院重新审判。

（2）人民法院审理再审案件，改判必须慎重，既要维护法院判决的既判力和严肃性，又要准确纠正符合法定改判条件且必须纠正的生效判决。

人民法院审理再审案件，符合下列情形的，应予改判：①原判定性明显错误的。如行政案件行政行为性质认定错误导致错判的。②违反法定责任种类和责任标准的。如行政案件违反法定处罚种类和处罚标准导致错判的。③原判文书主文在数量方面确有错误且不属裁定补救范围的。如行政案件处罚期限或财产数额错误的。④调解案件严重违反自愿原则或者法律规定的。如行政附带民事案件、行政赔偿案件的调解协议严重违反自愿原则或者违反法律的。⑤其他应当改判的情形。

人民法院审理再审案件，符合下列情形的，一般不予改判：①原判文书在事实认定、理由阐述、适用法律方面存在错误、疏漏，但原判文书主文正确或者基本正确的；②原判结果的误差在法官自由裁量幅度范围内的；③原判定性有部分错误，但即使定性问题纠正后，原判结果仍在可以维持范围内的；④原判有漏证或错引、漏引法条情况，但原判结果仍在可以维持范围内的；⑤原判应一并审理，但未审理部分可以另案解决的；⑥原判有错误，但可以用其他方法补救，而不必进行再审改判的。

2. 对原审法院受理、不予受理或者驳回起诉错误的裁定

人民法院审理再审案件，对原审法院受理、不予受理或者驳回起诉错误的，应当分别情况作如下处理裁定：（1）第二审人民法院维持第一审人民法院不予受理裁定错误的，再审法院应当裁定撤销第一审、第二审人民法院裁定，指令第一审人民法院受理；（2）第二审人民法院维持第一审人民法院驳回起诉裁定错误的，再审法院应当裁定撤销第一审、第二审人民法院裁定，指令第一审人民法院审理。

3. 对原生效裁判违反法定程序的裁定

人民法院审理再审案件，发现生效裁判有下列情形之一的，应当裁定发回作出生效判决、裁定的人民法院重新审理：（1）审理本案的审判人员、书记员应当回避而未回避的；（2）依法应当开庭审理而未经开庭即作出判决的；（3）未经合法传唤当事人而缺席判决的；（4）遗漏必须参加诉讼的当事人的；（5）对与本案有关的诉讼请求未予裁判的；（6）其他违反法定程序可能影响案件正确裁判的。

第十九章 行政赔偿及其诉讼

第一节 行政赔偿概述

一、行政赔偿的概念和特征

行政赔偿，是指国家行政机关及行政机关工作人员违法行使行政职权，侵犯公民、法人或其他组织的合法权益并造成损害，国家所应承担的赔偿责任。

与其他形式的赔偿责任相比较，行政赔偿具有以下特征：

1. 行政赔偿的责任主体和行政侵权主体分离。根据赔偿的一般原则，侵权主体与责任主体通常情况下是同一的。而在行政赔偿中，侵权主体是行政机关，最终的赔偿责任是由国家承担，这是由国家与行政机关及其工作人员的关系所决定的。根据民主政治的理论，国家享有管理社会的权力，同时承担对社会的责任。国家的权力通过不同的国家机关和国家机关工作人员的行为来实现。因此，行政机关及其工作人员是代表国家，以国家名义实施行政管理的，国家应承担由此产生的相应的法律责任。国家作为行政赔偿的责任主体，主要表现在赔偿费用由国库支出，列入各级政府的财政。

2. 行政赔偿的侵权行为主体是特定的，根据行政诉讼法和国家赔偿法的规定，行政赔偿的侵权主体一般包括两类：一是国家行政机关和法律、法规授权的组织；二是行政机关工作人员。除此之外的其他国家机关或者非行政机关工作人员的行为即使给公民、法人或者其他组织的合法权益造成损害，也只引起民事赔偿或者司法赔偿。这种侵权行为主体的特定性，是行政赔偿区别于其他赔偿的主要根据。

3. 行政赔偿的请求人是其合法权益受到行政侵权行为损害的公民、法人或者其他组织。行政机关和行政机关工作人员在作为外部行政管理相对人，其合法权益被行政主体侵犯时，同样也可以作为行政赔偿的请求人。但应注意的是，作为行政赔偿请求人，其必要条件是合法权益被行政侵权行为侵犯并造成损害，无损害就谈不上赔偿，如果受到损害的权益是违法的，是不受法律保护的，也不能获得行政赔偿。但是在有些情况下，相对人受到损害的权益非法，行政主体的行为也违法，是否应予赔偿呢？一般来说，只要受到损害的是非法权益，不管是合法行政行为还是违法行政行为所造成，都不能获得行政赔偿。但若违法行政行为损害相对人权益的范围超过其非法权益的范围，涉及其合法权益，此种超出的范围则应予行政赔偿。

4. 行政赔偿是由法律规定的，是一种法定责任。首先，赔偿范围是法律明确规定的。根据《国家赔偿法》规定，行政赔偿的范围分为两类：一是具体行政行为造成的损害；二是事实行为造成的损害。其次，行政赔偿的方式、标准及程序等，均由法律明确规定。对于不符合法定条件，或者不属于赔偿范围的赔偿请求，国家不负责赔偿。

二、行政赔偿制度的历史发展

（一）外国国家行政赔偿制度的产生和发展

国家赔偿制度是伴随着资本主义经济的发展和资产阶级民主政治的发展而建立起来的，它最早出现于19世纪中叶，至今只有一百多年的历史。西方国家的国家赔偿制度的产生和发展大体经历了国家无责任、国家有限责任和国家全面负责三个阶段。

1. 国家赔偿的全面否定阶段——国家无责任时期。这一时期“君权神授”、“主权豁免”成为国王专制统治的理论依据，也成为国家不承担损害赔偿责任的理论依据。该理论的核心内容是“国家是主权者，主权的特征是对一切人无条件地发布命令，没有国家通过法律所表示的同意，不能要求国家负担赔偿责任。”[①] 到资本主义社会发展初期，一些资本主义国家的学者在理论上仍然坚持“王权至上”，“国家主权至上”，法国学者布丹在《国家论》中就主张“主权是最高的权力，不受法律限制。”在这一整套国家免责理论的影响下，国家不可能为其政府给人民造成的损害承担赔偿责任。

2. 国家赔偿的相对肯定阶段——国家有限责任时期。这一阶段大致从法国大革命起至“二战”前止。19世纪中叶以后，“主权无责论”的思想越来越遭到社会的非议，引起民众的不满，一些国家被迫在某些领域放弃国家主权豁免观念，国家赔偿进入相对肯定阶段。1789年8月27日，法国制宪会议通过了著名的《人权宣言》，宣言中用“人民至上”的原则代替“王权至上”的原则，宣布“整个主权的本原主要是寄托于国民，任何团体、个人都不得行使主权所未明确授予的权力。”《人权宣言》直接推翻了“国家无责任论”，顺应这种历史潮流，当时的法学家们提出了“国家应负有限责任”的学说，认为国家具有强制权，人民则有服从的义务，如果国家权力行使的结果损害人民权益时，国家应担负相应的责任。

与当时的社会发展相适应，国家开始负担有限的赔偿责任。法国于1789年成立行政法院，专门审理行政诉讼案件，并确立了国家承担赔偿责任的原则：一是国家工作人员因失职发生的损害事件，应由国家负责；二是行政责任与民事责任分别办理，凡国家行政机关及其公务员因“公务”发生的纠纷由行政法院管辖；三是执行公务是国家承担赔偿责任的根据。[②] 德国于1896年颁布了《德国民法典》，其第89条规定国家在从事非权力行为时产生的损害，应负民法上的赔偿责任。尔后，又于1909年颁布《普鲁士国家责任法》，1910年颁布《国家官吏责任法》，以立法形式确认官吏行使统治权力行为所产生的损害赔偿责任。而1919年的《魏玛宪法》则在世界上首次以根本法形式确定了国家赔偿责任。

与法、德为代表的大陆法系国家相比较，英、美等国的国家赔偿制度的建立要晚得多。进入20世纪以后，英、美等国才逐步放弃了国家豁免原则和政府侵权豁免理论，先后颁布了一些特别法，规定特定情况下国家承担的赔偿责任。因此，在这一阶段，国家赔偿的理论并未得到西方国家的普遍承认，承认该理论的国家都将此限于法律明确规定的特别情形，而法律规定之外的诸多领域，国家仍享有豁免权。特别是在立法、司法和统治职能等领域，“主权”豁免仍具有一定的影响。

3. 国家赔偿的全面肯定阶段——国家全面负责时期。这一阶段大致从“二战”结束至今。“二战”以后，随着世界社会经济的迅速发展，各国民主政治和人权事业取得了长足的进步，同时，由于资本主义国家行政权力日益扩张，行政侵权行为不断发生，引起了国内人民群众和统治阶级内部相当一部分人的不满，理论上和实践中都迫切需要以各种手段限制国家行政权力的滥用，国家赔偿责任学说逐步得到社会广泛的承认，许多国家开始通过判例和立法建立、健全国家赔偿制度。如英国于1947年通过了《王权诉讼法》，确立了国家赔偿制度。该法明文规定国王对其雇用人或代理人的侵权行为承担赔偿责任，由于英王是国家权力的象征，因此真正承担赔偿责任的是国家。美国于1946年颁布了《联邦侵权赔偿法》，规定

① 参见王名扬著：《法国行政法》，中国政法大学出版社1988年版，第710页。
② 参见赵炳寿、陈永革主编《行政诉讼法学》，四川大学出版社1994年版，第398页。

凡公务员在职务范围内因疏忽或者错误的作为或者不作为造成公民人身伤害或者死亡或者财产损害的，联邦承担赔偿责任（第2672条第1款）。到1948年，美国颁布《联邦司法法》，将《联邦侵权赔偿法》的主要内容纳入其中，至此，美国确立了国家赔偿制度的基本原则，但直到现在，美国法律中仍然规定了许多免责条款。根据1988年《联邦职员赔偿责任和侵权责任法》，在议员和司法人员不享有豁免权而应当承担赔偿责任的范围内，联邦承担代位责任。但是，侵犯宪法权利的行为和个人行为，仍然实行个人责任。①

在大陆法系国家，国家全面负责理论也进一步在法律上得到承认和完善。原联邦德国于1945年颁布了《联邦德国基本法》，其中第34条明确规定了国家赔偿责任。1981年，原联邦德国颁布了《国家赔偿法》，规定在有法律规定的情况下，国家对立法、司法、行政领域里的一切侵权行为承担责任。该法同时还规定，自本法颁布时起，以前《德国民法典》、《国家责任法》等法律中一切有关条款均予以废止，从而以立法形式统一了国家赔偿责任。② 不过，联邦宪法法院在1982年以联邦没有立法权限为由判决这部法律为违宪立法，宣布撤销。1994年10月27日的关于修改基本法的法律授权联邦议会制定《国家赔偿法》的并行立法权，清除了联邦立法权的障碍。在德国一部全面而系统的《国家赔偿法》正在酝酿之中。日本1946年宪法确立了国家赔偿责任的原则，并采取统一立法和单行法结合的模式，先后于1947年颁布了《国家赔偿法》，1950年颁布了《刑事补偿法》。以上这些法律的颁布实施，标志着国家赔偿制度在西方国家已经得到全面肯定。

总之，国家赔偿制度的产生和发展，有其深刻的社会经济、政治背景。国家赔偿制度的确立，是人类文明的一大进步，也是人类法律制度的一大进步。

（二）中国国家行政赔偿制度的历史发展

中国的奴隶社会和封建社会实行专制集权，皇帝拥有至高无上的权力，统治者可以任意侵犯人民的权利，根本不存在国家损害赔偿问题。20世纪初，孙中山领导的辛亥革命推翻了清王朝统治，建立了民国，并于1912年制定了具有宪法性质的《中华民国临时约法》，但由于当时客观条件的限制，《临时约法》未能规定有关行政赔偿制度的内容。在以后国民党统治大陆的20多年时间里，曾于1946年制定《中华民国宪法》，该法第24条规定了国家赔偿的原则，“凡公务员违法侵害人民之自由或权利者，除依法律受惩戒外，应负刑事及民事责任，被害人民就其所受损害，并得依法律向国家请求赔偿。”但这一原则性规定当时并未真正实施。1949年国民党政府退踞台湾。目前台湾地区已经有了比较完善的赔偿法律体系。1980年台湾地区公布了专门的“赔偿法”，共17条，确立了赔偿制度，其中包括行政侵权赔偿制度。

在新民主主义革命时期，中国共产党领导建立革命根据地，并制定了相应的政治和法律制度。抗日战争时期颁布的《山东省人权保障条例》第10条规定：“凡各级政府公务人员违法侵害人民之自由或者权利者，除依法惩办外，应负刑事及民事责任。被害人得就其所受损害依法请求赔偿。”而三大纪律八项注意中八项注意的第4项“损坏东西要赔”，则成为新中国建立国家赔偿制度的历史渊源。但由于条件的限制，当时并未能形成完整的行政赔偿制度。

1949年新中国成立之后，开始了建立中国社会主义国家赔偿制度的艰苦努力。从立法

① 王名扬：《美国行政法》，中国法制出版社2005年版，第825～832页。
② 姜明安主编：《行政法与行政诉讼法》，北京大学出版社、高等教育出版社1999年版，第408页。

上看，新中国最早规定国家赔偿内容的当属1949年的《中国人民政治协商会议共同纲领》。该纲领第49条规定："人民和人民团体有权向人民监察机关或人民司法机关控告任何国家机关和任何公务人员的违法失职行为。由于国家机关侵犯公民权利而受到损失时，有取得赔偿的权利。"随后，新中国的第一部宪法1954年宪法也规定：由于国家机关工作人员侵犯公民权利而受到损失的人，有取得赔偿的权利。这就从宪法上确立了国家赔偿制度。但由于没有建立相应的法律制度，新中国建立初期的行政赔偿主要依据政策，例如历史上几次平反冤假错案，都称作落实政策，即政府依政策予以赔偿。到"文革"时期，我国整个法制建设遭到极大的破坏，国家赔偿制度也被否定。进入20世纪80年代后，我国的行政赔偿开始逐步走向法制化。1982年宪法第41条规定："由于国家机关和国家机关工作人员侵犯公民权利而受到损失的人，有依照法律规定取得赔偿的权利。"宪法的这一规定，为我国行政赔偿法律制度的建立和发展提供了宪法依据。1986年，《中华人民共和国民法通则》第121条进一步规定："国家机关或者国家机关工作人员在执行职务中侵犯公民、法人的合法权益造成损害的，应当承担民事责任。"民法通则的这一规定将行政赔偿案件纳入了民事诉讼受案范围，在当时有其积极的意义。

1989年全国人大通过的《中华人民共和国行政诉讼法》，设专章规定了行政机关及其工作人员在执行职务过程中的侵权赔偿责任，将行政侵权赔偿纳入行政诉讼范围，以明确的法律形式确立了行政赔偿制度，在该项法律制度的发展方面迈出了具有重大历史意义的一步。1994年全国人大常委会通过了《中华人民共和国国家赔偿法》，该法第一次系统地规定了我国国家赔偿制度（包括行政赔偿制度），使宪法所规定的公民享有的国家赔偿求偿权得到了切实的法律保障。可以说，在我国行政赔偿制度的历史发展进程中，最具有实质意义的是《行政诉讼法》和《国家赔偿法》的颁布实施，这两部重要法律奠定了实施政府对侵权行为承担法律责任的基石，标志着我国行政赔偿制度正式全面建立。

三、行政赔偿制度的意义

建立行政赔偿制度，是我国社会主义法制建设和民主政治发展的必然要求，它在完善人权保障机制，保障公民、法人和其他组织的合法权益，提高行政执法水平等方面，都具有十分重要的意义。

1. 行政赔偿制度有利于保障人权。人身权和财产权是公民最基本、最重要的两项权利，也是人权的核心内容。在现代法治社会，法治的首要目的就在于维护、保障公民的人权，尤其是在行政侵权行为造成公民合法权益受到损失的时候，行政赔偿可使任何一个公民不致无辜蒙受损失，丧失权利和尊严。从个人和政府的关系来说，政府实施行政管理，处于强者地位，而个人作为被管理者，总是处于弱者、无权的地位，行政赔偿制度正是从此关系出发，以法律手段保护弱者的权益，使他们受到损害的权益能得到救济，获得赔偿。因此，行政赔偿制度的建立和完善，是我国在保护人权领域里作出的一个新的努力，它反映出我国通过法律制度以保护人权的不断前进的坚实步伐。

2. 行政赔偿制度有利于保护公民、法人或者其他组织的合法权益，为行政侵权行为的受害人提供有效的补救。我国的行政机关作为国家机构的组成部分，是由人民选举产生，代表人民利益，对人民负责的，不能侵犯公民、法人和其他组织合法权益。但是，随着经济和社会的发展，国家事务更加繁重，大大扩展了行政管理的内容；并且行政机关工作人员又是一支庞大的队伍，人数众多的公务员在繁复的国家事务的管理中，难免发生违法侵犯公民、法人或者其他组织的合法权益的情况，或者在协调各方利益中，侵犯了其中某一方的利益。

在市场经济条件下，这种情况还会增多，这是很正常的，重要的是要正视这种现象，从人民的利益出发，通过适当的法定程序，给予赔偿。通过行政赔偿制度的实施，不仅有利于切实保障公民、法人或者其他组织已经遭受侵害的权利得以恢复和补救，而且也有利于减少和防止行政侵权现象的发生。

3. 行政赔偿制度有利于监督行政机关及其工作人员依法行使职权。行政赔偿作为一种行政救济措施，目的在于纠正行政机关行政管理中侵害公民合法权益的不法现象，以促使行政机关依法行政。行政赔偿制度的实施，意味着行政机关对自己违法行政所造成的损失将承担赔偿责任，如果这种损失是由行政机关工作人员的故意或重大过失造成的，行政机关工作人员应被追偿承担全部或部分赔偿费用。这样将给行政机关及其工作人员增加一种潜在的压力，警示他们违法行政、滥用职权将招致法律的非难，承担法律责任，从而加强行政机关工作人员的责任感，克服官僚主义，提高其政治、业务素质，防止和减少违法行政行为。

4. 行政赔偿制度有利于保障国家行政管理秩序的畅通和维护社会的稳定。行政赔偿不仅是对受害者合法权益的恢复，也是国家自我发展、自我修复的有效途径。一方面，对行政机关及其工作人员的侵权行为进行赔偿，可以在一定程度上避免因私人权利受到侵犯却得不到救济而可能引发的社会冲突，化解社会矛盾，增进政府与公民之间的理解与信任，树立行政机关在群众中的威信，从而便于国家行政管理目标的实现。另一方面，行政赔偿制度所追求的责任有序状态将使整个社会保持一种生机与活力，使得广大民众的创造力受到保护，以实现社会的稳定发展与进步。

第二节　行政赔偿归责原则及责任构成要件

一、行政赔偿归责原则

（一）行政赔偿归责原则的种类

行政赔偿的归责原则是指法律确认的国家承担行政赔偿责任所依据的标准，是解决在什么情况下国家对损害后果承担赔偿责任的问题，是行政赔偿制度不可缺少的组成内容。由于世界各国具体国情的差异，行政赔偿制度适用的归责原则也不一致，主要有以下几种：

1. 过错归责原则。是指行政机关及其工作人员在执行职务中，因故意或过失行为侵犯他人合法权益造成损害的，国家应当承担赔偿责任。过错有主观过错和客观过错。主观过错是指行政机关工作人员在实施侵权行为时存在故意或过失的心理状态，没有尽到忠诚、注意和谨慎[①]的义务，是英、美、日等国家国家赔偿的主要归责原则之一。客观过错是指侵害行为未达到一定的公务水平而造成损害。这是法国的特色做法，根据法国行政法院的判例，客观过错具体表现为公务过错，即公务活动没有达到正常标准，如公务实施不良、不执行公务、公务实施迟延等。国家机关对当事人提供不正确的信息所造成损害也是公务过错。

2. 无过错归责原则。即指在国家公务活动中，以已经发生的损害结果为着眼点，与该损害后果有因果关系的行政机关及其工作人员不论是否具有过错，国家都要对其行为承担赔偿责任。无过错原则产生于19世纪下半叶，主要应用于危险活动领域，故也称危险责任原则。现在，各国在适用该原则时通常都以法律有特别特定为限，将其作为过错原则的补充。

3. 违法归责原则。是指行政机关及其公务员在执行职务中，违法行使职权并造成他人合法权益损害的，国家承担赔偿责任，即以客观行为违法为归责的标准，而不问有无过错。

---

① 高家伟著：《国家赔偿法》，商务印书馆2004年版，第99页。

（二）我国行政赔偿的归责原则

我国《国家赔偿法》第2条规定："国家机关和国家机关工作人员违法行使职权侵犯公民、法人和其他组织的合法权益造成损害的，受害人有依照本法取得国家赔偿的权利。"这一规定明确了我国行政赔偿采用违法归责原则，即具有国家行政管理职权的机关和组织及其工作人员，在执行职务时的违法行为侵犯了公民、法人或者其他组织的合法权益并造成损失的，由国家承担行政赔偿责任。违法原则与我国宪法、行政诉讼法的规定相一致，符合依法行政原则的要求。根据《国家赔偿法》的规定，违法原则应包括如下内容：

1. 违法是指行为违法，而不是行为的结果违法。即行政机关及其工作人员的职务行为违反了法律规范的规定和要求。如果行政职务行为是符合法律规定的，但造成了对公民、法人或者其他组织合法权益的损害，则不引起国家赔偿，只是国家依法给予补偿的问题。

2. 违法包括积极的作为违法和消极的不作为违法。前者是指行政机关及其工作人员主动实施某违法行为，如违法的行政处罚；后者是指行政机关及其工作人员依法对特定的公民负有特定的作为义务而不作为，导致公民遭受损害，如拒绝履行或拖延履行法定职责。

3. 违法行使职权的行为既包括法律行为，也包括与行使职权有关的事实行为。法律行为违法容易理解，事实行为违法是指行政机关及其工作人员违法实施的不直接产生法律效果的行为①，如由于行政机关提供错误的信息，即是事实行为违法，由此造成的损害，国家应当承担赔偿责任。

4. 违法原则中的"法"是广义的法，应包括一切现行有效的法律渊源。由于我国目前法制不健全，在行政管理领域还有些无法可依的"空档地段"，如果对"法"的理解过窄，将会使许多受害人失去救济的机会。因此，应从实体、程序、内容上对"法"加以界定。首先，法既包括实体法，也包括程序法，既包括宪法，② 也包括普通法律、法规和规章。其次，应将"法"的含义扩展到法律原则和法律精神，如公正、公平原则、比例原则、诚信原则等，这些原则体现了一个社会、一个国家的法律价值取向，也反映了立法者的立法目的。在行政管理领域中当出现无明确的法律规范作为行使权力的依据时，则应以法的基本原则和精神作为判断职权行为的主要标准，若有冲突，应视为违反法律秩序，即违法。最后，行政机关及其工作人员自由裁量行为的违法与否，也需要有"法"确定。如果明显超载法律规定的幅度或主观上有恶意，滥用自由裁量权，或者行为者虽没有恶意，但自由裁量行为显失公正，为正常人所不能接受，均应视为是违法的。

对《国家赔偿法》采用的违法归责原则，有学者认为过于单一，很难解决日益复杂的侵权责任问题。关于《国家赔偿法》有关行政赔偿归责原则规定的修改，学界提出的方案有多元归责体系说和三元结构说。前者认为行政赔偿的归责原则应采用违法或过错责任原则为主，无过错责任原则为辅。③ 后者认为应当根据不同情况，分别实行违法原则、无过错原则和公平原则，并且确立衔接关系。④

二、行政赔偿责任的构成要件

行政赔偿责任的构成要件，是指国家承担行政赔偿责任所应具备的必要条件。只有具备一定条件，国家才承担赔偿责任，公民、法人或者其他组织才有权提起行政赔偿请求，行政

---

① 姜明安主编：《行政法与行政诉讼法》，高等教育出版社2002年版，第385页。
②《辽宁实施国家赔偿法规定》第5条（宪法是认定"违法"的依据之一）。
③ 王振清主编：《行政诉讼前沿实务问题研究》，中国方正出版社2004年版，第102页。
④ 高家伟著：《国家赔偿法》，商务印书馆2004版，第113页。

裁决人员或审判人员才有依据要求赔偿义务机关对受害人予以赔偿。因此，行政赔偿责任的构成要件是行政赔偿中十分重要的问题，各国在有关国家赔偿的法律规范中都规定了相应的构成要件，我国也不例外。根据《国家赔偿法》、《行政诉讼法》的规定，我国行政赔偿责任的构成要件主要包括：

（一）行政侵权主体要件

行政赔偿是由特定主体引发的一种侵权责任。根据我国有关法律的规定，行政侵权主体有以下几类：

1. 行政机关。是指依照宪法和行政组织法的规定而设立的履行行政职能的国家机关。就范围而言，行政机关不仅包括从中央到地方的各级人民政府（如国务院、省级人民政府、市县人民政府、乡镇人民政府等），也包括各级政府所属部门和机构如政府所属的部、委、厅、局、处、室等，还包括非常设机构和临时机构。

2. 行政机关工作人员。是指行政机关的公务员。从理论上说，行政机关工作人员是以行政机关的名义实施行政管理，行为效果由行政机关承受。对此，我国《行政诉讼法》第68条规定："行政机关或行政机关工作人员作出的具体行政行为侵犯公民、法人或者其他组织的合法权益造成损害的，由该行政机关或该行政机关工作人员所在的行政机关负责。"

3. 行政机关委托的个人或组织。在行政实践中，行政机关为了保证行政效率或其他目的，有时会把一部分行政职权委托给个人或组织行使。如果接受委托者执行职务造成他人损害，其责任应归属于委托的行政机关，由国家承担赔偿责任。但是，如果受托人按自己意愿从事与职务无任何关联的行为造成损害，国家不负责任。

4. 法律、法规授权的组织。是指根据单行法律、法规的授权而行使特定行政职权的非国家机关组织（如企事业组织、社会团体、群众性自治组织、各种技术检验鉴定机构等），这些非国家机关组织在行使法律、法规所授职权时，享有与行政机关相同的地位，其行为侵权时，国家也应当承担责任。

（二）行政侵权行为要件

行政侵权行为是构成行政赔偿的前提条件。这一构成要件实际上包含了两项内容：一是侵权行为必须是执行职务的行为；二是该执行职务的行为是违法行为。关于违法行为，在归责原则部分已有介绍，这里不再重复。

关于执行职务行为的认定，《国家赔偿法》未有明确规定，立法机关和司法机关对此没有明确解释，学术界也是众说不一，但大多倾向于采用客观标准。可以从以下几方面考虑区分是职务行为还是个人行为。首先，工作时间是区分二者的一个重要标准。行政机关工作人员在上班时间实施的行为通常应认为是职务行为，而下班时间实施的行为通常应认为是个人行为；其次，结合行为人所在行政机关的职权、职责来分析，与行使职权有内在联系的行为，可认为是职务行为，否则为个人行为；第三，考虑实施行为时的名义，如以行政机关名义出现（如着装、佩戴标志、出示证件等），则视为职务行为，如以个人名义出现，应视为个人行为。除以上因素外，判断行为是职务行为还是个人行为，还应采用多元化标准来衡量，因为职务行为与个人行为常常涉及到诸多因素，需要综合分析才能准确定性。

（三）行政侵权损害要件

国家是否承担行政赔偿责任，要看该行为是否造成特定人的损害。没有损害或遭受损害的是普遍对象，国家不负赔偿责任。我国《国家赔偿法》把行政侵权侵害的范围概括为两种：一是财产权损害，即因侵权行为的发生而导致的具有财产形态的价值减少或利益的丧失；二是人身权损害，即对公民、法人的人格、名誉、健康、生命、自由等造成的损害。根据《国家赔偿法》第26、27、28条的规定，对财产权损害的赔偿仅限于直接损失，而不赔偿可得利益的损失。对人身权的损害，只赔偿物质损失而不赔偿精神损失。

（四）行政侵权行为与损害事实之间存在因果关系

作为行政赔偿构成要件的因果关系，是指被侵权人权益受到损害的事实与行政侵权行为之间存在着必然的内在联系，即行使侵权行为是被侵权人权益损害必然产生的条件。两者之间只有具有这种联系，国家才负赔偿责任。但是，在有的情况下，因果关系呈现复杂的现象，如一因多果、多因一果，多因多果的因果关系等。对于这些错综复杂的因果关系，必须认真分析，严格区分，以便准确地认定行政赔偿责任是否成立以及责任的大小，切实保护受害人合法权益。

以上要件即为行政赔偿责任的构成要件，四个要件相互联系，缺少其中任何一个要件，行政赔偿责任都不能成立。因此，在对具体的致害案件的考察中应从四个方面同时进行，注意综合分析。

第三节 行政赔偿范围

行政赔偿的范围，是指国家承担行政赔偿责任的范围，即国家对哪些行政行为造成的损害予以赔偿，对哪些损害不予赔偿。

对行政赔偿范围的确定，因受本国国情和法律环境的制约，各个国家和地区不尽相同。从国外典型的立法例来看，界定行政赔偿范围是以概括性规定为原则，特殊排除为例外的，即在规定了行政赔偿责任的构成要件和国家责任豁免的范围之后，就不再对行政赔偿范围作具体规定。① 我国行政赔偿范围的确定，采用了概括与列举相结合的立法体例，即在概括性规定的基础上，列举具体的情形。《国家赔偿法》第2条对行政赔偿的范围作了原则规定：行政机关及其工作人员违法行使职权的行为，国家应当赔偿。同时，将行政赔偿的范围专设一节，具体列举了国家应赔偿的范围和不承担赔偿责任的范围。这种规定方式意味着：对于列举式规定明确规定的事项，按照其规定办理；对于列举式规定没有涉及的事项或者发生争议的事项，可以从概括式规定的角度进行解释，凡是符合概括式规定确立的赔偿责任构成要件的事项，国家都应当承担赔偿责任。

确定行政赔偿的范围，是行政赔偿制度中需要解决的重要问题，有着重要的意义：(1)对公民、法人或者其他组织，行政赔偿的受案范围也就是其行政赔偿请求权的范围。只要是属于行政赔偿范围内的行为和损害，受害人都有权提出赔偿请求，任何组织和个人不得限制或剥夺。从而使公民、法人或其他组织受到损害的合法权益，能得到及时的补救。(2)对人民法院，行政赔偿范围也就是其解决行政赔偿纠纷案件的权力范围。受害人对行政赔偿范围内的行政赔偿争议提出诉讼请求的，法院应当受理，并依法作出公正裁判，从而有利于在行政赔偿诉讼领域及时、顺利地解决行政赔偿纠纷。(3)对行政机关，行政赔偿的范围决定着其实施的哪些侵权行为必须承担赔偿义务。对属于行政赔偿范围内的侵权行为，行政机关必须承担赔偿责任。总之，行政赔偿的范围是一个十分重要的问题，直接影响到行政赔偿制度整体功能的发挥。

---

① 马怀德：《国家赔偿法的理论与实务》，中国法制出版社1994年版，第135页。

一、对侵犯人身权的行政赔偿

人身权是指与公民的人身不可分的权利。人身权是公民最基本的权利，是公民参加国家政治生活、社会生活的基础，是以人身保障为核心的权利体系。因而人身权的内容极为广泛，包括人身自由权、人格权和身份权。根据《国家赔偿法》第3条规定，行政机关及其工作人员在行使行政职权时，有下列侵犯人身权情形之一的，受害人有取得赔偿的权利。

（一）违法拘留或者违法采取限制人身自由的行政强制措施的行为

1. 违法拘留

拘留有行政拘留、司法拘留和刑事拘留之分。行政赔偿中所说的拘留仅指行政拘留。行政拘留也称治安拘留，是公安机关对违反行政管理的人在短时期内限制或剥夺人身自由的一种行政处罚。由于行政拘留涉及公民的人身自由，法律对适用行政拘留的机关、对象、程序以及期限等作出了严格的规定，因而行政机关不可随心所欲地运用这一权力。行政机关违反法律规定的权限、程序，或者在证据不足、事实不清，或适用法律、法规错误的情况下拘留公民的，属于违法拘留。因违法拘留侵犯公民人身自由的，国家应予赔偿。

2. 违法采取限制人身自由的行政强制措施

限制人身自由的行政强制措施，是指行政机关根据法律、行政法规规定的行政权限，依法定条件、方式及其他要求，针对公民的人身自由采取的具体行政行为。限制人身自由的行政强制措施很多，如强制戒毒、强制治疗、强制隔离、行政扣留等。行政机关及其工作人员在行使职权中违法采取强制措施造成损害的，国家应予以赔偿。

（二）非法拘禁或者以其他方法非法剥夺公民人身自由的行为

1. 非法拘禁是指行政机关及其工作人员在行使职权过程中，以捆绑、禁闭等强制方法非法限制、剥夺公民人身自由的行为。一般而言，实施非法拘禁的行政机关不具有强制剥夺公民人身自由的职权，或者有权限而采取了非法手段。对行政机关及其工作人员实施非法拘禁行为，受害人受到损害的，有权请求行政赔偿。

2. 行政机关或其工作人员以其他方法非法剥夺公民的人身自由，是指除非法拘禁之外，行政机关采取的超出法律、法规规定的方式剥夺公民人身自由的行为。这是一个概括性规定，以防挂一漏万。凡非法剥夺公民人身自由造成侵害后果的，国家应当承担赔偿责任。

（三）以殴打等暴力行为或者唆使他人以殴打等暴力行为造成公民身体伤害或者死亡的

以殴打等暴力行为造成公民身体伤害或死亡，是指行政机关工作人员在行使职权时，所实施的或者唆使他人所实施的侵犯公民人身权并造成生命健康损害的违法行为。殴打可能是使用器械，也可能是不使用器械；唆使他人殴打是指威胁、挑拨、指使他人殴打；其他暴力行为如挂牌示众、烈日下曝晒等。

虽然殴打等暴力行为不属于具体行政行为，但是它属于一种与国家权力有关联的事实行为，是行政机关工作人员在行使职权时作出的。即职权为行政机关工作人员作出该种行为提供了机会，同时也表明国家疏于监督和管理。因此，对行政机关工作人员以殴打等暴力行为或者唆使他人以殴打等暴力行为侵犯公民身体健康权和生命权的违法现象，公民有权请求行政赔偿，国家也应当承担赔偿责任。

（四）违法使用武器、警械造成公民身体伤害或死亡的

根据《人民警察使用警械和武器条例》的规定，警械是指人民警察按照规定装备的警棍、催泪弹、高压水枪、特种防暴枪、脚镣、手铐等警用器械；武器是指人民警察按照规定装备的枪支、弹药等致命性警用武器。由于警械和武器的使用，直接关系到公民的生命健康

安全，因此国家有关法律规范对警械和武器的使用作了严格的限制规定。违法使用武器、警械的表现形式有多种：如使用主体不合法、不具备使用条件、超过法律规定的限度使用等。对行政机关工作人员违法使用武器和警械，造成公民身体伤害或死亡的，国家应当承担行政赔偿责任。

（五）造成公民身体伤害或者死亡的其他违法行为

这是一项概括性的规定。由于行政机关及其工作人员违法行使职权行为的表现形式是多种多样的，不可能一一列举。除上述所列举的四类行为外，凡是行政机关及其工作人员违法行使职权的其他行为，造成公民身体伤害或者死亡的国家都应当承担赔偿责任。

二、对侵犯财产权的行政赔偿

财产权是我国宪法确认的公民最基本权利之一，表明公民在社会生活中获得自由与实现经济利益的必要途径。国家对财产权的保护是一种综合性的保障体系，除宪法的原则保障规定外，国家还通过刑事立法、民事立法和行政立法保障财产权。《国家赔偿法》第4条规定，行政机关或其工作人员违法行使职权，给公民、法人或者其他组织的财产权造成损害的，国家依法承担赔偿责任。

（一）违法实施罚款、吊销许可证和执照、责令停产停业、没收财物等行政处罚的

行政处罚是行政机关依法对违反行政管理秩序而尚未构成犯罪的公民、法人或者其他组织实施的制裁。行政处罚包括人身罚、财产罚、行为罚和申诫罚。在行政处罚中，与财产权有关的是财产罚和行为罚。

财产罚主要包括罚款和没收财物。罚款是行政机关依法强制违法的行政相对人在一定期限内向国家缴纳一定数额货币的处罚形式。没收财物是指行政机关依法将违法相对人的非法所得和非法财物强制无偿收归国有的一种处罚形式。如果行政机关及其工作人员违法实施财产罚，给公民、法人和其他组织的财产权造成损害，受害人有权请求国家赔偿。

行为罚主要包括吊销许可证或执照和责令停产停业。许可证和执照是行政机关根据行政相对人的申请，依法向申请人核发的允许其从事某种活动，享有某种资格的证明性文件。吊销许可证和执照，就是主管行政机关通过收回已经发给相对人的许可证件，使其失去从事某项行为的权利或丧失某种资格，从而达到惩罚违法行为人的目的。吊销许可证和执照必须由有吊销处罚权的行政机关依照法定事由和法定程序行使，否则就属于违法吊销许可证和执照。责令停产停业是行政机关要求违法相对人在一定期限内停止生产、经营，进行治理和整顿，达到要求后再允许其复产复业的处罚措施。由于停产停业事关企业的生产经营，直接关系到相对人的财产权益，因而法律、法规对适用责令停产停业的主体、对象、条件、程序以及期限等作出了严格的规定，有关行政机关必须遵循，否则违反了其中任何一个方面都属于违法责令停产停业。违法吊销许可证和执照与违法责令停产停业，都必然会给当事人造成一定的财产损害，侵犯公民、法人或者其他组织的财产权。因此，依法规定，应当赔偿当事人停产停业期间的必要的经常性费用的开支。

（二）违法对财产采取查封、扣押、冻结等行政强制措施的。

行政强制措施包括对人身的强制措施和对财产的强制措施。对财产的行政强制措施有查封、扣押、冻结等。查封是行政机关对违法相对人的财产予以就地封存，不允许财产所有人使用或处分的强制措施。扣押是行政机关为了防止违法相对人毁损或转移财产，而将有关财产置于自己控制之下的一种强制措施。冻结是行政机关要求银行或其他金融机构暂时拒绝违法相对人账面资金的流动或使用的强制措施。以上这些行政强制措施限制或剥夺了相对人的

财产使用和流通，直接影响到他们的财产权，因此，行政机关在实施这些行政强制措施时，都必须依法进行。如因违法实施造成公民、法人或其他组织财产损害的，国家应当给予赔偿。

（三）违反国家规定征收财物、摊派费用的

征收，即行政征收，是行政主体依法以强制方式无偿取得相对人财产所有权的一种行为。摊派费用也是违法征收的一种。由于征收关系到行政相对人的财产权，必须依法进行。我国宪法和法律都规定，公民、法人和其他组织的财产不受非法侵犯。因此，公民、法人和其他组织除了按国家法律规定缴纳法定税款和管理费外，不再负担任何其他缴纳义务。行政机关违法向行政相对人征收财物、摊派费用的，属于违法实施行政行为。国家对行政机关违反国家规定征收财物、摊派费用造成相对人财产损害的，应当负赔偿责任。

（四）造成财产损害的其他违法行为

这是对产权损害赔偿的概括性规定。根据最高人民法院《关于审理行政赔偿案件若干问题的规定》第1条的规定，其他违法行为，包括具体行政行为和与行政机关及其工作人员行使行政职权有关的，给公民、法人或者其他组织造成损害的，违反行政职责的行为。由于行政机关的职权是多方面的，其实施的行政管理活动也是多种多样，造成相对人财产损害的违法行为也就会有多种，上述列举的三种侵犯相对人财产权的违法行为，并未穷尽行政机关及其工作人员违法侵犯相对人财产权的全部情形。因此，造成财产权损害的行为，不管是行政机关作为的行为，还是不作为的行为，只要是违法侵权并造成财产损害的，都在国家行政赔偿范围之列，相对人均可请求行政赔偿。

三、国家不承担行政赔偿责任的情形

国家不承担行政赔偿责任与国家免责是两种不同的制度。前者指因不具备行政赔偿责任的构成要件，国家的行政赔偿责任不成立，后者指国家赔偿责任构成要件已经具备，但国家仍然不承担赔偿责任。根据《国家赔偿法》第5条规定，在以下三种情况下，国家不承担赔偿责任。

（一）行政机关工作人员与行使职权无关的个人行为

行政机关工作人员具有双重身份，即公务员和公民。其行为也有两类，即行使职权的行为和与行使职权无关的个人行为。对行使职权行为造成的损害，由国家承担赔偿责任，而对于那些与行使职权无关的个人行为造成的损害，则不在国家赔偿的范围之内，此类行为造成的损害由行政机关工作人员依民法的有关规定负个人赔偿责任。

个人行为是指行政机关工作人员实施的与职权无关的涉及个人利益、个人感情等因素的行为。关于职务行为与个人行为的区分标准，有不同的模式。[①] 如美国的职责范围论、法国的职务分离论等。我国《国家赔偿法》采取职务论，即公务员实施的与行使职权有相当程度的联系即实质性联系的行为是职务行为，其他行为属于个人行为。在确定关联性时，应当综合考虑时间、地点、目的、名义、手段等因素。

（二）因公民、法人和其他组织自己的行为致使损害发生的

“谁损害、谁赔偿”，这是赔偿理论中的一项规则。因公民、法人和其他组织自己的行为致使损害发生的，过错在于其本人，与国家行政机关及其工作人员执行职务的行为没有直接的因果关系，因此，后果应当由受害人个人承担，而不由国家承担赔偿责任。例如，被行政

---

① 高家伟著：《国家赔偿法》，商务印书馆2004年版，第137～138页。

拘留的人自杀、自伤身体，被查封、扣押的财产被相对人自己放火烧毁等。这里，损害结果都由受害人自己的行为导致，不属于行政赔偿的范围。当然，如果损害的发生是由行政机关及其工作人员行使职权的行为和受害人自己的行为共同造成（混合过错），国家应根据其过错程度大小给予部分赔偿。

（三）法律规定的其他情形

这是对国家不承担行政赔偿责任的概括性规定。根据全国人民代表大会及其常委会通过的相关法律规定，国家不承担行政赔偿责任的其他情形主要有以下几种：

1. 不可抗力。是指由于自然的和非自然的原因产生的使行为人无法抗拒的力量。如地震、洪水、战争等。

2. 正当防卫。是指行政主体对正在进行不法侵害的人采用造成其一定损害的方法，以保护自己或他人的人身或财产免受不法侵害的行为。对行政主体因正当防卫而造成的损害，国家不承担赔偿责任，但是若正当防卫过当，导致不应有的损害，国家应对过当造成的损害部分承担适当的赔偿责任。

3. 紧急避险。是指行政主体为了保护公共利益、相对人较大的合法权益免遭危险损害，不得已而采取的损害另一个相对较小的合法权益的行为。根据我国民法通则第129条规定，因紧急避险造成损害的，由引起险情发生的人承担民事责任。如果危险是由自然原因引起的，紧急避险人不承担民事责任或承担适当的民事责任。因紧急避险措施不当或超过必要的限度，造成不应有损害的，紧急避险人应承担适当的民事责任。民法通则的这一规定同样适用于行政赔偿。

四、进一步扩大行政赔偿范围

《国家赔偿法》第2章第1节以肯定和排除方式规定了行政赔偿的范围。这个规定在我国行政赔偿制度建立初期发挥了积极的作用。但随着社会进步和经济发展，《国家赔偿法》的法治环境和社会基础已今非昔比。一方面法治国家原则、人权保障、私有财产保护等概念先后入宪，法律优先、法律保留、信赖保护、比例原则等一般法律原则的要素已经得到正式法律的确认。另一方面，公民法律意识、社会经济水平、学理研究等也为《国家赔偿法》的修改奠定了更好的社会基础。在2004年5月11日纪念《国家赔偿法》颁布10周年座谈会上，最高人民法院副院长江必新在讲话中也提出，国家赔偿法将在赔偿原则、赔偿范围和标准等方面进行修改。因此，进一步扩大行政赔偿范围，是顺应社会发展的做法。

（一）抽象行政行为的行政赔偿问题

抽象行政行为是指国家行政机关针对不特定的人或事制定的具有普遍约束力的行为规则，包括行政法规、行政规章以及其他规范性文件。对抽象行政行为侵权造成相对人权益损害的，国家应否承担赔偿责任，《国家赔偿法》没有明确规定，但最高人民法院在《关于审理行政赔偿案件若干问题的规定》中对此作了排除规定，即不能对抽象行政行为提起行政赔偿请求。

根据有侵害必须有救济的原则，抽象行政行为本身不是免责理由。问题的关键是：抽象行政行为是否会直接侵害特定人的合法权益？从我国行政管理的实际来看，抽象行政行为违法不仅会直接造成相对人合法权益的损害，并且这种损害现象还十分普遍。特别是规章以下规范性文件制作主体混乱，越权情况严重，制定程序随意性较大，违法并侵权的现象比较严重。如一些地方政府、部门乱发文件扰民，以规范性文件的形式规定乱收费、乱集资、乱罚款等，群众对此反映十分强烈。如果法律不能将损害相对人合法权益的抽象行政行为纳入行政赔偿范围，相对人的合法权益就得不到保障和补救，也会影响政府在人民群众中的威信，影响依法治国方略的实施。当然，囿于体制上的原因，同时与《行政复议法》的规定相衔接，现在还不可能将所有抽象行政行为的损害都纳入到行政赔偿的范围，可以先将规章以下抽象行政行为造成的损害纳入赔偿范围。

（二）行政不作为致害的行政赔偿问题

行政主体的行政行为就其表现形式而言，可以分为作为和不作为。作为行政行为是指行政主体实施了一系列的实质性程序行为。而在程序上消极不作为时，才构成行政不作为。[①]《国家赔偿法》对于行政不作为是否纳入行政赔偿范围从条文的字面上看并未作出明确的规定。虽然有学者认为可以从《国家赔偿法》第 3 条第 5 款以及第 4 条第 4 款的概括性规定中引申出对行政不作为的国家赔偿，但这种引申在理论上过于牵强，在实践中也从未出现过依据该概括性规定而对行政不作为作出国家赔偿。近些年来，随着公民法治意识的提高，要求行政机关依法行政，积极履行法定职责，对行政不作为造成的损害承担赔偿责任。最高人民法院也通过有关的批复肯定了对行政不作为致害的赔偿，2001 年 6 月 26 日最高人民法院在《关于公安机关不履行法定行政职责是否承担行政赔偿责任问题的批复》中规定，由于公安机关不履行法定行政职责，致使公民、法人和其他组织的合法权益遭受损害的，应当承担行政赔偿责任，在确定赔偿的数额时，应当考虑该不履行法定职责的行为在损害发生的过程中和结果中所起的作用等因素。该批复实际上将特定领域的行政不作为纳入了行政赔偿的范围。当然，根据我国的国情，现阶段也不可能将所有的行政不作为都纳入到行政赔偿的范围中，应有较严格的限制，具备相应的构成要件：首先，要确定该法定作为义务是否存在并是否特定，如果对特定相对人法定作为义务存在而行政机关没有作为，则构成行政不作为；其次，相对人已经受到实际损害并达到一定严重程序；第三，发生该行政不作为的行政机关不存在免责事由；第四，行政相对人的损害与行政不作为之间存在着必然的因果关系。对符合上述条件的行政不作为，就应纳入行政赔偿范围，使相对人的损失能获得相应的救济。

在国外，许多法治国家对行政不作为的赔偿都是以法律明确予以规定。如美国《联邦侵权求偿法》第 1346 条第 6 款规定：由政府雇员在他的职务或工作范围内活动时的疏忽或错误的作为或不作为所引起财产的破坏或损失，人身的伤害或死亡等属于美利坚合众国的侵权赔偿范围。[②]我国《国家赔偿法》受当时制定条件的限制，未有明确规定。因此，应对《国家赔偿法》作相应的修改，明确将行政不作为的赔偿写入法条。

（三）公有公共设施致害的行政赔偿问题

公有公共设施是指由国家设置并由政府进行管理的公共设施。如道路、桥梁、公园、隧道、健身娱乐设施、机场、港湾、下水道等。我国由于在《国家赔偿法》制定的时候，公共设施的经营管理体制仍处在改革过程中，《国家赔偿法》着眼于解决国家机关行使职权中的违法，对道路、桥梁等公共设施因设置、管理欠缺而致人损害的，因不属于违法行使职权的问题没有纳入国家赔偿的范围，而由受害人依照民法通则等规定，向负责管理的企事业单位要求赔偿。但随着社会经济的发展，公共设施与日俱增，因公共设施的设置或管理瑕疵而造成损害的事件越来越多。因此，在修改《国家赔偿法》时，应将公有公共设施因设置或管理欠缺而给行政相对人造成损害的纳入行政赔偿的范围，这样有利于促使行政机关及其工作人

---

① 参见周佑勇：《论行政不作为》，载《行政法论丛》（第 2 卷），法律出版社 1999 年版，第 244～245 页。

② 皮纯协、何寿生编：《比较国家赔偿法》，中国法制出版社，第 101 页。

员增加责任心，精心设置或管理公共设施，减少和避免因管理人员的失职、消极不作为造成的损害。

由于公共设施的关系归属，服务内容和活动方式多种多样，鉴于我国社会改革的方向，不可能将所有公共设施致害都纳入行政赔偿的范围。对于那些实行企业化经营、自负盈亏的行业，如铁路、民航、邮政、高速公路等，应由企业自行承担民事赔偿责任。但对于国家设立并由政府直接管理的公共设施，如桥梁、隧道、港湾、政府网站、红绿灯等致害的，就应属于《国家赔偿法》的调整范围，由国家承担行政赔偿责任。

第四节 行政赔偿请求人和赔偿义务机关

一、行政赔偿请求人

行政赔偿请求人，是指其合法权益受到行政机关及其工作人员违法执行职务行为的损害，有权请求行政赔偿的公民、法人或者其他组织。

《国家赔偿法》第 6 条规定：受害的公民、法人和其他组织有权要求赔偿。受害的公民死亡，其继承人和其他有扶养关系的亲属有权要求赔偿。受害的法人或者其他组织终止，承受其权利的法人或者其他组织有权要求赔偿。由此可见。我国行政赔偿请求人包括以下三类：

（一）公民

1. 受害的公民本人。受到行政侵权的公民有资格作为行政赔偿请求人，这是对我国宪法第 41 条规定的公民有取得赔偿权利原则的具体体现。受害的公民在有完全行为能力的情况下，行政赔偿请求权由其本人行使。当受害公民本人处于无民事行为能力或限制行为能力状态时，其法定代理人可以代为行使赔偿请求权。我国《民法通则》第 14 条规定：无民事行为能力人、限制行为能力人的监护人是他的法定代理人。但在法定代理中，赔偿请求人仍为受到侵害的无行为能力人或限制行为能力人。

2. 受害公民的继承人和其他有扶养关系的亲属。当受害公民本人死亡时，请求人资格即发生转移，其继承人和其他有扶养关系的亲属可以作为行政赔偿请求人。继承人的范围和顺序遵循《继承法》的有关规定。“其他有扶养关系的亲属”是指在法定继承人之外，与受害公民有事实上扶养关系的亲属。

另外，根据《国家赔偿法》规定和对等原则，外国公民和无国籍人在中国境内受到行政机关及其工作人员行使职权行为侵犯并造成损害的，也具有行政赔偿请求人资格，有权请求行政赔偿。但外国人所属国对我国公民的行政赔偿权利予以限制或者不予保护的，我国将同等对待。

（二）法人

我国《民法通则》第 36 条规定：法人是具有民事权利能力和民事行为能力，依法独立享有民事权利承担民事义务的组织。法人包括企业法人、事业法人、机关法人、社团法人等。当上述法人作为行政相对人，其合法权益因行政机关及其工作人员违法行使职权的行为所侵犯，并造成损害的，可依法取得行政赔偿请求人资格，有权要求行政赔偿。如果具有行政赔偿请求人资格的法人在取得行政赔偿前终止的，承受其权利的法人有权要求行政赔偿。

（三）其他组织

其他组织是指依法成立但不符合法人条件或不具备法人资格的社会组织或经济组织。这类组织的合法权益如果受到行政机关及其工作人员违法行使职权的侵犯并造成损害的，也有权依法成为行政赔偿请求人，请求行政赔偿。如该组织在取得行政赔偿之前终止，则承受其权利的其他组织依法取得赔偿请求人资格，有权要求赔偿。

二、行政赔偿义务机关

行政赔偿义务机关，是指代表国家接受行政赔偿请求，依法履行赔偿义务，参加行政赔偿诉讼程序的行政机关或法律、法规授权的组织。它不同于行政赔偿责任主体。由于行政赔偿是国家赔偿中的一种，行政赔偿的责任主体是国家，但国家是一个抽象的政治实体，其本身难以直接履行义务，因而需要在实际的行政赔偿关系中确定具体承担责任的机关。同时，由于行政管理的复杂性，国家行政机关为数众多，职权交叉，当行政侵权损害发生后，被害人很难认准应向哪个行政机关提出赔偿请求。因此，针对不同的情形，确定行政赔偿责任具体由哪一个机关承担，这就是赔偿义务机关所要解决的问题。

根据《国家赔偿法》第 7 条、第 8 条规定，我国行政赔偿义务机关主要包括以下几种情形。

（一）单个行政机关为赔偿义务机关

行政机关及其工作人员行使职权侵犯公民、法人和其他组织合法权益造成损害的，该行政机关为赔偿义务机关。这包含以下两项内容：一是行政机关以自己名义直接发布命令或者决定导致侵权损害的，由该行政机关作为赔偿义务机关。但没有行政主体资格的内部工作机构以自己名义侵权造成损害的，由其所隶属的行政机关作为赔偿义务机关。[①] 二是侵权致害主体为行政机关工作人员的，由与该工作人员存在职务委托关系的行政机关作为赔偿义务机关。

（二）共同行政赔偿义务机关

两个以上行政机关共同行使行政职权时侵犯公民、法人和其他组织的合法权益造成损害的，共同行使行政职权的行政机关为共同赔偿义务机关。确认共同赔偿义务机关时需注意以下问题：

1. 两个以上行政机关是指两个以上具有独立主体资格的行政机关，不包括同一行政机关内部的两个以上部门或具有从属关系的两个以上行政机构和组织，不包括行政机关与非行政机关共同侵权损害。对非行政机关参与的共同侵权损害要进行赔偿的，人民法院可以通知非行政机关作为第三人参加诉讼。[②]

2. 两名以上的工作人员分属不同的行政机关，在其共同行使职权时侵犯公民、法人和其他组织的合法权益造成损害的，由与致害人员存在职务委托关系的行政机关为共同赔偿义务机关。

3. 共同赔偿义务机关之间负连带责任。受害人可以向全部侵权机关请求赔偿，也可以只向其中一个侵权机关要求赔偿，该侵权机关应当先予以赔偿，然后要求其他侵权机关承担其应当承担的赔偿费用（机关之间的追偿）。但如果引起行政赔偿诉讼，共同赔偿义务机关是否必须为共同被告，则主要取决于赔偿请求是否可以分离。如果申请人只起诉一个侵权机关，而赔偿请求系不可分之诉的，人民法院应当追加其他侵权机关为共同被告。[③] 人民法院只判令作为被告的共同赔偿义务机关承担的总的赔偿责任，至于共同赔偿义务机关之间具体

---

① 《最高人民法院关于执行〈中华人民共和国行政诉讼法〉若干问题的解释》第 20 条第 1、2 款。
② 《中华人民共和国最高人民法院公报》1991 年第 3 期第 24～25 页。
③ 《最高人民法院关于审理行政赔偿案件若干问题的规定》1997 年，第 17 条。

赔偿责任的分担，属于行政机关之间的内部问题，人民法院不应当干预。

（三）法律、法规授权的组织为赔偿义务机关

法律、法规授权的组织在行使被授予的行政权力时侵犯公民、法人和其他组织的合法权益造成损害的，该被授权组织为赔偿义务机关。一般而言，只有行政机关才能行使行政权力，但在法律、法规授权的情况下，一部分具有管理公共事务职能的社会组织也可以依法行使特定的行政权力。如果这些组织在行使法律、法规所授予的行政职权时实施了侵权行为并造成损害的，该授权组织为行政赔偿义务机关。

（四）委托行政机关为赔偿义务机关

受行政机关委托的组织或者个人在行使受委托的行政权力时侵犯公民、法人和其他组织的合法权益造成损害的，委托的行政机关为赔偿义务机关。

行政委托在现实生活中较为普遍，行政机关出于工作的需要，有时会依法将自己的部分行政职权委托给其他行政机关或社会组织或个人行使。在这种委托关系中，受委托的组织或个人以委托行政机关名义行使职权，其行为的后果也归属于委托的行政机关。因此，当受委托的组织或个人行使受委托的行政职权侵权并造成损害时，由委托行政机关作为赔偿义务机关。但在赔偿损失后，委托行政机关应当责令有故意或者重大过失的受委托的组织或者个人承担部分或者全部赔偿费用。这里需要注意的是，如果受委托的组织或个人所实施的致害行为与委托的职权无关，则属于个人行为，国家不承担赔偿责任。

（五）赔偿义务机关被撤销后的赔偿义务机关

赔偿义务机关被撤销的，继续行使其职权的行政机关为赔偿义务机关；没有继续行使其职权的行政机关的，撤销该赔偿义务机关的行政机关为赔偿义务机关。根据“有权利必有救济，有损害即应赔偿”的法治精神，行政侵权损害并不因为赔偿义务机关的被撤销而不复存在，赔偿义务机关可以被撤销，但赔偿义务并不能被撤销。因而《国家赔偿法》第 7 条第 5 款明确规定了上述内容。

（六）经过行政复议的赔偿义务机关

《国家赔偿法》第 8 条规定，经复议机关复议的，最初造成侵权行为的行政机关为赔偿义务机关，但复议机关的复议决定加重损害的，复议机关对加重的部分履行赔偿义务。

行政复议是我国解决行政争议的一项重要的法律制度。根据《行政复议法》的规定，行政相对人认为具体行政行为侵犯其合法权益时，可以在法定期限内向有管辖权的行政机关申请复议。复议机关受理复议案件后，经过审理，可以分别情况作出维持、变更或者撤销原具体行政行为的复议决定。因此，经过复议程序后的侵权损害可能有三种结果：即维持原状、减轻损害和加重损害。复议机关如果维持、撤销了原具体行政行为，这在侵权损害结果上可视为维持原状，由最初作出具体行政行为的行政机关为赔偿义务机关。复议机关如果变更了原具体行政行为的，有两种情况：一是复议决定在原具体行政行为的基础上减轻了损害的，由最初作出具体行政行为的行政机关为赔偿义务机关；二是复议决定在原具体行政行为的基础上加重了损害的，最初作出具体行政行为的行政机关对原损害部分履行赔偿义务，复议机关对加重损害部分履行赔偿义务。

第五节　行政赔偿程序

行政赔偿程序，是指行政赔偿请求人实现赔偿请求权，行政赔偿义务机关处理赔偿申请和履行赔偿义务，以及人民法院解决行政赔偿纠纷，所应当遵循的步骤、方式、顺序、时间

等的总称。

我国《国家赔偿法》第 9 条规定，赔偿请求人要求赔偿应当先向赔偿义务机关提出，也可以在申请行政复议和提起行政诉讼时一并提出。这一规定表明，我国的行政赔偿程序包括行政程序和诉讼程序。行政程序包括赔偿义务机关先行处理程序与行政复议程序；诉讼程序包括行政诉讼中一并提起行政赔偿的行政赔偿诉讼程序和独立的行政赔偿诉讼程序。广义的行政赔偿程序还包括行政赔偿义务机关对有故意或重大过失的行政机关工作人员行使追偿权的程序。[①] 因此，我国的行政赔偿程序显得较为复杂。有关行政赔偿诉讼程序的内容，在本章第七节论述。

一、行政赔偿义务机关的先行处理程序

行政赔偿先行处理程序，是指行政赔偿请求人请求损害赔偿时，应先向有关赔偿义务机关提出赔偿请求，由该行政赔偿义务机关作出处理决定，或者由双方当事人就有关赔偿的范围、方式、金额等事项进行自愿协商，以解决行政侵权争议的一种行政程序。从世界各国的规定来看，先行处理程序的方式主要有两种，即协议式和决定式。我国国家赔偿法对先行处理程序的方式未有明确规定。

在我国先行程序是单独提起行政赔偿诉讼的前置程序，根据我国行政诉讼法和国家赔偿法的规定，行政赔偿案件必须先经行政机关处理，如果处理未能解决争端的，请求权人才能提请人民法院司法解决。

（一）提出行政赔偿请求的条件

提出行政赔偿请求是受到行政侵权损害的公民、法人和其他组织的一项法定权利，须具备一定的条件，主要包括：

1. 请求人必须具有行政赔偿请求权。

根据《国家赔偿法》第 6 条规定，受害的公民、法人和其他组织有权要求赔偿。这表明，请求人也就是行政侵权行为的受害人。同时，依法规定，当有权提起行政赔偿请求的请求人死亡或终止的时候，死亡公民的继承人和其他有扶养关系的亲属，承受终止法人或其他组织权利的法人或其他组织，即享有提出行政赔偿请求的权利。

2. 有明确的行政赔偿义务机关

请求人提出赔偿请求时，应明确谁是赔偿义务机关，这样才能有针对性地依法行使自己的行政赔偿请求权。这里就应当依照《国家赔偿法》第 7 条、8 条规定的不同情形下的赔偿义务机关，准确地确定本案的赔偿义务机关。

3. 必须在法律规定的期限内提出行政赔偿请求

为了督促权利人及时行使赔偿请求权，警醒权利的睡眠者，法律对请求人的赔偿请求权设定了一定的期限限制。根据国家赔偿法的规定，请求人请求国家赔偿的时效为两年，自行政机关及其工作人员行使职权时的行为被依法确认为违法之日起开始计算，但被羁押期间不计算在内。超过法定期限的，该行政赔偿请求权灭失。

4. 赔偿请求事项必须符合法律规定的范围

我国《国家赔偿法》用专门 1 节规定了行政赔偿的范围，请求人在向赔偿义务机关提出赔偿请求时，必须符合法定的行政赔偿范围，否则超出法定赔偿范围之外，该请求不能依法成立。

---

① 王振清主编：《行政诉讼前沿实务问题研究》，中国方正出版社 2004 年版，第 98 页。

（二）行政赔偿请求的提出

根据《行政诉讼法》和《国家赔偿法》规定，行政赔偿请求可以单独提出也可以一并提出。

1. 单独提出行政赔偿请求

《行政诉讼法》第67条规定：公民、法人或者其他组织单独就损害赔偿提出请求，应当先由行政机关解决。对行政机关的处理不服，可以向人民法院提起诉讼。《国家赔偿法》也作了相应的规定。这一规定要求受害人仅就损害赔偿提出请求的，应当首先向行政赔偿义务机关提出，在赔偿义务机关不予赔偿或对赔偿数额有异议时，赔偿请求人才可以向行政复议机关申请复议或直接向人民法院提起诉讼。单独提出行政赔偿请求通常适用于：争议双方对造成损害的行政行为的违法性没有争议，但赔偿问题达不成协议；侵权行为已经被有权机关确认为违法或已经被撤销、变更等情形。

2. 一并提出行政赔偿请求

一并提出行政赔偿请求，是指赔偿请求人在申请行政复议或者提起行政诉讼，要求确认具体行政行为违法性的同时请求对其遭受的损害予以赔偿。根据相关法律规范的规定，申请人在申请行政复议时可以一并提出行政赔偿请求。复议机关对依法应当给予赔偿的，在决定撤销、变更具体行政行为或者确认具体行政行为违法时，应当同时决定被申请人依法给予赔偿。公民、法人或者其他组织提起行政诉讼的可以在起诉时一并提出行政赔偿请求，也可以在提起行政诉讼后至人民法院一审庭审结束前提出。对一并提出行政赔偿诉讼的，人民法院应当分别立案，根据具体情况可以合并审理，也可以单独审理。因此，在申请行政复议时一并提出赔偿请求的，按行政复议程序进行；在行政诉讼时提出赔偿请求的，按行政诉讼的程序进行。

（三）提出行政赔偿请求的方式

根据《国家赔偿法》第12条规定：行政赔偿请求人要求赔偿应当递交申请书，书写申请书确有困难的，可以委托他人代书，也可以口头申请，由赔偿义务机关记入笔录。

1. 书面申请

行政赔偿请求人向赔偿义务机关提出赔偿请求，应以书面形式进行申请。如果赔偿请求人因文化程度、健康状况等原因书写申请书确有困难的，可以委托他人代写申请，但应由本人签名或盖章，以示申请书的有关内容是本人的真实意思表示。

行政赔偿申请书不仅是请求人提出赔偿请求的书面文件，也是赔偿义务机关据以审查赔偿请求，作出赔偿裁决的根据，关系到请求人的权益和国家的利益。因此，申请书应当反映出请求人合法权益受损害的基本情况和要求行政赔偿的案由。依法申请书应当载明下列事项：(1) 受害人是自然人的，应当载明受害人的姓名、性别、年龄、工作单位和住所。如果是由受害人的法定代理人或者继承人或者有其他扶养关系的亲属提出赔偿请求的，还应载明法定代理人、继承人和该亲属的姓名、性别、年龄、工作单位、住所以及与受害人的关系等事项。受害人是法人或者其他组织的，申请书应载明它们的名称、住所、法定代表人或主要负责人的姓名、职务。(2) 具体的要求，事实根据和理由。具体的要求即请求人提起行政赔偿所要达到的目的，如赔偿金的具体数额、赔偿的方式等。请求人还可以根据受到的不同损害，同时提出数项赔偿的请求。事实根据和理由，即赔偿义务机关作出侵权行为侵犯其合法权益并造成损害的事实和根据，包括有关证据，如损害行为发生的时间、地点及事实经过；人身伤害的医院诊断书、医疗费收据；财产损害的修复费用的收据；购置同类财物的发票等。(3) 申请的年、月、日。《国家赔偿法》规定，行政赔偿请求人请求赔偿的时效为两年。对请求人在法定期限内提出赔偿请求的，赔偿义务机关应当自收到申请书之日起两个月内依法给予赔偿，否则赔偿请求人可以自期限届满之日起3个月内向人民法院起诉。因此，载明提交申请书的时间，对赔偿请求人及时行使请求权利和限期赔偿义务机关进行处理，都是非常必要的。

2. 口头申请

在一般情况下，赔偿请求人应提交书面申请书。但为了便于那些书写申请确有困难，又难于委托他人代书的人请求赔偿，也可以口头申请，由赔偿义务机关将其口头申请记入笔录。赔偿义务机关的工作人员在记录口头申请时，应如实地记录其理由和根据，准确地反映申请人的意见和要求，记录的内容经赔偿请求人确认无误后，由请求人签字或盖章。该笔录与正式申请书具有同等的法律效力。

(四) 行政赔偿申请的受理与处理

1. 行政赔偿申请的受理

行政赔偿义务机关在收到赔偿请求人的申请后，应进行初步的审查，经审查认为符合行政赔偿条件的，赔偿义务机关应决定受理并通知赔偿请求人。赔偿义务机关的初步审查只进行形式审查，而不涉及赔偿责任的构成要件。具体讲，主要审查以下内容：(1) 是否符合行政赔偿的条件；(2) 申请书的形式和内容是否符合要求；(3) 申请人所要求赔偿的损害是否确系本行政机关及其工作人员或受本机关委托的组织和个人的违法行为所造成；(4) 赔偿请求人请求赔偿的时效是否已经过期，有无时效中止情况；(5) 赔偿请求人申请赔偿的事项是否属于法定的赔偿范围。

如果经过初步审查，认为符合要求的，赔偿义务机关应立案受理。如果发现有以下情况的，应按规定分别处理：(1) 申请书的内容、形式有缺漏，应告知申请人予以补正；(2) 申请人不具有行政赔偿请求人资格，应告知由有请求人资格的人申请；(3) 赔偿请求权已超过法定期限的，应告知其不予受理的原因。

2. 行政赔偿义务机关的处理

行政赔偿义务机关对于已经受理的行政赔偿请求，应在收到申请书之日起两个月内作出处理决定。处理决定可以由赔偿义务机关与请求人进行协商，达成一致，形成协议书，也可以由赔偿义务机关自行作出，采用"决定"形式处理。行政赔偿协议书（调解书）或行政赔偿决定书的内容应包括：赔偿方式、赔偿数额、计算数额的依据和理由、履行期限等事项。

如果赔偿义务机关经审查认为受害人的赔偿请求不在法定赔偿范围之内，或者行政赔偿责任的构成要件不具备的，应予以拒绝，决定驳回赔偿请求。同时，赔偿义务机关对赔偿申请置之不理，两个月的法定期限内未作出是否赔偿的决定，也是一种拒绝赔偿的方式。赔偿请求人不论对哪种方式的拒绝，或者对给予赔偿决定中的赔偿数额有异议的，均可在期限届满之日起3个月内向人民法院提起赔偿诉讼。

(五) 行政赔偿义务机关作出赔偿决定或协议的效力

行政赔偿请求人与赔偿义务机关经过协商达成的协议，或者赔偿义务机关自行作出的赔偿决定，都具有确定力和约束力，它既是赔偿义务机关履行赔偿义务的根据，又是请求权人申请人民法院强制执行的依据。因此，双方当事人都必须遵守，不得随意反悔。

二、行政赔偿复议程序

行政赔偿复议程序，也是赔偿请求人通过行政程序寻求救济的一项法律制度，其受理机关是作出行政行为的行政机关的上一级行政机关或者同级人民政府。根据《国家赔偿法》和《行政复议法》的规定，行政赔偿复议程序只适用于在审查损害行为是否违法的过程中一并提出赔偿请求的情形，而不适用于单独提出赔偿请求的情形。行政复议机关按照行政复议程序，在决定撤销、变更具体行政行为或者确认具体行政行为违法时，应当同时决定对被申请人依法给予赔偿。对申请人在申请行政复议时没有提出行政赔偿请求的，复议机关在依法决定撤销或者变更罚款，撤销违法集资、没收财物、征收财物、摊派费用以及对财产的查封、扣押、冻结等具体行政行为时，应当同时责令被申请人返还财产，解除对财产的查封、扣押、冻结措施，或者赔偿相应的价款。复议机关应当在收到复议申请之日起两个月内作出复议决定，申请人对复议机关作出的包括赔偿裁决在内的复议决定不服，可以在收到决定书之日起 15 日内，向人民法院提起行政诉讼。

对我国法律规定行政赔偿复议程序不适用于单独提起赔偿请求的情形，有学者认为这违背了“用尽救济途径”的原则，是剥夺了相对人的一种救济途径，不利于对相对人合法权益的保护。①

三、行政追偿程序

（一）行政追偿概述

行政追偿，是指国家在行政赔偿义务机关对行政赔偿请求人支付赔偿费用之后，依法责令有故意或重大过失的工作人员、受委托的组织或个人承担全部或部分赔偿费用的法律制度。

行政追偿是以国家与被追偿人之间的特别权力关系为基础，是依赖于国家赔偿责任而存在。行政追偿所要解决的是国家或行政机关与行使行政职权的工作人员之间有关损害赔偿费用分担过程中的权利义务关系问题，其目的是通过让有责任的工作人员承担一部分或全部赔偿费用，以促使他们依法行政，增强其责任感。因此，与行政赔偿相比较，行政追偿具有以下特征：

1. 行政追偿的主体是国家，但追偿的具体事务是由行政赔偿义务机关来办理的。即行政赔偿义务机关是具体行使追偿权的追偿人。根据法律规定，追偿人包括以下几种：(1) 因行政机关工作人员违法行使职权，侵犯公民、法人和其他组织的合法权益造成损害，引起行政赔偿的，该工作人员所在的行政机关为追偿人；(2) 法律、法规授权组织的工作人员违法行使行政授权导致行政赔偿的，该授权组织为追偿人；(3) 受行政机关委托的组织或个人违法行使委托的行政职权，引起行政赔偿的，委托的行政机关是追偿人。

2. 行政追偿的对象，即被追偿人，是对损害的造成有故意或重大过失的行政工作人员、受委托行使行政职权的组织或个人。由于行政机关工作人员或者受委托的组织和个人，在行使行政职权时，是以国家和行政机关的代表身份出现，因此，其职务行为违法侵犯了公民、法人和其他组织的合法权益并造成损害的，由国家承担赔偿责任。但如果他们在行使行政职权时有可归责于自身原因的故意或重大过失时，国家在赔偿受害人的损失后，有权向他们追偿。

3. 行政追偿是以已经赔偿为前提，即“先赔后追”。赔偿义务机关只有在支付受害人的赔偿费用后，才能对有责任的人员或组织行使追偿权。而不能让违法行使行政职权的工作人员或组织先向受害人赔偿损失，然后请求国家折算补偿。

① 王振清主编：《行政诉讼前沿实务问题研究》，中国方正出版社 2004 年版，第 113 页。

4. 行政追偿在性质上是一种警戒手段，而不具有惩罚性。它通过对有故意或重大过失的工作人员或组织责令其承担部分或全部赔偿费用的方式予以惩戒，督促其合法合理地行使职权，履行职责。因此，行政追偿的目的并不是要通过追偿来弥补国家行政赔偿费用的损失。

（二）行政追偿的条件

我国遵循国家赔偿的现代发展趋势，确立了行政追偿的条件。《国家赔偿法》第14条规定：赔偿义务机关赔偿损失后，应当责令有故意或者重大过失的工作人员或者受委托的组织或者个人承担部分或者全部赔偿费用。根据这一规定，行政赔偿义务机关在行使追偿权时，应具备以下条件：

1. 行政赔偿义务机关已经赔偿了受害人的损失。由于行政追偿是以行政赔偿为前提，在赔偿义务机关向受害人履行赔偿义务之前，其并享有追偿权。因此，赔偿义务机关没有支付赔偿费用，也就意味着没有发生侵权损害，也就不存在赔偿，追偿也就无从谈起。

2. 被追偿人对致害行为有故意或重大过失。为了体现追偿制度的价值目标，我国规定，只有在被追偿人对受害人的侵权损害行为有故意或重大过失时，才承担追偿责任。所谓故意，是指被追偿人实施侵权行为时，主观上明知自己的行为违法并将造成行政相对人合法权益的损害，但仍希望或者放任这种结果的发生，并最终导致了损害后果的发生；所谓重大过失，是指被追偿人在行使行政职权时，不但没有达到其身份上或职务上的特殊要求，而且也未能预见和避免通常人均能预见或避免的事情，以致发生了损害后果。将追偿限定在故意或重大过失的范围内，符合现代行政管理的特点。由于现代行政管理事务错综复杂，专业性和技术性很强，加上行政自由裁量权的存在，行使行政职权的本身就存在着危险性，如果不问有无过错或过错大小，一律予以追偿，则势必会损害行政工作人员的合法权益，挫伤其执行职务的积极性和主动性。

只有在具备上述两个条件时，赔偿义务机关才能真实地享有并行使行政追偿权。

（三）行政追偿金额的范围

根据《国家赔偿法》规定。行政追偿的金额应以赔偿义务机关实际支付的损害赔偿金额（包括恢复原状，返还财产等赔偿方式的所需费用）为限。在此范围内，被追偿人根据其自身责任的大小，承担部分或全部赔偿费用。赔偿义务机关在具体确认追偿金额时应遵循以下原则：

1. 追偿金额的大小与过错程度相适应。一般来讲，过错重的应多赔一些，过错轻的则少赔一些，这样既合理又符合建立追偿制度的目的。

2. 追偿金额的大小应考虑被追偿人的薪金收入。依法规定，追偿金只能是被追偿人个人的薪金收入，而不能涉及其他人的财产和其家庭财产与收入。因此，负担追偿金的具体数额应与被追偿人的薪金收入相适应，酌情考虑被追偿人的家庭生活费用，在扣除维持日常家庭生计外能够负担的范围内确定。

第六节　行政赔偿方式和计算标准

一、行政赔偿方式

行政赔偿方式，是指行政赔偿义务机关对自己的侵权行为承担赔偿责任的各种形式。由于行政侵权行为造成损害的性质、情节、程度不同，决定了赔偿的方式也有所不同。为此，《国家赔偿法》第25条规定：国家赔偿以支付赔偿金为主要形式。能够返还财产或者恢复原状的，予以返还财产或者恢复原状。这一规定表明，行政赔偿的方式有三种，即支付赔偿金（金钱赔偿）、返还财产、恢复原状。

（一）支付赔偿金（金钱赔偿）

支付赔偿金是指赔偿义务机关在确定受害人的损失程序后，经计算或估算，以货币支付的形式向受害人履行赔偿义务。一般而言，支付的赔偿金应为本国货币。

金钱是现代社会生活中最常用、最普遍的支付手段，《国家赔偿法》把金钱赔偿规定为主要赔偿方式，是由其本身的特点决定的：（1）金钱赔偿适用的范围非常广泛，几乎适宜于任何损害的赔偿。无论是人身权损害还是财产权损害，也无论是物质损害还是精神损害，都可采用金钱赔偿的方式进行，这是其他任何赔偿方式所不具有的优势。（2）金钱赔偿便于操作，效率性强。采用金钱赔偿方式，赔偿义务机关可以按照法定的标准计算出受害人的实际损失数额，然后依照该损失数额进行赔偿，这同其他赔偿方式相比较在支付手段上显然方便快捷，它不仅节省赔偿义务机关的人力、物力和时间，便于行政机关正常开展工作，也可以使受害人的赔偿请求迅速得到满足。

根据《国家赔偿法》的规定，支付赔偿金的范围覆盖了行政赔偿的范围。其中，在人身损害赔偿中，金钱赔偿是唯一的财产赔偿方式，一切损害人身自由权、生命权和身体健康权的行政侵权行为，都由赔偿义务机关支付赔偿金。在财产损害赔偿中，金钱赔偿是主要的赔偿方式，具体讲，适用金钱赔偿的财产损害包括：（1）违法查封、扣押、冻结受害人的合法财产并造成财产损坏或者灭失，已不能恢复原状的，应当依照规定进行金钱赔偿；（2）受害人的合法财产应当返还，但财产遭损坏又无法修复的，按照损害程度给付相应的赔偿金；（3）受害人的合法财产应当返还，但该财产已灭失的，给付相应的赔偿金；（4）受害人的合法财产已被赔偿义务机关拍卖的，给付拍卖所得的价款；（5）吊销许可证和执照、责令停产停业的，赔偿停产停业期间必要的经常性费用开支；（6）对财产权造成其他损害的，按照直接损失给予赔偿。

（二）返还财产

返还财产是一种对财产所有权构成侵害后的赔偿方式，是指赔偿义务机关将违法取得的财产返还给受害人，以恢复到权利人合法占有状态的赔偿方式。与金钱赔偿相比较，返还财产是一种辅助性的赔偿方式，只适用于财产权损害。《国家赔偿法》规定：处罚款、罚金、追缴、没收财产或者违反国家规定征收财物、摊派费用的，返还财产。

返还财产中的“财产”，可以是金钱，如非法罚没的款项，也可以是物。即可以是特定物，也可以是种类物。因此赔偿义务机关采取返还财产的赔偿方式，必须以原财物仍然存在并完好无损或者可以通过修复等方式恢复原状为前提，如果原财物已经毁损或灭失，可以采取支付赔偿金的方式来弥补受害人所受到的损害。

（三）恢复原状

恢复原状是指赔偿义务机关对受损害的财产进行修复，使之恢复到损害发生之前的形状和性能的赔偿方式。《国家赔偿法》第 28 条规定：查封、扣押、冻结财产的，解除对财产的查封、扣押、冻结。应当返还的财产损坏，能够恢复原状的，予以恢复原状。可见，恢复原状是介于返还财产与支付赔偿金之间的赔偿方式，也是行政赔偿的一种辅助方式，它不以受害人是否提出请求为限，只要赔偿义务机关认为恢复原状既有可能又有必要，就可以主动采取恢复原状的赔偿方式。

恢复原状的适用范围较广泛，包括以下情形：（1）恢复财产原状，如排除妨碍，消除危险、修理、重作、更换等。(2) 恢复受损害的合法权益原状，如恢复职位、户口、住房等。但是恢复原状的操作比较复杂并且要求具备一定条件，只有在受损害的财产或其他权益能够恢复的前提下，并且此金钱赔偿更为简便易行时才被采用。如果被损害的财产功能丧失或减弱，恢复原状没有实际意义的，应当适用金钱赔偿。

我国《国家赔偿法》规定了以支付赔偿金为主，以返还财产、恢复原状的为辅的赔偿方式和返还财产——恢复原状——支付赔偿金的赔偿方式顺序，从而构成了我国行政赔偿所特有的赔偿方式体系。

二、行政赔偿的计算标准

(一) 行政赔偿计算标准概述

行政赔偿的计算标准是指赔偿义务机关支付赔偿金赔偿受害人的损失时所依据的尺度。计算标准的高低，与国家的社会经济、民主政治发展程度密切相关。因此，在不同国家因其国情的不同，行政赔偿计算标准的设定原则也不相同，概括起来，主要有三种：一是惩罚性原则，即支付的赔偿数额超出受害人实际所受损失，带有惩罚性。采用这一原则的主要有英国、加拿大等国家。二是补偿性原则，即赔偿受害人的实际损失，使其权益恢复到侵害前的状态。采用这一原则的有美国等国家。[①] 三是慰抚性原则，即支付的赔偿金少于受害人实际所受损失，对受害人仅是象征性的抚慰。

我国行政赔偿的计算标准采用的是慰抚性原则。这是因国家赔偿法制定之初，考虑我国公民的实际收入水平低，国家承受能力也较低的基本国情确定的。但随着我国社会经济的发展，人民生活水平的提高，行政赔偿的标准应作适当的修改调整，以减少赔偿义务机关和受害人对行政赔偿幅度的争议，对行政侵权的受害人提供更充分的救济。

(二) 侵权人身权的赔偿计算标准

根据《国家赔偿法》规定，侵犯公民人身自由权、身体健康权和生命权的，国家给予金钱赔偿。

1. 侵犯人身自由权的赔偿计算标准。人身自由权是公民的身体活动不受非法干扰的权利，任何组织和个人不得非法侵犯。《国家赔偿法》第26条规定：侵犯公民人身自由的，每日赔偿金按照国家上年度职工的日平均工资计算。即按日支付赔偿金，具体的计算方法是公民应得到的赔偿金等于该公民被违法限制人身自由的天数，乘以上年度职工的日平均工资。此处的“上年度”应为赔偿义务机关、复议机关或者人民法院赔偿委员会作出赔偿决定时的上年度；复议机关或者人民法院赔偿委员会决定维持原赔偿决定的，按作出赔偿决定时的上年度执行。国家上年度职工日平均工资数额，应当以职工年平均工资除以全年法定工作日数(一般情况为251天)的方法计算。年平均工资以国家统计局公布的数字为准。

2. 侵犯生命健康权的赔偿计算标准。生命健康权是宪法保障的公民最基本的权利。侵犯公民生命健康权所造成的损害，根据其严重程度可以分为身体伤害、残疾和死亡。《国家赔偿法》第27条针对不同程度的生命健康损害，分别规定了相应的赔偿计算标准。

(1) 造成身体伤害的，应当支付医疗费，以及赔偿因误工减少的收入。减少的收入每日的赔偿金按照国家上年度职工日平均工资计算，最高额为国家上年度职工年平均工资的5倍。

(2) 造成部分或者全部丧失劳动能力的，应当支付医疗费，以及残疾赔偿金。残疾赔偿

---

① 参见王名扬著：《美国行政法》(下)，中国法制出版社1995年版，第774页。

金根据丧失劳动能力的程度确定，部分丧失劳动能力的最高赔偿额为国家上年度职工年平均工资的10倍，全部丧失劳动能力的为国家上年度职工年平均工资的20倍。造成全部丧失劳动能力的，对其扶养的无劳动能力的人，还应当支付生活费。

(3) 造成公民死亡的，应当支付死亡赔偿金、丧葬费，总额为国家上年度职工年平均工资的20倍。对死者生前扶养的无劳动能力的人，还应当支付生活费。生活费的发放标准参照当地民政部门有关生活救济的规定办理。被扶养的人是未成年人的，生活费给付至18周岁止；其他无劳动能力的人，生活费给付至死亡时止。

(三) 侵犯财产权的赔偿计算标准

我国《国家赔偿法》对财产损害赔偿采用的是只赔偿直接损失，而不赔偿可得利益的损失。直接损失也称实际损失，是指因侵权行为造成的已经发生的现有财产的减少或灭失。侵犯财产权的，应按照以下方式和标准进行赔偿：

1. 处罚款、罚金、追缴、没收财产或者违反国家规定征收财物、摊派费用的，返还财产。

2. 查封、扣押、冻结财产的，解除对财产的查封、扣押、冻结；造成财产损坏或灭失的，能够恢复原状的恢复原状，不能恢复原状的按照损害程度给付相应的赔偿金；应当返还的财产灭失的，给付相应的赔偿金。

3. 财产已经拍卖的，给付拍卖所得的价款。

4. 吊销许可证和执照、责令停产停业的，赔偿停产停业期间必要的经常性的费用开支。

5. 对财产权造成其他损害的，按照直接损失给予赔偿，如对专利权、商标权等所造成的损害，国家也赔偿直接损失。

三、行政赔偿费用

行政赔偿费用是指赔偿义务机关依照法律规定，用于支付行政赔偿金和恢复原状所支出的费用。行政赔偿制度能否对受害人提供有效的救济，重要环节之一就是行政赔偿费用有无相应保障。因此，各国对赔偿费用都非常重视，一般在立法中予以明确规定。

《国家赔偿法》第29条规定：赔偿费用，列入各级财政预算。为此，1995年1月国务院专门制定了《国家赔偿费用管理办法》，第6条对国家赔偿费用的编列作了明确规定，国家赔偿费用由各级财政按照财政管理体制分级负担。各级政府应当根据本地区的实际情况，确定一定数额的国家赔偿费用，列入本级财政预算。国家赔偿费用由各级财政机关负责管理。即国务院及所属部门的赔偿费用，由中央财政支出；省级政府及所属部门的赔偿费用，由省财政支出；县级政府及所属部门的赔偿费用，由县财政支出。

国家赔偿费用由赔偿义务机关先从本单位财政预算经费和留归本单位使用的资金中支付，支付后再向同级财政机关申请核拨。财政机关对赔偿义务机关的申请应进行审核，若发现该赔偿义务机关因故意或者有重大过失造成国家赔偿的，或者超出法定的范围和标准赔偿的，可以提请本级政府责令该赔偿义务机关自行承担部分或者全部赔偿费用。

赔偿义务机关向赔偿请求人支付国家赔偿费用或者返还财产，赔偿请求人应当出具收据或者其他凭证，赔偿义务机关应当将收据或者其他凭证的副本报送同级财政机关备案。

第七节 行政赔偿诉讼

行政赔偿诉讼是一种独立的特殊诉讼形式，它是人民法院根据赔偿请求人的诉讼请求，在双方当事人和其他诉讼参与人的参加下，依照行政诉讼程序和国家赔偿的基本原则，审理行政侵权赔偿纠纷的活动。

一、行政赔偿诉讼的起诉与受理

（一）提起行政赔偿诉讼的途径

《行政诉讼法》第 67 条第 1、2 款规定："公民、法人或者其他组织的合法权益受到行政机关或者行政机关工作人员作出的具体行政行为侵犯造成损害的，有权请求赔偿。公民、法人或其他组织单独就损害赔偿提出请求，应当先由行政机关解决。对行政机关处理不服，可以向人民法院提起诉讼。"从这一规定可以看出，公民、法人或者其他组织提起行政赔偿诉讼，可以根据不同情况，采取不同途径，既可以单独提起行政赔偿诉讼（单独提起行政赔偿诉讼的，应当先经过行政机关对该赔偿的处理。详见本章第五节之论述)，也可以在提起行政诉讼的同时一并提出行政赔偿请求。

（二）提起行政赔偿诉讼的条件

公民、法人或者其他组织提起行政赔偿诉讼应当符合以下条件：

1. 原告具有请求人资格。行政赔偿诉讼的原告必须是合法权益受到行政机关或者行政机关工作人员作出的具体行政行为侵犯（即违法行使行政职权）造成损害的公民、法人或者其他组织。作为原告的公民如果死亡，其继承人和其他有扶养关系的亲属可以作为原告，作为原告的法人或组织已经终止，承受其权利义务的组织可以作为原告起诉。

2. 有明确的被告。该条件要求原告的赔偿诉讼请求所指向的被告主体是具体的，是一个确定的机关或组织。若没有明确的侵权主体，起诉不能成立。

3. 有具体的赔偿请求和受损害的事实根据。原告提起行政赔偿诉讼时要向法院提出具体的请求事项。表明希望法院作出什么裁判来对自己受到侵害的权益进行救济。在提出行政赔偿请求的同时，原告还要向人民法院提出起诉所依据的事实根据，如行政侵权行为存在的事实，权益受到损害的事实等。

4. 属于人民法院行政赔偿诉讼的受案范围和受诉人民法院管辖。这一条件要求，原告所指控的行政侵权行为属于《国家赔偿法第》第 3 条和第 4 条规定的受案范围，超出受案范围，法院可以裁定不予受理。此外，《行政诉讼法》第 3 章有关行政案件管辖的规定，也适用于行政赔偿诉讼案件，即赔偿诉讼必须向有管辖权的人民法院提出。

5. 符合法律规定的起诉期限。《行政诉讼法》没有规定提起行政赔偿诉讼的期限。依据《最高人民法院关于审理行政赔偿案件若干问题的规定》的要求，赔偿请求人单独提起行政赔偿诉讼，可以在向赔偿义务机关递交申请书后的两个月届满之日起 3 个月内提出。但是，赔偿义务机关作出赔偿决定时，未告知赔偿请求人的诉权或者起诉期限，致使赔偿请求人逾期向人民法院起诉的，其起诉期限从赔偿请求人实际知道诉权或者起诉期限时计算，但逾期的期间自赔偿请求人收到赔偿决定之日起不得超过 1 年。公民、法人或其他组织在提起行政诉讼的同时一并提出行政赔偿请求的，其起诉期限按照行政诉讼起诉期限的规定执行。

（三）人民法院对行政赔偿起诉的审查与处理

人民法院接到原告单独提起的行政赔偿起诉状，应当进行审查，并在 7 日内立案或者作出不予立案的裁定。如果人民法院接到行政赔偿起诉状后，在 7 日内不能确定可否受理的，应当先予受理。审理中发现不符合受理条件的，裁定驳回起诉。当事人对不予受理或者驳回起诉的裁定不服的，可以在裁定书送达之日起 10 日内向上一级人民法院提起上诉。

当事人先后被采取限制人身自由的行政强制措施和刑事拘留等强制措施，因强制措施被确认为违法而请求赔偿的，人民法院按其行为性质分别适用行政赔偿程序和刑事赔偿程序立案受理。

二、行政赔偿诉讼的审理和判决

行政赔偿诉讼案件，一律由人民法院的行政审判庭审理。

行政赔偿诉讼案件，无论是合并审理还是单独审理，原则上都可适用行政诉讼程序，适用公开审理（除涉及国家秘密、个人隐私和法律有特别规定外），回避、合议、两审终审制度等规定。但在某些方面，仍需根据行政赔偿诉讼的特点采用一些特殊的审理方式：

1. 行政赔偿诉讼可以进行调解。《行政诉讼法》第 67 条第 3 款规定：赔偿诉讼可以适用调解。《国家赔偿法》第 30 条规定：人民法院审理行政赔偿案件在坚持合法、自愿的前提下，可以就赔偿范围、赔偿方式和赔偿数额进行调解。因此，人民法院在审理行政赔偿诉讼案件时，可以依法采用调解方式，在当事人双方互谅互让，平等协商的基础上，达成一致，从而使赔偿争议得到解决。行政赔偿诉讼之所以可以适用调解，是因为行政赔偿诉讼的客体是赔偿争议而不是具体行政行为的合法性，原告可以处分自己的实体权利，被告在赔偿的具体数额上也有一定程度的自由决定权。同时，用调解方式解决赔偿争议，达成一个当事人双方都能接受的方案，有利于化解矛盾，妥善解决争端。当然，调解应在合法、自愿的前提下进行，不得强行调解。调解成立的应当制作行政赔偿调解书，该调解书与判决具有同等的法律效力。

2. 行政赔偿诉讼中举证责任的分担。我国行政诉讼是采取“被告负举证责任”的证据规则，而对行政赔偿诉讼的证据规则，《行政诉讼法》和《国家赔偿法》都没有专门规定，仅有最高人民法院的两个司法解释作了规定：原告在行政赔偿诉讼中对自己的主张承担举证责任。被告有权提供不予赔偿或者减少赔偿数额方面的证据。① 在行政赔偿诉讼中，原告应当对被诉具体行政行为造成损害的事实提供证据。② 因此，从证据规则看，行政赔偿诉讼不完全采取“被告负举证责任”的原则，而是参照民事诉讼的证据规则，要求原告对其主张进行举证。如果原告认为被告行使职权的行为侵犯了其合法权益，给其造成了损害事实，则应对损害事实的存在提供相应的证据，以对抗被告不予赔偿或者减少赔偿数额方面的证据。

3. 行政赔偿诉讼的裁判。行政赔偿案件不同于行政诉讼案件，法院对赔偿争议进行裁判的活动可以不受《行政诉讼法》关于裁判种类的约束。在行政赔偿诉讼裁判中，如果在一审判决前被告同原告达成赔偿协议，原告申请撤诉的，人民法院应当依法予以审查并裁定是否准许。如果行政机关或者行政机关工作人员作出的具体行政行为侵犯公民、法人或者其他组织的合法权益造成损害的，由该行政机关或者该行政机关工作人员所在的行政机关负责赔偿。如果被告的具体行政行为违法但尚未对原告合法权益造成损害的，或者原告的请求没有事实根据或法律根据的，人民法院应当判决驳回原告的诉讼请求。人民法院对赔偿请求人未经确认程序而直接提起行政赔偿诉讼的案件，在判决时应当对赔偿义务机关致害行为是否违法予以确认。对经过行政机关先行处理的赔偿诉讼案件，法院的判决不受该处理的限制，法院可以径行判决，而不必撤销或维持原行政赔偿决定或协议。人民法院对单独提起行政赔偿案件作出判决的法律文书的名称为行政赔偿判决书、行政赔偿裁定书或者行政赔偿调解书。

三、行政赔偿诉讼裁决的执行

人民法院单独受理的第一审行政赔偿案件的审理期限为 3 个月，第二审为 2 个月；一并

---

① 《最高人民法院关于审理行政赔偿案件若干问题的规定》，1997 年，第 32 条。
② 《最高人民法院关于行政诉讼证据若干问题的规定》，2002 年，第 5 条。

受理行政赔偿请求案件的审理期限与该行政案件的审理期限相同，如因特殊情况不能按期结案，需要延长审理期限的，应按照行政诉讼法的有关规定报请批准。

人民法院对行政赔偿案件经过审理，依法作出的行政赔偿判决、裁定或调解书，具有法律效力，当事人必须履行。如果一方拒绝履行的，对方当事人可以向第一审人民法院申请执行。申请人是公民的，申请执行的期限为 1 年，申请人是法人或者其他组织的，申请执行的期限为 6 个月。

《行政诉讼法》第 68 条第 2 款规定："行政机关赔偿损失后，应当责令有故意或重大过失的行政机关工作人员承担部分或全部赔偿费用。"据此，行政机关享有向有关工作人员追偿的权力，但以本机关已向对方当事人赔偿损失为基础。根据《行政诉讼法》第 69 条，赔偿费用，从各级财政列支。各级人民政府可以责令有责任的行政机关支付部分或全部赔偿费用，具体办法由国务院规定。这样可以防止受害人因赔偿义务机关的行政机动费用有限而得不到充分赔偿，也可以解除行政机关的顾虑，为其主动而又严格地执行国家的法律、法规提供了物质保证。

第五编 执行程序

第二十章 行政诉讼强制执行程序

第一节 行政诉讼强制执行程序概述

一、行政诉讼强制执行的概念与特征

（一）行政诉讼强制执行的概念

行政诉讼强制执行，是指在当事人拒绝履行人民法院的生效行政判决、裁定时，由人民法院或者依法享有行政强制执行权的被告行政机关，依据法定程序采取法定强制措施，实现人民法院生效行政判决、裁定等法律文书的活动。

行政诉讼强制执行，不同于当事人自觉履行，是人民法院和有权的被告行政机关运用国家强制力，迫使负有义务的当事人完成生效裁判等法律文书已确定义务的活动。

（二）行政诉讼强制执行的特征

行政诉讼强制执行，具有以下主要的法律特征：

1. 实施强制执行措施的主体不统一。既包括第一审人民法院，也包括享有行政强制执行权的被告行政机关。这一特征，是行政诉讼强制执行的最显著特征。其法律根据，是《行政诉讼法》第65条第2款的规定，即“公民、法人或其他组织（即指原告人——引者注）拒绝履行判决、裁定的，行政机关可以向第一审人民法院申请强制执行，或者依法强制执行。”

2. 强制执行的具体程序不统一。由第一审人民法院强制执行的，依照《行政诉讼法》及司法解释或参照《民事诉讼法》规定的相关程序，而由有执行权的被告行政机关强制执行的，则依照行政强制执行法的规定程序。

（三）行政诉讼强制执行与民事诉讼强制执行的区别

《行政诉讼法》生效以前，行政诉讼强制执行与民事诉讼强制执行是“合二为一”适用《民事诉讼法（试行）》的，在《行政诉讼法》生效施行后才各自独立。明确两者之间有以下区别，有助于进一步认识行政诉讼强制执行的特征：

1. 强制执行权的机关不同。行政诉讼的强制执行权，由人民法院和被告当事人依《行政诉讼法》第65条第2款的规定分享。之所以如此，乃是由被告本身是国家行政权力的持有主体，以及行政案件的性质和法律将强制执行权赋予被告当事人的立法现状所决定的。民事诉讼的强制执行权，只能由人民法院独掌，而不与任何当事人分享。当事人一方拒绝履行法院生效民事判决、裁定的，被规定为妨害民事诉讼的行为，只能由人民法院决定强制执行和采取民事诉讼强制措施处置。如果胜诉一方当事人自己采取强制措施执行对方当事人的行为，被视为妨害民事诉讼的行为，将受法院民事诉讼强制措施的处置。

2. 强制执行的事项不同。行政诉讼强制执行的事项，主要是当事人在行政法上的权利和义务，倘若是维持性判决、裁定，更是以被诉具体行政行为业已确定的行政法权利、义务为直接的强制执行事项。民事诉讼强制执行的事项，主要是为人民法院所确认的民事权利、义务。

3. 强制执行的措施不同。行政诉讼的强制执行，由于原被告双方的实体法律地位不同，因而对原告、被告采取的措施是不相同的。特别是针对被告是国家行政权力的持有主体这一特殊性，行政诉讼法在规定对被告采取强制执行的措施时，采取司法建议、追究刑事责任这两项措施，最为严厉，以鞭策被告人落实生效判决裁定规定的事项。而民事诉讼的强制执行，由于原被告双方的实体法律地位平等，不存在哪方对哪方有优越地位的情况，因而对原告、被告采取的强制执行措施是相同的。

4. 强制执行的对象不同。行政诉讼强制执行，在对象上，不仅包括财物、行为，而且还包括人身。而民事诉讼强制执行，其对象仅限于财物、行为，不包括人身。人身之所以成为行政诉讼强制执行的对象，是因为在引起行政诉讼的具体行政行为中，有的就是以人身为处理对象的，如劳动教养等限制人身自由的行政强制措施、行政拘留等行政处罚行为及强制驱逐出境等等。这些以人身为对象的具体行政行为，在诉讼期间暂缓执行而诉讼结论是判决维持，原告拒绝履行的，或者在诉讼期间未停止执行而诉讼结论是判决撤销，被告拒绝履行的，都将发生以人身为对象的行政诉讼强制执行，亦即将败诉的原告人直接强行重置于原具体行政行为的羁束之中，或者将胜诉的原告人间接强行从原具体行政行为的羁束中解脱出来。

5. 强制执行的程序不同。行政诉讼强制执行的程序，既有人民法院主持的司法执行程序（任何一方当事人胜诉都可适用），又有被告行政机关主持（强制执行法院生效裁判）的行政执行程序（仅在被告胜诉且依行政法规定拥有行政强制执行权时可适用）；民事诉讼强制执行的程序，只有人民法院主持的司法执行程序。除此之外，任何胜诉当事人及非当事人都不得对拒不履行生效的民事判决、裁定的败诉当事人采取强制执行，否则便构成妨害民事诉讼行为。任何单位和个人采取非法拘禁他人或者非法私自扣押他人财产追索债务的，应当依法追究刑事责任，或者予以司法拘留、罚款。

二、行政诉讼强制执行程序的概念

（一）行政诉讼强制执行程序的概念

行政诉讼强制执行程序，是指人民法院及当事人、协助执行人等在进行或参与行政诉讼强制执行活动中必须遵循的行为方式、方法、步骤、时限等法定规则的总称。它包括执行原则、执行主体、执行根据、执行对象（标的）与方式、执行条件等一般规定，以及执行管辖、执行提起（含申请执行、移送执行、直接执行）、执行立案、执行准备、执行实施（含委托执行、执行措施适用）等运行阶段和执行和解、暂缓执行、中止执行、终结执行、执行结案、执行救济（含执行异议、执行回转）、执行监督等一系列执行程序运作阶段环节内容。

（二）行政诉讼强制执行程序与行政审判程序的联系与区别

行政诉讼强制执行程序与行政审判程序之间有着紧密的联系：（1）两者都是行政诉讼程序的有机组成部分，共同存在于行政诉讼法体系之中，共同致力于实现行政诉讼的立法宗旨。（2）在同一行政诉讼过程中，行政审判程序是权利的确定阶段，强制执行程序是权利的实现阶段。两者在确定、保障当事人行政法权利的基点上有机统一结合起来。（3）同时，行政审判程序是强制执行程序的前提和基础，没有经审判程序产生的生效裁判等法律文书，就不能启动强制执行程序；强制执行程序是审判程序的落实和保障，没有强制执行程序，在义务人抗拒时经审判程序确定的行政法权利便无法落实，从而使行政审判程序的应有权威无法保障。因此，两者之间存在着时序前后衔接以及保障与被保障的密切联系。

行政诉讼强制执行程序与行政审判程序之间的主要区别在于：(1) 具体任务不同。行政诉讼强制执行程序的任务，是保证生效裁判等确定的行政法权利的实现，而行政审判程序的任务，是理顺被纠纷缠扰的行政法律关系，确定行政法权利（义务）并产生解决行政纠纷的最终判定结论。(2) 实现任务的手段方式不同。行政诉讼强制执行程序任务的实现，是以采取相关强制执行措施的手段、强制义务人履行其义务为方式；而行政审判程序任务的实现，是以当事人在法院主持下平等诉争为手段（除采取行政诉讼强制措施制止、排除妨害行政诉讼行为外，不采用任何强制性手段）、法庭审理裁判或调解（只对行政侵权赔偿问题）为方式。(3) 是否为每案必经程序不同。行政诉讼强制执行程序，只有在义务人拒绝自觉履行生效裁判等法律文书的前提下才能进行；如果义务人已经自觉履行其义务，则不能进行。故它不是每个行政诉讼案件的必经程序。行政审判程序以对具体行政行为是否合法进行审查为宗旨而设置，故其是每一个行政诉讼案件必经的程序。

明确行政诉讼强制执行程序与行政审判程序的联系与区别，有助于把握行政诉讼程序的整体性，并避免在理论上把行政诉讼法学研究对象的范围仅仅局限于行政审判程序活动；有助于从这两大程序的区别上宏观地把握行政诉讼强制执行程序的特点，并在实践中正确加以贯彻执行。

三、行政诉讼强制执行程序的法律渊源

行政诉讼强制执行程序的法律渊源，是指关于行政诉讼强制执行程序的法律规范的存在方式或表现形式。我国目前关于行政诉讼强制执行程序的法律规范，散见于以下四种形式中。

（一）《行政诉讼法》对执行程序的规定

《行政诉讼法》对于执行问题虽没专章规范，只有两条。其中只有一个条文即第 65 条是对行政诉讼强制执行的规范，而另一个条文即第 66 条则是对非讼行政强制执行的规定。在该法第 65 条中，没有详细规定行政诉讼强制执行的具体程序，只是对当事人履行生效判决、裁定的义务，对原告方采取行政诉讼强制执行的有权机关，以及对被告方采取行政诉讼强制执行的有权机关及执行措施种类作出规定。这同《民事诉讼法》（2007 修正）以专编四章三十四个条文（第 201 条至第 234 条）来规范执行程序相比，显得极其精简。

然而在现实中，行政诉讼强制执行遇到的情况是纷繁复杂的，仅以《行政诉讼法》第 65 条的规范行事是不够的。因此，还必须结合其他法律规范性文件的有关规范，才能搞好行政诉讼强制执行工作。

（二）最高人民法院对执行程序的司法解释

最高人民法院作为国家最高审判机关，根据全国人大常委会《关于加强法律解释工作的决议》的授权规定，对人民法院如何具体贯彻《行政诉讼法》关于行政诉讼强制执行的规范而作出的有关司法解释，也是我国目前行政诉讼强制执行程序法律规范体系的一个重要组成部分。其内容是对执行根据、执行申请期限、执行法院分工等行政诉讼强制执行问题作出规定。此外，还对人民法院进行非讼行政强制执行问题作出较为详尽的规定以弥补行政诉讼法第 66 条规定缺乏具体可操作性的问题。另外，最高人民法院《关于人民法院执行工作若干问题的规定（试行）》（法释［1998］15 号）解释文件，也是行政诉讼强制执行程序法的又一组成部分。

因此，在申请和进行行政诉讼强制执行活动中，当事人和人民法院在依照行政诉讼法第 65 条的同时，还须遵守最高人民法院有关执行的司法解释规定。

（三）《民事诉讼法》（2007 修正）对执行程序的相关规定

从行政诉讼立法实践看，很多必须遵循的程序规范在《行政诉讼法》上没有任何规定，这种立法空白，必然造成实践中法律适用上的空白。这一点反映在行政诉讼强制执行程序中就更为明显。个中原因，是立法时没有明确行诉法与民诉法关系所致。我们认为，《行政诉讼法》对执行程序的规范实在过于精简，而最高人民法院的司法解释亦难以全面替代立法机关规范行政诉讼强制执行程序。鉴于行政诉讼强制执行曾经与民事诉讼强制执行合体共用过民事诉讼法的事实，因此，对于行政诉讼强制执行程序上的立法空白问题，可以采取适用《民事诉讼法》对执行程序的相关规定来填补。这就是说，在行政诉讼强制执行中，凡遇到《行政诉讼法》和最高人民法院司法解释没有规定的问题，可以适用与行政诉讼及行政诉讼强制执行的特征不相抵触、冲突的《民事诉讼法》对执行程序的相关规定，以确保执行工作正确进行。我们认为，《民事诉讼法》（2007 修正）对执行程序的规定中，可以成为行政诉讼强制执行的法律准绳的主要有：1. 关于执行过程中发生执行异议情况的处理规定（即第二百零四条）。2. 关于执行证明与记录及执行机构的规定（即第二百零五条）。3. 关于委托外地人民法院代为执行的规定（即第二百零六条）。4. 关于执行和解（只限于对行政侵权赔偿裁判或调解书的强制执行过程才适用）、执行回转的规定（即第二百零七、二百一十条）。5. 关于对隐匿财产实施搜查、办理财产权照转移手续的规定（即第二百二十四、二百二十七条），等等。

（四）行政法对执行程序的规定

在原告人拒绝履行人民法院作出的维持被诉具体行政行为的生效裁判，且被告享有法定行政强制执行权力时，便产生由被告依法强制执行的情况。此时，被告行政机关因其不是司法机关，故不便采用最高人民法院司法解释和《民事诉讼法》规定的相关的司法执行程序，而只应适用行政强制执行程序的行政法律规范。

目前我国有关行政强制执行及其法定程序的规范，散见在各个有关行政法律、法规之中，且多为笼统、原则的规定，很不完善。20 世纪 90 年代中期国务院法制局起草印发的《中华人民共和国行政强制执行条例（征求意见稿）》，则比较全面地对行政强制执行程序问题作了规定，是我国第一部行政强制执行法的雏形。从 1999 年 3 月起全国人大常委会法制工作委员会根据九届全国人大常委会立法规划，着手行政强制法的起草工作。2005 年 12 月 24 日十届全国人大常委会第十九次会议首次审议《中华人民共和国行政强制法（草案）》。行政强制法经最高国家权力机关审议通过后，将成为行政机关依法强制执行法院生效的维持型判决（以及行政机关生效的具体行政行为）的法定程序准绳。

在此特别说明，鉴于行政法对执行程序的规定，属于行政法内容，因此，本章内容主要论述人民法院负责主持进行的行政诉讼强制执行。

三、行政诉讼强制执行的意义

（一）维护行政审判工作的严肃性和社会主义法制的权威

生效裁判等法律文书是人民法院经过依法审理行政案件而产生的。它一经发生法律效力，任何人都不得阻碍和破坏它的具体落实。执行生效裁判等法律文书，是执行法律的具体表现，是对社会主义法制的有力维护。倘若人民法院根据国家审判权解决行政纠纷的生效裁判等得不到实现，不予执行，就使行政审判工作成为儿戏，影响行政审判应有的司法威信，因此，执行又有利于维护行政审判工作的严肃性。

（二）维护依法行政的权威性，消除公民、法人和其他组织违反行政法规范的不良现象

具体行政行为是行政权力行使主体履行法定职责的产物。人民法院审理行政案件对具体

行政行为合法性进行审查后，作出的维持被诉具体行政行为的生效判决、裁定，是司法裁判对合法行政的再一次确认。此时，作为败诉当事人的公民、法人和其他组织根据法院生效裁判而负有义务切实承担行政法义务，特别是因违法而受到行政处罚、行政强制的公民、法人和其他组织，更应当自觉履行，改正错误。在超越规定履行期限而其仍拒绝自觉履行时，人民法院或者有法定强制执行权的被告行政机关，可以强制执行，保证合法具体行政行为的落实，消除行政相对人违反行政法的不良现象，维护行政法法律秩序。

（三）维护和补救公民、法人和其他组织的合法权益，克服违法行政的不良现象

人民法院作出的撤销违法具体行政行为、变更显失公正的行政处罚决定、责令或调解确定支付行政侵权赔偿费用、限令行政机关依法履行法定职责等的生效判决、裁定及调解书，是司法权对行政权制约的产物和表现。在被告不能正确对待并逾期拒绝自觉履行时，第一审人民法院采取强制执行措施，运用国家司法强制力，克服违法行政不良现象，从而使公民、法人和其他组织的合法权益得到切实有效的保护和补救。

（四）加强社会主义法制教育，预防、减少行政管理领域的违法现象

对生效行政判决、裁定等法律文书的执行，不仅能够彻底解决已发生的具体的行政纠纷，迅速稳定行政法律秩序，而且能够运用生动而具体的事例进行社会主义法制宣传，开展遵守法律和依法行政的守法教育，使参加诉讼和未参加诉讼的公民、法人和其他组织、行政权力行使主体都懂得哪些行为是合法的，应当去做，哪些行为是违法的，不应当去做；对明确生效的行政判决、裁定必须自觉履行，国家法律必须严格遵守，这样一个道理。从而逐步树立和加强遵纪守法、维护法制的观念，预防、减少行政违法现象。

第二节　行政诉讼强制执行程序的一般规定

行政诉讼强制执行程序的一般规定，涵盖行政诉讼强制执行原则，以及执行主体、执行根据、执行对象与方式、执行条件的法律规范。

一、行政诉讼强制执行的原则

正确、有效进行行政诉讼强制执行，应遵循以下原则：

（一）当事人平等原则

当事人平等原则的含义在于：1. 当事人各方均负有遵守、履行人民法院生效行政裁判的诉讼义务。对于拒绝履行者，不论何方当事人，人民法院都应当依法无例外地采取行政诉讼强制执行措施。2. 采取行政诉讼强制执行措施，应当保护双方当事人的合法利益。在保护胜诉方权利时，不得超出执行根据所确定的事项范围，不得使被执行人承担超出执行根据限定范围外的实体义务，而应当同时兼顾、保护被执行人的合法利益。3. 不论何方故意妨害行政诉讼强制执行的正常进行，人民法院都应当一视同仁地平等地依法采取行政诉讼强制措施予以制止和排除，不允许任何一方当事人的妨害执行行为逍遥法外。

（二）依法执行原则

行政诉讼强制执行，必须严格依法进行：首先，强制执行必须要具备合法的执行根据。没有执行根据，或者执行根据不合法、已被撤销，则不能进行强制执行。其次，强制执行的执行机关必须是法定的有权机关，亦即第一审人民法院或有行政强制执行权的被告行政机关。非法定有权机关，不能进行强制执行。第三，强制执行必须遵循行政诉讼法及其他法律规范规定的程序进行。无论是执行机关、当事人或协助执行人，都不能违反执行的法定程序。这三方面要求，构成依法执行原则的基本含义。

（三）强制与说服教育相结合原则

这一原则要求，强制执行工作既要依法采取强制手段，又要依法坚持对当事人进行法制宣传教育，两者不可偏废，必须统一坚持于强制执行中：首先，在发生当事人拒绝履行生效判决、裁定等法律文书的情况时，应当对其进行说服教育，要坚持以人为本，讲究执行艺术，耐心细致地对被执行人晓之以法，喻之以理，动之以情，努力促使被执行人自觉履行法定义务。其次，教育无效的，强制执行。但在强制执行前应发出通知，并再次提供当事人认识错误、自觉履行的机会。对经过耐心细致思想疏导工作后仍不悔过者，要坚决果断采取法定措施予以强制执行。第三，在采取强制执行中，仍然应注意做好说服教育工作。尤其是在采取间接执行措施如查封、扣押财产等后，执行人员应当加强对被执行人的思想教育，责令被执行人在指定期间内履行法律文书确定的义务，而不能跨越说服教育阶段，直接予以拍卖、变卖被执行人的财产。

总之，在强制执行过程中，不能够只顾强制，而忽视、否定甚至根本不展开必须进行的说服教育工作；也不能够只强调说服教育，而无原则地迁就违法者，放弃强制。在强制前有说服，在强制中要教育，说服教育无效要果断实行强制，故意阻碍执行的要坚决制止排除。只有这样，才能顺利做好强制执行工作。

（四）法院执行与社会协助相结合原则

这一原则的内核在于把司法审判机关的专门职权与社会力量的协助、支持、配合有机结合，顺利完成行政诉讼强制执行工作。其含义有三：

1. 在一定条件下，被告人应当分担人民法院的强制执行工作。行政诉讼强制执行的有权机关，主要是第一审人民法院。但是，在原告人拒绝履行法院作出的维持被诉具体行政行为的生效判决、裁定，并且被告人又为依法享有行政强制执行权的行政机关的条件下，执行法院裁判与执行被诉具体行政行为是合为一体的，被告人可以依法强制执行。这种强制执行，已不是单纯地行使行政职权，履行行政义务，而应同时视为被告行政机关在履行行政诉讼程序中的诉讼义务。因此，在这种情况下如果行政机关采取不作为的态度，即应当依法采取强制执行措施而不采取，就不是单纯的行政失职行为，同时应当视为对法院判决的拒绝，或者是诉讼义务的不履行，由此产生的法律后果是被告行政机关由行政权力行使主体转换为被执行人。

2. 人民法院在执行工作中遇到需要有关单位和个人给予协助的情况时，如需要银行划拨被执行人存款、要求被执行财产的占有或保管人交付该财产等等，有权发出协助执行通知书，接到此通知书的单位和个人，应积极协助办理。这是他们基于法律规定而产生的对国家的应尽义务。倘若有义务协助执行的单位和个人对人民法院的协助执行通知书无故推脱、拒绝或者妨害执行的，便构成妨害行政诉讼行为，人民法院有权依法采取行政诉讼强制措施予以制止、排除。

3. 就法院系统内部而言，当出现第一审法院在执行工作中，由于受辖区范围限制，而不便于亲自完成执行任务的情况时，可以发出委托执行通知书，委托便于执行的其他法院代为执行。接受委托法院应依照有关规定积极配合，做好强制执行工作。

（五）谨防发生暴力抗拒执行原则

谨防发生暴力抗拒执行原则，是指人民法院在行政诉讼强制执行过程中，应当采取适当措施，减少和避免暴力抗拒执行和群体性事件的发生，保护执行人员的人身安全，维护正常的执行秩序。谨防发生暴力抗拒执行原则，包含以下几方面的含义：

1. 执行法院应当建立执行快速反应机制。努力提高执行工作的快速反应能力，加强与公安、检察等部门的联系，及时处理执行线索和突发事件。高、中级人民法院成立执行指挥中心，组建快速反应力量。有条件的基层人民法院根据工作需要成立执行指挥中心。指挥中心负责人由院长或其授权的副院长担任，执行局局长具体负责组织实施。为了便于与纪检、公安、检察等有关部门的协调，统一调用各类司法资源，符合条件的执行局局长任命为党组成员。指挥中心办事机构设在执行局，并开通24小时值班电话。快速反应力量由辖区法院的执行人员、司法警察等人员组成，下设快速反应执行小组，根据指挥中心的指令迅速采取执行行动。

2. 法院在执行被执行人在农村或者被执行人经济困难等案件时，必须认真做好执行预案。即全面了解、掌握、分析被执行人的性格特征、道德品行、受教育程度、家族势力等执行案情细节，有针对性地确定执行工作方案。要妥善处理好“保增长、保民生、保稳定”三者之间的辩证统一关系，既要保证各项应对措施落实到位，又要保证人民群众的合法权益不因权力违法滥用而受损，更要着力避免由此引发群体性事件，影响社会稳定。建立异地执行预案机制。对于被执行人跨辖区的案件，必须认真做好执行预案，事先与当地法院取得联系。对执行情况复杂、对抗情绪大、可能发生群体性事件的案件，必须事先与基层政权组织和公安机关取得联系，请求协助执行。

3. 法院执行人员要强化人文执行、和谐执行意识，把说服教育放在重要位置，努力做好思想疏导和释法工作。不得感情用事、言行失控，不得激化矛盾，不得随意带走被执行人。对于可能发生暴力抗法事件的，要及时发现苗头，妥善处理，把暴力抗拒执行事件消灭在萌芽状态。

4. 法院执行人员应当进一步规范执行行为，坚持依法执行，文明执行。严格按照法定程序实施执行行为，确保程序公正。改进工作作风，讲究执行方法，力戒粗暴执行、野蛮执行。凡是因为执行不当或者作风粗暴导致暴力抗法事件的发生，或者造成其他严重后果的，要追究执行人员和相关领导的责任。

5. 法院执行人员应当切实增强预见和处理各种突发事件的能力。对于可能发生暴力抗法事件的，要及时发现苗头，妥善处理，把抗拒执行事件消灭在萌芽状态。发生暴力抗法时，执行人员要保持理智，冷静处理，按照执行预案控制局面，争取群众支持，尽量化解矛盾，避免酿成群体性事件和大规模骚乱。

6. 执行法院应当注意执行工作策略，注重执行安全，依法处置暴力抗法者。对于参与人数较多、矛盾尖锐、可能导致严重后果的暴力抗法事件，首先要确保执行人员的安全，及时撤离，以避免对抗加剧，事态扩大。要特别注意及时收集并固定证据，以便事后对那些情节恶劣、后果严重的抗法者依照有关法律规定予以严厉制裁。

7. 执行法院应当建立执行工作联席会议制度：(1) 各级法院要在各级党委的领导下，充分发挥执行工作联席会议制度的作用，组织排查和清理阻碍执行的地方性规定和文件，解决执行工作中遇到的突出困难和法院自身难以解决的问题，督促查处党政部门、领导干部非法干预执行或特殊主体阻碍、抗拒执行的违法违纪行为，协调处理可能影响社会稳定的重大突发事件或暴力抗法事件、重大执行信访案件；组织集中清理执行积案活动，对各类重点执行案件实行挂牌督办；对政府机关、国有企业等特殊主体案件，研究解决办法。(2) 重大执行事项经联席会讨论作出决定或形成会议纪要后，交由相关部门负责落实，落实情况纳入综合治理考核范围。

8. 执行法院应当建立有效的执行信访处理机制：（1）设立专门的执行申诉处理机构，负责执行申诉信访的审查和督办，在理顺与立案庭等部门职能分工的基础上，探索建立四级法院上下一体的执行信访审查处理机制。上级法院要建立辖区法院执行信访案件挂牌督办制度，在人民法院网上设置专页，逐案登记，加强督办，分类办结后销号。（2）进一步规范执行信访案件的办理流程，畅通民意沟通途径，对重大、复杂信访案件一律实行公开听证。要重视初信初访，从基层抓起，从源头抓起。要加强与有关部门的协作配合，充分发挥党委领导下的信访终结机制的作用。（3）加大信访案件督办力度，落实领导包案制度，开展执行信访情况排名通报。完善执行信访工作的考评机制，信访责任追究和责任倒查机制。

二、行政诉讼强制执行的主体

行政诉讼强制执行的主体，是指在行政诉讼中享有诉讼权利、承担诉讼义务，并有权以自己的诉讼行为引起行政诉讼强制执行程序发生、变更或者消灭的人。包括执行机关和执行当事人。

（一）执行机关

执行机关。这是指在行政诉讼强制执行程序中依法行使强制执行权力的机关，包括人民法院和享有法定强制执行权的行政机关。

1. 人民法院为执行机关。

根据行政诉讼法和有关司法解释规定，发生法律效力的行政判决书、行政裁定书、行政赔偿判决书和行政赔偿调解书，第一审人民法院、第二审人民法院都有权执行。可见，人民法院为执行机关，包括第一审法院和第二审法院。

在人民法院内根据需要，依法设立执行机构，专门负责执行工作。鉴于各地法院的执行机构名称不一（有称执行庭的，有称执行局的），为有利于最高人民法院对地方各级人民法院执行工作的监督、指导，2000 年 9 月 30 日最高人民法院发出《关于改革人民法院执行机构有关问题的通知》（法明传［2000］437 号）要求，各级人民法院建立的新执行机构的名称应当统一。根据当前执行机构改革的现状和发展趋势，新执行机构可统称为“执行局”。据此，高级、中级、基层法院相继成立了执行局（但有的地方基于编制方面的因素，法院仍保留“执行庭”），最高人民法院执行工作办公室也于 2008 年 11 月更名为最高人民法院执行局。

执行局是人民法院的重要构成部分，其地位与行政审判庭等审判机构平级，负责对已生效的行政判决书、行政裁定书、行政赔偿判决书和行政赔偿调解书，以及依法应由法院执行的行政处罚决定、行政处理决定等法律文书的执行。执行工作由执行员进行，书记员负责记录及其他事务性工作。执行人员执行公务时，应向有关人员出示据以执行的法院文书和出示工作证和由最高人民法院统一制发的执行公务证，并按规定着装，必要时应由司法警察参加，负责维持执行秩序。在依法采取强制措施和搜查措施时，应按规定着装、佩带枪支、械具和其他的必要器械。对执行程序中重大事项的办理，应由三名以上执行员讨论，并报经院长批准后实施。执行工作方案，报经分管院长或者执行局局长批准。上级法院执行局负责本院对下级法院执行工作的监督、指导和协调，以保证执行工作正确、顺利进行。

目前，根据最高人民法院法发〔2009〕43 号司法解释文件规定，人民法院继续推进执行改革，进一步加强和规范执行工作的新机制：（1）在执行局机构及职能设置方面，各级人民法院统一设立执行局，不再设“执行庭”，并统一执行局内设机构及职能。①最高、高级人民法院设立复议监督、协调指导、申诉审查以及综合管理等四个机构；中级人民法院和基层人民法院设执行实施、执行审查、申诉审查和综合管理等四个机构。②复议监督机构负责执行案件的监督，并办理异议复议、申请变更执行法院和执行监督案件；协调指导机构负责跨辖区委托执行案件和异地执行案件的协调和管理，办理执行请示案件以及负责与同级政府有关部门的协调；申诉审查机构负责执行申诉信访案件的审查和督办等事项；综合管理机构负责辖区执行工作的管理部署、巡视督查、评估考核、起草规范性文件、调研统计等各类综合性事项。(2) 在执行权能划分方面，科学界定执行审查权和执行实施权，并分别由不同的内设机构或者人员行使：将财产调查、控制、处分及交付和分配、采取罚款、拘留强制措施等事项交由执行实施机构办理，对各类执行异议、复议、案外人异议及变更执行法院的申请等事项交由执行审查机构办理，或者一部分有审判职称的执行人员主要从事执行审查事项，其他执行人员主要从事执行实施事务。(3) 合理确定、理顺执行机构与法院其他相关部门的职责分工，实行严格的归口管理：①行政非诉案件和行政诉讼案件的执行，财产保全、先予执行、财产刑等统一由执行机构负责实施；②基层人民法院审判监督庭和高、中级人民法院的质效管理部门承担执行工作质量监督、瑕疵案件责任分析等职能；③加强和规范司法警察参与执行工作，推进执行工作专业化和执行队伍职业化建设。

2. 被告行政机关为执行机关。

在原告方拒绝履行法院维持被诉具体行政行为的情况，享有法定行政强制执行的被告行政机关，便成为执行机关。

在其内部，具体负责执行工作的专门机构，依相关行政法文件而确定，目前称谓不一，有的称“执行队”、“监察大队”、“稽查组”等等。这是由行政管理领域事项繁多，机关职能各异所决定的。实践中，充任行政诉讼强制执行机关的被告行政机关，应依相应的行政依据性文件确定的执行权限和程序实施强制执行。

(二) 执行当事人

执行当事人，是在执行程序中享有实体权利或承担实体义务的人。包括执行权利人（亦称执行申请人）和执行义务人（亦称被申请执行人）。

1. 执行权利人均由审判程序中胜诉的，但实体权利尚未得到落实的一方当事人充当。执行权利人，可以主动申请第一审人民法院对执行义务人采取强制执行措施，从而启动执行程序。在执行权利人是原告方时，第一审法院也可不待其申请而直接对被告采取强制执行措施；也可以表示可以延期执行，从而中止执行程序；还可以撤销执行申请，从而终结执行程序；在发生执行回转的情况下，则负有返还已取得执行财产的义务。执行权利人若是依法享有行政强制执行职权的行政机关，则一身兼二任，同时也成为执行机关。

2. 执行义务人则是在审判程序中败诉的，但拒绝自觉履行实体给付义务的一方当事人。执行义务人，可以主动履行实体义务，从而使执行权利人的执行申请丧失必要前提，或者终止执行程序继续进行；在执行程序中，须领受执行机关依法采取的强制执行措施，抗拒人民法院执行措施者，须领受行政诉讼强制措施；面临违法执行及其后果时，有请求执行机关纠正和申请执行回转及其强制回转的权利。

(三) 在行政诉讼强制执行程序中，除执行主体之外，还有参与人的介入

行政诉讼强制执行程序的参与人，是指行政机关和执行当事人以外的、配合或协助行政诉讼强制执行正确顺利进行的人。包括执行异议人和协助执行人。

1. 执行异议人，是指在执行过程中，对执行标的提出异议，要求纠正执行错误的案外人。执行异议人的特征在于对执行标的主张自己的全部或部分权利。有学者认为它虽然是案

外人，但可看做是广义上的执行程序当事人。我们认为，执行异议人虽就其自身而言是从维护自己合法权利出发而参与执行程序的，虽然其提出异议的行为还有可能产生中止甚至终止执行程序的后果，但并不因此就具有执行当事人的身份和地位，理由在于以下三点：(1) 它毕竟是案外人，而并非本案诉讼当事人；(2) 它主张的是本案执行过程中可能被错误执行的案外人的合法权利，而并非业经诉讼活动讼争及审判程序认同的本案当事人的实体权利；(3) 法律允许案外人提出执行异议的目的，并不仅仅是为了保护其合法权利，而更主要的是着眼于其配合行政诉讼强制执行正确进行，以便及时发现、纠正执行错误，确保执行权利人的实体权利真正落实和执行义务人切实地承担实体义务而不是由案外人替代它。因此，不宜把执行异议人视同执行当事人。

2. 协助执行人，是指在执行过程中，因执行机关的合法通知，而负有义务协助执行工作的人。协助执行人的特征在于对执行标的不能主张自己的权利，必须积极地完成执行机关的合法通知所要求协助执行的事项。执行机关的合法通知，是协助执行人产生的法定前提。行政机关要求协助执行的，其合法通知依行政强制执行法律规范文件进行。人民法院要求协助执行的，根据有关司法解释规定，其合法通知应包括：(1) 制作并向协助执行人送达《协助执行通知书》，其内容应说明需要协助执行的具体事项、执行方法、完成期限和应注意的问题。(2) 附送据以执行的生效判决、裁定书或调解书的副本。接到人民法院合法的协助执行通知的有关单位和个人，便成为协助执行人，必须严格按照通知内容，积极完成协助执行的法律义务；对于无故推托、拒绝或者妨碍执行的，要求协助执行的人民法院可以根据其情节轻重，采取适宜的行政诉讼强制措施予以制止、排除。

三、行政诉讼强制执行的根据

（一）行政诉讼强制执行根据的特点

行政诉讼强制执行根据，是指权利人申请及执行机关进行行政诉讼强制执行所依据的人民法院依法制作的已经发生法律效力具有给付内容且未得落实的法律文书。它是行政诉讼强制执行的合法基础。

行政诉讼强制执行根据的特点在于：

1. 它是人民法院依法制作的法律文书。这就是说，该法律文书 (1) 应经法定审判程序而产生并符合法定格式要求，判决书要符合判决书格式，裁定书要符合裁定书格式，调解书要符合调解书的格式；(2) 应由人民法院依法（程序法和实体法）制作。否则不能成为执行根据。

2. 它已经发生法律效力。如果法律效力尚未发生或者虽曾发生但已被撤销否定法律效力，则不能成为执行根据。

3. 它具有给付内容。所谓给付内容，并非与民事给付雷同，而是既包括财产给付，如归还被扣押财产、退回错误罚款、支付行政侵权赔偿金等等；也包括使负有义务的当事人为一定行为，如重新作出具体行政行为、在限定时间内向合法申请人颁发许可证或执照等等；或者是要求义务人不为一定行为，如停止对企业合法经营自主权的侵犯、终止对原告的非法集资决定的实施行为等等。还包括人身给付，如解除对胜诉原告人的已采取的拘留或劳教措施，恢复其人身自由，或者对败诉原告人被决定给予行政拘留处罚的人，由作出决定的公安机关送达拘留所执行。不具备给付内容的生效判决或裁定，不能成为执行根据，如中止诉讼或终结诉讼的裁定等。

4. 它未得到落实。所谓未得到落实，就是负有义务的当事人能够履行但却拒不履行该法律文书，致使该法律文书所确定的给付内容未能实现。如果义务人已经自动履行的，或者因发生不可抗力的事件，如洪涝、地震，及其他意外事件，如车祸致伤住院治疗等而导致义务人不能够履行的，则不能进行强制执行。只有在义务人有能力履行而拒不履行义务时，该法律文书才可以作为执行根据提出，供有权机关强制执行。

（二）执行根据的范围

从司法实践看，具备上述四个特点的以下法律文书，可以成为执行的根据：

1. 行政判决书。包括一审和二审判决书，其内容范围不论是对具体行政行为的维持、撤销，还是责令重作具体行政行为，限时履行法定职责，变更显失公正的行政处罚决定，或是停止违法要求履行义务的行为，以及行政诉讼附带民事诉讼的判决，都可以成为执行根据。

2. 行政赔偿判决书。即指人民法院对当事人单独提起的行政赔偿诉讼案件依法审理后作出的给付行政侵权赔偿金等的判决书。

3. 行政裁定书。行政裁定书多为人民法院处理诉讼程序问题所用，其中可以成为执行根据的有：财产保全、先予执行、补正判决书中实体事项的笔误等行政裁定书，以及根据司法协助规定制作的承认并协助外国法院的行政判决执行的裁定书。

除判决、裁定文书外，具备执行根据三特点的、由人民法院制作的以下法律文书也可以成为执行根据：

（1）司法决定书。包括：人民法院对妨害行政诉讼行为人予以强制措施时制作的罚款决定书、拘留决定书，第一审法院在对拒不履行生效判决、裁定的被告人及其主要负责人或者直接责任人员采取强制执行措施时制作的罚款决定书等。

（2）行政赔偿调解书。人民法院采取调解方式审结行政侵权赔偿案件时制作的行政赔偿调解书，一经生效就具有法律约束力，一方不履行的即可依法强制执行。

全面而言，行政诉讼强制执行的根据，包括由人民法院制作的已经发生法律效力、具有给付内容，因负有义务的当事人拒绝自觉履行而未得落实的各类行政判决书、行政裁定书、司法决定书、行政赔偿调解书。若无这些法律文书作为执行根据，则不可发生行政诉讼强制执行。

四、行政诉讼强制执行的对象与方式

（一）行政诉讼执行对象

执行对象，又称执行标的，是指执行工作所指向的客体，也是执行措施适用的承受体或具体目标。行政诉讼法未对执行对象问题作有明文规定，根据其受案范围规定、执行措施规定以及其他法律、司法解释对执行的规定，可以概括出行政诉讼强制执行对象范围，包括被生效判决、裁定等法律文书事项所确定的财产、行为和人身。兹分述如下：

1. 财产。作为强制执行对象的财产，是义务人应当给付权利人的金钱、财物。财产是种类物的，强制执行可针对义务人所有的与给付财产价值相等的种类物。生效的法律文书确定义务人交付特定物的，应当执行原物。原物被隐匿或者非法转移的，执行法院有权责令其交出。原物确已变质、损坏或者灭失的，方可执行种类物，即应当裁定折价赔偿或者按该特定物的价值强制执行义务人的其他财产。

2. 行为。执行对象中的行为，包括作为和不作为。强制执行措施既可适用于义务人的作为，如强制停止侵犯合法经营自主权、强制禁止违法要求履行行政义务等等。被执行人拒不履行生效法律文书中指定的行为的，执行法院可以强制其履行。对于可以替代履行的行为，执行法院可以委托有关单位或者他人完成，因完成这些行为发生的费用由被执行人承担；对于只能由被执行人完成的行为，经教育，被执行人仍拒不履行的，执行法院应当按照妨害执行行为的有关规定处理。

3. 人身。执行对象中的人身，只能限于以人身为对象的具体行政行为引起纠纷的特定案件中原告人的人身。其范围一般包括：不服行政拘留案件、不服限制人身自由行政强制措施案件、不服驱逐出境行政处罚案件、不服拒绝保护人身权案件等原告的人身。强制执行措施适用于上述特定案件原告人的人身时，既可表现为强制败诉原告人置于被诉具体行政行为的羁束之中（如将败诉的原告人强行带至拘留场所执行原拘留处罚等等），也可表现为强制败诉被告人（即义务人）将胜诉原告人从被诉具体行政行为羁束下解放出来，如解除已对胜诉原告人采取的原劳动教养措施，将其从劳动教养场所释放出来等等；还可表现为强制败诉被告人将胜诉原告人人身置于其新的具体行政行为的保护之中，如在限定期限内将胜诉的原告人从被拐卖惨境中解救出来，置于被告人履行法定职责行为的有效保护中。

（二）行政诉讼强制执行的方式

行政诉讼强制执行的方式，依强制执行措施是否直接触及执行对象为标准，可以分为两类：直接强制执行和间接强制执行。

1. 直接强制执行方式。这种方式，以强制执行措施直接触及执行对象，从而迅速实现生效裁判等法律文书确定义务为特征。

直接强制执行方式，可以适用于作为执行对象的财产、行为和人身。比如，强制划拨义务人的存款，这是对财产的直接强制执行；强行将义务人的财物搬出其应迁出房屋，这是对行为（义务人作为）的直接强制执行；强行把义务人带至出境口岸驱逐遣送出境，这是对人身的直接强制执行，如此等等。直接强制执行方式的执行效果显现得快，能够迅速落实生效裁判等法律文书确定的义务，及时有效地保护权利人合法权益与维护依法行政应有秩序，故多为实践中采取。只有在不便于采取直接强制执行方式时，才采取间接强制执行方式。

2. 间接强制执行方式。这种方式的强制执行措施并不直接触及执行对象，而是通过触动义务人的经济、政治利益等造成必要压力，强迫义务人亲自完成其对执行对象的应尽义务，从而切实保证生效裁判等法律文书的落实。

一般说，执行对象中的财物，完全可以采取直接强制执行方式强迫义务人履行其应尽义务。故间接强制执行方式，主要是适用于执行对象中不便采取直接强制执行方式落实的行为和人身义务，其中尤其多用于对败诉被告人为义务人而拒不履行其对生效裁判确定的对行为（作为和不作为）和人身义务的强制执行之中。比如，对于在生效裁判规定期限内，败诉被告人不履行向胜诉原告人发放规定许可证的行为的，不释放被劳教关押的胜诉原告人的，从期满之日起第一审法院对该被告人按日加处 50 元至 100 元的罚款。这就是通过剥夺义务人一定金钱所有权，触动其经济利益造成必要压力，促其亲自履行对执行对象的应尽义务。第一审法院对于继续进行侵犯胜诉原告人合法经营自主权的行为的，或者已过法院指定期限仍坚持拘留关押胜诉原告人的败诉被告人，可以采取司法建议措施，要求其上一级行政机关或者监察、人事机关，对该被告人违法行径予以追究，对其主管人员、直接责任人员予以撤职查办、留用察看甚至开除公职等行政处分。这就是通过调动义务人的行政领导隶属及监督关系，触动其政治利益造成必要压力，鞭策其亲自履行对执行对象应尽的义务。之所以对败诉被告人拒不履行生效裁判确定的对执行对象应尽义务，大多采取间接强制执行方式而不广泛使用直接强制执行方式，是因为必须正确协调和处理审判权与行政权在诉讼过程中的相互关系，避免和防止在执行阶段中发生两权运行的矛盾和冲突，从而出现有损于国家权力整体威望的不利现象。

五、行政诉讼强制执行的条件

执行是行政案件审理终结后继发的行政诉讼的最后一个程序阶段，但并非每一个行政案件的必经程序阶段。执行之发生，必须具备一定的条件。

《行政诉讼法》在《执行》一章中，对执行的条件未作明确规定。在司法实务中，最高人民法院关于执行行政诉讼法若干问题的解释中只对非讼行政强制执行的条件有专条规定，而对行政诉讼强制执行的条件没有规定。但在1998年6月11日最高人民法院审判委员会第1992次会议通过的《关于人民法院执行工作若干问题的规定（试行）》中第18条专门规定，人民法院受理执行案件，应当符合下列条件：（1）申请或移送执行的法律文书已经生效。（2）申请执行人是生效法律文书确定的权利人或其继承人、权利承受人。（3）申请执行人在法定期限内提出申请。（4）申请执行的法律文书有给付内容，且执行标的和被执行人明确。（5）义务人在生效法律文书确定的期限内未履行义务。（6）属于受申请执行的人民法院管辖。不符合者，不予受理。

结合上述司法解释以及司法实际经验，我们认为，人民法院进行行政诉讼强制执行的，必须同时具备以下四项条件：

1. 执行根据存在。即据以执行的法律文书生效、有给付内容和明确的执行标的及被执行人。

2. 执行根据未落实。即义务人在执行根据（即：生效法律文书）确定的期限内未履行义务。

3. 执行根据的受益人存在。即执行根据（即生效法律文书）确定的权利人或其继承人、权利承受人明确。

4. 执行根据已被立案交付执行机构。即执行根据（即生效法律文书）属于执行法院管辖，且该执行法院的立案庭经审查已立案（含委托执行案件）并将执行根据（随同移送执行书）移送交付执行机构予以执行。

上述四项条件，欠缺其一的，人民法院不得进行行政诉讼强制执行。

第三节 行政诉讼强制执行的主要运行阶段环节

行政诉讼强制执行程序的主要运行阶段环节是：执行管辖、执行提起、执行立案、执行准备、执行实施。

一、执行管辖

执行管辖，是指人民法院对执行生效行政判决、裁定及行政赔偿调解书的具体分工。根据《行政诉讼法》第65条及有关司法解释的规定，执行管辖有以下几种情况：

（一）审级执行管辖

审级执行管辖，是指按照人民法院对行政案件审判的两审终审层级划分执行管辖法院。包括以下两种情况：

1. 第一审法院执行管辖。发生法律效力的行政判决书、行政裁定书、行政赔偿判决书和行政赔偿调解书，由第一审法院执行。之所以由第一审法院作执行管辖法院，是因为执行义务人和执行对象通常都在其审判辖区之内，且执行起来也便利于法院和当事人。

2. 第二审法院执行管辖。第一审法院认为情况特殊需要由第二审法院执行的，比如，被执行人是同级政府或者上一级政府主管部门若由第一审法院执行会遇到很大阻力而由第二审法院执行就较为适宜，可以报请第二审法院执行；第二审法院可以决定由其执行，也可以决定由第一审法院执行。

由此可见，执行管辖法院原则上是第一审法院，情况特殊经报请并获得第二审法院同意，第二审法院也可以执行。但从执行管辖入口看，当事人应当向第一审法院这个执行管辖法院申请执行，不能向第二审法院申请执行。第二审法院可以决定由其或第一审法院执行的前提条件，是第一审法院认为情况特殊需要并报请第二审法院执行。因此，第二审法院不是执行管辖法院，其执行不过是受领第一审法院执行管辖权向上转移的结果，并且只能是个案处理而不能是恒定受之。

（二）执行级别管辖

执行级别管辖，是指按照人民法院设置级别确定执行管辖法院。

1. 最高、高级人民法院原则上不执行具体案件。根据最高人民法院《关于进一步加强和规范执行工作的若干意见》（法发〔2009〕43 号）规定，最高人民法院和高级人民法院作为执行工作统一管理、统一协调的机构，原则上不执行具体案件，案件主要由中级人民法院和基层人民法院执行，也可以指定专门法院执行某些特定案件，以排除不当干预。

2. 中级人民法院执行管辖。包括：（1）有权受理专利纠纷案件的中级人民法院执行。专利管理机关依法作出的处理决定和处罚决定，由被执行人住所地或财产所在地的省、自治区、直辖市有权受理专利纠纷案件的中级人民法院执行。（2）由被执行人住所地或财产所在地的中级人民法院执行。国务院各部门、各省、自治区、直辖市人民政府和海关依照法律、法规作出的处理决定和处罚决定，由被执行人住所地或财产所在地的中级人民法院执行。

3. 报请或者申请上级人民法院执行。包括两种情况：（1）基层人民法院和中级人民法院管辖的执行案件，因特殊情况需要由上级人民法院执行的，可以报请上级人民法院执行。（2）参照《民事诉讼法》第 203 条规定，人民法院自收到申请执行书之日起超过 6 个月未执行的（这“六个月期间”，不包括执行中的公告期间、鉴定评估期间、管辖争议处理期间、执行争议协调期间、暂缓执行期间以及中止执行期间），申请执行人可以向上一级人民法院申请执行。上一级人民法院经审查，可以责令原人民法院在一定期限内执行，也可以决定由本院执行或者指令其他人民法院执行。有下列情形之一的，上一级人民法院可以根据申请执行人的申请，责令执行法院限期执行或者变更执行法院：①债权人申请执行时被执行人有可供执行的财产，执行法院自收到申请执行书之日起超过六个月对该财产未执行完结的；②执行过程中发现被执行人可供执行的财产，执行法院自发现财产之日起超过六个月对该财产未执行完结的；③对法律文书确定的行为义务的执行，执行法院自收到申请执行书之日起超过六个月未依法采取相应执行措施的；④其他有条件执行超过六个月未执行的。上一级人民法院责令执行法院限期执行的，应当向其发出督促执行令，并将有关情况书面通知申请执行人。上一级人民法院决定由本院执行或者指令本辖区其他人民法院执行的，应当作出裁定，送达当事人并通知有关人民法院。上一级人民法院责令执行法院限期执行，执行法院在指定期间内无正当理由仍未执行完结的，上一级人民法院应当裁定由本院执行或者指令本辖区其他人民法院执行。

（三）执行共同管辖及执行选择管辖

两个以上人民法院都有执行管辖权的，当事人可以向其中一个人民法院申请执行；当事人向两个以上人民法院申请执行的，由最先立案的人民法院执行管辖。

（四）执行指定管辖

人民法院之间因执行管辖权发生争议的，由双方协商解决；协商不成的，报请双方共同的上级人民法院指定执行管辖。

二、执行提起

执行提起，是指导致人民法院启动行政诉讼强制执行程序的法定行为的总称。它包括申请执行、移送执行和直接执行三种。

（一）申请执行

申请执行，是指执行权利人依法向执行管辖法院提出正式申请，请求启动执行程序迫使执行义务人承担义务的法律行为。

1. 申请执行的条件，依司法解释规定，有以下六项：

（1）申请执行的法律文书已经生效。即申请人要求执行的行政判决书、行政裁定书、行政赔偿判决书须是终审判决书或未提出上诉且过上诉期的一审判决书，申请人要求执行的行政赔偿调解书须是当事人双方已经签收的。

（2）申请执行人是生效法律文件确定的权利人或其继承人、权利承受人。权利人既可以是公民、法人或者其他组织也可以是行政权力持有主体。如是行政权力持有主体，须是法律、法规没有赋予其强制执行权的，或者虽赋予此权同时也允许其有权申请法院执行的。如公民死亡，则其继承人可为执行申请人；如法人或其他组织终止、行政权力行使主体撤销，则承受其权利的法人或其他组织、行政权力行使主体可为执行申请人。

（3）申请执行人在法定期限内提出申请。根据最高人民法院法释〔2000〕8号司法解释文件第84条规定，申请人是公民的，向法院申请执行生效的行政判决书、行政裁定书、行政赔偿判决书和行政赔偿调解书的期限为1年，申请人是行政机关、法人或者其他组织的为180日。

我们认为，鉴于①根据当事人在行政诉讼中法律地位平等的基本原则之精神，申请执行人在申请法定期限上应当一律平等适用，不宜搞长短区别或歧视对待。②上述最高人民法院法释〔2000〕8号司法解释文件第84条规定，实际上是参照《民事诉讼法》（1991年）第219条所规定的申请执行期限（只不过把该条的“六个月”换称为“180日”而已），而2007年修正后的新民事诉讼法（从2008年4月1日起施行）已将1991年民事诉讼法的这一不平等的申请执行期限规定予以废止并更换为平等的新期限，导致了最高人民法院法释〔2000〕8号司法解释文件第84条规定所赖以存在的法律依据已经丧失而无继续存在的必要。因此，从2008年4月1日起，在行政诉讼强制执行领域，各类申请执行人提出执行申请的法定期限均可参照《民事诉讼法》（2007年）[①] 第215条所规定的“申请执行的期间为二年”执行。申请执行时效的中止、中断，适用法律有关诉讼时效中止、中断的规定。申请执行的期间，从法律文书规定履行期间的最后一日起计算；法律文书规定分期履行的，从规定的每次履行期间的最后一日起计算；法律文书未规定履行期间的，从法律文书生效之日起计算。

（4）申请执行的法律文书有给付内容，且执行标的和被执行人明确。此条件要求的给付

① 根据最高人民法院关于执行《中华人民共和国行政诉讼法》若干问题的解释（1999年11月24日最高人民法院审判委员会第1088次会议通过）法释〔2000〕8号司法解释文件第九十七条规定：“人民法院审理行政案件，除依照行政诉讼法和本解释外，可以参照民事诉讼的有关规定。”

内容通常包括物的给付，特定行为的作出、对特定人身的强制行为等，并且要明确何人何时给付何物（动产或是不动产，特定物或是种类物，物之价值、位置、数额等等具体事项）、何人何时作出何种特定行为、对何人之特定人身及强制行为种类、强制处所、强制期限等等有关执行标的的诸多具体事项。当然，只要有给付内容的生效行政判决书和裁定书、行政赔偿判决书和调解书，对执行标的和被执行人一般都是具体、明确的，只要申请人出具此法律文书并且准确提供或指认执行标的物或被执行人，便可成就此项条件。

至于被执行人发生变动，如公民之死亡，行政机关、法人或者其他组织之撤销、终止，或者执行标的发生变动，如被执行人转移、隐匿财产，申请执行人在申请执行时已经知道的可将其所知情况明确告知法院，申请时不知道已经发生被执行人或执行标的变动的，法院在事后不必强求申请执行人予以明确，而是应依职权对执行标的或被执行人发生的变动情况及时依法处置。

根据有关司法解释规定，申请执行人提供的执行标的确有错误，造成执行损害后果的，不由国家承担赔偿责任。这一规定的逻辑结论就是：应由申请执行人承担赔偿责任。

(5) 义务人在生效法律文书确定的期限内未履行义务。行政判决书和裁定书、行政赔偿判决书和调解书一经生效，义务人就应当在确定的期限内履行给付义务。逾期未履行义务的，此条件即已成就。至于义务人未履行有无正当理由，不应苛求申请执行人在申请时查明。

(6) 属于受申请执行的人民法院管辖。申请执行人应当按照前述的执行管辖规则向法院提交自己的执行申请。法院有义务提供正确引导，如遇申请执行人申请的法院有误，应及时告知其案之执行管辖法院，为其指点迷津成就此项条件。

以上申请执行的六项条件，必须同时具备，申请执行才能获法院的支持。人民法院对符合上述条件的申请，应当在七日内予以立案；不符合上述条件之一的，应当在七日内裁定不予受理。

2. 根据最高人民法院法释［1998］15号解释规定，申请执行应向法院提交下列文件和证件：

(1) 申请执行书。申请执行书应当写明申请执行的理由、事项、执行标的，以及申请执行人所了解的被执行人的财产状况或者财产线索。

申请执行人书写申请执行书确有困难的，可以口头提出申请。法院接待人员对口头申请应当制作笔录，由申请执行人签名或者盖章。外国一方当事人申请执行的，应当提交中文申请执行书。当事人所在国与我国缔结或共同参加的司法协助条约有特别规定的，按照条约规定办理。

申请执行人向人民法院提供被执行人财产线索的，人民法院应当在收到有关线索后尽快决定是否调查，决定不予调查的，应当告知申请执行人具体理由。人民法院根据申请执行人提供的线索或依职权调查被执行人财产状况的，应当在调查结束后及时将调查结果告知申请执行人。被执行人向人民法院申报财产的，人民法院应当在收到申报后及时将被执行人申报的财产状况告知申请执行人。

(2) 生效的法律文书副本。即申请执行人应当向法院提交执行根据。否则，法院执行丧失合法基础，从根本上导致执行错误构成行政司法的国家赔偿。

(3) 申请执行人的身份证明。公民个人申请的，应当出示居民身份证；法人申请的，应当提交法人营业执照副本和法定代表人身份证明；其他组织申请的，应当提交营业执照副本和主要负责人身份证明。行政机关申请的，应当提交有关法律、法规赋予其申请法院执行的权利的规定和法定代表人身份证明。

（4）继承人或权利承受人申请执行的，应当提交继承或承受权利的证明文件。

（5）其他应当提交的文件或证件。

3. 申请人申请法院强制执行，不预交执行申请费。

根据《诉讼费用交纳办法》第20条以及最高人民法院法发［2007］16号司法解释文件的规定，执行申请费不由申请人预交，执行申请费执行后交纳。因此，自2007年4月1日起（《诉讼费用交纳办法》实施），执行申请费由人民法院在执行生效法律文书确定的内容之外直接向被执行人收取，不由申请执行人预交或者在执行后交纳申请费。人民法院决定对被申请人司法救助的诉讼费用，按照司法救助案件的诉讼费用承担规定办理。

此外，根据最高人民法院法释〔2008〕13号司法解释文件规定，对人民法院采取财产保全措施的案件，申请执行人向采取保全措施的人民法院以外的其他有管辖权的人民法院申请执行的，采取保全措施的人民法院应当将保全的财产交执行法院处理。

（二）移送执行

这是指执行管辖法院的行政审判庭依照规定无须权利人申请，将生效的特定的行政判决书和裁定书、行政附带民事判决、裁定、调解书、制裁决定书等移送本院执行机构执行。

发生法律效力的行政判决、裁定，当事人必须履行。参照《民事诉讼法》第212条规定“一方拒绝履行的，对方当事人可以向人民法院申请执行，也可以由审判员移送执行员执行。”最高人民法院法释［1998］15号解释对此作了细化：“生效法律文书的执行，一般应当由当事人依法提出申请。发生法律效力的具有给付赡养费、扶养费、抚育费内容的法律文书、民事裁判决定书，以及刑事附带民事判决、裁定、调解书，由审判庭移送执行机构执行。”这一解释适用于民事、行政诉讼强制执行。就行政诉讼强制执行领域而言，根据这一解释之精神，我们认为，发生法律效力的具有给付抚恤金、社会保险金、最低生活保障费等内容的（即特定的）行政判决书、行政裁定书，由行政审判庭移交执行庭执行。鉴于有关司法解释确认了行政附带民事诉讼，因此可以认为，行政附带民事判决、裁定、调解书，以及法院在审理行政附带民事诉讼中对有民事违法行为的当事人作出的民事制裁决定书，由行政审判庭移送执行庭执行。此外，移送执行也应包括对妨害行政诉讼行为人的罚款、拘留决定书。

移送执行不同于申请执行，其条件是：（1）有权移送执行者须是承办案件的行政审判庭，并且行政审判庭移送执行时不以权利人提出申请为前提，如果遇有权利人提出执行申请，则按申请执行不按移送执行处理。（2）移送执行必须以审判人员已经知晓义务人拒绝自觉履行生效裁判及行政赔偿调解书为前提。如果义务人已经自觉履行其应尽义务的，则不得采用移送执行。（3）移送执行必须针对适宜情况采取，不可随心所欲。从司法实践看，一个案件是否需要移交执行，由审理该案的审判人员根据法律规定，结合案件实际情况以及当事人的情况而定。除了上述移送执行的范围外，我们认为，当审判人员察知被告拒绝履行生效行政裁判及行政赔偿调解书的情况时，应当及时采取移送执行。（4）移送执行必须按书面方式进行。由承办案件的审判员填写移送执行书，说明需要执行的事项，移送执行的理由，权利人及义务人、执行标的等有关情况，并报所在庭庭长或院长批准后，连同作为执行根据的法律文书一并交付执行机构予以执行。

（三）直接执行

这里所说的直接执行不是指执行方式中的直接执行，而是指执行开始方式，即指在行政案件审理过程中的财产保全和先予执行裁定由审判庭直接交由执行机构予以执行。

直接执行作为执行开始方式之一，不同于申请执行和移送执行。其特点是：(1) 直接执行是在审理行政案件过程中进行，且只限于财产保全和先予执行裁定。而不能扩大其执行范围。(2) 直接执行无须当事人申请，由作出财产保全、先予执行裁定的审判庭交由执行机构予以执行①，且不受当事人复议申请的阻却。

三、执行立案

执行立案，是指执行管辖法院对当事人申请执行和审判庭移送执行的案件，进行审查后作出受理决定从而正式开展执行工作。

申请执行和移送执行，都只是执行程序提起动因，但并不能决定或说正式启动执行工作，而仅仅是可能启动执行。可能变成现实的中间阶段，就是法院对申请执行或移送执行的审查。审查符合条件的即立案受理，可能就转化为现实；审查不符合条件又无法补正的，裁定不予受理，便可能无从成为现实。

执行立案是司法实务中在“立审分开”的同时所采取的“立执分开”体制的要求，目的在于纠正乱执行的不严肃现象，规范执行权正确行使，避免国家赔偿。根据1997年5月29日最高人民法院《关于立案工作的暂行规定》，执行案件的立案工作可参照本规定执行。这就是“立执分开”的合法依据。

执行立案，有以下要求：

1. 执行立案的机构应当是立案庭，而不是执行庭。因为，人民法院的立案工作由专门机构负责，这个立案包括执行案件的立案，执行庭只管执行，不管立案。因此，当事人申请执行和行政审判庭移送执行，都应当向执行管辖法院的立案庭递交申请执行书或移送执行书，接受立案庭的审查处理。

2. 执行立案的审查内容，是当事人的申请执行和行政审判庭的移送执行是否符合法定的条件。对于不符合条件且可以补正的，应通知申请执行人、行政审判庭在指定期限予以补正。

3. 执行立案审查后，对于符合法定条件的申请，决定立案；对于符合法定条件的移送，进行立案登记；对于不符合法定条件的申请或移送，裁定不予受理，或者不予立案登记。

4. 执行立案的法定期限为七日。执行管辖法院的立案庭应当在接受申请执行书和移送执行书之日起（如需补正的，从接受补正材料之日起）七日内作出立案受理或裁定不予受理、立案登记或不予立案登记的处理。

决定立案或进行立案登记后，立案庭应当在二日内将执行案件移送执行庭执行，并办理移交手续，注明移交日期，经审查后决定受理或立案登记的日期为执行案件的立案日期。

5. 对两个以上人民法院都有管辖权的执行案件，人民法院在立案前发现其他有管辖权的人民法院已经立案的，不得重复立案。立案后发现其他有管辖权的人民法院已经立案的，应当撤销案件；已经采取执行措施的，应当将控制的财产交先立案的执行法院处理。

---

① 在此需要说明，根据最高人民法院法释［1998］15号司法解释文件规定，人民法院在审理行政案件中作出的财产保全和先予执行裁定，由行政审判庭直接予以执行。但是，从2009年7月17日起，根据最高人民法院法发〔2009〕43号司法解释文件的明确规定，“实行严格的归口管理，明确行政非诉案件和行政诉讼案件的执行，财产保全、先予执行、财产刑等统一由执行机构负责实施。”因此，行政审判庭对财产保全和先予执行裁定不再直接予以执行。

6. 对立案异议（执行管辖）的处理。人民法院受理执行申请后，当事人对管辖权有异议的，应当自收到执行通知书之日起十日内提出。人民法院对当事人提出的异议，应当审查。异议成立的，应当撤销执行案件，并告知当事人向有管辖权的人民法院申请执行；异议不成立的，裁定驳回。当事人对裁定不服的，可以向上一级人民法院申请复议。管辖权异议审查和复议期间，不停止执行。

四、执行准备

执行准备，是指执行管辖法院的执行组织在接受执行提起，开始执行之后，采取强制执行措施之前进行的各种预备行为的总称。

执行准备，包括了解案情、通知执行义务人限期履行、选择执行措施与制定执行方案等行为：

1. 了解案情。这是指了解与案件执行有关的情况，而不是指了解被执行案件的审判情况。

了解案情，应围绕执行义务人和执行标的进行，其内容包括：了解和掌握执行义务人、执行标的的现实处所；执行义务人的履行能力及拒绝自觉履行义务的原因；执行义务人有无进行妨害执行的行为或迹象，是否存在必须采取紧急处置措施的情况；有无存在需要有关单位和个人协助执行或者委托有关人民法院代为执行的情况等等。调查了解案情，是做好执行工作的基础，应当认真负责进行，讲求实效。

根据有关司法解释规定，在对被执行人财产状况查明活动中执行庭有权：(1) 向被执行人、有关机关、社会团体、企业事业单位或者公民个人调查了解被执行人的财产状况，对调查所需的材料可以进行复制、抄录或者拍照，但应当依法保密。(2) 为了查明被执行人的财产状况和履行义务的能力，可以传唤被执行人或者被执行人的法定代表人或负责人到法院接受询问。(3) 被执行人拒绝按法院要求提供其有关财产状况的证据材料的，法院可以依法进行搜查。依法搜查时，对被执行人可能存放隐匿的财物及有关证据材料的处所、箱柜等，经责令被执行人开启后而不配合的，可以强制开启。

2. 通知被执行人限期履行义务。执行庭应当在收到立案庭移交申请执行书、移送执行书之日起三日内向被执行人发出执行通知书，责令其在指定的期间内履行法律文书确定的义务，逾期不履行的，强制执行。

这里应注意，参照《民事诉讼法》(2007 修正) 第 216 条之规定，如果发现被执行人不履行法律文书确定的义务，并有可能隐匿、转移、变卖、毁损财产等情形的，执行员可以立即采取强制执行措施。执行员立即采取强制执行措施的，可以同时或者自采取强制执行措施之日起三日内发送执行通知书。

执行通知书，应采法律规定的送达方式予以送达。在司法实践活动中，发出执行通知的同时还应注意加强法制教育，可以针对被执行人的思想、经济及履行能力情况，向他进行教育，促使其在限定期限内自觉履行。对那些拒绝履行而影响较坏的被执行的人，可以采取公告的形式予以通知，在被执行义务人的住所或人民法院公告栏或执行标的场所，张贴出有被执行人、执行标的、履行期限以及逾期拒不履行的后果等内容的公告，从而在被执行人所处的“小环境”中形成一种“不履行法定义务，法院就要动真格”的社会法制心理压力的“小气候”，这既有助于鞭策被执行人自觉履行义务，也有利于未来强制执行在公众的理解和舆论的支持下顺利地进行。

3. 选择执行措施，制定执行方案。在被执行人经通知、说服教育仍不自觉履行义务的情况发生后，必须坚定地采取强制执行措施，迫使被执行人履行他的法定义务。但是，采取强制执行措施应该谨慎从事，力求准确、适宜，避免滥用、错用。为此，必须在摸透案情、掌握被执行人思想动态的基础上，选择适宜的执行措施，制定切实可行的执行方案，准备强制执行。

选择执行措施的适宜性，一般包括以下几点：(1) 适宜被执行人的构成。当被执行人由原告方构成时，不宜选择针对被告方的执行措施，反之，当被告方为被执行人的，不宜采取针对原告方的执行措施。(2) 适宜执行标的及执行方式。对于不宜直接触动的执行标的，宜采用间接强制执行方式的执行措施，对于适于直接触动的执行标的，宜采用直接强制执行方式的执行措施。(3) 适宜案情现状及发展动态。既选择针对案情平和现状的执行措施，又预备或先行实施适宜案情激变发展动态的执行措施，比如，对隐匿财产者迅速进行依法搜查等，做到有备无患、处变不乱。

制定切实可行的执行方案，其内容要点是：(1) 案情及被执行人思想的概况；(2) 具体的强制执行对象与范围、方式；(3) 强制执行的具体措施；(4) 执行人员准备和物质准备；(5) 动员有关单位和群众协助执行；(6) 实施强制执行的时间、地点；(7) 强制执行秩序的维护与群体暴力抗法等不测事件的安全防范、应急措施；(8) 执行现场的法制宣传教育工作。

执行方案制订时，应发挥执行组织的集体智慧，重大问题应及时向庭、院领导请示汇报，求得支持。执行方案制订后，还应按规定办理执行证件，进行必要的准备活动。

五、执行实施

执行实施，是指执行组织在执行义务人违反执行通知，逾期拒绝履行的情况发生后，依法对其采取强制执行措施，迫使其履行义务的行为。

执行管辖法院可以亲自执行，也可以依法委托执行。

委托执行，是指执行管辖法院在不便于亲自执行的情况下，依法委托有关人民法院代为执行的司法协作行为。参照民事诉讼法规定，委托执行适用的情况有二：一是被执行人在外地，二是被执行财产在外地。只要有其中一情况就可采用委托执行。根据最高人民法院《关于加强和改进委托执行工作的若干规定》，委托执行适用情况是：(1) 被执行人或被执行的财产在本省、自治区、直辖市辖区以外的案件，除少数特殊情况下，应当委托执行。(2) 被执行人或被执行财产在本省、自治区、直辖市辖区内，需跨中级、基层法院辖区执行的案件，亦应以委托执行为主。(3) 直辖市内法院间跨辖区的执行案件以及设区的市跨辖区的执行案件，是否以委托执行为主，由各高级人民法院根据实际情况自行确定。

委托执行必须办理委托手续。执行管辖法院在委托被执行人和被执行财产所在地法院代为执行时，应当发送委托执行函件：一是委托函，其内容需写明被执行人的基本情况，被执行财产的名称、数量及具体地点，需代为执行的具体事项和要求；二是附送据以执行的生效行政裁判或行政赔偿调解书等法律文书。不得采取口头方式进行委托执行。受委托人民法院接到委托执行手续后，应当在15日内开始执行，不得拒绝。一般应当在30日内执行完毕，最迟应当在六个月内执行完毕。执行完毕后，应当将执行结果及时函复委托人民法院；在六个月内如果还未执行完毕，也应当将执行情况函告委托人民法院。这是受委托人民法院应当承担的法定义务。

执行实施，无论是亲自执行或是委托执行，法院在对被执行人采取行政诉讼强制执行措施时，必须遵循相应的法定程序。

对此，本章下一节将以被执行人的最初诉讼称谓为划分标准，分述这一问题。

第四节 行政诉讼强制执行措施及其适用程序

由于《行政诉讼法》第 65 条确立人民法院和有强制执行权的被告行政机关，都有权强制执行人民法院的生效行政裁判文书，因此，在执行措施方面，也与执行程序一样，在实际中分为由第一审法院采用的司法执行措施和由被告行政机关采用的行政执行措施。前一措施依行政诉讼法而运行，后一措施则依行政法而采用。

一、对原告的行政诉讼强制执行措施及其适用程序

作为原告的公民、法人和其他组织拒绝自觉履行人民法院的生效行政判决、裁定等法律文书规定义务的，作为被告的行政机关可以向第一审人民法院申请强制执行，或者依法强制执行。

（一）人民法院对原告人采取强制执行措施的程序

根据有关司法解释规定及参照民事诉讼法规定，对原告人可以采取的行政诉讼强制执行措施有：冻结、划拨存款，扣留、提取劳动收入，查封、扣押、冻结、拍卖、变卖财产，强制迁出房屋，强制拆除违章建筑，强制退出土地等。

1. 冻结、划拨存款

冻结、划拨存款就是在被执行人未按执行通知履行法律文书确定的义务时，人民法院依法冻结、划拨其应当履行义务部分的存款。冻结，是指人民法院通知与被执行人存款有关联的银行、信用合作社和其他有储蓄业务的单位（如邮局等），不准被执行人提取或者转移其存款的一种执行措施。划拨，是指人民法院通知与被执行人存款有关联的银行、信用合作社和其他有储蓄业务的单位，直接将被执行人应当履行义务部分的存款，划入执行权利人账户内的一种执行措施。这里注意，被执行人是公民的，应当先保留该公民及其所扶养家属的生活必需费用部分的存款。

冻结、划拨存款的程序是：(1) 查询存款情况。人民法院在采取冻结、划拨存款措施之前，根据案情需要，有权向银行、信用合作社和其他有储蓄业务的单位查询被执行人的存款情况。查询个人存款的，必须向银行提出法院的正式查询公函，并提供存款人的有关线索（如存款人的姓名、存款日期、金额等情况），经银行县、市支行或市分行区办一级核对，指定所属储蓄所提供资料。人民法院不得亲自到储蓄所查阅账册，对银行提供的存款情况，应保守秘密。查询企业事业单位、机关、团体的存款的，应当向银行出具正式公函，由银行行长（或其开户银行的营业所、信用社主任）指定具体的业务部门负责提供有关的情况和资料并派专人接待。查阅人对需要的资料可以抄录、复制或照相，但不能借走。人民法院对银行提供的资料应当保守秘密。(2) 裁定冻结、划拨。即在查询被执行人存款情况后，由执行员制作冻结、划拨存款裁定书，并由执行员、书记员署名，加盖人民法院印章。不得采用口头裁定方式。(3) 发出协助执行通知书，并附送冻结、划拨存款裁定书和据以执行的法律文书副本。接到协助执行通知的银行、信用社和其他有储蓄业务的单位必须办理。已被冻结款项的解冻，应以人民法院解冻通知为凭，银行等不得自行解冻，但人民法院冻结期限最长不超过六个月，有特殊原因需要延长的，法院应在到期前向银行办理继续冻结手续，逾期不办理该手续的，视为自动撤销冻结。

2. 扣留、提取劳动收入

这是被执行人未按执行通知履行法律文书确定义务的，人民法院针对其劳动收入（如工

资资金、劳务报酬、专利使用费等等）采取的执行措施。扣留，是指人民法院通知储存、支付被执行人劳动收入的单位（包括被执行人所在单位、银行、信用合作社、邮局以及其他应向被执行人支付劳动收入的单位等等），不准被执行人提取、转移其收入的一种执行措施。提取，是指人民法院将被执行人应当履行义务部分的劳动收入，从其储存、支付单位直接取出，以便交付执行权利人的一种执行措施。

扣留、提取劳动收入的程序是：（1）制作扣留、提取劳动收入裁定书。（2）发出协助执行通知书并附送扣留、提取裁定书以及据以执行的法律文书的副本。（3）接到协助扣留、提取劳动收入的单位必须办理。（4）应当优先保留被执行人及其所扶养家属的生活必要费用；扣留、提取的劳动收入不得超出被执行人应当履行义务的范围。

3. 查封、扣押、拍卖、变卖财产

这是被执行人未按执行通知履行法律文书确定的义务时，人民法院对其非货币的财产采取的执行措施。查封，是指人民法院对被执行人的财产贴上封条予以封存，不准转移、处理的一种执行措施。扣押，是指人民法院对被执行人的可流动的财产，予以扣留押管，不准转移、流动、处理的一种执行措施。拍卖，是指人民法院（通过有关单位如拍卖行等进行）将被执行人的已被查封、扣押的财产，预报出基本售价，由购买者公平竞争喊价完毕后，按最终的最高喊价确定成交，并将所得价金交付执行权利人的一种执行措施。变卖，是指人民法院对被执行人的财产强制出卖，并将所得价金支付执行权利人的一种执行措施。

查封、扣押、拍卖、变卖财产的程序是：（1）搜查财产。被执行人不履行法律文书确定的义务，并隐匿财产的，在采取查封、扣押、拍卖、变卖措施之前，人民法院有权发出搜查令（由院长签发），对被执行人及其住所或者财产隐匿地进行搜查。（2）裁定查封、扣押、拍卖、变卖被执行人的财产。裁定执行的财产不得超出被执行人应当履行义务的范围，并应优先保留被执行人及其所扶养家属的生活必需品。裁定须以书面方式作出，不得口头裁定。（3）通知到场。人民法院查封、扣押财产的，被执行人是公民的，应当通知被执行人或者他的成年家属到场；被执行人是法人或其他组织的，应当通知其法定代表人或者主要负责人到场。拒不到场的，不影响执行。被执行人是公民的，其工作单位或者财产所在地的基层组织（如居委会、村委会等）应当派人参加。（4）造具清单。对于查封、扣押的财产，执行员必须造具清单，由在场见证人签名或盖章后，交被执行人一份；被执行人是公民的，也可以将清单交给他的成年家属一份。（5）保管财产。被查封的财产，执行员可以指定（如系口头指定，应记入执行笔录）被执行人负责保管。因被执行人的过错造成的损失，由被执行人承担。（6）指令履行义务。财产被查封、扣押后，执行员应当责令被执行人在指定期间（该期间由执行员根据具体情况自主指定；口头指定的，须记入执行笔录备查）履行法律文书确定的义务。（7）拍卖、变卖财产。被执行人在指定期限仍不履行义务的，人民法院可以按规定交有关单位拍卖或者变卖被查封、扣押的财产。国家禁止自由买卖的物品（如黄金、白银、珠宝、历史珍贵文物、外币等），交有关单位按照国家规定的价格收购。

4. 强制迁出房屋、拆除违章建筑、退出土地。

这是在被执行人未按执行通知履行法律文书确定的义务时，人民法院针对其迁房行为、拆除行为、退地行为采取的执行措施。强制迁出房屋，是指人民法院对被执行人应当迁出的房屋（如被执行人违法建造的房屋、据国家建设规划应迁的房屋等等），强行搬物予以腾空的一种执行措施。强制拆除违章建筑，是指人民法院对被执行人应当拆除的违章建筑，强行拆卸的一种执行措施。强制退出土地，是指人民法院对被执行人应当退出的土地（包括非法占有的宅基地、耕地、基建地、林地、园林绿地、苗圃地、铁道护地等等)，强行清除、没收或变卖其地面建筑物和其他设施附着物，恢复土地被占前的原状态，并将土地交还执行权利人的一种执行措施。

强制迁出房屋、拆除违章建筑、退出土地的程序是：(1) 公告执行。被执行人未按执行通知履行法律文书确定义务的，由法院院长签发强制迁出房屋、拆除违章建筑、退出土地的公告，责令被执行人在公告指定期间内履行。法院的公告由院长签名，加盖人民法院印章，公开张贴于被执行人住所或应迁出房屋、应拆除违章建筑、应退出的土地所在地点。被执行人逾期不履行的，由执行员强制执行。(2) 通知到场。强制迁出房屋、拆除违章建筑、退出土地时，被执行人是公民的，应当通知被执行人或者他的成年家属到场；被执行人是法人或其他组织的，应当通知其法定代表人或者主要负责人到场。拒不到场的，不影响执行。被执行人是公民的，其工作单位或者房屋、土地所在地的基层组织应当派人参加。(3) 制作笔录、造具清单。执行员应当将强制执行情况记入笔录，由在场人签名或盖章。对搬迁的财物，执行员必须造具清单，由在场人签名或盖章后，交被执行人一份，被执行人是公民的，也可以交他的成年家属一份。(4) 交付财物。强制迁出房屋被搬出的财物，由人民法院派人运至指定处所，交给被执行人。被执行人是公民的，也可以交给他的成年家属。因拒绝接收而造成的损失，由被执行人承担。(5) 办理有关证明转移手续。在执行中，需要国土资源、房地产管理部门协助执行办理有关财产权证照（如土地使用许可证、房屋产权证等等）转移手续的，人民法院可以向该部门发出协助执行通知书（并须附送据以执行的法律文书副本），国土资源、房地产管理部门接到协助执行通知后应当按照人民法院的生效法律文书和协助执行通知书办理协助执行事项。国土资源、房地产管理部门在协助人民法院执行土地使用权、房屋时，不对生效法律文书和协助执行通知书进行实体审查。国土资源、房地产管理部门认为人民法院查封、预查封或者处理的土地、房屋权属错误的，可以向人民法院提出审查建议，但不应当停止办理协助执行事项。国土资源、房地产管理部门在协助执行人民法院确认土地、房屋权属的生效法律文书时，应当按照人民法院生效法律文书所确认的权利人办理土地、房屋权属变更、转移登记手续。国土资源、房地产管理部门依法协助人民法院执行时，除复制有关材料所必需的工本费外，不得向人民法院收取其他费用。登记过户的费用按照国家有关规定收取。

除上述司法解释规定的执行措施外，在司法实践中，人民法院还可以根据具体案情的需要，采取《民事诉讼法》规定的以下两项执行措施对原告人实施强制执行：

1. 遇有被执行人未按执行通知履行法律文书指定交付的财物或者票证，如被指定交付的出土文物、国家保护的野生动植物、应收回的税务票证、汽车准购证等义务时，人民法院可以参照《民事诉讼法》第 228 条规定，采取强制交付财物或票证的执行措施。其程序是：(1) 由执行员传唤双方当事人当面交付，或者由执行员转交，并由执行权利人签收。(2) 有关单位持有该项财物或者票证的，应当根据人民法院的协助执行通知书转交，并由执行权利人签收，有关公民持有该财物或者票证的，人民法院通知其交出。拒不交出的，强制执行。若该有关单位或公民在接到法院协助执行通知书后，协同被执行人转移财物或票证的，法院有权责令其限期追回；逾期未追回的，应当裁定其承担赔偿责任。(3) 对隐匿该项财物或者票证的被执行人及其住所或财物票证隐匿地，经法院院长签发搜查令后，人民法院有权予以强制搜查。

2. 遇有被执行人未按执行通知履行执行根据指定的行为，如限期治理水土流失的行为、恢复耕地种植条件的行为、重新安装其擅自拆除或闲置的防治污染设施的行为、恢复草原植被的行为等义务时，人民法院可以参照《民事诉讼法》第231条规定，采取强制完成法律文书指定行为的执行措施。其程序是：(1) 对于可以替代履行的行为，可以发出委托强制履行通知书，委托有关单位或者其他公民完成，因完成该行为发生的费用由被执行人承担，拒不承担的，可以强制执行。(2) 对于不能委托代为完成，只能由被执行人完成的行为，经教育，被执行人仍拒不履行的，人民法院应当按照妨害执行行为的有关规定处理，对其采取民事诉讼强制措施，根据情节轻重予以罚款、拘留；构成犯罪的，依法追究其拒不履行法院裁判罪等相应罪行的刑事责任。

（二）被告行政机关对原告采取强制执行措施

根据《行政诉讼法》第65条第二款规定，当原告人拒绝履行人民法院生效行政裁判时，被告行政机关除向第一审人民法院申请执行外，有权依法强制执行。这种权力的行使虽已应属于行政诉讼强制执行领域，但该权力产生于行政法，权力行使者是国家行政机关，因此，被告行政机关依法执行法院生效行政裁判，只依行政执行程序，不照搬司法执行程序，以便更为高效灵活一些。这里，应注意以下三点：

1. 能够对原告人实施行政诉讼强制执行的被告行政机关，必须只能是依照法律、法规的规定而享有行政强制执行职权的行政机关。目前看，公安、海关、税务、工商行政管理、物价、审计、外汇管理、银行、财政等行政机关都有一定的行政强制执行权力。依法不享有行政强制执行权的行政机关，不得自行对原告强制执行。在此须注意：(1) 行政法文件只赋予强制执行权，而未规定享有申请法院强制执行权的行政机关，必须只能对原告人依法强制执行。比如《治安管理处罚法》第103、107条规定，对被决定给予行政拘留处罚的人，由作出决定的公安机关送达拘留所执行。被处罚人不服行政拘留处罚决定，申请行政复议、提起行政诉讼的，可以向公安机关提出暂缓执行行政拘留的申请。公安机关认为暂缓执行行政拘留不致发生社会危险的，由被处罚人或者其近亲属提出符合本法第108条规定条件的担保人，或者按每日行政拘留二百元的标准交纳保证金，行政拘留的处罚决定暂缓执行。行政拘留处罚决定被人民法院生效判决维持的，原告拒绝到拘留所接受处罚的，被告公安机关直接依上述规定强制执行，而不得申请第一审法院强制执行。(2) 行政法文件既赋予强制执行权，又规定可以向法院申请执行的，被告行政机关只能选择其一，不能对原告搞重复执行。

2. 被告行政机关在对原告强制执行时，不受第一审法院执行局的领导、指挥，不采用诉讼法文件及司法解释规定的强制执行措施及程序，必须只能采取及遵守行政法文件规定的行政强制执行措施及程序：(1) 行政机关作出被诉具体行政行为所依据的行政法文件，对执行措施及程序有特别规定的，应首先遵照执行。例如海关实施处罚依据的是《海关法》，故在原告拒绝履行法院维持海关处罚的生效裁判、海关决定依法强制执行时，就应采取《海关法》特别规定的执行措施予以执行，“将其保证金没收或者将其被扣留的货物、物品、运输工具变价抵缴。”(2) 行政机关作出被诉具体行政行为所依据的行政法文件，对执行措施及程序规定不全或未有规定而只赋予强制执行权的，被告行政机关在对原告强制执行时，应当采取和遵守全国人大或人大常委会制定或者国务院发布的统一的行政强制执行法律或行政法规规定的措施及程序。

3. 被告行政机关对原告的强制执行，既是落实人民法院的生效行政判决、裁定，又是落实被诉具体行政行为的效力，具有双重性质。由此而决定了：(1) 行政机关对原告的强制执行，必须以人民法院作出维持被诉具体行政行为的裁判已经生效、且原告已逾裁判确定期限仍不履行义务为前提。倘若法院裁判尚未生效或者原告已在自觉履行生效裁判，则不得进行强制执行。(2) 行政机关对原告的强制执行，只能以实现法院裁判维持的被诉具体行政行为确定事项为满足，倘若超出法院裁判维持的范围，或者在执行中违反行政法文件规定，给原告合法权益造成损害的，应当承担行政侵权赔偿责任；原告认为行政机关是违法进行强制执行侵犯其合法权益的，可以向人民法院提起新的行政诉讼。(3) 在行政机关对原告的强制执行依法、正确实施完毕后，据以执行的人民法院原生效裁判经审判监督程序而被撤销的，原已实施完毕的执行即丧失效力，行政机关应当自觉按人民法院发出的执行回转裁定书向原告返还执行所获的财产、权益及有关执行的费用；拒不返还的，由人民法院对其进行反向强制执行。但是因行政机关（并无过错地）进行原执行活动使原告合法权益受损失的，则由作出原据以执行的维持被诉具体行政行为的原生效裁判的人民法院依法承担国家司法赔偿责任。

二、对被告的行政诉讼强制执行措施及其适用程序

依法治国，建设社会主义法治国家，其核心内容之一是建立和健全依法行使权力的制约机制和监督机制。因此，被告败诉以后，同样必须自觉履行人民法院生效行政裁判等法律文书确定的义务。否则，人民法院有权对其采取强制执行，并且不以原告提出执行申请为必要前提。

鉴于被告是国家行政权力的持有主体，需妥善处理司法权与行政权的关系，以确保有利于原告的法院生效裁判等法律文书顺畅落实。《行政诉讼法》第 65 条第三款明确规定，第一审法院可以采取划拨存款、罚款、提出司法建议、追究刑事责任等执行措施来对拒绝履行法院生效行政裁判等法律文书的被告行政机关实施强制执行。

（一）划拨存款

这是在被告未按执行通知履行法律文书确定的向原告归还罚款或给付赔偿金的义务时，人民法院通过其开户银行划拨其账户内存款，直接落实原告合法权益的一种执行措施。这里应注意：划拨存款措施有其特定性，即只能适应对于被告拒不履行归还罚款及给付赔偿金这两项义务的强制执行，不得适用于对被告拒不履行其他义务，比如归还扣押财产、给付抚恤金等义务的强制执行。否则，即属违法执行行为。

划拨存款的程序是：(1) 查询存款情况。人民法院在被告未按执行通知履行法律文书确定的归还罚款、给付赔偿金义务时，有权按照规定向有关银行查询被告的存款情况，但不得超出其应当履行义务的范围。(2) 作出划拨存款裁定书。裁定书由执行员制作，执行员、书记员署名，加盖人民法院印章。在裁定划拨时应注意：①只能裁定划拨被告的账户存款，②只能裁定划拨被告应当归还的罚款或者应当给付的赔偿金等额的存款，不得裁定划拨超出被告应当归还、给付范围外的款项（如罚款的利息等等）。(3) 通知银行划拨。人民法院裁定划拨后，应向被告开户银行发出协助执行通知书，并附送划拨存款裁定书以及据以执行的法律文书的副本。接到通知的银行必须按法院要求划拨被告账户内存款，不得无故推诿、拒绝或妨碍执行，否则将导致行政诉讼强制措施对其适用。

（二）罚款

这是人民法院对未按执行通知所指定的期限履行法律文书确定义务的被告，剥夺其一定金钱所有权，鞭策其履行义务的一种执行措施。被告在规定期限内不履行的，从期满之日起，对其按日处五十元至一百元的罚款。对此，应把握三点：(1) 此处所谓“规定期限”，应是人民法院执行通知所指定的履行期限，而不是生效行政判决、裁定等执行根据的法律文

书规定的履行期限。因为罚款措施必须只能在执行通知未能奏效时才能采取，若提前采取，既有“不教而诛”之弊，又不利于协调审判权与行政权的关系。（2）所谓“从期满之日起”，也就是从法院执行通知指定的履行期限届满之日起；若法院执行通知是指定分期履行义务的，则从指定的每次履行期限届满之日起计算。（3）罚款以日为单位实行累计，直到被告行政机关履行法律文书确定义务之日为止；日罚款数额只能在五十元以上、一百元以下的法定幅度内，根据具体案情选择，一经确定具体的日罚款数，便不得随意变更。

罚款的程序：（1）作出罚款裁定书。由于对被告未按法院执行通知履行法律文书确定义务实施的罚款，并非行政诉讼强制措施而是行政诉讼强制执行措施，因此应由执行员制作罚款裁定书（而不是罚款决定书），写明具体的罚款原因、起算日期、日罚款金额，以及再次催促被告履行义务等内容。（2）办理批准手续。由于罚款措施是对被告剥夺一定金额的所有权的执行罚方法，因此为慎重、稳妥起见，应报请人民法院院长审核批准，并由院长在罚款裁定书上署名，加盖人民法院印章。（3）送达执行。罚款裁定书送达当事人后立即生效执行。其间可以允许被罚款的被告申请复议一次，但不停止执行。（4）罚款上缴国库。罚款措施以鞭策被告履行义务为目的，在被告履行法院生效裁判等法律文书确定的义务完毕之日，罚款措施即实施终了。但是对于执行罚款措施所收款项，不得因被告被罚后履行了义务而予以退回，应当按财政部制定的有关罚没财物处理规定办理。

（三）提出司法建议

司法建议，是指人民法院对于不宜直接采用司法手段来解决的那些与案件的起诉、审判及执行有关的问题，向有关机关或单位提出应当依照法纪及时予以解决的合理化建议。司法建议，早在我国20世纪50年代中期便已产生，最先由司法部于1956年7月13日致湖南省司法厅的《关于法院在审理案件中如发现某单位在工作中存在缺点时不要用“个别裁定”应用“建议书”的批复》作出明确规定。目前，司法建议已经成为人民法院参加社会治安综合治理，参与经济、政治体制改革、发挥司法功能维护社会稳定的一种重要方式。我国《行政诉讼法》首次在基本法文件中，肯定了司法建议，并使之成为一项正式的行政诉讼强制执行措施，具有法律上的强制力。这反映在该法第65条第三款第（三）项规定中：行政机关拒绝履行判决、裁定的，“向该行政机关的上一级行政机关或者监察、人事机关提出司法建议。接受司法建议的机关，根据有关规定进行处理，并将处理情况告知人民法院。”

提出司法建议的程序是：（1）作出司法建议书。在被告未按执行通知履行法律文书确定义务时，由执行员制作司法建议书，其内容应写明被告行使职权的事实及有关证据，通报被告及其法定代表人、直接责任人员违反法纪以及拒绝自觉履行法院生效行政裁判等法律文书确定义务的情况，建议接受司法建议的机关对违反法纪者给予行政处分，督促被告尽快履行其义务。至于给予什么处分或哪一种处分，建议书中不宜提出，因为行政处分权由行政权力持有主体行使，如何处分乃是行政权力持有主体依照有关规定研究后确定的，法院不应越俎代庖。（2）办理司法建议批准手续。为确保司法建议这一执行措施的使用质量与威信，司法建议书应经法院院长批准并署名，加盖人民法院印章。（3）送达司法建议书及其相关证明文书。司法建议书应送达与被告存在着行政领导隶属及监督关系的行政权力持有主体，包括其上一级主管部门、所属的本级政府，以及同级或上一级的行政监察机关、人事机关。同时，应当附送执行通知书和据以执行的行政裁判等法律文书的副本作为参考。接受司法建议的行政权力持有主体，应当按照相关法律、法规、规章的规定，对违法乱纪的被告的主管人员和直接责任人员进行惩处，追究其行政法律责任；同时，应当采用行政手段（如发出指示命令、提出监察建议等等）促使被告尽快履行人民法院生效行政裁判等法律文书确定的义务。（4）告知司法建议处理情况。接受司法建议的行政权力持有主体，应当将其处理情况及时函告提出司法建议的人民法院。（5）执行法院应当适时了解司法建议的协助执行结果，不能发出司法建议书就算了事，注意对以下几种情况的处置：①如果采取司法建议措施而被告仍拒绝履行其义务的，人民法院应及时对被告采用相关的其他执行措施；②如果接受司法建议的行政权力持有主体不予采纳该建议，不作任何处理的，人民法院认为有必要的，可以向该机关的上级领导机关予以通报，建议敦促解决；③鉴于接受司法建议的机关在行政实体法上居于行政权力主体的地位，但在行政诉讼法上居于协助执行人的地位，因此，如果接受司法建议的行政权力持有主体，对司法建议措施无故推托、公然抵制或抗拒，或者怂恿被告行政机关严重阻碍法院生效行政裁判等法律文书落实，为被告的违法行径撑腰鼓劲，造成不良社会影响的，人民法院应当认定其构成妨害行政诉讼的行为，应当对其采取适宜的行政诉讼强制措施予以坚决制止、排除，还可以参照《民事诉讼法》第103条规定，对负有义务协助执行的单位（即接受司法建议的机关）拒绝协助执行的，人民法院除责令该单位履行协助义务外，可以对其主要负责人或者直接责任人员予以罚款；对仍不履行协助义务的，可以予以拘留；并可以向监察机关或者有关机关提出予以纪律处分的司法建议。

（四）追究刑事责任

根据《行政诉讼法》第65条第三款第（四）项规定，被告行政机关拒绝履行判决、裁定等法律文书，情节严重构成犯罪的，第一审人民法院应当依法追究其主管人员和直接责任人员的刑事责任。这既是行政诉讼强制执行措施中最为严厉的一种执行措施，同时又是对刑事犯罪行为的惩处。

理解这一规定，应当注意：（1）追究刑事责任，一般是指追究刑法规定的“拒不执行判决、裁定罪”的刑事责任。但是，在法院生效行政裁判是撤销限制人身自由的行政强制措施，或者行政拘留的处罚决定，而被告拒不履行，仍继续对胜诉原告的人身加以羁押管制，情节严重构成犯罪的，其主管人员和直接责任人员就不仅会被追究拒不执行判决、裁定罪的刑事责任，而且还会被追究非法拘禁罪、非法管制罪的刑事责任。（2）追究刑事责任，并不能免除被告应当履行的法院生效行政裁判所确定的义务。原主管人员和直接责任人员被依法定罪服刑后，被告仍然应当履行原生效行政裁判的义务，而不能以已承担刑事责任为折抵理由。否则，人民法院仍可采取相应强制执行措施，鞭策其履行。

追究刑事责任的程序：（1）人民法院直接受理抗拒执行判决、裁定案的，应采取自诉案件的诉讼程序追究刑事责任。即由胜诉原告为自诉人向人民法院刑庭提起刑事自诉，请求追究被告主管人员和直接责任人员拒不履行判决、裁定罪的刑事责任，由人民法院按自诉案件审查立案、依法审判。（2）在同时还需要追究非法拘禁罪、非法管制罪刑事责任的情况下，人民法院则不能直接受理，而应按公诉案件的诉讼程序追究刑事责任。即由执行员将有关追究被告主管人员和直接责任人员的全部材料移送同级检察机关立案侦查、提起公诉后，再由人民法院审理判决。

行政诉讼法针对被告拒绝履行生效行政裁判等法律文书确定的义务而设置的上述四项执行措施，第一审人民法院应当很好地理解、把握。在行政诉讼强制执行实践中，为了确保对被告顺利进行强制执行，第一审法院根据案件的具体情况，可以单独也可以合并采用，但应严格遵守各项执行措施的适用程序。

（五）限制出境，在征信系统记录、通过媒体公布不履行义务信息

除行政诉讼法规定的上述四项执行措施外，我们认为，鉴于司法公正应当是“看得见的公正”，司法高效应当是“能感受的高效”，司法权威应当是“被认同的权威”，根据依法行政、政府信息公开和审判执行公开原则，人民法院可以参照《民事诉讼法》第231条以及最高人民法院法释〔2008〕13号司法解释文件规定，在对拒绝履行法院生效裁判等法律文书的被告行政机关进行强制执行过程中，被执行人顽固不履行法律文书确定的义务的，人民法院可以对其法定代表人、主要负责人或者影响义务履行的直接责任人员采取或者通知有关单位协助采取限制出境，在征信系统记录、通过媒体公布不履行义务信息以及法律规定的其他措施。

对被执行人限制出境的，应当由申请执行人向执行法院提出书面申请；必要时，执行法院可以依职权决定。在限制出境期间，被执行人履行法律文书确定的全部义务的，执行法院应当及时解除限制出境措施；被执行人提供充分、有效的担保或者申请执行人同意的，可以解除限制出境措施。执行法院可以依职权或者依申请执行人的申请，将被执行人不履行法律文书确定义务的信息，通过报纸、广播、电视、互联网等媒体公布。媒体公布的有关费用，由被执行人负担；申请执行人申请在媒体公布的，应当垫付有关费用。

目前，最高人民法院为推进社会信用体系建设，切实解决执行难问题，促进被执行人自动履行生效法律文书确定的义务，保障公民、法人和其他组织依法获取执行案件信息，充分发挥执行案件信息对人民群众生产生活和社会经济活动的服务作用，参照《中华人民共和国政府信息公开条例》，从2009年3月30日起向社会开通“全国法院被执行人信息查询”平台。全国法院被执行人信息查询平台是最高人民法院集中全国法院录入的执行案件信息数据后，通过最高人民法院网站统一向社会提供被执行人信息查询的网络平台。被执行人信息由执行法院录入和审核，社会各界通过该平台可查询全国法院（不包括军事法院）2007年1月1日以后新收及此前未结的执行实施案件的被执行人信息。这是举全国法院执行之力借助信用惩戒手段促使被执行人自动履行义务。

第五节 执行和解、暂缓执行、中止执行与终结执行

一、执行和解

执行和解，是指执行法院在对行政赔偿事项（以及行政附带民事判决、裁定、调解书）强制执行过程中，执行权利人与被执行人自愿就行政赔偿义务内容的履行达成谅解和让步的协议，从而暂停行政诉讼强制执行程序的一种执行制度。

执行和解，构成要件有四：

1. 执行和解必须是在执行程序中双方当事人完全自愿的真实意思表示。自愿和解即指当事人是在不受对方和其他人的威胁、欺诈、胁迫以及不在自己重大误解的情况下所作的和解意思表示。

2. 执行和解，一般只适用于对行政侵权赔偿事项的裁判或调解书的执行，对其他行政裁判的执行则不适用。值得注意，法院对于群体性行政争议案件的审判及执行过程都要促使当事人达成和解。根据最高人民法院《关于妥善处理群体性行政案件的通知法》（法［2006］316号）要求，执行法院积极探索以和解方式解决群体性行政争议机制。对于群体件行政争议案件，要尽可能通过协调方式加以解决。在依法进行合法性审查的基础上，对行政行为违法或者明显不合理、不适当，符合和解条件的案件，根据当事人自愿，积极做好协调工作，

促使当事人达成诉讼和解，以达到消除矛盾、减少对抗、定分止争、案结事了的效果。

3. 执行和解，原则上不得违反行政法律、法规的规定，不得损害国家、集体和他人合法权益。

4. 执行和解，应当达成和解协议。参照《民事诉讼法》及司法解释的有关规定，在对行政赔偿事项执行中，双方当事人自行和解达成书面协议的，执行员应将和解协议副本附卷；无书面协议的，执行员应当将和解协议内容记入笔录，并由双方当事人签名或者盖章。

具备上述要件的和解协议，具有中止执行时效的效力。当事人之间达成的和解协议合法有效并已履行完毕的，法院作执行结案处理。一方当事人不履行和解协议或者反悔的，人民法院可以根据对方当事人的申请，恢复对原生效行政赔偿裁判或调解书的执行。如果和解协议已履行完毕，当事人又申请按原生效法律文书执行的，人民法院应不予准许。

二、暂缓执行

暂缓执行，是指在执行过程中，因出现执行担保或委托执行中的特定事项处理等情况，法院临时停止已进行的执行活动。

暂缓执行有两种情况：

1. 因执行担保而暂缓执行。执行担保，是指在执行中，被执行人确有暂时困难，缺乏履行义务能力，向执行法院提出担保，并经申请执行人同意的，法院决定暂缓执行及暂缓执行的期限；若被执行人逾期仍不履行义务的，法院有权执行担保财产的一种执行制度。

在行政诉讼领域，执行担保可以适用于有关财物为执行标的的执行案件之中。

执行担保应当具备三个条件：①被执行人须向法院提供担保。可以由被执行人向法院提供财产作担保，也可以由第三人出面作担保。被执行人或其担保人以财产向法院提供执行担保的，应当依据《担保法》的有关规定，按照担保物的种类、性质，将担保物移交执行法院，或者依法到有关机关办理登记手续。②经申请执行人同意。若被执行人提出执行担保，须征询申请执行人意见，取得同意，以利维护申请执行人的既决权利和利益。③执行法院决定暂缓执行及暂缓执行的期限。若已属委托执行后遇到因执行担保而需要暂缓执行的，则由受委托法院决定暂缓执行及暂缓执行的期限。如果担保是有期的，暂缓执行的期限应与担保期限一致，但最长不得超过一年，不得无限期拖延下去。

在暂缓执行期间，法院不得对被执行人采取强制执行措施，但被执行人应当自觉履行义务。被执行人或担保人对担保的财产在暂缓执行期间有转移、隐藏、变卖、毁损等行为的，法院可以随时恢复强制执行。

在暂缓执行期间结束（届满）后，被执行人仍不履行义务的，法院可以直接执行担保财产，或者裁定执行担保人的财产，但应以被执行人应当履行义务部分为限。

2. 因委托执行中的特定事项处理而暂缓执行。在委托执行中，由于受托法院是依委托法院之委托手续进行强制执行的，因而司法解释规定有些委托执行中的特定事项需要由受托法院转交委托法院处理，故在受托法院等候委托法院处理通知期间，需要暂缓执行。

因委托执行中的特定事项需要处理而暂缓执行适用于以下情况：(1) 受托法院遇有需要中止或终结执行的情况，应当及时函告委托法院，由委托法院作出裁定，在此期间，受托法院可以暂缓执行。因为，受托法院不得自行裁定中止或者终结执行。(2) 委托执行中，案外人对据以执行的生效法律文书指定交付的执行标的提出异议的，受托法院应当及时将该书面异议转交委托法院及时作出中止执行或者驳回异议的裁定，并通知受托法院，在此处理期间，受托法院暂缓执行。(3) 在委托执行中，受托法院发现据以执行的生效法律文书有明显错误，如予执行将造成严重后果的，应当首先对被执行人的财产采取查封、扣押、冻结等措施，然后将书面意见及时转交作出生效法律文书的法院处理。作出该法律文书的法院应自收到受托法院的书面意见后两个月内作出答复，受托法院应当按照此书面答复意见执行。超过2个月未作答复的，受托法院可以将执行案件退回委托法院，并抄告其上级法院。在此转交、等待答复处理期间，受托法院暂缓执行。

三、中止执行

中止执行，是指在执行过程中因出现法定特殊情形而暂时停止执行，在该情形消失后再继续执行。

根据有关司法解释的规定，有下列情形之一的，人民法院应当裁定中止执行：

1. 申请人表示可以延期执行的。此处所谓“延期执行”，是指人民法院将在原定的执行期限内要进行的执行活动，推迟到重新确定的执行期限内进行。延期执行并非是不能在原定期限内进行，而是从被执行人方便的角度来考虑另定执行期限以便圆满地执行。例如，被执行人在原定执行期限内合法外出，但经一定时期可返回参加执行的，就可以对其延期执行即重新确定在其返回后的一定期限内才予执行。此外，被执行人在原定执行期限内若被执行则会产生一些临时性困难，如应退出的土地上再过几天蔬菜就要有所收成，若予强行退出，则义务人会多增加负担等情形的，就可以对其延期执行即重新确定在其临时困难解决后的一定期限内才予执行，如待其蔬菜收成后的另定执行期限内才予强制退出土地等等。延期执行虽然是从方便被执行人参加执行的角度来考虑的，但是由于执行本身同时也是对执行权利人的合法权益或合法行政落实，特别是在因执行权利人申请执行的行为而提起执行程序的情况下更是以保障权利人合法权益或依法行政的切实落实为显著目标，因此，可否延期执行，还必须考虑申请人的意愿：(1) 如果申请人不同意或者不表示可以延期执行的，就不得延期执行；(2) 如果申请人表示（应以书面表示，有困难可以口头表示，由执行员记入笔录、申请人签名或盖章后加以固定）可以延期执行的，才可以延期执行。否则，势必损害申请人的合法权益或依法行政的落实。

有权表示可以延期执行的申请人，既包括提出执行申请的胜诉原告，也包括提出执行申请的胜诉被告行政机关。有学者认为后者不能表示可以延期执行，理由是行政机关无处分其法定职权的权力。我们认为，作为执行申请人的行政权力持有主体表示可以延期执行，乃是其应有诉讼权利之一，并不是处分其法定职权，相反是为了更加顺畅落实其法定职权。因此，在司法实践中，不应当禁止行政权力持有主体行使这一权利。

由于延期执行一旦成立就涉及原定执行效力的暂时中止，因此，在申请人表示可以延期执行后，人民法院应当裁定中止在原定执行期限内进行的执行活动，等待重新确定的执行期限到来后才恢复执行。

2. 案外人对执行标的提出确有理由的异议的。这是指在执行异议理由成立的情况下，经执行员报院长批准，裁定中止对案外人有异议的执行标的的执行活动。但是，这不能中止或者妨碍对案外人无异议的或者虽有异议但理由不成立的执行标的的执行活动。

3. 作为一方当事人的公民死亡，需要等待继承人继承权利或者承担义务的。在执行过程中，作为执行权利人的公民死亡的，需要等待其继承人继承权利后再作为执行权利人参加执行，此为执行权利主体资格的转移；作为执行义务人的公民死亡的，也需要等待其继承人（在继承权利的同时）承担义务后作为执行义务人参加执行，这是执行义务主体资格的转移。由于解决继承权利或承担义务问题需要一定时间才能完成，因此人民法院也需相应的裁定中止执行活动，等待新的执行权利人或者执行义务人确定之后才恢复执行。这里应注意的是，作为执行义务人的公民死亡后，只是在其对财物、行为这两类执行标的负有义务的执行中，才能由其继承人（在继承其权利的同时）承担其义务，并作为新的执行义务人参加执行；至于那些对人身类执行标的负有义务的公民死亡后，则只能终结执行，不能发生由其继承人承担人身方面的义务而作为新的执行义务人参加执行。因为人身的义务不能转移，只能因人身消亡而随之消亡。

4. 作为一方当事人的法人或者其他组织终止，尚未确定权利义务承受人的。作为执行权利人的法人或者其他组织的终止，发生由其权利承受人替代其参加执行的权利人资格转移；作为执行义务人的法人或者其他组织的终止，则导致由其义务承受者替换其参加执行的义务人资格转移，由于法人或者其他组织终止的原因复杂（包括依法被撤销、解散，依法宣告破产、兼并、分立等等），其权利承受人或义务承受人的确定必需相当一段时间，因此，在尚未确定其权利义务承受人之前，人民法院应当裁定中止执行。

5. 人民法院认为应当中止执行的其他情形。除上述四种情形外，人民法院还享有中止执行的自由裁量权，以适应执行实践中的复杂情况。通常认为有以下情形的，人民法院便可裁定中止执行：①作为一方当事人的行政权力持有主体因行政体制改革而被撤销、合并，尚未确定继续行使其职权的行政权力持有主体的。②作为执行根据的生效行政裁判和行政赔偿调解书，被人民检察院提出再审抗诉的，或者上级法院已作出提审或指令再审决定，本法院审判委员会已依法提起审判监督程序决定进行再审的。③执行义务人下落不明，又无财产可供执行的。④据以执行的法律文书与正在审理或执行的另一案件有关联，需要等待或合并执行的。⑤变卖或拍卖的财产长期不能出售，执行权利人也不愿按价接受该项财产的。⑥行政机关作出的具体行政行为侵犯公民、法人或者其他组织的合法权益造成损害的，根据《行政诉讼法》第68条的规定，应由作出具体行政行为的行政机关负责赔偿。如果负责赔偿的行政机关暂无执行能力，应当中止执行，待中止的情形消失后，恢复执行。等等。

中止执行的案件，原则上实行合议制，经合议庭讨论决定后，报分管领导审批，或由执行人员提出，经分管领导审批。中止执行，由执行员制作裁定书，写明中止执行的理由和法律依据，由执行员、书记员署名，加盖人民法院印章。因按照审判监督程序决定再审的案件，对原判决中止执行的裁定书，则由法院院长署名，加盖人民法院印章。

中止执行裁定书，送达双方当事人后立即生效，不得提起上诉。裁定中止执行的案件在送达裁定书时，执行人员必须耐心做好申请执行人的思想疏导工作，向其阐明中止执行的原因及相关法律规定，消除不满情绪。

中止执行的情形消失后，执行法院可以根据当事人的申请或依职权恢复执行，并应当书面通知当事人，原中止执行裁定书的效力自然消失。

四、终结执行

终结执行，是指在执行过程中，因出现某种法定情形而致执行活动无法或无必要继续进行的，依法结束并且不再恢复执行工作。

根据有关司法解释规定，有下列情形之一的，人民法院应当裁定终结执行：

1. 申请人撤销申请的。申请执行的当事人，无论是原告或是被告，无论以口头或书面方式自愿提出撤销申请，不再要求人民法院强制执行，人民法院审查后，认为没有违反或规避法律规定的，应立即裁定终结执行。

2. 据以执行的法律文书被撤销的。在此种情形出现后，执行的基础已经丧失，无法继续下去，应即裁定终结执行，等待执行回转。

3. 作为被执行人的公民死亡，无遗产可供执行，又无义务承担人的。在执行过程中，作为被执行人的公民死亡时，除属于以人身为执行标的的执行应即终结外，首先应采取中止执行。在查清其既无遗产可供执行，又无义务承受人取代其参加执行时，确定继续执行已无可能，应当裁定终结执行。

4. 追索抚恤金、社会保险金、最低生活保障费案件的权利人死亡的，由于获得行政物质帮助的权利，与法律确定的权利人的人身不可分割，因此在执行过程中，执行权利人死亡，此种权利即消亡，不发生向其他任何人转让、继承问题，相应的，被执行人也因此而依法解除支付义务；因此，人民法院已没有必要继续进行强制执行活动，应当裁定终结执行。但原已追索到的救助费用不予执行回转。

5. 人民法院认为应当终结执行的其他情形。实践中，一般多是在裁定中止执行后，经过相当一段时期，仍然无法恢复执行，且又需要消除因中止执行而产生的不必要的行政管理真空状态时，裁定终结执行。比如，作为执行权利人的公民死亡，法人或者其他组织终止，经裁定中止执行以后，因确无新的权利承受人取代其权利人资格而无法恢复执行的，人民法院应当裁定终结执行，以消除行政管理的真空状态。

终结执行，由执行员制作裁定书，记明终结执行的情形、依据，由执行员、书记员署名，加盖人民法院印章。终结执行裁定书，送达当事人后立即生效，不得提出上诉。除了据以执行的法律文书被撤销的情形可能发生执行回转之外，在终结执行裁定生效以前的人民法院已经进行的执行活动不失却其既定效力。

第六节　执行结案、执行救济与执行监督

一、执行结案

执行结案，是指执行管辖法院依法定程序，完成了对生效法律文书执行工作后，全部终结执行程序。

（一）执行结案的期限

执行结案的期限，依司法解释规定，被执行人有财产可供执行的案件，一般应当在立案之日起 6 个月内执结，非诉执行案件一般应当在立案之日起 3 个月内执结。但是下列期间不计入办案期限：（1）公告送达执行法律文书的期间；（2）暂缓执行的期间；（3）中止执行的期间；（4）就法律适用问题向上级法院请示的期间；（5）与其他法院发生执行争议报请共同的上级法院协调处理的期间。

有特殊情况需延长执行期限的，应当报请本院院长或副院长批准。申请延长执行期限的，应当在期限届满前 5 日内提出。

（二）执行结案的方式

就行政诉讼强制执行而言，执行结案，具有下列方式之一即可：

1. 裁定不予执行。
2. 生效法律文书确定的内容全部执行完毕。
3. 当事人之间达成执行和解协议并已履行完毕。
4. 裁定终结执行。

上述四种方式均可导致执行程序结束，其中，第一种方式是立案庭经过审查，对不符合申请执行条件且无法修正的执行申请，作出不予执行的裁定后，本案即行结案。第二种方式

是全部执行实施完结；第三种方式是执行实施先行当事人和解后继而完结；第四种方式是执行过程中因法定情况出现而难以继续执行而完结。

我们认为，执行结案是执行程序结束的法律标志，应有裁定书的形式为结案标示。对于第一、四种方式，执行法院的这两份裁定书足以标示，不必作出执行结案裁定书；第二种方式，执行法院应当作出结案裁定书；第三种方式，当事人之间达成的和解协议合法有效并已履行完毕的，人民法院作执行结案处理。执行法院可以作出结案裁定书。执行结案裁定书，应当记明执行当事人情况，执行根据、执行法院执行过程概况、执行结束时间等事项内容，由执行员、书记员签名，加盖执行法院印章，并送达执行当事人。

（三）执行积案的结案标准

执行法院遇有执行积案未了的结案事宜，应当按照 2009 年 3 月 19 日中央政法委、最高人民法院发布的《关于规范集中清理执行积案结案标准的通知》（法发［2009］15 号）的规定处理。

（四）执行结案的手续与法律后果

执行结案，执行员应当结清办妥执行费用承担、手续，整理所有执行文件材料，制作执行结案报告并办理结案审批手续后，全部执行案卷材料装订归档保存。

执行结案，产生相应的停止执行活动不再采取具体执行措施终结执行程序的法律后果。

二、执行救济

执行救济，是法律为防范执行法院的强制执行行为侵害案外人或当事人的合法权益而特设的一种保护、补救制度。包括：执行异议、执行回转。

（一）执行异议

执行异议，是指在执行过程中，案外人对执行标的主张自己的权利，要求纠正执行错误。案外人异议实质是对执行标的的归属发生争议，人民法院审查案外人异议涉及对该争议的处理，对人民法院的审查应当给予救济途径，否则有可能损害案外人或者当事人的合法权益。

执行异议的条件：(1) 只能由案外人提起，被执行人无权提起执行异议。案外人，须是与执行标的有利害关系亦即其法律利益因法院强制执行错误而遭损失的被执行人以外的人。(2) 异议的内容只能是案外人对执行标的主张自己全部或者部分所有权，而不能仅仅是指责法院执行标的有错误。(3) 异议的形式，一般要求应当以书面形式向执行法院提出，并提供相应的证据。提出书面异议确有困难的，可以允许以口头形式提出，由执行法院记录在案。(4) 异议的时间，应当在执行过程之中提出执行异议。若执行结案后发现案外人财产被执行的，案外人可请求司法赔偿。

执行异议一经案外人提出后，执行法院应进行审查，委托执行的受托法院则进行依法审查处理或者转交委托法院处理。审查期间，可以对财产采取查封、扣押、冻结等保全措施，但不得进行处分。尚在实行的处分措施应当停止。

执行异议，由执行员依法定程序进行审查。根据最高人民法院 2006 年 12 月 31 日发布的《关于人民法院办理执行案件若干期限的规定》（自 2007 年 1 月 1 日起施行），对执行异议的审查，承办人应当在收到异议材料及执行案卷后 15 日内提出审查处理意见。对执行异议的审查需进行听证的，合议庭应当在决定听证后 10 日内组织异议人、申请执行人、被执行人及其他利害关系人进行听证。我们认为，听证审查执行异议的基本程序应是：在听证日前 3 日指定听证时间、听证地点并通知异议人、申请执行人、被执行人及其他利害关系人到场；在听证期日，由异议人陈述异议，出示证明异议主张的证据，并允许被执行人、申请执行人询问、质证及与异议人互相辩论异议是否成立，最后以异议人作最后陈述结束听证。

承办人应当在听证结束后5日内提出审查处理意见。对执行异议的审查，人民法院一般应当在1个月内办理完毕。需延长期限的，承办人应当在期限届满前3日内提出申请。

执行员依法定程序审查后的处理：（1）经审查认为案外人的异议理由不成立的，裁定驳回其异议，继续执行。（2）案外人提出异议的执行标的物是据以执行的生效法律文书指定交付的特定物，经审查认为案外人异议理由成立的，报经院长批准，裁定对生效法律文书中该项内容中止执行。（3）执行标的物不属据以执行的生效法律文书指定交付的特定物，经审查案外人异议理由成立的，报经院长批准，裁定停止对该标的物的执行。已经采取的执行措施应当裁定立即解除或撤销，并将该标的物交还案外人。（4）对案外人的执行异议一时难以确定理由是否成立，案外人已提供确实有效的担保的，可以解除查封、扣押措施。申请执行人提供确实有效的担保的，可以继续执行。因提供担保而解除查封、扣押或者继续执行有错误，给对方造成损失的，应裁定以担保的财产予以赔偿。（5）如果发现据以执行的行政判决书、行政裁定书、行政赔偿判决书和调解书，以及行政附带民事裁判文书等生效法律文书确有错误，按照审判监督程序处理。按照审判监督程序提审或再审的案件，执行庭根据上级法院或本院作出的中止执行裁定书中止执行。再审中，案外人应作为有独立请求权的第三人参加再审之诉。再审后，法院认为案外人异议理由不能成立的，应当恢复执行程序，反之，则变更原生效裁判等法律文书，裁定终结执行。

执行员对案外人就执行标的提出的异议不依法审查和处理，造成案外人财产损失的，根据最高人民法院《人民法院执行工作纪律处分办法（试行）》给予警告至记大过处分；造成严重后果的，给予降级至开除处分。

（二）执行回转

执行回转，是指在执行中或者执行完毕后，因出现法定原因而改变已经执行完毕的状况，将已被执行的对象，恢复到执行前的原来状态。

执行回转，是对已经执行完毕的部分或全部执行活动效力的否定，是对错误的原生效行政裁判等法律文书实施结果的纠正，是对原被执行人的不该承受义务的解脱，以及对原执行权利人的不该获得权利的追索。

因此，执行回转必须符合以下条件，方为有效：

1. 原生效的行政裁判等法律文书已经执行部分或全部完毕，执行对象的原来状态已经全部或者部分被执行行为所变动。如果尚未执行即告终结，或者执行终结前执行对象仍保持原状，则不产生执行回转。

2. 原生效的行政裁判等法律文书已经被依法产生的新的相关法律文书撤销或变更。如果尚未被明令撤销或变更，仅是在审议是否撤销或变更的，也不产生执行回转。

3. 原执行机构必须发出执行回转的裁定书。执行回转裁定书，由执行员根据具体案情制作，写明执行回转的原因、根据、内容事项、要求，由执行员、书记员署名，加盖人民法院印章，送达当事人。

4. 必须在原执行权利人拒绝履行执行回转裁定时，才能采取强制执行措施完成执行回转。

执行回转裁定书送达当事人后立即生效，原已完毕的执行工作丧失效力。原执行权利人应当自觉履行执行回转的裁定，把已经从执行之中获得的财产、权益（比如已到手的罚款、行政赔偿金、抚恤金、许可证、执照等等），返还原执行义务人。否则，原执行权利人就转化为执行回转的义务人，原被执行人则转化为执行回转的权利人，可以请求执行法院采取强制执行措施，将已被执行的对象，恢复到原执行前的状态，完成执行回转。

应当注意，在执行回转成立之后，执行法院应当立即向原被执行人返回以下财产：（1）在原执行活动中通过采取罚款措施而获取的执行罚款；（2）在原执行活动完毕后向原被执行人收取的执行费用；（3）在原执行活动中因采取强制搬迁财物运至法院指定处所后原被执行人拒绝接收而造成的财物损失金额款；（4）在执行回转时，已执行的标的物是特定物的，应当退还原物。不能退还原物的，可以折价抵偿。

执行回转，应当重新立案，适用执行程序的有关规定。

以上所述的行政诉讼强制执行程序，只限于人民法院进行行政诉讼强制执行应遵循的司法执行程序。

三、执行监督

执行监督，是指当事人、人民法院、人民检察院以及社会各界对人民法院的行政诉讼强制执行行为的合法性进行监督审查，并对执行违法情况予以纠正的制度。

（一）执行当事人、利害关系人“书面异议”的监督

为了依法及时有效地执行生效法律文书，维护当事人的合法权益，参照《民事诉讼法》第202条以及最高人民法院法释〔2008〕13号司法解释文件的规定，当事人、利害关系人认为人民法院执行员的执行行为违反法律规定的，可以向负责执行的人民法院提出书面异议。

执行法院应当自收到当事人、利害关系人书面异议之日起15日内审查，理由成立的，裁定撤销或者改正执行员的违法执行行为；理由不成立的，裁定驳回。

当事人、利害关系人对裁定不服的，可以自裁定送达之日起10日内向上一级人民法院申请复议（应当采取书面形式申请复议）。当事人、利害关系人申请复议的书面材料，可以通过执行法院转交，执行法院收到复议申请后，应当在5日内将复议所需的案卷材料报送上一级人民法院；也可以直接向执行法院的上一级人民法院提交，上一级人民法院收到复议申请后，应当通知执行法院在5日内报送复议所需的案卷材料。

上一级人民法院对当事人、利害关系人的复议申请，应当组成合议庭自收到复议申请之日起30日内审查完毕，并作出裁定。有特殊情况需要延长的，经本院院长批准，可以延长，延长的期限不得超过30日。

执行异议审查和复议期间，不停止执行。被执行人、利害关系人提供充分、有效的担保请求停止相应处分措施的，人民法院可以准许；申请执行人提供充分、有效的担保请求继续执行的，应当继续执行。

（二）执行法院的内部监督

执行法院内部监督主要体现在以下几方面：

1. 执行法院把强化执行监督制约机制作为长效机制建设。主要是：（1）按照分权制衡的原则对执行权进行科学配置，对执行实施的重点环节和关键节点进行风险防范。（2）加大上级法院对下级法院的监督力度，建立上级法院执行局和本院质效管理部门对执行错案和瑕疵案件的分析和责任倒查制度。（3）上级法院撤销或改变下级法院裁定或决定时，要附带对案件进行责任分析。本院质效管理部门发现执行案件存在问题的，也要进行责任分析。

2. 执行法院实行执行公开，抓好执行公开制度的贯彻落实：（1）自觉接受执行各方当

事人的监督，建立执行立案阶段发放廉政监督卡或者执行监督卡、送达执行文书时公布或告知举报电话、当事人正当参与执行等制度。（2）利用信息化手段和网络增强执行工作透明度，严禁暗箱操作，切实保障当事人的知情权、参与权、监督权，预防徇私枉法、权钱交易、违法干预办案等问题的发生，确保执行公正。（3）拓宽监督渠道，主动接受社会各界对执行工作的监督。完善党委、人大、舆论等各类监督机制，探索人民陪审员和执行监督员参与执行工作的办法和途径，提高执行的公信力。

3. 执行法院加强内部监控机制：（1）在执行机构配备廉政监察员，加大执行中容易产生腐败的重点环节的监督力度；（2）加强对执行人员的职业道德教育、权力观教育和警示教育；（3）规范执行人员与当事人、律师的交往，细化岗位职责，强化工作管理措施，化解廉政风险；（4）建立顺畅的举报、检举、控告渠道和强有力的违法违纪行为的查纠机制，确保最高人民法院“五个严禁”规定[①]在执行工作中得到全面贯彻。

4. 人民法院工作人员在执行工作中，故意违反有关法律、法规，或者因过失违反有关法律、法规造成严重后果的，应当依照最高人民法院《人民法院执行工作纪律处分办法（试行）》或者有关法律的规定及其程序进行严肃处理。

（三）人民检察院的监督

《行政诉讼法》第10条规定：“人民检察院有权对行政诉讼实行法律监督。”这是人民检察院对行政诉讼执行活动享有法律监督权的基本法律依据。因此，我们认为，执行法院的同级人民检察院应当对执行法院进行的行政诉讼强制执行活动实行法律监督。比如，在四川境内，根据四川省人大常委会《关于加强人民检察院对诉讼活动的法律监督工作的决议（2009年5月27日）》精神要求，全省各级人民检察院应当坚持执法为民，紧紧抓住侵害人民群众利益、影响执法和司法公正的突出问题（如执行难等），进一步加强对诉讼活动全过程的法律监督。促进行政机关公正执法和司法机关公正司法，切实维护人民群众的合法权益。全省各级人民法院应当严格依照法定权限和程序行使职权，自觉接受并积极配合人民检察院的法律监督。对人民检察院的纠正违法执行通知和检察建议，应当认真研究并及时反馈相关情况。确有违纪违法执行情形的，应当坚决纠正，并针对问题健全制度和改进执行工作，做好违纪违法行为的预防工作。

实践中，人民检察院可以通过以下方式实施对行政诉讼强制执行监督：

1. 纠正违法执行通知。对于执行法院的执行员在行政诉讼强制执行活动中的较严重的程序违法行为，检察机关有权发出《纠正违法通知书》，要求执行法院限时纠正。对于执行当事人或者有关协助执行单位在行政诉讼强制执行活动中的违法行为，特别是被告行政机关的强制执行行为违法的，检察机关也可适用纠正违法通知的方式予以监督。接受纠正违法通知的组织或个人，应当在指定时间内把违法执行的纠正情况反馈给检察院。

2. 提出检察建议。检察建议是对执行法院在行政诉讼强制执行活动中存在的一般性的程序性错误或者其他问题提出改进建议的一种法律监督方式。检察院应当制作《检察建议书》提出执行法院应予纠正或改进的问题事项。执行法院对人民检察院针对行政诉讼强制执

---

① 2009年1月8日最高人民法院举行新闻发布会，向社会各界公布了规范法院工作人员严格、公正、文明执法的“五个严禁”，以便主动接受社会各界和广大人民群众的监督。这“五个严禁”规定是：一、严禁接受案件当事人及相关人员的请客送礼；二、严禁违反规定与律师进行不正当交往；三、严禁插手过问他人办理的案件；四、严禁在委托评估、拍卖等活动中徇私舞弊；五、严禁泄露审判工作秘密。人民法院工作人员凡违反上述规定，依纪依法追究纪律责任直至刑事责任。从事审判、执行工作的，一律调离审判、执行岗位。

行活动中存在的问题发出的检察建议，应当认真研究解决并及时回复

3. 再审建议。地方各级检察院民事行政检察部门收到当事人、案外人申诉后经依法审查认为作为执行根据的同级法院生效裁判文书确有错误的，可由本检察院直接向同级法院发出启动审判监督程序再审的检察建议。同级法院再审结束时应当将再审结果反馈该检察院。该同级法院不接受再审建议的，该检察院可按照行政诉讼法及有关司法解释文件规定提请上一级检察院实施再审抗诉。

4. 追究执行人员贪污受贿、徇私舞弊、枉法裁判的刑事责任。人民检察院履行法律监督职责的强力手段之一就是对于发生在包括行政诉讼强制执行活动在内的各个领域里的职务犯罪依法立案侦查、依法提起公诉，制裁职务犯罪行为。实践证明，近年来出现的从最高人民法院到地方各级法院一部分执行局局长或分管副院长因执行腐败窝案暴露而纷纷落马的情况①，明确揭示了执行权力运行中的权钱交易等司法腐败往往是违法执行现象产生的重要因素。因此，检察院在监督行政诉讼强制执行活动过程中发现法官、执行员有贪污受贿、徇私舞弊、枉法裁判线索的，应及时初查、依法立案、侦查直至提起公诉，以遏制审判及执行中司法腐败现象，强化对诉讼活动全过程的法律监督。

---

① 如，2008 年最高人民法院原副院长黄松有以及被外界称为“中国第一执行局长”的广东省高级法院执行局原局长杨贤才因执行腐败窝案而被揭露。2007 年 3 月，四川省检察院披露，四川省高级法院执行局原局长罗书平及成都市中级法院执行局原局长王卫平等人，因采取指定异地法院执行、中止执行、接受律师请托在案件执行中给予帮助等手段，在诉讼当事人申请执行、烂尾楼工程复工和拍卖中谋取利益而被查办。2008 年 1 月 4 日，深圳中级法院分管执行等的原副院长裴洪泉因受贿及巨额财产来源不明罪，被判处无期徒刑，其主要犯罪事实也是与深圳中院原执行局执行二处处长等其他 4 名负责执行的法官，在拍卖过程中私自收受钱款，从而引发窝案。2002 年 8 月 8 日，成都市中院对乐山市市中区法院原院长傅应明挪用公款、滥用职权案，该法院执行局原副局长、执行庭原庭长李乔和执行庭原审判员谢洪宇滥用职权案作出有罪量刑判决。另见，记者陈虹伟、实习生王峰：《盘点法院“落马”执行局长》法制日报周末 2009－07－21。

第二十一章 非讼行政强制执行

第一节 非讼行政强制执行概述

一、非讼行政强制执行的概念

非讼行政强制执行，又称非诉具体行政行为的执行或对具体行政行为的强制执行，是指公民、法人或其他组织对具体行政行为在法定期限内不提起诉讼又不履行的，作出具体行政行为的行政机关或法律法规授权组织（以下均称：行政机关）以及该具体行政行为的受益人，依法申请人民法院强制或者行政机关自己依法强制该公民、法人或其他组织履行该具体行政行为所确定义务。

二、非讼行政强制执行的执行机关和"执行双轨制"

《行政诉讼法》第 66 条规定："公民、法人或者其他组织对具体行政行为在法定期限内不提起诉讼又不履行的，行政机关可以申请人民法院强制执行，或者依法强制执行。"这一规定，从其与该法第 65 条同章（即"第八章执行"）设置看，确立了非讼行政强制执行与行政诉讼强制执行并存于《行政诉讼法》之中的"执行双轨制"；从其规范结构看，确立了非讼行政强制执行的执行机关和"执行双轨制"：

1. 司法强制执行。即人民法院为非讼行政强制执行的执行机关。由人民法院依行政机关等的申请，并按照司法执行程序进行的非讼行政强制执行。

2. 行政强制执行（或行政执行）。即行政机关为非讼行政强制执行的执行机关。由行政机关依法定权力，并按照行政执行程序进行的非讼行政强制执行。

三、非讼行政强制执行的法律渊源

非讼行政强制执行的法律渊源，包括：

1. 《行政诉讼法》对非讼行政强制执行的规定。即《行政诉讼法》第 66 条，但该条规定还太简陋，故在立法的新规定出台之前，需进一步结合行政法和司法解释的有关规定才能做好非讼行政强制执行。

2. 其他法律、法规对非讼行政强制执行的规定。如，根据 2004 年 8 月第十届全国人大常委会第 11 次会议修正的《土地管理法》第 83 条规定，县级以上人民政府土地行政主管部门依照本法规定，责令限期拆除在非法占用的土地上新建的建筑物和其他设施的，建设单位或者个人必须立即停止施工，自行拆除；对继续施工的，作出处罚决定的机关有权制止。建设单位或者个人对责令限期拆除的行政处罚决定不服的，可以在接到责令限期拆除决定之日起 15 日内，向人民法院起诉；期满不起诉又不自行拆除的，由作出处罚决定的机关依法申请人民法院强制执行，费用由违法者承担。此外，《行政复议法》第 33 条、《行政处罚法》第 51 条、《商标法》第 50、53 条、《人口与计划生育法》第 41 条、《城市规划法》第 42 条、《海关法》第 93 条、《海关行政处罚实施条例》（2004 年国务院令第 420 号发布）第 60 条（三）之规定、《土地管理法实施条例》（1998 年国务院令第 256 号发布）第 35、36、45 条，等等，都是非讼行政强制执行的法律规范渊源。

3. 最高人民法院对非讼行政强制执行的司法解释。比如，《最高人民法院关于人民法院执行工作若干问题的规定（试行）》（法释［1998］15 号）第 2、13、14 条等，以及《最高人民法院关于执行〈中华人民共和国行政诉讼法〉若干问题的解释》（法释〔2000〕8 号）第 86 条等涉及非讼行政强制执行的法院执行机构职责、管辖、申请、立案、执行事宜的有关规定。

4. 行政规章对非讼行政强制执行的规定。如，《中国银行业监督管理委员会行政复议办法》第 34 条、《气象行政复议办法》第 30 条、《广播电影电视行政复议办法》第 24 条、《中国保险监督管理委员会行政复议办法》第 31 条、《土地权属争议调查处理办法》第 31 条、《国土资源行政复议规定》第 48 条等也有对非讼行政强制执行的规定。

四、非讼行政强制执行与行政诉讼强制执行的区别与联系

（一）非讼行政强制执行与行政诉讼强制执行的区别之处在于：

1. 执行根据不同。非讼行政强制执行的根据，是行政机关对社会进行公共行政管理过程中，依职权作出的生效具体行政行为（包括对相对人的处理、处罚决定，对平等主体纠纷的居间裁决决定）；行政诉讼强制执行的根据，是人民法院审理行政案件后，依法作出的生效行政判决、裁定、调解书等法律文书。

2. 申请执行人、被执行人的范围不同。非讼行政强制执行的申请执行人，是作出具体行政行为的行政机关或具体行政行为的行政受益人（即根据该具体行政行为享有权利的公民、法人或者其他组织，包括行政机关居间裁决确定的权利人或者其继承人、权利承受人），而行政诉讼强制执行的申请执行人，是胜诉的原告或者是胜诉的被告；非讼行政强制执行的被执行人，是处于行政管理相对人地位的公民、法人或者其他组织，或者是平等主体纠纷中的一方当事人（即不履行行政机关居间裁决的义务人）；行政诉讼强制执行的被执行人，既可以是作为原告人的公民、法人或其他组织，也可以是作为被告人的行政机关。

3. 执行的前提不同。非讼行政强制执行以公民、法人或者其他组织对具体行政行为在法定期限内既不起诉又不履行为必要前提；行政诉讼强制执行的必要前提，是原告或被告在诉讼中败诉后拒不自觉履行人民法院的生效裁判等法律文书确定的义务。

由于存在上述区别，因此不应将非讼行政强制执行与行政诉讼强制执行混为一谈。

（二）非讼行政强制执行与行政诉讼强制执行的联系

当然，非讼行政强制执行与行政诉讼强制执行并非毫不相干，在人民法院的生效行政裁判是维持被诉具体行政行为，而原告人拒绝履行时，对原告人的行政诉讼强制执行，在实际内容上就无异于非讼行政强制执行，亦即两者都是在强制公民、法人或者其他组织履行具体行政行为规定的内容。同时，对原告人的行政诉讼强制执行的执行机关，也同于非讼行政强制执行的执行机关，即都包括人民法院和有法定行政执行权的行政机关。正因为有这些联系，所以《行政诉讼法》在“执行”一章中规定了行政诉讼强制执行之后，又明确规定了非讼行政强制执行，以保障行政机关有效地行使行政管理职权。

五、非讼行政强制执行的执行根据

《行政诉讼法》第 66 条对非讼行政强制执行的执行根据做了概括性规定，即：公民、法人或其他组织在法定期限内不提起诉讼又不履行的具体行政行为。

这里的法定期限，既包括《行政诉讼法》规定原告起诉的法定期限，也包括具体行政行为所依据的法律规范性文件规定的法定期限。有后者规定的法定期限，就不照前者的法定期限；没有后者规定的，则适用《行政诉讼法》的法定期限。具体行政行为作出后，只要公民、法人或其他组织在法定期限内不提起诉讼又不履行，就可以作为非讼行政强制执行的根据。但也不是一切具体行政行为都能够成为非讼行政强制执行的根据。《行政诉讼法》第 66

条的概括性规定还需要加以细化，以利于实践操作。

结合有关法律和司法解释规定，可以成为非讼行政强制执行的执行根据的具体行政行为包括：

1. 行政执法中的行政决定

行政决定，是指行政机关在履行公共管理职能活动中，就特定行政相对人所作的实际影响其权利、义务的具体行政执法行为。包括针对特定公民、法人或者其他组织所作的限制其人身自由、冻结、查封、扣押其财产的行政强制措施以及罚款等依法应由人民法院执行的行政处罚决定、责令停止侵权行为、补偿金钱等行政处理决定。

2. 行政司法中的行政裁决

行政司法，是指行政机关根据法律、法规的授权，就与其公共管理职能相关的发生在平等主体（即公民、法人或其他组织）之间的民事争议，以公正第三者的身份处理双方民事权利、义务的行政行为。包括，行政调解，行政仲裁和行政裁决。对于行政调解和行政仲裁通常走民事诉讼救济途径，而对于行政裁决，则走行政诉讼救济途径或通过非讼行政强制执行实现。

行政裁决，又称行政居间裁决，是指行政机关根据法律、法规的授权，以公正第三者的身份处理平等主体之间的民事争议所作出的具有强制性的行政司法行为。简言之，即行政机关根据法律的授权对平等主体之间民事争议作出的裁决。包括：行政机关对平等主体之间的侵权损害赔偿纠纷、财产补偿争议、自然资源或财产所有权、使用权的权属纠纷所作的裁决或处理决定等。行政裁决通常使用“责令”等强制性语词。如：根据 2000 年 8 月 25 日第九届全国人大常委会第 17 次会议修正的《专利法》第 57 条规定，未经专利权人许可，实施其专利，即侵犯其专利权，引起纠纷的，由当事人协商解决；不愿协商或者协商不成的，专利权人或者利害关系人可以向人民法院起诉，也可以请求管理专利工作的部门处理。管理专利工作的部门处理时，认定侵权行为成立的，可以责令侵权人立即停止侵权行为，当事人不服的，可以自收到处理通知之日起 15 日内依照《行政诉讼法》向人民法院起诉；侵权人期满不起诉又不停止侵权行为的，管理专利工作的部门可以申请人民法院强制执行。

这里注意：（1）行政机关对民事纠纷的没有强制力的居间处理行为（如调解处理等），不可以成为非讼行政强制执行的根据。比如，根据《治安管理处罚法》第 9 条规定，对于因民间纠纷引起的打架斗殴或者损毁他人财物等违反治安管理行为，情节较轻的，公安机关可以调解处理。经公安机关调解，当事人达成协议的，不予处罚。经调解未达成协议或者达成协议后不履行的，公安机关应当依照本法的规定对违反治安管理行为人给予处罚，并告知当事人可以就民事争议依法向人民法院提起民事诉讼。公安机关对当事人赔偿损失或者负担医疗费用调解处理而制作的调解笔录或者达成赔偿损失和负担医疗费用的调解协议，不可成为非讼行政强制执行的根据。

（2）有的居间处理决定，依法不能成为非讼行政强制执行的根据。比如，《土地管理法》第 16 条规定：“土地所有权和使用权争议，由当事人协商解决；协商不成的，由人民政府处理。单位之间的争议，由县级以上人民政府处理；个人之间、个人与单位之间的争议，由乡级人民政府或者县级以上人民政府处理。当事人对有关人民政府的处理决定不服的，可以自接到处理决定通知之日起三十日内，向人民法院起诉。在土地所有权和使用权争议解决前，任何一方不得改变土地利用现状。”这表明，对于当事人之间的土地所有权和使用权争议，经当事人协商解决不成又经有关人民政府处理仍未了结的，归人民法院（司法最终）解决，而乡级人民政府或者县级以上人民政府对土地所有权和使用权争议所作出的居间处理决定，不成为非讼行政强制执行的根据。

(3) 为有效化解行政管理活动中发生的各类矛盾纠纷，人民法院应当根据《最高人民法院关于建立健全诉讼与非诉讼相衔接的矛盾纠纷解决机制的若干意见》(法发〔2009〕45号) 第8条的规定，鼓励和支持行政机关依当事人申请或者依职权进行调解、裁决或者依法作出其他处理。调解、裁决或者依法作出的其他处理具有法律效力。行政机关依法对民事纠纷进行调处后达成的有民事权利义务内容的调解协议或者作出的其他不属于可诉具体行政行为的处理，经双方当事人签字或者盖章后，具有民事合同性质，法律另有规定的除外。当事人不服行政机关对平等主体之间民事争议所作的调解、裁决或者其他处理，以对方当事人为被告就原争议向人民法院起诉的，由人民法院作为民事案件受理。法律或司法解释明确规定作为行政案件受理的，人民法院在对行政行为进行审查时，可对其中的民事争议一并审理，并在作出行政判决的同时，依法对当事人之间的民事争议一并作出民事判决。

六、非讼行政强制执行的原则

这里所述的是人民法院进行非讼行政强制执行的原则。主要包括：

(一) 人民法院依照法律规定对非讼具体行政行为行使合法性审查权和执行权不受任何行政机关、社会团体和个人的干涉

非诉讼行政案件的执行工作是人民法院执行工作的一个重要组成部分，人民法院对申请来院执行的非讼具体行政行为行使合法性审查权和执行权，是《行政诉讼法》和其他法律所授予的权力，必须独立依法行使。当前，随着社会政治、经济的快速发展，人民对政府要求的提高，以及依法行政对政府工作提出的本质要求，行政机关申请人民法院强制执行生效的具体行政行为的非诉行政执行案件数量较大，且有不断增加的趋势，法院所面临的压力非常大，对非讼具体行政行为审查执行中存在许多新情况、新问题，也存在不少不规范甚至违法的做法，需要加强探索，纠正不规范的做法，尽快实现规范化。为保证依法、独立和公正地对非讼具体行政行为行使合法性审查权和执行权，有关司法解释文件将这两项权力分别规定由法院内部的两个独立机构执掌：立案庭负责对非讼具体行政行为行使合法性审查，执行局负责对审查合法的非讼具体行政行为予以强制执行。申请执行的行政机关或受益人对于人民法院依法作出的审查结论和不予强制执行的裁定，被申请执行人对于人民法院的强制执行裁定，都应当接受和服从。包括申请执行的行政机关在内的任何行政机关、社会团体和个人，只能配合、协助法院对非诉具体行政行为的审查与执行，而不得进行各种形式的干扰、妨碍、破坏。

(二) 非讼具体行政行为的合法性审查原则

对具体行政行为合法性审查和对具体行政行为的强制执行，是人民法院对非讼具体行政行为执行工作的两个主要环节和重点内容。对具体行政行为的合法性审查是进入强制执行前的必经程序，这是非诉讼行政案件的特点所决定的，因为，与被法院生效裁判所维持的具体行政行为不同，非讼具体行政行为未经行政诉讼程序的司法审查，可能存在违法与合法行为并存的状态。若执行之前不予审查，就有可能盲目执行那些不合法的非讼具体行政行为，造成对行政机关违法行政的庇佑和对行政相对人合法权益的侵害，人民法院有必要经过合法性审查将不合法的行政行为杜绝在强制执行的门外，防止造成对行政相对人合法权益的侵害，危害人民法院和政府的形象。

对非诉具体行政行为合法性，应当由行政审判庭依法组成合议庭进行审查。要准确把握

非诉具体行政行为合法性审查的“度”。非诉具体行政行为与行政诉讼在合法性审查上应当有不同的要求，不能等量齐观。要积极探索审查非诉行政执行案件的新途径。

（三）执行依照法定程序进行原则

人民法院的专门执行机构在进行非讼行政强制执行的过程中，必须严格遵守法定程序，即执行活动要依法进行。依法的含义有三：一是要符合实体法；二是要符合行政诉讼法关于执行程序的规定；三是符合法定机关针对非讼行政强制执行问题作出的规定、解释等。比如，执行要有执行根据，不管是人民法院的活动还是行政机关及相对人参加活动也罢，离不开引起执行的根据，没有执行根据就难以确定执行什么，也难以确定采取何种执行措施。一般说来，人民法院进行非讼行政强制执行的法定程序可归纳如下：首先，应书面通知被申请人限期履行具体行政行为，逾期仍不履行的，则制定强制执行方案，办理强制执行手续。如果强制执行需要有关部门协助的，应送达协助执行通知书；其次，强制执行所采用的具体措施的种类和实施方式应为法定；最后，人民法院在执行任务完成后，应将案卷材料整理归档，并结清各种手续、清单和费用，并书面通知申请强制执行的执行机关。

（四）说服教育与强制执行相结合原则

人民法院在非讼行政强制执行实践中，应始终坚持说服教育与强制执行相结合的原则，两者要协调统一。

首先，强制执行是人民法院非讼行政强制执行工作的根本点。我国《行政诉讼法》第66条和有关法律、法规对逾期不起诉又拒不履行具体行政行为的公民、法人和其他组织采取非讼行政强制执行的明确规定，以及法定的各项强制执行措施，既然体现了法律的威严，又是完成执行任务的根本保证。

其次，人民法院进行非讼行政强制执行工作，不能不问情由，不能动辄使用、滥用强制执行手段，必须以丰富的法律知识与法学理论水平及良好说服能力，在强制执行之前，对被执行人进行说服教育。一方面，对被执行人进行“动之以情，晓之以理”的法制宣讲，疏散被执行人和部分群众的抵触情绪，开导、劝说、督促被执行人主动履行具体行政行为的义务；另一方面，要明确地向被执行人说明主动履行之利和无理抗拒之害，适当施加压力，即以行使一定强制力的现实可能性来迫使被执行人不得不从事某种行为，或者至少使被执行人不敢采取过激举动来对抗执行机关强制执行活动。在非讼行政强制执行工作中，人民法院要对出现的问题及时分析，查找原因，研究解决问题的对策。被执行人和群众反映的意见和问题，要按照国家法律法规和有关规定，结合当地执行工作实际情况，妥善解决；一时不能解决的，要耐心做好宣传、解释和疏导工作，化解矛盾。对执行所得受益标准偏低、执行所得补偿数额不足、被执行人生活无出路的，要及时向当地人民政府汇报，采取补救措施。

同时，人民法院的说服教育也不能脱离强制执行，不能对被执行人只说服等待而导致无限期拖延执行工作。经过说服教育，行政行为相对人自动履行的，人民法院即可结案。人民法院对近期有能力履行，态度中肯能如期履行义务的，就不要采取强制执行措施，反之，对经说服教育仍然不听，总强调客观原因不履行的，或无理哄闹甚至违法抗拒的，应及时采取强制措施予以强制执行。但在非讼行政强制执行过程中，仍应做好法制教育使其变消极为积极，配合执行或放弃对抗。

（五）公正、文明执行原则

《辞源》对于公正的解释是：“不偏私，正直”，公正带有明显的“价值取向”，它所侧重的是社会的“基本价值取向”，并且强调这种价值取向的正当性。而在现代汉语中，文明是指一种社会进步状态，与“野蛮”一词相对立。执行的公正与文明与否直接关系着法律的权威与正义，关系着当事人及社会公众对司法的评价及信仰。

首先，就执行公正而言，主要包括以下三方面内容：第一，被执行人合法权益的保护与社会公共秩序的维护并重。人民法院进行非讼行政强制执行工作，应当在被执行人合法权益与社会公共秩序之间找到一个利益平衡点，而不能过分强调一方面牺牲另一方面。第二，强制手段适当并优先适用较轻微强制措施。由于强制执行的标的既可以是物和行为，又可以是被强制人的人身自由，稍有差错，就会导致对被执行人权益的严重侵害，所以选用的强制手段必须公平、合理与适当。此外，强制措施的种类繁多，在适用时应当优先适用较轻微的强制措施，在较轻微的强制措施不能奏效的情况下可以再采用较重的强制方式。第三，强制执行的标的有限。对财产和金钱给付义务的强制执行，应该有一定的范围和限度，例如在查封、扣押被执行人财产时不得超出被执行人应当履行义务的范围并且应当保留被执行人及其所扶养家属的生活必需费用和生活必需品。

其次，就执行文明而言，主要是要求执行人员在强制执行时，对被执行人要讲法、讲理，其态度、语言及行为举止都要文明得体，切不可野蛮执行、暴力执行。

七、非讼行政强制执行的意义

非讼行政强制执行是最终体现行政法目的的程序，直接表明了行政执法和行政司法活动的成果。没有非讼行政强制执行，行政执法和行政司法活动所做出的处理决定就是一纸空文，没有任何意义。具体而言，其意义体现为以下几个方面：

首先，非讼行政强制执行是行政法律规范实施的有力保障。任何一部法律、法规的社会价值与权威都是通过实践中的个案对其贯彻执行体现出来的，否则不过是一纸空文而已。而经法院审查确定为合法的具体行政行为所确定的义务，如果因强制执行而得到履行则是对作出此具体行政行为所依据的行政法规的真正落实，有力地维护了法律的权威。

其次，非讼行政强制执行是行政机关依法行使职权的有力保障。如前所述，非讼行政强制执行即是对非诉具体行政行为的执行，目的在于强制被执行人履行具体行政行为所确定的义务。而该具体行政行为是有关的行政机关在行政公共管理过程中所作出的，其执行的效力关系着行政职权的尊严与运行效能。

最后，通过非讼行政强制执行可以保障国家利益和社会公共利益。具体行政行为是行政机关为了维护国家利益和社会公共利益而作出的，若该行为所确定的义务得不到履行就意味着国家利益和社会公共利益将受到损失，而强制执行正是通过对被执行人采取强制措施从而保障了具体行政行为所确定的义务得以履行。

第二节　人民法院对具体行政行为的司法强制执行

一、司法强制执行的管辖

根据最高人民法院法释〔2000〕8号审判解释以及《关于人民法院执行工作若干问题的规定（试行）》“二、执行管辖”的有关规定，对具体行政行为的司法强制执行分别交不同的人民法院进行管辖。主要有：

（一）基层人民法院管辖

1. 申请人民法院强制执行具体行政行为，由申请人所在地的基层人民法院受理。

2. 申请人民法院强制执行具体行政行为的执行对象为不动产的，由不动产所在地的基层人民法院受理。

（二）中级人民法院管辖

1. 专利管理机关依法作出的处理决定和处罚决定，由被执行人住所地或财产所在地的省、自治区、直辖市有权受理专利纠纷案件的中级人民法院执行。

2. 国务院各部门、各省、自治区、直辖市人民政府和海关依照法律、法规作出的处理决定和处罚决定，由被执行人住所地或财产所在地的中级人民法院执行。

（三）上级法院管辖

1. 基层人民法院和中级人民法院管辖的执行案件，因特殊情况执行确有困难需要由上级人民法院执行的，可以报请上级人民法院执行。上级人民法院可以决定由其执行，也可以决定由下级人民法院执行。

2. 上级人民法院有权管辖下级人民法院管辖的非诉行政案件。

（四）共同管辖和选择管辖

1. 两个以上人民法院都有管辖权的，当事人可以向其中一个人民法院申请执行。

2. 当事人向两个以上人民法院申请执行的，由最先立案的人民法院管辖。

（五）指定管辖

人民法院之间因执行管辖权发生争议的，由双方协商解决；协商不成的，报请双方共同的上级人民法院指定管辖。

（六）移送管辖

受理非诉行政案件的人民法院发现所受理的案件不属本院管辖，应当移送有管辖权的人民法院审查执行，受移送的人民法院不得再行移送。应当报上级人民法院指定管辖。

二、司法强制执行的申请

（一）申请主体

根据最高人民法院法释〔2000〕8号审判解释规定，对具体行政行为的司法强制执行的申请主体，包括：行政机关、生效具体行政行为确定的权利人或者其继承人、权利承受人（以下均称：权利人）。

1. 行政机关

作为申请主体的行政机关，是指根据《行政诉讼法》第66条的规定申请执行具体行政行为的行政机关。包括：(1) 法律、法规没有赋予其行政强制执行权的行政机关。比如，公安机关依法作出行政处罚决定后，被处罚人应当在行政处罚决定的期限内予以履行。被处罚人逾期不履行行政处罚决定的，作出行政处罚决定的公安机关在法律没有规定由公安机关强制执行的情况下，可以申请人民法院强制执行。① (2) 法律、法规赋予行政强制执行权但同时规定其也可以申请人民法院强制执行的行政机关。(3) 规章所确定的可以申请人民法院强制执行具体行政行为的行政机关。比如，《中国人民银行行政复议办法》（中国人民银行令〔2001〕第4号发布）第39条规定："申请人逾期不起诉又不履行行政复议决定的，或者不履行国务院最终裁决的，按照下列规定分别处理：（一）对维持具体行政行为的行政复议决定的，由作出具体行政行为的中国人民银行或金融机构申请人民法院强制执行；（二）对变

① 参见2006年8月24日起实施的《公安机关办理行政案件程序规定》（公安部令第88号）第164条规定："公安机关依法作出行政处罚决定后，被处罚人应当在行政处罚决定的期限内予以履行。被处罚人逾期不履行行政处罚决定的，作出行政处罚决定的公安机关可以采取下列措施：（一）将依法查封、扣押的被处罚人的财物拍卖或者变卖抵缴罚款。拍卖或者变卖的价款超过罚款数额的，余额部分应当及时退还被处罚人；（二）不能采取第一项措施的，每日按罚款数额的百分之三加处罚款；（三）法律没有规定由公安机关强制执行的，申请人民法院强制执行。"

更具体行政行为的行政复议决定的，由行政复议机关申请人民法院强制执行。”

2. 权利人

作为申请主体的权利人，只能是行政机关依法对平等主体之间民事争议的裁决确定的受益者。非属此裁决的受益者，不得对行政机关的具体行政行为申请法院进行非讼强制执行。

（1）行政机关根据法律的授权对平等主体之间民事争议作出裁决后，当事人在法定期限内不起诉又不履行，作出裁决的行政机关在申请执行的期限内未申请人民法院强制执行的，生效具体行政行为确定的权利人或者其继承人、权利承受人在90日内可以申请人民法院强制执行。

（2）享有权利的公民、法人或者其他组织申请人民法院强制执行具体行政行为，参照行政机关申请人民法院强制执行具体行政行为的规定。

（三）申请前的财产保全与先予执行

1. 申请前的财产保全。行政机关或者权利人申请人民法院强制执行具体行政行为前，有充分理由认为被执行人可能逃避执行的，可以申请人民法院采取财产保全措施。权利人申请强制执行的，应当提供相应的财产担保，否则，法院不予采纳其提出的财产保全申请。

2. 申请前的先予执行。在诉讼过程中，被告或者具体行政行为确定的权利人申请人民法院强制执行被诉具体行政行为，人民法院不予执行，但不及时执行可能给国家利益、公共利益或者他人合法权益造成不可弥补的损失的，人民法院可以先予执行。后者申请强制执行的，应当提供相应的财产担保。

（三）申请条件

根据最高人民法院对行政诉讼法解释规定，行政机关根据行政诉讼法第66条的规定申请执行其具体行政行为，以及权利人申请人民法院强制执行行政机关根据法律授权对平等主体之间民事争议作出的裁决，应当具备以下7项条件：

（1）具体行政行为依法可以由人民法院执行。即法律、法规规定可以由法院执行的具体行政行为（含生效行政裁决）。

（2）具体行政行为已经生效并具有可执行内容。一般而言，具体行政行为自送达之日起已经生效，即具有法律约束力，不论当事人是否申请行政复议或提起行政诉讼，都必须执行，因为申请复议或提起诉讼并不停止具体行政行为的执行，除非有法律、法规规定的例外情况。但是，行政机关或权利人申请人民法院强制执行必须以当事人对具体行政行为在法定期限内不起诉又不履行为前提条件。即具体行政行为已逾越申请行政复议、提起行政诉讼的规定时限未被当事人推入行政复议、行政诉讼程序救济而发生了强制执行的法律效力。所谓具体行政行为具有可执行内容，即具体行政行为明确地规定了被执行人应承担的财物给付（罚款、没收违法所得和违法物品等等）、行为给付（停止侵权行为等等）的内容。

（3）申请人是作出该具体行政行为的行政机关或者法律、法规、规章授权的组织；以及生效行政裁决确定的权利人或者其继承人、权利承受人。

（4）被申请人是该具体行政行为所确定的义务人。

（5）被申请人在具体行政行为确定的期限内或者行政机关另行指定的期限内未履行义务。比如，《审计法实施条例》第45条规定：“审计机关应当自审计决定生效之日起3个月内，检查审计决定的执行情况。被审计单位未按规定期限和要求执行审计决定的，审计机关应当责令执行；仍不执行的，申请人民法院强制执行。”

（6）申请人在法定期限内提出申请：①行政机关申请人民法院强制执行其具体行政行

为，应当自被执行人的法定起诉期限届满之日起180日内提出。②行政机关在申请执行的期限内未申请人民法院强制执行的，生效具体行政行为确定的权利人或者其继承人、权利承受人在90日内可以申请人民法院强制执行。③逾期申请的，除有正当理由外，法院不予受理。

(7) 被申请执行的行政案件属于受理申请执行的人民法院管辖。

(四) 申请不预交执行申请费

根据最高人民法院“法发〔2007〕16号”文件第四项明确规定，执行申请费不由申请人预交，执行申请费执行后交纳，由人民法院在执行生效法律文书确定的内容之外直接向被执行人收取。

(五) 申请方式

行政机关申请人民法院强制执行其具体行政行为，应当提交申请执行书、据以执行的行政法律文书、证明该具体行政行为合法的材料（包括作出该具体行政行为所根据的事实证据（含询问笔录、现场拍照、现场检查记录等）及程序证据（含送达回执、处罚告知、立案审批等）和被执行人财产状况资料以及其他必须提交的材料（如授权委托书、本单位法定代表人身份证明等材料)。享有权利的公民、法人或者其他组织申请人民法院强制执行的，人民法院应当向作出裁决的行政机关调取有关材料。

强制执行申请书（格式）

申请人：（基本情况：姓名、性别、出生年月、民族、文化程度、工作单位、职业、住址、身份证号码。申请人如为单位，应写明单位名称、法定代表人姓名及职务、单位地址）

被申请人：（基本情况，同上）

请求事项：（写明申请人民法院强制执行的具体行政行为的全称，以及强制执行标的。在叙述事实，论证理由的基础上，提出具体、明确的请求目的。最好按照法律规定的几种执行措施，提出具体请求，以供人民法院考虑）。比如：

通知××××银行从被申请人的账户内划拨××行政机关××号行政处罚决定书（或行政处理决定书）所确定的罚款×××万元（或侵权损害赔款×××万元）到申请人在××××银行的账户。

事实和理由：

（简要地叙明原案情和有关行政机关所作的行政处罚或行政处理结果并说明现在的执行状况；同时要阐明强制执行的必要性）

鉴于上述情况，根据《行政诉讼法》第六十六条的规定及相关法律、法规、规章的规定，特申请贵院依法强制执行。

此致

××人民法院

申请人：（签名或盖章）

年　　月　　日

附：

1. 据以执行的行政法律文书
2. 证明该具体行政行为合法的材料
3. 被执行人财产状况等材料

三、立案受理或不立案受理

人民法院接到强制执行具体行政行为的申请，要对其是否具备法定申请条件进行审查，并作出以下两种处理：

（一）立案受理

人民法院对符合上述7项申请条件的申请，应当立案受理，并通知申请人。

法律、法规没有赋予行政机关强制执行权，行政机关申请人民法院强制执行的，人民法院应当依法受理。

法律、法规规定既可以由行政机关依法强制执行，也可以申请人民法院强制执行，行政机关申请人民法院强制执行的，人民法院可以依法受理。

（二）不予受理

人民法院对不符合上述7项条件的申请，应当裁定不予受理。比如，逾期申请的，除有正当理由外，人民法院不予受理。

四、对具体行政行为合法性的审查与裁定

（一）审查

各级人民法院受理申请执行非诉具体行政行为的案件后，应当在30日内由行政审判庭组成合议庭对该具体行政行为的合法性进行审查，并就是否准予强制执行作出裁定；需要采取强制执行措施的，由本院负责强制执行非诉行政行为的机构执行。

专门人民法院、人民法庭不审查、不执行行政机关申请执行其具体行政行为的案件。

（二）裁定

1.“准予执行”裁定

经过审查，被申请执行的非诉具体行政行为，具有合法性的，法院应当裁定准予执行。

人民法院依据“准予执行”裁定将非诉具体行政行为进入执行程序，交由本院负责强制执行机构根据需要采取强制执行措施予以执行。

2.“不准予执行”裁定

根据最高人民法院法释〔2000〕8号审判解释规定，经审查，被申请执行的具体行政行为有下列情形之一的，人民法院应当裁定不予执行：（1）明显缺乏事实根据的；（2）明显缺乏法律依据的；（3）其他明显违法并损害被执行人合法权益的。

人民法院依据“不准予执行”裁定，对该申请执行非诉具体行政行为的案件作结案处理。此外，经教育，行政行为相对人自动履行的，即可结案。

五、移送执行和异地执行

（一）移送执行

行政机关申请人民法院强制执行案件由行政审判庭负责审查，需要强制执行的，由行政审判庭裁定准予执行并移送执行庭办理。

（二）异地执行

被执行人或者执行的财产在异地的，负责执行的人民法院可以委托执行，也可以异地直接执行。

实行异地直接执行的，负责执行的人民法院可以要求异地人民法院协助执行，异地人民法院应予协助。

六、司法强制执行的措施

（一）对行政处罚的司法强制执行措施及其适用程序

行政处罚是指具有法定权限的行政主体依据法定的程序，对违反行政法规范但尚未构成

犯罪的行政相对人实施的行政制裁。《行政处罚法》第 8 条明确列举了 8 种行政处罚种类，即：(1) 警告；(2) 罚款；(3) 没收违法所得；(4) 没收非法财物；(5) 责令停产停业；(6) 暂扣或者吊销许可证；(7) 暂扣或吊销执照；(8) 行政拘留。同时《行政处罚法》第 51 条的规定赋予了法院对行政处罚的司法强制执行权，即当事人逾期不履行行政处罚决定的，作出行政处罚决定的行政机关可以采取下列措施：①到期不缴纳罚款的，每日按罚款数额的 3%加处罚款；②根据法律规定，将查封扣押的财物拍卖或者将冻结的存款划拨缴纳罚款；③申请人民法院强制执行。

然而，不难看出，上述行政处罚种类具有三个特性：其一，不是所有的行政处罚种类都具有可执行的内容，如警告；其二，行政处罚究其性质来说属于行政制裁，因而具有人身专属性，是专门针对违反了行政法规但尚未构成犯罪的行政相对人所实施的；其三，行政机关具体的职责分工决定了某些行政处罚只能由特定的行政机关来执行，如限制人身自由的处罚、暂扣或者吊销许可证等。行政处罚种类的这三个特性表明了只有包括罚款在内的个别行政处罚才能被司法强制执行，并且此时的司法强制执行不能采取代履行这种间接强制的方式，而更多的是进行直接强制。

具体而言，可以采取的强制执行措施主要有以下几个：

1. 查询、冻结、划拨被执行人的存款。查询是指人民法院向有关金融机构了解被执行人的存款情况。冻结是人民法院不准被执行人从银行、信用合作社或其他金融机构取走本属于他自己的存款，有关的金融机构也不得擅自向被执行人支付的行为。划拨是直接将被执行人的一定存款强制转汇到申请执行人名下的行为。就查询本身而言，它只是一种辅助手段，如果查询清楚被执行人在银行、信用合作社或其他金融机构有存款的，人民法院可裁定冻结存款，并向金融机构发出协助执行通知，由银行将存款划拨给相关的申请执行人。查询、冻结、划拨存款不得超出被执行人应当履行义务的范围。此外冻结单位存款的期限一般最长不得超过 6 个月，有特殊原因需要延长的，人民法院应当在到期前办理继续冻结手续。

2. 扣留、提取被执行人的收入。扣留是不准被执行人支配本属于他的那份收入；提取是人民法院对被执行人在相关单位的收入直接处分的行为。在扣留、提取被执行人收入时，法院首先应制作裁定书，向被执行人所工作的单位或相关机构发出协助执行通知书，由工作单位或相关机构协助扣留、提取被执行人的劳动收入。而在目前，被执行人的收入主要有：工资、奖金、各种酬金、农副业收入、股息或红利等等。

3. 查封、扣押、拍卖、变卖被执行人的财产。查封是指执行机构对被执行人的财产加以检查封存，未经人民法院允许任何人不得随便动用、转移和处分。扣押，是将被执行人的财产依法转移至有关场所，以防止被执行人占有、使用和处分的方法。拍卖是指人民法院对已经查封、扣押的财产以公平竞价的方式出价，并将其卖给出价最高的买进人，然后就其价金分配给申请执行人。变卖，是人民法院将查封、扣押的财产交由有关部门（信托商行、供销社等）或直接出售，使物状财产转化为金钱财产，并最终将其分配给申请执行人。人民法院在强制执行过程中需要采取查封、扣押、拍卖、变卖措施的，应当经院长批准后发出裁定。对于查封、扣押的财产，必须进行清点、编号、登记、加贴封条并造具清单，由在场人签名或盖章后，交被执行人一份，附卷一份。查封、扣押财产后，应当责令被执行人在指定期间内履行义务。被执行人在期限内履行完毕的，必须立即解除查封、扣押措施。逾期不履行的，依法将查封、扣押的财产交有关单位变卖、拍卖。

（二）对行政处理的司法强制执行措施及其适用程序

行政处理，是指行政主体为实现相应法律、法规、规章所确定的行政管理目标和任务，而依行政相对人申请或者依职权依法处理涉及特定行政相对人某种权利义务事项的具体行政行为。[①] 具体而言，行政处理包括行政许可、行政给付、行政裁决、行政征收等。与行政处罚类似，即不是所有的行政处理决定都可以被强制执行，如行政给付这种纯受益性质的行政处理决定就不适用强制执行。

总的来讲，行政处理决定中所涉及的相对人的义务按其性质来分主要有两类：一类是给付金钱或财物的义务；另一类则是给付行为的义务。所承担义务性质的不同决定了所采取的司法强制执行具体措施也有不同。

就需要相对人承担给付金钱或财物义务的行政处理决定而言，可以采取的司法强制执行措施主要有：

1. 查询、冻结、划拨被执行人的存款（具体内容如前所述）。

2. 扣留、提取被执行人的收入（具体内容如前所述）。

3. 查封、扣押、拍卖、变卖被执行人的财产（具体内容如前所述）。

4. 强制迁出房屋、强制拆除违章建筑或者强制退出土地。在具体执行时，如果被执行人是公民的，应当通知被执行人或者他的成年家属到场；被执行人是法人或者其他组织的，应当通知其法定代表人或者主要负责人到场。拒不到场的不影响执行。此外，被执行人是公民的，还应通知其工作单位或者房屋所在地、土地所在地、居住地的基层组织派人参加。执行人员应当将强制执行情况记入笔录，由在场人签名或盖章。强制迁出房屋被搬出的财产，由人民法院派人运至指定处所交给被执行人。被执行人是公民的，也可以交给他的成年家属。因拒绝接受而造成的损失，由被执行人承担。

就需要相对人承担给付行为义务的行政处理决定而言，法院则可以采取代履行这种方式予以执行。所谓代履行又称代执行，是指行政相对人不履行已生效的行政行为所设定的、可以由他人代为履行并能达到同一目的的义务，法院可以委托第三人代为履行该义务，相关履行费用由被执行人承担，例如对排除妨碍、恢复原状等义务的履行即可采取此种强制执行方式。

七、司法强制执行的法律后果

法院对具体行政行为进行司法强制执行的法律后果可以体现为以下几方面：

第一，使合法有效的具体行政行为得以落实。司法强制执行的目的在于法院通过采取强制措施，迫使行政相对人履行具体行政行为所确定的义务或者达到与履行义务相同的状态。此外，法院在对某一具体行政行为所确定的义务进行强制执行前首先要对该具体行政行为的合法性进行审查，并根据审查结果作出“准予执行”的裁定或“不准予执行”的裁定。换句话讲，即只有合法有效的具体行政行为所确定的义务才能最终被予以司法强制执行。

第二，司法强制执行的结果具有拘束力。司法强制执行的结果对法院、行政机关、权利人、行政相对人均具有拘束力，主要表现为两方面：其一，任何主体都不得擅自变更强制执行结果；其二，法院不得针对同一具体行政行为进行重复执行，行政机关和相关权利人亦不得重复申请执行同一具体行政行为。

第三，行政诉权的行使。行政诉权是指行政相对人提起行政诉讼，请求人民法院对行政

① 参见姜明安主编：《行政法与行政诉讼法》，高等教育出版社1997年版，第129、132页。

机关的行政行为进行审查和裁判，保护其合法权益的权利。依据诉讼理论通说，诉权包括程序意义上的诉权和实体意义上的诉权两类，前者和后者分别以起诉权和胜诉权为代表。如前所述，法院予以司法强制执行的具体行政行为在被执行前的法定起诉期限内并未被有关的行政相对人提起诉讼，即便如此，在司法强制执行完毕后，相关的行政相对人仍可对有关的具体行政行为提起诉讼，即起诉权的行使亦有效，但丧失了请求法院通过审判强制实现其合法权益的胜诉权。

第四，执行错误的处理。根据错误产生的原因进行划分，执行错误大体来讲可以分为两类：一类是具体行政行为被撤销；另一类则是执行行为错误。

首先，就具体行政行为被撤销而言，应确定其被撤销的原因究竟是行政机关据以作出具体行政行为的根据被撤销还是具体行政行为不具有合法性。对于前者，人民法院应当本着公平、公正、“有错必纠”的精神主动实施执行回转。所谓执行回转，是指已经强制执行的具体行政行为因故被撤销后，而将原申请执行人通过执行已经取得的财产返还给被执行人的制度。执行回转的措施原则上与执行措施相同，而考虑到执行回转的特殊性，法院则应向原申请执行人释明原因，尽量避免动用强制措施，促使申请人自觉返还。对于后者，除了可以实施执行回转外，被执行人还可以根据《国家赔偿法》的相关规定向作出具体行政行为的行政机关或复议机关（复议决定改变了具体行政行为的）申请国家赔偿。

其次，就执行行为错误而言，主要是指人民法院进行的执行活动、所采取的强制执行措施以及所适用的程序违法，以致执行的结果与原具体行政行为的目的不相吻合甚至相悖。在这种情况下，被执行人有权根据《国家赔偿法》的规定向进行执行的人民法院申请国家赔偿。

第三节　行政机关对具体行政行为的行政强制执行

一、行政强制执行的概念

行政强制执行，是指公民、法人或其他组织对具体行政行为所确定的义务在法定期限内既不提起诉讼又不履行的，由作出具体行政行为的行政机关依法采取行政强制执行措施，迫使公民、法人或其他组织履行义务或者达到与履行义务相同状态的活动。

从这一概念不难看出行政强制执行有以下几个特点：1. 行政强制执行的目的是通过采取强制措施，迫使行政相对人履行具体行政行为所确定的义务或者达到与履行义务相同的状态；2. 该具体行政行为已生效，即相对人在法定期限内没有提起诉讼；3. 该具体行政行为所确定的义务因相对人在法定期限内未履行而没有得到最终落实；4. 具体行政行为所确定的义务具有可执行内容；5. 实施行政强制执行的机关具有特定性；6. 行政强制执行机关所采取的强制执行措施的种类、具体程序必须符合法律规定。

二、行政强制执行的机关

首先，实施行政强制执行的机关既可以是原作出具体行政行为的行政机关，也可以是其复议机关：如果具体行政行为没有经过复议或虽经复议，仍然予以维持，则由原行政机关实施强制执行；如果具体行政行为经过复议并且被变更的，则由作出变更决定的复议机关予以强制执行。其次，不论是原行政机关还是复议机关，其实施行政强制执行，都必须具备一个关键性条件，即该机关是依法具有强制执行权的行政机关，在这里需要强调的是并非所有行政机关都具有强制执行权，都能强制执行由该具体行为所确定的义务，一般来讲，具有强制执行权的行政机关主要有公安（如《治安管理处罚法》第42条规定）、海关（如《海关法》第6条规定）、土地管理（如《土地管理法》第73条规定）、工商管理（如《商标法》第55

条规定）、税务（如《税收征收管理法》第38条规定）等部门。

三、行政强制执行的方式

行政强制执行的方式一般分为间接强制和直接强制两种。

（一）间接强制执行

间接强制执行是指行政主体通过间接的强制手段达到迫使行政相对人履行具体行政行为所确定的义务或者达到与履行义务相同状态的活动。间接强制执行分执行罚和代履行两种。

1. 执行罚。执行罚是指行政强制执行机关对拒不履行生效的具体行政行为所确定的义务的行政相对人，科以新的金钱给付义务，以迫使其履行的行政强制执行措施。执行罚的目的是通过对行政相对人科以新的给付金钱的义务，从而达到促使相对人主动履行的目的。法律、法规规定的执行罚的方式主要有加处罚款、滞纳金等。

2. 代履行。代履行又称代执行，是指行政相对人拒不履行已生效的具体行政行为所确定的、可以由他人代为履行并能达到同一目的的义务，行政强制执行机关可以自行或者交由他人代为履行并向行政相对人收取履行费用的行政强制执行措施。代履行避免了执行机关直接凭借国家强制力迫使行政相对人履行义务，从而缓解了行政相对人对执行的抗拒心理，只要行政相对人在代履行过程中不妨碍执行的实施，就可以达到执行的目的。法律、法规规定的代履行的方式主要有排除妨碍、恢复原状等。

（二）直接强制执行

直接强制执行是指行政强制执行机关对拒不履行已生效的具体行政行为所确定义务的行政相对人施以人身或财产强制力，以达到与相对人履行义务相同状态的行政强制执行措施。根据直接强制的对象不同，直接强制可分为人身强制和财产强制两种。前者如公安机关依法对违反《治安管理处罚法》的人予以强制传唤（《治安管理处罚法》第82条）等；后者如物价检查机构根据《价格管理条例》的规定，对相对人拒缴非法所得或者拒缴罚款的，按有关规定通知其开户银行予以划拨等。

四、行政强制执行的程序

依法有权实施强制执行的行政机关在实施行政强制执行时必须遵守以下程序：

1. 书面告诫。进行书面告诫是行政强制执行的必经阶段，也是先说服教育后强制执行原则的具体体现。行政机关在作出行政强制执行决定、实施强制执行前，应当事先督促催告行政相对人履行具体行政行为所确定的义务。告诫应为书面形式，并载明下列内容：明确的相对人自行履行义务的合理期限；强制执行方式；涉及金钱给付的，必须有明确的金额和给付方式；相对人依法享有的权利。经过书面告诫，相对人在合理期限内自觉履行义务的，行政机关不再实施强制执行。

2. 陈述和申辩。行政相对人收到书面告诫书后有权进行陈述和申辩。行政机关必须充分听取相对人的意见，对相对人提出的事实、理由和证据，应当进行记录、复核。相对人提出的事实、理由或者证据成立的，行政机关应当采纳。

3. 作出行政强制执行决定。经书面告诫，相对人逾期仍不履行相关义务的，行政机关可以作出行政强制执行决定。行政机关的行政强制执行决定应当以书面形式作出，并载明下列事项：相对人的姓名或者名称、地址；行政强制执行的事实和依据；行政强制执行的方式和期限；申请行政复议或者提起行政诉讼的途径和期限；行政机关的名称、印章和日期。行政强制执行的决定应当送达相对人。

4. 实施行政强制执行决定。行政强制决定书生效后，行政机关可以按照行政强制决定书所载明的方式实施强制执行。

五、行政强制执行措施及其适用程序

行政强制执行的措施，具体而言主要有以下几种：

（一）查封、扣押财物

首先，只有出现了以下四种情形之一，有关行政机关才能采取查封、扣押强制措施：①发现违禁物品；②防止证据损毁；③防止当事人转移财物逃避法定义务；④法律规定的其他情形。

其次，行政机关对公民、法人或者其他组织的财物实施查封、扣押前，应当经行政机关负责人批准；对重大案件或者数额较大的财物需要实施查封、扣押的，应当由行政机关负责人集体讨论。

第三，行政机关实施查封、扣押财物时，应遵守特定的程序：①制作并当场交付当事人查封、扣押决定书。查封、扣押决定书应当载明下列事项：当事人姓名或者名称、地址；查封、扣押的理由和依据；查封、扣押物品的名称、数量和期限；行政机关的名称、印章和日期等。②由两名以上行政执法人员实施并出示执法身份证件。③当场告知当事人采取查封、扣押的理由、依据、救济途径以及当事人依法享有的权利并听取当事人的陈述和申辩。④制作现场笔录和查封、扣押清单，现场笔录和清单由当事人、见证人和行政执法人员签名或者盖章，当事人不在现场或者当事人、见证人拒绝签名或者盖章的，应当在笔录中予以注明。

最后，查封、扣押的期限不得超过30日；情况复杂的，经行政机关负责人批准，可以延长30日；法律、行政法规对期限另有规定的除外。

此外，对查封、扣押的财物，行政机关应当妥善保管，不得使用或者损毁；造成损失的，承担赔偿责任并且不得重复查封、扣押。

（二）冻结存款、汇款、有价证券

首先，行政机关对当事人的存款、汇款、有价证券实施冻结的，应作出冻结决定，并在3日内向有关当事人交付冻结决定书，其内容包括：当事人姓名或者名称、地址；冻结的理由和依据；冻结的账号和存款、汇款及有价证券的数额；行政机关的名称和印章等。

其次，冻结存款、汇款、有价证券的应当书面通知金融机构。金融机构接到行政机关依法作出冻结决定后，应当立即予以冻结，不得拖延，不得在冻结前通知当事人。

第三，对当事人不再需要采取冻结存款、汇款、有价证券的措施时，行政机关应当及时作出解除冻结的决定。行政机关作出解除冻结决定的，应当及时通知金融机构。

最后，自冻结存款、汇款、有价证券之日起30日内，行政机关应当作出处理决定或者解除冻结决定；情况复杂的，经行政机关负责人批准，可以延长30日；法律另有规定的除外。

（三）划拨存款

划拨存款，应当由法律规定的行政机关作出决定并书面通知金融机构。金融机构接到行政机关依法作出划拨存款的决定后，在2日内划拨存款。划拨存款应当划入财政部门设置或者法律、法规规定的专用账户，不得划入行政机关的基本账户或者其他账户。

（四）拍卖财物

行政机关对已经被查封、扣押的财产以公平竞价的方式出价，并将其卖给出价最高的买进人，然后就其价金分配给相关权利人。

（五）强制迁出房屋、强制拆除违章建筑或者强制退出土地

在实施本强制措施前，由行政机关予以公告，限期当事人自行迁出房屋、自行拆除违章

建筑或自行退出土地。如果当事人无能力拆除的，行政机关可以自行或者委托没有利害关系的其他组织代履行。

在具体执行时，如果被执行人是公民的，应当通知被执行人或者他的成年家属到场；被执行人是法人或者其他组织的，应当通知其法定代表人或者主要负责人到场。拒不到场的不影响执行。此外，被执行人是公民的，还应通知其工作单位或者房屋所在地、土地所在地、居住地的基层组织派人参加。

执行人员应当将强制执行情况记入笔录，由在场人签名或盖章。强制迁出房屋被搬出的财产，由行政机关派人运至指定处所交给被执行人。被执行人是公民的，也可以交给他的成年家属。因拒绝接受而造成的损失，由被执行人承担。

六、行政强制执行的法律后果

行政机关对具体行政行为进行行政强制执行的法律后果可以体现为以下几方面：

第一，具体行政行为得以迅速落实。行政强制执行的目的在于通过作出具体行政行为的行政机关依法采取行政强制措施，迫使公民、法人或其他组织履行义务或者达到与履行义务相同状态。一方面，行政强制执行能使之前行政机关具体行政行为所确定的义务得以落实；另一方面，因为行政强制执行是由作出具体行政行为的行政机关所实施的，即具体行政行为的决定机关与执行机关一致，所以缩短了从决定到执行的时间，并且行政强制执行可以采取相对多样的方式进行，从而极大地提高了执行的效率，使具体行政行为得以迅速落实。

第二，行政强制执行的结果具有拘束力。行政强制执行的结果对行政机关（含复议机关）、权利人、行政相对人均具有拘束力，主要表现为两方面：其一，任何主体都不得擅自变更强制执行结果，而必须受其约束；其二，有关的行政机关（含复议机关）不得针对同一具体行政行为进行重复执行，相关权利人亦不得要求其重复执行。

第三，行政诉权的行使。行政诉权是指行政相对人提起行政诉讼，请求人民法院对行政机关的行政行为进行审查和裁判，保护其合法权益的权利。依据诉讼理论通说，诉权包括程序意义上的诉权和实体意义上的诉权两类，前者和后者分别以起诉权和胜诉权为代表。如前所述，行政机关予以行政强制执行的具体行政行为在被执行前的法定起诉期限内并未被有关的行政相对人提起诉讼，即便如此，在行政强制执行完毕后，相关的行政相对人仍可对有关的具体行政行为提起诉讼，即起诉权的行使亦有效，但丧失了请求法院通过审判强制实现其合法权益的胜诉权。

第四，执行错误的处理。根据错误产生的原因进行划分，执行错误大体来讲可以分为两类：一类是作出具体行政行为的根据被撤销；另一类则是执行行为错误。

首先，就作出具体行政行为的根据被撤销而言，因为执行根据已不复存在，所以进行行政强制执行的行政机关（含复议机关）应该主动实施类似于前述的“执行回转”，即通过采取一定的执行措施，将相关权利人由于强制执行而取得的财产返还给被执行人。

其次，就执行行为错误而言，它主要指执行活动、所采取的强制执行措施以及所适用的程序违法，以致执行的结果与被执行行为的目的不相吻合甚至相悖。同时，我们应该明确实施行政强制执行的行政机关既可以是原作出具体行政行为的行政机关（存在于具体行政行为未经复议或者虽经复议，但未予以改变的情况），也可以是其复议机关（存在于具体行政行为经过复议且有所改变的情况），而如果是原作出具体行政行为的行政机关所实施的执行行为错误，则行政相对人可依据《国家赔偿法》的规定向原行政机关申请国家赔偿，否则，就向复议机关申请赔偿。

第六编　涉外行政诉讼程序

第二十二章　涉外行政诉讼

第一节　涉外行政诉讼概述

一、涉外行政诉讼的概念

涉外行政诉讼，是指具有涉外因素的行政诉讼。在我国是指外国人、无国籍人、外国组织认为我国行政机关及其工作人员所作的具体行政行为侵犯其合法权益，依照我国《行政诉讼法》向人民法院提起行政诉讼，或者因与我国行政机关作出的具体行政行为有法律上的利害关系，依法参加诉讼，并由我国人民法院对具体行政行为进行审查并作出裁判的活动。

《行政诉讼法》第十章规定了涉外行政诉讼的内容，在立法形式上采用专列一章的结构，说明涉外行政诉讼有其特殊的要求与属性。因此，本书有必要加以专门分析与研究。

涉外行政诉讼具有以下三个特征：

（一）主体特殊性

参加涉外行政诉讼的原告或第三人须是外国人。涉外行政诉讼当事人的涉外性，实际上就是原告人或第三人具有涉外性。原告是为维护自己的合法权益而起诉的人，第三人虽未起诉，但行政诉讼第三人同样是为了维护自己的合法权益而参与诉讼中来的利害关系人。所以，无论原告是外国人还是第三人是外国人，都构成涉外行政诉讼。

这里所说的原告或第三人是外国人，包括外国法人、无国籍人、国籍不明人和其他外国组织等等。只要这些外国人是在我国领域内进行行政诉讼，就能构成涉外行政诉讼。当然，如果是向境外别国法院起诉，就不是行政诉讼法中所规定的涉外行政诉讼了。

涉外行政诉讼的被告只能是我国的行政机关或法律、法规授权的组织，因此，涉外行政诉讼的被告具有恒定性。

关于当事人是港、澳、台居民或组织的行政诉讼是否也属于涉外行政诉讼呢？根据最高人民法院 1984 年 12 月 4 日的解释，香港、澳门的居民，均为中国公民，不能承认他们具有英国或葡萄牙国籍。那么，如果他们作为原告或第三人起诉或参与行政诉讼，不是涉外行政案件。台湾是中国领土不可分割的一部分，台湾居民起诉的行政案件，当然在法律上也不是涉外行政诉讼。这些都属于必须明确的法律界限，不容混淆。但另一方面，由于祖国大陆地区与香港、澳门实行一国两制，台湾地区还没有统一，所以，在具体问题的处理上，可以参照涉外行政诉讼的规定，这样更切合实际。

（二）诉讼地点具有特定性

无论原告人或第三人是哪个国家的公民或组织，要构成我国行政诉讼中的涉外行政诉讼，必须是：（1）行政行为发生在我国领域内，是我国主权范围之事项；（2）作出具体行政行为的主体，应是我国的行政机关或授权组织，而不是外国的政府部门；（3）鉴于前两点事实，涉外行政诉讼只能向我国的人民法院提起，因为任何一个国家的法院对行政案件只拥有域内管辖权，而不具有域外行政案件的管辖权。如果行政管理发生在我国领域之外，则不能向我国法院起诉；如果诉讼是在外国法院进行，也不属我国的涉外行政诉讼。

（三）原则与制度具有特殊性

涉外行政诉讼的根本特征是主体涉外性，但并不能因此就断定它只有主体涉外性这个唯一的特征。由于主体涉外而引发行政诉讼，当然包含了该诉讼原则与具体制度上的一些特殊性。这些特殊性充分反映了涉外行政诉讼的特殊要求，从而一并构成全面的涉外行政诉讼制度。我国的行政诉讼法第十章专门规定了涉外行政诉讼的程序。与普通的行政诉讼程序相比，涉外行政诉讼程序具有自己特殊的要求和属性。

（1）从立法上看，涉外行政诉讼程序是根据涉外案件的特点制定的，它与行政诉讼法的其他规定相比，具有“补充性”的特点。行政诉讼法的一些规定并不完全适用于涉外行政诉讼，需要有针对性的补充规定。

（2）从法的适用上看，涉外行政诉讼程序的特别规定相对于行政诉讼法的其他规定而言，具有“特别法”的属性。根据“特别法优于普通法”的原则，人民法院在审理涉外行政诉讼案件时，应当优先适用涉外行政诉讼程序的特别规定，涉外行政诉讼程序没有特别规定的，适用《行政诉讼法》的其他规定。

（3）涉外行政诉讼程序是统一的行政诉讼程序制度的有机组成部分。它和《行政诉讼法》的关系是部分和整体的关系。

二、涉外行政诉讼与涉外民事诉讼的区别

根据最高人民法院《关于执行〈中华人民共和国行政诉讼法〉的若干问题的解释》第97条的规定，人民法院审理行政案件，除依照行政诉讼法和本解释外，可以参照民事诉讼的有关规定。涉外行政诉讼除优先适用《行政诉讼法》外，还可适用《民事诉讼法》的有关规定，如使用中国通用语言、文字的原则，遵守司法豁免权的原则，等等。但两者又有一些区别，这里我们着重把涉外行政诉讼与涉外民事诉讼的不同点作个比较，在对比分析中进一步把握涉外行政诉讼的本质特征。涉外行政诉讼与涉外民事诉讼的区别主要表现在：

（1）涉外的范围不同。涉外行政诉讼的涉外性，仅仅表现在诉讼当事人具有涉外性的因素，涉外因素比较单一。而涉外民事诉讼的涉外性则表现为多样，根据最高人民法院的解释，当事人一方或双方是外国人、无国籍人、外国企业或组织，或者当事人之间民事法律关系的设立、变更、终止的法律事实发生在国外，或者诉讼标的物在外国的民事案件，为涉外民事案件。由此可见涉外民事诉讼除包括当事人的涉外，还包括当事人之间的民事法律关系的设立等法律事实、民事诉讼的标的物在国外等诸多要素或其中一个要素发生在国外的情况。可见，涉外民事诉讼的涉外因素和情况要比涉外行政诉讼的涉外因素复杂的多。

（2）诉讼当事人不同。涉外行政诉讼的当事人中，只有原告或者第三人可以是外国人，至于被告则具有特定性，只能是我国的国家行政机关和法律、法规授权的组织。而涉外民事诉讼的当事人中，原告、被告或者第三人任何一方都可以是外国人，有时甚至所有的当事人都是外国人。

（3）争议发生的领域不同。涉外行政诉讼中的行政争议，必须是发生在我国领域内，因为我国的行政权只能在我国的主权范围内行使，所以涉外行政争议不可能发生在国外。而涉外民事诉讼中的民事纠纷，则既可能发生在国内，也可能发生在国外，因为民事权益是可以随着人身和财产的变动而产生、变更和消灭的。

第二节 涉外行政诉讼的法律适用

一、涉外行政诉讼法律规范与一般法律规范的关系

所谓涉外行政诉讼法律规范，是指由我国立法机关制定或认可的，适用于调整涉外行政诉讼法律活动的原则与规则。涉外行政诉讼法律规范，并不是独立于行政诉讼法之外的什么特别种类法，它仍然是行政诉讼法之内的法律规范。由于涉外行政诉讼本身具有一些特殊性，所以适用于调整它的原则与规则的内容与一般规定尚有差异。我们说，涉外行政诉讼法律规范并不构成一种独立体系，相反，行政诉讼法一般性规定在大多数情况下都对它适用。

涉外行政诉讼法律规范依然是由我国立法机关制定或认可的规范。从立法形式看，涉外行政诉讼法律规范有两大内容：一是由我国立法机关直接制定的规范，如行政诉讼法、民事诉讼法等，它们都是立法机关按照立法程序制定与颁布的法律文件。二是由我国立法机关认可的国际条约。由于我国政府缔结或参加了国际条约，就意味着承认这些条约的内容与效力在国内的适用，行政诉讼法规定了在涉外行政诉讼中适用有关国际条约的原则，那么，对于这些条约部分，我们也就不能不承认它是涉外行政诉讼法律规范的构成部分。但我国声明保留部分除外。

涉外行政诉讼法律规范须是调整我国涉外行政诉讼活动与关系的法律规范。尽管是由我国立法机关制定或认可的法律规范，如果不适用于调整行政诉讼的活动与关系，自然不是行政诉讼法律规范，而只有这些规范适用于调整行政诉讼活动与关系时，才能成为涉外行政诉讼法律规范。

二、涉外行政诉讼法律规范的范围

能够成为涉外行政诉讼法律规范的有哪些法律呢？根据行政诉讼法的规定，主要有：

（一）有关的法律、法规和规章

凡在我国境内的外国人、无国籍人、外国组织都应受到我国法律的约束，履行我国法律所规定的义务，法律另有规定的除外。当外国人、无国籍人和外国组织与我国行政机关之间发生行政争议提起行政诉讼时，其行政争议就由我国人民法院依法审判。根据我国《行政诉讼法》的规定，人民法院审理行政案件，以法律、行政法规和地方性法规为依据，以规章为“参照”。当然，人民法院审理“涉外”行政诉讼案件，也就应适用我国的法律、法规及参照规章，但其适用的法律规范并不泛指所有的行政法规范，一般只限于对外国人、无国籍人和外国组织进行管理的行政法规范，如《中华人民共和国外国人入境出境管理法》、《中华人民共和国外商投资企业和外国企业所得税法》以及《海关法》等，这些以实体为主的行政管理法律，其内容涉及到外国人的起诉期限、程序甚至一些范围等。同样也是人民法院审判涉外行政案件的依据，也是涉外行政诉讼法律规范的组成部分。

（二）《行政诉讼法》和《民事诉讼法》

我国《行政诉讼法》共75个条文，应当说都能适用于调整涉外行政诉讼的活动与关系。该法包括两大类内容：一是适用于调整所有行政诉讼活动与关系的规范，如第一章总则、第二章受案范围等；二是专门适用于调整涉外行政诉讼活动与关系的规范，如第72条关于适用国际条约的规定，第73条关于委托律师代理诉讼的规定等。行政诉讼法是规范行政诉讼的基本法，当然也就是涉外行政诉讼的基本法。第70条明确规定，涉外行政诉讼适用本法，法律另有规定的除外。

由于行政诉讼法的内容比较概括，不甚具体。所以有关司法解释指出，行政诉讼除依照

行政诉讼法的规定外，可以参照民事诉讼的有关规定。那么，民事诉讼法的那些有关涉外规定，当然也就可以成为涉外行政诉讼的审判依据，构成涉外行政诉讼法律规范的内容。如民事诉讼法中有关涉外执行的规定，在涉外行政诉讼中是应当参照执行的。

（三）有关国际条约

国际条约是各成员国的约定，因而各成员国有信守国际条约并付诸实施的义务。如果国际条约与我国国内法的规定不一致时，应适用国际条约的规定，承认其效力。但这些国际条约须是：（1）我国缔结或参加的国际条约；（2）内容涉及到调整涉外行政诉讼的关系与活动。如果我国对该国际条约有部分条款声明保留，就意味着这部分内容我国政府不予接受，当然也就不能对我国产生拘束力。

（五）有关司法解释

这里的有关的司法解释主要是指最高人民法院关于适用《行政诉讼法》的司法解释和最高人民法院关于适用《民事诉讼法》的司法解释。在有关涉外民事诉讼的司法解释参照适用于行政诉讼时，也就自然成为涉外行政法律规范的内容了。

三、涉外行政诉讼法律规范的冲突规则

涉外行政诉讼法律规范是由若干不同的规范体系组成的，如行政诉讼法的一般法律规范与专门适用于涉外行政诉讼的特别法律规范，国内法与有关国际条约等。这就不可避免地提出了它们彼此之间的冲突与适用选择的问题。

（一）特别规范优于一般规范

所谓一般规范，是指既适用于调整涉外行政诉讼也适用于调整其他非涉外行政诉讼的规范，而特别规范是只适用于调整涉外行政诉讼的规范，由特别法规定。《行政诉讼法》第70条规定："外国人、无国籍人、外国组织在中华人民共和国进行行政诉讼，适用本法。法律另有规定的除外。"这条规定包含以下三个方面的意思：（1）行政诉讼法的一般性规定，同时适用于涉外行政诉讼，这是个原则。（2）另有规定的法律也适用于涉外行政诉讼。这里的另有规定的法律，实际上有两种：一是行政诉讼法当中专门规定涉外行政诉讼的法律规定；二是行政诉讼法之外的其他法律，其中涉及到外国人、无国籍人、外国组织在我国进行行政诉讼的部分。如《民事诉讼法》对涉外行政诉讼的期间、送达就有特别规定；《外国人入境出境管理法》对受公安机关罚款或拘留处罚的外国人对处罚不服的，在选择复议与诉讼这两种救济途径时有特别规定等。这两种法律，都属于特别规定，即"另有规定"的法律。（3）《行政诉讼法》与"另有规定"的法律发生冲突时，即一般性规定与特别规定发生冲突时，必须适用特别规定，这就是行政法上的所谓"特别法优于一般法"的规则。如关于受案范围，行政诉讼法规定应当受理，而另外的法律则限制外国人对某种具体行政行为提起诉讼。按照上述规则，这就不能起诉、不适用行政诉讼法的一般规定。

（二）国际法优于国内法

《行政诉讼法》第72条规定："中华人民共和国缔结或者参加的国际条约同本法有不同规定的，适用该国际条约的规定，中华人民共和国声明保留的条款除外。"该规定表明，当我国《行政诉讼法》与我国缔结或参加的国际条约规定不一致时，应优先适用该国际条约的规定。国际条约优先是世界上通用的原则，我国历来遵循国际交往的惯例和准则，只要是我国缔结或参加的国际条约，包括双边条约和多边条约，我国就承认其在我国的拘束力。当它与国内法规定不一致时，要优先适用它。当然我国在缔结或参加国际条约时，明确声明保留的条款在我国领域内不发生效力，不存在优先适用的问题。

适用国际条约时，并不意味着行政法成为国际法。行政法仍然是国内法，该国际条约由于我国的参加或承认，而同时转变成为在国内适用的法律规则，即国内法。所以，法律规定，只有我国缔结或者参加的国际条约，而且是没有声明保留的部分，才能适用于涉外行政诉讼。进一步讲，这些条约的适用，也只是在缔约或参加国的公民、组织进行行政诉讼的前提下进行。如果起诉的外国人，其所属国没有参加该国际条约，对该涉外行政诉讼就不能适用该国际条约的有关规定。

第三节　涉外行政诉讼的原则

涉外行政诉讼的原则，是指人民法院在审理涉外行政案件过程中应当遵循的基本行为准则，也是涉外行政诉讼当事人和有关诉讼参与人必须遵循的基本依据，对涉外行政诉讼具有普遍的指导意义。涉外行政诉讼除了应适用我国《行政诉讼法》规定的一般原则，如当事人诉讼地位平等的原则、合法性审查原则、人民法院依法独立审判原则、辩论原则等外。还包括作为涉外行政诉讼特别规定的原则，如主权原则、同等原则、对等原则等。下面将对涉外行政诉讼的这些特殊原则做一个简单概述。

一、主权原则

主权是国家最重要的属性，它体现为国家对内的最高权和对外的独立权。在国际社会中，各国的主权都是平等的，在法律上不存在隶属关系。审判权是国家主权的有机组成部分。在涉外行政诉讼中，人民法院必须维护国家主权，行使独立的司法管辖权。

主权原则在涉外行政诉讼中具体表现为以下几个方面：

第一，外国人、无国籍人、外国组织认为我国行政机关的具体行政行为侵犯其合法权益而提起诉讼的，只能向我国人民法院起诉，不能向其所属国或第三国提起行政诉讼，其所属国或第三国也不得受理这种起诉。我国人民法院对发生在我国境内的涉外行政诉讼案件具有绝对管辖权，排除了他国的司法管辖权或当事人的自由选择权。

第二，人民法院在审判涉外行政诉讼案件时，只能适用我国的法律、法规、司法解释以及我国缔结或参加的有关国际条约并“参照”我国的部委规章和地方规章。外国人、外国组织所属国法律或任何第三国法律，都不能作为人民法院审判涉外行政案件的依据。

第三，外国人、无国籍人、外国组织参加涉外行政诉讼，必须使用我国通用的语言、文字。语言、文字是诉讼的工具和手段，一定的语言、文字又与国家主权密切相关，根据主权原则，外国当事人提交诉状时须附有中文译本，诉讼中必须使用中国通用的语言、文字，当事人要求提供翻译的，可以提供，其费用由当事人承担。

第四，凡需要委托律师代理诉讼的，应当委托中华人民共和国律师机构的律师。律师制度是一个国家司法制度的重要组成部分。根据《行政诉讼法》第 73 条的规定，外国人、无国籍人、外国组织在中华人民共和国进行行政诉讼，委托律师代理诉讼的，应当委托中华人民共和国律师机构的律师。

第五，我国人民法院审理涉外行政案件作出生效裁判，对作为当事人的外国人、无国籍人、外国组织具有法律约束力，其必须接受我国人民法院的裁判，并有义务履行。对拒不履行生效裁判所确定的义务的，我国人民法院或者有权机关可以依法强制执行。

二、同等原则

《行政诉讼法》第 71 条第 1 款规定：“外国人、无国籍人、外国组织在中华人民共和国进行行政诉讼，同中华人民共和国公民、组织有同等的诉讼权利和义务。”这就是涉外行政诉讼的同等原则。这个原则的基本思想就是在涉外行政诉讼中的外国人与外国组织，享有和承担与我国公民、组织在行政诉讼中同样内容、范围与性质的诉讼权利与诉讼义务。既不能因为其外国人身份增设权利，也不能因此而减少或限制其权利。

现代法治社会的基本理念即包含：法律面前，人人平等。这当然也体现在行政诉讼中的外国人与中国公民之间的平等，这也是国际社会普遍遵循的国民待遇原则的基本要求。外国人在我国必须遵守我国的法律。同时，宪法也明确规定，中华人民共和国保护在中国境内的外国人的合法权益。而诉讼上的权利是为保护实体权益实现的必要手段，所以，外国人在我国行政诉讼中同样是权利主体。

诉讼权利义务的同等原则，实质上是国际法上的“国民待遇”规则的体现。这个规则所要求的就是本国国民所享有的权利，也同等地赋予在本国境内的外国人。它体现了国家之间的平等、友好的关系，是国际交往中的一个重要规则。这个原则也告诉我们，由于国家之间的政治、经济、文化制度与传统的差异。每个国家的行政诉讼制度都多多少少会有些不同，任何一个国家不应当也不能用自己国家的标准要求别国。所以，外国人在本国诉讼上所享有的权利，不能在我国“硬套”。完全可能：他在本国能享有的诉讼权利，在我国诉讼中却不能享有，他在本国进行诉讼所承担的义务，在我国诉讼法上却不存在。这是很自然的事情，因为诉讼权利与义务的同等，是在我国诉讼法上与我国公民的同等。

另外，我国公民在法律上享有什么样的实体权利，是根据有关实体法的规定而取得的，而外国人在我国实体法上享有什么样的实体权利也是根据有关实体法的规定而存在的，离开法律规定谈权利是不可能的。而在实体法上，有些权益只能为中国公民设定，不可能为外国人所享有，如抚恤金权。尽管这样，但在诉讼上的权利却是相同的。因为，作为一种保护手段是需要的。所以，行政诉讼法上规定的同等原则是针对行政诉讼权利和诉讼义务这些程序性权利与义务而言的，对于实体性权利与义务并不尽然。

三、对等原则

对等原则是指外国法院对中华人民共和国的公民、组织的行政诉讼权利加以限制的，我国人民法院对该国的公民、组织的行政诉讼权利也对等地加以限制。只有外国法院对我国公民、组织在该国进行行政诉讼时，限制我国公民、组织的行政诉讼权利，我国法院才采取对等限制。这种限制是相互的，对等的。这是主权国家之间“以限制抵制限制”的对等措施在诉讼中的体现，目的是为了达到平等对待。

我国《行政诉讼法》第 71 条第 2 款规定：“外国法院对中华人民共和国公民、组织的行政诉讼权利加以限制的，我国人民法院对该国公民、组织的行政诉讼权利，实行对等原则。”这便是我国《行政诉讼法》所确立的对等原则。所谓对等原则有以下三层含义：

1. 这个原则适用于外国对我国公民或组织的行政诉讼权利加以限制方面。它不适用于权利赋予方面，即便根据外国法，我国公民在外国进行行政诉讼享有更广泛多样的权利，但也不能因此就对该国公民在我国进行行政诉讼也搞什么对等。对等是指诉讼权利的限制对等，即根据外国法，我国公民在外国进行行政诉讼的权利设有限制的，我国行政诉讼法也应当对该国公民行政诉讼上的权利加以限制。

2. 我国公民、组织在外国进行行政诉讼，其诉讼权利应与所在国公民、组织相同。即该国对我国公民、组织实行“国民待遇”。如果在诉讼权利方面，低于本国公民、组织的标准，即构成了对我国公民、组织的诉讼权利的限制。所以，这种限制的形式是多样的，既可以由立法机关制定法令来限制，并通过法院在行政诉讼中来执行；也可以是虽然立法无限制，但在行政诉讼中法院却实行对我国公民、组织的限制。另外，这种诉讼权利的限制，可能是只对我国公民、组织适用，也可能是对包括我国公民、组织在内的外国公民、组织都适用。无论哪一种，都是对我国公民、组织诉讼权利的限制。

由此可见，对等原则的要求实际上是与我国立法赋予外国人国民待遇诉讼地位相联系的。由于我国给予外国人同我国公民相同的诉讼权利，当然也要求外国给予我国公民同本国公民相同的诉讼权利，这是国家间平等关系的表现。我们反对在法律上歧视我国公民的做法，并以对等原则来处理这种歧视，体现了平等、主权国家的交往关系。

3. 行政诉讼法规定的“对等”原则，是一种“相应性”的对等。我们知道，我国的行政诉讼与外国的行政诉讼的内容不尽相同，有些制度我国行政诉讼法中有规定，外国行政诉讼法中却没有；相反，我国没有规定的，外国则可能有。在这个前提条件下的对等就必须考虑我们究竟对等限制什么的问题。如果外国法院所限制我国公民的内容，我国法律也有规定，则可以相同的内容限制之；如果外国法院限制我国公民的内容，在我国法律上根本就没有，则应当以相同性质、相近内容来限制，因为对等只是一个原则，实际上对限制的内容是要求“相应的”，要根据具体情况加以分析决定。

主权国家之间，在处理相互之间关系时，应以平等互利为基础。表现在司法上，一国应保障他国公民、组织的诉讼权利，不得加以歧视和限制。但是，国际的交往十分复杂，国与国的关系各不相同，且又时常发生变化。当事人的诉讼权利是由各国自己的法律规定并由其法院保障的，这不能不影响到各国的法律和法院对待某些外国当事人的原则和政策。由于各国的对外政策不同，就有可能出现一个国家对外国当事人的诉讼权利加以限制的现象，出现这种情况国家间的对付办法，就是“以限制抵制限制”的相应措施对待对方，从而达到彼此尊重、平等对待的目的。

我国人民法院在审判涉外行政案件时，一向是按照我国法律规定办事，依法保护外方当事人的诉讼权利。但如果出现外国法院对我国公民、组织的行政诉讼权利加以限制的情况，则我国人民法院为维护国家主权，保护我国公民、组织的合法权益，有权对该国公民、组织采取对等的限制措施。

对等原则与同等原则不同，其区别在于：同等原则是指两个国家基于平等、友好关系，互相给予对方公民、组织同等的诉讼权利，履行同等的诉讼义务，给予相同的法律“保护”；而对等原则是指我国公民、组织的诉讼权利如在外国受到限制的，则我国人民法院就对该国公民、组织的诉讼权利给予同样的“限制”。因此，对等原则强调的是国家的主权权利，其目的是要达到司法保护上的平等。如果在审理某一涉外行政案件中，人民法院发现了有应适用对等原则的情况，并且适用了对等原则，那么在此案中，同等原则就不能适用，所以同等原则要受到对等原则的约束。

第四节　涉外行政诉讼的代理、期间与送达

一、涉外行政诉讼的代理

我国涉外行政诉讼实行国民待遇原则，外国人、无国籍人、外国企业和组织与中国公民和组织一样，在人民法院可以亲自起诉、应诉，也可以委托律师代为诉讼。但根据《行政诉讼法》第73条规定：“外国人、无国籍人、外国组织在中华人民共和国进行行政诉讼，委托律师代理诉讼的，应当委托中华人民共和国律师机构的律师。”外国当事人不得委托外国律师在我国进行诉讼。外国人委托我国律师机构的律师代理行政诉讼的，如果该外国人、无国

籍人、外国组织在国内没有住所的，其委托书要通过域外寄交或托交的，应当经所在国公证机关证明，并且经我国驻外使领馆认证，或者履行我国与该国订立的有关条约中规定的证明手续以后，该委托书在我国境内才具有效力。

《行政诉讼法》第 73 条的规定，是涉外行政诉讼中外籍当事人委托律师的特别规定，它包含以下意思：

1. 外国人在我国进行行政诉讼，有权委托律师代理诉讼。但法律并不把上述规定变成义务。也就是说，外国人可以委托我国律师代理诉讼，也可以不委托代理人代理诉讼，而独自参加诉讼。这一点，与我国公民在行政诉讼中有权委托或不委托诉讼代理人的规定是一样的。

2. 外国人在我国进行行政诉讼，法律并没有限定他只能委托我国律师作为其诉讼代理人，从法律规定看，外国人如果要委托诉讼代理人，他可以委托我国律师，也可以委托除律师以外的其他人作为他的诉讼代理人。这个其他人包括：（1）社会团体。根据《行政诉讼法》第 29 条第 2 款的规定，社会团体可以受委托为诉讼代理人，如法学会。（2）外国人的近亲属。含国内和国外的近亲属。（3）所在单位推荐的人。如外国人在我国开办合资企业，该合资企业单位推荐的人可以代理该外国人进行诉讼。（4）外国人可以委托本国律师以非律师身份担任诉讼代理人。（5）外国人可以委托本国公民为诉讼代理人。（6）外国人可以委托外国驻华使领馆官员，以个人名义担任诉讼代理人，但在诉讼中不享有外交特权和豁免权。（7）委托中国公民代理诉讼，须经法院许可。

限制性规定，仅仅是限制以律师身份担任诉讼代理人。即外国人在我国进行行政诉讼，如果要委托律师以律师身份或名义代理诉讼，作诉讼代理人，那么，就只能委托我国律师机构的律师。

律师制度是一国司法制度的重要组成部分。一国的司法制度只能在本国领域内适用，不能延伸于他国。任何一个主权国家，都不允许外国律师在本国法院执行职务。允许外国律师干预本国司法事务，势必造成在本国法庭上外国人以外国法律规范、法律理念、法律价值来评价、否定、抨击本国法律制度以及法律文化，有损本国尊严和国家主权。各国都禁止外国律师在本国法院出庭诉讼，我国也不例外。早在 1981 年我国司法部、外交部、外国专家局《关于外国律师不得在我国开业的联合通知》就明确规定，外国人不能在我国取得律师资格。同时有必要明确以下几点：外国律师不得在我国开业；不得在我国开设律师事务所、办事处或与我国法律顾问处合伙开业；不得以律师名义在我国代理诉讼和出庭等。

行政诉讼法关于外国人委托律师代理诉讼的限制，正是在这种律师制度与体制基础上作出的，与现行律师体制相一致。但在我国加入 WTO 后，2001 年 12 月 29 日九届全国人大常委会修改《中华人民共和国律师法》时，允许“外国律师事务所在中华人民共和国境内设立机构从事规定的法律服务活动”。以及随后的一系列律师制度改革已经允许外国律师在我国开设办事机构以及外国律师在特定的法律事项中开展法律服务等。这些变化势必影响到诉讼代理人制度，这是值得注意的。

二、涉外行政诉讼的期间

期间是人民法院、当事人和其他诉讼参加人进行某种诉讼行为连续经过的时间。规定期间的目的是保证当事人及时行使诉讼权利和履行诉讼义务，保证人民法院及时、有效地审判案件，解决纠纷。

行政诉讼的期间则是指当事人和法院在整个行政诉讼活动中应当遵守的时间限制。涉外行政诉讼中的当事人和主持涉外行政诉讼的人民法院，也应当遵守法律、法规所规定的有关涉外行政诉讼的期限和期日。由于外国当事人往往居住在国外，必然导致通讯、交通、签证等诸多不便。为了维护外国当事人与我国当事人平等的诉讼法律地位，就有必要对涉外行政诉讼的期间从法律上适当的区别于一般行政诉讼的期间的规定，以充分保护外国当事人的平等的诉讼法律上的地位，体现我国法律的公平、正义。

涉外行政诉讼，与非涉外行政诉讼一样，都要涉及到各个诉讼阶段与期间，法律对于涉外行政诉讼的期间，没有专门的、统一的规定。而外籍当事人的域外居住这一实际情况，又使我们不能不注意到它的特殊性，况且，有关的解释对此也有一些特别的规定，这就是要给予适当延长。

适当延期的原因是当事人居住在我国境外，通讯、交通等不便。所以，涉外行政诉讼中如果外国人在我国国内已有住所的，则不能延长有关期间。同样，我国公民居住在国外的，也应当适当延长期间。总之，立法及解释关于期间延长的精神，是因为当事人在国内没有住所。

在涉外行政诉讼中，延长诉讼期间的特别规定有：

1. 上诉期间。不服一审人民法院判决、裁定的上诉期限。根据规定，在国内没有住所的当事人，不服一审判决、裁定的，其上诉期限为自判决书、裁定书送达之日起 30 日内，而不是一般的 15 日或 10 日期限。

2. 答辩期间。居住域外的被上诉人，在收到上诉状副本以后，提出答辩状的期限为 30 日，而不是一般的限定 10 日。

3. 送达期间。居住域外的当事人，有关诉讼法律文书的送达期限为 6 个月。这在邮寄送达和公告送达方式上，已有明确规定，自寄出之日和公告之日起满 6 个月的，即视为送达。

一个案件中涉及两个以上外籍当事人，如果其中一人居住在我国国内，而另一人居住在国外的，对于国内居住的当事人不适用特别规定期间而仍然是一般规定期间；对于国外居住的当事人则适用特别规定期间。这正如最高人民法院《关于适用〈民事诉讼法〉若干问题的意见》中所解释的那样：当事人双方分别居住在我国领域内和领域外，对第一审人民法院判决、裁定的上诉期，居住在我国领域内的为一般期限；居住在外国领域外的为 30 日。双方的上诉期均已届满没有上诉的，第一审人民法院的判决、裁定即发生法律效力。

4. 结案期限

人民法院审理涉外行政案件，可以不受《行政诉讼法》有关一般案件审结期限的限制。

有关诉讼的其他期间，原则上应按行政诉讼法的一般规定执行。但对于域外居住当事人确有理由提出的延长申请，法院应当考虑准许。在法院的指定期间方面，也是如此。

三、涉外行政诉讼的送达

送达，是指人民法院将有关的法律文书，依照法定程序和方式送交当事人和其他诉讼参与人的行为。

（一）送达适用的对象

涉外行政诉讼是外国人、无国籍、外国组织在我国进行的行政诉讼。而涉外送达与涉外行政诉讼的送达有所不同，根据司法解释，送达适用于在中华人民共和国领域内没有住所的当事人。因此，所谓涉外行政诉讼送达适用的对象实际上有两种：一是在我国境内没有住所的外国人、无国籍人、外国组织等；二是在我国境内没有住所的我国公民。

（二）送达方式

根据司法解释，涉外行政诉讼的诉讼文书送达方式，依具体条件不同有以下几种：

1. 依条约规定的方式送达。即依照受送达人所在国与我国缔结或共同参加的国际条约中规定的方式送达。这种方式适用于受送达人所在国与我国有双边或多边国际条约的条件下。该条约中如有法律文书送达方式约定的，则应按条约中约定的方式送达。没有国际条约或虽有条约但无此内容的，则不适用此种送达方式。

2. 外交途径送达。外交途径送达是指受送达人所在国已与我国建交但尚未签署司法协助协议，也未共同加入有关国际条约，按照互惠原则通过外交途径的送达。根据《最高人民法院、外交部、司法部关于我国法院和外国法院通过外交途径相互委托送达法律文书若干问题的通知》规定，我国人民法院通过外交途径向国外当事人送达诉讼文书的具体方法是：送达的法律文书须经我国省、自治区、直辖市高级人民法院审查后，再将应当送达受送达人的诉讼法律文书送交外交部，由外交部领事司代表我国人民法院送交受送达人所在国驻我国的外交机构，该外交机构再根据其国内规定的送达方式转交受送达人。

3. 委托使领馆送达。对于具有中华人民共和国国籍而在国内无住所的受送达人，法院可以委托我国驻受送达人所在国大使馆、领事馆代为送达。

4. 委托代理人送达。受送达人在诉讼中有诉讼代理人的，且该诉讼代理人有权接受送达的，可以向有权接受送达的诉讼代理人送达诉讼法律文书，或者向受送达人专门委托的有权接受送达的代理人送达。

5. 向代表机构、分支机构或业务代办人送达。如果受送达人在我国领域内设有代表机构的，向代表机构送达；如果受送达人在我国领域内设有分支机构或业务代办人，且这些分支机构、业务代办人有权接受送达的，可以向这些分支机构、业务代办人送达文书。

6. 邮寄送达。受送达人所在国的法律允许邮寄送达诉讼文书的，可以采用邮寄方式送达。自邮寄之日起满 6 个月，送达回证没有退回，但根据各种情况足以认定已经送达的，期间届满之日视为送达。

7. 公告送达。公告送达是自公告之日起满 6 个月，即视为送达。公告的具体办法是人民法院将需要公告的诉讼法律文书的内容，刊登在向国内外发行的报刊上，或者在适当的场所予以公告，向当事人送达。公告送达不以受送达人是否知悉公告内容为前提，而是以公告超过一定期限（即自公告之日起满 6 个月）来推定受送达人已经接受该公告的诉讼法律文书。受送达人是否确实知悉诉讼法律文书并不会影响该公告的诉讼法律上的效力。

公告送达方式在涉外行政诉讼中的运用，须是上述六种方式都不能使用的前提下才能使用。所以，不能只图方便，随意使用公告送达方式。

第七编　行政诉讼秩序的保障

第二十三章　行政诉讼强制措施

目前，根据我国行政诉讼法的规定，对于行政诉讼秩序的保障，主要表现为人民法院依法对诉讼参与人或其他人妨碍行政诉讼的违法行为采取行政诉讼强制措施予以有效遏制。

第一节　行政诉讼强制措施概述

一、行政诉讼强制措施的概念

（一）行政诉讼强制措施的概念与特征

行政诉讼强制措施，是指人民法院在行政诉讼过程中，为确保审判和执行顺利进行，对实施妨害行政诉讼行为的人，依法采取的强力制止的措施。其特征如下：

1. 行政诉讼强制措施的采取，是行政审判权的诉讼保障权能的体现与运作。因此，采取行政诉讼强制措施的权力主体，只能是拥有行政审判权的人民法院，而不能是其他任何机关、单位和个人。

2. 人民法院采取行政诉讼强制措施，只依据法律主动采取，而不以任何人提出采取行政诉讼强制措施的申请作为必要的前提条件。

3. 行政诉讼强制措施的适用对象，是已经或正在实施《行政诉讼法》第 49 条所列举规定的一种或数种妨害行政诉讼行为的人，它包括本案诉讼参与人以及案外其他人。

4. 行政诉讼强制措施具有依靠国家强制力，对妨害行政诉讼的行为人予以强行教育和必要制裁的双重性质。它并非单纯的说服教育措施或单纯的司法制裁手段，而是说服教育与司法制裁有机结合，以有效制止妨害行政诉讼行为继续进行或消除该行为所造成的行政诉讼秩序被扰乱后果的诉讼保障措施。

5. 行政诉讼强制措施的采取，不受诉讼阶段及诉讼环节的限制。只要是在行政诉讼期间以及行政诉讼行为尚未实施终了，遇有妨害行政诉讼正常进行的行为发生时，人民法院都可以采取行政诉讼强制措施。

（二）行政诉讼强制措施的种类

按照我国《行政诉讼法》第 49 条的规定，行政诉讼强制措施有五种，其排列顺序依次为：1. 训诫；2. 责令具结悔过；3. 司法罚款（一千元以下）；4. 司法拘留（15 日以下）；5. 依法追究刑事责任。

行政诉讼强制措施的排列次序，是依照妨害行政诉讼行为的情节轻重而定，依次加重，直至对妨害行政诉讼行为已构成犯罪的行为人采取依法追究刑事责任的最严厉的措施，以有力维持行政诉讼正常秩序。这里应注意的是：（1）采取依法追究妨害行政诉讼行为人的刑事责任这一措施，已属刑事制裁和刑事诉讼领域，故应当在适用中严格遵守刑事诉讼程序规定，交由刑事审判庭处理（自诉案件）或移送公安、检察机关处理（公诉案件）。（2）除依法追究刑事责任这一措施外，前四种强制措施均由行政审判庭或执行庭（在生效的行政判决裁定执行阶段中）以人民法院的名义依法直接采取，故一般只认这四项措施为行政诉讼强制措施。

二、行政诉讼强制措施与非行政诉讼强制措施的区别

要正确把握行政诉讼强制措施，应当还要注意它与以下几种非行政诉讼强制措施的区别，以防混淆。

（一）行政诉讼强制措施与行政诉讼强制执行措施的区别

这两类措施，虽然都是在行政诉讼中的强制性处置手段，而且都起着维护社会主义法制的严肃性和权威性，促使诉讼参与人等遵守诉讼秩序和保障行政诉讼活动顺利进行的作用。但是，两者之间却不可混同，存在以下区别：

1. 性质不同。前者是制止和排除妨害行政诉讼行为的强制手段；后者是制止和排除妨害生效裁判落实行为的强制手段。

2. 目的不同。前者旨在保障行政诉讼活动正常进行，维护行政诉讼秩序；后者是为了直接实现生效裁判确定事项，维护胜诉当事人的实体权利与生效裁判的应有权威。

3. 对象不同。前者针对故意妨害行政诉讼的行为人（包括当事人和非当事人）；后者仅针对拒不自觉履行生效裁判的败诉当事人。

4. 机关不同。前者的有权决定执行机关只是人民法院；后者的有权决定执行机关包括人民法院和被告行政机关（限于依法享有行政强制执行权者）。

5. 时间不同。前者在整个诉讼期间内各个诉讼阶段，从起诉、立案、审判（含一审、二审、再审）到执行都可以适用；后者只与独立诉讼阶段相联系，即只有在审判结束后生效裁判的执行阶段才能适用。

（二）行政诉讼强制措施与行政强制措施的区别

行政诉讼强制措施与行政强制措施，虽然都是“强制措施”，但两者绝非一回事，其区别如下：

1. 法域及依据不同。前者适用于行政诉讼领域；后者适用行政管理领域。前者以行政诉讼法为依据；后者以行政实体法为准绳。

2. 性质不同。前者是对妨害行政诉讼的行为予以制止、排除的司法强制手段；后者是对妨害国家行政管理的行为予以制止、排除的行政强制手段。前者为国家司法行为；后者为国家行政行为。

3. 机关不同。前者由人民法院决定执行；后者由行政机关决定执行。

4. 对象不同。前者适用对象是妨害行政诉讼正常进行的诉讼参与人及案外有关人员；后者适用对象是妨害行政管理的行政相对人。

5. 后果不同。对前者不服至多只能依法（即行政诉讼法第49条第2款之规定）向人民法院申请司法复议但不能起诉；对后者不服可以依法（行政诉讼法和行政复议法规的相关规定，下同）向行政机关申请行政复议，也可以依法向人民法院提起行政诉讼。

据上，我们切忌忽视一词（“诉讼”）之差，而将行政诉讼强制措施与行政强制措施相互混淆。

（三）行政诉讼强制措施与其他诉讼强制措施的区别

我国目前有三大诉讼，即刑事、民事和行政诉讼，相应的存在三大诉讼强制措施。

行政诉讼强制措施与刑事诉讼强制措施之间的区别是明显的：（1）适用的机关不同。前者只有法院适用；后者则公、检、法三机关均有权依法适用。（2）适用领域不同。前者只适用于行政诉讼过程中；后者适用于刑事诉讼过程中。（3）适用对象不同。前者适用妨害行政

诉讼的行为人（一般是违法分子）；后者适用现行刑事犯罪分子、犯罪嫌疑人和刑事被告人。(4) 种类不同。前者只有一项限制人身自由的措施即司法拘留；后者全都是限制人身自由的措施即拘传、取保候审（被取保候审的被告人不得脱离保证人对其人身自由的监视）、监视居住（被监视居住的被告人不得离开指定的区域）、拘留、逮捕等。(5) 性质不同。前者具有事中、事后处置性，是对已经发生或正在进行的妨害行政诉讼行为予以制止、排除；后者具有事前预防性，是对可能发生的妨害侦查、起诉和审判以及重新、继续犯罪的社会危险性予以防范的严厉措施。(6) 后果不同。前者实施终了则结束，不产生任何实体性后果；后者实施终了还可以转化为实体性后果，如产生以拘留、逮捕羁押期限折抵拘役、有期徒刑相应刑期的实体后果。

行政诉讼强制措施与民事诉讼强制措施的密切联系远胜于与刑事诉讼强制措施，在《行政诉讼法》颁行之前，行政诉讼强制措施与民事诉讼强制措施是"合二为一"的，均适用《民事诉讼法（试行）》对强制措施的规定，《行政诉讼法》施行后便才"一分为二"。但是，《行政诉讼法》规定的强制措施比较简要，有些问题比如对单位妨害行政诉讼的行为所采取的强制措施，就不如新《民事诉讼法》的规定那么具体明确及便于理解掌握。因此，我们认为，在司法实践中，人民法院在行政诉讼过程中采取行政诉讼强制措施时，除应依照《行政诉讼法》规定执行外，还应根据最高人民法院的指示"可以参照民事诉讼的有关规定"来解决《行政诉讼法》规定不具体明确的有关情况。当然，也不应忽视行政诉讼强制措施与民事诉讼强制措施的这些区别：(1) 对象不同。前者针对妨害行政诉讼秩序的行为人；后者适用妨害民事诉讼秩序的行为人。(2) 种类不同。前者无拘传，对于必须到庭的行政诉讼被告（当然不可能针对被告的整个机关，而只针对该被告的法定代表人即机关正职或主要首长）经两次合法传唤，无正当理由拒不到庭的，根据《行政诉讼法》第 48 条规定可以缺席判决，而不得采取拘传；后者有拘传，人民法院对经两次传票传唤无正当理由拒不到庭而又要求其必须到庭的民事被告人（对单位、法人则是其法定代表人），经法院院长批准后可以拘传，强制其参加庭审活动。

三、行政诉讼强制措施的意义

在行政诉讼中，认真、依法采取行政诉讼强制措施，有着重要意义。

（一）维护行政诉讼正常秩序，捍卫社会主义法制尊严

行政诉讼需要有正常的诉讼秩序方能顺利达到目的。在实际生活中，不服从人民法院指挥，扰乱庭审秩序，阻碍证人作证，妨害判决执行等行为并未彻底杜绝。因此必须在发生了各种妨害行政诉讼行为时，及时地采取行政诉讼强制措施予以制止，消除后果，才能确保各项诉讼活动正常、有序地进行，才能在行政诉讼中落实"有法必依、违法必究"的要求，捍卫社会主义法制的尊严。

（二）保障诉讼参与人、司法人员及有关人员的人身、财产安全

诉讼参与人、司法人员及有关人员如协助执行人等的人身、财产安全能否得到有力保障，对其能否大胆行使诉讼权利，执掌司法职权，依法履行诉讼义务，及时协助执行法院生效裁判有着直接利害关系与重大影响。在行政诉讼过程中，侮辱、殴打或利用手中权力打击报复办案人员、诉讼参与人、协助执行人，或者转移、毁损已被查封、扣押、冻结的财产等情形并未完全绝迹，且时有发生。只有对此坚决采取行政诉讼强制措施，才能有力遏制其发展蔓延，保障诉讼参与人、司法人员及有关人员的人身、财产安全，使其在行政诉讼过程中免受外来侵害，严格依法办事。

（三）保证人民法院顺利行使审判权，迅速查明案件真相，正确解决行政纠纷

在行政诉讼过程中，人民法院依法独立行使审判权，不受行政机关、社会团体和个人的干涉，可以主动收集和调查证据，在案件事实清楚的前提下，正确适用法律，解决行政纠纷。但实践中难免发生以暴力、威胁或者如给予行政歧视性待遇等其他方法阻碍人民法院工作人员执行职务，或者千方百计阻挠人民法院收集和调查证据，伪造、毁灭关键证据，威胁、阻止证人作证或贿买、指使、胁迫证人作伪证等妨害法院独立行使审判权的情形。对此采取行政诉讼强制措施，方可为法院行使行政审判权护航保驾，使案情真相能够迅速查明，现存行政纠纷得到正确处理。

（四）保障人民法院生效裁判切实执行，使当事人合法权益和依法行政得到应有的保护和维护

行政诉讼法保护行政相对人的合法权益和维护行政机关的依法行政的立法宗旨，最终要通过人民法院生效判决、裁定的切实执行来体现及落实。但在行政诉讼实践中，也会发生"执行难"的情况，如当事人将法院已查封、扣押冻结财产私下隐藏、转移、变卖甚至毁损，有义务协助执行的单位和个人，对法院发出的协助执行通知书无故推诿拒绝或者妨碍执行活动等等。只有在强制执行的同时，对造成"执行难"的各种妨害行政诉讼的行为，及时坚决采取行政诉讼强制措施，才能保障法院生效判决、裁定切实执行，从而落实行政诉讼法的立法宗旨。

（五）教育公民、组织遵守法律，增强法制观念

行政诉讼活动需要有个良好的法律意识环境。各种妨害行政诉讼行为的思想根源在于法制观念淡薄，欠缺良好的法律意识。尤其是个别自恃权重位高而藐视法院，妨害诉讼的行政机关代表人，往往是人治思想浓烈、法治原则丧失的典型。人民法院对妨害行政诉讼的行为人采取强制措施，也能够起到积极的法制教育效果，使违法者悔改，旁观者足戒，从而逐步增强法制观念，自觉遵守法律和诉讼秩序。

第二节　妨害行政诉讼行为的构成要件与种类

一、妨害行政诉讼行为的概念

（一）妨害行政诉讼行为的概念

妨害行政诉讼的行为，是指在行政诉讼期间，诉讼参与人或者其他人故意扰乱、破坏诉讼秩序，阻碍、危害各项诉讼活动进行的违法行为的总称。

妨害行政诉讼的行为，一般是属程序违法行为，但在行为情节严重并触犯刑法有关规定时，则会转化为刑事犯罪行为。这是我们在把握妨害行政诉讼行为的性质时，应予注意之点。

（二）妨害行政诉讼行为与当事人拒绝履行法院生效裁判行为的异同

妨害行政诉讼的行为，与当事人拒绝履行法院生效裁判的行为的相同点，在于都是破坏行政诉讼程序和秩序的违法行为，且在情节严重时都可以转化为刑事犯罪行为。此外，在某些情况下，这两种行为是合为一体的。比如，当事人在拒绝自觉履行法院生效裁判过程中，同时纠合不明真相群众围攻殴打前来强制执行的法院工作人员，或者秘密转移、隐藏、变卖、毁损被执行的财产，等等。因此，人民法院在实践中对于妨害行政诉讼行为与当事人拒绝履行生效裁判的合体行为，可以同时采取强制执行措施和行政诉讼强制措施予以处置。

妨害行政诉讼的行为，与当事人拒绝履行法院生效裁判的行为的主要区别点，在于后者

是由当事人这一实体权利义务主体，直接针对案件的实体事项而产生的违法行为，它构成“执行”这一行政诉讼程序最后阶段的产生前提和解决对象。而前者，则只是针对整个行政诉讼活动和秩序而予扰乱、破坏的违法行为，与执行程序的产生不发生直接的关系。因此，《行政诉讼法》没有把当事人拒绝履行法院生效裁判的行为，列为妨害行政诉讼的行为，而是在“执行”一章中加以规定；同时也对妨害行政诉讼行为和当事人拒绝履行法院生效裁判行为进行处置的行政诉讼强制措施和行政诉讼强制执行措施分别作出规定。在实践中，切忌将这两种违法行为混淆，以免混用行政诉讼强制执行措施与妨害行政诉讼强制措施。

二、妨害行政诉讼行为的构成要件

妨害行政诉讼行为的构成要件，是从理论上概括与把握各种具体的妨害行政诉讼行为的共同本质特征，从而在总体上明确地将妨害行政诉讼行为与其他非法行为区别开来，以确保准确认定妨害行政诉讼的行为，正确适用行政诉讼强制措施。

妨害行政诉讼行为的构成要件，目前在法学界尚未完全达成共识。我们认为，应有以下三方面：

（一）必须在客观上发生违法行为的事实

这一方面的要件包括二层含义：

1. 违法行为，须是属于《行政诉讼法》第49条第1款列举范围内的各类行为（包括各类行为的具体形态）。如果违法行为不能归属于该款规定者，则不能视为妨害行政诉讼的行为。如被告无理拒不应诉，原告无理拒不出庭，等等。

2. 违法行为，已经成为客观事实。这包括以作为（如毁灭证据）和不作为（如隐藏证据，拒绝交出）方式而为的客观事实，也包括以言论方式而为的客观事实（如侮辱、诽谤、威胁、诬陷法庭审判人员、诉讼参与人及协助执行人）。如果尚未成为客观事实而只是处于图谋甚至准备阶段，没有付诸实施的（如已写好诽谤信并未寄出；扬言要毁损被查封财产并未着手实施），也不能认定已构成妨害行政诉讼的行为。

（二）这一违法行为的事实，必须与行政诉讼相关

这一方面的要件有二层含义：

1. 违法行为的事实须与行政诉讼期间相关，即必须是发生在从起诉与受理时起到法院生效裁判执行完毕这整个行政诉讼期间。如果某种违法行为的事实在行政诉讼开始前或终了后发生，而与行政诉讼期间无关，则不能认定为妨害行政诉讼的行为，从而也就不能对之采取行政诉讼强制措施，只能按照相关法律、法规的规定予以处置。比如在法院生效裁判执行完毕后，败诉公民出于报复动机对被告方证人及其近亲属进行威胁、侮辱、殴打的行为，就不能按妨害行政诉讼行为处理，而只能由公安机关按违反治安管理行为，依据《治安管理处罚法》第20条等规定从重给予治安行政处罚。

2. 违法行为的事实须与行政诉讼活动相关，即必须是因行政诉讼而起，针对行政诉讼活动而来。如果某种违法行为的事实的发生，与行政诉讼活动无关，即使是发生在行政诉讼期间，也不能认定为妨害行政诉讼的行为，只能按照其他法律法规规定来认定和处理。比如，某行政案的审判长在骑自行车去法庭途中被违章骑车者撞坏自行车，违章者不仅强词夺理拒绝赔偿，而且出手殴打造成审判长轻微伤害，从而导致该案因该审判长不能按期到庭而延期审理。该例中就不能认定违章骑车者的行为是妨害行政诉讼的行为，因为该行为不是因行政诉讼而起，其所针对的不是行政诉讼活动，与行政诉讼活动不相关。尽管其发生在行政诉讼期间，也只能认定为违反治安管理行为，由公安机关按《治安管理处罚法》第9条的规

定给予调解或处罚处理。

（三）这一违法行为的事实，必须是行为人出于妨害行政诉讼的故意所为

这一方面要件的含义是：违法行为人在主观上必须是明知自己的违法行为会妨害相关行政诉讼活动的正常进行和扰乱行政诉讼的秩序，但却仍有意实施这一违法行为。

过失的心理状态，不能构成妨害行政诉讼行为的主观要件。过失行为，即使已妨害了行政诉讼，也不能认定为妨害行政诉讼行为而予行政诉讼强制措施处置。比如，书证的持有者在诉讼期间不慎丢失书证，就不能认定为毁灭证据的妨害行政诉讼的行为。

如果违法行为虽出于故意，但不是以妨害行政诉讼为目的的故意，而是出于其他违法目的的故意者，不能认定该违法行为是妨害行政诉讼的行为。比如，某窃贼趁夜暗无人之机，撬窗进入某行政案件原告的首饰店铺，盗出已被查封的若干盒伪劣黄金首饰，并于次日在市场上变卖，当场被执法人员抓获。对该窃贼变卖已被查封财产的行为，因其不是以妨害行政诉讼为目的，而是以侵犯财产所有权为目的，故不能认定为妨害行政诉讼的行为，只能认为是违反治安管理的行为或盗窃犯罪行为。

以上三方面的构成要件，必须同时具备，缺一不可。否则，便不能构成妨害行政诉讼的行为，也不能对之采取行政诉讼强制措施。

四、妨害行政诉讼行为的种类

我国《行政诉讼法》第 49 条第 1 款中列举规定了妨害行政诉讼行为的种类，不在该款列举范围内的由该法其他条文规定的违法行为，不属于妨害行政诉讼行为。妨害行政诉讼的行为有以下六大类：

（一）有义务协助执行的人，对人民法院的协助执行通知书，无故推脱，拒绝或者妨碍执行的行为

此类妨害行政诉讼行为的具体构成特点是：1. 行为人须是负有协助执行人民法院生效的行政判决、裁定之义务者。若无此义务则不得对之采取行政诉讼强制措施。负有协助执行义务的行为人，包括自然人和单位（如银行、信用合作社和其他有储蓄业务的单位等等）及其主要负责人或直接责任人员。2. 行为人须是已经接到人民法院发出的协助执行通知书，而不予协助执行。若人民法院没有发出并送达协助执行通知书，而只是以口头方式或者非正式文书格式（如便函、信函等）通知的，行为人的拒绝执行则不能认定为妨害行政诉讼的行为。3. 行为人在接到法院协助执行通知书后推脱、拒绝或者妨碍执行，须是无正当理由而为。若行为人有正当理由（比如被执行人在本信用社帐户口内的存款确已空白，毫无分文可以划拨，等等）的，不能认定是妨害行政诉讼的行为。

（二）伪造、隐藏、毁灭证据的行为

此类行为是行为人故意破坏行政诉讼证据，使人民法院的审判丧失事实根据的妨害行政诉讼行为。伪造证据，是指行为人有意制造歪曲案件事实真相，或无中生有凭空虚构的证据，并提交人民法院，要求作为裁判根据的行为。隐藏证据，是指行为人有意将自己持有或保管的证据收匿起来，矢口否认，拒绝提供，躲避人民法院调查取证的行为。毁灭证据，是指行为人有意将能够证据案情事实的证据破坏殆尽，完全不复存在，使人民法院无法调查取证的行为。

（三）指使、贿买、胁迫他人作伪证或者威胁、阻止证人作证的行为

此类行为是行为人故意破坏行政诉讼证据中的证人制度，使人民法院的审判受到虚假证言的干扰或丧失客观真实证人证言的人。指使他人作伪证，是指行为人指令驱使他人按照其

拟定口径、内容，向人民法院作出虚假证言的行为。贿买他人作伪证，是指行为人以利益（金钱、财物或晋升提拔等等）收买他人向人民法院提供虚假证言的行为。胁迫他人作伪证，是指行为人倚仗自身强力大势或抓捏他人弱点以将来要发生的损害或以直接施加损害来恐吓、逼迫、要挟他人向人民法院提供虚假证言的行为。威胁证人作证，是指行为人采取以侵犯人身、毁坏财产、破坏名誉等逼迫、恫吓方法对作证的证人予以精神强制的行为。阻止证人作证，是指行为人以各种方法拦挡证人，使之停止作证的行为。

在认定此类妨害行政诉讼行为时应注意：1. 不能够以他人已作出伪证或者证人中止作证的结果作为前提条件。只要客观上已经发生了指使、贿买、胁迫他人作伪证的行为，威胁、阻止证人作证的行为，就已经构成妨害行政诉讼行为。至于是否出现“他人已作伪证”、“证人中止作证”的结果，只是该妨害行政诉讼行为的情节轻重与否构成因素，只是对该妨害行政诉讼行为采取何种强制措施的参照系数。2. 被指使、贿买者向人民法院提供伪证的行为，属于妨害行政诉讼的行为，应对该被指使者、被贿买者按前一类伪造证据行为认定，并采取相应的行政诉讼强制措施，不可姑息，对于受贿者提供伪证的行为，一般宜作批评教育，不可姑息，对于受胁迫者提供伪证的行为，一般宜作批评教育；若因其作伪证而给人民法院审判工作造成严重不利后果的，则亦应视情节轻重，对该被胁迫者采取必要的行政诉讼强制措施，以儆效尤。当然，无论是否对被指使者、被贿买者、被胁迫者采取行政诉讼强制措施，都必须对指使者、贿买者、胁迫者的妨害行政诉讼行为实施必要的行政诉讼强制措施，以坚决杜绝此类行为。

（四）隐藏、转移、变卖、毁损已被查封、扣押、冻结的财产的行为

此类行为是行为人有意破坏被保全财产的妨害行政诉讼行为。在对此类行为进行认定和处理时，应当注意的是，此类行为破坏的对象既包括人民法院在诉讼期间采取诉讼保全措施或在执行阶段采取强制执行措施所查封、扣押、冻结的财产，也包括被告行政机关在诉讼前作出行政强制措施时所查封、扣押、冻结的成为本案诉讼标的物的财产。行为人在诉讼期间有意隐藏、转移、变卖、毁损已被行政强制措施所查封、扣押、冻结的财产的行为，也应当构成此类妨害行政诉讼的行为。这是因为，对于不服行政强制措施而提起诉讼的行政案件，人民法院在诉讼期间，除必须裁定先予执行的特殊情形外，一般应当稳定其查封、扣押、冻结财产的既定状态（当然其最终是否合法必须由法院生效裁判而定论），以利于顺畅审判和执行，完全没有必要对已被行政强制措施查封、冻结、扣押的财产再予查封、扣押、冻结。行为人对该财产的转移、隐藏、变卖、毁损的行为，都必将造成案件审理和裁判执行的障碍，因此，对该行为应当以妨害行政诉讼行为论处。

（五）以暴力、威胁或者其他方法阻碍人民法院工作人员执行职务或扰乱人民法院工作秩序的行为

此类行为是行为人有意直接针对正在进行着的司法行动和法院工作秩序而予以阻碍、扰乱的妨害行政诉讼的行为。这类行为的本质在于公然藐视人民法院的行政审判权运行及破坏此运行所必须的工作秩序，是相当恶劣的。在对此类行为认定和处理时，应当同时把握以下三点：1. 此类行为侵犯的对象是正在执行着职务的人民法院工作人员，其范围包括审判员、审判委员会委员、人民陪审员、书记员、执行员、司法警察等。若行为侵犯对象不是人民法院工作人员，或虽然是人民法院工作人员但不是正在执行着司法职务者（比如审判长星期天在家休息而被侵犯），则不能认定为此类妨害行政诉讼的行为。2. 此类行为采取的方法是具有直接强力性的方法，表现为当场对正在执行着司法职务的人民法院工作人员使用暴力（如

殴打、捆绑等)、威胁（如实行精神上的恐吓、要挟或强制）以及其他强力性方法（如组成人墙围堵通道，聚众哄闹法庭，在法院办公时间进入办公区域发放强大噪音予以干扰等等)。不具备直接强力性的方法，比如行贿收买审判人员等腐蚀演变性方法，不构成此类妨害行政诉讼行为。3. 此类行为的主观故意，不是以侵犯人民法院工作人员为目的，而是以阻碍其执行司法职务的行动及干扰其所需工作秩序为目的，通俗地说，就是不让其上班或让其上不好班。如果行为是以侵犯人民法院工作人员人身安全为目的者，则不构成此类妨害行政诉讼的行为。

（六）对人民法院工作人员、诉讼参与人、协助执行人侮辱、诽谤、殴打或者打击报复的行为

此类行为是行为人故意侵犯行政诉讼法律关系主体的人身安全而妨害行政诉讼的行为。行政诉讼活动本身，乃是行政诉讼法律关系主体行使诉讼权利，执行司法职能，履行诉讼义务行为的总和。主体的人身安全受到侵犯，将会使其不能或不敢进行这些行为，从而直接或间接地干扰、破坏局部性或全局性行政诉讼活动。因此，必须采取坚决有力的行政诉讼强制措施制裁、阻止此类妨害行政诉讼的行为，保护行政诉讼法律关系主体的人身安全。

实践中认定此类行为时应注意：1. 此类行为侵犯的对象是现实行政诉讼法律关系主体，其范围包括人民法院工作人员、诉讼参与人、协助执行人。若行为侵犯对象不是现实行政诉讼法律关系的主体，而是已经终了成为过去的行政诉讼法律关系的主体，则不构成此类行为。比如，执行结束，执行法律关系即告终了成为过去，原被执行人利用手中职权作出对协助执行人实施打击报复的行为时，所侵害的对象已不是现实行政诉讼法律关系的主体，故不能认定该打击报复行为是此在妨害行政诉讼的行为，只能以有关法律法规为据认定为有关违法行为。2. 此类行为是以侮辱、诽谤、诬陷、殴打或者打击报复等方法对现实行政诉讼法律关系主体的人身安全（包括健康、名誉、荣誉等人身权利）的直接侵犯。若行为虽采取上列方法但不是直接侵犯主体的人身安全。而是直接侵犯主体的关系人的人身安全者，则不能认定为此类妨害行政诉讼的行为。比如，某行政案被告的法定代表人查明原告之妻在本机关任职，多次要求其劝阻原告撤诉而未果；遂“鸡蛋挑刺”，对原告之妻以莫须有罪名，降级降薪，予以打击以发泄其愤，报复原告的起诉。该被告法定代表人的打击报复行为，并不直接侵犯原告人，而是直接侵犯与原告有夫妻关系之人，故不能认定为此类妨害行政诉讼的行为并对该被告法定代表人采取行政诉讼强制措施，而只能按有关法律、法规，如《行政监察法》、《行政监察法实施条例》的规定给予认定和处理。

第三节　各种行政诉讼强制措施及其适用程序

一、各种行政诉讼强制措施的定义

根据《行政诉讼法》的规定，除依法追究刑事责任外，人民法院常用的行政诉讼强制措施有以下四种：

（一）训诫

这是人民法院对妨害行政诉讼情节轻微的行为人予以口头训斥、警告，指明其行为的违法性和妨害行政诉讼的后果，责令其不得再犯的一种强制措施。

（二）责令具结悔过

这是人民法院对妨害行政诉讼情节轻微的行为人，责令其写悔过书，保证不再重犯的一种强制措施。

（三）罚款

这是人民法院对妨害行政诉讼情节较重的行为人，决定其交纳一定数额（根据行政诉讼法规定罚款最高数额为一千元）的金钱的一种强制措施。

（四）拘留

这是人民法院对妨害行政诉讼情节严重的行为人，决定在一定期限内（根据行政诉讼法规定期限最长为15日）予以看管羁押，限制其人身自由的一种强制措施。

二、行政诉讼强制措施的适用原则

行政诉讼强制措施的适用，就是人民法院对妨害行政诉讼行为人裁量决定采用何种行政诉讼强制措施及其具体内容事项。要做到正确适用行政诉讼强制措施，应当遵守以下原则：

（一）所采取的强制措施轻重程度必须与妨害行政诉讼行为人的违法情节相适应

这一原则要求人民法院对妨害行政诉讼行为人采取强制措施时，一定要注意其违法情节。对情节较轻的，就要采取程度较轻或幅度较小的强制措施，如给予训诫、责令具结悔过，或处以小额的罚款、较短期的拘留；对情节严重的，就要采取程度较重或幅度较大的强制措施，如处以罚款、拘留，或处以大额的罚款，较长期的拘留；对情节严重已构成犯罪的，就要坚决依法追究刑事责任。

（二）必须严格依法定程序适用强制措施

这一原则要求人民法院在对妨害行政诉讼行为人采取强制措施时，一定要做到程序合法，严格遵守《行政诉讼法》以及相关法律、司法解释文件（比如最高人民法院与公安部发布的关于司法拘留适用程序的《联合通知》等）规定的适用行政诉讼强制措施的程序。对于强制措施适用的对象、范围、条件、批准手续等，都必须依法办事，不能随心所欲，滥用强制措施侵犯公民、单位的合法权利。

（三）必须把握强制措施的性质，在适用中着眼于排除诉讼阻碍、教育违法行为人

这一原则要求人民法院在对妨害行政诉讼行为人采取强制措施时，一定要清醒认识与把握行政诉讼强制措施是教育与制裁相结合的诉讼保障手段，只要能够达到有效制止、排除妨害，教育违法行为人承认、改正错误的目的即可；一定要从实际情况出发，实事求是，慎重裁量行事，能用轻者就不用重者，能少用时就不多用。发现有妨害行政诉讼行为的苗头、征兆，一定要及时进行工作，抓紧疏导、教育，避免矛盾积重、激化。在采取强制措施后，还要反复做好说服教育工作，扩大适用强制措施的效果，达到适用一件，教育一片，防患于未然。即使在妨害行政诉讼行为性质比较严重，情节比较恶劣，或情况比较紧急，而采取拘留这种严厉措施过程中，也要注意其目的仍在于有效制止、排除妨害，教育被拘留人遵守法制，故必须坚持认真做好教育工作，在被拘留人承认并改正错误后，即可提前按规定解除拘留，切忌将拘留作为单纯的制裁手段使用。

（四）必须严格区别和正确处理违法与犯罪

这一原则要求人民法院在对妨害行政诉讼行为人采取强制措施时，一定要注意妨害行政诉讼行为的违法性在该行为情节严重而具备犯罪构成要件的前提下，会从妨害行政诉讼发展到触犯刑法构成故意犯罪。因此需要严格区分违法与犯罪的法律界限，对于违法行为者不可采取刑事制裁，而对于已转化为犯罪行为者，不能仅按违法来处置，还必须在先行采取行政诉讼强制措施后，适应该行为性质转化为犯罪的情况，及时依法采取追究刑事责任的措施来处理。切忌在实践中混淆违法与犯罪问题，轻纵犯罪分子，不利于维护行政诉讼秩序与社会治安秩序。

三、行政诉讼强制措施的适用程序

各种行政诉讼强制措施的严厉程序不同，故其适用程序也不同；在适用中，必须遵守各自的程序，而不可混用。

（一）训诫的适用程序

训诫，由合议庭或执行组织（在执行中）决定，审判长或执行员口头宣布，严肃指出妨害行政诉讼行为人的违法事实、性质和危害，提出具体要求，责令其认识、改正错误。训诫的时间、地点、内容、过程等情况，应当完整记入笔录，由决定人、训诫人、被训诫人、书记员签名或盖章后存卷备查，也可附录在审理笔录或执行笔录之中。

（二）责令具结悔过的适用程序

责令具结悔过，由合议庭或执行组织（在执行阶段中）决定，由审判长或执行员宣布，责令妨害行政诉讼行为人在限定时间内将其妨害诉讼的违法事实经过，及其对违法行为性质、危害的认识，以及改正悔过措施，写成书面悔过书，附卷备查。遇有违法行为人书写悔过书有困难的（如文盲不识字等），可采取口头悔过方式具结悔过，由书记员将其悔过内容及时间、地点、过程等情况记入笔录中，经责令人、具结悔过人、书记员签名或盖章后附卷备查，也可附录于审理笔录或执行笔录之中。

（三）罚款的适用程序

罚款，由合议庭或执行组织决定后，报经本法院院长批准，并须制作人民法院罚款决定书。罚款最高数额按《行政诉讼法》第 49 条规定是一千元，具体数额应根据被罚款者妨害行政诉讼的具体行为来决定。被罚款者对罚款决定不服的，可以向罚款法院的上一级法院申请复议一次。申请人有正当理由者，上一级人民法院复议后可以改变原罚款数额或撤销原罚款决定；否则，驳回申请，维持原罚款决定。上一级人民法院所作的复议决定，应当采用复议决定书的方式，并送达复议申请人。复议期间，原罚款决定不停止执行。被罚款者无理拒绝自动缴纳罚款的，罚款法院可以采取措施强制执行罚款决定。

（四）拘留的适用程序

拘留是最严厉的行政诉讼强制措施。人民法院采用这一强制措施，必须十分慎重，只有对极少数的严重妨碍行政诉讼行为的人，经过多次耐心教育以及前述较轻的强制措施制止，仍坚持不改时，方可实行拘留，以保证诉讼活动顺利进行。

拘留，由合议庭或执行组织作出拘留决定，报经本法院院长批准，若因情况紧急必需即时拘留的，可以先行紧急拘留后，再报请院长批准。院长认为不可采用拘留的，不予批准，原已采取的紧急拘留应予解除。

院长批准后，人民法院应当制作《拘留决定书》，由司法警察将《拘留决定书》连同被拘留人一并送交当地公安机关。当地公安机关凭人民法院的《拘留决定书》接受被拘留人并予看管。被拘留人要自带被褥，并负担被拘留期间的伙食费用。公安机关可以将这种因妨害行政诉讼而被拘留者放在行政拘留场所内看管，但不要将他们同受刑事拘留和逮捕的未决犯混杂在一起看管。

拘留的最长期按《行政诉讼法》规定为 15 日，具体天数应视被拘留者妨害行政诉讼具体行为的情节轻重而决定。被拘留者对于拘留决定不服的，可以向上一级人民法院申请复议一次。上一级人民法院认为拘留适用不当的，经复议后可以决定改变拘留天数或撤销原拘留决定或改采其他强制措施，并应当制作《复议决定书》送达复议申请人。复议期间，不停止拘留的执行，对于无理抗拒拘留者，司法警察有权采取使用械具等强制手段予以强制执行。

拘留执行完毕后，作出拘留决定的人民法院应当及时发出《解除拘留决定书》，交公安机关办理解除拘留手续。

在拘留过程中，人民法院应认真做好被拘留者、他的亲友、所在单位的工作。在被拘留者承认并改正错误后，人民法院可以（具体由原决定拘留的合议庭或执行组织）决定提前解除拘留，经法院院长批准后制作《提前解除拘留决定书》，送交当地公安机关执行。

训诫、责令具结悔过、罚款、拘留这四种行政诉讼强制措施，根据具体案件中妨害行政诉讼行为的情况，既可以单独采取，也可以合并使用。但是，必须严格遵守各种措施适用的程序，而不能混用、违反，以坚决杜绝滥用法律赋予的权力。

第八编　我国香港、澳门、台湾的行政诉讼

第二十四章　香港特别行政区行政诉讼

第一节　香港特别行政区行政诉讼的法律渊源

一、香港特别行政区法律制度概述

以1997年7月1日中华人民共和国恢复对香港行使主权，设立香港特别行政区（以下简称：香港特区）为界，香港法律体系经历了根本性的转变。

在回归祖国以前，香港的法律与英国的法律制度大同小异。1844年，香港制定了最初的《最高法院条例》，该条例第5条规定“1843年4月5日香港成立本地之立法机构后，现行之英国法律将在实施，但不适合本地情况或本地居民及由上诉立法机构另行立法取代者除处”。从这一年开始，英国的成文法、不成文法适用于香港。此后，根据1971年修正的《适用英国法律条例规定》，英国国会制定的法律应施行于香港。这一时期，香港行政诉讼的终审权也不在香港高等法院，而在英国枢密院司法委员会，这就是英国管辖之下的香港行政诉讼的特点。

中国恢复对香港行使主权后，香港政治地位发生了根本变化。对于香港法律来说，“龙头”变成了《香港特别行政区基本法》，香港原有法律，除同《基本法》抵触者外，仍可采用为香港特别行政区法律。香港特区法院除继续保持原有法律制度和原则对法院审判权所作的限制外，对香港特区内所有案件均有审判权，但对国防、外交等国家行为无管辖权。

虽然香港特区的法律制度在前后两个阶段分界明显，但由于法律文化的传承性，加之百年来英国统治香港的方式及香港的宪政体制，导致香港的法律制度打上了深深的“海洋法系”烙印，形成了与祖国内地完全不同的法律制度和法律体系（见附表）。

附：内地与香港法律比较

比较项目	内地	香港
法律基础	中国宪法	基本法
最高立法机关	全国人民代表大会	立法会
审判机关	最高人民法院和各级人民法院	终审法院、高等法院，以及其他法院及审裁处
最高检察机关	最高人民检察院	律政司

香港特区的行政诉讼制度也与内地行政诉讼大相径庭。香港的行政诉讼制度基本上来源于英国，其基本特点是：在审判系统上，无严格的公法和私法之区别，不像大陆法系国家单独设立行政法院，而由普通法院审理行政诉讼案件。在诉讼程序上，香港没有单独的行政诉

讼程序，而是适用民事诉讼程序审理行政诉讼案件。在裁判依据上，香港法院在对行政诉讼进行司法审查时，除援引英国的普通法和衡平法原则以外，主要还援引在香港制定和适用的成文法，以及按照“遵循先例”原则整理的香港本地的判例。

二、香港特区行政诉讼的法律渊源

法律渊源包括法源理论和法律表现形式两个方面。

法律渊源简称法源，是指法官等职业法律群体对什么样的法律性资料具有法律效力的认定，是法律规范的出处。法律渊源是性质和形态各异、为数繁多的法律规范之中的规则要素，或称为秩序要素，是法律规范产生和存在的表现形式。

从整体上看，香港地区法律属普通法系（英美法系），根据1997年2月23日第八届全国人民代表大会常务委员会第24次会议通过的《关于根据〈中华人民共和国香港特别行政区基本法〉第160条处理香港原有法律的决定》的规定，香港原有法律，除同《基本法》抵触者外，采用为香港特别行政区法律。因此，香港特区行政诉讼法律渊源，应包括香港特区基本法、普通法和衡平法、条例、附属立法、习惯法、回归后香港立法会制定的规范性法律文件、回归后适用于香港的国际协议、在香港特别行政区适用的全国性法律等等。

（一）基本法（Basic Law）

《香港特区基本法》是香港特区行政诉讼法的基本渊源。该法是由全国人民代表大会根据《中华人民共和国宪法》第31条规定而制定的，自1997年7月1日香港特区成立起实施。《基本法》是香港区的宪法性法律，香港特区的所有制度和政策，包括社会及经济制度、有关保障居民基本权利和自由的制度，行政管理、立法和司法方面的制度，以及有关的政策，必须以《基本法》的规定为依据。因此，香港特区立法机关制定的任何行政诉讼法规，均不得与《基本法》相抵触。而《基本法》规定的法律面前人人平等原则、法治原则、司法独立原则，也都是指导行政诉讼活动的基本原则。诉讼参与人可以援引《基本法》的条文提出论点，对他认为抵触《基本法》的行动提出质疑。

正如其他国家的成文宪法一样，《基本法》是香港特区行政诉讼最主要的法律渊源，也是最重要和最根本的法律。《基本法》对于香港行政诉讼的最主要指导，体现为该法第35条第2款的规定：“香港居民有权对行政部门和行政人员的行为向法院提起诉讼。”这一条款，为香港的行政诉讼提供了宪法性依据。

（二）香港原有法律

香港在英国殖民统治下实施的是普通法系制度，所谓“原有法律”，根据《香港特区基本法》第8条的规定，是指1984年中英联合声明以前在香港适用的法律，即普通法、衡平法、条例、附属立法和习惯法。这是其法律渊源的主要组成。所有这些“原有法律”除同《香港特区基本法》相抵触或经香港特区立法机关修改外，予以保留。1997年7月1日前在香港适用的英国法律，如英王制诰、王室训令、义律公告、殖民条例等，不予保留。

1. 判例法。《基本法》第84条规定：香港特别行政区法院可以参考其他普通法适用地区的司法判例。香港作为英国的殖民地，采用的是移植于英国本土的普通法。英国法的主要渊源就是判例法和成文法，而判例法在英国的法制体系中居于主导地位，对英国的法律起着制约的作用。因此，判例同样也成为香港法律的一种重要的渊源。普通法最显著的特点是依赖判例。所谓判例法是指从法院判词之中所列出的理据所推论出来，并累积产生的法律原则和规范，判例可以是对成文法的条文作出具体的解释，或是对普通法中一些原则的演绎和推广，又或是怎样把某些法律原则应用到具体情况上。“遵循先例”原则是判例法的基本原则。

在香港适用的判例法由英国的判例法和香港本地的判例法两部分组成。英国的判例法包括所有普通法国家如英国、澳大利亚、新西兰、马来西亚、加拿大、美国、印度等的判例也可以在香港的法院引用，具有参考价值。此外，香港特别行政区的终审法院和司法机关有权邀请其他普通法适用地区的法官参加审判。香港的判例法是在英国普通法和香港司法的长期实践中逐步形成的。

2. 成文法。香港原有的成文法主要包括以下几个方面：英国议会为英国本土及属地制定的法律也适用于香港；英国政府为香港制定的法律；香港立法局制定的法律。香港原有的600多条法例，1997年2月23日，第八届全国人民代表大会常务委员会第二十四次会议根据《中华人民共和国香港特别行政区基本法》第160条的规定，对香港原有法律进行了处理，宣布原有的法例中有十四章的内容以及另外十部分内容与《基本法》相抵触者（见附表）而不予采纳为特别行政区的法律，其余法律继续适用于香港特区。如《官方法律程序条例》(1957)、《高等法院条例》(1975)、《区域法院条例》(1953)、《香港人权法案条例》(1991)、《行政上诉委员会条例》(1994)、《保证贸易权益条例》(1995)、《行政上诉规则》(1969)、《行政申诉专员条例》(1988)、《土地审裁处条例》(1974)、《公安条例》(1967)等，仍在发挥法律效力。当然，回归之后，香港特区对原有的法例也作出了适应化修改，以符合《基本法》的原则，并反映香港作为中华人民共和国一个特别行政区的地位。

附表一

香港原有法律中下列条例及附属立法抵触《基本法》，不采用为香港特别行政区法律：

(1)《受托人（香港政府证券）条例》（香港法例第77章）；(2)《英国法律应用条例》（香港法例第88章）；(3)《英国以外婚姻条例》（香港法例第180章）；(4)《华人引渡条例》（香港法例第235章）；(5)《香港徽帜（保护）条例》（香港法例第315章）；(6)《国防部大臣（产业承继）条例》（香港法例第193章）；(7)《皇家香港军团条例》（香港法例第199章）；(8)《强制服役条例》（香港法例第246章）；(9)《陆军及皇家空军法律服务处条例》（香港法例第286章）；(10)《英国国籍（杂项规定）条例》（香港法例第186章）；(11)《1981年英国国籍法（相应修订）条例》（香港法例第373章）；(12)《选举规定条例》（香港法例第367章）；(13)《立法局（选举规定）条例》（香港法例第381章）；(14)《选区分界及选举事务委员会条例》（香港法例第432章）。

附表二

香港原有法律中下列条例及附属立法的部分条款抵触《基本法》，不采用为香港特别行政区法律：(1)《人民入境条例》（香港法例第115章）第2条中有关“香港永久性居民”的定义和附表一“香港永久性居民”的规定；(2)任何为执行在香港适用的英国国籍法所作出的规定；(3)《市政局条例》（香港法例第101章）中有关选举的规定；(4)《区域市政局条例》（香港法例第385章）中有关选举的规定；(5)《区议会条例》（香港法例第366章）中有关选举的规定；

(6)《舞弊及非法行为条例》（香港法例第288章）中的附属立法A《市政局、区域市政局以及议会选举费用令》、附属立法C《立法局决议》；(7)《香港人权法案条例》（香港法例第383章）第2条第(3)款有关该条例的解释及应用目的的规定，第3条有关“对先前法例的影响”和第4条有关“日后的法例的释义”的规定；(8)《个人资料（私隐）条例》（香港法例第486章）第3条第(2)款有关该条例具有凌驾地位的规定；(9) 1992年7月17日以来对《社团条例》（香港法例第151章）的重大修改；(10) 1995年7月27日以来对

《公安条例》(香港法例第 245 章) 的重大修改。

3. 习惯法。中国的习惯法也是香港法律的另一个来源。在香港法院的司法实践中当某些英国法律原则不完全适用于本地环境的居民时，一般按照中国传统习惯的法律来处理。1841 年初，当英国人刚刚踏上香港土地后不到一周，义律就发布了两个公告，宣布不改变当地居民的生活习惯和秩序，承认原有法律和习惯，确切些说就是大清帝国的法律和习惯对当地居民继续有效。直到今天，清朝的部分法律和习惯——这种在中国本土已然绝迹的古老规范体系——仍然是香港现行法律中的有效部分。根据《香港特别行政区基本法》的规定，这种有效性至少将维持到 2047 年。当然，习惯法是一个“活生生的、发展着的机体”。并不是说 1843 年以前的习惯法都一成不变的，而是根据香港社会文化变迁而进行了修正与发展的派生于清代的中国传统法律体系。

4. 国际条约。香港参加的国际条约和协定超过 200 多项，条约在立法实施之前不算是香港本地法律的一部分，但它仍可影响普通法的发展，发展迅速的国际惯例法的规定也纳入了普通法内。根据《香港特区基本法》第 153 条的规定：“中华人民共和国缔结的国际协议，中央人民政府可根据香港特别行政区的情况和需要，在征询香港特别行政区政府的意见后，决定是否适用于香港特别行政区。中华人民共和国尚未参加但已适用于香港的国际协议仍可继续适用。中央人民政府根据需要授权或协助香港特别行政区政府作出适当安排，使其他有关国际协议适用于香港特别行政区。”此处就国际条约在香港的适用问题作出了规定。据此规定，《公民权利和政治权利国际公约》、《经济、社会与文化权利的国际公约》和《国际劳工公约》等适用于香港的有关规定继续有效。

(三) 香港特区立法机关制定的法律

1997 年 7 月 1 日以后，香港特区除了在国防、外交及香港特区自治范围以外的法律须依照适用于香港特别行政区的全国性法律的规定外，享有立法权。香港特别行政区立法会是特区的立法机构，立法会制定的法律须报全国人大常委会备案。他们订立的法律包括条例、附属立法等，属于成文法范畴。香港绝大部分的现行成文法都在本地订立，载于《香港法例》之中①，1997 年回归后订立的，与行政诉讼关系密切的法律有《区域法院规则》(2000)《香港终审法院条例》(1997) 等条例，而《申诉专员条例》也在 2001 年作出过重大修订。

第二节 香港特别行政区行政诉讼原则和制度

在香港，司法独立、自然正义等原则作为普通法的根本原则，在任何诉讼活动中都是适用的，自然也适用于行政诉讼；由于它们不是特殊的行政诉讼原则，在此无须赘述。

香港特区的行政诉讼，总体上与民事诉讼相同，但由于被告一方是行政机构，因此也与普通的民事诉讼有所区别。

一、行政诉讼原则

(一) 越权无效原则

越权无效原则来源于英国行政法，是其中的核心原则。该原则最原始的根据是：既然议会法律至上，法院又必须执行议会的法律，所以行政机关行使权力不能超越法定范围，否则，法院即可宣告其无效或撤销它。经过长期的积累，法院以判例形式扩大并充实了越权原则的丰富内涵，现在越权一词几乎涵盖了全部行政违法形式，根据英国法院判例的发展，越

① 可查阅香港特别行政区政府律政司网站，http：//www. doj. gov. hk。

权理由主要有三类：一是违反自然公正原则；二是程序上越权；三是实质上越权。实质上越权又包括四种情况：一是超越管辖权的范围；二是不履行法定义务；三是权力滥用；四是记录中所表现的法律错误。① 不过，狭义的越权无效原则并不涵盖上述所有方面，它所约束的范围只包括程序上的越权、超越管辖权的范围、不履行法定义务和记录中所表现的法律错误。

在长期的司法实践中，香港的行政诉讼借鉴了英国的越权无效原则，并将其作为行政诉讼的基本原则之一。

（二）平等原则

平等原则源于香港人权法则中的平等权利。依香港人权法则，任何人在法律面前是平等的，享有法律赋予的权利，受法律的保护，也必须受法律的约束。因此，法律禁止任何歧视，并保证所有的人得到平等和有效的保障，体现在民事诉讼中，就是诉讼主体的地位平等。参加民事诉讼的当事人，不论是原告还是被告，也不论是公民，还是社会团体或政府部门；不论是贫民还是政府要员或社会贤达，他们作为民事诉讼主体的法律地位是平等的，大家具有同等的诉讼权利与诉讼义务。法庭在适用法律时，对所有的当事人都平等对待。因此，香港法律既明文规定可以进行“民告官”的行政诉讼，也允许政府起诉自然人或法人。

（三）处分原则

香港行政诉讼中的处分原则是私权自治原则在香港民事诉讼中的体现，与民法的私法性质相适应。该原则是指民事诉讼中的当事人，既可以处分自己的民事权益，也可以处分自己的诉讼权利，具体地说，在诉讼前，当事人有权决定是否提起诉讼；在起诉时，有权放弃自己的一部分诉讼请求，减少申索数额；在起诉后，原告人有权撤回起诉，被告人有权行使其反告权等。

（四）公正原则

司法公正是贯彻在香港民事诉讼程序中的一个基本原则，它主要体现在以下几个方面：①诉讼与诉求公开；原告入禀于法院后，要让被告人知道谁在告他，为什么被告。香港各级法院的诉讼规则均有规定，只要原告入禀于法院，法院与原告均有义务将入禀的事宜和因由告知被告人，以便被告人应诉，实现其抗辩权与反告权。只有在用尽各种送达办法仍不能告知时，才能在被告人缺席的情况下作出判决。②诉讼程序实行对抗制，确保双方辩论权的实现；对抗制要求双方在开庭审讯前的诉讼阶段交换证据清单、审查证据、明确争执，以防一方在法庭上突然袭击，对另一方有失公允。在法庭审讯中，原告有义务向法庭证实所主张的事实与法律观点，被告有权提出反驳与抗辩，法庭则处在中间的立场，听取双方的陈诉与抗辩，而不去或很少主动讯问案件事实；同时，确保双方诘问、盘问证人及陈述的权利。③审判公开进行；它要求审判的过程一般应当公开，审判的结果则必须公开，反对秘密审判。不过，由于社会道德、公共秩序等理由，也允许存在部分不公开审判的方式。

（五）和解原则

和解原则是民事诉讼中当事人的处分原则和自愿原则的结合与延伸。双方可以在起诉前依所签定契约的规定自行和解，也可以在起诉到法院之后，在诉讼的任何阶段自行和解，从而终止诉讼。在诉讼进行过程中，也可以由法官拟定方案，规劝双方和解，经双方当事人完全同意，或由一方提出和解方案，另一方接受，达成和解。和解协议一旦达成后，双方当事

---

① 王名扬：《英国行政法》，中国政法大学出版社 1987 年版，第 151、165 页。

人均受协议约束。尽管行政诉讼与一般的民事诉讼不同，但香港仍以法条明确规定，行政诉讼案件可以进行和解。

（六）遵循先例原则

遵循先例是普通法重要的法律原则，香港法律也秉承了这一原则。遵循先例的基本含义是：法官在对其所审理的案件作出判决时，不仅要考虑到先例，而且要考虑已有判例的拘束力或参考价值，接受并遵循先例确定的原则。普通法的这一原则被认为是利用前人智慧，保持法律适用的统一性及使法律具有可预测性的必不可少的途径。所应遵循的先例必须是有约束力的判例，而不是判词旁证。

判例作为普通法的渊源，具有发展延续普通法的价值。在 1997 年 7 月 1 日以前，香港实行的法律包括原有的法律即普通法、衡平法、条例、附属立法和习惯法等，香港法院在审理案件时，均适用判例法，甚至其他普通法适用地区的司法判例也可以在审理案件时作为参考。不过，根据《香港基本法》第 84 条的规定，英国的司法判例与其他普通法国家的司法判例一样，对香港仅有参考价值，而非直接的法律渊源。在香港保留实行的普通法和衡平法作为我国法律体系的一部分，在规则体系上与英国法及英国法院系统已不发生直接联系，香港终审法院的判决将成为香港各级法院遵循和实行的判例。

（七）举证原则

香港的行政诉讼，在举证原则上沿袭了英国的方式。在英国，“谁主张，谁举证”是英国行政司法审查的基本举证规则，在指控行政机构权力滥用或违法不作为时，指控者负主要的举证责任，限制公民、法人权利或自由的行政行为，行政机关负主要的举证责任或加重的举证责任。也就是说，当事人应该对自己的主张提供证明，而不能将举证责任退给对方，这与我国内地采用“举证倒置”原则、由行政机关承担全部举证责任有一定区别。

二、行政诉讼制度

（一）起诉时效制度

香港的行政起诉，有严格的时效限制。按照香港的法律规定，基于简单的侵权行为而引发的民事诉讼的起诉时限，自侵权行为产生之日起长达 6 年，而行政诉讼时效则明显短得多，其中司法审查的起诉期限规定为 3 个月，非经法院批准，认为有特殊原因，不得延期。不过，如果根据普通民事诉讼程序起诉的行政诉讼，仍可按照民事诉讼的时效原则执行。

（二）司法管辖制度

香港的行政诉讼体系规定，各专门的审裁处以及法院，都可以对不同的行政诉讼活动进行管辖。

在审裁处中，涉及行政诉讼的主要有土地审裁处、劳资审裁处以及淫亵物品审裁处。土地审裁处有四项主要司法职能，其中两项跟行政诉讼有关系：政府或其他机构强制收地时，或某些土地因工务或私人土地发展以致价值减损时，厘定政府或有关机构应给予受影响人士的赔偿额；裁定不服差饷物业估价署署长的决定而提出的上诉，并裁定针对房屋署署长就物业的现行市值所作评估而提出的上诉。劳资审裁处为解决雇员与雇主之间的纠纷提供既快捷相宜而又不拘形式的方法，如果雇主一方是政府或政府下属部门，则构成行政诉讼。淫亵物品审裁处的两项主要职能也是对于行政活动的裁决。

此外，如果是根据香港《雇员补偿条例》提出的申请及上诉而被诉一方来自政府或政府下属机构的案件，以及不服印花税署长的评税而提出的上诉，这两类行政诉讼案件由香港的区域法院负责审理。

如果香港居民提出司法审查的请求，则由高等法院原讼法庭统一管辖。

当然，这些都是指一审案件的司法管辖权。

（三）审级制度

由于香港在司法体制上是审裁处、法院并行，而且级别较高的法院又可以对审裁处行使司法复核权（接受上诉、更改其裁决结果），所以香港实际上采用的是特殊的四级三审制，在特定情况下甚至可以实行四审制。

香港法院体系中的四级，自下而上依次是审裁处及区域法院（两者同级，因为互相之间没有任何的管辖关系）、高等法院原讼法庭、高等法院上诉法庭、终审法院。

按照香港行政诉讼的司法管辖制度，各审裁处、区域法院乃至高等法院的原讼法庭，共同组成了一审的裁判主体，因为根据香港有关涉及行政诉讼的条例规定，他们分别对某些案件行使一审的权力。不过，高等法院原讼法庭还具有另一重身份，该机构也可以对上诉案件行使管辖权，审理来自劳资审裁处、淫亵物品审裁处的上诉案件，这部分案件在理论上，可以完成四审制的审级程序。

高等法院的上诉法庭，则是通常意义上的二审裁判主体，该机构对于所有来自区域法院、高等法院原讼法庭，以及土地审裁处的案件行使上诉管辖权，并可就下级法院提交的法律问题作出裁决。

终审法院是香港最高级别的上诉法院，按照《香港特区基本法》，该机构拥有香港特区内所有案件的终审权。因此，在法律意义上，终审法院可以审理不服高等法院判决而提出的上诉，也有权确认、更改或推翻各下级法院以及审裁处的判决，终审法院的判决是最终判决，具有最终的法律效力，任何人无权再上诉。

（四）中英双语审判制度

《香港特区基本法》第 9 条明确规定，香港特别行政区的行政机关、立法机关和司法机关，除使用中文外，还可使用英文，英文也是正式语言。香港法例第 5 章即《法定语文条例》（1995 年 7 月修改）也就关于香港特区诉讼使用的语言文字问题作出了规定，法庭在其席前进行任何程序中，可以兼用两种法定语文或采用其中一种，视乎法庭认为何者适当而定；程序中的一方或其法律代表或证人，可兼用两种法定语文或采取其中一种或采用法院准许的其他语文；法庭在任何程序中，对采用其中一种法定语文所作的决定是最终决定；终审法院首席法官有权订立规则及发出实务指示，以规管中文在法庭的使用。

为保证提升中文的使用效率，目前，香港当局正在致力于从各方面促进较高级法院使用中文。司法机构为高等法院原讼法庭使用中文拟备实务指示，司法机构翻译处正在编纂法庭诉讼程序的常用中文词汇，方便法官、司法人员、法院职员在法庭中使用中文。此外，当局还为懂得中、英文的法官提供培训，包括进行模拟总结，并开办中文写作技巧课程。

（五）法律援助制度

法律援助制度的建立是国际通例，是社会保障制度的重要部分。香港的法律援助，是政府运用公款为符合资格的人士视需要委聘代表律师或大律师，代表他们在香港的法院进行诉讼，以确保有充分理据提出诉讼或抗辩的人不会因为经济能力不足而不能采取法律行动。香港的法律援助制度比较成熟，早在 1967 年就颁布了《法律援助条例》。

香港 1970 年成立了法律援助署，目前该署共有职员 800 多名，均属公务员，由政府发给薪金。该署还编制和备存有一份律师名册，名册上都是自愿为符合援助资格的申请人提供法律援助的私人执业律师。香港法律援助的经费有充分保障，香港特区政府设有专项拨款，以资助法律援助。对法援经费现金支出，不设款额上限限制，法律援助署有需要时还可申请额外拨款，以确保法援服务不会因财政限制而受影响。对于所有在区域法院或以上级别法院审理的民事及刑事案件（除了法律援助条例第91章中列明的少数民事诉讼外），法律援助署均会提供代表律师服务，其中入境事务等行政诉讼案件也在获得法律援助的范畴内。

香港民事及行政法律援助的申请人，必须通过经济审查和案情审查，才能确定是否给予法律援助。(1) 经济审查，申请人必须证明其财务资源（即扣除某些法定的豁免项目后所得的每年可动用收入及总资产）不超过162300港元。这是申请人获得法律援助的经济资格的上限。如申请人的财务资源超过20000港元，就必须按累进比例交付分担费。(2) 案情审查，主要看申请人在法律上是否具备充分理据可以提出诉讼或抗辩。只要通过了上述两项审查，才能批给法律援助。此外，香港还设置有法律援助辅助计划，也可以为当事人提供法律援助。

第三节　香港特别行政区行政诉讼机关和诉讼参与人

香港特区行政纠纷的救济有行政内救济与司法救济两种方式，在本节中，主要涉及司法救济的参与机关及参与人。

一、香港行政诉讼机关

（一）香港法院

《香港特区基本法》第81条规定："香港特别行政区设立终审法院、高等法院、区域法院、裁判署法庭和其他专门法庭。高等法院设上诉法庭和原讼法庭。"据此规定，香港特区法院组织体系为：(1) 基层法院组织。有区域法院、裁判署法庭和其他专门法庭包括少年法庭、死因裁判法庭、土地审裁处、劳资审裁处、小额钱债审裁处、淫亵物品审裁处。(2) 高等法院。高等法院设上诉法庭和原诉法庭。(3) 终审法院。在香港特区拥有行政案件审判权的，有终审法院、高等法院、区域法院和各种专门法院，如：土地审裁处、劳资审裁处、小额钱债审裁处、淫亵物品审裁处。

1. 终审法院

《香港基本法》明确规定，1997年7月1日在香港设立终审法院，取代在伦敦的枢密院司法委员会，作为香港的最终上诉法院，维系香港的法治。

终审法院法官由行政长官根据独立委员会的推荐委任，有关任命须经立法机关同意，包括首席法官1名，常任法官3名以及12位非常任香港法官和9位来自其他普通法适用地区的非常任法官。《香港终审法院条例》规定，终审法院聆讯及裁决上诉案件时，应当由终审法院的5位法官，包括首席法官、3位常任法官、一位非常任香港法官或者来自其他普通法适用地区的非常任法官，组成终审法院审判庭进行审判。

香港终审法院拥有《香港终审法院条例》（第484章）和其他法律赋予它的司法管辖权，但对国防和外交事务的国家行为没有司法管辖权。终审法院负责审理对高等法院上诉法庭的判决提出上诉的案件和对高等法院原讼法庭的判决（依法不得向上诉法庭上诉的但可以向终审法院）提出上诉的案件。在向终审法院上诉前，上诉人必须得到上诉委员会的许可。该上诉委员会，由终审法院首席法官和两位常任法官组成，或由终审法院三位常任法官组成。一般而言，只有能够证明有关案件的判决涉及具有严肃及广泛重要性的法律论点，或者显示可能有实质及严重的不公平情况，否则终审法院将不会给予上诉许可。

终审法院在审理上诉案件时，由5名法官组成法庭进行。这5名法官分别是首席大法官、3名常任法官和1名非常任法官或1名来自其他普通法司法管辖权地区的法官。在审理时，如果1名法官在审理开始后作出决定前因故缺席，经参与各方当事人同意，可由另外4名法官继续进行审理。终审法院的判决以多数法官的意见作出。如果没有多数法官的判决，法庭必须命令重新审理。

终审法院有权维持、推翻或更改原审法院的判决，或附其意见将案件发回原审法院。它同样拥有上诉法庭的所有权利。

2. 高等法院

香港特区高等法院以高等法院首席法官为首，由上诉法庭和原讼法庭组成。

上诉法庭由高等法院首席法官和行政长官委任的上诉法庭法官等9位大法官组成。另外，原讼法庭法官也可以作为上诉法庭的额外法官。首席法官是上诉法庭的当然庭长，高等法院首席法官还可委任一名或多于一名上诉法庭法官为上诉法庭副庭长。上诉法庭负责审理来自原讼法庭和区域法院的所有民事（含行政）上诉案件，以及来自土地审裁处的上诉案件。每件上诉通常由3位大法官组成一个合议庭审理，并以多数票作出裁决。此外，上诉法庭也对其他级别较低的法院提交的法律问题作出裁定。

原讼法庭，由高等法院首席法官和行政长官委任的特委法官以及终审法院首席法官委任的暂委法官等组成。目前有25位原讼法庭法官。如事务需要，上诉法庭法官也可在原讼法庭开庭并以原讼法庭法官身份行事，并享有原讼法庭法官的所有司法管辖权、权力及特权。原讼法庭审理民事（含行政）事宜的司法管辖权基本不受限制。另外，原讼法庭也可行使上诉司法管辖权，审理来自劳资审裁处、小额钱债审裁处及淫亵物品审裁处的上诉案件。

3. 区域法院

区域法院是根据《区域法院条例》（《香港法例》第336章）于1953年设立，是原讼法庭以下一级的法院，目前共设有四所。区域法院由一位区域法院首席法官和33位法官组成，审理民事及刑事案件时，均不设陪审团。区域法院的司法管辖权是受到限制的，审理民事（含行政）事宜时仅有权审理所涉款项多于50000港元但不超过600000港元的纠纷。如属收地诉讼或诉讼中出现土地权益所有权的问题，有关土地的每年租金或应课差饷租值或年值不得超过240000港元。除一般行政事宜的司法管辖权外，区域法院对以下方面也具有专有司法管辖权：根据《雇员补偿条例》（第282章）提出的申诉、根据《税务条例》（第112章）的申诉，以及根据《业主与租客（综合）条例》（第7章）提出的诉讼等。不服区域法院判决而上诉的案件，由高等法院上诉法庭负责审理。

4. 专门的审裁处

（1）土地审裁处。土地审裁处有以下四项主要司法职能：政府或其他机构强制收地时，或某些土地因工务或私人土地发展以致价值减损时，厘定政府或有关机构应给予受影响人士的赔偿额；裁定有关大厦管理的争议事件；裁定不服差饷物业估价署署长的决定而提出的上诉，并裁定针对房屋署署长就物业的现行市值所作评估而提出的上诉；以及裁定所有涉及《业主与租客（综合）条例》（第7章）的事宜。

（2）劳资审裁处。劳资审裁处为解决雇员与雇主之间的纠纷提供既快捷相宜而又不拘形式的方法。涉案双方不得由大律师或律师代表。审裁处处理的案件，有指称违反雇佣合约某一条款而提出的申索，也有追讨解雇代通知金、欠薪、法定假日薪酬、年假薪酬、疾病津贴、产假薪酬、花红、双薪、遣散费、长期服务金等个案。

（3）淫亵物品审裁处。《淫亵及不雅物品管制条例》（第390章）自1987年起实施，规定设立淫亵物品审裁处。审裁处的两项主要职能是：裁定由法庭或裁判官转交给审裁处的物品是否属于淫亵或不雅物品，并裁定公开展示的事物是否不雅；将物品评定为第I类（既非淫亵亦非不雅）第II类（不雅物品）或第III类（淫亵物品）。

（二）政府法律顾问及诉讼代表——香港律政司

香港特区的行政诉讼中，律政司是十分重要的机构。律政司不仅平时为政府提供法律资讯而且在政府涉诉时又是政府的诉讼代表。

律政司原称律政署，是香港最大的法律机构，是一个地位特殊，角色复杂而多样化的法律部门。其职权涉及到立法、司法行政、检控、民事代理、法律政策制定与改革以及律师等多项职能。从其性质和任务来看，近似于美国的司法部。

律政司的长官是律政司长。律政司长，经行政长官提名后，由中央人民政府任命，必须是在香港或其他普通法适用地区获认许为执业律师或大律师，且必须是在香港通常居住连续满15年并在外国无居留权的香港特区永久居民中的中国公民。律政司长所担当的角色还有：(1) 行政长官、特区政府和特区政府各个部门及机构的主要法律顾问；(2) 行政会议成员；(3) 香港法律改革委员会的当然主席；(4) 司法人员推荐委员会委员；(5) 香港大律师公会的名义首脑。律政司长，全权负责香港刑事案件的检控；在所有针对香港特区政府的民事诉讼（含行政诉讼）中均以被告人身份参与诉讼，在法庭上代表政府；作为广义上公众利益的守护者，可申请司法复审，以执行公众法律权利，有权介入任何涉及重大公众利益的案件；律政司长还作为“法庭之友”（即协助法庭解决问题的人）承担涉及一般公众利益的职责，包括将涉嫌藐视法庭的个案告知法院。

律政司是隶属于香港特别行政区行政机关的法律部门，对刑事被告人提起诉讼、为政府提供法律服务（包括代表政府进行诉讼）及代表政府草拟法律是它的三大主要职能，下设刑事检控科、民事法律科、法律草拟科、法律政策科、国际法律科、政务及发展科等。其中民事法律科由民事法律专员掌管，就民事法律向各政府决策局及部门提供法律意见，并以律师和大律师身份代表政府处理一切民事诉讼，包括仲裁案件。民事法律科又下设四个组：法律意见组、民事诉讼组、商业组、规划环境地政房屋组。其中民事诉讼组代表政府在所有涉及政府的民事申索和纠纷中出席聆讯，该组律师以律师或大律师身份进行有关诉讼。公法诉讼始终是该组的重要工作，近年来就有不少援引《基本法》提出质疑的行政案件，内容涉及：因香港实施《中国国籍法》而失去中国公民身份；非中国公民取得永久居留权；非永久性居民的旅行自由等。其他援引《基本法》提出的质疑，包括在因政府征用土地而计算土地真正价值时，不将一般称为“预期价值”的数额计算在内的问题，以及经定罪犯人受行政拘留的合法性等。另外，该组亦处理其他不同类别的行政诉讼，包括涉及人身伤害、慈善及信托、追讨债项及赔偿的案件。

二、香港特区行政诉讼参与人

（一）原告人（申请人）

所谓原告人（plaintiff），也就在行政纠纷发生后，有资格提请司法救济的主体。包括所有以任何形式的法律程序（不论是借诉讼、起诉、呈请、动议、传票或其他形式的法律程序）针对任何其他人要求任何济助的人（以被告人身份藉反申索要求济助的人除外）。在不同的救济程序中其称谓有所不同，在普通民事诉讼救济和制定法上的上诉救济中称为原告人，在司法审查中称为申请人。不仅如此，在不同的救济方式中，能够成为原告人（或申请人）的主体也有所不同。

在普通民事诉讼救济中，对提起主体没有太多限制。往往是认为自己合法权益受到行政机关具体行政行为侵害的行政相对人（包括公民或单位等）。而在特别救济诉讼（司法审查）中，当事人只要认为其权利和利益受到公法行为（抽象行政行为）侵犯时，都可以起诉，“即每一个公民都享有请求法院防止某种滥用权力行为的资格，只要他是受到不方便的公众成员之一，或是切身利益受到损害的一方或一方当事人”。因而申请人可以是任何有“足够利益”的公民、单位、法人乃至政府机构（由律政司代表）。

（二）被告人（被审查人）

被告人（defendant）包括获送达任何传讯令状或法律程序文件的人，或就任何法律程序获送达通知书的人，或有权出席任何法律程序的人，在司法审查中也被称为被审查人。被告人是在行政诉讼中始终是被指控行使职权时违背法律规定，侵害了行政相对人的合法权益的行政机关（公职机关）。一般来说，包括香港特区最高行政长官、特区政府、行政裁判所等均可作为行政诉讼中的被告人。通常由律政司民事法律科的政府律师，有时根据需要也会委托非政府律师作为政府代表出庭参与诉讼，不过诉讼的结果由香港政府来承担。

（三）证人

香港行政诉讼中的证人范围较宽，泛指一切能够证明案件真实情况的目击者和知情的人包括鉴定人都属于证人。香港法律规定，所有表明自己有理解力的人，都有充当证人的资格并有出庭作证的义务。除少年儿童外，证人要宣誓或保证讲真话。证人必须回答律师和法庭提出的所有问题，但可以拒绝回答任何与案件无关的问题。

第四节　香港特别行政区常见行政诉讼类别

当行政机构与公民之间发生纠纷后，通过诉讼加以救济是各国通常的解决办法。但这不是行政救济的唯一渠道，在祖国内地解决行政纠纷除了行政诉讼还有行政复议等救济方法，香港特区也不例外。因此，学习香港特区行政诉讼就不能不了解它的各种行政救济立法。

行政救济，是指一定社会所确立的、制止和纠正违法和失当的行政行为，补救因违法和失当行政行为给当事人造成的损害后果的法律制度。凡是以行政行为作为投诉和反对对象并要求停止和纠正的，都属于行政救济的范畴。

中国香港地区的行政救济基本与英国的行政救济一脉相承，分为行政内救济和司法救济两种。

一、行政内救济

行政内救济是指公民的权利受到行政机关不法侵害时，可以通过行政机关的行政程序得到补救。香港行政机关救济公民权利具体有两种方法：

（一）行政上诉

行政上诉是指行政机关内设立的专门机构（一般叫做审裁处（tribunal）），受理市民对某些行政决定不服提出的上诉案件并作出处理决定的制度。香港行政上诉的范围通常都在条例中有明确规定，反过来说，只有在条例中规定对何种政府机构的行政行为可以提出上诉的，才可以提出，所以香港行政上诉的范围完全取决于条例的规定，而条例中关于上诉的范围规定得非常具体、详细。香港特区有多个审裁处，专门处理市民因不服行政决定而提出的上诉，如根据《人民入境条例》（香港法例第115章）设立的人民入境审裁处（Immigration Tribunal）、递解离境审裁处（Dc portation Tribunal）；根据《精神健康条例》（香港法例第136章）成立的精神健康复查审裁处（Mental Health Review Tribunal）等。早期设立的这类裁判机构数量较少，20世纪80年代以后，香港开始在行政机关内部大量设立这类裁判机构，其称谓一般为上诉委员会（Appeal Board），这些委员会分别受理某一部门、某一领域的行政申诉事宜。下面简要介绍其中的主要机构：

1. 选举管理委员会

1997年根据《选举管理委员会条例》（第541章）成立的选举管理委员会有成员3名，主席是高等法院法官，其主要职能是负责制定选区的分界，并监督立法会和其他级别的地方议会的选举事宜。

委员会就选举活动提出指导意见，并设有投诉处理委员会，并处理有关违反指导意见和选举法的投诉，以确保香港的选举在公开、廉洁和公平的情况下进行。

2. 平等机会委员会

平等机会委员会于1996年成立，是实施《性别歧视条例》（第480章）、《残疾歧视条例》（第487章）及《家庭岗位歧视条例》（第527章）的法定机构。

委员会致力于消除基于性别、婚姻状况、怀孕、残疾和家庭岗位的歧视。委员会的主要职能如下：消除性骚扰及基于残疾的骚扰及中伤行为；推动男女之间、残健之间、有家庭岗位和没有家庭岗位的人士之间机会平等；调查有关歧视的投诉；力求通过调解平息投诉。如调解不成，委员会有权协助感到受屈的人在区域法院提出诉讼。

3. 个人资料私隐专员公署

个人资料私隐专员公署是独立的法定机构，就遵守《个人资料（私隐）条例》（《香港法例》第486章）事宜进行监察和监管。该条例自1996年12月20日起实施，旨在保障个人资料方面的个人私隐。

个人资料私隐专员的法定职能及权力包括：调查怀疑违反该条例规定的事宜；核准和发出实务守则，就遵守该条例的规定提供实务指引；审核可能影响在个人资料方面的个人私隐立法建议；视察个人资料系统；研究和监察可能在个人资料方面对个人私隐有不利影响的科技发展等。

4. 证券及期货事务上诉审裁处（也称市场失当行为审裁处）

在2003年4月1日根据《证券及期货条例》设立的证券及期货事务上诉审裁处是一个专职复核组织，在接获申请后复核由证券及期货事务监察委员会（证监会）、香港金融管理局，以及获证监会认可的投资者赔偿公司根据《证券及期货条例》作出的各项规管决定的理据，并负责聆听和裁定任何复核所引起或与任何复核有关联的任何问题或争议点。根据《证券及期货条例》，审裁处获赋权作出多项与审裁处复核程序有关的命令。

审裁处主席（现为高等法院原讼法庭法官）由行政长官按终审法院首席法官所作建议而委任。为裁定某项复核，主席须就该项复核，向财经事务及库务局局长建议委任上诉委员会（由行政长官委任并由21名成员组成）其中两名委员为普通成员。审裁处所有聆讯均须公开进行，但如审裁处认为为公正起见，某次聆讯（或其中任何部分）应闭门进行，则属例外。

5. 行政上诉委员会

以1994年7月颁布的《行政上诉委员会条例》为据，香港设立了一个综合性的专门聆听市民行政上诉的行政上诉委员会。这是一个比较重要的受理行政上诉的专门机构。委员会处理针对某些行政决定而提出的各类法定上诉案件。

行政上诉委员会隶属于政务司，由行政长官委任的一名主席、一名副主席和多名委员及一名秘书组成，除委员会主席、副主席由法官兼任以外，委员会的其他成员多为专业人士或社会贤达兼任，他们大都精通行政管理和所涉专业知识。目前可以向行政上诉委员会上诉的事宜，包括《行政上诉委员会条例》附录所收入的32个条例所列举的事项。

行政上诉委员会可确认、更改或推翻决策者原来的决定，或作出委员会认为合适的其他决定或命令取代原来的决定。行政上诉委员会工作的程序通常分为上诉的提起、被上诉机关的答辩和提供资料、公开聆讯、作出裁决等部分。上诉委员会的决定是一项具有执行力的决定，答辩人须予以执行，除明确指明裁决实施日期的以外，其他情况下委员会的裁决在作出后即时实施。

委员会设于行政机关内部，但由于其成员多是兼任，因而其人员、办事程式都具有一定的独立性，这种体制与祖国内地的行政复议制度在性质上有相似之处，但香港的上诉委员会在地位上更独立。这种体制在迅速解决行政纠纷、保护当事人权益、纠正违法行政行为方面，发挥了重要作用。

另外，香港有些低级别的裁判机关也叫做审裁处，如土地审裁处（Lands Tribunal）、小额钱债审裁处（Small Claims Tribunal）、劳资审裁处（Labour Tribunal），但这些审裁处是司法机关而非行政机关，通过这些审裁处处理纠纷是司法救济途径而非行政救济途径。

（二）行政申诉

行政申诉，是指市民认为政府部门的行政行为违法或不当时，依法向政府部门提出投诉，由政府部门解决行政纠纷的制度。申诉制度是行政救济制度的重要部分，又是相对独立的一种运作方式。申诉制度的重要社会功能就在于使社会成员的对行政行为不满或反对的诉求能及时反映和得到处理，纠正和弥补由于违法和失当行政行为所带来的消极后果。在香港，市民可以向作出决定的行政机关、行政长官、行政会议和香港申诉专员公署提出申诉，而通过申诉专员公署提出申诉是行政申诉中最为重要的部分。

香港申诉专员公署于1989年2月建立，是香港政府系统以外一个处理涉及行政失当事宜的独立投诉渠道和调查机构。该机构旨在“透过独立、客观及公正的调查，处理和解决因公营部门行政失当而引致的不满及所引发的问题，借以改善公共行政服务素质及水平，并促进行政公平”。申诉专员直接对行政长官负责，除专员以书面通知向行政长官辞职，或以无能力履行职能或行为不当为理由，经立法会以决议方式批准而由行政长官免任外，不得解除职务，由此确保了申诉专员能最大限度地独立开展工作。该公署包括审查及调解科和调查科等主要机构，其受理申诉的范围包括除香港廉政公署和香港警务处以外的有关政府各部门。

申诉专员公署的职责主要包括：救补市民对公营机构行政失当的不满；减少市民与政府之间的隔膜；担当监察政府的角色；防止滥用职权；纠正个别错误事件；当公职人员受到不公平指责时指出事实真相；提高公营机构的工作效率和服务素质；保障人权等。市民可以直接向申诉专员提出申诉，申诉专员也可主动展开直接调查并加以解决。

香港申诉制度的一个典型特点，即对投诉事项经调查后进行“软”处理，而不像法院诉讼及行政上诉程序那样，既对被诉行政行为或决定是否合法作出评价，同时作出有法律效力的判决或裁定；申诉是在调查后对被投诉的行为是否公平、公正、合理，是否欠缺效率，是否行政失当，是否程序合理作出判断，并提出如何改进或对投诉人予以补救的建议。它是一种从正面以积极方式促进行政机构或公营组织自我完善，自我纠错，自我提高的行政救济措施。至于行政申诉的具体程序，将在程序一节中作详细介绍。

二、司法救济

在香港特区对行政纠纷的救济除了行政内救济之外，还可通过司法途径加以救济，但是香港的法律没有明确的公法与私法之分，因而解决纠纷的司法程序也没有明确的区分。无论是公民与公民之间的纠纷还是公民与政府之间的纠纷都通过民事诉讼程序来加以解决。而且就是这种解决方式也有一个发展过程。

起初香港的普通法院，一般只受理刑事和民事案件，不受理个人对政府提出控告的行政诉讼案件，这种情况到 1952 年香港当局颁布《政府诉讼条例》后开始改变，香港的司法审查和行政诉讼制度逐步建立起来，现行香港法例第 300 章《政府诉讼条例》是在 1964 年修订后实行的，共 34 条，其要旨是规定政府可受司法审查的范围和法律责任，根据此条例，"任何人士按照总督批准的最高法院规则规定之有效程序，可对政府提起诉讼。"该条例第 4 条至第 8 条，详细列举了政府在侵权行为中的责任：政府雇员在侵犯专利权、注册商标权和版权以及其他超越授权范围行为中，政府应负连带责任等等。《政府诉讼条例》的颁布实施，使香港普通法院有了通过司法诉讼程序来监督政府行政活动的部分权力，使个人对政府提起诉讼的行政诉讼制度具备了基本的成文法律依据。

在香港特区，当公民权利和利益受到行政机关行政行为的不法侵害而向法院请求救济，有三种方式：一是普通民事诉讼救济；二是制定法上的上诉救济；三是司法审查救济。

（一）普通民事诉讼救济

香港特区属于普通法系。按普通法原则，任何人受到他们的不法侵害，都可向普通（民事）法院起诉，请求受普通法的保护。而在大陆法系，普通（民事）诉讼属于私法诉讼，它只适用解决公民间的私关系，而不适用解决公民与政府间的关系。因此，对行政机关行政行为的监督无法适用普通民事诉讼救济。但香港特区公私法不分，行政机关的公行为和私行为没有严格的区别，也很难区别。市民与其说是针对行政机关不同行为性质而选择不同诉讼程序，倒不如说是针对不同的诉讼程序而界定不同的行为性质。因此，香港特区的普通民事诉讼救济自然是法院监督行政机关行政行为合法性的一种手段。在香港，行政机关对于公民权利的侵害，如果构成普通法上的诉讼原因，公民可以提起一般的民事诉讼得到救济，如对行政机关违反契约的行为和侵权行为，公民可依一般的民事诉讼程序追究行政机关的责任。而普通民事法院在这一诉讼过程中，发现行政机关的行为违法，不论是公行为还是私行为，可以通过阻止令（Injunction）和确认判决（declatory judgments）来实现监督目的。

（二）制定法上的上诉救济

当市民受到的行政机关的侵害，不能通过普通法上的民事诉讼程序救济时，可依制定法上的明文规定向普通法院提起上诉。

香港特区"上诉"的含义远远大于祖国内地同一概念的含义。在内地，上诉仅指当事人不服一审法院的判决而在法定期间内向上一级法院申请重新审理的行为，而在香港特区，上诉包括 3 种情况：（1）当事人不服行政机关的裁决，按制定法规定向法院（一般为高等法院）起诉；（2）当事人不服行政机关的裁决，按制定法规定向另一行政机关申诉；（3）当事人不服低级别法院的判决而向上级法院上诉。

在上诉救济中能对行政机关的行政行为起直接监督作用的是第一类上诉。

（三）司法审查救济

司法审查（Judical Review）是普通法上的制度，根据三权分立原则形成。香港高等法院基于它对下级法院和行政机关所具有的传统的监督权，并依当事人的请求，可对下级法院和行政机关的行为的合法性进行审查，而不需要制定法上的授权。在这种制度下，政府的权力不但受到法律的界定和约束，而且有奉行司法独立原则的法院对政府是否违法及越权行为行使监察、审查权。[①] 司法审查是现行香港法律制度中不可或缺的一部分，也是香港行政诉讼中最为典型和最为重要的一种制度。它的程序由香港《高等法院条例》（香港法例第4章）1981年所作的修订予以统一规定。在管辖上，司法审查案件由高等法院原讼法庭统一管辖。

司法审查同普通（民事）诉讼比较，前者属于公法救济，后者属于私法救济。此外，普通诉讼采用一般的民事诉讼规则，而司法审查适用《高等法院条例》及《高等法院规则》；前者一般的法院均可受理，后者则限于高等法院受理。

司法审查同上诉相比较，前者属于普通法救济，后者属于制定法救济。司法审查的法院和程序是相对统一的，而上诉则完全取决于具体制定法的规定，是因法而异的。

总之，普通诉讼、上诉和司法审查构成了香港特区行政纠纷司法救济的完整体系。它作为公民面对违法或不当行政行为所能采取的最后一个救济手段，以其公平、公正、客观、规范的特点在香港行政救济诸制度中发挥了独特的作用。这种司法救济手段与各种行政机关内部救济手段，既具有各自的特点，又互相配合构成香港行政救济制度的完整的系统。

第五节　香港特别行政区行政诉讼的程序

按照香港的法治原则，各种权利的行使均应该依照一定的法律程序来完成；对于各类行政诉讼，香港的法律也确定了相应的程序，以确保公民在针对政府的诉讼中，能获得各种法律救济，真正主张各自的权利。

由于香港行政纠纷中的法律救济分为行政内救济和司法救济，因此其行政诉讼的程序也可以划分为两大部分，即关于行政内救济的程序以及司法救济的诉讼程序。

一、行政内救济程序

在行政内救济的范畴里，分为行政上诉程序和行政申诉程序两类：

（一）行政上诉程序

香港行政上诉的范围通常都在条例中有明确规定，只有在条例中规定对何种政府机构的行政行为可以提出上诉的，才可以提出上诉。条例中关于上诉范围规定得非常具体详细，《行政上诉委员会条例》专门把该条例适用范围作为附表列出，条例还规定，该范围可随条例的修改而增删，且该修改增删条例的权力可由行政长官会同行政会议行使。行政上诉的程序即是上诉人提出上诉、上诉委员会审理该上诉并作出裁决的环节及过程。

行政上诉委员会工作的程序通常分为上诉的提起、被上诉机关的答辩和提供资料、公开聆讯、作出裁决等部分。在香港《行政上诉委员会条例》中，对聆讯上诉案件的程序也做了明确规定：

1. 提起上诉的期限，如有关条例有特别规定的依特别规定；无条例特别规定，上诉须在收到有关决定的通知后30日内提出。

2. 行政上诉委员会每次举行聆讯时由主席或副主席连同两名委员组或聆讯小组，除非情况特殊，聆讯须公开进行。上诉当事人可以出席上诉聆讯，并可亲自陈词，或由大律师或律师代表陈词。如获秘书批准，上诉当事人亦可书面授权其他人代表陈词。答辩的政府部门可由律政司的律政人员代表陈词。上诉人如不按主席所择定的日期及时间出席聆讯，或上诉人没有人代表陈词，委员会可以在上诉人有合理原因的情况下将聆讯延后一段时间，或着手进行聆讯，或驳回上诉。

---

① 参见刘恒：《行政救济制度研究》，法律出版社1998年7月版，第72页。

3. 上诉当事人在取得主席的批准下，可要求其他上诉当事人出示与上诉有关的任何文件，供他查阅及准许复印该文件。上诉当事人亦享有等同于该宗上诉若由法院审理时他所能享有的不披露资料、文件和详情的权利，但特殊情况除外。上诉当事人也可向主席提出传有关证人作证。上诉委员会可以不适用证据条例而接受及考虑任何资料，不论是口头证据、书面陈述、文件或其他形式资料，不论该资料可否在民事或刑事诉讼中被接受为证据；出席聆讯的人或证人可以经任何形式宣誓或不经宣誓而回答委员会的讯问。向委员会作证的证人，享有高等法院民事诉讼证人所享有的特权及豁免权。

4. 为保证上诉委员会审理案件的顺利进行，《行政上诉委员会条例》还规定，任何人拒绝遵从或不遵从委员会或主席的合法命令、指示、规定，扰乱或干扰委员会的程序即属犯罪，可处罚款一万港元及监禁六个月。

5. 经过聆讯，委员会须作出书面裁决并说明理由。有待委员会裁决的问题，除法律问题由主席裁决以外，须以聆讯上诉的成员的多数意见裁决；委员会并可在对上诉作出裁决之前，将上诉中出现的法律问题交由高等法院上诉法庭裁决。委员会对上诉事宜有全权决定，可以裁决维持、变更或撤销引起争议的行政决定。

根据香港法律的规定，上诉委员会的决定是一项具有执行力的决定，答辩人须予以执行。凡委员会命令其裁决须待于某一指明日期开始实施的，则该项裁决自该日起实施；在其他情况下，委员会的裁决在作出后即时实施。

（二）行政申诉程序

香港行政申诉程序由《申诉专员条例》加以规范，主要分为以下几个步骤：

1. 受理投诉

任何人或法人及团体，对一般政府部门和公营机构欠缺效率、滥用职权、程序不合理或其他行政失当的行为及决定，均可向申诉专员公署提出申诉，要求专员公署进行调查。

目前，香港行政申诉的方式主要有四种：①亲自向专员公署提出；②仍由立法会议员转介；③采取信函方式；④使用专员公署发放的投诉表格（申诉专员公署拟定的投诉表格包括如下内容：投诉人的姓名及身份证号码；投诉人的联络方式；所投诉的机构名称；投诉详情，包括事件情况，有关证明事件存在和发生的证明文件，来往书函等；投诉日期及投诉人签名。），该表格同时向使用表格的人提醒注意申诉专员受理投诉的机构、组织及范围，以及申诉专员依据条例规定不能展开调查的范围，以提醒使用此表的人恰当地提出申诉，对不在条例适用范围的部门或申诉专员不得展开调查的事项的不满，采取其他方式投诉。同时，表格还列明关于违反《申诉专员条例》可能导致犯罪的情况。

2. 对投诉展开审查

申诉专员公署接到投诉后，首先全部会交由行政及发展科下设的评审组进行初步评审，然后作进一步的处理。

经审查后，评审组通常将投诉个案按如下四个渠道分流处理：①对于符合申诉专员展开调查，且值得进行调查的个案，转交有关调查科处理；②对于一些既符合申诉专员调查条件，又比较简单的案件，在征得投诉人同意后，转递被投诉的部门或组织，依据现处计划由该部门或组织直接处理；③对于一些不在申诉专员职权范围（如对超出条例附表所列机构的投诉）和条例明确限制申诉专员不得调查的案件，由评审组作出无须调查的决定后通知投诉人并作出解释；④对有些可能成为正式投诉的匿名投诉，评审组可将该匿名投诉转介有关机构要求作出评论或跟进。

3. 调查阶段

依据《申诉专员条例》的规定，如有以下两种情形，将引起申诉专员对某项行动展开调查：①有人提出申诉，声称因与该行动相关的行政失当，以致他遭受不公平待遇；②虽然无人向专员提出申诉，但专员认为因与该行动相关的行政失当，以致可能已有人遭受不公平待遇。这两项原因，前者是申诉专员被动地因有人投诉而需进行调查，称投诉调查；后者是由申诉专员自行裁量之而主动地进行调查，称直接调查。

经评审组对投诉初步评审后，如认为符合专员开展调查的条件并有必要进行调查，申诉专员则会决定调查，并将投诉分配给公署内的某一调查组承办。具体调查程序如下：

（1）将予以调查的决定通知被投诉人。在通知的同时，承办人会根据投诉人提供的资料，制作一份文件，其中包括投诉内容摘要，投诉背景资料和投诉要点，同时送达给被投诉人，以便于被投诉人评论和答辩之需要。

（2）被投诉人的评论及提供资料。香港申诉处理程序中没有被投诉人答辩的程序，但申诉专员认为必要时，在将投诉调查决定通知被投诉对象之后，可要求该被投诉的部门或组织对投诉内容进行评论，并提供相关档案和资料。

（3）调查方式。承办人员在调查过程中，可采取下列方式：①实地观察，即根据需要而进入任何机构所占用、管理或控制的任何处所进行视察，或在该处所内进行必要的调查；②向投诉人或被投诉人要求进一步提供有关资料，证据或澄清若干事项；③对相关人员进行询问或查询，必要时可举行聆讯；④向法律、医务或工程顾问小组征询意见。申诉专员公署附设了三个专门的顾问组织，即法律顾问组、医务顾问组和工程顾问组，全部由资深专业人士组成。

（4）调查报告。承办人在调查之后，根据所得的一切资料和证据，归纳出调查结果，作出初步的结论。专员公署则会将投诉要点、背景资料、观察所得、调查结果及结论编撰成调查报告；若有任何建议，也会收入报告之中。该报告经专员批核，首先交给被投诉的部门或机构以征询其意见，使他们对报告所载的资料、数据及事实是否准确、属实等作出评论；并对是否接纳同意报告对投诉所下的结论以及是否实施报告中所提出的建议作出表态；或对不接受报告结论和不实施报告中的建议作出说明。

4. 现处计划

现处计划又称机构内部处理计划，就是对一些简易明了、无需通过正式调查来处理的案件，在征得投诉人同意后，由评审组与被投诉人联系并转介其直接处理的一种机制。建立现处计划的出发点，主要是使申诉专员更灵活地调配资源，使一些简单的投诉个案可以通过内部处理机制得到解决；同时使申诉专员公署集中力量调查那些情况复杂、无法通过机构内部处理机制解决或影响广泛的投诉。

5. 调解

当评审组对投诉经初步评审，认为有必要展开正式调查而转交调查科处理之后，调查科将再次评审，如果认为该投诉可以经调解方式解决，并征得投诉人和被投诉人双方同意，则由专员公署承办人员居中进行调解处理。调解服务也有一整套步骤和程序，如先行联络双方当事人是否可以调解，举行调解会议研讨调解事项，订立调解协议确定解决纠纷的方法，总结及跟进调解落实情况等等。

二、司法救济程序

按照香港有关法律的原则，司法救济通常被认为是当事人申请行政救济的最后一重保护，因此，当事人在行政诉讼过程中，如果法律有规定，一般应该先申请行政内救济，即通过行政上诉、行政申诉来解决纠纷。只有在穷尽了行政救济措施后，才能申请司法救济。

（一）普通民事诉讼救济程序

在该程序下，“民告官”的程序与普通民事诉讼案件相同，因此也适用一般的民事诉讼第一审程序。

香港的民事诉讼，依其所涉金额及性质分类，可在三个不同的法院进行一审，即审裁处、区域法院及高等法院。其中，与行政诉讼有关系的审裁处包括土地审裁处、劳资审裁处及淫秽物品审裁处，因为他们处分的案件，被告一方均可能是行政机构。

普通民事诉讼的第一审程序如下：

1. 起诉

当事人依据一定的规定向法院提出诉讼请求，这是民事诉讼得以发动的第一步，在香港法律中称为“入禀”法院，这是在香港提起民事诉讼的唯一方式。

2. 送达文件

根据普通法自然公正的原则，原告必须使被告人知悉被告何事、并给予被告人答辩的机会，原告亦须及时知悉被告的答辩理由或反告。为此，要求诉讼双方及时将与诉讼有关的文件送达对方。

（1）向被告发出诉状或传票。原告入禀法院后，应将诉状或申请及获得的法院传票，由原告送达被告。

（2）被告答辩及反告（反诉）。被告在收到传票或诉状后 14 天内，写出答辩书或反告书交原告及受理案件的法院。若逾期不答辩，原告可以向法院申请判决被告败诉，法院亦可以直接判决被告败诉。

（3）原告反驳或答辩。原告在收到被告的答辩书后，也应在 14 天内作出反驳，如被告提出了反告，亦应作出答辩。

3. 中途聆讯

在案件正式开庭审理之前，就一些程序及非主要事实问题应当事人的要求进行庭上审理，但非正式审理，主要解决案件的枝节问题，并即时作出有关程序的决定。

4. 审讯与判决

经过开庭前的各种准备，包括中途聆讯后，并经原告申请，法院即排期确定审讯日期。在开庭审讯时，由法官主持，一般先由原告陈词，呈交有关证据，双方传招证人和盘问证人，展开辩论。

法官在聆听完所有证据及文件后，根据双方所提供的证据及辩论的可信程度，作出裁决。判决的形式有两种，一种为得直（“得直”即为胜诉之意）令，注明法庭判决的结论和胜方应得。得直令是胜方据以执行判决的依据，如果双方接受法庭的判决，即可按照得直令执行。另一种为判决书，即如果当事人上诉，则需由原审法官作出判决书。判决书会详载法官判案的理由和结论，既是法庭争讼的结果，也是上诉时的依据，用以评估法庭判决是否正确。

5. 上诉程序

香港各级法院的民事裁决、令状，一经作出，败诉一方的当事人即须遵照执行，胜诉一方的当事人就可以作为向法院申请执行的依据。但是，当事人可以在一审判决后提出上诉，甚至可以在上诉判决后再次上诉，判决有可能会被改变；在上诉期间，判决也可能被暂时搁置或停止执行。

（二）制定法上的上诉救济程序

香港制定法上的上诉，作为一种独立的行政诉讼方式，与普通民事诉讼的区别，在于该类上诉是制定法上确定的特殊救济手段，没有制定法的授权，法院和裁判机关没有当然的上诉管辖权。上诉权是否存在，上诉的条件以及受理上诉的机关，随法律的规定而不同，没有共同的规则。例如涉及差饷物业估价署署长的决定而提出的上诉由土地审裁处审裁，而对印税署署长厘定的印花税额有异议而提出上诉的案件，由区域法院处理。一旦进入诉讼程序，也将根据其管辖法院的不同，分别适用各自的诉讼程序。

（三）司法审查程序

司法审查（香港也称司法复核），是行政诉讼的核心内容，它由香港高等法院原讼法庭统一管辖，并有严格的操作程序：

1. 申请与同意阶段

当事人如认为自己的权利受到行政机关的不法侵害，可以在规定的期限内申请司法审查。提出司法审查申请的期限是被诉行为（申请理由）首次出现的日期起的三个月之内（香港法律规定，如果所寻求的救济是就任何判决、命令、定罪判决或其他法律程序作出移审令，则应该以作出该判决、命令、定罪判决或法律程序的日期为首次出现的日期），但如果法庭批准延展的，则可超过该诉讼期限的规定。不过，法律还规定了例外条款：上述两方面的规定，均不损害任何具有限定提出司法复核申请时限的效力的法定条文，也就是说，如果法律上有特殊规定，这些普通的时效规定自动失效。

当事人提出申请时须填写标准的申请表格，上面要写明申请人的个人信息、被申请司法审查的行政决定或裁决以及希望得到的救济方式（如履行义务令、禁止令、移审令，要求作出宣布或授予强制令等），附具宣誓书（香港又称誓章）叙明事实，提出证据，说明理由。法院可以允许当事人改变请求的内容和理由，并由法官根据具体情况来决定是否许可当事人的申请。

法院接到申请后，将对是否受理该项申请作出审查，这就是高等法院原讼法庭的许可程序。许可程序是针对申请人单方面进行的特别程序。在该程序中需要审查以下内容：（1）申请人对所申请的事项是否有充分的利害关系？只有确认申请人在所申请的事宜中有足够权益，法庭才会许可。（2）有否超过申请的期限？（3）申请是否真实？（4）被申请司法审查的行政行为是否具有潜在的争议性（Potential arguability）？（5）是否穷尽所有救济手段？（一般情况下，如果受侵害人还有其他有效救济方式，法院不会过早地进行干预。）（6）该申请是否针对行政权力即公法权利而进行？（只有被申请的行为归属于公法领域，司法审查的申请才有得到许可的可能。这一规则被称为程序排除规则。）等等。一般而言，对于授予许可的标准，香港法院采取灵活的态度，对法律条例的合宪性审查这类案件中授予许可的标准往往较高，而对行政行为程序不公正提起的司法审查的申请，则标准相对较低。

对于申请移审令的司法审查请求，如果其目的是撤销某宗上诉所针对的判决、命令、定罪判决或其他法律程序，那么在法官审查该项申请是否被许可，以及该项申请获得许可后，该申请涉及的法律程序将暂时搁置，直至该申请已有裁定或法庭另有指示为止。

在许可程序中，如果申请书没有明确提出聆讯的要求，则法官可在不进行聆讯的情况下就申请作出裁定，且无须在公开法庭上进行聆讯，当然申请书有此要求的除外；但在任何情况下，司法常务官均须将法官的命令的文本送达申请人。申请人对法院拒绝授予许可的决定不服，可在10天内向上诉法庭提起上诉；同样，如果法院同意授予许可，被申请人也可以向法官申请驳回该许可。

2. 审理与裁判阶段

当申请司法审查的请求被法院批准以后，便进入到具体的司法审查程序，该程序就是对此项司法审查的审理和裁判阶段，它又可分为以下步骤：

(1) 通知被申请人

一旦某项司法审查的请求被许可，将向被申请人发出受理通知书或传票，而且这一期限也有严格的规定：在法院许可后不超过14天内，通知书或传票必须送达被申请人（答辩人），同时送达相关的法院工作人员，有关的聆讯则应该在送达至少10天后才可以安排。

(2) 聆讯

聆讯是司法审查进程中的重要环节，让双方就存在争议的问题展开辩论。如果高等法院经审查认为申请理由充分合理，则可颁发以下命令：①履行责任令；高等法院对下级审裁机构或执行公职的人员发出的命令，一般用来迫使执行该责任令的机关必须履行某种责任以恢复申请该责任令的市民的某种资格或权利及法律地位。②禁止执行令；此令是为了使申请人避免受到政府不良行政措施的影响，针对已经作出的行政行为，禁止其执行的一种命令。③禁止令；针对正在进行的政府行政行为，经申请人请求，高等法院可颁布命令，制止该项行政行为。④宣令；宣令并没有强制性的作用，但如果有人违反法院宣令而行事，可被视为藐视法庭的行为，并因此而受到法院的责罚，所以它在客观上对有关机关或人员将起到制约、威慑的作用。

3. 特殊的人身保护令程序

在香港的司法审查程序中，还有一种特殊的人身保护令程序。该程序是针对行政机关对市民采取人身强制措施而实行的司法审查，如某一治安机关对市民采取了拘押措施，则该市民可通过其代表在任何时间内向香港高等法院申请颁发人身保护令。该人身保护令颁布之后，拘押机关须在规定时间将被拘押人一同带到高等法院接受讯问和审查，拘押机关须向高等法院陈述解释拘押此人的理由，如果高等法院认为其拘押理由不成立，即可命令将被约制者释放，此项命令对监狱的任何监督、警员或其他人都构成一项释放被约制者的足够权力凭证；如果高等法院认为理由成立，则要撤销此前所颁布的人身保护令。

(四) 司法救济的上诉程序

香港行政救济中的司法救济，存在两种不同的上诉机制：一种是高等法院、区域法院及土地审裁处的上诉机制，即当事人不服区域法院、土地审裁处或高等法院原诉法庭的裁决的，应向高等法院上诉法庭上诉，对上诉法庭的裁决仍不服的，则向终审法院上诉，这一机制属于三审终审。另一种是裁判法院及各审裁处的上诉机制，即不服裁判法院及各种审裁处的裁决的，可逐级向高等法院原诉法庭、上诉法庭、终审法院上诉。这一机制是四审终审。

区域法院的民事上诉许可又有所不同，当事人如要上诉，应在案件判决后28天内向主审该宗案件的法官申请上诉许可；主审法官如不批准，则上诉方可在该法官拒绝申请当日起14天内向上诉法庭申请上诉许可。原诉法庭及土地审裁处的上诉案件不需要上诉许可，但纯粹针对讼费问题的上诉则除外；对其他审裁处及仲裁处的上诉要由原诉法庭进行上诉审查，只有涉及法律论点的案件才会获得上诉许可。如果原诉法庭法官拒绝给予上诉许可，则其决定是终局的，当事人将失去上诉机会。

第二十五章 澳门特别行政区行政诉讼

第一节 澳门特别行政区行政诉讼的法律渊源

一、澳门特区法律的历史沿革

从历史上看，澳门的法律发展经历了几个不同的时期。从1553年到1849年这三百年的租地时期，澳门的司法管辖权和税收权始终由中国广东地方政府行使，行政管理权也在很大程度上受广东地方政府的挟制。1849年后，葡萄牙对澳门实行殖民统制，这种殖民统制状态一直延续到1974年葡萄牙"四·二五"军人政变后实行非殖民化政策，这一时期葡萄牙人将其法律实施于澳门。1976年2月17日，葡萄牙总统以第1/76号法律颁布由当时的葡萄牙革命委员会制定的《澳门组织章程》，自此，澳门进入管制时期，在此期间，葡萄牙开始着手为澳门单独立法，大多表现为总统和立法会的立法，即法令和法律。1987年4月13日中葡两国签署《中华人民共和国政府和葡萄牙共和国政府关于澳门问题的联合声明》宣告了葡萄牙在澳门的殖民统治即将终结。中国全国人大制定并公布了《澳门特别行政区基本法》，在明确澳门原有法律基本不变的同时，规定了未来澳门的法律体系和司法体制。

二、法律渊源

在中国的近代史上，澳门有着特殊的历史地位。从十六世纪中叶葡萄牙人进入澳门定居以来，在四百五十多年的时间里，中葡人民以各自的文化背景为基础，在澳门这块土地上生息繁衍，两种不同的文化和社会体系在相互碰撞摩擦中逐渐渗透，形成了澳门自己独特的、不同于中葡两国的自身的社会体系。这种渗透不仅表现在政治、经济方面，还体现在上层建筑的各个方面。澳门现行的法律制度在某种程度上就是在这种不同民族相互影响、相互渗透中逐步形成和建立起来的，虽然葡萄牙殖民者力图在澳门推行葡萄牙法律，但却不可避免的打上了中华法系的印记。

法律渊源是法律的表现形式。澳门实际的法律渊源处于多元状态，并且是调整澳门各类社会生活的主要行为规范。由于葡萄牙属于大陆法系国家，其在对澳门进行殖民统治期间把澳门逐步演化为大陆法系适用地区，成文法成为其主要的法律渊源。其中包括澳门立法会的法律和各种各样的法令、法规和规章等。澳门行政诉讼方面的法律渊源也体现在其中，由《澳门特区基本法》、《澳门行政诉讼法典》、《司法组织纲要》、《司法官通则》、《澳门公职人员章程》、《澳门特别行政区中级法院运作规章》、《澳门特别行政区终审法院规章》、《澳门政府组织纲要法》、《澳门司法辅助人员通则》、《澳门行政程序法典》等一系列涉及行政诉讼方面的法律、法规和内部规章构成。《澳门特区基本法》规定了行政诉讼的根本原则，其他任何法律都不得与其相抵触。《澳门行政诉讼法典》是行政诉讼领域最为重要的法典，这部法典是1999年12月10日核准公布的，共分为十章，第一章是一般规定；第二章是司法上诉。分为一般规定、司法上诉之期间 、对行为提起司法上诉之可能、正当性 、诉讼程序之进行 、司法上诉程序之变更及消灭六节；第三章是对规范提出之争议 ，分为一般规定、诉讼前提、诉讼程序之进行三节；第四章是选举上之司法争讼；第五章是诉，分为共同规定、确认权利或受法律保护之利益之诉、命令作出依法应作之行政行为之诉、提供资讯、查阅卷宗或发出证明之诉、关于行政合同之诉、实际履行非合同民事责任之诉共六节；第六章是涉及行政上之违法行为之诉讼手段；第七章是涉及行政上之违法行为之诉讼手段，分为效力之中止、勒令作出某一行为、预行调查证据、非特定之预防及保存措施四节规定；第八章是行政当局各机关与法院间之管辖权、法院间之管辖权及职责之冲突；第九章是对司法裁判之上诉，包括一般规定、平常上诉、以合议庭裁判互相对立为依据提起之上诉、再审上诉四节；第十章是执行程序，包括一般规定、支付一定金额之执行、交付一定物或作出一事实之执行、针对违法不执行之保障四节。

第二节　澳门特别行政区行政诉讼的基本原则

行政诉讼的基本原则是指行政诉讼中指导法院、当事人和其他诉讼参与人进行行政诉讼的基本准则。它体现了行政诉讼的基本原理和精神实质，对整个行政诉讼的进行都具有指导意义。澳门行政诉讼法中的基本原则具有其自身的特点。

一、有效司法保护的原则

澳门行政诉讼法典第 2 条规定：就所有公权利或受法律保护之利益，均设有一种或多种旨在对其给予有效司法保护之诉讼手段，亦设有对确保该等手段之有用效果属必需之预防及保存程序。这一条确立了澳门行政诉讼的最基本的原则，也可称为其基本目的，就是通过一种或多种诉讼手段和有关行政诉讼的具体制度设计，来给予人们有效的司法保护，最终达到保护所有的公权利和所有受法律保护的利益这一基本目的。

各国行政诉讼法的立法目的一般为保障人民利益、维护行政权依法行使和增进司法功能的一种或几种，而保障人民利益一般被放在首位。澳门行政诉讼法典以明确的法律条文规定以保障人民利益为唯一立法目的，体现了人权保障理念在澳门立法中的影响力，这不失为澳门行政诉讼法的一个显著特点。

二、诉讼权平等原则

澳门行政诉讼法典第 23 条规定：司法上诉所针对的实体和司法上诉人具有相同的诉讼权利。这体现了行政诉讼中原告、被告诉讼权利平等的原则。这一规定直接来源于《澳门特区基本法》第 25 条的规定，是《澳门特区基本法》在行政诉讼中的具体体现。《澳门特区基本法》第 25 条规定：澳门居民在法律面前一律平等，不因国籍、血统、种族、性别、语言、宗教、政治或思想信仰、文化程度、经济状况或社会条件而受到歧视。而《澳门司法组织纲要法》第 6 条也规定：人人享有诉诸法院以维护其权利和受法律保护的利益的平等权利。

诉讼权平等原则因为行政诉讼的特殊性而显得极其重要。这一原则的确立排除了作为被告的一方当事人因其社会地位特殊，而对原告一方当事人拥有任何法律上的优势。其具体含义为：在行政诉讼中，当事人双方的诉讼地位是完全平等的，平等地享有诉讼权利和承担诉讼义务，法院居中裁判，不偏不倚，对双方的诉讼权利给予同等的保障。

三、行政案件优先受理原则

澳门行政诉讼法典第 3 条规定：就行政上之司法争讼方面之问题进行审判之管辖权具有公共秩序性质，且对该管辖权之审理须优先于其他事宜进行，但基于第 99 条第一款之规定而适用之民事诉讼法中关于普通宣告诉讼程序步骤之规定，以及行政上之司法争讼范畴内之自愿仲裁制度之规定除外。也就是说，涉及行政管理方面的诉讼因其具有的公共秩序性质，需要优先于其他事宜进行，但也存在着例外情况，即确认权利或受法律保护之利益之诉、命令作出依法应作之行政行为之诉、关于行政合同之诉、实际履行非合同民事责任之诉以及行政诉讼中的自愿仲裁制度等除外。这一规定的理由在于该类行政诉讼案件涉及到公共秩序问题，若不及时处理会导致其他后续程序无法进行，故行政诉讼法专门设立了紧急程序来解决这类案件。

根据澳门行政诉讼法典第6条的规定，适用紧急程序的案件包括：行政行为涉及公共工程承揽合同之形成、继续供应合同之形成及为直接公益提供劳务之合同之形成时，对该等行政行为提起之司法上诉程序；选举上之司法争讼程序；关于提供资讯、查阅卷宗或发出证明之诉之程序；与中止行政行为及规范之效力有关之程序；与勒令作出某一行为有关之程序；与预行调查证据有关之程序；与非特定之预防及保存措施有关之程序。适用紧急程序的诉讼在假期期间仍进行，且无须事先作检阅，检察院检阅卷宗及法院作出裁判之期间分别为5日、7日，但另有特别规定者除外。办事处之行为须尽快作出，且优先于其他行为。

四、公开审判原则

澳门行政诉讼中的公开审判原则体现在几个方面，包括：胜诉判决及合议庭裁判之公开、裁判过程之公开、裁判文书对社会之公开。

胜诉判决及合议庭裁判之公开是指宣告针对公开行为提起的司法上诉理由成立的已确定的判决及合议庭裁判，须由法院命令通过公开该行为的相同方式及语言，在同一地点予以公开，也就是说胜诉裁决的公开范围应与被诉行政行为的影响范围相一致。上述公开行为是通过在判决或合议庭裁判确定后8日期间内由办事处送交之摘录作出，摘录内须载明有关法院、司法上诉人、司法上诉所针对之实体、对立利害关系人、司法上诉所针对之行为、公开该行为之地点以及裁判之含义及日期。

裁判过程之公开是指法院审理过程的公开。根据《澳门司法组织纲要法》第9条的规定，法院的听证应公开进行，但存在着例外情况，即涉及公共秩序、法院正常运作、善良风俗或私人生活隐私时，法院可以依据诉讼法律的规定通过附理由说明的批示决定不公开审理。

裁判文书对社会之公开是指法院的裁判文书每一定时期应以汇编出版的方式对社会公开，方便公众查阅。具体做法是终审法院和中级法院应将本院的合议庭裁判的打字副本送交澳门政府印刷署，以便以汇编方式出版。汇编每季公布一次，其中应将终审法院与中级法院之裁判分开归类，此外还应附有裁判书制作人编制的摘要。这样确保社会公众对行政诉讼裁判文书的了解，有利于社会公众对法院裁判的监督，也有利于增强社会公众的法律意识。

第三节 澳门特别行政区行政诉讼的类型

一、概述

澳门特区的行政诉讼根据行政案件的不同性质，在法典中规定了司法上诉、对规范提出的争议、选举上的司法争讼和诉这四类不同的类型，其中的诉又可以分为权利确认之诉、行为确定之诉、知情权之诉、行政合同之诉以及合约外民事责任之诉这五种具体形式。由于不同性质的行政案件具有不同的特点，为了更好地解决行政争议，澳门行政诉讼法典对不同的行政案件规定了不同的审理程序。对提起不同类型的诉的起诉条件，诉讼请求的合并以及期间等都作出了不同的规定。

二、具体类型

（一）司法上诉

司法上诉是行政法院管辖权的主要构成部分，是澳门行政诉讼法中的特有称谓，其含义不同于我们通常所说的上诉。它是指正当当事人在法定期间针对一个确定并具有执行力的行政行为，向有管辖权的法院对该行为的瑕疵或无效提出争议而引起的诉讼。而我们通常所说的上诉在澳门行政诉讼法中称为平常上诉，是指当事人不服一审法院所作出的裁判，请求上级法院对该案重新进行审理。二者具有显著区别。为了行文的严谨和体现澳门法的特点，下文继续称之为司法上诉与平常上诉。

司法上诉的审查范围。在司法上诉中只审理行为的合法性，目的在于撤销司法上诉所针对的行为，或宣告其无效或法律上不存在，但另有规定者除外。

司法上诉的效力。司法上诉不具有中止其所针对行为效力的效果。但如果只涉及不属纪律处分性质的一定金额的支付，且已按税务诉讼法所定的任一方式提供担保，或无税务诉讼法时，已按民事诉讼法就普通保全程序中提供担保所规定的方式提供担保的，不在此限。

对产生对外效力而不受必要行政申诉约束的行政行为，可提起司法上诉。即使有关行为受必要行政申诉约束，但根据法律或行政决定须立即执行的，对该行为亦可提起司法上诉。对可撤销的行为必须预先提出必要行政申诉方可提起司法上诉时，如不遵守《行政程序法典》第 149 条、第 155 条第一款及第 156 条有关必要行政申诉的规定，则不可提起该上诉。不遵守这一规定，除不可提起司法上诉外，利害关系人亦不可推定所提出之行政申诉已被默示驳回。不可对单纯执行或实行行政行为的行为提起司法上诉，对于即使不对立法性法规或行政法规内所含之行政行为提起司法上诉，仍可对有关之执行行为或实行行为提起司法上诉。《行政程序法典》第 138 条第三款及第四款规定的行为，以及因未预先作出行政行为而按该法典第 138 条第一款之规定不具正当性的行为，均可提起司法上诉。

如果已将被司法上诉所针对的行为确认的行为通知司法上诉人或依法公布，或司法上诉人就该被确认的行为已提出行政申诉或提起司法争讼，则须以司法上诉所针对的行为具有单纯确认行为的性质为依据，拒绝受理有关司法上诉。为维护行政诉讼法典的效力，必要行政申诉作出决定的行为，不认为其具有单纯确认行为的性质。明示行为一经公布或一旦就明示行为向利害关系人作出通知，就不可对默示驳回提起司法上诉。如果利害关系人提起命令作出依法应作之行政行为之诉，即行为确定之诉，则对默示驳回也不可提起司法上诉。在行为作出后未经作出完全或部分保留而明示或默示接受该行为的人，不得对该行为提起司法上诉。默示接受系指从自发作出与提起司法上诉的意愿相抵触的事实体现出的接受。保留须以书面方式向作出行为的主体为之。公务员或服务人员执行或遵从以其本人为对象的行为时，不视为默示接受该行为，但属由其选择何时适合作出有关执行的除外。数名司法上诉人可以联合对同一行为提起司法上诉，或联合以同一事实依据及法律依据，对形式上包含于单一批示中或包含于以批示以外的方式作出决定的单一文件中的各行为提起司法上诉。

（二）对规范提出之争议

对规范提出的争议就是我们所说的对抽象行政行为的司法审查。对规范提出争议系旨在宣告载于行政法规的规范违法，而该宣告具普遍约束力。载于行政法规的下列规范不适用于可对规范提出争议的制度：1. 违反根本法律所载规范或从该法律所体现的原则之规范；2. 违反由澳门以外有专属权限制定适用于澳门之立法文件或等同文件之机关所制定之该等立法文件或等同文件中所载规范之规范；3. 违反经正式通过的与澳门以外地方订立的协议或协约所载规范的规定；4. 违反以上各项所指规范或原则是由澳门以外的机关制定而适用于澳门的规范。宣告一项规范违法，自该规范开始生效时起产生效力。基于衡平或格外重要的公共利益的原因而属合理时，法院经适当说明理由，可以指定有关宣告的效力在有关裁判确定之日或裁判确定前之某一日产生。宣告一项规范违法，引致其所废止的规范恢复生效；但在宣告前已出现使被废止规范的效力终止是由于另外原因的除外。因前面所讲的两种情况而产生的追溯效力，不影响裁判已确定的案件以及在法律秩序中已确立的行政行为；但法院以有关规范涉及处罚事宜且其内容对私人较不利为依据而作相反裁判的除外。

（三）选举上之司法争讼

在选举上之司法争讼方面的上诉是由有关选举中的选举人或可当选的人提起；如果在选举簿册或名单上出现遗漏，则登记被遗漏的人也可以就有关遗漏提起该上诉。法院对选举上之司法争讼有完全审判权。

（四）诉

1. 权利确认之诉

权利确认之诉，就是《澳门行政诉讼法典》第五章第二节所规定的确认权利或受法律保护之利益之诉。如果没有作出行政行为，也无默示驳回的情况，并且诉的目的在于宣告出现争议的行政法律关系的内容，而不欲法院命令作出任何行政行为，就可以提起确认权利或受法律保护之利益之诉。尤其是确认下列权利：①一项针对行政当局行使之基本权利；②要求支付一定金额之金钱之权利；③要求交付一物之权利；④要求作出事实之权利。对已作出的事实行动或已作出而属无效或法律上不存在的行政行为没有提起司法上诉时，也可以提起权利确认之诉。

2. 行为确定之诉

行为确定之诉，就是《澳门行政诉讼法典》第五章第三节所规定的命令作出依法应作之行政行为之诉。命令作出依法应作之行政行为之诉，目的在于判处行政当局必须作出其没有作出或拒绝作出的行为。如默示驳回一要求或拒绝就一要求作出判断，而就该要求作出决定原系涉及自由裁量权的行使或涉及对内容不确定的法律概念作价值判断，则诉之目的仅限于判处行政当局须作出明示行为，以便其有自由判断有关要求的空间。然而，在上面所指的情况下，按有关情况属合理时，法院在裁判中得订定有助于作出行政行为的价值判断及认知的过程方面的法律性指引，而不定出行政行为的具体内容。

在下列情况下，可以提起命令作出依法应作之行政行为之诉：①出现默示驳回之情况；②已透过一行政行为拒绝作出内容受羁束的某一行为；③已透过一行政行为拒绝就有关要求作出判断，而就该要求作出的决定原系涉及自由裁量权的行使，或涉及对内容不确定的法律概念作价值判断。仅当对默示驳回或已作出的行政行为没有提起司法上诉时，才可以提起行为确定之诉。

3. 知情权之诉

知情权之诉，就是《澳门行政诉讼法典》第五章第四节所规定的提供信息、查阅卷宗或发出证明之诉。如果私人根据《行政程序法典》第 63 条至第 67 条或有关信息权、查阅卷宗权或获发证明权的特别法的规定作出要求未能获满足，那么利害关系人或检察院可以按法律规定请求法院勒令有权限的行政机关作出有关行为，且该请求具有法典所规定的效力。如果通知时遗漏指出《行政程序法典》第 70 条所指的内容，又或公布时未载有该法典第 113 条及第 120 条第四款所列的事项，也可以提出要求作出勒令的请求。

4. 行政合同之诉

行政合同之诉，就是《澳门行政诉讼法典》第五章第五节所规定的关于行政合同之诉。关于行政合同之诉的目的在于解决与该等合同的解释、有效性或执行有关的争议，包括实际履行合同民事责任。对关于行政合同之诉的审理，不影响对涉及该合同的形成及执行的行政行为提起司法上诉。要求撤销涉及合同的形成及执行的行政行为，或要求宣告该行为无效或法律上不存在的请求，应该在提起关于行政合同之诉的同时一并提出或其后在该诉中提出，只要该请求与合同的解释、有效性或执行性之间存有先决或依赖关系，或全部请求理由是否成立，根本上取决于对相同事实的认定或对相同法律规范或合同条款的解释及适用。

5. 合约外民事责任之诉

合约外民事责任之诉，就是《澳门行政诉讼法典》第五章第六节所规定的实际履行非合同民事责任之诉。如果对不法行政行为已提起司法上诉，则在有关裁判确定前，不得提起实际履行因该行为所造成的损害而产生的非合同民事责任之诉；但是如果司法上诉理由成立引致回复原会出现的情况时，所造成的利益丧失及损害因其性质仍会存在的除外。

第四节　澳门特别行政区行政诉讼的诉讼主体

一、法院

根据澳门《司法组织纲要法》的规定，澳门特别行政区法院为澳门地区唯一有权行使审判职能的机关。其职责是维护一切权利和受法律保护的利益，解决公私利益的冲突，维护社会公平和司法公正。

澳门特别行政区法院的种类有：第一审法院、中级法院和终审法院。第一审法院又下辖初级法院和行政法院。其中行政法院、中级法院和终审法院均有行政案件的管辖权。

（一）行政法院

根据澳门《司法组织纲要法》第 30 条的规定，行政法院属于第一审法院，在不影响中级法院的管辖权的情况下，有权解决行政、税务以及海关方面的法律关系所产生的纠纷。凡是未超过法律明文规定的第一审法院上诉限额的行政案件，应由行政法院管辖。

行政法院的法定上诉利益限额：（1）行政上的司法争讼方面的诉讼及请求为澳门币五万元；（2）税务及海关上的司法争讼方面为澳门币一万五千元；（3）行政、税务及海关上的其他司法争讼案件，以及监察规范的合法性方面，不设法定上诉利益限额。

行政法院的权限，主要是体现在以下四个方面：

一是，在行政纠纷方面，在不影响中级法院的管辖权的情况下，行政法院有管辖权审理：（1）对以下主体所作的行政行为提起诉讼的案件：①局长以及行政当局中级别不高于局长的其他机关；②公务法人的机关；③被特许人；④公共团体的机关；⑤行政公益法人机关；⑥市政机构或临时市政机关及其所辖的具有行政主体资格和行政权力的公共部门。（2）其他法院无权管辖的关于公法人机关选举上的司法纠纷。（3）关于确认权利或受法律保护的利益、关于提供资讯、查阅卷宗或发出证明、关于行政合同、关于澳门特别行政区、其他公共实体及其机关据位人、公务员或服务人员在公共管理行为中受到损害而提起的非因合同而产生的民事责任的诉讼，包括求偿诉讼。（4）要求勒令作出一行为的请求。（5）在涉及行政上的司法争讼事宜的自愿仲裁方面，适用的法律规定由初级法院审理的问题，但诉讼法律另有规定者除外。

二是，在税务上的司法争讼方面，在不影响中级法院的管辖权的情况下，行政法院有管辖权审理：（1）对涉及税务及准税务问题的行政行为提起上诉的案件；（2）对税务收入及准税务收入的结算行为提起上诉的案件；（3）对可独立提出司法争执的确定财产价值的行为提起上诉的案件；（4）对可独立提出司法争执、属二项及三项所指行为的准备行为提起上诉的案件；（5）就二项、三项及四项所指的行为提出行政申诉被全部或部分驳回时，对可通过司法争讼予以上诉的驳回行为提起上诉的案件；（6）对税务行政当局部门有权限的实体在税务执行程序中所作的行为提起上诉的案件；（7）在税务执行程序中提出的禁制、对执行的反对、债权的审定及债权受偿顺序的订定、出售的撤销及诉讼法律规定的所有诉讼程序中的附随事项；（8）关于确认权利或受法律保护的利益，以及提供资讯、查阅卷宗或发出证明的税务事宜诉讼；（9）要求勒令作出一行为的请求；（10）要求为担保税务债权采取保全措施的请求。

三是，在海关上的司法争讼方面，在不影响中级法院的管辖权的情况下，行政法院有管辖权审理：（1）对涉及海关但不应在税务执行程序中审理的问题的行政行为提起上诉的案件；（2）对海关收入的结算行为提起诉讼的案件，以及对可独立提出司法争执的有关准备行为提起上诉的案件；（3）就上项所指的行为提出行政申诉被全部或部分驳回时，对可针对其提起诉讼的驳回行为提起上诉的案件；（4）关于确认权利或受法律保护的利益，以及提供资讯、查阅卷宗或发出证明的海关事宜诉讼；（5）要求勒令作出一行为的请求。

四是，在行政、税务及海关上的司法争讼方面，行政法院尚有管辖权审理：（1）对引致不同公法人的机关出现职责冲突的行为提起上诉的案件；（2）对市政机构或临时市政机构履行行政职能时制定的规定提出的争执；（3）要求中止某些行政行为的效力的请求，只要该法院正审理对该等行政行为所提起的上诉；以及审判关于在该法院待决或将提起的上诉的其他附随事项；（4）在该法院待决的程序内或就将提起的程序要求预先调查证据的请求；（5）对行政机关在处理行政违法行为的程序中科处罚款及附加制裁的行为，以及法律规定的其他行为提起上诉的案件；（6）要求审查上项所指的科处罚款及附加制裁的决定的请求；（7）根据法律由行政法院审理或上级法院无管辖权审理而属行政、税务及海关司法争讼方面的上诉、诉讼及程序上的其他手段。

行政法院的运作：行政法院属于第一审法院，在审判案件时以合议庭或独任庭方式运作，并且以合议庭审理为原则，以独任庭审理为例外。（1）独任庭方式，即由一名法官组成的独任庭审理案件。（2）合议庭方式。在向行政法院提起的诉讼中出现的事实问题，须由合议庭审判。例外情况是属于民事诉讼法规定不需组成合议庭审理，以及旨在获得数额不超过法院法定上诉利益限额的赔偿诉讼，这两种情况下不需组成合议庭。（3）合议庭的组成。行政法院中的合议庭组成人员包括：由法官委员会预先指定的合议庭主席主持审判，另有一名负责卷宗的法官以及一名由法官委员会预先指定的法官。（4）判决作出方式。在行政法院中，不论是否组成合议庭，判决均由负责有关卷宗的法官作出。

行政法院的法官制度：行政法院属于第一审法院，其法官制度可参照一审法院的有关规定，第一审法院院长是由行政长官从该等法院属本地编制的法官中任命，任期三年，可续任，现任院长由初级法院一名独任庭法官出任。第一审法院院长面对其他当局时代表第一审法院。行政法院法官的编制设有两名法官。

（二）中级法院

澳门特别行政区成立后，设立了作为第二级法院的中级法院并由其行使《基本法》赋予的行政审判权，包括上诉管辖权和一审管辖权。（1）中级法院的行政诉讼方面的上诉管辖权：负责审判对行政法院一审裁判不服提起上诉的案件；（2）中级法院的一审管辖权：前提是行政、税务及海关上的司法争讼在起诉时，利益值达到中级法院的法定起诉利益值限额，即澳门币一百万元，则由中级法院审理。

中级法院的一审管辖权还包括：①作为第一审级，审判就廉政专员、审计长、警察总局局长及海关关长、行政会委员及立法会议员因履行其职务而作出的行为，针对彼等所提起的诉讼；②作为第一审级，审判就第一审法院法官、检察官因履行其职务而作出的行为，针对彼等所提起的诉讼；③作为第一审级，审判对行政长官、立法会主席及终审法院院长等所作的行政行为或属行政事宜的行为，或所作的有关税务、准税务或海关问题的行为提起上诉的案件；④审判对行政机关履行行政职能时制定的规定提出争执的案件；⑤审判要求中止某些行政行为及规范的效力的请求；⑥审判在该法院待决的行政、税务或海关上的司法争讼程序内，或就将提起的上述程序要求预先调查证据的请求；⑦审查有管辖权的第一审法院在处理行政违法行为的程序中所作的科处罚款及附加制裁的裁判；⑧审理行政法院与行政、税务或海关当局间的管辖权冲突。

中级法院的审理权：在上诉中，中级法院审理事实上及法律上的事宜，但诉讼法律另有规定者除外。

中级法院的运作：（1）中级法院在审判案件时以评议会及听证会的方式运作，除《司法组织纲要法》、《司法官通则》及诉讼法另有规定外，其运作由规章规范。（2）参与评议会及听证会的实体有：院长、分发卷宗的法官、另一名助审法官及诉讼法律规定的实体。（3）中级法院内所有行政、税务及海关方面的司法争讼卷宗，应仅分发予法官委员会预先指定的两名法官。裁判书制作人可行使法律规定的权限及担任诉讼法律所赋予的其他职务。（4）除法律有相反规定或为宣布不具纯粹中间性质的裁判者外，中级法院的会议不公开。但在任何情况下，经听取出席法官的意见后，院长可将法院裁判结果告知社会传播媒介。

中级法院的法官制度：中级法院现共有五名法官，并由行政长官委任其中一名担任中级法院院长，任期三年，可续任。中级法院院长面对其他当局时代表中级法院，除担任法官及院长的一般职务外，还须确保中级法院的运作。

（三）终审法院

终审法院为澳门法院等级中的最高机关。

在行政诉讼方面，终审法院的管辖权包括：（1）解释权。即可以依据行政诉讼的法律规定统一的司法见解。（2）一审权。即利益值超过中级法院法定上诉利益限额的案件，具体包括：①针对行政长官、立法会主席及司长因履行其职务而作出的行为所提起的诉讼，但法律另有规定者除外；②针对终审法院法官、检察长、中级法院法官及助理检察长因履行其职务而作出的行为所提起的诉讼；③关于法官委员会及检察官委员会选举上的司法争讼；④要求中止某些行政行为效力的请求，只要该法院正审理对该行政行为所提起之司法上诉；以及审判关于在该法院待决或将提起之上诉之其他附随事项；⑤在该法院待决的行政上的司法争讼程序内，或就将提起的上述程序要求预行调查证据的请求；⑥审理中级法院与行政、税务及海关当局间的管辖权冲突；（3）二审权。审判对中级法院作为第一审级所作的行政诉讼方面的可予以争执的合议庭裁判提起上诉的案件；（4）三审权。审判依据本法及诉讼法律的规定，可以对中级法院作为第二审级在行政、税务或海关上的司法争讼的诉讼中所作的合议庭裁判提起上诉的案件。

终审法院的审理权：（1）在作为第二审级审判上诉案件时，终审法院审理事实上及法律上的事宜，但诉讼法律另有规定者除外。（2）在非作为第二审级审判上诉案件时，终审法院仅审理法律上的事宜，但诉讼法律另有规定者除外。

中级法院的评议会会议及开庭听证的有关规定，经适当配合后，适用于终审法院的评议会会议及开庭听证。

终审法院的法官制度：终审法院现共有三名法官，其院长职务由行政长官在具有澳门特别行政区永久性居民资格及中国国籍，并属终审法院编制内职位的法官中选任一名法官担任，任期三年，可续任。终审法院院长作为澳门特别行政区法院的代表，除担任法官及院长的一般职务外，还须确保终审法院及终审法院院长办公室的运作。

二、检察院

澳门行政诉讼法中检察院的职能较为复杂。检察院的权限如下：

1. 代理权。澳门行政诉讼法第 4 条规定，在行政上之司法争讼程序中，在关于行政合同之诉和实际履行非合同民事责任之诉的程序中，行政机关必须由检察院代理。

2. 评议会的参与权。澳门行政诉讼法第 17 条规定，驻终审法院及中级法院之检察院代表如非以原诉人或被诉人身份参与有关程序，而其参与仅在于维护合法性者，则其须出席所驻法院之评议会，并于讨论中被听取陈述。

3. 起诉权。检察院可以提起司法上诉、提出对规范之争议、提起确认权利或受法律保护之利益之诉、命令作出依法应作之行政行为之诉、提供信息、查阅卷宗或发出证明之诉、关于行政合同之诉、实际履行非合同民事责任之诉。此时检察院的地位相当于原告。在下文原告部分将有详细论述。

4. 提出意见的权利。①在行政卷宗之移送过程中，司法上诉所针对之实体可以公共利益受到相当损害为由，作出附理由说明之解释，从而以影印本取代行政卷宗正本。不移送卷宗或以卷宗之影印本取代其正本而不作解释时，法院须勒令司法上诉所针对之实体移送卷宗之正本。不遵守上述勒令而不作任何解释或所作解释被裁定为不可接受者，构成违令罪，但法院就所提出之解释作出裁判前须取得检察院之意见书。②妨碍审理司法上诉之问题，如果非由检察院提出，则检察院须检阅卷宗以发表意见。

5. 检阅权。(1) 初端检阅权。澳门行政诉讼法典第 58 条规定，行政卷宗移送后，或在有对立利害关系人之情况下，将其答辩状附入卷宗或有关期间完结后，须将卷宗送交检察院，以便其在 8 日内检阅，但由检察院提起之司法上诉除外。检察院在检阅时，仍得指出起诉状须予以补正，并一般得提出影响司法上诉继续进行之所有问题，以及就答辩状所提出之问题发表意见。(2) 最后检阅权。澳门行政诉讼法第 69 条规定，在司法上诉中作出陈述或在有关期间完结后，须将卷宗送交检察院，以便其在 15 日内检阅，但由检察院提起之司法上诉除外。检察院在检阅时，可以：①提出抗辩或提出妨碍审理司法上诉之新问题；②就非由其提出之问题表明立场；③在卷宗所载事实限定之范围内，提出司法上诉人未援引之依据，而不论提出依据之权利是否已失效；④就将作出之终局裁判发表意见。(3) 澳门行政法典第 99 条规定，在五种诉的诉讼过程中，由检察院作最后检阅，以便在 14 日期间内就将作出之裁判发表意见；但检察院以原诉人身份参与诉讼，或代理一方当事人者除外。(4) 在平常上诉、对紧急程序中作出之裁判提起上诉、以合议庭裁判互相对立为依据提起之上诉过程中，检察院拥有检阅权。

6. 申请调查权。澳门行政诉讼法第 67 条规定，检察院可以向法院提出申请，由法官或裁判书制作人命令采取必要的证明措施。

7. 陈述权。法官或裁判书制作人送交卷宗后，仍可以提出妨碍审理司法上诉之问题，或采取其认为必需之措施，但须听取检察院的相关陈述。

8. 请求权。(1) 对行政机关处罚决定的再审请求权。澳门行政诉讼法第 119 条规定，《刑事诉讼法典》之规定经作出必要配合后，适用于要求对在行政上之违法行为之程序中由行政机关作出之科处罚款及附加处罚之决定进行再审之请求。再审之请求得由违法者、行政机关或检察院提出。（2）请求法院勒令作出某一行为的权利。行政诉讼法第 132 条规定，如行政机关、私人或被特许人违反行政法之规定或违反因行政行为或行政合同而生之义务，或行政机关及被特许人之活动侵犯一项基本权利，又或有理由恐防会出现上述违反情况或侵犯权利之情况，则检察院或利益因受上述行为侵害而应受司法保护之任何人，得请求法院勒令有关行政机关、私人或被特许人作出或不作出特定行为，以确保遵守上述规定或义务，或不妨碍有关权利之行使。（3）请求解决行政当局各机关与法院间之管辖权及法院间之管辖权之冲突的权利。任何利害关系人或检察院得于就提起司法上诉所定之同等期间内，请求解决行政当局各机关与法院间之管辖权及法院间之管辖权之冲突。

9. 上诉权。澳门行政诉讼法第 151 条规定，检察院可以提起上诉。

10. 申请再审权。澳门行政诉讼法第 170 条规定，检察院可以申请再审。

三、原告

在澳门行政诉讼法典中，对原告的资格作了详细规定。诉的类型不同，原告的资格要求也不同。以下根据不同的诉的类型原告资格作出分别的阐述。

（一）司法上诉中的原告

1. 自认拥有被司法上诉所针对之行为侵害之权利或受法律保护之利益之自然人或法人，又或指称在司法上诉理由成立时有直接、个人及正当利益之自然人或法人。

2. 拥有民众诉讼权之人。澳门行政诉讼法在规定了民众诉讼的同时，也规定了民众诉讼代表人的相关权利。行政诉讼法典第 33 条规定，拥有民众诉讼权之人具有提起司法上诉的正当性。拥有民众诉讼权之人不具有特定性，在不同情况下不同的人拥有民众诉讼权。具体包括：（1）为对损害公共卫生、住屋、教育、文化财产、环境、地区整治、生活质素及任何属公产的财产等基本利益的行为提起司法上诉，澳门居民、有责任维护该等利益之法人以及市政机构，均为拥有民众诉讼权之人，可以提起司法上诉；（2）为对市政机关以及其具有法律人格及行政自治权之公共部门所作而损害其他公共利益之行为提起司法上诉，澳门居民亦为拥有民众诉讼权之人，可以提起司法上诉；（3）关于执行合同之诉，如所执行之合同条款系为整体公众利益而订立者，检察院拥有民众诉讼权，可以提起司法上诉。

3. 检察院。检察院可以提起司法上诉。并且，如果司法上诉人撤回司法上诉或舍弃请求，或基于其他与司法上诉人有关的阻碍审理司法上诉的原因，以致司法上诉被裁定终止，而该裁判尚未确定时，检察院得申请继续进行司法上诉，并由其作为司法上诉人。

4. 法人。就侵害其有责任维护之权利或利益之行为亦具有上述正当性。

5. 市政机构。就影响其自治范围之行为亦具有上述正当性。

（二）对规范提出争议中的原告

检察院、自认为因有关规范的实施而受侵害或预料即将受侵害的人，或反贪污暨反行政违法性高级专员，均得随时请求宣告有关规范违法。如检察院知悉任何法院已作出三个已确定的裁判，内容为基于有关规范违法而拒绝实施该规范的，则必须请求宣告该规范违法。作出上面所指裁判的法院须透过送交裁判证明，将这种裁判告知驻有关管辖法院的检察院代表。

（三）选举上之司法争讼中的原告

在选举上之司法争讼方面的上诉必须由有关选举中的选举人或可当选之人提起；如果在选举簿册或名单上出现遗漏，那么登记被遗漏的人也可以就有关遗漏提起该上诉。

（四）其他诉中的原告

1. 权利确认之诉中的原告必须是拥有待确认的权利或利益的人，或拥有民众诉讼权的人提起。

2. 行为确定之诉中的原告资格与司法上诉中的原告资格是相同的。

3. 知情权中的原告是利害关系人或者检察院，他们可以按照规定请求法院勒令有权限的行政机关作出有关行为。

4. 行政合同之诉由下列主体提起：(1) 关于合同的全部或部分有效性之诉，由下列实体提起：①合同关系的主体；②检察院；③有正当性对涉及合同的形成之行政行为提起司法上诉，且已提起该司法上诉的人，但该诉的范围仅限于涉及就该司法上诉作出对其有利之内容的裁判；④拥有或维护的权利或受法律保护的利益会因或预料会因执行被认为非有效的合同而受损害的自然人或法人。(2) 关于执行合同之诉，得由下列实体提起：①合同关系之主体；②检察院，如果所执行的合同条款系为整体公众利益而订立的；③拥有或维护订定合同条款时所基于的权利或受法律保护的利益的自然人或法人。(3) 关于解释合同之诉，得由合同关系之主体，及以上两款所指之实体提起，但上两款实体所提起之关于解释合同之诉仅得涉及合同之有效性或执行。

5. 合约外民事责任之诉由，认为因公共管理行为而遭受损失之人提起。

四、被告

行政诉讼中的被告即在行政诉讼中具有应诉之正当性的机关。澳门行政诉讼法第 37 条规定：作出行为之机关，或因法律或规章之修改而继承该机关有关权限之另一机关，视为司法上诉所针对之实体。第 38 条规定：向授权者或转授权者提出之申请被默示批准或默示驳回时，为确定何者具有在有关司法上诉中应诉之正当性，有关默示批准或默示驳回视为由获授权者或获转授权者作出，即使该申请未送交获授权者或获转授权者亦然。也就是说，澳门行政诉讼中具有应诉之正当性的被告包括：(1) 作出行政行为的机关；(2) 作出行政行为的机关因法律或规章的修改而被撤销，继承该机关有关权限的另一机关；(3) 向行政机关的授权机关或转授权机关提出的申请被默示批准或默示驳回时，该默示批准或默示驳回视为由获授权机关或获转授权机关作出，获授权机关或获转授权机关具有应诉之正当性，是行政诉讼中的被告。

五、第三人

澳门行政诉讼中的第三人可以分为两种：一种是对立利害关系人；另一种是辅助人。第三人享有独立或辅助诉讼的地位，有权参与陈述并受裁判效力的约束。

1. 对立利害关系人

澳门行政诉讼法典第 39 条规定：司法上诉理由成立时可能受到直接损害之人，具有正当性作为对立利害关系人参与有关诉讼程序。这一规定确定了对立利害关系人参与行政诉讼的正当性，有利于提高诉讼效率，促进纠纷的及时有效解决，避免再次诉讼的资源浪费。

2. 辅助人

澳门行政诉讼法典第 40 条规定了行政诉讼中的辅助人。(1) 辅助人的种类。包括两种：①证明具有与司法上诉人、司法上诉所针对之实体或对立利害关系人相同利益的自然人或法人；②具有与上述利益有联系之利益之自然人或法人。(2) 辅助人参与诉讼的方式。辅助人可以于陈述阶段前参与司法上诉程序，并应接受参与时该程序所处之状况，而其地位从属于被辅助人之地位，且被辅助人自由作出认诺、撤回诉讼或舍弃请求之权利，以及作出该等行为所产生之法律效果不因此而改变。可见，辅助人不具有当事人的诉讼地位，必须从属于原告、被告或对立利害关系人一方，也不具有原被告或对立利害关系人依法享有的实体处分的权利，即作出认诺、撤回诉讼或舍弃请求等诉讼权利。

六、诉讼代理人

澳门行政诉讼法第 4 条规定了强制代理制度，即行政诉讼中的当事人必须委托代理人。

在行政上之司法争讼程序中，私人必须委托律师，但不影响有关在涉及律师本人、其配偶、直系血亲尊亲属或直系血亲卑亲属之案件中担任律师方面之法律规定，或依职权指定律师之法律规定之适用。

在行政上之司法争讼程序中，行政机关必须依据以下两种情况规定被代理：(1) 在司法上诉、对规范提出之争议、选举上之司法争讼、确认权利或受法律保护之利益之诉、命令作出依法应作之行政行为之诉、提供信息、查阅卷宗或发出证明之诉、涉及行政上之违法行为之诉讼手段、预防及保存程序所规范之诉讼手段及程序中，在涉及职责之冲突中，以及在有关对司法裁判之上诉及所有针对公法人之执行程序中，行政机关的被代理须由所委托之律师作出或由为代理之目的而明确指定之担任法律辅助工作之法学士作出。(2) 在其他情况下，行政机关的被代理须由检察院作出。

可见，在澳门的行政诉讼中，私人必须委托律师，行政机关在法定情况下也必须由律师、法学士或检察院代理。

七、其他诉讼参加人

1. 裁判书制作人

根据澳门行政诉讼法典第 15 条的规定，裁判书制作人有下列权限，特殊情况除外：①初端驳回司法上诉及其他诉讼手段与程序，或在有关程序其后之阶段中，以命令补正起诉状或声请书之批示未获遵行为依据而驳回之；②将有关抗辩或妨碍审理司法上诉之其他问题留待最后审理；③命令或要求采取被认为必需之调查措施；④依法宣告诉讼程序中止进行，或裁定诉讼程序中止进行；⑤依法命令将案件合并，或裁定将案件合并；⑥因诉讼之弃置或撤回、请求之舍弃，又或嗣后出现进行诉讼属不可能或无用之情况而裁定有关诉讼程序消灭；⑦因声请及附随事项之标的不应予以审理而将之初端驳回；⑧对附随事项作出审判；⑨对诉讼行为之无效及其本身之批示之无效作出审理；⑩终结司法上诉或其他诉讼手段与程序。

对裁判书制作人之批示，得向评议会提出异议，但属单纯事务性之批示及受理对法院合议庭裁判提起上诉之批示除外。

终审法院所作之任何对立合议庭裁判之裁判书制作人，在扩大审判中无须回避担任助审法官之职务，但不得担任裁判书制作人之职务。

2. 技术员

澳门行政诉讼法第 16 条规定：如程序中应解决某些需要专门知识方可解决之问题，法院得依职权或应任一当事人之声请，命令由法院指定之技术员参与该程序，为此该技术员须检阅卷宗；如有关讨论在评议会或合议庭中进行，则讨论中须听取其陈述。

3. 检察院代表

澳门行政诉讼法第 17 条规定：驻终审法院及中级法院之检察院代表如非以原诉人或被诉人身份参与有关程序，而其参与仅在于维护合法性者，则其须出席所驻法院之评议会，并于讨论中被听取陈述。

4. 法院书记长

澳门行政诉讼法第18条规定：在终审法院及中级法院，法院书记长须于每次会议最后阶段，将用作登记被宣告已具条件进行审判之案件之文件载体或信息储存媒体呈交院长，以便院长在听取有关法官意见后，定出纳入下次会议日程之案件。

第五节　澳门特别行政区行政诉讼程序

一、概述

本部分汇集了澳门行政诉讼法典中的一般规定。这些规定包括诉讼保全、中止诉讼、终结诉讼、撤诉等内容。这些规定并不只是适用于某一诉讼阶段，而是贯穿于诉讼的整个过程。下面分别论述之。

诉讼停止行政行为的效力。在澳门，行政诉讼原则上不具有中止其所针对行为效力的后果。但在原告提出申请，并给予被告答辩机会后，法院得根据执行后果、公共利益、行为性质和法律规定等考虑，认为需要停止行政行为执行的，可以作出中止行为效力的判决。行政主体若依然不当执行，要承担相应的责任。

诉讼保全。澳门行政诉讼法典第141、142条规定了行政诉讼中的保全制度。(1) 私人有理由恐防某一行政活动对其权利或受法律保护之利益造成严重且难以弥补之侵害时，得声请采取按具体情况系适当之预防或保存措施，以确保其受威胁的权利或利益得到保护。对用于涉及重要公共利益的服务的动产或不动产，所声请采取的措施不得针对该动产或不动产的不可处分性。如通过其他程序，即可确实维护藉提出要求采取措施之请求而欲保护之权利或利益，则不得提出该请求。(2) 民事诉讼法关于非特定之保存及预行措施之规定，经作出必要配合后，适用于非特定之预防及保存措施。

中止诉讼。澳门行政诉讼法典第14条规定，如对诉讼标的之审理取决于另一法院就其有管辖权审理之问题作出之裁判，法院得在该管辖法院作出裁判前，中止有关诉讼程序，不作裁判。如利害关系人逾90日不作任何行为，使关于审理前之先决问题之程序未能提起或进行，则行政上之司法争讼程序之中止状况终结，并须就审理前之先决问题作出裁判，而此裁判仅在该程序中产生效力。

终结诉讼。(1) 司法上诉程序消灭。澳门行政诉讼法典第84条规定，司法上诉程序基于下列任一原因而消灭：①已作出判决；②已达成按法律之规定容许作出之仲裁协议；③司法上诉之弃置；④司法上诉之撤回或请求之舍弃；⑤嗣后出现进行诉讼属不可能或无用之情况。(2) 司法上诉程序的弃置。法典第85条规定，在下列任一情况下，须裁定弃置司法上诉程序：①因司法上诉人不作任何行为而使司法上诉程序停止进行超过365日；②经过365日而司法上诉人仍未促使具有中止效力之附随事项程序之进行，但属第14条第二款所规定之情况除外。(3) 嗣后出现进行诉讼属不可能或无用之情况。法典第87条规定，在下列任一情况下，司法上诉程序因嗣后出现进行诉讼属不可能或无用之情况而消灭：①司法上诉所针对之行为被废止；②对默示驳回提起司法上诉后作出明示行为或知悉该行为。

撤诉。澳门行政诉讼法典第86条规定，撤回司法上诉或舍弃请求得以声请书或公文书作出，或在司法上诉程序中以书录作出。

二、起诉和受理

（一）起诉条件与诉讼理由

起诉条件，包括原告是正当当事人，属于法院的受案范围和受诉法院管辖，有具体的诉讼请求、事实根据和诉讼理由。原告资格及法院的管辖问题已在前面有详细介绍，此不赘述。

司法上诉的理由，有两方面：(1) 司法上诉所针对的行为违反适用的法律原则或法律规定，尤其出现下列情况时，构成提起司法上诉的依据：①越权；②无权限；③形式上之瑕疵，包括欠缺理由说明或等同情况；④违反法律，包括行使自由裁量权时有明显错误，或绝对不合理行使自由裁量权；⑤权力偏差。(2) 导致司法上诉所针对的行为无效的其他原因，也构成提起司法上诉的依据，尤其是：①欠缺构成该行为的主要要素；②作出该行为者的意思欠缺或有瑕疵，且属重大的。

(二) 起诉方式与起诉期限

起诉方式。澳门行政诉讼要求当事人以书面的方式提交起诉状，并且应当对起诉状的组成和起诉状应该列明的内容也作出了具体的规定。提起司法上诉应当将起诉状提交有管辖权法院的办事处，也可以用挂号信将起诉状送到法院的办事处。起诉状必须以分条缕述方式作成，司法上诉人在起诉状中写明：①司法上诉所致予之法院，起诉状没有指出司法上诉所致予的法院时，均不予接收；②本人及对立利害关系人的身份及居所或住所，并申请传唤该等利害关系人；③司法上诉所针对的行为及指出作出行为者的身份，如果该行为系获授权或转授权而作出，还应该作出说明；④作为司法上诉依据的事实及法律理由；⑤以清楚简要的方式作出结论，并准确指出其认为被违反的规定或原则；⑥提出一个或多个请求；⑦拟证明的事实；⑧申请采用其认为必需的证据方法，并就所指出的事实逐一列明其所对应的证据方法；⑨必须或随个人意愿附于起诉状的文件；⑩起诉状的签署人不是检察院时，指出有关签署人的事务所，以便作出通知。司法上诉人还应指明导致撤销司法上诉所针对的行为的各依据间存有补充关系。

除特别法要求附同的文件外，起诉状还必须附具下列文件：①证明司法上诉所针对的行为的文件；②旨在证明所陈述的事实属实的一切文件，但载于供调查之用的行政卷宗内的文件除外；③如申请采用人证，须附具证人名单，当中指出每一证人应陈述的事实；④在法院代理的授权书或等同文件；⑤法定复本。如果司法上诉的标的为一默示驳回，起诉状应附具没有决定的申请的复本或影印本，该复本或影印本上须具有由接收该申请正本的行政机关所作成的收据；如果没有具有收据的申请复本或影印本，则起诉状须附具证明已递交申请的任何文件。如果司法上诉的标的为一口头行为，则该行为应透过可从中推断出确有作出该行为的已陈述事实或已附具文件予以证明。如果司法上诉的标的为法律上不存在的行为，那么只要存有证明表面上存在该行为及其损害性后果的文件，司法上诉人应附具之。提起司法上诉前，如果已经按照规定提出要求作出通知或发出证明或经认证的影印本的请求，不论提出请求后是否提起关于提供信息、查阅卷宗或发出证明之诉，起诉状均应附同证明已提出该等请求的文件。如果司法上诉人基于合理理由未能取得应附于起诉状的某些文件，则应详细说明这些文件的性质及内容，并请求定出附具这些文件的合理期间。

起诉期限。对无效或在法律上不存在的行为提起司法上诉的权利不会失效，可以随时行使。对可撤销的行为提起司法上诉的权利在下列期间经过后即告失效：如果司法上诉人于澳门居住为 30 日；司法上诉人于澳门以外地方居住为 60 日；如果司法上诉人为检察院，又或属默示驳回的情况为 365 日。

(三) 审查和受理

1. 初端审查与驳回

(1) 初端批示。就起诉状作成卷宗，且缴纳倘应缴纳之预付金或缴纳期间届满后，须将卷宗送交法官或裁判书制作人，以作出初端批示。根据澳门行政诉讼法第51条规定：①如起诉状或其组成方面有形式上之缺陷或不当之处，须通知司法上诉人在法官或裁判书制作人所定之期间内弥补或改正之。②如司法上诉人弥补或改正缺陷或不当之处，则司法上诉视为于递交首份起诉状之日提起。③未弥补或改正批示所指之缺陷或不当之处，且就批示未有向评议会提出异议时，又或批示经评议会确认时，须驳回司法上诉，但属上述②所指之情况除外。

（2）初端驳回司法上诉。如起诉状属不当，则须初端驳回司法上诉。如明显出现妨碍司法上诉继续进行之情况，尤其是下列者，亦须初端驳回司法上诉：①司法上诉人欠缺当事人能力或诉讼能力。②司法上诉并无标的。③不可就司法上诉所针对之行为提起司法上诉。④司法上诉人不具正当性。⑤司法上诉人之联合属违法。根据澳门行政诉讼法第35条规定，数名司法上诉人得联合对同一行为提起司法上诉，或联合以同一事实依据及法律依据，对形式上包含于单一批示中或包含于以批示以外之方式作出决定之单一文件中之各行为提起司法上诉。如果司法上诉人之联合违反此条规定，则被须初端驳回司法上诉。⑥在指出司法上诉所针对行为之作出者之身份方面有错误，或未有指出对立利害关系人之身份，而该错误或遗漏属明显不可宥恕者。⑦申诉之合并属违法。根据澳门行政诉讼法第44条规定，司法上诉人得将对相互间有主从关系或有联系之行为提出之申诉合并。但在下列情况下不得合并：（1）以补充或择一方式作出合并；（2）审理各申诉之管辖权属不同法院所有。否则，予以初端驳回司法上诉。⑧提起司法上诉之权利已失效。

（3）初端驳回司法上诉后的特别处理。根据澳门行政诉讼法规定，被初端驳回司法上诉后有以下四种特别处理：

①司法上诉因起诉状不当及指出身份方面有错误或遗漏而初端驳回后的处理。根据澳门行政诉讼法第47条规定，因起诉状不当或在指出司法上诉所针对行为之作出者之身份方面有错误，或未有指出对立利害关系人之身份，而该错误或遗漏属明显不可宥恕之情况，而初端驳回司法上诉时，自就驳回批示作出通知起5日期间内，司法上诉人得提交新起诉状，如对驳回批示提起上诉但并未胜诉，则自通知司法上诉人卷宗已交回司法上诉所针对之法院起5日期间内，司法上诉人得提交新起诉状。新司法上诉均视为于提交首份起诉状之日提起。

②司法上诉因不当援引授权而初端驳回后的处理。根据澳门行政诉讼法第48条规定，因不当援引授权而驳回的，如以授权或转授权不存在、非有效或不产生效力为依据，或因授权或转授权之范围不包括作出司法上诉所针对之行为，驳回对援引授权或转授权而作出之行为所提起之司法上诉，则自驳回批示确定起30日期间内，司法上诉人得采用对该行为提起司法上诉属必要之行政手段。

③司法上诉因司法上诉人违法联合而初端驳回后的处理。根据澳门行政诉讼法第49条规定，因司法上诉人违法联合而驳回司法上诉后，司法上诉人得自有关批示确定起30日期间内，重新提起司法上诉，而有关起诉状视为于递交首份起诉状之日提交。

④司法上诉因违法合并申诉而初端驳回后的处理。根据澳门行政诉讼法第50条规定，因违法合并申诉而驳回的，如果申诉之合并仅因违反“具有审理各申诉之管辖权属不同法院所有而不得合并”之规定而违法时，不妨碍司法上诉以有关法院有管辖权审理之申诉为标的继续进行。不论司法上诉被驳回或按规定继续进行，司法上诉人均得行使提起新司法上诉之权能。

2. 补正批示。如起诉状或其组成方面有形式上之缺陷或不当之处，须通知司法上诉人在法官或裁判书制作人所定之期间内弥补或改正之。如司法上诉人弥补或改正缺陷或不当之处，则司法上诉视为于递交首份起诉状之日提起。如曾声请采用人证之司法上诉人在获告知弥补有关遗漏后，仍不提交证人名单或不指出证人应作证言之事实，则禁止其采用人证。未弥补或改正批示所指之缺陷或不当之处，且就批示未有向评议会提出异议时，又或批示经评议会确认时，须驳回司法上诉，但是曾声请采用人证之司法上诉人在获告知弥补有关遗漏后，仍不提交证人名单或不指出证人应作证言之事实不在此限。

（四）司法上诉的合并

在下列任一情况下，可将司法上诉合并：①司法上诉针对同一行为；②司法上诉所针对之各行为形式上包含于单一批示或包含于以批示以外之方式作出决定之单一文件中，且以相同之事实依据及法律依据就该等行为提出申诉。仅当就拟合并之各司法上诉提交诉辩书状之阶段尚未结束，且未出现引致不宜合并之特别原因时，方得声请将司法上诉合并。较后提起之司法上诉合并于首先提起之司法上诉，为此，编号较小者视为首先提起者。

三、审理和判决

（一）提交答辩

如司法上诉未被驳回，则须传唤司法上诉所针对之实体，以便其在 20 日期间内答辩。传唤时，应载有关于下列所规定事宜之资料。

1．司法上诉所针对之实体之答辩。在答辩状中，司法上诉所针对之实体应以分条缕述方式提出与防御有关之全部事宜，指出拟证明之事实，附具旨在证明所陈述之事实属实之一切文件，并在有需要时提交证人名单或声请采用其他证据方法。不提交证人名单或不指出证人应作证言之事实之情况，则禁止其采用人证。如答辩状由担任法律辅助工作之法学士签名，则须附具司法上诉所针对之实体委任该名学士之批示副本。

2．不作答辩或不提出争执。不作答辩或不提出争执，视为自认司法上诉人所陈述之事实；但从所作之防御整体加以考虑，该等事实与所作防御明显对立者，又或该等事实系不可自认或与组成供调查之用之行政卷宗之文件相抵触者除外。

3．行政卷宗之移送。司法上诉所针对之实体必须将行政卷宗之正本以及一切与司法上诉之事宜有关之其他文件，连同答辩状一并移送法院，或在答辩期间内移送法院，以便该正本及其他文件并附于卷宗内，作为供调查之用之卷宗。如行政卷宗已并附于其他卷宗，司法上诉所针对之实体应将此事告知法院。仅当司法上诉所针对之实体以公共利益受到相当损害为由，作出附理由说明之解释时，行政卷宗之正本方得由经适当排序之经认证影印本所取代。不移送卷宗或以卷宗之影印本取代其正本而不作解释时，法院须勒令司法上诉所针对之实体移送卷宗之正本。不遵守上述勒令而不作任何解释或所作解释被裁定为不可接受者，构成违令罪，司法上诉所针对之实体并须负起其应有之民事及纪律责任，且法院有权采用经作出必要配合之为执行司法裁判所规定之强迫措施，而不妨碍司法上诉继续进行。就所提出之解释作出裁判前须取得检察院之意见书。对于无行政卷宗即无法证明或相当困难证明之事实，原属司法上诉人之举证责任倒置。举证责任之倒置，不影响就司法上诉进行之调查中法官或裁判书制作人所行使之调查权。

（二）传唤对立利害关系人

司法上诉所针对之实体之答辩状经附入卷宗或有关期间完结，且将供调查之用之行政卷宗并附或上条所指勒令中订定之期间届满后，须传唤对立利害关系人，以便其在 20 日期间内答辩。司法上诉所针对之实体之答辩，不作答辩或不提出争执的规定，经作出必要配合后，适用于对立利害关系人之答辩。在命令或免除传唤制定有关规范者之批示中，法官或裁判书制作人须命令以公开该规范时所采用之方式及语言，在同一地点将关于要求宣告该规范违法之请求之公告予以公开，以便倘有之利害关系人能参与有关诉讼程序。起诉状提交后，法官命令传唤行政机关，以便其于10日期间内答辩。

（三）检阅监督

在移送行政卷宗后，或在有对立利害关系人之情况下，将其答辩状附入卷宗或有关期间完结后，须将卷宗送交检察院，以便其在8日内检阅，但由检察院提起之司法上诉除外。检察院在检阅时，仍得指出起诉状须予以补正，并一般得提出影响司法上诉继续进行之所有问题，以及就答辩状所提出之问题发表意见。法官或裁判书制作人获送交卷宗后，在指出司法上诉所针对行为之作出者之身份方面有错误，或未有指出对立利害关系人之身份时，只要未以该错误或欠缺为依据初端驳回司法上诉，而真正之作出行为者已提交答辩状或移送供调查之用之行政卷宗，又或其间对立利害关系人已声请参与司法上诉程序，则上述错误或欠缺视为已获补正。只要不损害当事人之诉讼权，亦不影响对案件作出公正裁判，法官或裁判书制作人得免除重新实行因弥补或改正起诉状之缺陷或不当之处而需进行之措施。命令并实行对解决所提出之妨碍审理司法上诉之问题属必需之措施后，法官须于10日期间内作出裁判。

（四）调查证据、提供信息和最后检阅

1. 调查证据。如法官或裁判书制作人认为需要调查证据，则命令通知司法上诉人、司法上诉所针对之实体及对立利害关系人，以便其在5日期间内行使变更有关采用证据之声请之权能，只要该变更系基于嗣后知悉重要之事实或文件而作出。声请变更证据或有关期间完结后，须调查证据。收集证据之期间为30日，可延长15日。法官或裁判书制作人，仅应针对其认为对案件之裁判属重要，且可透过所声请采用之证据方法予以证明之事实调查证据。对于证人数目之限制，适用就简易形式之民事普通宣告诉讼程序所定之制度。不得透过当事人陈述而取得证据。法官或裁判书制作人得依职权或应检察院之声请，命令采取其认为对案件作出公正裁判属必需之证明措施。

2. 非强制性陈述。调查证据完结后，须通知司法上诉人、司法上诉所针对之实体及对立利害关系人，以便其愿意时作出陈述。陈述期间为20日；司法上诉人之陈述期间自其获通知时起算；司法上诉所针对之实体之陈述期间自司法上诉人之期间届满时起算，而对立利害关系人之陈述期间自司法上诉所针对之实体之期间届满时起算，且对所有对立利害关系人属同时进行。在陈述中，司法上诉人得就其请求陈述嗣后知悉之有关其请求之新依据，或明确缩减有关其请求之依据。必须就陈述作出结论，陈述之结论应包括司法上诉人在起诉状中作出而拟维持之结论。司法上诉所针对之实体及对立利害关系人得于陈述中提出妨碍审理司法上诉之新问题。

3. 最后检阅。作出陈述或在有关期间完结后，须将卷宗送交检察院，以便其在15日内检阅，但由检察院提起之司法上诉除外。如未出现妨碍审理司法上诉之新问题的情况，或一旦完成有关步骤，裁判书制作人须命令将卷宗送交助审法官检阅。每一助审法官检阅卷宗之期间为15日。如认为案件简单，裁判书制作人得免除检阅或将检阅期间缩减至最短5日。助审法官在检阅时，得认为有需要采取某一措施，该措施系由裁判书制作人在收回卷宗时命令采取。如裁判书制作人认为无须采取上述措施，则在评议会下次会议中解决有关问题。

（五）审理问题之顺序

在判决或合议庭裁判中，法院须首先解决在陈述中提出、检察院在最后检阅时提出或由法官或裁判书制作人提出且妨碍审理司法上诉之问题，又或留待最后作出裁判之问题。如无任何妨碍对司法上诉进行审判之问题，则法院优先审理会引致司法上诉所针对之行为被宣告无效或法律上不存在之依据，其后审理会引致该行为被撤销之依据。须按下列顺序审查上述两组依据：①在第一组中，根据法院之谨慎心证，先审查理由成立时能更稳妥或更有效保护受侵害之权利或利益之依据；②在第二组中，如司法上诉人指明其所指出之依据间存有一补充关系，则按司法上诉人指定之顺序审查依据；如无该顺序，则按根据上项规则所定之顺序审查依据。如法院基于有可能重新作出司法上诉所针对之行为，而认为为更好保护司法上诉人之权利或利益，有需要审查其他依据，则一项依据理由成立并不影响按所订定之顺序审查其他依据。司法上诉人对司法上诉之依据所作之错误定性，并不妨碍可根据法院认为恰当之定性而判该司法上诉理由成立。

（六）延迟合议庭裁判书之制作

不能在对司法上诉进行审判之会议中制作合议庭裁判书时，须将表决中胜出之结果载于适当之文件载体或信息储存媒体内，并由表决中胜出及落败之法官注明日期及签名。已就合议庭裁判结果作出纪录之法官保管有关卷宗，以便制作有关合议庭裁判书，但不影响须立即将有关结果在法院公布；该合议庭裁判书须在评议会下次会议中宣读，并在会议中由出席该次会议且曾参与作出该合议庭裁判之法官注明日期及签名。如参与作出合议庭裁判之部分法官无出席评议会会议，则裁判书制作人须透过亲自签名之声明明确指出该等法官所作之投票。

（七）裁判书的制作

判决及合议庭裁判应载明司法上诉人、司法上诉所针对之实体及对立利害关系人，并清楚准确概述在起诉状、答辩状或陈述书中之有用依据及有用结论，以及详细列明已获证实之事实，最后作出经适当说明理由之终局裁判。撤销行政行为之判决及合议庭裁判，惠及拥有之权利或受法律保护之利益被所撤销之行为侵害之任何人，即使其未对该行为提起司法上诉亦然。裁定针对经公开之行为提起之司法上诉理由成立之已确定判决及合议庭裁判，须由法院命令以公开该行为之相同方式及语言，在同一地点予以公开。上述公开行为系透过在判决或合议庭裁判确定后 8 日期间内由办事处送交之摘录作出，摘录内须载明有关法院、司法上诉人、司法上诉所针对之实体、对立利害关系人、司法上诉所针对之行为、公开该行为之地点以及裁判之含义及日期。

（八）司法上诉程序之变更及消灭

在司法上诉待决期间，如就司法上诉所针对之行为作出具有追溯效力之废止性行为，且同时对有关情况作出新规范，则司法上诉人得声请司法上诉以该废止性行为为标的继续进行，并有权陈述新依据及提出不同之证据方法，只要：上述声请系在可对该废止性行为提起司法上诉之期间内，且在裁定司法上诉程序消灭之裁判确定前提出；并且法院有管辖权审理对该废止性行为提起之司法上诉。如司法上诉所针对之行为被具有追溯效力之另一行为变更或取代，亦适用上款之规定。即使裁定司法上诉程序消灭之裁判已确定，仍可按一般规定对废止性行为提起司法上诉。

如对司法上诉所针对之行为之废止无追溯效力，则司法上诉继续进行，以便取得裁判，撤销被废止之行为已产生之效力，只要该已产生之效力，仍继续影响司法上诉人之权利义务，并可在司法上诉理由成立时因回复原状会出现之状况而终止者。如废止之同时对有关情况作出新规范，则司法上诉人得声请司法上诉以该废止性行为为标的继续进行，并有权陈述新依据及提出不同之证据方法，而不论针对被废止行为所产生之效力之司法上诉是否继续进行。如司法上诉所针对之行为被无追溯效力之另一行为变更或取代，司法上诉人可以继续进行司法上诉。

在针对默示驳回之司法上诉待决期间，如作出未能满足或未能完全满足司法上诉人利益之明示行为，则司法上诉人得声请司法上诉以该明示行为为标的继续进行，并有权陈述新依据及提出不同之证据方法，只要：①上述声请系自该明示行为作出公布或通知时起 15 日期间内提出；如先前未有作出通知，则透过司法上诉知悉该明示行为时视为获通知；②法院有管辖权审理对该明示行为提起之司法上诉。如明示行为系在对默示驳回提起司法上诉之日以前作出，且在提起司法上诉之日以后始就该明示行为作出公布或通知，又或司法上诉人在该日之后始透过任何方式知悉该明示行为，则亦适用上款之规定。

四、上诉审程序

澳门行政诉讼法规定，对于法院在行政上之司法争讼程序中作出之裁判，包括在执行程序中作出之裁判，可通过上诉提出争议。根据上诉对象的不同，可以分为平常上诉、以合议庭裁判互相对立为依据提起的上诉和再审上诉。

（一）平常上诉

平常上诉即我们通常所说的上诉人对一审裁判不服而向二审法院提起上诉，从而启动二审程序。澳门行政诉讼法典第 149 条规定，平常上诉按民事诉讼程序中向中级法院提起平常上诉之规定受理及进行，特殊规定如下：

平常上诉的可受理性。并非所有裁判均可提起平常上诉，法典中规定对下列裁判不得提起平常上诉：(1) 在行政之诉中作出之裁判及就合并于主请求之请求作出之裁判，如果该案件利益值不超过法院之法定上诉利益限额；(2) 解决行政当局各机关与法院间之管辖权、法院间之管辖权及职责之冲突之裁判；(3) 终审法院及中级法院作为第二审级所作之合议庭裁判。

平常上诉的提起人。平常上诉由诉讼程序中败诉的当事人或参与人、因裁判而直接及实际遭受损失之人以及检察院提起。在司法上诉程序中，如作出裁定该司法上诉理由成立之终局裁判，但司法上诉人在某一依据方面败诉，而该依据一旦理由成立，将能更有效保护受司法上诉所针对之行为侵害之权利或利益者，该司法上诉人亦有正当性对该裁判提出争议。

上诉被驳回或留置的异议权。上诉人对行政法院所作裁判提起之上诉时，就法官作出决定不予受理或留置之批示，可以向有管辖权审理该上诉之法院之院长提出异议。上诉人对中级法院所作裁判提起之上诉时，就裁判书制作人作出决定不予受理或留置之批示，可以向评议会提出异议。

提交陈述书的期限。提交陈述书之期间为 30 日；对上诉人而言，该期间自就受理上诉之批示作出通知时起算，对所有被上诉人而言，则自给予上诉人之期间届满时起算；但就紧急程序方面之上诉所作之规定除外。

检察院的检阅。在存放倘应缴付之预付金及由裁判书制作人依据民事诉讼法之规定就先前问题作出裁判后，由检察院在 14 日期间内作出检阅，但就紧急程序方面之上诉所作之规定除外。如检察院以上诉人或被上诉人之身份参与该诉讼程序，则其不作出检阅。检察院在检阅时，得就上诉所作之裁判表明立场，并提出须依职权审理而未经作出确定裁判之先前问题。

上诉法院的审理权。(1) 如上诉法院裁定在被争议裁判中导致有关请求不获审理之依据属理由不成立，且无其他原因妨碍对案件之实体问题作出裁判，则将卷宗下送予被上诉之法院，以便其作出裁判。(2) 如被争议之裁判属无效，则被上诉之法院有权限按照就上诉所作之裁判重新作出裁判。以上两款之规定不适用于对紧急程序中作出之裁判提起之上诉，有关上诉法院应尽量审理案件之实体问题。

紧急程序上之上诉之步骤。对紧急程序中作出之裁判提起上诉应通过提交声请书进行，声请书中须包括有关之陈述或附具有关之陈述书。被上诉人和上诉人在自就受理上诉之批示作出通知时起算的同等期间内作出陈述。在上诉法院中，卷宗须送交检察院，以便其在 2 日内作检阅，以及送交助审法官，以便其在 7 日内作检阅，并须在评议会的下次会议中提交。

(二) 以合议庭裁判互相对立为依据提起之上诉

以合议庭裁判互相对立为依据提起之上诉按下面规定进行，且补充适用就平常上诉所作之规定。

适用范围。以合议庭裁判互相对立为依据可以对下列合议庭裁判提起上诉，但合议庭裁判所采取之解决方法符合具强制性之司法见解者除外：(1) 在法律规范未有实质变更之情况下，终审法院作为第一审级或第二审级作出之合议庭裁判，就同一法律基本问题所采取之解决方法，与该法院作出之另一合议庭裁判所采取之解决方法互相对立；(2) 在上项所指之情况下，中级法院作为第二审级作出之合议庭裁判，其所采取之解决方法与该法院或终审法院作出之另一合议庭裁判所采取之解决方法互相对立。(3) 在法律规范未有实质变更亦无具强制性之司法见解之情况下，中级法院或行政法院作为第一审级作出之裁判，就同一法律基本问题所采取之解决方法，与终审法院或中级法院作出之另一合议庭裁判所采取之解决方法互相对立，且基于第 150 条第一款 a 项及 b 项之规定对前者不得提起平常上诉时，亦得对其提起上款所指之上诉。

上诉人需提交声请书。在提起上诉之声请书中，上诉人须指明其认为的与被争议裁判互相对立的合议庭裁判，并附具证明该合议庭裁判之内容及该裁判已属确定的文件，此外亦须在所附具之上诉之陈述中说明存在所指之对立情况及案件之实体问题，并须按被上诉人之数目提交相应数目之复本。如声请书不符合上条之规定或未具备其他诉讼前提，则以批示初端驳回上诉。

法院需通知被上诉人于 10 日期间内提交陈述书。该期间对所有被上诉人属同时进行。附具被上诉人之陈述书或陈述期间完结后，须将不在终审法院之卷宗移交该法院。

检察院之检阅。依据关于司法体系组织之法律分发卷宗以进行扩大审判后，由检察院作出检阅，以便在 7 日内发表意见，尤其是就陈述中所提出之问题发表意见。

对互相对立情况之审定。裁判书制作人须于 10 日期间内，就所指称之裁判互相对立情况是否存在作出裁判；如审定不存在互相对立情况，则裁定上诉终结。对裁判书制作人裁定上诉终结之批示，得向扩大评议会提出异议。裁定存在互相对立情况之批示，对扩大评议会无约束力。

终局裁判。法定检阅完结后，须就案件之实体问题作出裁判。每一法官，包括终审法院院长，均可投一票，而裁判以多数票决定。统一司法见解之裁判须公布于《政府公报》，且自公布时起构成对澳门法院具强制性之司法见解。对于已提起上诉之案件，统一司法见解之裁判自作出时起产生效力，终审法院应按照该裁判所定之司法见解审判上诉之标的。

(三) 再审上诉

澳门行政诉讼法典规定再审上诉按民事诉讼程序中提起再审上诉之规定受理及进行，特殊规定如下：

提起再审上诉的期间。提起再审上诉应自再审请求所依据之裁判确定时，或自取得作为再审上诉依据之文件或知悉作为再审上诉依据之事实时起 90 日内进行。如再审请求是由检察院提出，则期间为 180 日。

再审上诉的提起人。就将行再审之裁判之已进行或将进行之执行所针对之人、在作出该裁判之程序中曾参与或具备正当性参与之人，以及检察院，均有正当性请求再审。

再审上诉声请书的形式及组成。所作成之声请书须具备对行政行为提起司法上诉之起诉状所规定之要件及复本，而亦须附同将行再审之裁判之有关内容之证明，以及说明请求属合理所需之其他文件。

再审上诉的步骤。声请须以有关诉讼程序卷宗之附文方式作成卷宗；须将声请书送交上诉所致予之法院时，须连同有关诉讼程序之卷宗一并送交。法院经听取检察院陈述，并分析上诉是否符合有关规定后，就上诉应否继续进行作出裁判。如上诉应继续进行，则须命令传唤在作出将行再审之裁判之诉讼程序中按有关情况已被传唤或应被传唤之实体及有利害关系之私人。其后，再审程序须按照就作出将行再审之裁判之诉讼程序所规定之步骤进行。

审判。就有关问题重新进行审判后，须作出维持或废止被争议之裁判的再审裁判。对再审裁判，可以提起对被争议之裁判可提起的上诉。

五、执行程序

澳门行政诉讼法典第 175 条规定了声请不予执行的几种正当原因：①绝对不能执行；②最终不能执行；③遵守裁判将严重损害公共利益，因而不能执行。提出声请不执行时应说明其依据，并将此事及其依据在就遵行裁判所规定之期间内通知利害关系人。

此外，执行命令支付一定金额之裁判时，不得提出声请不执行；遵行批准下列各类请求之裁判时，亦不得提出遵行裁判将严重损害公共利益：①要求勒令行政机关提供信息、允许查阅卷宗或发出证明之请求；②要求中止行政行为及规范之效力之请求；③要求为中止行为之效力而宣告不当执行之行为不产生效力之请求；④要求勒令行政机关、私人或被特许人作出或不作出特定行为之请求；⑤要求预行调查证据之请求；⑥要求下令采用非特定之预防或保存措施之请求。

澳门行政诉讼法典中，根据执行对象的不同，将执行划分为支付一定金额的执行、交付一定物或作出一事实的执行。

（一）支付一定金额的执行

执行支付一定金额之裁判时，不得提出声请不执行。但也有例外情况。如执行之内容为支付一定金额，则仅当负责之机关在裁判规定之期间内，提出缺乏款项或不符合预算中指定款项且说明其理由时，方得不命令执行。如行政机关所承担之债务仍未确定、不可要求履行或未确切定出，则民事诉讼法关于执行之初步阶段之规定，经作出必要配合后适用之。

（二）交付一定物或作出一事实的执行

声请。如执行之内容为交付一定物或作出一事实，而行政机关在法定期间内未能完全遵行有关裁判，利害关系人得请求有管辖权之法院执行该裁判。声请应于自发遵行裁判之期间结束时起或就提出不执行之正当原因一事作出通知时起 365 日期间内提出；如在该裁判中未定出应予执行之行为及活动，则应在声请书中详细列明利害关系人认为应予执行之行为及活动。如行政机关提出不执行之正当原因，则利害关系人亦应在声请书中指出不赞同行政机关提出之正当原因之理由，并应附具就行政机关提出不执行之正当原因一事作出之通知之副本。如利害关系人赞同行政机关所提出之不执行之正当原因，得于相同期间内请求定出损害赔偿金额，在此情况下，须按第185条所规定的损害赔偿金额的数额处理。

答复。提交声请书及缴纳应付之预付金后，须命令通知行政机关在10日内遵行有关裁判或就利害关系人之请求作出其认为适宜之答复；声请须以作出该裁判之诉讼程序之卷宗附文方式作成卷宗。行政机关在其答复中，得首次提出不执行之正当原因；如其欲维持先前已提出之不执行之正当原因，则应在其答复中再次提出。

反驳。如行政机关在答复中首次提出不执行之正当原因，则法院须通知利害关系人在8日期间内提出反驳。如利害关系人赞同所提出之不执行之正当原因，则得于相同期间内请求定出损害赔偿金额，在此情况下，须立即按第185条所规定之步骤处理。

检阅。有关答复及反驳书附入卷宗或有关期间完结后，法院命令作出必需之调查措施。卷宗组成后，须送交检察院，以便在8日内作检阅。

裁判。裁判须于8日期间内作出。如行政机关提出遵行须予执行之裁判将严重损害公共利益，则法院在认定执行之可能性后，须在裁判中裁定会否出现该情况。在法院宣告不存在不执行之正当原因，或行政机关未提出该原因之情况下，如有关裁判中未定出应予执行之行为及活动以及有关期间，则法院须将之详细列明，并宣告已作出而与先前裁判不符之行为无效。

第二十六章　台湾地区行政诉讼

第一节　台湾地区行政诉讼的立法宗旨

一、台湾地区行政诉讼的立法

我国台湾地区"行政诉讼法"为1932年11月17日中华民国政府颁布、1933年6月23日南京国民党政府行政法院成立的同时施行的，沿袭使用至今已经有七十六年的历史，且历经多次修订，最近的一次修正是在2007年7月4日。台湾地区行政审判的历史较长，台湾地区现行行政诉讼的立法在修订中以长期的行政审判实践为依托，并且吸取了相对比较成熟的民事诉讼的相关规定（准用民事诉讼的相关条文是台湾地区行政诉讼立法的一大特色），这些都使台湾地区"行政诉讼法"的内容趋于完善，操作性也较强。

台湾地区以不同审级的、不同性质的审判程序为单位架构其行政诉讼体系。现行台湾地区"行政诉讼法"共308条，分为总则、"高等行政法院"第一审程序、上诉审程序、抗告程序、再审程序、重新审理、保全程序、强制执行程序、附则等九编，并将受案范围、管辖、当事人，以及共同的诉讼程序如送达、当事人书状、期间、诉讼卷宗、诉讼费用等均归之于总则内容。这样简洁明了，便于操作。

除了"行政诉讼法"以外，构成台湾地区行政诉讼立法体系的还包括"行政诉讼施行法"、"行政诉讼须知"、"行政法院组织法"、"行政法院处务规程"、"行政法院办案期限规则"、"行政法院旁听规则"等。这些法规相辅相成，共同构成了台湾地区行政诉讼的立法体系，使行政诉讼的各项规定更加明确化和具有可操作性。

二、台湾地区行政诉讼的宗旨

台湾地区"行政诉讼法"第1条明确规定了"行政诉讼以保障人民权益……增进司法功能为宗旨"。相比于祖国大陆地区行政诉讼法"保证人民法院正确、及时审理行政案件，保护公民、法人和其他组织的合法权益，维护和监督行政机关行使职权"的立法目的，台湾地区行政诉讼法少了一些控权的色彩，更侧重于行政诉讼法作用的均衡发展，既保障行政权的有效运行，同时也注重维护人民的合法权益，并且多了"增进司法功能"的宗旨，将其列入总则中体现台湾地区行政诉讼立法注重司法可操作性的特点。

第二节　台湾地区行政诉讼的原则与制度

祖国大陆与台湾地区的行政诉讼在立法体系上第一部分都是"总则"，大陆行政诉讼法在第一章"总则"部分主要是对行政诉讼的目的、任务以及原则和制度进行了规定。与大陆行政诉讼法的立法体系不同，台湾地区"行政诉讼法"的"总则"部分开篇即对行政诉讼事件、"行政法院"以及当事人的有关问题进行规范，而整部"行政诉讼法"308条的内容没有专门的对行政诉讼的原则与制度的规定。然而却并不能因此而认为台湾地区的规定中没有原则与制度，它的原则与制度是体现在各章节对具体程序的规定中的。

一、台湾地区行政诉讼的原则

（一）公益优先原则

台湾地区法律制度具有典型的大陆法系的特征，在台湾地区"行政诉讼法"中处处体现以保障公共利益为第一要旨。例如其在：第 9 条、第 35 条有关起诉资格的特殊规定，第 114 条对原告撤诉权的公益限制，第 116 条原告申请停止执行时需考虑公益是否受到伤害，第 133 条“行政法院”为保障公益依职权调查证据，第 183 条停止诉讼涉及公益时的处理，第 219 条当事人对诉讼标的处分权的公益限制，第 282 条再审之诉之判决是否应对第三人因信赖确定终局判决以善意取得之权利予以保护的判断依据等。可见，在行政诉讼中不管是当事人的诉讼行使还是法院行使审判权均以不侵害公益为原则。甚至在第 198 条规定：“行政法院受理撤销诉讼，发现原处分或决定虽属违法，但其撤销与变更于公益有重大损害，经斟酌原告之受损害，赔偿程度，防止方法及其他一切事实，认原处分或决定之撤销或变更于公益相违背时，得驳回原告之诉。”充分体现其公益优先原则。

（二）保障当事人诉权原则

台湾地区“行政诉讼法”有较多保障当事人诉权的规范。如第 96 条规定：“当事人得向行政法院书记官请求阅览、抄录、影印，或摄影卷内文书，或预纳费用，请求付与缮本、影本或节本。”此外台湾地区行政诉讼不征收裁判费，并且对当事人无资力支付诉讼必要费用者，“行政法院”应依申请，以裁定准予诉讼救助（第 98 条与第 101 条），第 125 条还要求审判长使当事人能进行事实上及法律上适当完全的辩论。

台湾地区“行政诉讼法”赋予当事人的诉权不仅平等，而且近似于对等。例如在某些情况下原告有起诉权，被告有反诉权。原告撤诉权的行使在某些情况下也应征询被告的意见，甚至在某些情况下当事人得以合意停止诉讼等等。如根据第 113 条的规定，原告在判决确定前撤回诉之全部或一部时，被告若已进行本案言词辩论的，应征得被告同意。这体现注重将部分决定权交予被告，充分尊重被告方当事人诉权，仅由“行政法院”就是否违反公益作出裁量。

（三）一事不再理原则

一事不再理是承继于台湾地区“民事诉讼法”的一项原则。尽管在“行政诉讼法”中并没有明确载明，却在其诉讼程序中处处体现出来，如规定当事人在诉讼中不能就已经起诉的事件，另行起诉；当事人在本案终局判决以后撤回诉讼的，即不得在重复提起同一诉讼；诉讼标的经过确定的终局判决裁判，除法律另有规定外，当事人不得就该法律关系另行起诉等。

（四）诉愿程序前置原则

诉愿程序是对行政行为不服而采取的行政救济程序，相当于祖国大陆的行政复议制度。台湾地区行政诉讼一般分为撤销诉讼、给付诉讼与确认诉讼。对于撤销诉讼，规定一律需要先经过诉愿程序；确认之诉中虽未明确指明需诉愿前置，但实际上也有诉愿前置的要求；给付之诉在实务上往往与确认之诉或撤销之诉密切相关。因而实际上台湾地区行政诉讼是以诉愿前置主义为其基本原则，这与受大陆法系行政救济制度传统影响较深有关。

（五）当事人恒定原则

根据台湾地区行政诉讼的规定，在诉讼中作为诉讼标的的法律关系，虽转移于第三人，但对诉讼不产生影响。第三人经双方当事人同意，可以代替当事人承当诉讼。如果仅对方当事人不同意，则转移标的的当事人或者第三人可以申请“行政法院”以裁定允许第三人承当诉讼。但如果是诉愿程序作出决定后，一方将诉讼标的转移与第三人的，则可由受转移人提起撤销诉讼。

（六）言词辩论原则

言词辩论是构成台湾地区行政诉讼第一审程序的核心，判决必须经言词辩论才能作出。言词辩论的内容包括当事人的陈述，声明证据，分别辩论等等，相当于祖国大陆行政诉讼程序庭审中的法庭调查与法庭辩论。依第一审通常程序审理案件必须进行言词辩论，并且法院在言词辩论终结后，宣示裁判前，法官如认为有必要还可命令再次言词辩论。

但言词辩论仅仅是第一审通常程序的原则，简易程序可以不经言词辩论而作出判决；上诉审程序则适用判决不经言词辩论的原则，除非出现法定的可以依职权或者依申请言词辩论的例外情况；由于再审时是依照原生效判决作出的程序确定审理的程序，所以再审中是否进行言词辩论要视原判决作出的程序而定。

（七）诉讼不停止执行原则

一般情况下，被诉行政处分或者决定的执行不因诉讼而停止，除非法律另有规定。根据台湾地区行政诉讼的相关规定，诉讼不停止执行原则的例外包括：（1）诉讼中“行政法院”认为原处分或者决定的执行，将发生难以回复的损害，并且有急迫情事的，可以依职权或者当事人的申请裁定停止执行（但如停止执行将对公益产生重大影响或者原告的请求显无理由的，则不得裁定停止）；（2）在诉讼前，如果原处分或者决定的执行，将发生难以回复的损害，并且有急迫情事的，可以依受处分人或者诉愿人的申请，裁定停止执行（但如停止执行将对公益产生重大影响的，则不得裁定停止）。一旦停止执行的原因消灭，或者发生其他情事变更的情形，“行政法院”即可以依职权或者依申请撤销停止执行的裁定。

（八）准用民事诉讼相关条文原则

台湾地区的“民事诉讼法”非常成熟和完善，广泛引用“民事诉讼法”的相关条文已成为台湾地区“行政诉讼法”的一大特色。台湾地区“行政诉讼法”对行政诉讼中每一具体程序可以准用哪些“民事诉讼法”条文均一一明确列出，便于操作，从而使这些条文成为“行政诉讼法”的有机组成部分。

二、台湾地区行政诉讼的制度

（一）两级两审制度

台湾地区行政诉讼为二元制，即分离主义，行政诉讼案件由“高等行政法院”与“最高行政法院”管辖，“行政法院”独立于其他普通法院并且与普通法院均隶属于“司法院”。在审级制度上，台湾地区的行政诉讼以前实行的是一级一审制。因为在国民党政权统治大陆时期，行政案件数量很少（从 1933 年至 1947 年 15 年间，年均受理案件不足 48 件，最少的年份仅有 2 件，最多也仅为 82 件）。一级一审体制在近二三十年逐渐暴露出其不足，于是在立法的修改过程中，一级一审制被改为现在的两级两审制。即由“高等行政法院”审理所有的第一审行政案件，当事人对“高等行政法院”作出的裁判可以提出上诉或者抗告；而“最高行政法院”通过上诉审程序所作出的判决或者裁定则为终局判决裁定，不得再提起上诉或者抗告。审级制度上的改革既适应了时代发展的需求，也确保了进一步给予当事人以充分救济。

（二）再审制度

台湾地区行政诉讼规定了再审程序，作为对生效判决可能出现的错误的一种补救程序，与大陆行政诉讼中再审程序设置的功能与目的类似。只是为了有效维护生效判决的既判力，台湾地区行政诉讼的再审程序是被严格限制的，包括提起再审的事由以及再审提起的期间等等。关于台湾地区行政诉讼中的再审程序的相关内容，我们将在第七节里作详细介绍。

（三）回避制度

台湾地区行政诉讼中的回避包括自行回避和当事人申请回避，回避人员的范围包括法官、书记官及通译。

台湾地区行政诉讼关于法官应当自行回避的具体事由大量准用了民事诉讼中的相关规定。具体而言，法官应当自行回避，不得执行职务的法定事由包括：（1）是本诉讼事件当事人或其配偶、前配偶或未婚配偶是本诉讼事件当事人的；（2）与本诉讼事件当事人有八亲等内之血亲或五亲等内之姻亲，或曾有此亲属关系的；（3）本人或其配偶、前配偶或未婚配偶，就该诉讼事件与当事人有共同权利人、共同义务人或偿还义务人的关系的；（4）现为或曾为该诉讼事件当事人的法定代理人或家长、家属的；（5）在本诉讼事件中，担任或曾任当事人之诉讼代理人或辅佐人的；（6）曾担任本诉讼事件证人或鉴定人的；（7）曾参与该诉讼事件之行政处分或诉愿决定的；（8）曾参与该诉讼事件相牵涉之民刑事裁判的；（9）曾参与该诉讼事件相牵涉之公务员惩戒事件议决的；（10）曾参与该诉讼事件之前审裁判或更审前之原裁判的；（11）曾参与该诉讼事件再审前之裁判的，但其回避以一次为限。

对于法官、书记官及通译有以上应当回避的情形而没有回避的，当事人还可以申请其回避；或者并没有上述事由，但有其他情形足以使当事人认为其执行职务将有失偏颇的，当事人也可以申请其回避。申请回避的时间一般应当在当事人向“行政法院”作出声明或者陈述以前，除非回避的事由是在后发生或者后来才知道的。当事人的回避申请是否准许，由法院裁定；被申请回避的法官、书记官和通译，在申请回避事件终结前，应当停止诉讼程序；当事人对于驳回申请的裁定，可以提出抗告。

（四）诉讼救助制度

诉讼救助制度是台湾地区行政诉讼注重保障当事人诉权原则的一个直接体现。台湾地区行政诉讼不征收裁判费，但要征收其他进行诉讼所必要的费用，诉讼费用一般由当事人预缴。为了充分保障当事人参加诉讼，在当事人确有经济困难，无资力支出诉讼费用的情况下，规定当事人可以向受诉“行政法院”申请诉讼救助。当事人应当在诉讼救助申请中阐明无资力支出诉讼费用的事由，并可以由受诉法院辖区内有资力的人出具保证书，但保证书中应当写明在申请人应当负担诉讼费用时，由保证人代缴暂免的费用。法院则应当依当事人的申请，裁定准予诉讼救助；但如明显没有胜诉希望的则一般不准许。一旦经法院准予诉讼救助的，对当事人即产生暂行免付进行诉讼的必要费用的效力。

（五）证据制度

与大陆行政诉讼法在具体程序前设专章规定证据制度的体系不同，台湾地区“行政诉讼法”将对诉讼证据制度的规定作为第一审程序中的一节，并且大量准用民事证据制度的成熟规定。台湾地区行政诉讼中法定的证据类型包括人证、书证、鉴定、勘验以及当事人陈述等，在其证据制度中，法院调查证据的职权比较突出，同时其证人作证制度也非常完善。

1. 举证责任分配制度

关于举证责任分配的原则，基本上是照搬民事诉讼的规定，即当事人对于其所主张的对自己有利的事实，有举证的责任。同时又规定，对于所提出的法院所不知道的习惯或者外国的现行法律，当事人也负有举证的责任。

上述原则性规定也有一些例外，台湾地区“行政诉讼法”引入了民事诉讼关于举证责任的例外的若干规定，即对于一些事实，当事人无需举证，如：显著的事实或者法院在职务上已知的事实；法律上推定的无反证的事实；法院依已经明了的事实推定的应证事实等。

2. 法院调查证据制度

台湾由于受大陆法系影响较深，法院依职权调查证据比较突出，其“行政诉讼法”在这个问题上作了明确的规定。根据其规定，法院应当依职权调查证据的情形主要集中在撤销诉讼，或者是其他类型的诉讼在维护公益的情况下，这也是公益优先原则的一个突出体现。在上两类诉讼事件中，即使当事人主张的事实已经经对方当事人自认，法院仍应依职权调查证据。此外，对于当事人承担举证责任的习惯或者外国的现行法律，法院也可以依职权调查。

“行政法院”调查证据的方式包括嘱托调查和受命法官调查。“行政法院”可以嘱托普通法院或者其他机关、学校、团体调查证据；也可以在其认为适当的时候，使其庭员作为受命法官调查证据或者嘱托其他“行政法院”指定法官调查证据。受诉“行政法院”在言词辩论前调查证据，或者由受命法官、受托法官调查证据的，应当由书记官制作调查证据的笔录。对于调查证据的结果，“行政法院”还应当告知当事人进行辩论。

3. 证人作证制度

证人有作证的义务，除法律另有规定外，任何人对他人的行政诉讼都有作为证人的义务。证人经合法通知，都应当到场作证，无正当理由而不到场的，将被处以一定数额的罚款并且还可以被拘提。对于公务员、民意代表或者曾经担任公务员、民意代表的人作证人，就其职务上应当保守的秘密事项受讯问的，“行政诉讼法”规定应当征得该监督长官或者民意机关的同意。一般情况下，除了可能妨害高度机密以外，不得拒绝。

在法定情形下，证人享有拒绝提供证言的权利。根据规定，除了上述公务员、民意代表就其职务上应当保守的可能妨害高度机密的事项可以由其监督长官或者民意机关拒绝证言以外，证人遇有以下事由可以拒绝证言：（1）证人恐因陈述致自己或其配偶、前配偶或四亲等内之血亲、三亲等内之姻亲或曾有此亲属关系或与证人订有婚约的人，或者证人的监护人或受监护人受到刑事追诉或蒙耻辱的，可以拒绝证言；（2）证人为医师、药师、药商、助产士、宗教师、律师、会计师或其他从事相类业务的人或曾任此等职务之人，就其因业务所知悉有关他人秘密的事项受讯问的；（3）关于技术上或职业上的秘密受讯问的。当然，如果证人的保密责任已经免除的，就不再适用拒绝证言的规定。对于有证人可以拒绝证言的情况的，审判长应当在讯问证人之前告知。证人行使拒绝证言的权利必须陈明原因，不陈明原因而拒绝证言，或者法院已经裁定拒绝为不当的情况下仍然拒绝证言的，法院可以裁定对其处以一定数额的罚款，以促使其履行作证义务。

审判长在讯问前，应命证人分别具结，并向其告知具结的义务和对作伪证的处罚。但对于不满十六岁的证人或者因精神障碍不理解具结意义及效果的，则不得命其具结。此外，可以不令其具结的证人还包括：（1）证人是当事人的配偶、前配偶或四亲等内之血亲、三亲等内之姻亲或曾有此亲属关系或与当事人订有婚约的；（2）因上述第（1）种情形而没有拒绝证言的；（3）证人是当事人的受雇人或同居人。

证人有获得日费和旅费的权利。证人的日费和旅费由法院支付。证人可以在接受讯问完毕以后向法院请求支付日费和旅费，对于证人需要的旅费，法院也可以依其请求预先支付。但被拘提的证人或者无正当理由拒绝具结或拒绝证言的证人，不能获得法院发给的日费和旅费。

4. 证据保全制度

证据保全制度也基本准用了民事诉讼中的相关规定，与祖国大陆行政诉讼法规定的证据保全具有一致性。在证据保全的要件上，准用了民事诉讼的规定，即证据有灭失或者碍难使用的可能，或者经对方当事人同意，当事人可以向法院申请证据保全，包括诉前申请和诉讼中的申请。同时，法院认为在必要的时候，也可以在诉讼中作出依职权保全证据的裁定。证据保全制度在很大程度上方便了当事人的后续诉讼，确保当事人能够最大限度地维护自己的权益。

（六）和解制度

台湾地区行政诉讼中的和解制度，相当于祖国大陆行政诉讼中的法院调解制度。只要当事人对诉讼标的的处分权不违反公益，不管诉讼进行到什么阶段，法院都可以随时试行和解。第三人经法院许可，也可以参加和解；法院认为必要时，也可以通知第三人参加。

和解成立的，应当制作和解笔录。和解一旦成立，即产生生效判决的效力。如果出现有和解无效或者可以撤销的原因的，当事人可以请求法院继续审判，类似于祖国大陆行政诉讼中对生效调解书申请再审的情形。但当事人请求法院继续审判必须在30日的不变期间提出，并且在和解成立经过三年以后，就不能再请求。法院对于当事人继续审判的请求，如果认为不合法的，则直接裁定驳回；如果认为明显无理由的，则不经言词辩论程序，直接判决驳回。如果继续审判变更了和解内容，则产生于再审之诉判决相同的效力，即不影响第三人因信赖和解内容而基于善意取得的权利，除非对于公益有重大妨害。

第三节　台湾地区行政诉讼的类型

我国台湾地区最初的行政诉讼种类只有撤销诉讼一种，在提起撤销诉讼时允许当事人附带请求损害赔偿。1998年10月28日全面修订的“行政诉讼法”正式公布，于2000年7月1日起施行，2007年7月4日台湾地区“立法院”又对部分条文进行修订，于2007年8月15日施行。现行“行政诉讼法”第3条规定：“前条所称之行政诉讼，指撤销诉讼、确认诉讼及给付诉讼。”但结合具体条文，第9条规定了公众诉讼、第10条规定了选举诉讼，在第11条又加以说明：“前二条诉讼依其性质，准用撤销、确认或给付诉讼有关之规定。”因此依相关规定，台湾地区行政诉讼类型包括撤销诉讼、确认诉讼、给付诉讼，以及公众诉讼和选举诉讼两种特殊类型。①

一、撤销诉讼

（一）撤销诉讼的概念及法律依据

行政诉讼上的撤销诉讼，是形成之诉的一种，指的是原告认为行政机关的行政处分损害了其合法权益，向法院请求撤销该行政处分，以恢复被侵害的合法权益的诉讼。

其“行政诉讼法”第4条对撤销诉讼作了规定：人民因行政机关之违法行政处分，认为损害其权利或法律上之利益，经依诉愿法提起诉愿而不服其决定，不为决定者或提起诉愿逾3个月不为决定，或延长诉愿决定期间逾2个月，得向“高等行政法院”提起撤销诉讼。

逾越权限或滥用权力之行政处分，以违法论。

诉愿人以外之利害关系人，认为第一项诉愿决定，损害其权利或法律上之利益者，得向“高等行政法院”提起撤销诉讼。

（二）撤销诉讼的要件

从其法律规定可以看出，撤销诉讼的要件有：

① 对于台湾的行政诉讼类型学者间有不同认识，如有学者认为应分为撤销诉讼、课予义务诉讼、确认诉讼、合并损害赔偿或其他财产上给付诉讼、一般给付诉讼、维护公益诉讼及选举罢免诉讼等七种诉讼类型，如吴华编著的《行政诉讼类型研究》；与本书分类相似的是台湾学者蔡志方，详见其著作《行政救济法论》第121页至125页。

1. 撤销诉讼须针对行政处分提起，且被诉行政处分应已存在。

这是关于诉讼标的的规定。何谓行政处分呢？台湾地区“司法院大法官议决释字第423号解释”指出：“行政机关行使公权力，就特定具体之公法事件所为时对外发生法律上效果之单方行政行为……”。台湾地区“诉愿法”第3条也作了规定：本法所称行政处分，系指行政机关就公法上具体事件所为之决定或其他公权力措施而对外直接发生法律效果之单方行政行为。前项决定或措施之相对人虽非特定，而依一般性特征可得确定其范围者，亦为行政处分。有关公物之设定、变更、废止或一般使用者，亦同。

撤销诉讼的目的就在于通过诉讼撤销行政处分，使被该处分侵害的权利得到救济。故对于不属于行政处分的行为不得提起撤销之诉。作为撤销诉讼原因事实的行政处分，在原告提起的撤销之诉时必须存在，否则根本无撤销之可能与必要。

2. 被诉行政处分违法且原告主张该违法处分损害其权利或法律上的利益。

这一要件，有两层含义：其一，判定被诉行政处分违法标准的客观性。“行政诉讼法”第4条第二项规定：“逾越权限或滥用权力之行政处分，以违法论”。第201条规定：“行政机关依裁量权所为之行政处分，以其作为或不作为逾越权限或滥用权力者为限，行政法院得予撤销。”据此，可以看出这里所讲的违法是客观上的违法，应当依法来认定。

第二层含义在于：被诉行政处分对原告权利侵害的主观性。法条的表述为“人民……认为损害其权利或法律上之利益……”，从这里可以看出客观上是否存在这种侵害不是提起撤销诉讼的要件，只要原告在主观上认为就可以了。

3. 撤销诉讼须经诉愿程序未获救济，或提起诉愿逾3个月不为决定，或延长诉愿决定期间逾2个月方可提起。提起撤销诉讼应先经诉愿前置程序，亦即，非经诉愿或再诉愿之程序不得提起撤销诉讼。

4. 撤销诉讼须于法定期间内提起。第4条中并未提及，但在第106条第一项作了规定：“撤销诉讼之提起，应于诉愿决定书送达后2个月之不变期间内为之……”此外为了维护法律秩序之安定，避免滥诉，第106条第二项又规定“撤销诉讼，自诉愿决定书送达后，已逾三年者，不得提起。”

值得一提的是，得以提起撤销诉讼的不仅包括权益直接受到行政处分侵害的相对人，而且还包括认为诉愿决定损害其权益的诉愿人以外的利害关系人。但其提起撤销诉讼的期间又有不同。第106条第一项的但书规定“但诉愿人以外之利害关系人知悉在后者，自知悉时起算。”

二、确认诉讼

（一）确认诉讼的概念及法律依据

确认诉讼是“行政诉讼法”全面修订时新增加的诉讼类型，是指为了确认具有争议的行政处分是否无效、行政法律关系是否存在的诉讼，是对现有的请求权提供特殊权利保护的一种诉讼类型。

第6条规定：确认行政处分无效及确认公法上法律关系成立或不成立之诉讼，非原告有即受确认判决之法律上利益者，不得提起之。其确认已执行完毕或因其他事由而消灭之行政处分为违法之诉讼，亦同。

确认行政处分无效之诉讼，须已向原处分机关请求确认其无效未被允许，或经请求后于30日内不为确答者，始得提起之。

确认公法上法律关系成立或不成立之诉讼，于原告得提起撤销诉讼者，不得提起之。

确认诉讼以“高等行政法院”为第一审管辖法院。

应提起撤销诉讼，误为提起确认行政处分无效之诉讼，其未经诉愿程序者，“高等行政法院”应以裁定将该事件移送于诉愿管辖机关，并以“行政法院”收受诉状之时，视为提起诉愿。

（二）确认诉讼的分类及要件

从法条规定的内容来看，确认诉讼又可以分为三种：

1. 无效确认之诉

无效确认之诉，是指被给予处分的相对人，经由诉讼程序，请求法院以判决确认已存在处分无效的权利保护形式。其要件如下：

（1）以无效行政处分为诉讼标的。根据第111条的规定：“行政处分有下列各款情形之一者，无效：一、不能由书面处分中得知处分机关者。二、应以证书方式作成而未给予证书者。三、内容对任何人均属不能实现者。四、所要求或许可之行为构成犯罪者。五、内容违背公共秩序、善良风俗者。六、未经授权而违背法规有关专属管辖之规定或缺乏事务权限者。七、其他具有重大明显之瑕疵者。”

（2）须已向原处分机关请求宣告该行政行为无效未被允许或在请求后30日内不为确答的，但无须经过诉愿的前置程序。如果行政处分的违法性重大不应因其逾越法定起诉期间或未经诉愿、再诉愿而丧失救济机会，故不采用诉愿前置程序；但仍赋予原处分机关自行审查而确认其行政处分无效的机会，这主要是考虑到，行政处分无效是自始无效，须限于一定期间内依一定手续方可加以否定，避免损及公益或利害关系人之权益。

（3）须有即受判决之法律上利益。根据第6条第一项，提起确认诉讼，原告须具有即受确认判决的法律上利益，又称正当利益，不仅包括法律上的利益，更及于事实上、经济上、精神上的利益。当法律关系产生争议或原告主张其权利因行政处分受到损害，若无法院的确认判决，原告的权利将处于危险状态之下，就认为有受确认的正当利益。

2. 追加确认之诉

追加确认之诉，是指原告请求法院确认已执行完毕或已消灭的行政处分违法的诉讼，其要件为：

（1）请求法院确认的对象已终结的行政处分违法。在行政处分终结的情形下，如行政处分已经执行完毕或因其他事由消灭，但仍有可供保护之法律上利益者，原告仍可针对该行政处分请求法院确认其违法。

值得注意的是，对于提起撤销诉讼后，行政处分已经执行完毕或因其他事由消灭的，当事人具有是否进行诉之变更的选择权，原告可以根据第111条第三项第三款“因情事变更而以他项声明代最初之声明”，而变更为追加确认之诉。

（2）须有即受判决之法律上利益，这是三类确认之诉的共同要件，此时不再赘述。

3. 一般确认之诉

确认公法上法律关系成立与不成立时，则提起一般确认之诉。只有当通过撤销诉讼仍得不到救济时，方能提起确认诉讼，所以确认诉讼具有补充性、从属性。其要件为：（1）请求对象须为公法上法律关系成立与否；（2）须有即受判决之法律上利益；（3）须无法通过撤销诉讼获得救济，即一般确认之诉的前提是须不得提起撤销之诉。

三、给付诉讼

行政诉讼中的给付之诉，有两种，一种称为特种给付之诉，也叫课予义务之诉，是以请求“行政法院”命行政机关为一定行政处分为目的。另一种称作一般给付之诉，是请求法院命被告机关为行政处分以外给付行为的诉讼。

（一）课予义务之诉

课予义务之诉主要包括：针对怠为处分所提起之诉讼，即不作为诉讼，以及针对拒为处分所提起之诉讼，即拒绝作为诉讼。

1. 怠为处分之诉

根据台湾地区“行政诉讼法”第5条第一项规定，怠为处分之诉，是指人民因行政机关对其依法申请之案件，于法令所定期间内应作为而不作为，认为其权利或法律上利益受损害者，经依诉愿程序后，得向“高等行政法院”提起请求该机关应为行政处分或应为特定内容之行政处分之诉讼。据此规定，怠为处分之诉的要件有：(1)原告须请求法院判令行政机关为行政处分或特定内容的行政处分；(2)原告须已经向行政机关提出申请，而行政机关于法定期间内应为而不为行政行为；(3)原告须主张行政机关怠为行政处分使其权利或法律上利益受到损害；(4)须经诉愿前置程序未获救济；(5)须于法定期间内提起诉讼。

2. 拒为处分之诉

根据第5条第二项规定，拒为处分之诉，是指人民因行政机关对其依法申请之案件，予以驳回，认为其权利或法律上利益受违法损害者，经依诉愿程序后，得向“高等行政法院”提起请求该机关应为行政处分或应为特定内容之行政处分之诉讼。

拒为处分之诉的要件有：(1)原告须请求法院判令行政机关为行政处分或特定内容的行政处分；(2)原告须已经向行政机关提出申请，而行政机关对其依法申请之案件，予以驳回；(3)原告须主张行政机关驳回其申请的处分使其权利或法律上利益受到损害；(4)须经诉愿前置程序未获救济。

（二）一般给付之诉

（一）一般给付之诉的概念及法律依据

一般给付之诉，是指人民请求法院判令行政机关应为行政处分之外的财产给付，如行政赔偿、行政补偿等，以及非行政处分的公权行为，如公开道歉、提供讯息、授予荣誉等。

一般给付之诉，具体规定在第8条：

人民与行政机关间，因公法上原因发生财产上之给付或请求作成行政处分以外之其他非财产上之给付，得提起给付诉讼。因公法上契约发生之给付，亦同。

前项给付诉讼之裁判，以行政处分应否撤销为据者，应于依第4条第一项或第三项提起撤销诉讼时，并为请求。原告未为请求者，审判长应告以得为清求。

除另有规定外，给付诉讼以“高等行政法院”为第一审管辖法院。

第7条规定：“提起行政诉讼，得于同一程序中，合并请求损害赔偿或其他财产上给付。”这条规定所指的情形类似于大陆规定的诉之合并，在当事人本应提起确认诉讼，却提起撤销诉讼时，如不为诉之变更，则可依此条将其给付请求合并至撤销诉讼中，因此本条规定不适合于单独列为一种诉讼类型。

（二）一般给付之诉的要件

一般给付之诉的要件为：

1. 因公法上的原因而发生的给付；

2. 须以请求财产上的给付或作成行政处分以外的其他非财产上的给付为诉讼对象；

3. 须原告主张给付请求权已届履行期或虽未届期但有以给付判决予以保障的必要。

四、综合类型诉讼（原名为“其他种类诉讼”）

（一）公众诉讼

公众诉讼或称作民众诉讼、维护公益诉讼、行政公益诉讼，指的是公民对于损害公共利益的违法行政行为均可以提起行政诉讼，而无需其自身权益受害，也不要求与此有利害关系。这一类型的诉讼具有原告的广泛性和范围的法定性。第 9 条确定了这类诉讼：“人民为维护公益，就无关自己权利及法律上利益之事项，对于行政机关之违法行为，得提起行政诉讼，但以法律有特别规定者为限。”

（二）选举诉讼

第 10 条规定：“选举罢免事件之争议：除法律另有规定外，得依本法提起行政诉讼。”在学理上，通常将选举诉讼分为当选诉讼与狭义选举诉讼。当选诉讼是针对某当选人请求法院确认其当选无效之诉。狭义选举诉讼是指原告认为选举本身可能违反法律，请求法院确认该次选举活动整个无效的诉讼形式。

第四节　台湾地区行政诉讼的受案范围

在受案范围的确定方式上，台湾地区“行政诉讼法”以概括的方式规定了行政诉讼审判权的范围，也就是法院受理行政诉讼案件的范围。

台湾地区“行政诉讼法”第 2 条明确规定：“公法上之争议，除法律另有规定外，得依本法提起行政诉讼。”也就是说，台湾地区行政诉讼事件包括所有公法上的争议。一些台湾地区学者将公法定义为规范公权力的法，由此引起的争议，其范围是很宽的。祖国大陆行政诉讼法将法院受理行政诉讼案件的范围局限在行政权行使引起的争议，并且以列举的方式规定了可诉行政纠纷的范围，相比而言，台湾地区行政诉讼的受案范围显然要广得多。

除了对公法上的争议作出概括性规定以外，台湾地区还同时对于两种特殊的诉讼作了规定，即“行政诉讼法”第 9 条关于维护公益诉讼和第 10 条选举罢免诉讼。基于维护公益的目的，对于自身利益并未受到侵害的人民，为维护公益而提起的诉讼，“行政法院”也应当受理。同时，对于选举罢免争议也规定由“行政法院”受理（这些也均属于公法上的争议，与祖国大陆地区适用民事诉讼特别程序解决选民资格问题的方式有所不同）。

抽象行政行为应纳入诉讼范围已经逐渐成为行政诉讼在世界发展的趋势，目前英美等国已有条件地将其纳入到行政诉讼范围之中。在这个问题上，由于台湾地区“行政诉讼法”采用概括主义：“公法上之争议，除法律另有规定外，得依本法提起行政诉讼”，实际上也已把它纳入到行政诉讼范围之内。

第五节　台湾地区行政诉讼的管辖

管辖是各级各地“行政法院”在受理行政案件上的分工，台湾地区现行“行政诉讼法”专门有一节的内容是关于管辖的规定，并且准用若干民事诉讼的相关规定。根据规定，行政案件的管辖分为级别管辖、地域管辖和裁定管辖。

一、级别管辖

台湾地区行政诉讼体制属于典型的分离主义，即行政诉讼案件由“行政法院”管辖。“行政法院”独立于其他普通法院，分为“高等行政法院”与“最高行政法院”两级，均隶属于“司法院”。在级别管辖的问题上，由于台湾地区行政诉讼在审级制度上实行的是两级两审制，与大陆地区的四级两审制相比就显得相对简单，第一审行政案件都由“高等行政法院”管辖，而“最高行政法院”则负责上诉和抗告案件。所以也有的学者据此认为台湾地区的行政诉讼不存在级别管辖的问题。值得注意的是，对于再审案件的管辖，则专属于原审“行政法院”；而对于审级不同的“行政法院”就同一事件所作的判决提起的再审之诉，则由“最高行政法院”合并管辖。

二、地域管辖

地域管辖包括普通地域管辖、特别地域管辖、管辖竞合与选择管辖、专属管辖。

（一）普通地域管辖

台湾地区行政诉讼在地域管辖上分为法人、机关及团体的普通审判籍和自然人的普通审判籍。根据规定，对公法人的诉讼，由该法人的公务所所在地的“行政法院”管辖；对私法人或其他团体的诉讼，则由其主事务所或主营业所所在地的“行政法院”管辖。对法人、机关及团体之外的诉讼，则由被告住所地的“行政法院”管辖；其住所地的“行政法院”不能行使职权的，则由其居所地的“行政法院”管辖；诉讼事实发生于被告居所地的，也可以由被告居所地法院管辖。可见其在地域管辖上普遍适用原告就被告原则。

（二）特别地域管辖

行政诉讼中的特别地域管辖主要是准用民事诉讼的有关规定，包括因财产权涉讼、因业务涉讼、侵权行为、继承事件以及共同诉讼的特别管辖，具体如下：

1. 对于在台湾地区没有住所或者住所不明，而因财产权涉讼的，可以由被告可扣押的财产或者请求标的所在地的法院管辖；如果标的为债权，则债务人的住所地或者该债权的担保标的所在地，视为上述被告财产地活着请求标的的所在地；

2. 对于设有事务所或者营业所的人，由于与其事务所或者营业所有关的业务而涉讼的，可由其事务所或者营业所所在地法院管辖；

3. 侵权行为引发的诉讼，由侵权行为地法院管辖；

4. 船舶碰撞或者其他海上事故损害赔偿诉讼，可由受损害船舶最初到达地、加害船舶被扣留地或其船籍港法院管辖；

5. 航空器飞航失事或者其他空中事故损害赔偿诉讼，可由受损害航空器最初降落地或者加害航空器被扣留地法院管辖；

6. 因遗产的继承、分割、特留分或者遗赠及其他因死亡而生效的行为的诉讼，可由继承开始时被继承人住所地法院管辖；

7. 共同诉讼的被告数人，其住所地分散在不同法院辖区的，各住所地法院都有管辖权；但依照以上关于特别地域管辖的规定有共同管辖的法院的，由该法院管辖。

（三）管辖竞合与选择管辖

普通地域管辖和特别地域管辖都可能产生管辖竞合问题，如同一案件中多个被告分散在不同的法院辖区，则各被告住所地法院都有管辖权；又如被告住所地、侵权行为地或者其他据以确定管辖法院的联结点，分散在数个法院管辖区域之内的，各法院都有管辖权。在管辖竞合情况下，各法院拥有的管辖权是抽象的，理论上的，这种管辖权的具体化在于原告的选择。也就是说，在数个法院都有管辖权的情况下，由原告决定向其中一个法院起诉，即选择管辖。充分尊重当事人的诉权，是台湾地区行政诉讼制度的一大特点。

（四）专属管辖

专属管辖主要是针对因不动产而涉讼的案件的管辖，根据台湾地区行政诉讼的规定，这类案件专属不动产所在地的“行政法院”管辖。而不动产的纠纷，则被限定在因不动产的公法上的权利或者法律关系产生的纠纷。

三、裁定管辖

裁定管辖包括移送管辖和指定管辖。

（一）移送管辖

这指的是受理案件的“行政法院”认为自身没有管辖权的，裁定将案件移送给有管辖权的“行政法院”的管辖制度。台湾地区行政诉讼中的移送管辖主要是准用民事诉讼的相关规定。移送管辖的原因在于法院认为其自身对于诉讼的一部或者全部没有管辖权，移送以裁定作出，可以依原告的申请或者依法院职权移送。移送裁定一经确定，即视为诉讼自始系属于受移送法院。

（二）指定管辖

指定管辖由“最高行政法院”依照当事人的申请或者受诉“行政法院”的请求作出。指定管辖的法定情形包括：（1）有管辖权的法院因法律或者事实上的原因不能行使审判权的；（2）因管辖区域境界不明，以至于不能辨别有管辖权的法院的；（3）由于有特别情形，由有管辖权的法院审判案件可能影响公正审理和裁判的。

四、管辖恒定原则

对管辖恒定原则做了专门的规定，即确定“行政法院”的管辖以原告起诉时为准。起诉以后确定管辖的联结点发生变化的，不具有因其管辖转移的效力。

第六节　台湾地区行政诉讼的当事人

一、当事人能力与诉讼能力

与大陆行政诉讼法不同，台湾地区行政诉讼对当事人能力和诉讼能力从法条的层面进行了明确规定。根据规定，有权利能力者即有当事人能力，自然人、法人、行政机关以及非法人的团体，都具有当事人能力。而诉讼当事人则包括原告、被告、共同诉讼任何诉讼第三人。对于当事人诉讼能力的判断标准，行政诉讼与其民事诉讼的规定基本一致，即“能独立以法律行为负义务者，有诉讼能力”。同时规定，法人、行政机关、非法人之团体，由其代表人或者管理人进行诉讼。

对于被告的认定，台湾地区与祖国大陆的规定具有一致性，对于一些特殊情况下被告的确定进行了明确规定。如涉及经诉愿程序的行政诉讼，如果诉愿被驳回的，则原处分机关为被告；诉愿程序撤销或者变更原处分或者决定的，则以最后作出撤销或者变更的机关为被告。又如人民与受委托行使公权力的团体或者个人，因受托事件而涉讼的，以受托的团体或者个人为被告。此外，在原被告机关裁撤或者改组的情况下，以承受其业务的机关为被告机关；如没有承受其业务的机关，则以其直接上级机关为被告。

二、选定当事人

对于多数有共同利益的人参加诉讼的，可以由其中选定一人至五人代表全体起诉或者被诉；在必须合并审理的情况下当事人没有选定的，由“行政法院”依职权指定，其他当事人则脱离诉讼。这比较类似于大陆地区诉讼法中的代表人诉讼制度。选定或者指定当事人之后，还可以更换或者增减，但须经全体当事人同意；对于因必须合并审理而由法院指定当事人的情况下，法院可以在必要的情况下依职权更换或者增减。诉讼当事人的指定、选定及其更换都应当及时通知对方当事人。

被选定的当事人代表全体起诉或者被诉，为诉讼行为，其效力及于全体当事人。但是选定当事人的诉讼行为仍然要受到一定的限制，即在涉及与处分实体权益有关的诉讼行为时，必须得到全体的同意，如舍弃、认诺、撤回以及和解。

三、共同诉讼人

（一）共同诉讼的法律要件

两人以上，有法定情形而共同参加诉讼的，为共同诉讼人，需要一同起诉或者一同被诉。共同诉讼的要件包括：

1. 作为诉讼标的的行政处分是两个以上的机关共同作出的，则共同作出行政处分的机关为共同诉讼人；

2. 作为诉讼标的的权利、义务或者法律上的利益是共同的；

3. 作为诉讼标的的权利、义务或者法律上的利益在事实或者法律上是属于同一或者同种类的原因的。

（二）共同诉讼人之间的关系

将共同诉讼分为通常共同诉讼和必要共同诉讼。基于以上第一和第二项要件引起的共同诉讼为必要的共同诉讼，基于以上第三项要件引起的共同诉讼为通常共同诉讼。在必要共同诉讼中，诉讼标的对于所有的共同诉讼人是必须合一确定的，而在通常诉讼中，对诉讼标的则没有这样的要求，所以表现出来的共同诉讼人之间的关系也是不同的。在通常共同诉讼中，共同诉讼人之间的相互独立性大于他们之间的牵连性，表现在共同诉讼人中一人的诉讼行为，或者对方当事人对共同诉讼人中一人的行为或者主张，除法律另有规定以外，对其他共同诉讼人不产生影响。

必要共同诉讼中则不然，必要共同诉讼人的内部关系表现出很强的同一性和牵连性。对于必要共同诉讼，法院应作合一判决，该判决对各共同诉讼人产生同一结果，即共同诉讼人或者一同胜诉，或者一同败诉，不可能出现一部分共同诉讼人胜诉，另一部分共同诉讼人败诉的裁判。必要共同诉讼人之间的牵连性体现出一种“有利原则”，即必要共同诉讼人中一人的行为，有利于共同诉讼人全体的，其效力及于全体；不利于共同诉讼人全体的，则对全体不发生效力。至于共同诉讼人中一人的行为是否有利于全体，则由法官在当事人实施诉讼行为时的形式上进行判断，而不是在经过法院审理从结果上进行判断。

对必要共同诉讼人之间的关系进行了具体的规定，包括：

1. 共同诉讼人中一人的行为有利于共同诉讼人的，其效力及于全体；不利于的，则对全体不发生效力。常见的共同诉讼人中一人实施的有利于全体的行为包括：共同原告人所提出的有利于全体的诉讼请求、主张和证据，陈述的对全体有利的事实等；共同被告人对原告的请求及主张予以争辩，提出抗辩或者反证的行为等。

2. 对方当事人对必要共同诉讼人中一人的行为，其效力及于共同诉讼人全体。

3. 共同诉讼人中一人发生诉讼当然停止或者裁定停止的原因的，其停止诉讼的效力及于共同诉讼人全体。

四、诉讼参加

诉讼参加，指的是第三方在诉讼系属后参加诉讼，类似于大陆诉讼制度中的第三人参加诉讼，只不过主体范围稍广，还包括应当参加诉讼的必要共同诉讼人在诉讼开始以后参加诉讼的情况，和“行政法院”命行政机关参加诉讼的情形。

（一）诉讼参加的法定情形

1. 必要共同诉讼人的独立参加

根据规定，诉讼标的对于第三人及一方当事人必须合一确定的，法院应当以裁定的形式命该第三人参加诉讼，也就是"行政法院"依职权对没有参加诉讼的必要共同诉讼人的追加。大陆的诉讼制度中称之为当事人的追加，而台湾地区的行政诉讼制度中则将其作为第三人参加诉讼的一种类型。但值得注意的是，必要共同诉讼参加人参加诉讼之后，享有与原始参加诉讼的必要共同诉讼人相同的法律地位，也就是作为一方当事人，而不是第三人。

2. 利害关系人独立参加诉讼

利害关系人独立参加诉讼相当于大陆行政诉讼制度中的第三人参加诉讼，但前提限于在撤销诉讼的情况下，如果法院认为诉讼结果可能使第三人的权利或者法律上的利益受到损害，即可以依职权裁定该第三人独立参加诉讼。并且，第三人也可以向法院申请参加诉讼，是否允许，由法院决定。

第三人申请独立参加诉讼的，必须向受理本诉的法院提出参加书状，写明本诉及其当事人，第三人的权利或者法律上的利益，以及因为撤销诉讼的结果可能受到的损害。法院对第三人的申请进行审查，认为符合条件的，裁定允许其参加诉讼；认为不符合条件的，则裁定驳回其申请。对于驳回申请的裁定，第三人可以提出抗告。

3. 其他行政机关参加诉讼

法院认为其他行政机关有辅助一方当事人诉讼的必要的，可以以裁定命其参加诉讼；有关行政机关也可以申请参加诉讼。对于辅助一方当事人而参加诉讼的行政机关，不得主张本诉的裁判不当；经当事人双方同意，还可代其所辅助的当事人承担诉讼，其所辅助的当事人则脱离诉讼。但本案的判决，对于脱离诉讼的当事人仍有效力。

（二）本诉判决效力的扩张

本诉判决效力的扩张主要针对的是本诉判决的效力对诉讼参加人的扩张，包括必要共同诉讼参加人和利害关系参加人。在必要共同诉讼参加人和利害关系参加人参加诉讼的情况下，本诉判决对其产生效力是必然的。问题在于，法院裁定必要共同诉讼参加人和利害关系参加人参加诉讼而其没有参加诉讼的情况下，判决是否对其有效。在这个问题上赋予了判决以扩张力，即本诉判决对于法院依法裁定命其参加或允许其参加的必要共同诉讼参加人和利害关系参加人，亦有效力。

五、诉讼代理人与辅佐人

（一）诉讼代理人

1. 诉讼代理人的人数与条件

当事人可以委托代理人进行诉讼，每一当事人最多可以委托 3 名诉讼代理人。

在诉讼代理人的条件与范围问题上，行政诉讼的规定比民事诉讼的规定要广。民事诉讼制度明确要求诉讼代理人只能是律师，对于非律师担任诉讼代理人的，法院可以裁定禁止。但是在行政诉讼制度中，律师担任诉讼代理人只是一个原则性的规定，非律师在法定情形下，也可以担任诉讼代理人。非律师担任诉讼代理人的法定情形包括：（1）依法取得与诉讼事件有关的代理人资格的；（2）具有诉讼事件的专业知识的；（3）因职务关系成为诉讼代理人的；（4）与当事人有亲属关系的。对于其中第（2）和第（4）项非律师的诉讼代理人，"行政法院"认为不适当的，还可以裁定禁止其担任诉讼代理人。

2. 诉讼代理人的代理权

诉讼代理人的代理权来源于当事人的委托，委托的方式一般是书面的，诉讼代理人参加诉讼必须向法院出具当事人的委任书。特殊情况下法院也认可口头委托，但当事人的口头委任须经法院书记官在笔录中记明。当事人委托两个以上诉讼代理人的，每个诉讼代理人都单独代理当事人。

诉讼代理人代理当事人进行诉讼活动的权限范围来自于当事人委托的权限范围，包括一般委任和特别委任。在一般委任的情况下，诉讼代理人就其受委任的时间，有进行一般诉讼行为的权利；但涉及与处分实体权益有关的诉讼行为，如舍弃、认诺、撤回、和解、提起反诉、上诉或者再审之诉以及选任代理人，包括关于枪支之或领取所争物等事项，则必须要由当事人的特别委任才能从事。"行政法院"对于诉讼代理人的代理权认为有欠缺但可以补正的，应当令其在一定期限内补正；在此期限内可以允许诉讼代理人暂时进行诉讼。

在诉讼过程中，到场的当事人对于诉讼代理人所作的事实上的陈述，有权及时撤销或者更正。经当事人及时撤销或者更正的诉讼代理人的陈述，不产生效力。

诉讼代理人的代理权不因本人死亡、破产或者诉讼能力丧失而消灭。当事人和诉讼代理人终止诉讼委任后，应当及时将终止委任的书状提交法院。在有诉讼代理人终止诉讼委任的情况下，诉讼代理人还有义务在作出终止的意思表示之日起 15 日内，从事为防卫被代理人权利而必要的行为。

（二）诉讼辅佐人

台湾地区行政诉讼确立了诉讼辅佐人制度，即当事人或者诉讼代理人经法院的许可，在诉讼期日可偕同辅佐人到场参加诉讼，法院也可以在其认为必要时，命当事人或诉讼代理人偕同辅佐人到场。同时，法院认为辅佐人不适当的，还可以撤销许可或者禁止其继续进行诉讼。诉讼辅佐人在诉讼中所作的陈述，当事人或者诉讼代理人没有及时撤销或者更正的，即视为当事人或者诉讼代理人的行为。

第七节　台湾地区行政诉讼的具体程序

一、"高等行政法院"第一审诉讼程序

（一）通常诉讼程序

1. 诉的提起与反诉

原告提起行政诉讼的，应当向法院提出诉状，并在诉状中载明当事人、诉的声明、诉讼标的及其原因事实。对于撤销诉讼，应当在诉愿决定书送达后两个月的不变期间内提起，超过三年的，即不得提起。法院收受诉状后，经审查和补正，予以立案，并将诉状送达被告，并命被告以答辩状陈述其意见。当审判长认为已经适宜言词辩论的，应迅速指定言词辩论期日。

一般来讲诉状送达后，就不允许原告变更原诉或者追加他诉，除非经被告同意或者法院认为适当；并且如被告对于诉的变更或追加无异议而进行言词辩论的，即视为其同意。同时，"行政诉讼法"还对法院应当同意的几种诉的追加或者变更的法定情形进行了规定，即：(1) 追加原没有参加诉讼的必要共同诉讼的当事人；(2) 诉讼标的的请求变更但其请求的基础未变；(3) 因情势变更而改变最初的诉的声明；(4) 应当提起确认诉讼，而误提起撤销诉讼的。诉的追加或者变更，应在言词辩论之前向受理原诉的法院提出。但如果追加或者变更之诉专属于其他法院管辖，或者与原诉不属于同一法律程序的，也不得追加或者变更。

作为被告的保护手段，被告亦可对原告提起反诉。反诉也应当在言辞辩论终结前向本诉的管辖法院提出。对于反诉的提起，有四项限制：其一，反诉为撤销诉讼的，不得提起；其二，反诉的权利专属于被告，原告对被告的反诉不得再提起反诉；其三，反诉的请求如果专

属于其他法院管辖或者与本诉不相牵连的，不得提起；其四，若被告意图以反诉拖延诉讼的，法院可以将其驳回。

本诉与反诉都可撤回，其效力视同未起诉。原则上原告可以在判决确定以前撤回其诉的部分或者全部，但如被告已经进行言词辩论的，即应征得被告同意。但如在判决确定以后撤回诉的，即不得就同一事件再起诉。此外，诉的撤回不得违反公益。如果法院认为诉的撤回违反公益或有其他不合法的情形的，应当在四个月内继续诉讼。关于对原告撤回诉的限制，充分体现了对当事人诉权的保障以及公益优先的原则。反诉不因本诉的撤回而失去效力，并且自在本诉撤回以后，被告撤回反诉，不需征得原告的同意。

2. 言词辩论

第一审通常程序以言辞辩论为中心。尽管言词辩论主要以口头的方式进行，但对当事人的言词辩论书状有严格的要求。当事人诉讼书状的记载与提出实际上都是对言辞辩论的准备，原告必须依照起诉状的要求准备言词辩论书状，包括当事人、起诉声明以及诉讼标的和原因事实等内容；被告准备言词辩论的答辩状则应当在就审期间一半以前提出。

行政诉讼的言词辩论中，极大体现了大陆法系审判模式的特点，即法官拥有较大的职权和主动性。如法院为使辩论易于终结而可以在必要的时候在言词辩论前，命当事人、法定代理人、管理人或代表人到场，进行勘验、鉴定或者嘱托机关、团体进行调查等。言词辩论的指挥权由审判长行使，由审判长开始、指挥和终结言词辩论，对于不服指挥的当事人，审判长可以禁止其发言。对于数个分别提起的诉讼，如果是基于同一或者同种类的事实或者法律上的原因，法院可以合并辩论，并作出合并裁判。

3. 诉讼程序的停止

诉讼程序的停止相当于大陆行政诉讼中程序的中止，包括裁定停止、当然停止和合意停止，其中合意停止程序的方式是大陆行政诉讼所没有的。

(1) 裁定停止

裁定停止，指的是在出现法定情形的情况下，由法院以裁定的方式停止诉讼程序。

裁定停止的法定情形包括：①行政诉讼的裁判必须以正在进行的民事诉讼的审判结果为依据，“行政法院”应当裁定停止诉讼程序；②如有其他民事、刑事或者行政诉讼涉及行政诉讼的裁判的，“行政法院”可以裁定停止诉讼程序；③“行政法院”就其所受理诉讼的权限，与普通法院的裁判有异时，应当裁定停止诉讼程序，并声请“司法院大法官”解释；④“行政法院”告知与案件审理结果有利害关系的第三人参加诉讼的，在该第三人参加诉讼之前，可以裁定停止诉讼程序；⑤当事人由于战时服兵役或者因天灾或其他事故，有停止诉讼程序必要的，法院可以依申请或者依职权，在障碍消灭前裁定停止诉讼程序。

对于停止诉讼程序的裁定，法院可以依当事人的申请或者依其职权撤销，对于停止的裁定和撤销的裁定，当事人不服的都可以提出抗告。

(2) 当然停止

当然停止，指的是在出现法定情形的情况下诉讼程序当然停止。

根据相关规定，产生诉讼当然停止的法定情形包括：①当事人死亡。当事人死亡后，在有继承人、遗产管理人或者其他依法应继续诉讼的人承受其诉讼以前，诉讼程序当然停止；②诉讼担当人丧失资格或者死亡，在有同样资格的人承受诉讼之前，诉讼程序当然停止；③当事人丧失诉讼能力或者法定代理人死亡或其代理权消灭的，在有法定代理人或者本人恢复诉讼能力前，诉讼程序当然停止；④选定或者指定的当事人全体丧失资格的，在有共同利益的所有人或者重新选定或者指定当事人承受诉讼之前，诉讼程序当然停止；⑤法人合并。法人因合并而消灭的，在因合并而设立或合并后存续的法人承受其诉讼以前，诉讼程序当然停止；⑥信托任务终了。受信托人的信托任务终了的，在新受托人承受其诉讼前，诉讼程序当然停止。⑦破产宣告。当事人被宣告破产的，关于破产财团的诉讼程序，在依法有承受诉讼人或者破产程序终结以前当然停止。⑧法院不能执行职务。法院因天灾或者其他事故不能执行职务的，诉讼程序在法院公告执行职务前当然停止；因战事不能执行职务的，诉讼程序在法院公告执行职务届满六个月以前当然停止；⑨特殊障碍事故。当事人因战事而与法院交通隔绝的，诉讼程序在障碍消灭结满三个月以前当然停止。

但上述①、②、④、⑤、⑥项的规定，在有诉讼代理人的情况下一般不适用诉讼停止。

诉讼程序当然停止后，依法应当承受诉讼的人，要作出承受诉讼的声明。承受的声明有无理由由法院依职权进行调查，对没有理由的，裁定驳回。

诉讼程序在裁定或者当然停止期间，法院和当事人不得进行关于本案的诉讼行为。但如在言词辩论终结后停止诉讼的，基于言词辩论的裁判可以宣示。

（3）合意停止

除撤销诉讼以外，当事人可以合意停止诉讼程序。当事人停止诉讼程序的合意应当向受诉法院陈明；行为法院认为有维护公益的必要的，应当在四个月内续行诉讼。不变期间因当事人合意停止诉讼而受到影响。

合意停止诉讼程序的当事人，如果四个月内不续行诉讼，则视为对诉的撤回。续行诉讼以后，当事人还可以再以合意停止诉讼程序，但以一次为限，否则也视为对诉的撤回。

当事人双方如无正当理由而延误言词辩论期日，除撤销诉讼或法律另有规定以外，视为合意停止诉讼程序；四个月内不续行诉讼，也视为对诉的撤回。在此情况下，法院认为必要的，可以依职权续行诉讼，当事人如无正当理由仍迟误不到的，也视为诉的撤回。

4. 第一审通常程序的裁判

除了依法应当使用判决的以外，都使用裁定的形式。

作出裁判的要件包括形式要件和实质要件。形式要件包括言词审理和直接审理，言词审理要求除另有规定外，裁判要建立在言词辩论的基础上，但裁定可以不经言词辩论而作出，同时如果双方当事人无正当理由拒不参加言词辩论的，法院也可以不经言词辩论而直接依职权调查事实，径行判决。直接审理针对的是作出裁判的法官，没有参与言词辩论的，无权参与裁判。实质要件实际上是要求法官本着自由心证的原则判断案件事实的真伪，并应将心证的理由记明于判决。

判决包括终局判决、一部之终局判决和中间判决。只要诉讼达到可以作出裁判的程度，法院就应当作出终局判决。合并进行言辞辩论的数宗诉讼，只要其中之一达到了可以作出判决的程度，或者诉讼标的的一部分或者数项诉讼主张之一达到了可以作出裁判的程度，法院就可以就该部分标的作出一部之终局判决。法院还可以作出中间判决，即对于诉讼中的各种独立的攻击、防御方法或者争执点，只要达到可以作出裁判的程度，就可以作出判决。

与大陆的行政诉讼制度一样，台湾地区行政诉讼中也有缺席判决，称作“一造辩论判决”。即当事人一方在言词辩论时不到场，或者虽然到场却不作辩论，法院就可以依当事人申请（言辞辩论当日不到场）或者依职权（经再传仍不到场）根据到场当事人的辩论而作出判决。不过，作出“一造辩论判决”也有例外，如未到场当事人并未受到合法通知，未到场的原因是天灾或者不可避免的事故，或者到场的当事人对于法院依职权进行的调查不能提供必要的证明以及到场的当事人所提出的事实、证据或者声明未在适当时期内通知对方当事人等。

第一审的判决和裁定一般可以上诉或者抗告，但法律明确规定不得上诉或抗告的除外。判决须经宣示或公告，宣示或公告后即对作出判决的法院产生羁束力。第一审判决的效力在上诉期间届满而当事人没有提出上诉而确定。经确定的判决裁判的诉讼标的产生确定力，并且确定判决的效力及于当事人以外的当事人的继受人，在诉讼担当的情况下，还及于被担当的他人。

（二）简易诉讼程序

1. 适用简易程序的行政诉讼事件

根据规定，适用简易程序的行政诉讼事件包括：（1）关于税捐课征事件涉讼，所核课之税额在新台币三万元以下的；（2）因不服行政机关所为新台币三万元以下罚款的处分而涉讼的；（3）其他关于公法上财产关系之诉讼，其标的额在新台币三万元以下的；（4）因不服行政机关作出的告诫、警告、记点、记次或其他类似的轻微处分而涉讼的；（5）其他法律规定应适用简易诉讼程序的。

可见，是否适用简易程序主要是以标的金额为判断标准。对于新台币三万元的标准，"司法院"还可以根据情势需要，将其进行调整，范围则控制在二万元至二十万元。

对于因为诉的追加、变更或者反诉，使诉讼标的超过新台币三万元的标准的，即不能再按照简易程序进行审理和判决，而需要转入通常程序进行审理。

2. 简易程序的特点

简易程序相比于通常程序的最主要特点就在于简便易行，主要表现在以下几方面：（1）允许言词起诉。对于起诉以及其他关于期日之外的声明或者陈述，都可以言词的方式进行，对书状不做强制要求；（2）简易程序由法官独任审理；（3）简易程序的裁判可不经言词辩论而作出；（4）证据调查方式的简化。如通知证人、鉴定人可以不送达通知书，而以法院认为的其他便易的方式通知；（5）判决书的简化。对于判决书内的事实、理由，可不分项记载，并可以仅记载其要领；（6）上诉与抗告的限制。对于经简易程序作出的裁判的上诉与抗告，必须经"最高行政法院"许可方能提起，并且仅仅在诉讼事件所涉及的法律问题具有原则性时，才能得到"最高行政法院"许可。

二、上诉审程序

（一）上诉的提起

对"高等行政法院"的判决，除法律规定不得上诉的以外，可以上诉于"最高行政法院"。

上诉应当以上诉状的形式，向原审"高等行政法院"提出。上诉状中应当列明上诉的当事人，原"高等行政法院"的判决，不服的程度以及上诉的理由及证据。上诉审程序不得进行诉的追加、变更或者提起反诉，上诉的声明不得变更或者扩张。

上诉应当在判决送达后 20 日的不变期间提起；在判决宣示或公告以后送达之前，亦可上诉。当事人也可以舍弃上诉权。

（二）上诉的理由

对"高等行政法院"判决的上诉，只能以判决违背法令为理由而提起，其他任何理由均不能上诉。判决违背法令指的是判决不适用法规或者适用法规不当，根据规定，具体包括以下六种情形：（1）作出判决的法院的组织不合法；（2）依法应当回避的法官没有回避，而参与裁判的；(3) 法院的管辖权限辨别不当或者违背专属管辖规定的；(4) 当事人在诉讼中未经合法代理或者代表的；(5) 违背言词辩论公开的规定的；(6) 判决无理由或者判决理由相矛盾的。

(三) 上诉案的审理

1. 对不合法上诉的处置。上诉不合法的，由“最高行政法院”裁定驳回；如可以补正的，审判长应指定上诉人在一定期间内补正；但已经原“高等行政法院”命其补正而未补正的，则直接裁定驳回。

2. 调查的范围。“最高行政法院”一般应在当事人上诉声明的范围之内进行调查，但调查“高等法院”的判决有无违背法令时，则不受上诉理由的限制。

3. 不经言词辩论原则。“最高行政法院”的判决一般不经言词辩论而作出，特殊情况下，可以依职权或者依当事人申请在上诉声明的范围内进行言词辩论。可以进行言词辩论的情形包括：(1) 法律关系复杂或者法律见解分歧，有必要以言词辩明的；(2) 涉及专门知识或者特殊经验法则，有必要以言词辩明的；(3) 涉及公益或者当事人重大权利义务，有必要以言词辩明的。

(四) 上诉案的判决

“最高行政法院”对上诉案的判决，应以“高等行政法院”的判决所确定的事实为基础。但如上诉以违背诉讼程序为上诉理由时，其违背法令的事实；以及以违背法令确定事实或者遗漏事实为上诉理由时，所列举的这类事实；还有经过言词辩论所阐明或者补充的资料，“最高行政法院”在作出判决时均应斟酌。

对当事人的无理由的上诉，“最高行政法院”应作出驳回上诉的判决。对于原判决依其理由虽然不当，但依其他理由为正当的，视为上诉无理由。

“最高行政法院”认为当事人的上诉有理由的，就其上诉的部分废弃原判决。

“高等行政法院”的判决如因不备理由或者理由矛盾而违背法令，而又不影响裁判结果的，“最高行政法院”不得废弃原判决。

“最高行政法院”一般也不以“高等行政法院”无管辖权而废弃原判决，除非是违背有关专属管辖的规定。对于因“高等行政法院”无管辖权而废弃原判决的，“最高行政法院”应当将该案件移送于有管辖权的“行政法院”。

“最高行政法院”废弃原判决后，可以自为判决，也可以发回或发交判决。“最高行政法院”上诉事件自为判决的情形包括：(1) 因其于确定的事实或依法斟酌的事实，以不适用法规或者适用法规不当废弃原判决，而事件依该事实已可作出裁判的；(2) 因事件不属于“行政法院”权限而废弃原判决的；(3) 依法经言词辩论的。

除另有规定以外，废弃原判决后，“最高行政法院”应将事件发回原“高等行政法院”或发交其他“高等行政法院”，并对“高等法院”应当调查的事项，作出详细的指示。

(五) 上诉的撤回

上诉人可以在终局判决宣示或公告前撤回上诉。上诉的撤回，应当以书状的形式提出；言词辩论时，也可以以言词提出。上诉一经撤回，上诉人即丧失上诉权。

三、抗告程序

除法律另有规定以外，当事人对于裁定可以提出抗告，但诉讼程序中做出的裁定一般不得抗告，除非另有规定。对受命法官或受托法官的裁定，也不得抗告。但如果该裁定为受诉法院作出即可抗告的话，可以向受诉法院提出异议。根据规定，当事人应当抗告而误提出异议的，视为已提起抗告；反之，当事人应当提出异议而误为抗告的，视为已提出异议。

提起抗告的期间，为裁定送达后 10 日的不变期间；在送达前提出抗告仍为有效。抗告应当以抗告状的形式向作出裁定的原“高等行政法院”或原审判长所属的“高等行政法院”提出；适用简易程序的事件或者关于诉讼救助提起的抗告，以及由证人、鉴定人或执有证物的第三人提起的抗告，可以言词的方式提出。抗告可以提出新的事实和证据。

行政诉讼中的抗告，由“最高行政法院”裁定。除另有规定外，抗告不产生停止执行的效力。原“高等行政法院”或原审判长可以在抗告法院裁定前，停止原裁定的执行；抗告法院也可以在裁定前，停止原裁定的执行或作出其他必要处分。抗告法院认为抗告不合法或者无理由的，应当作出驳回抗告的裁定；认为抗告有理由的，则应废弃原裁定而自为裁定，或在必要时命原“高等行政法院”或原审判长重新裁定。

当事人可以舍弃其抗告权或者撤回其抗告。抗告的舍弃与撤回与上诉相同。

四、再审程序

（一）再审的提起

再审之诉由其原审“行政法院”专属管辖；对审级不同的“行政法院”就同一事件所作的判决提起再审的，由“最高行政法院”合并管辖。

当事人应当在判决确定时起 30 日的不变期间内提起再审之诉，但再审理由知悉在后的，其间自知悉时起算。但自判决确定时起超过五年的，一般不得再提起再审之诉，除非因当事人未经合法代理或者代表，或因当事人明知对方当事人的居所而不告知而涉讼的，或因当事人发现就同一诉讼标的已经有在前判决或和解或可以使用在前判决和理由而提起再审之诉的，即不受五年期间的限制。

当事人应当以诉状的形式提起再审之诉，再审诉状应记明当事人、声明不服的判决及再审的陈述、原判决废弃程度及本案判决的声明、再审理由及其证据以及遵守不变期间的证据，还可记载准备本案言词辩论的事项。

（二）再审的理由

以列举的方式对再审的理由进行了明确的规定，包括以下 17 种情形：（1）适用法规显有错误的；（2）判决理由与主文显有矛盾的；（3）判决法院的组织不合法的；（4）依法律或裁判应回避的法官参与裁判的；（5）当事人于诉讼未经合法代理或代表的；（6）当事人明知对方当事人住所，指为所在不明而与涉讼的。但对方当事人已承认其诉讼程序的，不在此限；（7）参与裁判的法官关于该诉讼违背职务，有刑事犯罪情形的；（8）当事人的代理人、代表人、管理人或对方当事人或其他代理人、代表人、管理人关于该诉讼有应受刑事处罚的行为，影响于判决的；（9）为判决基础之证物系伪造或变造的；（10）证人、鉴定人或通译就为判决基础的证言、鉴定或通译为虚伪陈述的；（11）为判决基础的民事或刑事判决及其他裁判或行政处分，已被其后的确定裁判或行政处变更的；（12）当事人发现就同一诉讼标的，在前已有确定判决或和解或可以使用该判决或和解的；（13）当事人发现未经斟酌的证物或可使用该证物的，但以如经斟酌可受较有利益的裁判为限；（14）原判决就足以影响于判决的重要证物漏未斟酌的；（15）确定终局判决所适用之法律或命令；（16）上述第（7）项至第（10）项的情形，以宣告有罪的判决已确定，或其刑事诉讼不能开始或续行非因证据不足者为限，可以提起再审之诉；（17）为判决基础的裁判，如有以上情形的，可以据以对于该判决提起再审之诉。

（三）再审案的审理

再审案的审理和裁判，以当事人声明不服的范围为限。再审案的审理，适用原审的程序。再审之诉不合法的，法院直接以裁定驳回；再审之诉明显无再审理由的，法院可以不经言词辩论，而直接以判决驳回。再审之诉虽有理由，但法院如认为原判决正当的，应以判决驳回。对于第三人因信赖确定的终局判决而以善意取得的权利不因再审判决而受影响，但明显对公益有重大妨害的除外。

（四）准再审

对已经确定的裁定，如存在以上判决的再审理由的，当事人也可以对裁定提起再审。对裁定提起再审的程序与判决的再审程序相同。

五、重新审理

台湾地区“行政诉讼法”设专编对重新审理进行了规定，旨在保护因判决而使自身权利受损又没有参加诉讼的第三人的合法权益。在这个问题上，大陆的行政诉讼法没有相关的规定。

根据规定，第三人的权利由于撤销或变更原行政处分或决定的判决而受到损害，而其未参加诉讼是因为不可归责于己的事由，以至于其不能提出足以影响判决结果的攻击或防御方法的，该第三人可以对于确定的终局判决申请重新审理。第三人申请重新审理的期间为知悉确定判决之日起 30 日的不变期间，超过一年的，不得申请。重新审理由原审“行政法院”专属管辖；对审级不同的法院就同一事件所作的判决申请重新审理的，由“最高行政法院”合并管辖。

第三人申请重新审理，应当以申请状的形式提出。申请状应当载明申请人及原诉讼的双方当事人、申请重新审理的事件、就本案应当如何判决的声明以及申请的理由与证据和遵守期间的证据，此外，还可以列明准备言词辩论的事项。

第三人申请重新审理不合法的，法院应当直接以裁定驳回；对于第三人申请重新审理合法的，法院认为有理由的，应当以裁定命重新审理；法院认为无理由的，也以判决驳回其申请。申请人可以在法院作出驳回或重新审理的裁定前以书状或言词的方式撤回其申请，申请一旦撤回，第三人即丧失申请权。

重新审理的裁定确定后，即回复原诉讼程序，按照其审级重新审判。申请人在回复原诉讼程序后，当然参加诉讼。

申请重新审理不停止原确定判决的执行；但法院可以在其认为必要的时候，命令停止执行。对于案外人因信赖确定的终局判决而以善意取得的权利不因案件重新审理而受影响，但明显对公益有重大妨害的除外。

六、保全程序

台湾地区行政诉讼中的保全程序，包括假扣押和假处分。

（一）假扣押

1. 假扣押的要件与管辖

根据规定，为保全公法上金钱给付的强制执行，可以申请假扣押。假扣押的申请由管辖本案的“高等行政法院”或假扣押标的所在地的“高等行政法院”管辖。假扣押之标的如系债权，以债务人住所或担保之标的所在地，为假扣押标的所在地。假扣押的裁定，若遇日后不能强制执行或者甚难强制执行的情况，不得作出。

2. 假扣押的撤销

假扣押撤销的情形包括：（1）诉前申请假扣押的，申请人应当在假扣押裁定送达 10 日内起诉，否则法院应依申请撤销假扣押裁定；（2）假扣押原因消灭或其他命假扣押的情势变更的，债务人可以申请撤销假扣押裁定；(3) 债务人可以通过陈明可供法院的担保或将请求的标的提存，而申请撤销假扣押裁定；(4) 债权人可以申请撤销假扣押裁定；(5) 假扣押因自始不当而撤销。在假扣押裁定因自始不当、申请人未及时起诉以及因债权人的申请而撤销的情况下，如假扣押给债务人造成损害的，应由债权人承担赔偿责任。

(二) 假处分

对于公法上的权利，因现状变更，可能不能实现或甚难实现的，为保全强制执行，可以申请假处分，但对行政机关的行政处分，不能申请假处分。假处分由管辖本案的“高等行政法院”管辖，紧急情况下，可以由请求标的所在地“高等行政法院”管辖。

与假扣押不同，法院不得允许债务人提供担保而撤销假处分。此外，假处分准用有关假扣押的规定。

七、强制执行程序

为确保确定裁判的执行，对强制执行进行了专门的规定。由于台湾地区还有专门的执行方面的规定，如“强制执行法”和“行政执行法”，所以“行政诉讼法”中这一部分的规定相对简略。

根据规定，适用强制执行程序的裁判局限于给付裁判，对确定的撤销判决，则仅规定关系机关应当为实现判决内容而作必要处置。只有在行政诉讼的裁判要求债务人为一定的给付，裁判确定后，债务人不履行的，债权人才可以执行的名义，申请“高等行政法院”强制执行。

“高等行政法院”在强制执行前应当先通知债务人在一定期间内履行，逾期不履行的，才进行强制执行。对债务人是行政机关或其他公法人的，还应当通知其上级机关督促其如期履行。除了有执行内容的裁判外，可以申请强制执行的还包括依法成立的和解、依法作出的裁定以及科处罚款的裁定等。

各“高等行政法院”为办理强制执行事务，可以设立执行处，也可以嘱托普通法院民事执行处或者行政机关代为执行。在执行的程序上，执行机关为法院的适用强制执行法的规定；执行机关为行政机关的，则适用行政执行法的规定。

参考文献及主要书目索引

1. 马怀德主编:《行政诉讼法学》,北京,中国人民大学出版社,2009.9.
2. 林莉红:《行政诉讼法学(第三版)》,武汉,武汉大学出版社,2009.8.
3. 孟鸿志主编:《行政法与行政诉讼法学》,北京,科学出版社,2009.6.
4. 马怀德:《行政诉讼法学(第二版)》,北京,北京大学出版社,2008.10.
5. 王麟:《行政诉讼法学》,北京,中国政法大学出版社,2008.9.
6. 莫于川:《行政法与行政诉讼法》,北京,科学出版社,2008.6.
7. 应松年主编:《行政法与行政诉讼法学》,北京,中国政法大学出版社,2008.3.
8. 肖北庚、刘丹主编:《行政法与行政诉讼法学》,长沙,湖南人民出版社,2008.2.
9. 应松年主编:《行政诉讼法学(第四版)》,北京,中国政法大学出版社,2007.9.
10. 姜明安、李洪雷主编:《行政法与行政诉讼法教学案例》,北京,法律出版社,2007.9.
11. 马怀德:《中国行政诉讼法》,北京,中国政法大学出版社,2007.8.
12. 沈福俊、邹荣主编:《行政法与行政诉讼法学》,北京,北京大学出版社,2007.
13. 叶必丰著:《行政法与行政诉讼法》,北京,高等教育出版社,2007.6.
14. 马怀德:《行政法与行政诉讼法》,北京,中国法制出版社,2007.3.
15. 姜明安:《行政诉讼法(第二版)》,北京,法律出版社,2007.3.
16. 杨海坤、章志远主编:《行政诉讼法专题研究述评》,北京,中国民主法制出版社,2006.11.
17. 方世荣、徐银华、丁丽红编著:《行政诉讼法学》,北京,清华大学出版社,2006.
18. 刘志坚、程雁雷:《行政法与行政诉讼法学》,北京,人民法院出版社,2006.
19. 姜明安主编:《行政法与行政诉讼法》,北京,法律出版社,2006. 第2版
20. 胡锦光:《新版以案说法——行政诉讼法篇》,北京,中国人民大学出版社,2006.
21. 薛刚凌:《外国及港澳台行政诉讼制度》,北京,北京大学出版社,2006.
22. 徐静琳:《行政法与行政诉讼法学》,上海,上海大学出版社,2005.12.
23. 刘恒:《行政法与行政诉讼法学》,西安,西安交通大学出版社,2005.8.
24. 江必新主编:《中国行政诉讼制度的完善——行政诉讼法修改问题实务研究》,北京,法律出版社,2005.
25. 杨海坤、黄学贤:《行政诉讼:基本原理与制度完善》,北京,中国人事出版社,2005.
26. 杨小君著:《国家赔偿法律问题研究》,北京,北京大学出版社,2005.
27. 江伟:《新版以案说法——行政诉讼法篇》,北京,中国人民大学出版社,2005.
28. 王学辉主编:《行政诉讼制度比较研究》,北京,中国检察出版社,2004.1.
29. 胡建淼主编:《行政诉讼法学》,北京,高等教育出版社,2003.
30. 苏泽林主编:《行政诉讼法学》,成都,四川人民出版社 2002.7.
31. 时庆本、路遥主编:《新编行政诉讼法学》,北京,中国人民公安大学出版社,2002.

后 记

行政诉讼法制是在正当程序框架内依法公正、有效解决行政纠纷，以保护公民、法人或其他组织的合法权益，监督国家行政机关依法行使职权，维护社会稳定，促进社会和谐与科学发展的民主法治根基之一，是人类社会文明及科学发展的组成要素之一。行政诉讼法学是一门研究行政诉讼法制的应用型基本学科，是高校法律专业核心课程之一。我国《行政诉讼法》颁布实施 20 年来，特别是进入 21 世纪以来，随着社会转型、市场经济的发展和加入 WTO 国际经济一体化进程，依法治国方略深入实施，和谐社会建设全面开展，在中国特色社会主义理论特别是在科学发展观指引下，行政诉讼法制与时俱进已有很大的改革完善，行政诉讼法学内容也在不断丰富深化、更新发展。为此，四川大学法学院组织行政诉讼法教研同仁及若干院校同行学者撰写了这本《行政诉讼法学》，以适应 21 世纪法学高等教育需要。

本书坚持法学理论与法制实践相结合、为法制实践服务的学风，对行政诉讼法制原理及其实践问题进行了较为全面、系统的阐述和深入、有益的探讨。与目前已问世的诸多行政诉讼法学著作相比较，具有以下特色：(1) 理论探索味浓。该书开篇就特设专章从各种不同角度全面探讨“行政诉讼法学的学科地位”问题，这在目前国内已有的行政诉讼法学著述中尚属首例，从以后各章具体内容看都贯彻“双百”方针，进行学术探讨，具有一定创见，这对于深化行政诉讼法学理论研究有着积极的启迪意义。(2) 实践操作性强。该书以现行的《行政诉讼法》为基本依托，围绕着依法诉讼（其中心是依法审判）以确保合法权益与监督依法行政，设置了一个从一般原理、诉讼进程内容，到诉讼保障机制的体系结构。这既探讨了行政诉讼法学理论自身的系统性，又着眼于遵循与把握实践中依法进行行政诉讼活动的客观规律性。在阐述我国行政诉讼法制度及其实践问题时，该书还对现行法律规定、司法解释内容与立法精神进行深入浅出的阐明，有的章节还阐述了地方法院的行政审判实践经验（如协调处理，等等）。这在目前已有的行政诉讼法学著作中亦属首例，从而使该书既有一定的理论深刻性，又有较强的实践操作性。(3) 社会适应性大。该书紧扣行政诉讼制度及其实践这一对象，把行政诉讼的历史发展与现实状况、条文规范与法意精髓有机结合起来，全面系统阐明行政诉讼的基本概念、基本知识和基本理论，对法律专业学生、行政诉讼的实际参加者和理论工作者，都不愧是一部有价值的教学模本、实践指南和科研良材。

本书的撰写吸取了各撰写人平时教学科研的经验和成果，也借鉴了同类论文、专著、教材的成功之处。各撰写人对所撰写内容文责自负。由陈永革担任主编并负责全书的统稿和定稿工作，全书分工如下：

陈永革（四川大学法学院教授，四川省行政法研究会副会长，四川省诉讼法研究会常务理事）：第一章行政诉讼法学的学科地位，第八章行政诉讼管辖，第十三章行政案件的起诉程序（第二、三、四、五节），第十五章行政案件审判概述，第二十章行政诉讼强制执行程序；

李勇军（四川大学副编审）：第二章行政诉讼与行政诉讼法概述；

里赞（四川大学法学院副院长，教授，法史学博士，中国人民政协四川省省委委员兼任社会与法制委员会副主任，中国外国法制史研究会常务理事兼副秘书长，海峡两岸法律研究会副会长兼秘书长，四川省法理研究会会长）：第三章行政诉讼法的历史发展；

刘海蓉（四川大学法学院讲师，法学博士）：第四章行政诉讼基本理论范畴，第五章行政诉讼法律关系；

梁琼芳（四川大学法学院讲师、四川省宪法研究会理事）：第六章行政诉讼法的基本原则和基本制度，第十九章行政赔偿及其诉讼；

李志平（四川教育学院法学系教授、成都市法学会常务理事）：第七章行政诉讼受案范围，第九章行政诉讼参加人，第十六章行政案件的第一审程序，第十八章行政案件的审判监督程序；

陈惠忠（深圳星辰律师事务所主任、高级律师）：第十章行政诉讼证据制度；

马丽芳（四川司法警官职业学院法学系讲师，法学硕士）：第十一章财产保全和先予执行，第二十六章台湾地区行政诉讼（第三节）；

毛天媛（四川大学法学院副教授级图书馆员）：第十二章行政诉讼的期间、送达和费用，参考文献及主要书目索引；

孙燕（成都理工大学法学系讲师，法学硕士）：第十三章行政案件的起诉程序（第一节），第二十六章台湾地区行政诉讼（第一、二、四、五、六、七节）；

张淑芬（四川师范大学文理学院法学系讲师、法学硕士）：第十四章行政案件的立案程序；

李成（四川大学法学院宪法与行政法专业法学硕士，上海交通大学法学院宪法与行政法专业 2008 级博士生）：第十七章行政案件的第二审程序；

王夏玮（四川宜宾学院法学讲师，法学硕士）：第二十一章非讼行政强制执行；

陶涛（四川大学法学院法律硕士教育及继续教育培训中心副主任，副教授，法医学博士，四川省行政法研究会常务理事）：第二十二章涉外行政诉讼，第二十三章行政诉讼强制措施；

李缨（西南石油大学法学院副教授、法学硕士）：第二十四章香港特别行政区行政诉讼；

方洁（四川省高级人民法院法官助理，法学硕士）、刘辉（律师、法学硕士）：第二十五章澳门特别行政区行政诉讼；

柯宁（四川大学法学院教务办主任）：目录，必读法律文献附录，后记。

本书编辑出版，承四川大学法学院领导和四川大学出版社大力支持；四川省高级人民法院法官王雪梅（行政审判庭庭长、法律硕士）、成都市中级人民法院法官刘玉琬（行政审判庭法官、法律硕士）大力支持、资料收集；四川大学法学院诉讼法专业 2007 级和 2008 级研究生杨京敏、段玉秀、胡益红、孔维益、魏洁来、吕先锾、付淑玲同学、宪法与行政法专业 2008 级研究生黄轩、郑金蓉、肖伟同学协助资料收集及文字校对处理等大量事务性工作，谨此表示感谢！

作者

2010 年 1 月